UM MINUTO
PARA A MEIA-NOITE

Michael Dobbs

UM MINUTO PARA A MEIA-NOITE

*Kennedy, Kruchev e Castro
à beira da guerra nuclear*

Tradução de
Jussara Simões e
Marcos Santarrita

Título original
ONE MINUTE TO MIDNIGHT
Kennedy, Khrushchev, and Castro
on the Brink of Nuclear War

Copyright © 2008 by Michael Dobbs

Edição brasileira publicada mediante acordo com
Alfred A. Knopf, uma divisão da Random House, Inc.

Direitos para a língua portuguesa reservados
com exclusividade para o Brasil à
EDITORA ROCCO LTDA.
Av. Presidente Wilson, 231 – 8º andar
20030-021 – Rio de Janeiro – RJ
Tel.: (21) 3525-2000 – Fax: (21) 3525-2001
rocco@rocco.com.br
www.rocco.com.br

Printed in Brazil/Impresso no Brasil

preparação de originais
CATALINA ARICA

CIP-Brasil. Catalogação na fonte.
Sindicato Nacional dos Editores de Livros, RJ.

D664m Dobbs, Michael
    Um minuto para a meia-noite: Kennedy, Kruchev e Castro à beira da guerra nuclear/Michael Dobbs; tradução de Jussara Simões e Marcos Santarrita. – Rio de Janeiro: Rocco, 2009.

    Tradução de: One minute to midnight: Kennedy, Khrushchev, and Castro on the brink of nuclear war.
    ISBN 978-85-325-2432-4

    1. Crise dos mísseis cubanos, 1962 – Fontes. I. Título.

09-1706
CDD–973.922
CDU–94(73)

Para Olivia

Sumário

Lista de Mapas *9*
Prefácio *13*
CAPÍTULO UM – Americanos *17*
CAPÍTULO DOIS – Russos *49*
CAPÍTULO TRÊS – Cubanos *76*
CAPÍTULO QUATRO – "Olho no olho" *110*
CAPÍTULO CINCO – "Até o inferno congelar" *138*
CAPÍTULO SEIS – Intel *161*
CAPÍTULO SETE – Bombas nucleares *186*
CAPÍTULO OITO – Ataque primeiro *211*
CAPÍTULO NOVE – Caçada ao *Grozny* *242*
CAPÍTULO DEZ – Tiroteio *264*
CAPÍTULO ONZE – "Um bom filho da puta" *288*
CAPÍTULO DOZE – "Corra como o diabo" *309*
CAPÍTULO TREZE – Gato e rato *331*
CAPÍTULO CATORZE – "Encaixote e devolva" *355*
Posfácio *385*
Agradecimentos e uma nota sobre as fontes *397*
Notas *407*

Mapas

Cuba, outubro de 1962   *10-11*

"Olho no olho", 24 de outubro de 1962   *117*

Área de Havana, outubro de 1962   *204*

Movimentação de mísseis de cruzeiro FKR,   *207*
26-27 de outubro de 1962

Último voo do major Rudolf Anderson,   *277*
27 de outubro de 1962

Missão do major Charles Maultsby ao polo Norte,   *295*
27 de outubro de 1962

Posições dos submarinos soviéticos,   *332*
27 de outubro de 1962

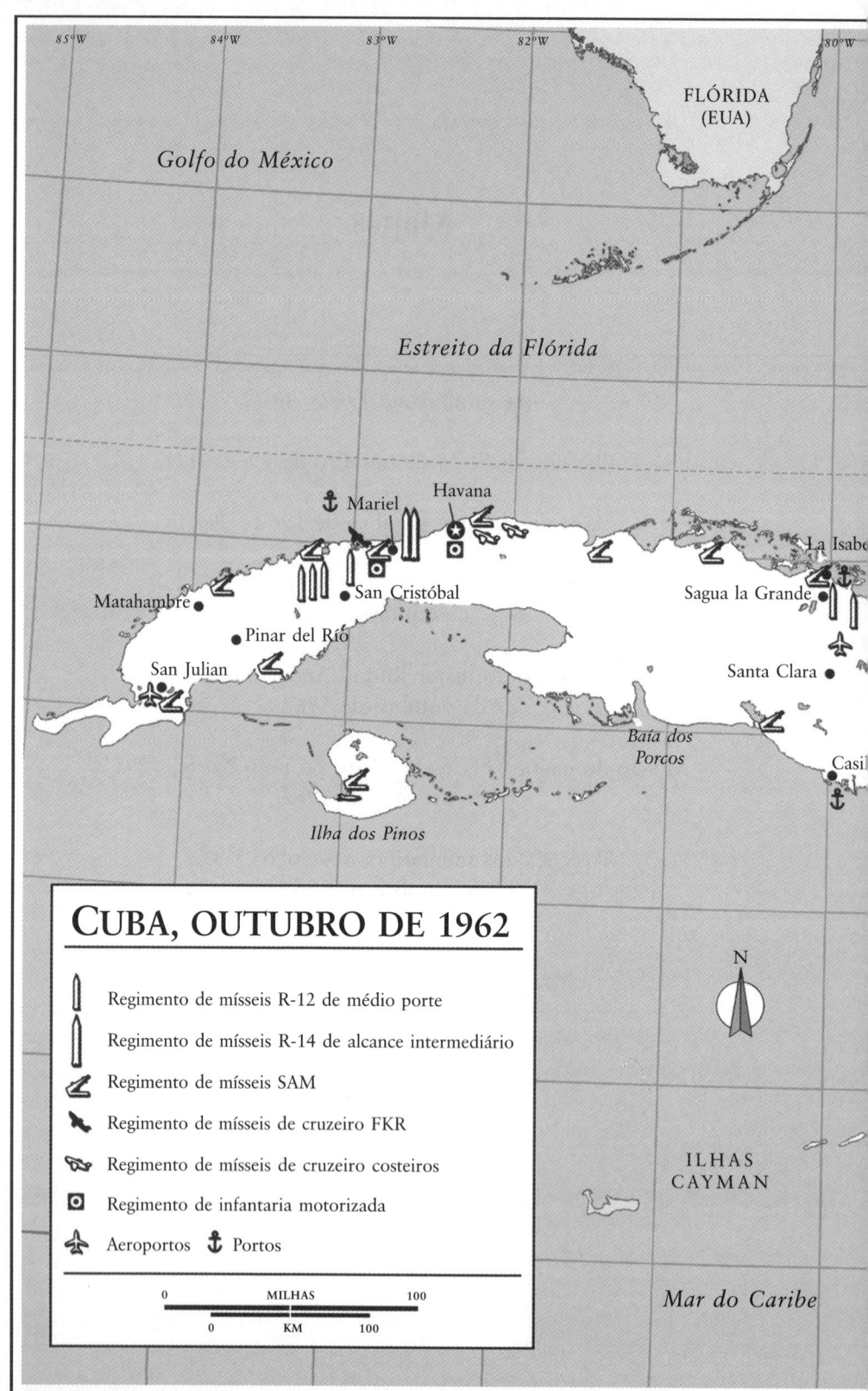

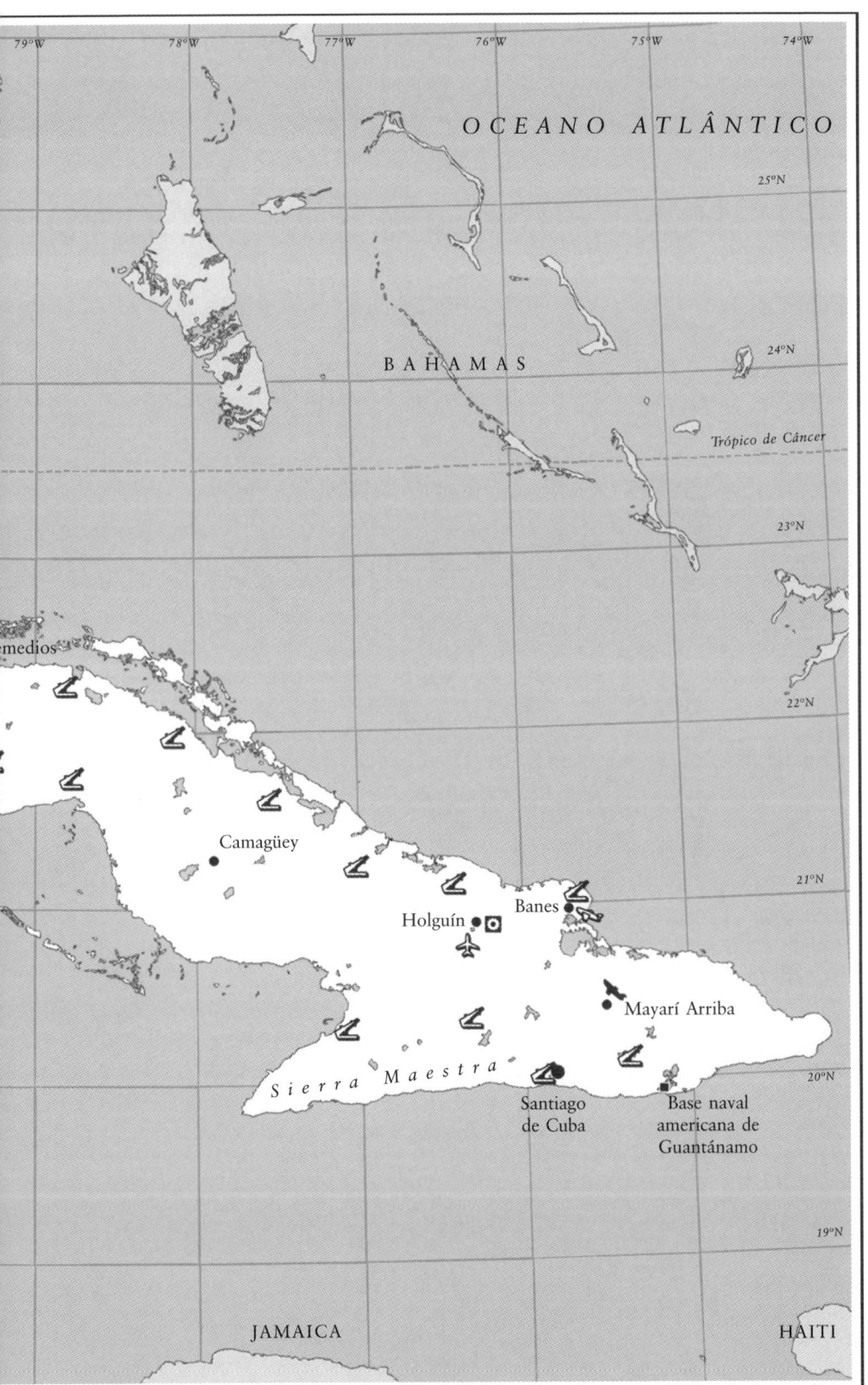

Prefácio

Poucos fatos da história foram tão estudados e analisados quanto a crise dos mísseis de Cuba. Os 13 dias de outubro de 1962, em que a humanidade esteve mais perto que nunca da destruição nuclear, foram examinados em incontáveis artigos de revistas e livros, em documentários de televisão, estudos do processo decisório presidencial, em cursos universitários e palestras de ex-adversários dos tempos da Guerra Fria, e até em um filme de Hollywood. Digno de nota, porém, apesar dessa torrente de palavras, ainda não existe um relato minuto a minuto, na tradição de *The Longest Day* ou de *Death of a President*.

A maioria dos livros sobre a crise são memórias ou estudos acadêmicos, dedicados a determinada faceta de um assunto amplo e complicado. Em algum ponto dessa abundante literatura acadêmica a história humana se perdeu: um épico do século XX que testemunhou uma das maiores mobilizações de homens e equipamentos depois da II Guerra Mundial, decisões de vida ou morte sob imensa pressão e um elenco que vai de Curtis LeMay a Che Guevara, todos com histórias singulares para contar.

O meu objetivo neste livro é ajudar uma nova geração de leitores a reviver a crise mais representativa da Guerra Fria, concentrando-se no que Arthur M. Schlesinger, Jr. chamou de "o momento mais perigoso da história da humanidade". Conhecido na Casa Branca de Kennedy como "Sábado Negro", o dia 27 de outubro de 1962 foi um dia de peripécias nauseantes que levaram o mundo a uma situação mais próxima que nunca de um apocalipse nuclear. Também foi o dia em que John F. Kennedy e Nikita S. Kruchev, representando as forças ideológicas antagônicas que levaram o mundo à beira da aniquilação nuclear, retrocederam um passo diante do abismo. Se a crise dos mísseis de Cuba foi o momento decisivo da Guerra Fria, o Sábado Negro foi o momento decisivo da crise dos mísseis. Foi então que os ponteiros do metafórico Relógio do Juízo Final chegaram a um minuto para a meia-noite.

O dia começou com Fidel Castro ditando um telegrama que incitava Kruchev a usar suas armas nucleares contra o inimigo em comum; terminou com os irmãos Kennedy propondo-se a abrir mão dos mísseis dos EUA na Turquia, em troca da retirada dos mísseis de Cuba. Entre esses dois acontecimentos, foram transportadas ogivas nucleares soviéticas para mais perto dos locais onde estavam os mísseis em Cuba; foi abatido um avião U-2 de espionagem ao sobrevoar o leste de Cuba; outro U-2 se desviou para o espaço aéreo da União Soviética; um submarino soviético equipado com armas nucleares teve de emergir, obrigado pelas bombas submarinas da Marinha dos EUA, os cubanos atacaram uma nave de reconhecimento dos EUA que voava baixo, o Conselho de Chefes de Estado-Maior finalizou os planos de uma invasão maciça; e os soviéticos levaram armas nucleares táticas para uma distância inferior a 27km da base naval dos EUA na baía de Guantánamo. Qualquer um desses incidentes poderia ter levado a uma troca de mísseis nucleares entre as duas superpotências.

No relato desta história, tentei combinar as técnicas do historiador com as do jornalista. A crise dos mísseis de Cuba aconteceu há tempo suficiente para que os arquivos já tenham revelado a maioria dos segredos. Muitos dos participantes ainda estão vivos e ansiosos por falar. Durante dois anos de pesquisas intensivas, fiquei espantado com a quantidade de material novo que consegui descobrir, escavando antigos registros, entrevistando testemunhas oculares, visitando os silos de mísseis em Cuba e estudando minuciosamente milhares de fotografias feitas pelos aviões americanos de reconhecimento. As revelações mais interessantes quase sempre provinham da triangulação de informações sem qualquer relação, tais como uma entrevista com um veterano soviético e uma interceptação feita pela espionagem americana, ou as memórias de um piloto americano de U-2 e um mapa nunca publicado de sua incursão de duas horas no espaço aéreo da União Soviética que descobri no Arquivo Nacional.

Apesar da vasta quantidade de trabalhos acadêmicos sobre a crise dos mísseis, ainda há muitas fontes totalmente inexploradas ou mal utilizadas. Muitos dos veteranos soviéticos citados neste livro, inclusive os homens que lidaram fisicamente com as ogivas nucleares e as apontaram para cidades dos Estados Unidos, jamais tinham sido entrevistados por um escritor ocidental. Até onde me foi possível saber, nenhum pesquisador da crise dos mísseis inspecionara as centenas de latas de filmes encontradas nos arquivos, com dados da espionagem que forneciam documentação minuciosa acerca da construção e da ativação dos silos de mísseis em Cuba. Este é o primeiro livro a usar indícios arquivados que tracem as posições reais dos navios soviéticos e americanos na manhã de 24 de outubro, quando Dean Rusk falou do iminente confronto "cara a cara" dos dois lados.

Outras fontes se tornaram focos de uma indústria de fundo de quintal especializada no processo decisório presidencial. O exemplo mais óbvio são as 43 horas de fitas gravadas com as vozes de JFK e seus conselheiros mais próximos, que foram exaustiva e detalhadamente examinadas por grupos de visões opostas de acadêmicos. As fitas da Casa Branca são documentos históricos importantíssimos, porém são apenas uma pequena parte de uma história muito maior. Algumas das informações que chegaram à Casa Branca durante a crise estavam incorretas. Confiar nas declarações de assessores da presidência, como Robert McNamara e John McCone, sem compará-las com o restante dos registros históricos, é receita de imprecisão. Indico alguns dos erros mais óbvios no decorrer da narrativa.

O início da década de 1960, assim como os primeiros anos do novo milênio, foi uma época de agitação econômica, política e tecnológica. O mapa-múndi foi redesenhado porque desapareceram impérios e dezenas de novos países ingressaram na ONU. Os Estados Unidos gozavam de esmagadora superioridade estratégica. Mas o predomínio dos EUA gerava um enorme ressentimento. O outro lado da hegemonia era a vulnerabilidade, pois o território dos Estados Unidos estava, então, exposto às ameaças, antes inimagináveis, de terras distantes.

Naquele tempo, assim como hoje, o mundo estava em meio às dores do parto de uma revolução tecnológica. Aviões à velocidade do som, a televisão transmitindo imagens instantaneamente através dos oceanos, alguns tiros poderiam fazer eclodir uma guerra nuclear global. O mundo estava se tornando "uma aldeia global", na expressão recém-criada por Marshall McLuhan. Mas a revolução não estava encerrada. Os seres humanos tinham nas mãos a capacidade de explodir o mundo, mas ainda usavam as estrelas para navegar. Americanos e russos estavam começando a explorar o espaço, mas o embaixador soviético em Washington tinha de chamar um mensageiro de bicicleta quando queria enviar um telegrama a Moscou. Os navios de guerra americanos conseguiam fazer chegarem mensagens à Lua, mas podiam levar muitas horas decifrando uma comunicação secretíssima.

A crise dos mísseis de Cuba serve como lembrete de que a história está repleta de peripécias inesperadas. Os historiadores gostam de procurar ordem, lógica e inevitabilidade em fatos que, às vezes, desafiam as explicações lógicas e coerentes. Como assinalou o filósofo dinamarquês Søren Kierkegaard, a história é "vivida para a frente", mas "entendida em retrospecto". Tentei contar esta história conforme vivida na época, para a frente, e não para trás, preservando o suspense e a imprevisibilidade.

Para dar aos leitores os elementos necessários para a compreensão dos acontecimentos do Sábado Negro, comecei a história no início dos "Treze Dias", que as clássicas memórias de Bobby Kennedy tornaram famosos em 1968. Resumi a primeira semana da crise – uma semana de deliberações secretas em Washington, anteriores ao ultimato televisivo de JFK a Kruchev – em um único capítulo. Com a aceleração do ritmo, a narrativa se torna mais minuciosa. Dedico seis capítulos aos acontecimentos de segunda-feira, 22 de outubro, à sexta-feira, 26 de outubro; e a segunda metade do livro, a um relato minuto a minuto do auge da crise no Sábado Negro e a sua resolução na manhã de 28 de outubro, domingo.

A crise dos mísseis de Cuba foi uma crise global, que se desenrolou simultaneamente em 24 fusos horários. Aconteceu em muitos lugares, principalmente em Washington, Moscou e Cuba, mas também em Londres, Berlim, no Alasca, na Ásia Central, na Flórida, no Pacífico Sul e até no polo Norte. Para manter o leitor orientado, transformei todos os fusos em hora de Washington (com horários locais entre parênteses) e indiquei a hora no alto de cada página.

O enredo da história é bem simples: dois homens, um em Washington e outro em Moscou, lutam contra o espectro da destruição nuclear que eles mesmos desencadearam. Porém, são as subtramas que dão força dramática à história. Se personagens que parecem não ter importância às vezes ameaçam tomar posse da narrativa, vale lembrar que qualquer uma dessas subtramas poderia ter se tornado a trama principal a qualquer momento. A questão não era saber se Kennedy e Kruchev queriam controlar os acontecimentos, era saber se *conseguiriam*.

CAPÍTULO UM

Americanos

TERÇA-FEIRA, 16 DE OUTUBRO DE 1962, 11:50

O intérprete-chefe de fotografias da CIA espiava por cima do ombro do presidente. Arthur Lundahl tinha na mão um bastão apontador, pronto para revelar um segredo que levaria o mundo à beira da guerra nuclear.

O segredo estava enterrado nas três fotos em preto e branco coladas em folhas de cartolina para apresentação em reuniões, escondidas dentro de uma grande pasta preta. As fotografias tinham sido tiradas do alto, evidentemente de uma distância considerável, com a ajuda de uma potentíssima teleobjetiva. Numa inspeção superficial, as imagens granuladas dos campos, das florestas e das tortuosas estradas do interior pareciam inócuas, quase bucólicas. Um dos campos continha objetos tubulares, outros pontos brancos ovalados perfeitamente alinhados um ao lado do outro. John F. Kennedy mais tarde comentaria que o local poderia ser confundido com um "campo de futebol americano". Depois de examinar as fotografias naquela manhã, o irmão dele, Bobby, não conseguira distinguir nada mais que "a clareira de um campo de fazenda ou o porão de uma casa".

Para ajudar o presidente a entender a importância das fotos, Lundahl as rotulara com setas que indicavam os pontos e as manchas, junto com legendas que diziam "EQUIPAMENTO ERETOR PARA LANÇAMENTO", "REBOQUES DE MÍSSEIS" e "ÁREAS COM BARRACAS". Ele ia começar a expor as pranchas no cavalete quando houve um alvoroço do outro lado da porta. Uma garotinha de quatro anos de idade invadiu uma das salas mais protegidas da Casa Branca.

As cabeças das 14 pessoas mais poderosas dos Estados Unidos giraram em direção à porta quando Caroline Kennedy correu na direção do pai, balbuciando agitada:

– Papai, papai, não querem deixar eu entrar.

Os homens de semblante soturno, de terno escuro, estavam acostumados com essas invasões. As caretas se dissolveram em sorrisos quando o presidente se levantou da poltrona com estofamento de couro e encaminhou a filha de volta à porta da sala de reunião com os ministros.

– Caroline, andou comendo doce?

Ela não respondeu. O presidente sorriu.
– Responda. Sim, não ou talvez.
Pai e filha desapareceram por alguns segundos, ele com o braço ao redor dos ombros dela. Quando Kennedy voltou, já retomara o semblante austero. Assumiu seu lugar no centro da longa mesa debaixo do selo presidencial, de costas para o Jardim de Rosas. Estava ladeado pelo secretário de Estado e pelo secretário da Defesa. De frente para ele, do outro lado da mesa, estavam seu irmão, o vice-presidente e seu conselheiro de segurança nacional. Atrás deles, um pequeno busto de bronze de Abraham Lincoln, ladeado por miniaturas de caravelas. Em cima da lareira, à direita, estava o famoso retrato feito por Gilbert Stuart de George Washington, empoado e de peruca.

O 35º presidente dos Estados Unidos pediu ordem na reunião.

Aos outros homens presentes no salão, Kennedy parecia extraordinariamente tranquilo ao tomar conhecimento da ambiguidade do Kremlin. Em sigilo, embora repetisse que jamais pensariam em fazer uma coisa dessas, os líderes soviéticos tinham instalado mísseis nucleares superfície-superfície em Cuba, a menos de 150km do litoral dos EUA. Segundo a CIA, os mísseis tinham alcance de 1.600km e tinham capacidade de atingir grande parte da orla marítima oriental do país. Uma vez armados e prontos para disparo, poderiam explodir sobre Washington em 13 minutos, transformando a capital em um deserto ressequido.

Lundahl tirou as pranchas da maleta e estendeu-as sobre a mesa. Usou o bastão para dirigir a atenção do presidente a um rebocador de mísseis coberto com lona ao lado de um eretor de lançamento. Havia mais sete rebocadores de mísseis estacionados em um campo das proximidades.

– Como sabe que isso é um míssil balístico de alcance médio? – perguntou o presidente, com a voz entrecortada e tensa, traindo uma raiva em ebulição por baixo da aparente calma.

– O comprimento, senhor.

– O quê? O comprimento?

– É, o comprimento dele.

Os especialistas da CIA tinham passado as 36 horas anteriores analisando minuciosamente milhares de fotografias de reconhecimento dos montes e vales do Oeste de Cuba. Tinham descoberto cabos que denunciavam a ligação de um dos objetos tubulares à mancha oval das proximidades e usado um computador novo e revolucionário que ocupava metade de uma sala – o comparador Mann Model 621 para medir o comprimento. Os tubos tinham 20 metros de comprimento. Já haviam fotografado mísseis com o mesmo comprimento em desfiles militares na praça Vermelha, em Moscou.

O presidente fez a pergunta óbvia: quando os mísseis estariam prontos para disparar?

Os especialistas não tinham certeza. Isso dependeria de quando os mísseis seriam acoplados a suas ogivas. Uma vez acoplados, poderiam ser disparados em poucas horas. Até aquele momento, não havia indícios de que os soviéticos tivessem transportado as ogivas para os silos de mísseis. Se as ogivas estivessem presentes, seria possível esperar que houvesse algum tipo de instalação de armazenagem segura nos silos de mísseis, mas não havia nada visível.

— Há motivo para crer que as ogivas não estão presentes e, portanto, *não* estão prontas para disparar — disse o secretário da Defesa Robert S. McNamara. O cérebro semelhante a um computador do ex-presidente da Ford Motor Company clicava furiosamente, calculando as possibilidades de um ataque de surpresa. Ele achava que o presidente ainda tinha algum tempo.

O presidente do Conselho de Chefes de Estado-Maior discordava. O general Maxwell Taylor saltara de paraquedas na Normandia durante a II Guerra Mundial e comandara as forças aliadas em Berlim e na Coreia. Cabia-lhe assinalar os riscos do atraso. Os soviéticos poderiam estar em posição de disparar os mísseis "bem rapidamente". A maior parte da infraestrutura já estava instalada. "Não é questão de esperar por amplas plataformas de concreto e esse tipo de coisa."

Os assessores do presidente já estavam se dividindo entre pombos e falcões.

Kennedy recebera informações iniciais da espionagem naquela manhã, mais cedo. Seu conselheiro de Segurança Nacional, McGeorge Bundy, batera à porta do quarto dele, no segundo andar da Casa Branca, pouco depois das oito horas da manhã. Estava recostado na cama, de pijama e roupão, lendo os jornais matinais. Como sempre acontecia, estava aborrecido com uma manchete de primeira página do *New York Times*. Nessa manhã específica, a exasperação se dirigia a seu predecessor, Dwight D. Eisenhower, que transgredira a convenção consuetudinária, segundo a qual os ex-presidentes deviam se abster de criticar o atual ocupante da Casa Branca.

EISENHOWER CHAMA O PRESIDENTE
DE FRACO EM POLÍTICA INTERNACIONAL

Ele denuncia "Triste Histórico", refutando
declarações de Kennedy sobre realizações.

VÊ PERCALÇOS PARA OS EUA

Enquanto Bundy descrevia a mais recente missão do U-2 sobre Cuba, a irritação de Kennedy com Ike foi substituída por uma raiva ardente contra seu rival na Guerra Fria. Durante os dois anos anteriores, ele e Nikita Kruchev estiveram empenhados em um jogo bem público de aparentar superioridade nuclear. Mas Kennedy achava que tinha um entendimento com o volúvel *premier* soviético. Kruchev mandara recados por intermediários de que não faria nada para constranger politicamente o presidente dos EUA antes das parlamentares, que estavam a exatamente três semanas de acontecer.

A notícia de que os soviéticos estavam construindo bases de mísseis em Cuba não poderia ter chegado em momento pior. Durante a campanha presidencial de 1960, Kennedy usara Cuba como porrete para bater nos republicanos, acusando o governo Eisenhower de não ter feito nada para impedir que Fidel Castro transformasse a ilha em um "hostil e militante satélite comunista". Agora que os democratas estavam no poder, os papéis políticos se inverteram. Os políticos republicanos agarravam-se às notícias de instalações militares soviéticas em Cuba para denunciar a fraqueza e a incompetência de Kennedy. Apenas dois dias antes, Kennedy mandara Bundy se apresentar em rede nacional de TV para desmentir a declaração do senador republicano de Nova York, Kenneth B. Keating, de que os soviéticos logo poderiam "lançar foguetes no território americano" do posto avançado no Caribe.

A reação imediata de Kennedy, quando ouviu de Bundy que Kruchev o traíra foi falar gaguejando:

– Ele não pode fazer isso comigo.

Uma hora depois, entrou no gabinete de seu secretário de compromissos, Kenny O'Donnell, e anunciou, abatido:

– É provável que Ken Keating seja o próximo presidente dos Estados Unidos.

Decidido a manter esse dado o maior tempo possível em sigilo, Kennedy decidiu ater-se à agenda normal, agindo como se não houvesse problema nenhum. Mostrou o pônei de Caroline, Macaroni, à família de um astronauta que retornara do espaço, passou meia hora conversando amistosamente com um deputado democrata e presidiu uma palestra sobre deficiência mental. Já era quase meio-dia quando conseguiu afastar-se dos deveres protocolares para se reunir com seus principais consultores de política internacional.

Kennedy admitiu que estivesse desconcertado com Kruchev. Alternando-se entre simpático e grosseiro, amistoso e intimidador, o metalúrgico que se tornara líder de uma superpotência não era diferente de nenhum outro político que ele já conhecera. Sua única reunião de cúpula – em Viena, em junho de 1961 – fora brutal para Kennedy. Kruchev o tratara como um garotinho, passando-lhe sermões sobre delitos dos EUA, ameaçando tomar posse de Berlim Ocidental e gabando-se do inevitável triunfo do comunismo. O mais chocante era que Kruchev parecia não compactuar com a preocupação de Kennedy sobre os riscos de guerra nuclear e de como poderia ser provocada por erro de cálculo de qualquer um dos dois lados. Ele falava de armas nucleares de maneira informal, espontânea, como se fossem simplesmente mais um elemento na concorrência entre as superpotências. "Se os Estados Unidos querem guerra", vociferou, "que comecem já."

– A maior grosseria da minha vida – dissera Kennedy a James Reston, do *New York Times*, depois que tudo acabou. – Ele simplesmente me deixou furioso.

O vice-presidente Lyndon B. Johnson estava desdenhoso do desempenho do chefe.

– Kruchev deixou o coitadinho morrendo de medo – comentou com os amigos.

O primeiro-ministro britânico, Harold Macmillan, que se reunira com Kennedy pouco depois que ele saiu de Viena, foi só um pouquinho mais solidário. Ele achava que o presidente ficara "totalmente arrasado com a crueldade e a brutalidade do presidente russo". Pela primeira vez na vida, Kennedy conhecera um homem "insensível a seu charme", comentou Macmillan mais tarde.

– Isso me lembrava, de certa forma, de Lorde Halifax ou Neville Chamberlain tentando manter uma conversa com Herr Hitler.

Parte do problema estava nos erros de cálculo de Kennedy na Presidência. O maior erro de todos foi a baía dos Porcos. Em abril de 1961, quatro meses depois de assumir a Presidência, ele autorizara que 1.500 exilados cubanos treinados pela CIA invadissem Cuba. Mas a operação foi um desastre em planejamento e execução. Castro montou um vigoroso contra-ataque e encurralou os exilados em uma cabeça de ponte isolada. Ansioso por dissimular o máximo possível o envolvimento americano, Kennedy se recusou a mandar navios e aviões dos EUA, dispostos próximos, resgatarem os invasores de número tão reduzido, que acabaram nas cadeias de Castro. Conforme Kennedy mais tarde confessou a Reston, a superpotência adversária sem dúvida concluíra que "sou inexperiente. Provavelmente acha que sou burro. Talvez, o que é mais importante, ela ache que não tenho coragem". A percepção de um líder inexperiente sem coragem era algo que ele vinha lutando para apagar desde então.

A notícia de Cuba reforçou em Kennedy a impressão de que Kruchev era um "tremendo mentiroso". Reclamou com o irmão que o líder soviético se comportara como "um gângster imoral... e não como estadista, não como uma pessoa com senso de responsabilidade".

A questão era como reagir. Com toda certeza aumentaria o número de reconhecimentos feitos pelos U-2 na ilha. As opções militares iam de ataque aéreo somente aos silos de mísseis a uma invasão total. O general Taylor advertiu que talvez fosse impossível destruir todos os mísseis em um ataque único:

– Jamais será 100%, Excelência.

Qualquer ação militar provavelmente se intensificaria até transformar-se em invasão. O plano de invasão exigia que desembarcassem 150 mil homens em Cuba uma semana após os ataques aéreos iniciais. Enquanto isso, os soviéticos talvez fossem capazes de lançar um ou dois mísseis nucleares contra os Estados Unidos.

– Com certeza vamos escolher a [opção] número um – disse Kennedy, com um aspecto sinistro, aos assessores, referindo-se ao ataque aéreo. – Vamos destruir esses mísseis.

TERÇA-FEIRA, 16 DE OUTUBRO, 14:30

Robert Kennedy ainda estava com um brilho irado no olhar, naquela tarde, quando se reuniu com os encarregados pela guerra secreta dos Estados Unidos contra Fidel Castro em seu lúgubre gabinete do Departamento de Justiça. Ele estava decidido a deixar clara a "insatisfação" do presidente com a Operação Mangusto, que se iniciara havia um ano, sem conseguir praticamente nada. Foram planejados incontáveis atos de sabotagem, mas nenhum foi realizado com sucesso. Fidel e seus revolucionários barbudos ainda estavam no poder, diariamente infligindo humilhações aos Estados Unidos.

Os funcionários da CIA, do Pentágono e do Departamento de Estado sentavam-se em semicírculo diante do secretário de Justiça. Aquarelas dos filhos dele decoravam as paredes de uma nova galeria, juntamente com as obras de arte de propriedade do governo. Um dos documentos que estavam em cima da mesa desarrumada, cheia de papéis espalhados, era um memorando de duas páginas intitulado "MANGUSTO SECRETO", com as mais recentes ideias para incentivar insurreições em Cuba. Fora elaborado pela CIA em resposta à incitação dos irmãos Kennedy para que fossem mais "agressivos". RFK aprovava com a cabeça ao percorrer a lista:

- Demolição de uma ponte sobre a ferrovia na província de Pinar del Río;
- Ataque com granadas à embaixada da China comunista em Havana;
- Minar as proximidades dos principais portos cubanos;

- Incendiar um petroleiro próximo a Havana ou Matanzas;
- Ataques incendiários contra refinarias de petróleo em Havana e Santiago.

O título de secretário de Justiça mascarava o verdadeiro papel de Bobby no governo, que estava mais para vice-presidente. Entre suas responsabilidades extracurriculares estava o comando de uma comissão secreta, conhecida como Grupo Especial (Ampliado), cuja meta era "livrar-se de" Castro e "libertar" Cuba do domínio comunista. A entrada do irmão do presidente no grupo – indicada pela enigmática palavra "Ampliado" – foi um modo de asseverar a sua importância perante todo o resto da burocracia. Logo depois de assumir o controle da Operação Mangusto, em novembro de 1961, Bobby decretou que "o problema de Cuba tem prioridade máxima no governo dos EUA. Não devemos poupar tempo, dinheiro, esforço nem mão de obra". Por coincidência, ele havia organizado um estudo, havia muito planejado, de atividades secretas contra Cuba naquele mesmo dia em que os mísseis soviéticos foram descobertos na ilha.

Bobby escolhia muito bem as palavras quando se dirigia ao Grupo Especial. Metade dos oficiais presentes não sabia dos últimos acontecimentos, e o presidente assinalara a necessidade de sigilo total. Mas era difícil para ele ocultar a raiva ao falar da "mudança de clima no governo dos Estados Unidos nas últimas 24 horas". Frustrado com a falta de "incentivo" no prosseguimento dos atos de sabotagem, anunciou que planejava dedicar "mais atenção pessoal" ao Mangusto. Para tanto, ele se reuniria com a equipe operacional do Mangusto todas as manhãs, às 9:30 até ordem em contrário.

Para Bobby, a chegada dos mísseis soviéticos no hemisfério ocidental não era uma simples afronta política, era uma afronta pessoal. Ele era o membro mais emocional da família, tão ríspido e intenso quanto o irmão era tranquilo e calmo. JFK fora humilhado mais uma vez por Castro e Kruchev, e RFK estava decidido a revidar o insulto. Ele era extraordinariamente competitivo – mesmo pelos padrões intensamente competitivos do clã dos Kennedy – e o que mais guardava rancor.

– Todos na minha família perdoam – comentou certa vez o patriarca da família, Joseph Kennedy, Sr. – Menos Bobby.

Foi Jack que lhe contou sobre os mísseis em um telefonema de manhã cedo:

– Estamos com um problemaço – disse-lhe o presidente.

Pouco depois, Bobby estava no gabinete de Bundy na Casa Branca, perscrutando fotografias de reconhecimento.

– Ai, merda, merda, merda – resmungava, batendo com o punho na palma da mão. – Esses russos filhos da puta.

Enquanto Jack reagia às más notícias com frieza e recolhimento, Bobby andava pela sala com raiva, xingando e elevando o punho à altura do peito, como se estivesse prestes a bater em alguém.

Bobby estava furioso com Kruchev. Mas também estava furioso com a lerda burocracia dos EUA, que vivia falando em restabelecer a liberdade em Cuba, porém nunca fez nada de fato. E estava furioso consigo mesmo, por ter acreditado quando os soviéticos negaram o transporte de mísseis em Cuba, apesar dos numerosos relatos de cubanos anticastristas e de agentes da CIA disfarçados a respeito de atividades relativas a mísseis na ilha. Conforme ele escreveu mais tarde, "a sensação predominante era de choque e incredulidade. Nós havíamos sido enganados por Kruchev, porém também tínhamos nos enganado".

Nos 12 meses anteriores, os Kennedy tinham tentado, por todos os meios ao seu alcance, se vingar de Castro, faltando pouco para ordenar uma invasão total de Cuba.

"Minha ideia é provocar agitação na ilha com espionagem, sabotagem, desordem generalizada, tudo executado e operado pelos próprios cubanos", escreveu Bobby em um memorando de novembro de 1961. "Não sei se conseguiremos derrubar Castro, mas não temos nada a perder, segundo minhas estimativas." Não havia método que fosse considerado sujo demais ou extravagante demais para alcançar o objetivo desejado. O Departamento de Estado rascunhou planos para sabotar a economia cubana; o Pentágono apresentou o esquema de uma onda de bombardeios em Miami e Washington que se poderia atribuir a Castro; a CIA infiltrou exilados anticastristas em Cuba para esconder armas e fomentar uma insurreição. A CIA tinha inúmeros planos de assassinar Castro, inclusive um esforço contínuo de usar a Máfia para contrabandear armas e pílulas de veneno para eliminar *"el lider máximo"*. O plano de reserva era usar agentes químicos para destruir a barba de Fidel Castro, para que ele se tornasse motivo de troça entre o povo cubano.

Bobby tinha interesse particular por todas as facetas da campanha anticastro. Ele convidava os ativistas anticastro para irem à casa dele em Hickory Hill, na Virgínia, e conversava sobre meios de derrubar o ditador, enquanto as crianças brincavam com trens embaixo da cama. Telefonava diretamente para os contatos na comunidade de exilados cubanos, evitando os canais burocráticos normais. Também tinha seu próprio funcionário de ligação na CIA, que operava independentemente do resto da agência e realizava missões secretas para o secretário de Justiça sem informar aos superiores.

O cronista oficial dos anos Kennedy, Arthur M. Schlesinger Jr., descreveria a Operação Mangusto como "a loucura mais conspícua de Robert Kennedy". Mas a loucura não era só dele. Embora fosse, com certeza, o mais enérgico defensor da queda de Castro na administração Kennedy, RFK tinha o apoio total do presidente. Ninguém que frequentasse as reuniões do Grupo Especial tinha ilusões a esse respeito. Bobby "sentava-se lá, mascando chiclete, com a gravata frouxa, os pés em cima da mesa, desafiando qualquer um a contradizê-lo", recordava-se Thomas Parrott, redator oficial das atas das reuniões da Casa Branca. "Ele era um canalha, mas era irmão do presidente, era o protegido, e éramos obrigados a obedecer. Todos achavam que ele contaria ao Irmão Mais Velho se a gente não concordasse com o que ele propunha."

Havia um aspecto Dr. Jekyll e Mr. Hyde na relação Jack/Bobby. O torturado e agitado Bobby era uma versão mais sombria, mais grosseira, do irmão mais velho, que era mais calmo, mais tolerante. Depois de observar os dois irmãos interagirem durante um bom tempo, mais um funcionário da Casa Branca, Richard Goodwin, passou a crer que as polêmicas azedas de Bobby "expressavam as emoções dissimuladas do próprio presidente, particularmente comunicadas em alguma conversa íntima anterior... Havia uma rigidez, quase sempre uma raiva volátil, por baixo do comportamento exteriormente amistoso, atencioso, controladíssimo de John Kennedy".

Jack estava com 45 anos de idade quando mergulhou na crise mais grave da Guerra Fria, dois anos depois de ter-se tornado o mais jovem presidente eleito na história dos Estados Unidos. Bobby estava com apenas 36 anos.

O instrumento dos irmãos Kennedy para fazer vigorar sua vontade em Cuba era um arrojado brigadeiro da aeronáutica chamado Edward Lansdale, naquele momento sentado em frente ao secretário de Justiça, diligente, fazendo anotações. Com seu bigode aparado, sorriso de ídolo de matinê e expressão solícita, Lansdale parecia uma versão de Clark Gable dos anos 1960. Ele transpirava uma confiança dinâmica que atraía Bobby e Jack. Seu título formal era "chefe de operações" do "projeto Cuba".

Ex-executivo do ramo publicitário e especialista em propaganda enganosa, Lansdale ganhou renome no Sudeste da Ásia, ajudando o governo filipino a sufocar uma insurgência comunista. Também serviu no Vietnã do Sul no cargo de conselheiro militar. Alguns o consideravam o protótipo do sincero, porém ingênuo, protagonista do romance *O americano tranquilo*, de Graham Greene, que deixa tudo ao redor em polvorosa na honesta determinação de exportar o estilo americano de democracia para a selva asiática.

A partir de janeiro de 1962, Lansdale dera uma série de instruções para a derrubada de Castro, perfeitamente organizadas em pastas com etiquetas tão diversas quanto "Apoio Psicológico", "Apoio Militar" e "Apoio a Sabotagem". A data programada para o "Touchdown Play" era meados de outubro, data calculada para apelar ao instinto político dos irmãos Kennedy, algumas semanas antes das eleições para o Congresso. Um memorando secretíssimo de Lansdale, com data de 20 de fevereiro, expunha o cronograma:

- Fase I. *Ação*, março de 1962. Começar a penetração.
- Fase II. *Intensificação*, abril-julho de 1962. Ativação das operações necessárias dentro de Cuba para a revolução e, simultaneamente, aplicação do apoio essencial de tipo político, econômico e militar, de fora de Cuba.
- Fase III. *Prontidão*, 1º de agosto de 1962. Checar decisão final das políticas de execução.
- Fase IV. *Resistência*, agosto-setembro de 1962. Passar a operações de guerrilha.
- Fase V. *Rebelião*, duas primeiras semanas de outubro de 1962. Rebelião generalizada e derrubada do regime comunista.
- Fase VI. *Final*, durante o mês de outubro de 1962. Instituição do novo governo.

Lansdale, contudo, era um general sem exército. Tinha pouquíssimos recursos dentro de Cuba. Nem mesmo controlava a lenta burocracia americana, que se dividia em feudos autônomos. Os agentes da Mangusto na CIA, supostamente subordinados a ele, desdenhavam dos esquemas "irreais, disparatados". Deram-lhe o apelido de "marechal de campo" ou de "combatente de guerrilhas tipicamente americano", e o menosprezavam com epítetos como "biruta", "bicho cabeludo" e "doido de pedra". Achavam difícil entender o domínio quase "místico" que ele parecia exercer sobre os Kennedy. Para George McManus, assistente de John McCone, diretor da CIA, "os projetos de Lansdale simplesmente davam a impressão de movimento", um redemoinho de atividades sem qualquer substância.

Quando os prazos para provocar tumulto em Cuba passavam, sem que quase nada acontecesse, Lansdale apresentava ideias cada vez mais grotescas para derrubar o ditador de Cuba. Seu último plano, com data de 15 de outubro, era de fazer um submarino dos EUA emergir em Havana no meio da noite e disparar foguetes de sinalização na direção da praia. Eles iluminariam o céu noturno. Enquanto isso, os agentes da CIA já teriam espalhado em Cuba a notícia de que Castro era o anticristo e que a iluminação era presságio da Segunda Vinda do Cristo. Lansdale sugeriu que a operação fosse programada para coincidir com o Dia dos Mortos, "para ter ainda mais impacto em razão das superstições dos cubanos". O céticos da CIA apelidaram esse plano de "Eliminação pela Iluminação".

Outro dos projetos de estimação de Lansdale era marcar a resistência cubana com o símbolo *"gusano libre"*. A propaganda cubana oficial constantemente denunciava os cubanos anticastristas apelidando-os de "vermes" – *gusanos*. Lansdale queria virar essa retórica contra Castro e incentivar os dissidentes a se verem como "vermes livres", subvertendo a economia cubana e o sistema político por dentro, via pequenos atos de sabotagem. Mas a campanha de relações públicas foi um fracasso. Imbuídos de orgulho e machismo, os cubanos se recusaram a se identificar com vermes, livres ou não.

As ideias de Lansdale para fomentar uma rebelião anticastro por meio de operações de guerrilha em pequena escala com o apoio de uma propaganda habilidosa foram inspiradas pelo sucesso de Castro ao derrubar seu predecessor, que tinha o apoio dos EUA, Fulgencio Batista. Líder dos estudantes rebeldes, que passou dois anos na prisão e depois foi para o exílio no México, Castro retornara de barco para Cuba em dezembro de 1956, acompanhado por 81 adeptos pobremente armados. Dos esconderijos nas montanhas da Sierra Maestra, no Leste de Cuba, os barbudos insuflaram um levante contra o exército de Batista, que contava com 50 mil soldados. No final de dezembro de 1958, o ditador já fugira e Fidel se tornou o irrefutável governante de Cuba.

Infelizmente para a administração Kennedy, havia muitas diferenças entre a revolução de Castro e a que Lansdale estava tentando arquitetar. A vitória de Fidel foi rápida e espetacular, porém foi precedida por um longo período de preparação. Antes mesmo do exílio, Castro lançara, com esmero, os alicerces de um levante, explorando o descontentamento do povo com o governo de Batista, atacando um quartel em Santiago de Cuba, segunda cidade do país, e usando o próprio julgamento como plataforma para a propaganda contra ele. A energia e ímpeto favoráveis à revolução fidelista surgiram dentro de Cuba, e não fora do país. Além disso, na qualidade de revolucionário bem-sucedido, Fidel sabia como defender o regime contra gente como ele mesmo. Desde que assumiu o poder, ele transformara Cuba em um Estado policial, cheio de informantes e comissões de cães de guarda revolucionários.

E também havia restrições impostas pelos próprios Kennedy. Eles queriam uma revolução plausivelmente refutável, que não deixasse rastros que levassem à Casa Branca. Isso era uma contradição fatal. Inúmeras vezes, nas reuniões da Operação Mangusto, Bobby exigia mais "barulho" em Cuba e, depois, reclamava do "nível de ruído" das operações anteriores. No fim das contas, o que os Kennedy conseguiram foi uma revolução no papel, completa, com etapas, pastas criteriosamente catalogadas, datas para atingir os diversos objetivos e um fluxo infindável de memorandos secretíssimos. No início de outubro, estava evidente que Lansdale e seus colegas agentes da Mangusto não tinham ideia de como fazer uma revolução. Ao contrário de Castro, que lutara na selva e passara muitos meses sem comida, eles eram burocratas e não revolucionários.

O espírito do empreendimento foi exposto por um memorando do "chefe de operações" de 11 de setembro aos órgãos do governo, que requisitava informações atualizadas sobre as necessidades de "comunicações seguras" e "espaço para arquivamento" na Sala de Guerra do Pentágono, "para caso de emergência" em Cuba. Com a eficiência militar, Lansdale deu aos órgãos uma semana para responder. A resposta do Departamento de Estado foi típica: um telefone confidencial e um gabinete de arquivos seguro "atenderão às nossas necessidades".

Se a Operação Mangusto tivesse sido mero exercício de iludir a si mesmo – "um remédio psicológico para a inatividade", conforme Bundy descreveu mais tarde –, teria sido relativamente inofensiva. Na verdade, foi a pior combinação possível de políticas internacionais: agressiva, ruidosa e ineficaz. Estava claro para qualquer pessoa que prestasse atenção às notícias que vazavam para a imprensa americana, e nos rumores na comunidade de exilados cubanos, que os Kennedy pretendiam derrubar Castro. A Operação Mangusto era substancial o suficiente para alarmar Castro e seus patronos soviéticos, levando-os a tomar contramedidas – mas não o bastante para ameaçar tirar-lhe das mãos o poder.

Parecia que Kennedy já estava se esquecendo de uma promessa que fizera ao predecessor após o desastre da baía dos Porcos. "Só há uma coisa a fazer quando se entra nesse tipo de situação", repreendeu-o Eisenhower em abril de 1961. "Tem de ser bem-sucedida." A isso Kennedy respondera: "Pois eu lhe garanto que, doravante, se entrarmos em alguma situação como essa, ela terá êxito."

Ao fim de seu primeiro ano, a Operação Mangusto vinha se afigurando como um fracasso quase perfeito.

TERÇA-FEIRA, 16 DE OUTUBRO, 16:35

Jack Kennedy vivia se preparando para um confronto com a União Soviética desde que tomou posse e prometeu publicamente que "uma nova geração de americanos pagaria qualquer preço, suportaria qualquer carga, derrotaria qualquer dificuldade, sustentaria qualquer amigo, se oporia a qualquer inimigo para garantir a sobrevivência e o sucesso da liberdade". Ele gostava de carregar um papelzinho com uma frase de Abraham Lincoln:

Sei que Deus existe – e vejo uma tempestade a caminho;
Se ele tiver lugar para mim, creio que estou pronto para enfrentá-la.

Fazia tempo que as nuvens carregadas pareciam nefastas na cidade dividida de Berlim, bem no miolo da Alemanha Oriental. No ano anterior, os soviéticos tinham erigido um muro para conter o fluxo de refugiados para o Oeste, e tanques americanos e russos tiveram um confronto direto na estreita divisa do "Checkpoint Charlie". Os soviéticos desfrutavam de superioridade militar quase total em Berlim, e os Estados Unidos pouco podiam fazer para evitar que a cidade fosse tomada, a não ser apelar para a ameaça de usar armas nucleares. A tempestade, pelo contrário, irrompeu em Cuba.

Jamais Kennedy se sentira tão solitário como agora. Mesmo antes da crise dos mísseis, ele calculava obsessivamente as possibilidades de destruição nuclear, como um agente de apostas calculando uma corrida de cavalos. Em um jantar naquela noite, ele teria dito a convidados que de nada desconfiavam que "são grandes as probabilidades de haver uma guerra com a bomba H nos próximos dez anos". Só um punhado de seus amigos mais íntimos sabia que estiveram muitíssimo mais próximos do pesadelo nas últimas 24 horas. Dissera, antes, que havia uma probabilidade "de um para cinco" de uma guerra nuclear.

Ele teve uma aparição pública naquela tarde, uma coletiva sobre política internacional para editores de jornais e TV no Departamento de Estado. O tom do discurso foi bem desanimado, o que era incomum. O principal obstáculo que seu governo encarava, disse aos repórteres, era saber como garantir "a sobrevivência do nosso país… Sem o início da terceira e, talvez, última guerra". Puxou, então, um papelzinho do bolso e recitou um verso que expressava seu estado de espírito determinado e solitário:

Fileiras e fileiras de críticos de touradas
Lotam a enorme arena,
Mas só uma pessoa ali sabe
E é aquele que está toureando.

Embora nenhum dos presentes compreendesse o sincero imediatismo dos comentários de JFK, eles pareciam espirituosos e ganharam risadas compreensivas.

TERÇA-FEIRA, 16 DE OUTUBRO, 18:30

De volta à Casa Branca para uma reunião vespertina com seus consultores, o presidente, de casa, ativou o sistema secreto de gravação no centro da mesa da sala de reuniões com os ministros. Os microfones escondidos dentro da parede atrás da cadeira dele gravavam as vozes de todos nos gravadores de rolo instalados no porão. Além dos irmãos Kennedy e dos militares secretos que operavam os avançados equipamentos, ninguém sabia desses dispositivos.

Os motivos de Kruchev para provocar um confronto entre as superpotências eram "um tremendo mistério" para Kennedy.

– Por que ele botou isso lá? – perguntou aos assessores. – Qual é a vantagem disso? É como se começássemos a instalar um número enorme de mísseis balísticos de alcance intermediário na Turquia. Isso é que é perigoso, eu pensaria.

– Pois nós fizemos isso, senhor presidente – assinalou Bundy.

Kennedy ignorou o comentário de Bundy. Havia diferenças óbvias entre Cuba e a Turquia. Em 1957, os Estados Unidos tinham concordado em fornecer mísseis balísticos de alcance intermediário semelhantes aos R-12 soviéticos que estavam sendo instalados em Cuba. Tornaram-se totalmente operacionais em 1962. O longo debate público entre os países da OTAN sobre o envio de mísseis para a Turquia contrastava com o sigilo que cercava os mísseis soviéticos em Cuba. Mesmo assim, a analogia com a Turquia era desagradável para Kennedy e seus assessores. Era possível que Kruchev estivesse agindo incensado por uma profundamente arraigada irritação psicológica. Ele queria dar aos americanos uma dose do seu próprio veneno.

Uma explicação mais provável, pensou Kennedy, era que Kruchev estava insatisfeito com a força de seus mísseis balísticos intercontinentais. Os soviéticos tinham, comparativamente, poucos foguetes de longo alcance, porém muitos foguetes de alcance intermediário, capazes de atingir alvos de 1.500 a 3.000km de distância. Ao deslocar esses mísseis para Cuba, Kruchev estava tentando corrigir o desequilíbrio estratégico.

Não havia resposta para a pergunta que questionava se os mísseis soviéticos em Cuba alteravam substancialmente o equilíbrio de poderes. O conselho de Chefes do Estado-Maior ressaltou o risco aumentado para os Estados Unidos de uma emboscada. Os sistemas americanos de radar e as forças de defesa aérea foram projetados para interceptar ameaças do Norte – de foguetes e bombardeiros nucleares lançados sobre o polo Norte e o Canadá, e não do Sul. Da perspectiva dos militares uniformizados, uma vasta faixa do

Sudeste dos Estados Unidos, da Flórida até Nova York, subitamente se tornara muito mais vulnerável a ataques soviéticos. Mas o presidente estava inclinado a concordar com McNamara, que continuava a afirmar que Kruchev ainda estava muito longe de alcançar a capacidade de atacar primeiro.

– A geografia não faz muita diferença – disse o presidente, pensativo.

O que importava ser atingido por um míssil que partisse de Cuba ou por um míssil balístico intercontinental que partisse da União Soviética? Muito embora estivessem abaixo dos americanos, os soviéticos tinham armas mais que suficientes para destruir Washington, Chicago ou Nova York.

O problema real, achava Kennedy, era "psicológico" e "político", e não "militar". Não fazer nada seria render-se à chantagem. No jogo da política dos riscos calculados da Guerra Fria, era a percepção que moldava a realidade. Se Kruchev se saísse bem com a aposta em Cuba, isso serviria de incentivo para usar táticas semelhantes em Berlim, no Sudeste Asiático ou qualquer outro ponto problemático da Guerra Fria. Sob ataque do senador Keating e de outros republicanos pela passividade no caso de Cuba, o presidente divulgara uma declaração pública no dia 4 de setembro, advertindo os soviéticos de que "surgiriam problemas gravíssimos" se eles instalassem uma "significativa capacidade ofensiva" em Cuba. Ele estabelecia um limite e estava empenhado em que fosse respeitado.

– No mês passado eu devia ter dito que não nos importamos – disse Kennedy, pensativo, como se para si mesmo. – Mas quando ele disse "não vamos fazer isso" e, depois, vai lá e faz e nós não fazemos nada... – A voz dele se extinguiu. Não fazer nada já não era opção possível.

Do outro lado da mesa, Bobby estivera discutindo o caso de uma reação agressiva a Moscou. O secretário de Justiça era mais beligerante que eloquente. Se Kruchev queria guerra, seria melhor "acabar logo com isso... Assumir as consequências". Não seria difícil achar uma desculpa para invadir Cuba. Bobby recordava a Guerra Hispano-Americana de 1898. O pretexto dessa guerra fora a destruição do couraçado americano USS *Maine*, no porto de Havana, provocada por uma explosão misteriosa. Os Estados Unidos culparam a Espanha – o poder colonial – pelo desastre, mas os verdadeiros responsáveis jamais foram descobertos.

Talvez "exista algum outro modo de nos envolvermos com isso", ponderou Bobby. "Sabe, afundar o *Maine* de novo, ou algo parecido..."

A discussão passou às propostas de sabotagem contra Cuba que o Grupo Especial analisara mais cedo naquele mesmo dia.

– Entendi que o senhor é favorável à sabotagem – disse Bundy rapidamente ao presidente, entregando-lhe a lista.

O único item que suscitava problema, na opinião de Kennedy, era minar os portos de Cuba, ato indiscriminado de guerra que poderia resultar na destruição de navios estrangeiros, além dos navios cubanos e soviéticos. No dia seguinte, a Casa Branca enviou um memorando à equipe Mangusto, registrando formalmente a aprovação de "autoridade superior" – senha que significava presidente – dos outros oito alvos de sabotagem, inclusive o ataque com granadas à Embaixada da China.

QUARTA-FEIRA, 17 DE OUTUBRO, PERTO DO MEIO-DIA

O Caribe estava em plena temporada de furacões. Havia mais de 40 navios de guerra a caminho da ilha porto-riquenha de Vieques para um exercício de invasão a Cuba. Quando os ventos do furacão Ella passaram dos 80 nós por hora, a força-tarefa naval que se aproximava se desviou para evitar o pior da tempestade. Os planos de um desembarque de quatro mil fuzileiros anfíbios foram adiados.

Os planejadores do Pentágono denominaram as manobras "Operação ORTSAC", Castro de trás para a frente. Assim que a força-tarefa chegasse a Vieques, os fuzileiros invadiriam a praia, derrubariam um ditador imaginário e garantiriam a democracia na ilha. Se tudo corresse bem, a operação inteira não passaria de duas semanas.

Os cinco chefes de Estado-Maior tinham passado muitos meses tentando impor uma invasão a Cuba. Estavam muito céticos com relação à Operação Mangusto e não viam "perspectivas de êxito inicial" em se incentivar um levante contra Casto dentro de Cuba. Já em abril advertiram o presidente de que "os Estados Unidos não podem tolerar a existência permanente de um governo comunista no hemisfério ocidental". Se permitissem que Castro permanecesse no poder, outros países da América Latina poderiam logo cair nas garras do domínio comunista. Moscou poderia sentir-se tentada a "montar em Cuba bases militares semelhantes às instalações dos EUA" ao redor da União Soviética. O único método seguro de derrubar Castro era via "intervenção militar direta dos Estados Unidos".

Antes da descoberta dos mísseis soviéticos em Cuba, o principal problema que o Conselho dos Chefes de Estado-Maior enfrentava era como justificar um ataque contra um país muito mais fraco. Um memorando com data de 8 de agosto alinhavava diversas ideias para uma falsa provocação que poderia incriminar Castro, de maneira semelhante à situação "Lembrem-se do *Maine*", que deixava Bobby Kennedy curioso:

- Poderíamos explodir um navio dos EUA na baía de Guantánamo e acusar Cuba.
- Poderíamos criar uma campanha terrorista do comunismo cubano na área de Miami, em outras cidades da Flórida e até mesmo em Washington.
- Poderíamos simular uma obstrução "com base em Cuba e apoio de Castro" contra algum país vizinho no Caribe.
- Seria possível organizar um incidente que demonstrasse, de maneira convincente, que uma aeronave cubana atacou e derrubou um avião fretado civil.

O Conselho de Chefes de Estado-Maior estava confiante de que conseguiriam organizar a invasão de Cuba sem correr o risco de uma "guerra geral" com a União Soviética. As forças americanas eram suficientemente fortes para garantir o "controle rápido" da ilha, embora "fosse necessária a atividade contínua da polícia". Uma única divisão de infantaria, cerca de 1.500 soldados, seria suficiente para ocupar a ilha após a invasão inicial.

A única divergência veio dos fuzileiros navais, que refutaram a hipótese de que a resistência cubana seria rapidamente esmagada. "Levando-se em conta o tamanho (114.110.866km^2) e a população (6.743.000) de Cuba, sua longa história de perturbações políticas e sua tradição de guerrilha constante e extensiva, bem como de resistência terrorista ao poder constituído, parece modesta a estimativa de que só será necessária uma força do tamanho de uma divisão logo após a fase da invasão", comentava um memorando do corpo de fuzileiros navais. Esse documento previa que seriam necessárias pelo menos três divisões de infantaria para subjugar a ilha, e que levaria "alguns anos" até que se instalasse um regime estável para suceder Fidel Castro.

Os fuzileiros navais tinham razão na cautela com as complicações cubanas. A história demonstrara que era muito mais fácil enviar soldados a Cuba do que tirá-los de lá. Os fuzileiros levaram quatro anos para se desembaraçar de Cuba após a Guerra Hispano-Americana. Os fuzileiros voltaram de novo quatro anos depois, para desgosto do presidente Theodore Roosevelt, cuja carreira política recebera um imenso impulso em Cuba, ao levar sua cavalaria até o alto da colina de San Juan.

– Estou tão furioso com aquela infernal republiqueta cubana que gostaria de varrer seu povo da face da Terra – resmungou para um amigo o herói de

1898. – Só queríamos que eles se comportassem, fossem prósperos e felizes para que não tivéssemos de interferir.

Os fuzileiros estiveram em Cuba, com saídas esporádicas, até 1923, só três anos antes do nascimento de Fidel Castro. E, mesmo depois dessa data, permaneceram na ilha, em Guantánamo.

Da perspectiva americana, Cuba era uma extensão natural dos Estados Unidos. A ilha com formato de crocodilo era igual a uma comporta que se abria para a entrada do golfo do México, controlando as rotas marítimas entre o rio Mississippi e o oceano Atlântico. Em 1823, o secretário de Estado John Quincy Adams atribuiu a Cuba "uma importância na soma dos nossos interesses nacionais com que nenhum outro território estrangeiro pode ser comparado". Na opinião de Adams, a anexação de Cuba aos Estados Unidos era praticamente inevitável, era função das "leis da gravitação política".

A apenas 145km de Key West, Cuba exercia um forte fascínio sobre a imaginação dos americanos, muito depois da retirada dos fuzileiros. Nas décadas de 1930, 1940 e 1950, a ilha tornou-se quintal dos americanos ricos, que viajavam para tomar sol, jogar e visitar prostíbulos. Chovia dinheiro americano nos cassinos e hotéis de Havana, nas plantações de cana-de-açúcar do Oriente e nas minas de cobre de Pinar del Río. Por volta da década de 1950, grande parte da economia cubana, inclusive 90% do ramo da mineração e 80% dos serviços essenciais, estava sob controle de grupos empresariais americanos.

A atração não era só geográfica e econômica, era bem pessoal. Perto da véspera da revolução, Ernest Hemingway, o mais célebre escritor dos Estados Unidos, fixara residência na Finca Vigia, no alto do morro, com vista para Havana. O chefe da Máfia Meyer Lansky construíra um hotel de 21 andares chamado Riviera no Malecón, e estava assessorando Batista na reforma das leis dos jogos de azar. Nat King Cole estava cantando na boate Tropicana. E um jovem senador americano, chamado John F. Kennedy, fazia visitas frequentes a Havana, a convite do embaixador dos Estados Unidos, que era pró-Batista.

QUINTA-FEIRA, 18 DE OUTUBRO, 9:30

Bobby Kennedy já estava com dificuldade para cumprir a promessa – feita na tarde de terça-feira – de realizar *briefings* do grupo Mangusto no seu escritório diariamente. Ele não conseguira ir à sessão marcada para quarta-feira por causa de uma reunião urgente na Casa Branca. Na quinta-feira, porém, ele conseguiu reservar meia hora para os agentes da Mangusto, entre eles Lansdale e Bill Harvey, lendário espião da CIA que chefiava a força-tarefa da agência contra Castro.

– O que vai ensinar a eles? Puericultura?

No cargo de chefe da força-tarefa W da CIA, Harvey tinha a função de organizar e decifrar a imensa papelada gerada por Ed Lansdale. Porém, os dois eram mais como fogo e água. O visionário Lansdale apresentava dezenas de ideias novas para atingir Castro, mas eram todas esmagadas pelo metódico Harvey. Na opinião de Harvey, essas operações exigiam meses de planejamento meticuloso antes de serem postas em prática.

Lá pelo terceiro dia da crise, Bobby estava repensando suas opiniões sobre como reagir a Kruchev. Sua raiva inicial da duplicidade soviética dera lugar a uma análise mais sóbria. Um de seus biógrafos mais tarde detectaria um padrão de comportamento: "Um surto inicial de beligerância e intransigência, seguido da disposição de ouvir e mudar." Ele agora se opunha ao ataque aéreo de surpresa aos silos de mísseis por serem incompatíveis com as tradições americanas, uma espécie de Pearl Harbor ao contrário.

– Meu irmão não será o Tojo da década de 1960 – disse em uma reunião na Casa Branca na quarta-feira. Bobby estava começando a defender um bloqueio naval a Cuba, combinado com algum tipo de ultimato a Moscou, ideia que fora antes apresentada por McNamara.

O súbito ataque moralista de Bobby não o levou, contudo, a interromper a Operação Mangusto. Segundo o registro de Harvey da reunião de quinta-feira, 18 de outubro, o secretário de Justiça continuava a "enfatizar muito as operações de sabotagem e pediu que lhe fornecessem uma lista das operações de sabotagem que a CIA pretendia realizar".

O alvo mais viável, na opinião de Harvey, era uma mina de cobre na província de Pinar del Río, no Oeste de Cuba. A CIA passara meses tentando interromper a produção da mina de Matahambre e pesquisara o terreno minuciosamente, porém foi impedida por uma maré de azar. A primeira operação, em agosto, fracassou depois que os pretendentes a sabotadores se perderam irremediavelmente em um manguezal. A segunda tentativa foi abortada quando o operador de rádio caiu e quebrou as costelas. Da terceira vez, a equipe sabotadora chegou a mil metros do alvo quando foi atacada por uma patrulha miliciana e obrigada a recuar após um tiroteio. Apesar desses percalços, Matahambre continuava no topo da lista de "afazeres" de Harvey.

Ele informou a RFK e a Lansdale que iria "reexecutar" a operação assim que as circunstâncias permitissem.

SEXTA-FEIRA, 19 DE OUTUBRO, 9:45

O presidente estava folheando os mais recentes relatórios de espionagem quando os generais entraram enfileirados no gabinete. As notícias de Cuba tornavam-se mais sinistras dia após dia. Além dos já conhecidos silos de mísseis em Pinar del Río, os aviões U-2 de espionagem tinham descoberto um agrupamento de silos no centro da ilha. Os novos silos contavam com instalações para os mísseis, conhecidos como "mísseis balísticos de alcance intermediário", ou IRBM (sigla original em inglês), que eram capazes de alcançar alvos a quase 4.200km de distância, mais que o dobro da distância dos foguetes de alcance intermediário, ou MRBM, descobertos no dia 14 de outubro.

Ainda não havia indícios da chegada dos mísseis maiores a Cuba, então eles eram uma ameaça menos imediata. Mas o trabalho nos primeiros silos de mísseis estava progredindo rapidamente. A CIA identificara três regimentos de mísseis balísticos de alcance intermediário na ilha. Cada regimento controlava oito lança-mísseis, perfazendo um total geral de 24.

– Vejamos – disse Kennedy, lendo em voz alta trechos do relatório da espionagem. – Dois desses mísseis já estão capacitados... podem ser lançados em até 18 horas após a decisão de disparar... na faixa de baixo número de megatons.

Ele temia essa reunião, mas sabia que devia, pelo menos, fingir interesse na consulta ao Conselho de Chefes de Estado-Maior. Ele achava que os generais o haviam enganado no episódio da baía dos Porcos, obrigando-o a dar apoio a uma invasão de Cuba feita pelos exilados anticastristas que fora mal preparada. Faltava-lhe confiança principalmente no chefe de Estado-Maior da Força Aérea, o general Curtis LeMay, um mastigador de charutos que foi herói da II Guerra Mundial, e tinha três mil bombas nucleares sob seu comando.

– Não quero mais ver esse homem perto de mim – disse Kennedy após ouvir um dos relatos de LeMay de fazer o sangue gelar sobre como bombardear os inimigos dos EUA até voltarem à "Idade da Pedra". Profano, embora brutalmente eficiente, LeMay era o tipo de homem que convinha ter ao lado quando começasse a batalha, mas não era o tipo que devesse tomar decisões sobre guerra e paz.

LeMay mal conseguia conter-se quando o presidente exprimiu seus temores de uma conflagração nuclear. Tentando pôr-se no lugar de Kruchev, Kennedy previu que um ataque americano a Cuba seria, inevitavelmente, seguido por um ataque soviético a Berlim.

– Isso me deixa só uma opção, que é disparar armas nucleares, que é uma porcaria de alternativa.

Bobagem, retorquiu LeMay, falando devagar, como se estivesse se dirigindo a um aluno meio burrinho. Era o contrário. *Não* tomar providências firmes em Cuba só incentivaria os soviéticos a tentar a sorte em Berlim. Um bloqueio naval a Cuba, conforme fora proposto por alguns dos assessores de Kennedy, poderia ser um recado fatal de fraqueza.

– Vai levar à guerra. É quase tão ruim quanto o apaziguamento em Munique.

Houve um silêncio horrorizado ao redor da mesa. O comentário de LeMay foi uma menção audaciosamente insultuosa ao pai do presidente, Joseph P. Kennedy, Sr., que defendera a política de negociar com Hitler quando ocupava o cargo de embaixador dos EUA em Londres. LeMay estava insinuando que JFK, que se lançara na carreira política como autor do livro antiapaziguamento *While England Slept,* estava prestes a seguir os passos do pai.

A estratégia de LeMay para lidar com a superpotência adversária se baseava em uma lógica simples. Os Estados Unidos desfrutavam de superioridade esmagadora sobre a União Soviética. Por mais que Kruchev ameaçasse e vociferasse, não tinha interesse absolutamente nenhum em provocar uma guerra nuclear que estaria fadado a perder. Graças ao Comando Aéreo Estratégico (SAC), a força militar mais poderosa da história mundial, os Estados Unidos tinham o "urso russo" na mão.

– Agora que nós o fizemos cair na armadilha, vamos arrancar a perna dele até a altura dos testículos – disse ele aos interlocutores. – Pensando bem, vamos arrancar os testículos também.

A lógica de Kennedy era bem diferente. Os Estados Unidos poderiam ter muito mais bombas nucleares que o adversário, mas "vencer uma guerra nuclear" era uma ideia sem sentido. Poderiam morrer até 70 milhões de americanos em uma guerra nuclear com a União Soviética.

– Trata-se da destruição de um país – disseram os membros do Conselho de Chefes de Estado-Maior.

Ele não queria provocar Kruchev a fazer o que McNamara chamava de "reação espasmódica", uma reação involuntária e automática que terminaria em uma guerra nuclear.

O comandante em chefe estava chocado com a insolência do general da Força Aérea. Quando LeMay lhe disse "O senhor está em maus lençóis", Kennedy achou que não tinha ouvido direito.

– O que disse?

— Que está em maus lençóis — repetiu LeMay tranquilamente, com seu sotaque monótono do Meio-Oeste.

— Pois você está neles junto comigo. Em pessoa.

A resposta provocou uns risos tensos ao redor da mesa. Alguns minutos depois, LeMay garantiu ao presidente que a Força Aérea poderia estar "pronta para atacar ao amanhecer" de domingo, embora a "melhor data possível" fosse a terça-feira seguinte. Kennedy saiu da sala pouco depois.

Com a saída do presidente, os generais sentiram-se livres para analisar o debate minuciosamente. Os gravadores escondidos ainda estavam ligados.

— Você! Você puxou o tapete dele! — disse a LeMay o comandante dos fuzileiros navais, general David M. Shoup.

— Puta merda! O que você quer dizer com isso? — respondeu o chefe da Força Aérea, ansioso por elogios.

O problema dos políticos, segundo Shoup, era que eles sempre tentavam fazer tudo "pouco a pouco". Por ser militar, ele preferia resolver as questões com "aquela porcariazinha de país" de uma vez por todas.

— Você vai lá e se ferra com os mísseis. Está ferrado. Você vai lá e se ferra com qualquer outra ninharia. Está ferrado.

— Está certo.

— Está ferrado, ferrado, ferrado.

Mais tarde, na privacidade do próprio gabinete, o presidente conduziu sua própria análise retrospectiva a respeito do desempenho dos generais. Ele estava pasmo com a garantia despreocupada de LeMay de que Kruchev não reagiria ao bombardeio dos silos de mísseis e à morte de centenas de russos.

— Esses militares têm uma grande vantagem a seu favor — disse ao assistente particular e amigo Dave Powers. — Se dermos ouvidos a eles e fizermos o que querem que façamos, nenhum de nós estará vivo para dizer-lhes que estavam errados.

SEXTA-FEIRA, 19 DE OUTUBRO, NOITE

Jack Kennedy tinha profunda admiração pelos caprichos da história. Sua experiência no comando de um barco de patrulha no Pacífico durante a II Guerra Mundial, reforçada pelas lições da baía dos Porcos, lhe havia ensinado a desconfiar das garantias dos chefes militares. Por experiência própria, ele aprendera que pode haver um abismo enorme entre as ordens e os desejos do ocupante do Salão Oval, e como tal política é, de fato, executada no local. Uma das impressões duradouras que trouxe da guerra foi a de que "os militares sempre estragam tudo".

Os acontecimentos dos dias seguintes confirmariam a interpretação de JFK da história como um processo caótico que pode, de vez em quando, ganhar um empurrão numa direção desejada, mas nunca pode ser completamente controlada. O presidente propõe, mas os seres humanos comuns quase sempre dispõem. No fim das contas, a história é moldada pelos atos de milhares de indivíduos: alguns famosos, outros obscuros; alguns em posições de grande autoridade, outros que querem demolir a ordem estabelecida; alguns que se empenham ao máximo para se colocar em posição de alterar os acontecimentos, outros que entram na cena política quase por acidente. A história do que mais tarde se tornaria conhecido como Crise dos Mísseis de Cuba está repleta de personagens acidentais cujo papel na história é quase sempre negligenciado: pilotos e submarinistas, espiões e missilheiros, burocratas e propagandistas, operadores de radar e sabotadores.

Enquanto o presidente se angustiava para saber o que fazer a respeito dos silos de mísseis, dois combatentes da Guerra Fria pilotavam uma dinga de borracha no manguezal do Oeste de Cuba. Miguel Orozco e Pedro Vera tinham pintado o rosto de preto e estavam usando ponchos militares. Na mochila tinham explosivos, estopins, um rádio de comunicação e um fuzil M-3, algumas pistolas e comida e água suficientes para sobreviver uma semana. O motor elétrico da dinga RB-12 estava equipado com silenciadores. O barquinho praticamente não fazia barulho nenhum enquanto percorria o canal sinuoso.

Os dois se conheciam havia anos, tendo guerreado juntos contra os barbudos na Sierra Maestra. Mais alto e mais musculoso, Orozco servira no posto de tenente no exército de Batista. Vera fora sargento. Após o sucesso do levante fidelista, ambos fugiram de Cuba e ingressaram na força guerrilheira anticastrista treinada pela CIA conhecida como Brigada 2506. Orozco ajudara a transportar membros da brigada até a baía dos Porcos para a malfadada invasão. Vera participara de um ataque de paraquedistas numa estrada que levava à isolada península de Zapata antes de recuarem, perturbados, quando os soldados de Castro contra-atacaram. Tivera sorte de escapar com vida e passou mais de uma semana no mar, em uma jangada pequena, até ser resgatado pela Guarda Costeira americana.

Seguiam rumo ao sul, subindo o rio Malas Aguas até o sopé das montanhas baixas que se erguem ao longo do litoral norte de Pinar del Río. Seu alvo – um teleférico que ligava a mina de cobre de Matahambre ao porto de Santa Lucia – estava a menos de 18km em linha reta. Mas o terreno adiante era terrivelmente inóspito: uma mistura de pântano, vegetação rasteira venenosa e floresta densa. Era possível que levassem mais três ou quatro dias para chegar ao destino.

Todos os aspectos da operação foram minuciosamente planejados. A CIA obtivera plantas detalhadas da mina de cobre dos antigos donos americanos da empresa, cuja propriedade fora confiscada após a revolução. Usara essas plantas para montar uma maquete em tamanho real nas instalações da "Fazenda", um campo de treinamento numa floresta densa no rio York, em frente a Williamsburg, a capital colonial da Virgínia. Em agosto, Orozco fora levado de avião à Fazenda para treinar a explosão do teleférico e de uma rede elétrica das proximidades. Seus supervisores acreditavam que isso era mais seguro do que atacar a mina propriamente dita, que decerto seria mais protegida. Se os sabotadores conseguissem destruir o teleférico, causariam uma grave interrupção da extração de cobre. Um estudo da CIA classificou como "excelentes" as probabilidades de êxito.

– Façam isso – rosnou Robertson ao dar as instruções finais aos sabotadores de Matahambre num esconderijo em Summerland Key, perto de Key West. – Senão nem se incomodem de voltar vivos.

Um navio abastecedor de lanchas torpedeiras com 45 metros de comprimento – parte de uma marinha secreta da CIA que operava no sul da Flórida – transportava os sabotadores até a metade do estreito de 130km. Para essa parte da viagem, juntou-se a eles mais um grupo de quatro cubanos que recebera ordem de contrabandear 450 quilos de armas e explosivos para dentro da ilha com o objetivo de abastecer os guerrilheiros anticastristas. Depois que entraram nas águas territoriais de Cuba os dois grupos se separaram. Lanchas menores, muito mais velozes, os levariam pelo restante da viagem sob o manto da escuridão.

Orozco e Vera embarcaram no *Ree Fee*, uma elegante lancha coberta com 10 metros de comprimento, capaz de detectar e deixar para trás qualquer barco da Guarda Costeira cubana dos arredores. A algumas milhas da praia transferiram-se para a dinga de borracha.

Quando o canal finalmente se tornou intransponível, eles se amontoaram na praia, desinflaram o barco e o camuflaram sob uma pilha de galhos de árvores. Na chefia da equipe, Orozco consultou os mapas e os compassos que trouxera consigo da Flórida e desenhou o caminho até as montanhas. As fotografias tiradas pelos U-2 espiões mostravam uma cordilheira de 120 metros que se erguia acima do pântano, penetrando 4,5km, do outro lado de uma estrada de terra batida. Seus supervisores da CIA lhes garantiram que a região pela qual estavam passando tinha pouquíssimos habitantes e que era bem improvável que se deparassem com alguém. Mas, por via das dúvidas, tinham recebido carteiras de identidade cubanas falsas e roupas fabricadas em Cuba. Tudo o que vestiam, de sapatos a ponchos, fora levado pelos refugiados dos Estados Unidos.

O tempo estava nublado e úmido quando calçaram grossas botas de borracha, puseram as mochilas nas costas e começaram a avançar, com dificuldade, pelo manguezal. Os contornos escuros adiante formavam silhuetas contra a meia-lua.

SÁBADO, 20 DE OUTUBRO, MANHÃ

– Se os americanos nos virem, tenho certeza de que ficarão com medo – gracejou Aleksander Malakhov, chefe da seção da Juventude Comunista do 79º regimento de mísseis, estacionado perto de Sagua la Grande, cidadezinha do interior na parte central de Cuba.

Ele estava de pé em uma plataforma improvisada – um grande monte de terra, com quase um metro de altura. Não era qualquer terra, mas uma terra que fora transportada em sacos, percorrera meio mundo na vinda da Rússia, uma lembrança da *rodina* – a "pátria". Para obter um efeito ainda melhor, o secretário do Komsomol encontrou um longo poste de madeira, o pintou de vermelho e branco, para simular um poste de fronteira, e o colocou em frente ao presídio. Numa placa pendurada no poste, lia-se TERRITÓRIO DA URSS.

DEFENDEREMOS CUBA COMO NOSSA PRÓPRIA PÁTRIA, proclamava uma faixa nas proximidades.

Havia algumas centenas de oficiais e civis reunidos num campo em frente à plataforma. Embora estivessem em fileiras organizadas, era quase impossível ter uma aparência menos militar. Estavam usando roupas bem estranhas: camisas quadriculadas, calças militares cortadas acima dos joelhos, pesadas botas russas com a gáspea fatiada e furos para ventilação no calor tropical. Alguns soldados estavam nus até a cintura, outros pareciam "espantalhos", na opinião de Malakhov.

Ele convocara a reunião para marcar uma ocasião especial: o 79º regimento acabara de se tornar a primeira unidade soviética de mísseis em Cuba a se declarar "pronta para combate". Seus oito lança-mísseis estavam instalados, ao lado das pesadas plataformas de concreto para lançamento, todos voltados para o norte, na direção do inimigo imperialista. Estacionados nas proximidades, em rebocadores cobertos com lona, estavam os foguetes R-12, finos e longos como lápis gigantes. Os caminhões de combustível e os veículos com oxidantes estavam posicionados. As ogivas propriamente ditas ainda não haviam chegado ao local, mas podiam ser transportadas até ali em menos de um dia.

– Concluímos as tarefas da primeira etapa – disse Malakhov, iniciando o discurso de incentivo. – O soldado soviético permanece sempre fiel a seu juramento militar. Podemos ter uma morte heroica, mas não abandonaremos o povo de Cuba a torturas e sofrimentos nas mãos dos imperialistas.

Aplausos, assovios e uma rajada de metralhadora comemorativa saudaram o líder do Komsomol.

"*Rodina ili smert. Patria o muerte.*" (Pátria ou morte.)

"*Venceremos.*"

Os oficiais e os soldados do 79º regimento de mísseis podiam parecer espantalhos, mas tinham realizado uma façanha logística extraordinária. Nunca antes um exército russo se aventurara tão longe da *rodina*, para não falar de um exército equipado com armas capazes de exterminar dezenas de milhares de pessoas. Além disso, fizeram-no, em grande parte, em sigilo. Os primeiros mísseis soviéticos tinham chegado a Cuba no início de setembro, mas só foram descobertos pelos aviões espiões dos EUA mais de um mês depois. E mesmo então havia muito que Washington não sabia sobre a força inimiga que chegara, sem aviso, ao seu próprio quintal.

Tinham levado quase três meses para ficarem prontos para combate. O comandante regimental, coronel Ivan Sidorov, recebera uma "incumbência especial do governo" em fins de julho. Passaram grande parte de agosto encaixotando a parafernália de uma unidade móvel de mísseis: foguetes, caminhões, tratores niveladores, guindastes, barracas pré-fabricadas, um total de quase 11 mil toneladas de equipamentos. O regimento precisava de 19 trens especiais para chegar à cidade portuária crimeana de Sebastopol, partindo da base no Oeste da Rússia. Em Sebastopol, o regimento transferiu-se para cinco navios de carga e um de passageiros.

Tudo isso fazia parte de uma armada muito maior. Para atravessar o oceano com 50 mil soldados e 230 mil toneladas de suprimentos, os planejadores militares soviéticos tinham organizado uma frota de 85 navios, muitos dos quais fizeram duas ou até três viagens a Cuba. Havia, ao todo, cinco regimentos de mísseis, três equipados com R-12 de médio alcance e dois com R-14 de alcance intermediário. Entre as outras forças destacadas para Cuba estavam quatro regimentos de infantaria motorizada para a guarda dos mísseis, três regimentos de mísseis de cruzeiro, um regimento de caças a jato MiG-21, 48 bombardeiros leves de ataque Ilyushin-28, um regimento de helicópteros, uma brigada de barcos de patrulha de mísseis, um esquadrão de submarinos e duas divisões antiaéreas.

Assim como todos os outros, os soldados de Sidorov não faziam ideia de para onde e por que estavam sendo destacados. Para confundir o inimigo, a missão fora denominada Operação Anadyr, em homenagem a uma cidade do extremo oriental da Sibéria. Embarcaram esquis e pesadas botas de feltro nos navios de carga para enganar os espiões americanos que passassem por perto de que seu destino era o congelado Norte. A comunicação com as famílias estava proibida.

– A pátria não esquecerá vocês – disse aos soldados um representante do Estado-Maior soviético quando partiram.

O primeiro navio a zarpar foi o *Omsk*, de 10.825 toneladas, em 25 de agosto. O cargueiro, construído no Japão, normalmente transportava lenha e tinha escotilhas suficientemente grandes para acomodar mísseis. Era preciso armazenar os foguetes R-12 de 20 metros de comprimento em posição diagonal, encostados na parede. O espaço era tão limitado que só Sidorov e seus oficiais graduados dormiam em cabines. Os soldados comuns ficavam amontoados entre os conveses, embaixo da ponte, espaço normalmente usado para armazenagem. Ao todo, 264 homens tinham de compartilhar um espaço de 370m^2, só 1,5m^2 por pessoa.

As instruções sobre o caminho a seguir estavam contidas em uma série de envelopes selados, a serem abertos em conjunto pelo comandante do regimento, pelo comandante do navio e pelo representante graduado da KGB. O primeiro conjunto de instruções mandava que "seguissem rumo ao Bósforo"; o segundo, "que fosse para Gibraltar". Foi só depois que o *Omsk* passou pelo Mediterrâneo e entrou no Atlântico que abriram um terceiro grupo de instruções, que mandou "seguirem para Cuba".

A temperatura abaixo dos conveses estava escaldante. O sol batia nas pesadas escotilhas de metal, às vezes elevando a temperatura a quase 50 graus centígrados. A umidade chegava a 95%. Mantinham as escotilhas fechadas sempre que havia navios estrangeiros por perto ou quando estavam próximos à terra firme, como no Bósforo ou no Estreito de Gibraltar. Permitiam que pequenos grupos de soldados ficassem no convés à noite para respirar ar fresco, o que era um privilégio ansiosamente aguardado. O entretenimento consistia em reprises incessantes de *Tikhiy Don*, o mais recente campeão soviético de bilheteria.

Os enjoos eram um problema terrível. O navio flutuava bem alto na água em razão da relativa leveza dos mísseis e era jogado de um lado para outro nas ondas quando se deparou com uma forte tempestade no meio do Atlântico. Os estatísticos militares mais tarde calcularam que três de cada quatro passageiros ficavam muito enjoados. Em média, os soldados emagreceram 10 quilos durante a viagem. Trinta por cento do pessoal ficavam de um a dois dias incapacitados para os trabalhos físicos após a chegada e 4% passavam mais de uma semana nessas condições.

Quando o *Omsk* se aproximou de Cuba, aviões da Força Aérea dos EUA começaram a circular sobre eles, fotografando a carga do convés. Uma noite Sidorov foi despertado pelo brilho de um forte holofote que lhe invadiu a cabine. Correu para a ponte, onde viu um navio de guerra americano bem próximo a boreste. Ao amanhecer de 9 de setembro, quando o cargueiro passou pela base naval de Guantánamo, aproximaram-se barcos de patrulha para inspecioná-lo. Dois caças a jato apitavam sobre ele. Washington levaria muitas semanas para descobrir o que o *Omsk* estava transportando. Confiando em mensagens soviéticas interceptadas, a Agência de Segurança Nacional tinha concluído, em 31 de agosto, que a carga consistia em "barris de gasóleo".

O resto do regimento de Sidorov seguiu três semanas depois em um navio de carreira, o *Almirante Nakhimov*. Mais de dois mil soldados, descritos pela imprensa soviética como "trabalhadores agrícolas e estudantes" – se acotovelavam em um navio construído para transportar 900 turistas. Quando o navio estacionou em Havana, a primeira coisa que os soldados, enjoados e exaustos, perceberam foi a fumaça que subia de uma fogueira em terra firme. Um regimento soviético de infantaria motorizada estava queimando o desnecessário equipamento de esqui.

A escala do deslocamento soviético foi muito mais longe do que os piores temores da CIA. Em reunião de preleção com o presidente na tarde de sábado, 20 de outubro, McNamara calculou que havia de seis a oito mil soldados soviéticos em Cuba. Os analistas da CIA chegaram a esse número observando o número de navios soviéticos que estavam atravessando o Atlântico, e calculando o espaço disponível nos conveses. Faltava um elemento nesses cálculos: a capacidade do soldado russo de suportar condições que os soldados americanos jamais tolerariam.

Em 20 de outubro, já haviam chegado a Cuba mais de 40 mil soldados soviéticos.

Quando os mísseis chegaram à ilha, ainda precisaram ser transportados até as posições de lançamento por estradas montanhosas e cheias de curvas. Equipes de reconhecimento tinham passado semanas marcando as rotas, construindo novas estradas e pontes, e removendo obstáculos. Foram demolidas caixas de correio, postes telegráficos e até casas inteiras, da noite para o dia, para permitir a passagem de reboques de 24 metros.

– Em nome da revolução – era a explicação normal para deslocar os habitantes, dada pelos funcionários de ligação que acompanhavam os comboios soviéticos.

Levaram duas noites descarregando o *Omsk*, que estacionara em Casilda, pequeno porto de pescadores no sul do litoral cubano, que podia acomodar mais de um navio de tamanho médio. As instalações eram tão primitivas que o *Omsk*, de 152 metros de comprimento, precisou mudar de lugar diversas vezes para viabilizar o acesso a todas as escotilhas. Os mísseis foram retirados do navio na escuridão total, sob a proteção de um destacamento com 70 membros do grupo de guardas-costas particulares de Castro em Sierra Maestra. Os barcos de patrulha impediam que os barcos de pesca se aproximassem do porto, e os mergulhadores inspecionavam o casco do navio de duas em duas horas para evitar tentativas de sabotagem.

Para limitar o número de testemunhas oculares, o movimento de mísseis se restringia ao horário entre meia-noite e cinco horas da manhã. Pouco antes da partida do comboio, a polícia fechou a estrada à frente, com o pretexto de "acidentes de trânsito". Os motociclistas da polícia precederam o comboio, seguido por um grupo de jipes soviéticos, Cadillacs e dos pesados transportadores de mísseis. Na retaguarda, seguiam guindastes e caminhões de reforço, seguidos por mais motociclistas. Foram despachados comboios-chamarizes em outras direções.

Era proibido falar russo em público e, principalmente, pelo rádio. Exigiam que os soldados soviéticos que acompanhavam o comboio usassem uniformes do exército cubano e se comunicassem entre si com as palavras de um a dez em espanhol. *Cuatro, cuatro* poderia significar "parar o comboio", *dos, tres* "caminho desimpedido" e assim por diante. O método parecia bem simples, mas gerou infindáveis mal-entendidos. Em situações tensas, os soldados falavam palavrões em russo. Os oficiais soviéticos brincavam que "podemos não ter confundido a espionagem americana, mas com certeza confundimos a nós mesmos".

Quatro quilômetros e meio ao norte de Casilda, o comboio chegou a Trinidad, uma joia arquitetônica construída pelos barões do açúcar e escravocratas do século XVIII. Visto que os mísseis talvez fossem grandes demais para passar pelas velhas ruas coloniais, os soldados soviéticos e cubanos tinham construído um desvio ao redor da cidade. O comboio, então, contornou pelo lado sul a cordilheira Escambray, fortaleza de guerrilheiros anticastro, e rumou para o norte, para as planícies do centro de Cuba.

Quando amanheceu, os motoristas pararam para descansar numa floresta dos arredores do município de Palmira. Na noite seguinte, quando o comboio partiu novamente, chegaram notícias de que a ponte fora destruída por uma tempestade tropical. Houve um atraso de 24 horas enquanto toda a população masculina da região foi mobilizada para reconstruir a ponte. A jornada de 210km durou três noites.

O local escolhido para o quartel-general de Sidorov ficava escondido atrás de uma cadeia de morros baixos, entre uma plantação de açúcar e uma pedreira. A paisagem era pontilhada de palmeiras. Logo alguns soldados construtores começaram a limpar a caatinga para uma bateria de quatro lança-mísseis. Havia mais quatro lança-mísseis estacionados 18km a noroeste, mais próximos do município de Sagua la Grande.

Homem alto, imponente, Sidorov não perdia tempo e logo deixava claro quem mandava:

– Não esqueçam de uma coisa – dizia o coronel aos recém-chegados em seu discurso de boas-vindas, com as mãos suando abundantemente no intenso calor cubano. – Eu sou o comandante do regimento. Isso quer dizer que sou o representante do poder soviético, promotor, advogado de defesa e juiz, tudo em uma só pessoa. Portanto, tratem de trabalhar.

SÁBADO, 20 DE OUTUBRO, 14:30

JFK estava no segundo dia de uma viagem de campanha, havia muito programada, pelo Centro-Oeste. Procurando desviar a atenção da crise internacional em gestação nos bastidores, encenava o corajoso espetáculo de cumprir os compromissos públicos quando recebeu um telefonema de Bobby: sua presença era necessária em Washington. O irmão pediu com insistência que voltasse à Casa Branca para resolver um impasse entre os assessores. Chegara o momento decisivo.

Os repórteres estavam embarcando nos ônibus em frente ao hotel Sheraton-Blackstone, em Chicago, rumo à próxima reunião política, quando souberam que o evento fora cancelado.

– O presidente está resfriado e vai voltar para Washington – anunciou o porta-voz da Casa Branca, Pierre Salinger, sem mais explicações.

Quando estavam a bordo do Air Force One, Salinger perguntou ao presidente o que estava realmente acontecendo. Kennedy não quis lhe contar. Ainda não, pelo menos. Pelo contrário, ele o provocou:

– Assim que chegar a Washington, você vai descobrir o que é. E, quando descobrir, se segure.

Depois de quatro dias de debates angustiantes, as opções se reduziam a duas: ataque aéreo ou bloqueio. Cada uma dessas ações tinha suas vantagens e desvantagens. Um ataque aéreo de surpresa reduziria muito a ameaça imediata de Cuba. Por outro lado, poderia não ser 100% eficaz, e poderia provocar Kruchev a disparar os mísseis restantes ou a tomar providências em outro lugar. Os 800 bombardeios aéreos planejados pelo Pentágono poderiam resultar em um caos tão grande em Cuba que a invasão se tornaria inevitável. O bloqueio abriria o caminho às negociações, porém poderia dar aos soviéticos uma oportunidade de prevaricar enquanto concluíssem às pressas o trabalho nos silos de mísseis.

A opção do ataque aéreo era conhecida como "Plano Bundy", nome do principal autor, que tinha o apoio forte dos militares uniformizados. McCone, diretor da CIA, e o secretário do Tesouro, Douglas Dillon, também eram favoráveis aos ataques aéreos, mas queriam dar aos soviéticos um ultimato de 72 horas para retirar os mísseis antes de iniciar o bombardeio. McNamara, o secretário de Estado Dean Rusk, o embaixador na ONU Adlai Stevenson e o redator dos discursos presidenciais Theodore Sorensen, todos apoiavam o bloqueio. Bobby adotara, tardiamente, a opção do bloqueio, mas temia que essa fosse "a última oportunidade que teremos de destruir Castro e os mísseis soviéticos em Cuba".

– Senhores, hoje vamos fazer por merecer o nosso salário – disse Kennedy, ao se unir aos assessores no Salão Oval privativo do segundo andar da mansão executiva. – Vocês devem todos desejar que o seu plano não seja o escolhido.

Nos dois últimos dias, circularam pela Casa Branca dois rascunhos adversários de um discurso presidencial à nação, que anunciavam a descoberta dos mísseis soviéticos. Um dos dois rascunhos – o discurso do "ataque aéreo", apresentado ao presidente por Bundy – permaneceria quatro décadas trancado no arquivo:

> Caros compatriotas:
> Com o coração pesado, e no cumprimento necessário do meu juramento ao assumir a Presidência, ordenei – e a Força Aérea dos Estados Unidos acaba de executar – operações militares, somente com armas convencionais, para remover do solo cubano uma grande concentração de armas nucleares... Qualquer outro tipo de ação envolveria o risco de atraso e de desorientação, o que era totalmente inaceitável – e sem perspectiva de progresso real na remoção dessa intolerável intrusão comunista nas Américas... Um atraso prolongado teria significado um risco muitíssimo maior e a advertência imediata teria aumentado muito o número de vidas ceifadas em todos os lados. A minha obrigação era agir.

Assim como Bobby, o presidente estava se inclinando na direção do bloqueio, depois de ter inicialmente apoiado o ataque aéreo. Contudo, ainda não estava completamente decidido. O bloqueio parecia a medida mais segura, mas também envolvia enormes riscos, inclusive o confronto entre as marinhas americana e soviética. Depois que terminou a reunião, ele levou Bobby e Ted Sorensen para a Sacada Truman da Casa Branca, com vista para o Monumento a Washington.

– Estamos muito, muito próximo da guerra – disse a eles em tom grave, antes de amenizar o momento com seu mordaz humor irlandês: – E não há espaço para todos nós no abrigo da Casa Branca.

CAPÍTULO DOIS

Russos

15H, SEGUNDA-FEIRA, 22 DE OUTUBRO (22H EM MOSCOU)

A noite já caíra em Moscou quando Nikita Kruchev descobriu que sua grande aposta nos mísseis provavelmente tinha sido perdida. Não paravam de chegar relatórios de atividades incomuns na Casa Branca e no Pentágono, culminando com a notícia de que o presidente pedira espaço nas redes de rádio e TV para falar ao povo americano sobre um assunto da "maior urgência nacional". A transmissão em cadeia estava marcada para as 19 horas (hora de Washington), duas horas do dia seguinte em Moscou.

O *premier* soviético acabara de chegar de uma caminhada pelo terreno da residência no alto das colinas Lênin quando atendeu o telefone. Ele decidira morar nesse local, bem alto, acima de um meandro do rio Moscou, em razão da fabulosa vista da cidade. Além disso, o local tinha um lugar consagrado na história da Rússia. Um século e meio antes, em 16 de setembro de 1812, Napoleão estivera no alto de uma daquelas mesmas colinas na posição de conquistador da Europa. O que devia ser um momento de triunfo foi transformnado pela tática incendiária dos defensores russos em sua mais terrível derrota. Em vez do prêmio que ele esperava receber, o imperador contemplou uma cidade em chamas, arrasada. Um mês depois, ele ordenou uma retirada geral.

— Provavelmente descobriram nossos mísseis – disse Kruchev ao filho Sergei, quando mandou que os outros membros da liderança soviética se reunissem com ele no Kremlin. – Estão indefesos. Tudo pode ser destruído do alto, de um só golpe.

Um par de limusines *chaika* – uma para Kruchev, outra para os seguranças – levou o líder soviético rapidamente de volta para o outro lado do rio. Kruchev detestava reuniões noturnas. Realizara poucas, se tanto, em seus nove anos no poder. Essas reuniões o faziam lembrar dos tempos de Stalin, quando o ditador convocava os aterrorizados subordinados ao Kremlin no meio da noite. Ninguém jamais sabia o que esperar. Um olhar furioso poderia ser o prelúdio de uma promoção. Um sorriso podia significar a morte. Tudo dependia dos caprichos do tirano.

A *chaika* deixou Kruchev em frente ao antigo Senado, no centro do Kremlin, com vista para a Praça Vermelha. Um elevador o levou ao seu gabinete, no terceiro andar, no fim de um longo corredor de pé-direito alto, com uma imaculada passadeira vermelha no meio. Seus colegas já estavam se reunindo na sala de reuniões do Presidium, duas portas abaixo. Embora o poder residisse formalmente no governo soviético, na prática todas as decisões importantes eram tomadas pelo Presidium do Comitê Central do Partido Comunista. No cargo de presidente do Conselho de Ministros e de primeiro-secretário do Comitê Central, Kruchev chefiava ambas as estruturas de poder simultaneamente.

– É um truque pré-eleitoral – insistia o marechal Rodion Malinovsky, ministro da Defesa soviético, quando a reunião finalmente começou às 22 horas. – Se declarassem a invasão de Cuba, precisariam de alguns dias para se preparar.

Malinovsky tinha preparado um decreto que autorizava os soldados soviéticos em Cuba a recorrer a "todos os meios disponíveis" para defender a ilha. A fórmula alarmou Kruchev.

– Se tivessem de recorrer a todos os meios, sem exceção, isso incluiria os mísseis [de alcance intermediário] – objetou. – Seria o início de uma guerra termonuclear. Como podemos pensar numa coisa dessas?

Kruchev era um homem de muitos humores. Ia do entusiasmo ao desespero em minutos. Sem absolutamente nenhuma educação formal, ele dominava os colegas por meio da força da personalidade: audaz, visionário e enérgico, mas, ao mesmo tempo, explosivo, astuto e se ofendia com facilidade.

– Ou está lá no alto ou lá no fundo – era a descrição da mulher dele.

O ministro das Relações Exteriores, Andrei Gromiko, que havia muito sofria com ele, dizia que Kruchev tinha "emoção suficiente para, pelo menos, 10 pessoas". Nesse momento, ele estava aborrecido com os americanos, mas também estava ansioso por evitar um confronto nuclear.

Na opinião de Kruchev, a invasão de Cuba era uma possibilidade real. Ele não conseguia entender por que Kennedy fora tão indeciso na baía dos Porcos. Quando os contrarrevolucionários tomaram posse da Hungria, em outubro de 1956, Kruchev tinha esperado alguns dias e, então, mandou o exército soviético esmagar o levante. Era assim que as superpotências se comportavam. Era "simplesmente natural", comentou em suas memórias, muitos anos depois. "Os EUA não admitiam a ideia de uma Cuba socialista, logo ali no litoral dos Estados Unidos, servindo de exemplo revolucionário para o resto da América Latina. Igualmente, preferimos vizinhos socialistas porque isso é conveniente para nós."

"Impedir uma invasão americana a Cuba fora a motivação principal da Operação Anadir", disse Kruchev aos colegas.

– Não queríamos desencadear uma guerra, só assustá-los, frear os Estados Unidos com relação a Cuba.

O "problema", ele então admitiu, era que os americanos obviamente ficaram sabendo da operação antes que fosse concluída. Se tudo tivesse corrido conforme o plano, ele teria ido a Havana para uma triunfante parada militar, em que os soldados soviéticos teriam feito sua primeira apresentação uniformizados ao lado dos irmãos cubanos. Os dois países teriam assinado formalmente um tratado de defesa, selado pelo deslocamento de dezenas de mísseis nucleares soviéticos, cujo alvo eram os Estados Unidos. Os imperialistas teriam tomado conhecimento de um fato consumado.

Os acontecimentos foram outros, porém. Algumas dezenas de navios soviéticos ainda estavam em alto-mar, junto com os mísseis R-14 de alcance intermediário. Os mísseis R-12 de médio alcance foram transportados, porém a maioria ainda não estava pronta para detonar. Sem que os americanos soubessem, contudo, os soviéticos tinham dezenas de mísseis de curto alcance na ilha, equipados com ogivas nucleares capazes de varrer toda a força invasora.

– O trágico é que eles podem nos atacar, e nós reagiremos – irritou-se Kruchev. – Isso tudo poderia acabar numa grande guerra.

Ele estava arrependido de ter rejeitado as súplicas de Castro para assinar e anunciar um tratado de defesa com Cuba, antes de transportar os mísseis, evitando assim as acusações americanas de duplicidade. Washington tinha tratados de defesa com países como a Turquia, pertinho da União Soviética, e não poderia se opor a atos semelhantes de Moscou.

Dominando o debate do Presidium, Kruchev esboçou possíveis reações soviéticas ao discurso que Kennedy estava prestes a fazer. Uma opção era formalmente estender a Cuba o guarda-chuva soviético, anunciando um tratado de defesa imediatamente pelo rádio. Uma segunda opção era transferir todos os armamentos soviéticos para o controle de Cuba, para o caso de ataque dos Estados Unidos. Os cubanos, então, anunciariam que pretendiam usar as armas para defender o país. Uma operação final era permitir que os soldados soviéticos em Cuba usassem armas nucleares de curto alcance para se defender, mas não os mísseis estratégicos, capazes de atingir os Estados Unidos.

Os registros dessa reunião crucial do Presidium são fragmentados e confusos. Porém, oferecem fortes indícios de que Kruchev acreditava que os Estados Unidos estavam prestes a invadir Cuba e que ele estava disposto a autorizar o uso de armas nucleares táticas contra os soldados americanos.

Foi dissuadido de tomar uma decisão precipitada pelo ministro da Defesa, que mais se parecia com uma ave de rapina, que acreditava que os americanos não tinham força naval suficiente no Caribe para conquistar Cuba imediatamente. Malinovski temia que um passo prematuro do Kremlin fizesse mais mal do que bem. Poderia até servir de desculpa para um ataque nuclear dos EUA.

A embaixada dos EUA em Moscou informara ao ministério soviético das Relações Exteriores que transmitiria uma mensagem importante de Kennedy a Kruchev à uma hora, horário de Moscou, 18 horas em Washington.

– Vamos esperar até à uma hora – aconselhou Malinovsky.

Um rugido de tanques, reboques de mísseis e soldados em marcha perpassava as paredes de tijolos vermelhos do Kremlin, para dentro da reunião do Presidium, enquanto Malinovski falava. Entre os exemplos de armamentos pesados que desfilavam pela Praça Vermelha estava o míssil R-12, agora em Cuba, escoltado por soldados das Forças de Foguetes Estratégicos, o braço de elite militar encarregado das armas nucleares. Os membros do Presidium estavam preocupados demais com o confronto iminente com a superpotência adversária para prestar muita atenção. Eles sabiam que a exibição assustadora de poderio militar sob suas janelas era simplesmente um ensaio geral da parada anual do Dia da Revolução.

As reações imediatas dos líderes das duas superpotências quando enfrentaram a mais grave crise internacional de sua carreira foram mais ou menos iguais: choque, orgulho ferido, determinação implacável e medo mal reprimido. Kennedy queria bombardear os silos de mísseis soviéticos; Kruchev contemplava o uso de ogivas nucleares táticas contra os soldados americanos. Qualquer uma das opções poderia facilmente ter levado a uma guerra nuclear total.

Embora os impulsos iniciais de ambos possam ter sido semelhantes, é difícil pensar em duas personalidades mais diferentes do que John Fitzgerald Kennedy e Nikita Sergeievich Kruchev. Um era filho de um milionário americano, nascido e criado para uma vida de privilégios. O outro era filho de um camponês ucraniano, que andava descalço na infância e limpava o nariz na manga da camisa. A ascensão de um pareceu fácil e natural; o outro cavou o próprio caminho para o alto com uma combinação de sicofantia e crueldade. Um era introspectivo, o outro, explosivo. As diferenças se aplicavam até à aparência – magro e elegante, com uma cabeleira abundante, e o outro era baixo, gordo e calvo – e à vida em família. A mulher de um parecia ter saído das páginas de uma revista de moda; a outra era a arquetípica *babushka* russa.

Kruchev, de 68 anos de idade, era produto de uma das mais duras escolas políticas que se possa imaginar: a corte de um déspota. Sua ascensão meteórica não se devia a seu carisma, mas à habilidade de agradar Stalin e de jogar o jogo burocrático. Ele aprendera que a política é um negócio sujo, que requer vasta reserva de malícia e paciência. Ele sabia como conquistar a confiança alheia, aguardava o momento certo para, impiedosamente, esmagar os adversários partindo de uma posição de força. Ele tinha um talento natural para os gestos dramáticos que pegava os inimigos de surpresa, quer denunciando Stalin como genocida, quer prendendo o chefe da polícia secreta, Lavrenty Beria, quer lançando o Sputnik, o primeiro satélite artificial do mundo.

Junto com o cinismo e a crueldade, Kruchev também exibia uma característica idealista, quase religiosa. Ele era crente fervoroso, não na vida após a morte, mas em um paraíso construído pelo homem na Terra. A promessa do comunismo transformara a vida dele; poderia fazer o mesmo pelos compatriotas. Ele estava convicto de que o comunismo acabaria por demonstrar que era um sistema melhor, mais justo e mais eficiente do que o capitalismo. Uma sociedade comunista, um estado de abundância igualitária, onde as necessidades de todos são atendidas – estaria "praticamente construída" em duas décadas, declarou em 1961. Nessa época, a União Soviética já teria superado os Estados Unidos em riquezas materiais.

Kruchev orgulhava-se de suas origens humildes e de sua capacidade de vencer pela astúcia adversários mais fortes, mais ricos e até mais cultos. Ele se comparava ao sapateiro judeu pobre de um conto de fadas ucraniano, que é ignorado e menosprezado por todos, mas foi escolhido para liderá-los pela coragem e pela energia. Em outra ocasião, ele disse que a política é "igual à velha piada sobre dois judeus que viajavam de trem". Um judeu pergunta ao outro:

– Aonde você vai?

E a resposta é:

– Para Zhitomir.

"Que raposa matreira", pensa o primeiro judeu. "Eu sei que vai mesmo para Zhitomir, mas ele disse Zhitomir para que eu achasse que ele vai para Zhmerinka."

Juntas, as duas histórias resumiam a opinião política de Kruchev como um jogo de blefes e ousadias.

Lidar com Kennedy era brincadeira de criança em comparação ao trato com monstros como Stalin e Beria.

— Não é forte o bastante — comentou Kruchev depois de se encontrar com JFK em Viena. — Inteligente demais e fraco demais.

A diferença de idade — Kruchev era 23 anos mais velho que Kennedy — também era óbvia. O presidente dos EUA era "suficientemente jovem para ser meu filho", comentou o primeiro-secretário. Embora Kruchev confessasse mais tarde sentir "um pouco de pena" de Kennedy em Viena, não deixou que isso o impedisse de aplicar-lhe uma brutal repreensão. Ele entendia que a política era "um negócio impiedoso".

O modo de Kruchev lidar com as relações internacionais foi moldado por sua dolorosa percepção da fraqueza soviética. Embora sua persona pública fosse a do valentão fanfarrão, ele sentia tudo, menos confiança, no verão de 1962. A União Soviética estava cercada por bases militares americanas, da Turquia, no Oeste, ao Japão, no Leste. A América tinha muito mais mísseis nucleares apontados para a Rússia do que o contrário. Um abismo ideológico entre a Rússia e a China ameaçava a preeminência soviética no movimento comunista mundial. Apesar de tanto se gabar da utopia vindoura, o país ainda estava lutando para se recuperar da II Guerra Mundial.

Kruchev fizera todo o possível para disfarçar o fato de que a União Soviética era a superpotência mais fraca com façanhas espetaculares de relações públicas. Ele lançara o primeiro homem ao espaço e testara a maior bomba nuclear do mundo.

— A América só reconhece a força — disse a associados.

O filho dele, Sergei, assustou-se quando Kruchev gabou-se de que a União Soviética estava lançando foguetes intercontinentais "como se fossem linguiças". Por ser engenheiro de mísseis, ele sabia que isso não era verdade.

— Como pode dizer isso, quando só temos dois ou três? — protestou Sergei.

— O importante é fazer os americanos acreditarem nisso — respondeu o pai. — Assim, evitamos um ataque.

Sergei concluiu que a política soviética se amparava em ameaçar os Estados Unidos com "armas que não tínhamos".

Por ser a segunda superpotência, a União Soviética tinha de ameaçar e vociferar constantemente para ser ouvida.

— A sua voz tem de impressionar pela certeza — disse Kruchev aos colegas do Presidium em janeiro de 1962. — Não tenha medo de acirrar os ânimos, senão nós não conseguiremos nada.

Havia uma grande diferença, porém, entre levar as tensões internacionais deliberadamente ao ponto de ebulição e permitir que a a panela fervesse a ponto de derramar. A finalidade do deslocamento dos mísseis, Kruchev não parava de salientar, não era "iniciar uma guerra", mas dar aos americanos uma dose "do próprio remédio".

Embora Kruchev inicialmente preferisse o democrata Kennedy ao republicano Eisenhower, ele chegara a considerar os dois presidentes "feitos da mesma merda". Passando o verão na mansão de Sochi, à margem do mar Negro, ele remoía o ressentimento em razão da presença de ogivas nucleares americanas logo ali, do outro lado do mar, na Turquia, a cinco minutos de avião. Ele entregava binóculos às visitas e lhes perguntava o que conseguiam ver. Quando as visitas, desconcertadas, descreviam uma vista infinita de água, Kruchev pegava os binóculos e anunciava furioso:

– Vejo mísseis americanos, apontados para a minha dacha.

Mas ficava animado ao pensar na surpresa que estava prestes a proporcionar.

– Já faz muito tempo que vocês não nos espancam como se fôssemos criancinhas – dissera Kruchev em setembro a Stewart Udall, um perplexo secretário do interior dos EUA, em Sochi. – Agora podemos arrebentar o seu rabo.

16H, SEGUNDA-FEIRA, 22 DE OUTUBRO

Era, pensava Kennedy, o "segredo mais bem guardado" de sua administração. Um grupo conhecido como ExComm, a Comissão Executiva do Conselho Nacional de Segurança, que consistia no presidente e 12 dos assessores em quem ele mais confiava, passara seis dias debatento a crise em formação, sem vazamentos para a imprensa. A Casa Branca fizera o possível para manter o caso fora dos jornais. A certa altura, nove membros da ExComm tinham se acotovelado dentro do mesmo carro para evitar o espetáculo de uma longa fila de limusines oficiais chegando para uma reunião de crise na Casa Branca. Importantes membros do gabinete, como Bob McNamara e John McCone, foram obrigados a sentar uns no colo dos outros.

Enquanto isso, os funcionários do Departamento de Estado, cujas responsabilidades nada tinham a ver com a União Soviética nem Cuba, receberam ordens de chegar à Casa Branca nas maiores limusines que conseguissem encontrar. O vice-secretário de Estado para assuntos do Oriente Médio, Averell Harriman, passou horas em um escritório da Ala Oeste no domingo de manhã, servindo de chamariz para os repórteres reunidos no saguão.

– Quanto tempo vou ter de ficar aqui? – resmungou.

Ao anoitecer de domingo, os repórteres do *The New York Times* e do *The Washington Post* já haviam montado as peças da maior parte da história. O presidente telefonou aos editores dos dois jornais para lhes pedir que adiassem a publicação. Com certa relutância, JFK fizera um pedido semelhante antes do episódio da baía dos Porcos, o maior fiasco de sua presidência –

eles concordaram. As manchetes da edição matinal do *Post* na segunda-feira pouco indicavam o que os repórteres de fato sabiam:

> Aguarda-se importante decisão
> dos EUA sobre a política;
> tudo mantido em segredo.
> —
> Correm muitos
> boatos como defesa
> e segredos de Estado.

Na tarde da segunda-feira, o segredo quase foi revelado. Ao meio-dia os fuzileiros começaram a retirar os civis da base naval da baía de Guantánamo, acompanhando 2.810 mulheres e crianças até os aviões e navios de guerra que aguardavam. Foram enviadas mensagens urgentes para líderes do Congresso em férias, mandando que voltassem para Washington imediatamente. Um helicóptero militar localizou o líder da bancada democrática, Hale Boggs, da Louisiana, pescando no golfo do México, e jogou-lhe um bilhete dentro de uma garrafa: "Ligue para a telefonista 18, Washington. Recado urgente do presidente." Em pouco tempo já havia jatos da Força Aérea transportando Boggs e outros líderes parlamentares para a capital.

Kennedy ateve-se aos compromissos normais e passou 45 minutos discutindo o desenvolvimento econômico da África com o primeiro-ministro de Uganda. Às 16 horas, realizou uma reunião de gabinete e contou aos perplexos secretários de gabinete que se decidira pelo bloqueio naval de Cuba para combater a instalação dos mísseis soviéticos. Ainda faltavam três horas para a hora P – código que designava o discurso do presidente à nação.

Enquanto isso, o Departamento de Estado já lançara uma ampla operação de logística para informar aos governos do mundo inteiro a respeito do bloqueio, a que chamariam de "quarentena", para parecer menos ameaçador. A maioria dos governos estrangeiros, inclusive o soviético, ouviria o noticiário às seis da tarde, hora de Washington, uma hora antes do discurso de Kennedy na televisão. Alguns aliados mais chegados, como a Inglaterra, a Alemanha e a França, receberam uma nota antecipadamente de emissários presidenciais especiais.

O ex-secretário de Estado Dean Acheson foi conduzido ao gabinete do presidente da França, Charles de Gaulle, em Paris, depois de ter passado a noite num avião vindo de Washington. Normalmente desconfiado das garantias americanas, o general recusou-se a ver as provas fotográficas, que Acheson oferecera, da instalação de mísseis soviéticos em Cuba, com magistrais acenos da mão.

– Um país grandioso como o seu não agiria se houvesse qualquer dúvida acerca das provas – anunciou.

É claro que a França apoiaria o aliado. Foi só mais tarde que ele concordou em examinar as fotos do U-2 com a ajuda de uma lupa.

– *Extraordinaire* – balbuciou o velho soldado.

16:39, SEGUNDA-FEIRA, 22 DE OUTUBRO

Os comandantes da defesa aérea que participavam da conferência telefônica da sede da NORAD mal podiam acreditar no que estavam ouvindo. O general John Gerhart, comandante em chefe do Comando de Defesa da América do Norte, queria que instalassem armas nucleares nos jatos interceptadores de caças e os despachassem para dezenas de bases aéreas em locais distantes. A ordem devia ser executada imediatamente.

Em poucos minutos, comandantes preocupados inundavam de telefonemas o Centro de Combate de Colorado Springs. Decerto devia haver algum engano. O transporte de armas nucleares obedecia a rígidos regulamentos de segurança. Os F-106 que Gerhart queria distribuir eram jatos de um só lugar, cuja missão era destruir bombardeiros soviéticos. Carregar esses aviões com armas nucleares e espalhá-los por todo o país violava o *"buddy system"*, sacrossanta doutrina da Força Aérea que exigia pelo menos dois oficiais no controle físico de armas nucleares 100% do tempo. Nas palavras de um chocado oficial de segurança nuclear, a ordem de Gerhart significava que um só piloto, "em ato de desatenção, seria capaz de realizar a detonação nuclear total da arma".

A única exceção se aplicava a tempo de guerra, quando fosse considerado iminente um ataque inimigo. Embora os jornais estivessem repletos de boatos sobre o nascimento de uma crise com relação a Cuba ou Berlim, não havia provas de que os soviéticos estivessem prestes a atacar.

Muitos oficiais da Força Aérea estavam céticos no que dizia respeito à segurança da arma nuclear que seria carregada a bordo dos interceptadores de caças. Elogiada pelo Pentágono como arma maravilhosa, o "Genie" MB-1 era um míssil ar-ar equipado com uma ogiva de 1,5 quiloton, um décimo do poder da bomba que destruiu Hiroshima. Alguns pilotos a consideravam "o sistema de armas mais burro já adquirido". Em vez de acertar um alvo, o míssil sem guia foi projetado para explodir no ar, destruindo todos os aviões que estivessem nas proximidades só com o impacto da explosão.

O objetivo da operação de distribuição era evitar que os caças e bombardeiros da Força Aérea dos EUA se tornassem alvos estacionados para os bombardeiros soviéticos. Para ter capacidade de reagir a um ataque soviético, os aviões de guerra americanos tinham de carregar armas, mesmo que isso significasse sobrevoar áreas de alta densidade demográfica para chegar a bases aéreas que carecessem de instalações apropriadas para armazenar armas nucleares.

Os oficiais de Colorado Springs consultaram seus superiores. A resposta chegou rapidamente. A ordem de distribuição fora mantida. Em pouco tempo os F-106 já "roncavam pelas pistas" das bases da Força Aérea de todo o país, sem que os comandantes locais entendessem o que estava acontecendo.

17H, SEGUNDA-FEIRA, 22 DE OUTUBRO

Durante a primeira semana da crise, Kennedy e seus assessores deram-se ao luxo de analisar as opções sem a necessidade de reagir imediatamente à pressão da opinião pública. Ao manter sigilo absoluto dentro do governo sobre a instalação de armas nucleares soviéticas em Cuba, ganharam alguns dias para pensar, o que teve imenso valor. Evitaram alarmar o Kremlin, e não precisaram se explicar constantemente ao Congresso e à imprensa.

Se JFK fosse obrigado a tomar uma decisão instantânea sobre como reagir a Kruchev no dia em que descobriu os mísseis, tudo teria tomado um rumo bem diferente.

O ritmo da crise se acelerou de maneira impressionante quando passou à fase pública. A mudança tornou-se evidente quando os líderes do Congresso entraram em fila na sala de reunião com os ministros para receber instruções presidenciais privativas duas horas antes que o presidente entrasse no ar pela TV. O ex-senador principiante de Massachusetts estava, então, com os ex-colegas do Congresso a olhar sobre seus ombros, tentando adivinhar suas decisões. A eles logo se juntariam todos os especialistas em política do país.

– Meu Deus! – exclamou ofegante o senador Richard B. Russell, ao ouvir que pelo menos alguns dos mísseis soviéticos em Cuba estavam "prontos para ser detonados".

O presidente da Comissão de Serviços Armados do Senado mal podia se conter ao ouvir o presidente apresentar o plano do bloqueio naval ao redor de Cuba. Ele achava que era necessário dar uma resposta muito mais dura: um ataque aéreo seguido de invasão. Dar aos comunistas um "tempo para parar e pensar" era sem sentido, pois só lhes permitiria "preparar-se melhor". Russell concordava com o general LeMay. A guerra contra a União

Soviética era praticamente inevitável, mais cedo ou mais tarde. A hora de brigar era essa, enquanto os Estados Unidos estavam fortes.

– Parece-me que estamos numa encruzilhada – disse o senador. – Ou somos uma potência internacional ou não somos.

Kennedy tentou argumentar com Russell. Queria que a liderança do Congresso entendesse como ele chegara a essa decisão. O bloqueio já era suficientemente arriscado: poderia levar à guerra "em 24 horas" em Berlim ou em qualquer outro ponto problemático. Mas os riscos aumentariam muito com um ataque de surpresa aos silos de mísseis.

– Se entrarmos em Cuba, precisaremos todos compreender que estaremos assumindo que esses mísseis, que estão prontos para disparar, não serão detonados... Isso é uma *tremenda* aposta.

O oráculo intelectual do Senado, ex-bolsista do Programa Rhodes, William Fullbright, pronunciou-se em apoio ao colega democrata do Sul. Ele se opusera à aventura da baía dos Porcos, mas naquele momento queria uma invasão "total" de Cuba "o mais depressa possível".

A crítica dos ex-colegas irritou o presidente:

– Se querem o meu cargo, que vão se ferrar – explodiu, com os olhos faiscantes de raiva, ao subir para a residência, a fim de se preparar para o discurso televisivo. – Que fiquem com ele. Não é grande alegria para mim.

18H, SEGUNDA-FEIRA, 22 DE OUTUBRO
(1H DE TERÇA-FEIRA, MOSCOU)

Anatoli Dobrinin, embaixador soviético nos Estados Unidos, foi convocado ao Departamento de Estado às 18 horas. Ele não sabia nada sobre os mísseis em Cuba, pois nem o próprio governo lhe informara nada. Seu rosto normalmente alegre empalideceu quando o secretário de Estado lhe entregou uma cópia do discurso do presidente e uma advertência privativa para Kruchev não subestimar a "vontade e a determinação" dos Estados Unidos. Dean Rusk achou que o agente diplomático pareceu envelhecer "dez anos" nos poucos minutos em que conversou com ele. Para Dobrinin, o próprio Rusk estava "claramente em estado nervoso e agitado, embora tentasse esconder".

– É uma crise? – gritavam os repórteres, quando Dobrinin saiu do Departamento de Estado segurando com força um enorme envelope de papel pardo.

– O que vocês acham? – disse feroz o embaixador. Acenava com o envelope para os repórteres ao entrar na limusine Chrysler preta.

A sete fusos horários de distância, em Moscou, Richard Davies, o conselheiro político da Embaixada dos Estados Unidos, entregava documentos idênticos ao Ministério Soviético das Relações Internacionais. Chegaram às mãos de Kruchev 15 minutos depois. A notícia não era tão ruim quanto ele temia. O presidente exigia a retirada de Cuba dos mísseis soviéticos, mas não definia prazos.

– Não é guerra contra Cuba, mas uma espécie de ultimato. – Foi a reação imediata de Kruchev. O humor dele, sempre em mutação, passou do desespero ao alívio. – Salvamos Cuba – anunciou animadíssimo.

A decisão de Kennedy de impor um bloqueio naval de fato suspendeu o fornecimento de equipamentos militares soviéticos a Cuba. Kruchev estava contente por saber que os três regimentos de mísseis R-12 de alcance intermediário já haviam chegado à ilha, junto com grande parte dos respectivos equipamentos.

Só um dos 18 navios usados para transportar os regimentos ainda estava no mar. O *Yuri Gagarin*, de 11 mil toneladas, carregado de equipamentos para abastecer mísseis, estava se aproximando das Bahamas, a dois dias de Havana. A maioria do pessoal do quartel-general de um dos regimentos de R-12 também estava a bordo.

Os dois regimentos R-14 eram outro assunto. Foram fretados 14 navios para transportar os maiores mísseis de alcance intermediário, que estavam capacitados a atingir alvos espalhados por todos os Estados Unidos, juntamente com os soldados e outros equipamentos. Só um desses navios chegara a Cuba com segurança. Outros dois estavam a menos de um dia para chegar. Um deles era um navio de passageiros, o *Nikolaevsk*, com mais de dois mil soldados a bordo. O outro, o *Divnogorsk*, era um pequeno petroleiro construído na Polônia. Os foguetes propriamente ditos ainda estavam no meio do Atlântico.

O mais preocupante para Kruchev era o *Aleksandrovsk*, navio cargueiro de 5.400 toneladas, repleto de ogivas nucleares. Na área de carga havia 24 ogivas nucleares de um megaton para o míssil R-14, e cada uma delas continha a força destrutiva de 70 bombas atômicas do tipo que foi lançada em Hiroshima. O poder explosivo concentrado a bordo do navio excedia em pelo menos três vezes o total de todas as bombas já lançadas na história.

Depois de uma viagem de 16 dias, do porto de Severomorsk, bem acima do Círculo Polar Ártico, o *Aleksandrovsk* estava se aproximando do litoral norte de Cuba. O navio ainda estava em águas internacionais, a quase meio dia de navegação do porto cubano mais próximo. Era obviamente um alvo principal para a interceptação da Marinha dos EUA. O *Aleksandrovsk* fora escoltado por submarinos equipados com armas nucleares durante parte da travessia do Atlântico, mas agora estava praticamente sem defesa, acompanhado só por outro cargueiro soviético, o *Almetyevsk*. Se os americanos tentassem embarcar, o capitão tinha ordens de abrir fogo com armas automáticas, explodir-lhe o navio e mandar para o fundo do mar o equivalente a 25 milhões de toneladas de TNT. Não se devia permitir que o *Aleksandrovsk* caísse nas mãos do inimigo.

Além dos navios de superfície, também havia quatro submarinos soviéticos no oeste do Atlântico. Kruchev tinha planejado inicialmente construir uma base moderna de submarinos em Cuba, mas reduziu esses planos no final de setembro. Em vez de submarinos nucleares, capazes de permanecer submersos quatro semanas de cada vez, ele despachou quatro submarinos diesel-elétricos da classe Foxtrot. Os Foxtrots eram versões maiores, atualizadas, dos U-boats alemães que ameaçaram os navios dos Aliados na II Guerra Mundial. A diferença era que cada um transportava um pequeno torpedo com ponta nuclear, além de 21 torpedos convencionais.

Recobrando-se do choque inicial, Kruchev começou a tomar uma série de decisões rápidas. Ordenou uma elevação geral dos níveis de alerta para as unidades militares soviéticas. Ditou cartas a Kennedy e Castro. Rascunhou uma declaração que denunciava o bloqueio como "ato de pirataria" e acusava os Estados Unidos de levarem o mundo à beira do abismo da "guerra termonuclear". Mas a raiva estava temperada com cautela. Para reduzir o risco de um confronto com navios de guerra americanos, ele ordenou o retorno da maioria dos navios soviéticos que não tinham chegado a águas cubanas. Entre os navios que receberam ordem de retornar estavam os cargueiros de escotilhas amplas *Kimovsk* e *Poltava*, ambos carregados com mísseis R-14, e o *Yuri Gagarin*, com equipamentos para um dos regimentos R-12. Os navios com cargas civis, como o petroleiro *Bucharest*, foram autorizados a seguir para Cuba. Os navios mais próximos de Cuba, inclusive o que transportava ogivas, *Aleksandrovsk*, receberam instruções para dirigir-se ao porto mais próximo.

Depois de pensar na ideia de autorizar os comandantes soviéticos a usar armas nucleares táticas em reação à invasão americana, Kruchev passara a rejeitar essa opção. Também resolveu transferir o controle dos armamentos soviéticos aos cubanos ou anunciar um tratado formal de defesa com Cuba. Em vez disso, ditou uma ordem para o comandante em chefe do Grupo de Forças Soviéticas, general Issa Pliiev:

> Em relação ao possível desembarque de americanos em Cuba, participando de exercícios no mar do Caribe, tomar providências urgentes para aumentar a prontidão para combate e derrotar o inimigo, por meio do esforço

conjunto do exército cubano e das unidades militares soviéticas, excluindo-se as armas de STATSENKO e todas as cargas de BELOBORODOV.

O general de brigada Igor Statsenko era o comandante da tropa de mísseis soviéticos em Cuba; o coronel Nikolai Beloborodov, responsável pelas ogivas nucleares. Decodificado, o recado significava que os soldados soviéticos em Cuba tinham ordens para resistir à invasão americana, mas não estavam autorizados a usar nenhum tipo de armas nucleares. Kruchev estava decidido a manter controle sobre as ogivas pessoalmente.

Os redatores do Kremlin esforçavam-se para acompanhar o ritmo da mistura de pensamentos e instruções do primeiro-secretário:

> Ordenar o retorno dos navios (os que ainda não chegaram). (Todos dizem que esta é a decisão correta.)
> Divulgar uma declaração do governo soviético – um protesto.
> Os EUA estão numa rota de preparação e desencadeamento da Terceira Guerra Mundial.
> O imperialismo americano está tentando impor sua vontade ao mundo. Nós protestamos. Todos os países têm o direito de se defender e fazer alianças.
> A URSS também está armada; nós protestamos contra esses atos de pirataria...
> Que os quatro submarinos continuem na rota. O *Aleksandrovsk* deve dirigir-se ao porto mais próximo.
> Enviar um telegrama a Castro.
> Recebemos a carta de Kennedy.
> Grosseira ingerência nos assuntos de Cuba.

Os funcionários do Ministério das Relações Exteriores passaram a noite trabalhando em rascunhos de cartas, transformando em prosa burocrática as divagações empolgadas do *premier*. Enquanto isso, Kruchev exigia que os colegas dormissem no Kremlin, para não causar a impressão de alarme indevido nos correspondentes estrangeiros e em quaisquer "agentes de espionagem" que porventura estivessem "espreitando nas proximidades". Ele mesmo se deitou num sofá da antessala do gabinete. Dormiu com a mesma roupa que estava usando. Tinha ouvido uma história a respeito de um ministro francês das Relações Exteriores que fora "flagrado literalmente com as calças arriadas" no meio da noite, durante a crise de Suez, em 1956. Ele queria evitar um ultraje semelhante. Conforme recordou mais tarde, "eu estava pronto para receber notícias alarmantes a qualquer momento, e queria estar pronto para reagir imediatamente".

Quando Kennedy e seus assessores argumentaram a respeito dos motivos de Kruchev para enviar os mísseis a Cuba, a explicação normal era que ele queria alterar o equilíbrio do poder nuclear. A União Soviética estava em grave desvantagem em foguetes de longo alcance e aviões chamados de armas "estratégicas" – mas tinha muitos mísseis balísticos de alcance intermediário, ou MRBM, apontados para a Europa. Desviados para Cuba, os MRBM foram, num passe de mágica, transformados em armas estratégicas, capazes de atingir o território da superpotência rival.

Alcançar paridade estratégica com os Estados Unidos era decerto um motivo importante para Kruchev, que se ressentia profundamente da superioridade nuclear americana. Ele estava ansioso para se vingar dos americanos por motivos políticos e militares. Ao mesmo tempo, contudo, os registros soviéticos não confidenciais demonstram que as emoções dele tiveram papel importante no processo decisório. Castro e seus barbudos tinham mexido com o romantismo do velho cansado do Kremlin, lembrando-lhe que eles também tinham sido outrora revolucionários.

– Ele é um genuíno revolucionário, exatamente como nós – relatou Anastas Mikoian, depois de tornar-se o primeiro líder soviético a se encontrar com Castro em fevereiro de 1960. – Parecia que eu tinha voltado à infância.

"Homem heroico." Foi assim que Kruchev definiu Castro quando se abraçaram pela primeira vez, em 20 de setembro de 1960, em frente ao Theresa Hotel, no Harlem. Ambos os líderes estavam em Nova York para uma reunião da Assembleia Geral das Nações Unidas, mas Castro deixara o hotel no centro da cidade para protestar contra as "exigências inaceitáveis de dinheiro" da administração. O cubano, de 1,93m, curvou-se e envolveu o russo, de 1,60m, num caloroso abraço.

– Ele provocou forte impressão em mim – Kruchev recordaria mais tarde.

Ele acabaria por amar Fidel "como um filho".

Os soviéticos nunca haviam se interessado muito pela América Latina antes da ascensão de Castro ao poder. Moscou nem tinha embaixada em Havana entre 1952 e 1960. Totalmente inesperada pelos ideólogos soviéticos, a revolução cubana permitiu que um colosso isolado, economicamente atrasado, achasse que podia projetar seu poder até a porta do inimigo imperialista. Em 1960, a KGB começou a referir-se a Cuba pelo codinome

AVANPOST, ou "cabeça de ponte" no hemisfério Norte. Da perspectiva soviética, a revolução cubana não era mera oportunidade de incomodar o Tio Sam, mas prova de que a "correlação de forças" no mundo inteiro estava se movendo na direção de Moscou.

Os cubanos estavam todos conscientes do efeito que produziam nos soviéticos, e o usavam em vantagem própria.

– Nikita gostava muitíssimo de Cuba – recordaria Castro 40 anos depois. – Ele tinha uma fraqueza por Cuba, pode-se dizer.

Quando queria tirar algo dos patronos russos, Castro fazia uma pergunta bem simples:

– Vocês são revolucionários ou não?

Posto assim, era difícil para Kruchev dizer não.

Ao contrário de Stalin, Kruchev não via limites para a ampliação do poder e da influência do poderio soviético. O ministro das Relações Exteriores de Stalin, Vyacheslav Molotov, dissera certa vez que as grandes potências tinham de "entender que tudo tem limite; caso contrário, podemos nos sufocar". Mas Kruchev era mais sonhador que seu predecessor. O idealismo era, em certos aspectos, reflexo especular do idealismo de Kennedy: a União Soviética "pagaria qualquer preço, carregaria qualquer fardo" para defender as conquistas do socialismo no mundo inteiro. Para Kruchev, Cuba e Castro eram símbolos do sucesso soviético, com o mesmo peso do Sputnik e de Yuri Gagarin.

Após o fracasso da baía dos Porcos, Kruchev estava convicto de que era simples questão de tempo até os Estados Unidos tentarem novamente derrubar Castro. Ele argumentava que "seria tolice esperar que a inevitável segunda invasão fosse tão mal planejada e mal executada quanto a primeira". Não paravam de chegar a Moscou informações sobre tramas americanas contra Cuba, tanto reais quanto imaginárias. Alguns dos sinais alarmantes chegavam diretamente da Casa Branca. Quando o genro de Kruchev, Aleksei Adzhubei, encontrou-se com Kennedy, em janeiro de 1962, ficou desconcertado ao ouvir o presidente dizer que os Estados Unidos precisavam aprender alguma coisa com o modo como os russos tinham tratado o levante na Hungria em 1956. Para a cabeça desconfiada dos soviéticos isso só poderia significar uma coisa: Washington estava se preparando para esmagar pela força a revolução cubana.

– Um só pensamento ficava martelando o meu cérebro: o que acontecerá se perdermos Cuba? – recordaria Kruchev na velhice. – Teria sido um golpe terrível para o marxismo-leninismo.

Segundo Kruchev, enviar mísseis nucleares para Cuba lhe permitiria resolver muitos problemas de uma só vez. Tornaria a ilha invulnerável a agressões americanas. Igualaria o equilíbrio dos poderes. E ensinaria aos imperialistas uma lição salutar.

"Já estava na hora de fazer a América aprender como se sente quem sofre ameaças dentro do próprio território e ao próprio povo", escreveria. "Nós, russos, sofremos com três guerras nos últimos 50 anos: a I Guerra Mundial, a Guerra Civil e a II Guerra Mundial. A América nunca teve de travar uma guerra dentro do próprio território, pelo menos nos últimos 50 anos."

Em abril de 1962, Kruchev se reuniu com Malinovski no retiro do mar Negro. Dirigiu-se ao ministro da Defesa da maneira formal russa, por nome e patronímico.

– Rodion Yakovlevich – perguntou com malícia –, e se enfiássemos um ouriço dentro das calças do Tio Sam?

18:40, SEGUNDA-FEIRA, 22 DE OUTUBRO (17:40 EM HAVANA)

O plano de dispersão do NORAD exigia que o esquadrão F-106 da base da Força Aérea de Selfridge, nas proximidades de Detroit, se mudasse para o pouco usado campo Volk, no Wisconsin. Os pilotos tinham praticado muitas vezes o curto pulo de 30 minutos, mas nunca com armas nucleares a bordo. Pouco depois da decolagem, o plano mudou. Volk estava envolto em neblina. Voariam, então, para o Campo Hulman, nas proximidades de Terre Haute, Indiana.

Houve uma confusão de última hora para achar os mapas corretos. Chegou, então, a notícia de que o Campo Hulman estava em obras e que só havia 2.100m de pista asfaltada utilizável. Era complicado, mas viável.

Voar com armas nucleares era um sinal para Dan Barry, tenente da Força Aérea de 27 anos de idade, de que "ia acontecer algo grande". Ele e os colegas pilotos sabiam que o presidente estava programado para falar às sete da noite naquele dia, mas nem imaginavam o que esperar. Enquanto o esquadrão de seis aviões voava para o sul sobre Ohio e Indiana, os pilotos perscrutavam o céu do norte à procura de aviões e mísseis soviéticos.

Os cinco primeiros aviões pousaram sem incidentes, evitando as rochas e os escombros no início da pista. O último F-106 foi pilotado pelo líder de caças, capitão Darrell Gydesen, conhecido pelos colegas pilotos como "Gyd". Imediatamente antes de tocar o solo, ele sentiu uma súbita rajada de vento na cauda. Ele acionou o paraquedas de frenagem para reduzir a velocidade do avião.

O paraquedas do piloto foi acionado, mas não abriu direito. O paraquedas de frenagem permaneceu no invólucro. Gydesen só precisou de uma fração de segundo para perceber que o avião estava se precipitando em alta velocidade rumo ao fim de uma pista curta com uma ogiva nuclear na traseira do compartimento de mísseis.

A primeira informação que chegou a Fidel Castro acerca da crise em formação fora proveniente de espiões cubanos dentro da base naval da baía de Guantánamo. Todo dia passavam centenas de trabalhadores cubanos pela barreira da Guarda Costeira. Era simples para a espionagem cubana infiltrar seus próprios agentes na base de 116km². Aos relatos de reforços à Guarda Costeira seguiram-se notícias de que mulheres e crianças estavam sendo removidas.

Quando soube que o presidente dos EUA estava planejando um discurso televisionado, provavelmente relativo à situação em Cuba, Castro decidiu que não podia esperar mais. O exército cubano normal tinha 105 mil homens. Ao mobilizar os reservistas, Castro poderia triplicar o tamanho das Forças Armadas em 72 horas. Seu exército mal equipado talvez ainda não fosse páreo para a 1ª Divisão de Infantaria, mas com o apoio soviético poderia decerto tornar bem desagradável a vida da força invasora ianque.

Antes mesmo que Castro emitisse o "alarme de combate" às 17:40, hora de Havana, 20 minutos antes de Kennedy entrar no ar na TV, seus comandantes já estavam de prontidão, implantando a Diretiva Operacional nº 1. A ilha de 1.200km de extensão dividia-se em três zonas de defesa, como durante a invasão da baía dos Porcos. Fidel enviou seu irmão mais novo, Raúl, para o extremo leste da ilha. Ernesto "Che" Guevara, o médico argentino transformado em líder de guerrilheiros, assumiu o comando da província de Pinar del Río, a oeste. Juan Almeida, chefe do Estado-Maior do exército, comandava o setor central, com sede em Santa Clara. Fidel permaneceu na capital.

Logo os milicianos estavam se apresentando em seus postos por toda a ilha. Baterias de artilharia assumiram posição ao longo do Malecón, quebra-mar de Havana voltado para o norte. Duas canhoneiras entraram na baía. Na universidade, no alto do morro, com vista para o distrito de Vedado, conhecido por todos como "la colina", os professores entregavam fuzis aos alunos, que cantavam "*Cuba sí, yanqui no*". Fernando Dávalos, de 20 anos de idade, só teve tempo de correr para casa, pegar o uniforme, a mochila, uma toalha e algumas latas de leite condensado antes de se apresentar ao Batalhão da Universidade. O pai dele quis saber aonde ia. Ele não fazia ideia.

– Os americanos – disse resfolegante. – Ligue o rádio. Fomos mobilizados.

A 13 minutos dali, o capitão Gydesen freou com o máximo de força possível o avião que estava na pista. Enquanto os pneus do F-106 cantavam no asfalto, ele chamava pelo rádio a torre de controle para avisar que o paraquedas de frenagem tinha falhado e ele ia avançar até a barreira. Um controlador apertou um botão e ergueu-se uma rede no fim da pista. Alguns meses antes, fora instalado um sistema de parada de emergência nos F-106. No caso de uma aterrissagem ultrapassar os limites, um gancho embaixo da fuselagem se prendia à barreira.

O trem de pouso do F-106 lançou o cabo, fazendo o avião frear bruscamente quando ultrapassou a pista e derrapou na direção de uma extensão de asfalto áspero. Ouviu-se um barulho alto do estouro de um pneu. O F-106 ainda estava avançando quando chegou ao fim da extensão de 230m.

Quando o avião deixou a extensão da pista, a roda dianteira afundou na grama e quebrou ao colidir com uma laje de concreto. O jato de US$ 3,3 milhões deslizou sobre a roda dianteira danificada por mais uns 30 metros até que, finalmente, parou.

Abalado, porém feliz por ter sobrevivido, Gydesen saiu da cabine. O F-106, considerado pela maioria o mais belo interceptor já projetado, com sua fuselagem brilhante e asas inclinadas para trás, equilibrava-se precariamente no nariz. Os pneus tinham estourado, o trem de pouso estava amassado e o tubo do piloto – um aparelho de medir a pressão que se projeta na frente dos caças – fora arrancado. Fora isso, o avião estava apenas levemente danificado.

Na manhã seguinte, chegaram trabalhadores de resgate com guindastes e tratores pesados para soltar o avião do macio barro de Indiana. A ogiva nuclear, miraculosamente ilesa, ainda estava no compartimento de mísseis.

19H, SEGUNDA-FEIRA, 22 DE OUTUBRO

– Boa-noite, caros compatriotas.

Kennedy olhou para a câmera com o maxilar projetado, com ar circunspecto. Estava com o rosto retesado, faltava-lhe a suavidade normal da expressão.

– Este governo – ligeira pausa –, conforme prometeu – mais uma pausa rápida –, vem mantendo sob constante vigilância o acúmulo de armas e militares soviéticos na ilha de Cuba. Nos últimos sete dias – ele pronunciou a palavra *"past"* (últimos, em inglês) com sotaque de Boston, demorando-se na vogal – há indícios inconfundíveis de que está em preparação uma série de silos de mísseis de ataque naquela ilha aprisionada.

O Salão Oval se tornara um estúdio de televisão. Forraram com tecido preto a escrivaninha feita com a madeira de carvalho do HMS *Resolute*. Havia cabos entrecruzados pelo piso coberto de lona. Tinham retirado a mobília a fim de abrir espaço para câmeras, gravadores e uma bateria de spots de iluminação. Os técnicos de som, trajando ternos alinhados, estavam ajoelhados à frente do presidente. Havia uma placa preta atrás dele, como pano de fundo, junto da bandeira presidencial.

Alertados por horas de flashes noticiosos empolgados, mais de 100 milhões de americanos sintonizavam o discurso, a maior audiência para um pronunciamento presidencial até então. Embora falasse mais devagar e de maneira mais deliberada do que o normal, Kennedy não deixou transparecer nenhuma das dúvidas e angústias que se acumulavam dentro dele nos últimos sete dias. Seu objetivo era mobilizar o povo e comunicar sua vontade política ao rival do Kremlin. A crise só terminaria se os mísseis soviéticos fossem retirados.

O presidente ampliou a doutrina da Guerra Fria da dissuasão nuclear de maneira a abranger mais de 20 países, além dos Estados Unidos e seus aliados tradicionais na OTAN:

– A política desta nação será a de considerar qualquer míssil nuclear lançado de Cuba contra qualquer nação do hemisfério ocidental um ataque da União Soviética aos Estados Unidos, exigindo retaliação contra a União Soviética.

Kennedy foi o primeiro presidente televisivo dos Estados Unidos. Muitos achavam que ele devia a vitória por um triz na eleição de 1960 aos debates televisionados com o adversário republicano, Richard M. Nixon. Ele transmitia a imagem de tranquilo e bonitão – ao contrário de Nixon, que suava profusamente e tinha grandes bolsas sob os olhos. Logo depois de assumir o cargo, Kennedy permitiu a entrada de câmeras de televisão em suas entrevistas coletivas semanais. Houve quem previsse desastre:

– A ideia mais idiota depois do bambolê – disse James Reston, do *The New York Times*. Mas JFK gostava de ser capaz de comunicar-se diretamente com o povo dos Estados Unidos, passando por cima de colunistas, como Reston. Graças a um revolucionário satélite de comunicações chamado Telstar as coletivas presidenciais podiam ser transmitidas ao vivo para a Europa.

Nessa ocasião, uma rede de 10 estações de rádio privadas da Flórida se juntou na última hora para transmitir o discurso presidencial ao vivo para Cuba, acompanhado de tradução simultânea para o espanhol. Perto do final do discurso de 17 minutos, Kennedy se dirigiu diretamente ao "povo cativo de Cuba":

– Agora os seus líderes não são mais líderes cubanos inspirados por ideais cubanos. São títeres e agentes de uma conspiração internacional que transformou Cuba... no primeiro país da América Latina a se tornar alvo de uma guerra nuclear...

A palidez de Kennedy durante o grande discurso tinha pouco a ver com Cuba. O peso dele variava muito segundo os medicamentos que tomasse para suas diversas doenças, que iam do mal de Addison, passando pela colite, a uma infecção venérea que contraíra na adolescência e se inflamava intermitentemente. Durante o fim de semana, sua esbelta silhueta de 1,85m perdeu 2,5kg, caindo para 76kg. Ele sofria com dores constantes.

"Paciente cansado demais para se exercitar", foi anotado no prontuário médico do presidente no dia 22 de outubro. "Ele sentiu um pouco de dor na coxa esquerda e certa rigidez no tendão do jarrete." Isso se somava às dores crônicas na parte inferior da coluna, cuja principal causa foi o excesso na terapia com esteroides na juventude. Os médicos viviam discutindo entre si com relação ao melhor tratamento. Alguns queriam aplicar-lhe ainda mais medicamentos; outros receitavam um regime de exercícios e fisioterapia.

Ao sair do Salão Oval, Kennedy viu um baixinho aguardando perto da porta. Era Hans Kraus, cirurgião-ortopedista de Nova York, contratado como consultor pela facção pró-exercícios. O ex-treinador da equipe austríaca de esqui olímpico viajara para Nova York sem saber que entrara numa imensa crise internacional. Ele passara o ano anterior visitando o presidente uma ou duas vezes por semana, mas estava ficando exasperado com o clima de tribunal da Casa Branca. Queria que todos soubessem que estava "disposto a se demitir se não obtivesse reconhecimento".

A frustração de Kraus tinha diversos motivos. Ele não estava cobrando o tratamento de Kennedy. Suas tentativas de despertar o interesse do presidente de criar a Fundação Nacional de Condicionamento Físico recebera apenas uma reação fraca. Tinha desperdiçado US$ 2.782,54 em despesas de viagem fazendo ponte aérea entre Nova York, Washington e o complexo dos Kennedy em Palm Beach, e não fora reembolsado. Por fim, ficou perplexo com a briga entre os diversos médicos do presidente. Ele sentia que era importantíssimo definir uma hierarquia clara de comando médico. O presidente estava tão envolvido no discurso que mal reconheceu o infeliz austríaco. Quando percebeu quem ele era, pediu desculpas:

– Desculpe, doutor. Simplesmente não tenho tempo hoje.

O Comando Aéreo Estratégico (SAC) entrara na Condição 3 de Defesa (Prontidão – DEFCON-3) enquanto o presidente falava à nação. A menos de dois passos da guerra nuclear, a DEFCON-3 previa o lançamento de toda a frota de bombardeiros nucleares do país em até 15 minutos após a ordem do presidente. Para garantir a possibilidade de sobrevivência caso o primeiro ataque partisse da União Soviética, os bombardeiros tinham de ser dispersados para bases aéreas em todo o país. Enquanto Kennedy ainda estava terminando o discurso, quase 200 aviões começaram a cruzar os Estados Unidos com armas nucleares ativadas a bordo, em muitos casos rumo a aeroportos civis.

Entre as unidades atingidas pela ordem de dispersar estava a 509ª Ala de Bombardeio. Estacionada na base Pease Air Force de New Hampshire, a ala tinha um pedigree ilustre. Foram os aviões da 509ª que soltaram a bomba atômica primeiro em Hiroshima e, depois, em Nagasaki, nos estertores da II Guerra Mundial, a primeira e única vez em que foram usadas armas nucleares em combate. Morreram quase oito mil pessoas instantaneamente em Hiroshima, 40 mil em Nagasaki. Quase todos os prédios num raio de três quilômetros do alvo foram destruídos. Em reconhecimento pelas proezas, essa ala era a única unidade da Força Aérea autorizada a incluir uma nuvem em formato de cogumelo na insígnia.

Junto com o restante do SAC, a 509ª estava com a missão de aniquilar dezenas de alvos militares e industriais na Rússia em caso de guerra nuclear. Sua arma principal era o venerável B-47 Stratofortress, de asas inclinadas para trás, um cavalo de batalha da era atômica que podia ser reabastecido em pleno voo sobre o Mediterrâneo. Armado com duas ogivas nucleares, um único B-47 poderia produzir centenas de vezes o poder destrutivo das bombas que caíram no Japão.

Era um pulo de 20 minutos de Pease ao aeroporto Logan em Boston. Era preciso retirar o combustível dos bombardeiros antes da decolagem, pois não era seguro pousar com o tanque cheio de gasolina. Assim como muitos dos colegas pilotos, o capitão Ruger Winchester nunca havia pousado um B-47 em um aeroporto civil movimentado e ficou, a princípio, confuso com o brilho das luzes da cidade. Era difícil identificar a pista, então fez uma primeira passagem visual e contou com o auxílio do radar na segunda aproximação.

O controle de solo conduziu os B-47 a uma pista desocupada em uma parte distante da base. Os pilotos, com os documentos de autorização nuclear pendurados no pescoço e revólveres .38 na cintura, foram levados a uma sala da Guarda Aérea Nacional que lhes serviria de alojamento. Enquanto isso, um comboio de veículos de serviço saía de Pease com equipes de manutenção e policiais militares para vigiar as bombas nucleares.

O aeroporto Logan estava totalmente despreparado para a Operação Águia Vermelha e para a complicadíssima logística de abrigar uma força estratégica de bombardeio. O reabastecimento dos aviões se arrastou por 15 horas por causa de equipamentos incompatíveis. Um tenente-coronel da Força Aérea teve de usar o cartão de crédito para comprar combustível para os B-47 no posto local da Mobil; outros oficiais vasculharam as mercearias locais para comprar comida. As acomodações para passar a noite só apareceram às duas horas da manhã. Apenas uma linha telefônica externa estava disponível nas instalações de alerta. A segurança das armas nucleares a bordo dos aviões cocked era inadequada. Haveria até uma falta de furgões para transportar as equipes de alerta para seus aviões se as sirenes disparassem. Os oficiais de logística acabaram por alugar na Hertz e na Avis os veículos necessários.

A 509ª teria dificuldade de fazer jus ao lema – Defensor-Vindex (Defensor-Vingador) – se os soviéticos tivessem atacado na primeira noite. Quando os pilotos inspecionaram os aviões, na manhã seguinte, as pesadas rodas dos bombardeiros de seis motores tinham cavado profundos sulcos no asfalto. Foi preciso usar reboques para tirá-los dali.

21H, SEGUNDA-FEIRA, 22 DE OUTUBRO (20H EM HAVANA)

Fidel Castro entrou pisando forte no escritório do *Revolución* menos de duas horas depois que Kennedy terminou o discurso. O jornal fora um órgão clandestino do movimento guerrilheiro durante o levante contra Batista e servia de refúgio para Castro em momentos de crise, um local onde ele podia receber e criar notícias. Em razão de seu histórico, o *Revolución* tinha um pouco mais de independência que outros órgãos da imprensa cubana, o que irritava muito os burocratas que cercavam "el lider máximo".

Naquela manhã, por iniciativa própria, o *Revolución* publicara uma manchete em forma de faixa que cobria toda a primeira página:

Preparativos para agressão ianque
—
Mais aviões e navios de guerra
a caminho da Flórida

Naquele momento, a manchete parecia alarmista.

– Irresponsável – resmungaram os burocratas.

Mas Fidel permaneceu impassível. Bem pelo contrário, na verdade. A perspectiva de guerra lhe dava coragem e o revigorava. Caminhando de um lado para outro, ditou a primeira página do dia seguinte:

> A nação despertou em pé de guerra, disposta a repelir qualquer ataque. Todas as armas estão em seus lugares e, ao lado de cada arma, estão os heroicos defensores da Revolução e da Pátria... Os líderes revolucionários, todo o governo, estão prontos para morrer ao lado do povo. De todos os cantos da ilha ressoa, como trovão de milhões de vozes, com mais fervor e razão que nunca, o histórico e glorioso grito
>
> *PATRIA O MUERTE! VENCEREMOS!*

– Não devemos nos preocupar com os ianques – disse Castro à comitiva, num acesso de coragem. – São eles que precisam se preocupar conosco.

Antes da revolução, a estância rural em El Chico pertencia a um rico editor de um jornal pró-Batista. A propriedade tinha piscina, quadra de tênis e uma dúzia de bangalôs. O prédio mais notável era uma mansão de dois andares ao estilo funcional, quadrado, da arquitetura americana da década de 1950, com portas deslizantes que davam para uma varanda no primeiro andar e uma sacada em cima. Isolado, seguro, apenas 18 quilômetros a sudeste de Havana, era um local ideal para instalar quartéis-generais militares soviéticos.

Os comandantes soviéticos passaram a noite se reunindo no Punto Dos (o Punto Uno estava reservado para Castro). Tinham sido convocados de todos os pontos de Cuba a El Chico para uma reunião anteriormente marcada do Conselho Militar Soviético, mas a reunião era sempre adiada. Os coronéis e os majores dos regimentos de mísseis e baterias antiaéreas aguardavam impacientes na sala de reuniões, trocando boatos enquanto os generais se reuniam a portas fechadas.

Por fim, apareceu o general do exército Issa Pliiev, com aspecto cansado e adoentado. Oficial de cavalaria de 58 anos de idade, de Ossetia nas montanhas do Cáucaso, ele se distinguira na II Guerra Mundial no comando do último grande ataque de cavalaria, contra os japoneses na Manchúria. Também demonstrara lealdade a Kruchev ao comandar soldados que aplacaram tumultos nas ruas de Novocherkassk, no Sul da Rússia, alguns meses antes. Mas ele não sabia praticamente nada sobre mísseis e muitos de seus subordinados tinham dificuldade para entender por que ele fora escolhido para comandar a Operação Anadyr. Oficiais de patente mais baixa debochavam às escondidas do uso equivocado que ele fazia da terminologia militar. Ele falava de "esquadrões", como se ainda comandasse homens a cavalo, quando queria dizer "baterias". Era conhecido como oficial da antiga, que adorava citar os clássicos russos.

Pliyev aceitara com relutância o posto em Cuba, por sentir-se na obrigação de fazê-lo. Fora veemente ao protestar quando lhe disseram que teria de adotar um pseudônimo, Pavlov, por segurança. Atormentado com problemas de bexiga e rins, era um homem doente quando voou para Havana, em julho de 1962, a bordo de um gigantesco Tu-114 pertencente à companhia aérea soviética Aeroflot. O clima tropical não combinava com ele. As pedras nos rins pioraram e ele passava grande parte do tempo na cama. No final de setembro, sentia dores intensas e estava na lista de pacientes em estado grave. Alguns dos outros generais propuseram mandar o paciente de volta para Moscou, mas o comandante se recusou a partir. Gradualmente, foi melhorando. Um dos melhores urologistas da União Soviética chegou a Havana em meados de outubro para tratar Pliiev, exatamente quando os Estados Unidos souberam da existência dos silos de mísseis.

O general explicou rapidamente a situação. Os americanos tinham imposto um bloqueio naval; ele ia declarar um alerta total de combate; todos tinham de retornar a seus regimentos imediatamente para repelir um possível ataque de paraquedistas americanos.

Quando os comandantes partiram de El Chico à noite e voltaram para seus regimentos, as estradas já estavam cheias de caminhões e ônibus transportando reservistas cubanos para seus postos. Havia postos de controle por toda parte, mas os *"compañeros"* soviéticos eram liberados para passar aos gritos de *"Viva Cuba, Viva la Unión Sovietica"*.

– *"Cuba sí, yanqui no"* – entoavam os milicianos. – *"Patria o muerte."*

O país inteiro estava, de repente, em pé de guerra. Quando se espalharam as notícias do discurso de Kennedy e da mobilização das forças armadas cubanas, os perplexos soldados soviéticos perceberam que em breve poderiam estar em guerra com os Estados Unidos para disputar uma minúscula faixa de terra do outro lado do mundo em relação a seu país de origem.

3H, TERÇA-FEIRA, 23 DE OUTUBRO (10H EM MOSCOU)

Proibidos por Kruchev de sair do Kremlin, os líderes soviéticos passaram uma noite desconfortável em seus gabinetes, em sofás e cadeiras. Reuniram-se novamente às 10 horas da manhã para aprovar os documentos rascunhados durante a noite pelos funcionários do Ministério das Relações Exteriores, entre eles a declaração oficial do governo soviético. Já haviam dado ordens, a partir das seis horas da manhã, para que 16 navios soviéticos regressassem. O assunto mais importante ainda não resolvido era o que fazer com os submarinos Foxtrot.

Os submarinos ainda estavam a três dias de chegar a Cuba. Estavam espalhados pelo mar, porém o mais avançado estava se aproximando das ilhas Turks e Caicos, na entrada do mar do Caribe. Anastas Mikoian, o mais cauteloso membro do Presidium, queria que os submarinos voltassem. Ele temia que a presença deles em águas cubanas aumentasse o risco de confronto entre as Marinhas soviética e americana. Se continuassem a caminho de Cuba, era provável que fossem detectados pelos navios de guerra americanos. Malinovski argumentou que os Foxtrot deviam prosseguir rumo ao porto cubano de Mariel, onde deviam montar uma base de submarinos. Vários membros do Presidium deram apoio ao ministro da Defesa. Kruchev deixou o debate crescer ao redor de si. Não conseguia tomar uma decisão.

A discussão finalmente foi resolvida pelo comandante da Marinha soviética, o almirante Sergei Gorshkov. Ele não comparecera à reunião noturna do Presidium, mas fora convidado para dirigir uma sessão mais tarde no mesmo dia. Era difícil encontrar defeitos nos conhecimentos dele. Gorshkov fora pessoalmente selecionado por Kruchev para criar uma Marinha moderna, capacitada para projetar o poderio soviético até os limites da América com o que antes fora uma força principalmente de defesa costeira. Ele ingressara na marinha aos 17 anos de idade e se tornara almirante durante a II Guerra Mundial, aos 31 anos. Então, com 52 anos, ele desfrutava de boa reputação tanto pelo dinamismo quanto pelo profissionalismo. Era conhecido como tirano rígido.

O almirante abriu os mapas navais sobre a mesa revestida com baeta do Presidium. Indicou as posições dos quatro Foxtrots, entre 300 e 800 milhas de Cuba. Depois, assinalou os pontos de obstrução nas vias marítimas rumo ao Caribe. As rotas diretas do Atlântico para Cuba passavam todas por uma cadeia de 600 milhas de ilhas, estendendo-se na direção sudeste, das Bahamas até Turks e Caicos. A passagem mais larga pelo arquipélago só media 40 milhas. O único meio de evitar esse acúmulo de ilhas era contornar o extremo leste da ilha de Grão-turco, rumo ao Haiti e à República Dominicana, aumentando a viagem em pelo menos dois dias.

Gorshkov alinhou-se com Mikoian. Explicou que os americanos controlavam as estreitas passagens marítimas com equipamentos de localização de submarinos e era impossível passar por eles sem ser detectado. Ele concordava que deviam atrasar os submarinos uns dois ou três dias para chegar a Cuba. Em bilhetes ditados pouco depois da crise, Mikoian recordou que

Malinovski era "incapaz de objetar" a apresentação do comandante da Marinha. O almirante tinha realizado "um serviço bem útil": mostrara que o ministro da Defesa era "incompetente".

Mikoian deu um suspiro de alívio. Parabenizou-se por evitar um confronto imediato entre as superpotências. Mas a pausa foi temporária. A Marinha dos EUA já estava fazendo pressão sobre os submarinos soviéticos.

Havia mais um negócio urgente recaindo sobre a polícia secreta da KGB. Nos 12 meses precedentes, um funcionário da inteligência militar soviética, chamado coronel Oleg Penkovski, andara fornecendo documentos secretíssimos a funcionários ingleses e americanos. Entre os documentos então nas mãos da CIA estava o manual técnico do sistema R-12 de mísseis, junto com o desenho de um regimento típico de mísseis e descrições minuciosas dos diversos níveis de prontidão. Penkovski estivera semanas sob suspeita, mas a KGB demorou a atacá-lo porque queria acabar com todo o círculo de espionagem.

Com a Guerra Fria à beira de tornar-se quente, não seria mais possível a Penkovski distribuir mais informações aos americanos. Agentes à paisana invadiram o apartamento à margem do rio Moscou e o prenderam sem que reagisse. Em razão da importância do caso, o chefe da KGB, Vladimir Semichastni, resolveu que trataria pessoalmente do interrogatório. Mandou que levassem o traidor a seu gabinete, no terceiro andar do Lubianka. Sentaram-se com ele na outra ponta de uma longa mesa de reuniões.

Temendo tortura, ou pior, Penkovski ofereceu-se imediatamente para colaborar com a KGB "no interesse da pátria".

Semichastny olhou para ele com aversão.

– Diga qual foi o mal que você impôs ao nosso país. Descreva tudo em detalhes, com os fatos mais pertinentes.

CAPÍTULO TRÊS

Cubanos

6:45, TERÇA-FEIRA, 23 DE OUTUBRO (5:45 EM HAVANA)

Uma semana depois da descoberta dos mísseis soviéticos, os analistas da CIA ainda não tinham conseguido responder à pergunta mais urgente do presidente: onde estão as ogivas nucleares? Tinham examinado todas as fotos de U-2 para procurar os indícios de um local de armazenagem nuclear, tais como cercas de segurança e proteção antiaérea. Estavam fornecendo dispositivos detectores de radiação aos navios americanos que realizavam o bloqueio para tentar descobrir se estavam contrabandeando ogivas nucleares para Cuba.

Os intérpretes de fotos identificaram alguns possíveis locais de armazenagem, entre eles uma fábrica de melado abandonada protegida por um sistema incomum de cercas duplas. Em alguns silos de mísseis, a construção prosseguia rapidamente em trincheiras feitas com arcos pré-fabricados de alumínio, semelhantes a instalações de armazenagem nuclear na União Soviética. Apesar dessas pistas promissoras, não havia provas conclusivas da presença de ogivas nucleares na ilha.

Na verdade, o arsenal nuclear soviético em Cuba excedia em muito os piores pesadelos de todos em Washington. Além de contar com os grandes mísseis balísticos, apontados para os Estados Unidos, também tinha uma série de armas menores que poderiam devastar um exército ou uma marinha invasora. Havia bombas nucleares para mísseis de cruzeiro de curto alcance, bombas nucleares para os bombardeiros Iliushin-28 e bombas nucleares para foguetes táticos, conhecidos como Lunas.

Chegara uma remessa inicial de 90 ogivas nucleares ao porto de Mariel em 4 de outubro, a bordo do *Indigirka*, navio de carga de fabricação alemã, criado para transportar peixes congelados. Essa remessa continha 36 ogivas de 36 megatons para os mísseis R-12 de alcance intermediário, 36 ogivas de 14 quilotons para os mísseis de cruzeiro, 12 ogivas de dois quilotons para os Lunas e seis bombas atômicas de 12 quilotons para os IL-28. O *Aleksandrovsk* estava transportando mais 68 bombas nucleares: 44 ogivas para mísseis de cruzeiro adicionais, mais 24 ogivas de um megaton para os mísseis R-14 de alcance intermediário. (Um megaton equivale a um milhão de toneladas de TNT; um quiloton, a 1.000 toneladas. A bomba que destruiu Hiroshima tinha cerca de 15 quilotons.)

Ao todo, Kruchev enviara pelo menos 158 ogivas nucleares para Cuba, com potência suficiente para explodir o mundo diversas vezes. Para os soldados e técnicos soviéticos responsáveis por esse enorme estoque de armas nucleares, a missão não era nada de que tivessem experiência prévia. Na União Soviética, o transporte e a armazenagem de armas nucleares eram regidos por regulamentos estritos. As ogivas nucleares eram, geralmente, transportadas de um local seguro para outro em trem especial, com precauções minuciosas para garantir a temperatura e a umidade corretas. Em Cuba, muitas dessas regras eram simplesmente impraticáveis. O sistema de transporte era rudimentar e não havia instalações de armazenagem com controle climático. Era preciso arrastar as ogivas nucleares para dentro e para fora de cavernas sobre roletes e rebocá-las por estradas tortuosas nas montanhas em comboios de furgões e caminhões. A improvisação era a ordem do dia.

O tenente-coronel Valentin Anastasiev estava encarregado das seis bombas de gravidade para os aviões IL-28, um dispositivo de implosão de tipo plutônio semelhante à bomba "Fat Man" lançada em Nagasaki em agosto de 1945. Quando ele chegou a Mariel com a *Indigirka*, disseram-lhe que ainda não tinham encontrado um local para armazenar as armas dele, apelidadas de "Tatianas", em homenagem à mulher de um dos engenheiros das bombas. As Tatianas foram uma ideia tardia da parte de Kruchev. Ele tomara a decisão de enviá-las no dia 7 de setembro, num momento em que estava preocupado, achando que os Estados Unidos podiam estar se preparando para invadir Cuba. Embora os IL-28 pudessem chegar à Flórida, sua função principal era destruir os navios de guerra dos EUA e as concentrações de soldados.

Anastasiev recebeu ordem de descarregar as Tatianas do *Indigirka* e levá-las para um acampamento militar a 15km pelo litoral, na direção oeste, direção oposta a Havana. Quando chegou lá, ficou chocado ao ver que o imóvel só estava parcialmente cercado. Era isolado, mas, fora o posto de artilharia de Cuba na estrada, havia pouca segurança. As bombas, que estavam acomodadas dentro de grandes caixas de metal, foram dispostas em um barracão em ruínas, trancado com cadeado e guardado por um único soldado soviético.

Aos técnicos soviéticos foram atribuídos dormitórios no quartel de um só andar, não longe de uma cabana à beira-mar que pertencera a Batista. As noites eram abafadas. Para conseguir um pouco de ar fresco, prenderam uma hélice de barco num motor e puseram perto da janela. A brisa trazia certo alívio, mas o motor fazia um barulho horrível e todos tiveram dificuldade para dormir.

Cuba pode ser um paraíso tropical – "o lugar mais belo que os olhos já viram", nas palavras de Cristóvão Colombo –, mas, para o soldado russo comum, era um local estranho e até mesmo aterrorizante, cheio de animais selvagens, capim venenoso, insetos e depósitos de água envenenada. Um dos colegas de Anastasiev afogou-se ao ser atacado por uma arraia.

Um dia, para se distrair, os guardas soviéticos capturaram uma barracuda gigantesca. Mantinham o peixe na piscina de Batista, com uma corda ao redor da barriga. Quando estavam entediados, torturavam e provocavam o animal, usando a corda para puxá-lo pela piscina, enquanto ele mostrava os dentes, indefeso. Era um modo "juvenil" de relaxar, achava Anastasiev, porém melhor que lutar contra o predador maior a 130km de distância.

Apesar de controlar um arsenal capaz de matar milhões de pessoas, Anastasiev sentia-se vulnerabilíssimo. Se os americanos soubessem onde as ogivas nucleares estavam armazenadas, fariam de tudo para capturá-las. Armado só com uma pistola, Anastasiev vivia em constante temor de ataques americanos ou de rebeldes anticastristas.

Ironicamente, a ausência de cercas de segurança e guardas armados provava ser a camuflagem ideal para as Tatianas. Os americanos nunca descobriram onde estavam escondidas.

Assim como o *Indigirka*, o *Aleksandrovsk* estava carregado de armas nucleares numa base de apoio a submarinos na península de Kola, no mar de Barents. Ao atravessar o Ártico, e não o mar Negro nem o Báltico, os dois navios conseguiram evitar o estreito de Bósforo e o estreito de Skagerrak, entre a Dinamarca e a Suécia, ambos vigiados minuciosamente pela OTAN.

Foram instalados três canhões antiaéreos de 37mm no convés superior do *Aleksandrovsk* antes da partida de Severomorsk, em 7 de outubro. Já que era um navio mercante transportando ostensivamente equipamentos agrícolas para a fraterna Cuba, as armas estavam muito bem escondidas sob rolos de cordas. Se os americanos tentassem embarcar, os soldados soviéticos tinham ordens para cortar as cordas e abrir fogo.

Havia munição suficiente a bordo do moderno navio construído na Finlândia para uma curta porém intensa batalha. Os técnicos em demolição tinham posto explosivos por todo o navio, pois assim seria possível fugir rapidamente, se necessário. Os interruptores para detonar os explosivos ficavam numa sala trancada, perto da cabine do comandante. O oficial militar mais graduado sempre carregava consigo a chave.

Já que os militares soviéticos não tinham experiência no transporte marítimo de armas nucleares, a viagem exigia uma preparação criteriosa. Foram construídos suportes especiais tanto no *Aleksandrovsk* quanto no *Indigirka* para acomodar as ogivas, com um sistema duplo de manivelas e amarras de segurança. As próprias armas ficavam dentro de recipientes metálicos, com uma base de aço reforçada e ganchos e manivelas para prender o equipamento às paredes. As caixas, em formato de caixões, mediam 1,80m por 4,5m e pesavam seis toneladas.

Apesar das precauções, houve momentos de quase pânico, quando o *Aleksandrovsk* entrou em fortes tempestades no meio do Atlântico, a uma semana de Cuba. Ventos fortíssimos atingiram o navio, ameaçando esmagar as ogivas contra o anteparo. Os funcionários da segurança nuclear passaram três dias e três noites lutando para evitar uma tragédia, amarrando tiras para manter a carga intacta. Mais tarde, um relatório militar elogiou o comandante Anatoly Yastrebov e dois soldados por "salvarem o navio" e seus passageiros. Pelos seus "grandes autocontrole, firmeza e coragem", Yastrebov recebeu a Ordem da Bandeira Vermelha, a segunda mais alta comenda militar da União Soviética.

O *Aleksandrovsk* manteve o rádio em silêncio durante a maior parte do percurso no Atlântico, evitando atenção indesejada. As comunicações com Moscou eram feitas pelo navio de escolta, o *Almetyevsk*. A CIA localizou o *Aleksandrovsk* em 19 de outubro, a quatro dias de Cuba, mas foi catalogado simplesmente como navio de "carga seca", sem nenhuma importância em especial.

Assim como o *Indigirka*, o *Aleksandrovsk* fora programado para atracar em Mariel, um porto grande a 25 milhas de Havana. Mas só estava a 200 milhas de Mariel nas horas imediatamente anteriores ao amanhecer de 23 de outubro, quando recebeu ordem de Kruchev de dirigir-se ao "porto mais próximo".

O porto mais próximo era o de La Isabela, uma aldeia isolada, sujeita a furacões, no litoral norte de Cuba.

Cercada por charcos e manguezais, La Isabela era um local estranho para esconder um potentíssimo arsenal nuclear, mesmo que temporariamente. Ficava em uma península solitária, a 10 milhas da cidade mais próxima. La Isabela tivera uma explosão econômica no início do século XX graças a uma ferrovia que ligava o porto aos canaviais do centro de Cuba. Navios estrangeiros descarregavam maquinários e madeira, e transportavam vastas quantidades de açúcar. Mas o porto perdeu grande parte da importância com o declínio nas exportações após a revolução. As cabras vagavam pelas ruas, ladeadas principalmente por barracos de madeira com telhas de cerâmica.

Em razão do isolamento, La Isabela tornara-se o local predileto para os ataques armados dos guerrilheiros anticastristas, que operavam na Flórida e em Porto Rico. Entre as operações de sabotagem aprovadas por JKF em 16 de outubro figurava "um ataque submarino demolidor realizado por dois mergulhadores cubanos contra as instalações portuárias de La Isabela". Na semana anterior, membros do grupo insurgente Alpha 66 tinham atacado a cidade depois de uma tentativa malsucedida de instalar uma bomba magnética no casco de um navio soviético. Os participantes do ataque se gabavam de haver "bombardeado um depósito de estrada de ferro e atirado em 22 pessoas, entre elas pessoal do Bloco Soviético". Recuaram depois de uma troca de tiros com milicianos cubanos.

O *Aleksandrovsk* e o *Almetyevsk* rumaram para uma baía protegida por recifes arenosos, chegando a La Isabela às 5:45. Assim que receberam a notícia, acorreram ao local especialistas em armazenagem nuclear e unidades de segurança da KGB. Sabendo que o Kremlin estava interessado em saber do destino do navio, o embaixador soviético em Havana, Aleksandr Alekseev, usou os canais da KGB para relatar a chegada segura do "navio *Aleksandrovsk*... ajustado para armas termonucleares".

O general Anatoli Gribkov, representante do Estado-Maior soviético em Havana, foi a La Isabela para recepcionar o navio.

– Então você nos trouxe um monte de batatas e farinha – brincou com o comandante.

– Não sei o que eu trouxe – respondeu o comandante, inseguro a respeito de quem sabia da carga secretíssima.

– Não se preocupe. Eu sei o que você trouxe.

Não havia motivo para descarregar as 24 ogivas. Os mísseis de alcance intermediário ainda estavam em alto-mar e era improvável que chegassem a Cuba em razão do bloqueio. As ogivas estariam mais seguras se permanecessem no *Aleksandrovsk*, que tinha ar-condicionado. As 44 ogivas táticas seriam levadas por um comboio armado aos regimentos de mísseis de cruzeiro a extremos opostos da ilha, um para a província de Oriente e o outro para Pinar del Río.

O porto logo se tornou eixo de atividades. A sua entrada era patrulhada por lanchas torpedeiras. Os mergulhadores constantemente conferiam o casco do *Aleksandrovsk* à procura de minas, para evitar a repetição do incidente de 8 de outubro. As ogivas nucleares foram descarregadas à noite. Holofotes iluminavam o cais quando os guindastes do navio ergueram os contêineres de aço brilhante, um por um, desembarcados e depositados no cais. Os funcionários da segurança nuclear aguardavam, nervosos, enquanto o material físsil flutuava precariamente acima do navio, conscientes de que um acidente poderia levar à detonação de um imenso arsenal nuclear.

Assim como no caso das bombas atômicas, a melhor segurança para a mais recente partida de ogivas nucleares era a incongruência da localização. Mariel atraíra a atenção dos intérpretes de fotos da CIA, mas ninguém em Washington considerava La Isabela um possível local de armazenagem nuclear. Em 23 de outubro, a Casa Branca já esquecera o plano de "ataque submarino demolidor" aprovado por Kennedy uma semana antes.

12:05, TERÇA-FEIRA, 23 DE OUTUBRO (11:05 EM HAVANA)

Se o presidente Kennedy queria defender a tese de que os mísseis soviéticos em Cuba eram uma ameaça ao mundo inteiro, precisava de fotos melhores. Até então, os analistas da espionagem americana só contavam com imagens embaçadas captadas por aviões U-2 de espionagem. As fotografias ampliadas tinham sido a primeira prova definitiva dos mísseis soviéticos de alcance intermediário em Cuba, porém eram de difícil interpretação para leigos.

O piloto da primeira missão com o U-2 fora o major Richard Heyser, na manhã de domingo, 14 de outubro. O trajeto do voo dele fora criteriosamente traçado para investigar relatos de atividades relativas a mísseis em uma área de formato trapezoide do Oeste de Cuba, próxima à cidade de San Cristóbal. Os analistas da CIA tinham passado semanas lutando para interpretar relatos a respeito de longos tubos cobertos de lona que percorriam aldeias obscuras e fincas, enquanto as forças cubanas de segurança isolavam grandes extensões do interior. Heyser tirou as fotos de uma altitude de 70 mil pés.

Desta vez os americanos voltaram voando pouco acima do nível das árvores.

Os seis jatos RF-8 Crusader do Light Photographic Squadron Nº 62 decolaram da base aérea de Key West e foram para o sul, sobrevoando o estreito da Flórida. Para não aparecer nas telas dos radares cubanos e soviéticos, voavam baixo, sobre o mar, tão baixo que as ondas às vezes batiam na fuselagem. Voavam em dupla, um piloto-chefe seguido por um subalterno a meia milha de distância, ligeiramente para a direita. Quando chegaram ao litoral cubano, os aviões subiram cerca de 500 pés e se dispersaram em três direções.

O comandante do esquadrão, William Ecker, sobrevoou um campo de mísseis terra-ar (SAM) perto de Mariel e dirigiu-se para o sudoeste, para o outro lado da Sierra del Rosario, rumo ao primeiro campo de mísseis balísticos de alcance intermediário (MRBM) em San Cristóbal, junto com o subalterno Bruce Wilhelmy. (A CIA dera o nome da cidade de San Cristóbal a quatro silos de mísseis, mas esse era mais próximo da aldeia de San Diego de los Banos, 20 milhas a oeste.) James Kauflin e John Hewitt dirigiram-se aos regimentos e bases aéreas das proximidades de Havana. Tad Riley e Gerald Coffee rumaram para o leste, na direção do centro de Cuba e dos silos de mísseis ao redor de Sagua la Grande.

Assim como os outros acampamentos de mísseis, o regimento de San Diego ficava escondido atrás das montanhas. Ecker se aproximou pelo leste, mantendo-se perto do cume coberto de pinheiros à direita. Wilhelmy mantinha uma distância de 100 pés atrás dele, um pouco para a esquerda, mais perto da planície. Quando Ecker avistou o alvo, subiu a mil pés e estabilizou. Mil pés era a altitude ideal para tirar fotografias de reconhecimento. Altitudes inferiores produziam fotografias difusas com sobreposição insuficiente entre os negativos; altitudes superiores resultavam em sobreposição demasiada e perda de detalhes.

Para economizar o estoque limitado de filmes, os pilotos esperavam até o último segundo para ligar as câmeras. Havia seis ao todo: uma grande câmera frontal abaixo da cabine do piloto, três menores montadas em diversos ângulos para fotos extensas, uma câmera vertical mais para trás e uma câmera de cauda para fotos laterais.

Os dois Crusaders voavam acima das palmeiras a quase 500 nós, dando aos pilotos um vislumbre de 10 segundos do regimento de mísseis em crescimento. Clicavam as câmeras furiosamente, à velocidade de mais ou menos quatro disparos por segundo, um a cada 70 metros percorridos. A câmera frontal produzia as fotos mais úteis, negativos de 6x6 polegadas que combinavam vistas panorâmicas do interior com detalhes de lança-mísseis, caminhões e até soldados. As câmeras verticais gravavam mais detalhes, uma fina crônica de 150 metros de tudo o que estava imediatamente abaixo dos dois aviões.

Os eretores de mísseis fotografados por Heyser nove dias antes estavam cobertos com lona, com cabos que levavam a um posto de comando na mata. Os próprios mísseis estavam em longas barracas, a alguns metros dos eretores. Os reboques de tanques de combustível estavam estacionados nas proximidades. Os jovens que estavam parados perto de alguns dos caminhões aparentemente não ligavam para o rugido dos jatos que sobrevoavam o local. Depois de fotografar o acampamento de mísseis à esquerda, Ecker sobrevoou um prédio grande, parecido com um hangar, que estava sendo construído com lajes brancas pré-fabricadas, que se destacavam contra a paisagem predominantemente verde. Os trabalhadores engatinhavam sobre o teto do prédio, instalando as lajes. Os intérpretes de fotografias mais tarde identificariam a estrutura inacabada como um depósito para ogivas nucleares.

Afastando-se do campo dos mísseis, os Crusaders dirigiram-se à Flórida e aterrissaram na estação aérea naval em Jacksonville. Os técnicos retiraram as latas de filme dos compartimentos de bombas e correram com elas para o laboratório fotográfico. Depois de cada missão, um recruta mimeografava na fuselagem o desenho de uma galinha morta, referência sarcástica à visita de Castro em setembro de 1960 à ONU, quando a delegação cubana cozinhou frangos nos quartos de hotel. "Desenhe mais uma galinha" logo se tornaria o grito ritual dos pilotos que retornavam de missões de reconhecimento de nível baixo sobrevoando Cuba.

O comandante Ecker voou para Washington, onde foi requisitado, ainda uniformizado, para instruir o Conselho de Chefes de Estado-Maior na sala de reuniões do Pentágono. Curtis LeMay estava descontente porque a Força Aérea fora superada pela Marinha, que estava equipada com melhores câmeras e era, em geral, considerada melhor no reconhecimento de nível baixo. Quando Ecker pediu desculpas pela aparência ruim, o chefe da Força Aérea tirou o charuto da boca e gritou com ele:

– Você é um piloto, droga! Tem de estar suado!

Fernando Dávalos, o aluno da Universidade de Havana mobilizado na noite da véspera, avistou os jatos quando seu comboio militar ia rumo ao oeste, na direção de San Cristóbal. Era uma linda manhã e o sol cintilava nas asas dos aviões, cegando-os temporariamente. Ele pensou que os aviões fossem cubanos, indo para alguma base aérea das proximidades.

Valentin Polkovnikov teve reação semelhante. O tenente das forças soviéticas de mísseis estava numa barreira alfandegária no campo de San Diego quando viu passar um avião com uma estrela branca na fuselagem. Ele sabia que a Força Aérea cubana usava o emblema da estrela branca. A estrela também era um emblema americano, naturalmente, mas era difícil imaginar que os imperialistas fossem tão descarados.

Os telefones não demoraram a tocar para os de alta patente exigirem maior "vigilância". A surpresa rapidamente se transformou em vergonha. Havia uma imensa diferença psicológica entre voos de nível alto e de nível baixo. Para a maioria dos cubanos, os U-2 eram meros pontos no céu, distantes e impessoais. Os Crusaders foram uma humilhação nacional. Era como se os americanos estivessem se deliciando, sadicamente, ao sobrevoar Cuba sempre que quisessem. Alguns cubanos viram – ou acharam que viram – os pilotos ianques balançarem as asas em saudação desdenhosa.

Na base da Força Aérea em Santa Clara, os pilotos do MiG-21 também expressaram frustração com relação aos sobrevoos:

– Por que não podemos retaliar? – reclamou um piloto. – Por que estamos presos aqui como patos?

Os generais pediam paciência. Tinham ordens para não atirar. Por enquanto.

Pareciam restar poucas dúvidas de que os americanos poderiam bombardear os silos de mísseis quando bem entendessem. Era praticamente impossível disfarçar objetos de 20 metros de comprimento. Podiam tê-los coberto com lona e ramos de palmeira, mas o formato ainda era visível. Antes de despachar os mísseis, os assessores tinham garantido a Kruchev que eles poderiam ficar escondidos entre as palmeiras. Que piada, pensava Anatoli Gribkov, representante do Estado-Maior.

– Só alguém sem experiência militar e sem conhecer a parafernália que acompanha os próprios foguetes poderia ter chegado a tal conclusão.

O máximo que os comandantes soviéticos em Cuba podiam fazer era ordenar um programa-relâmpago para levar todos os mísseis à prontidão de combate o mais depressa possível. Os soldados soviéticos estavam acostumados às campanhas de Stakhanovite, organizavam explosões de entusiasmo em massa, criadas para "realizar e super-realizar o plano". Felizmente, os regimentos R-12 estavam quase a toda. Até 23 de outubro, tinham chegado 42.822 soldados soviéticos em Cuba – de uma convocação de mais ou menos 45 mil.

Da noite para o dia os silos de mísseis ficaram apinhados de operários. Um dos regimentos levou três horas e meia erigindo a primeira viga semicircular de um abrigo para guerra nuclear. O passo se acelerou e todo o abrigo – 40 vigas ao todo – ficou pronto em 32 horas. Os abrigos foram criados para aguentar uma explosão de 140 libras por polegada quadrada.

A camada superficial do solo cubano era tão rochosa que grande parte das escavações tinha de ser feita à mão. Ao visitar os silos de mísseis, o general Gribkov ficou chocado ao ver soldados usando picaretas e pás para cavar o que resistia aos tratores. Comentou com amargor que a União Soviética tinha enviado a Cuba "algumas das mais avançadas tecnologias militares da época", mas continuava presa ao provérbio militar russo: "Um sapador, uma picareta; um dia, um problema."

À tarde o tempo mudou de repente e começou a soprar um frio vento norte. O vento criava ondas, que quebravam no Malecón, em Havana, e deixavam ensopados os milicianos com as colunas de espuma do mar. Os soldados já estavam montando os canhões antiaéreos em frente ao venerável Hotel Nacional, onde Lucky Luciano uma vez realizara reuniões de cúpula com outros chefes da Máfia, e poderosos, de Winston Churchill a Errol Flynn, tinham tomado daiquiris.

Durante o dia inteiro reuniram-se pequenos grupos nas paredes de pedra da avenida litorânea de Havana, olhando ansiosos para o norte, como se perscrutassem o horizonte, em busca das silhuetas dos navios de guerra americanos. Cortinas de vento e chuva açoitavam o litoral, o que enfatizava o isolamento da ilha. Após o discurso de quarentena de Kennedy e a ordem de mobilização de Castro, a ilha estava de fato isolada. Só os veículos oficiais tinham permissão de usar as estradas principais. O tráfego aéreo civil fora suspenso por tempo indeterminado, inclusive o voo diário da Pan American entre Havana e Miami.

Havia meses que a classe média cubana fazia filas no aeroporto de Havana para embarcar no avião da Pan Am e começar uma nova vida nos Estados Unidos. Apelidados de "90 milhas", os refugiados estavam dispostos a abandonar tudo – casas, carros, empregos, até a família – para escapar da revolução. Naquele momento até essa escapatória foi interrompida, deixando os adversários do regime com uma sensação sufocante de claustrofobia.

"São outras pessoas que vão decidir a minha vida e não há nada que eu possa fazer", escreveria mais tarde o intelectual cubano Edmundo Desnoes, em *Memorias del Subdesarrollo*, romance contra o ambiente da crise dos mísseis de Cuba. "Esta ilha é uma armadilha."

Mas a maioria dos cubanos parecia imperturbada com o isolamento do país. Da noite para o dia, tinham aparecido dezenas de milhares de cartazes nas ruas de Havana, e de outras cidades cubanas, que mostravam uma mão segurando uma metralhadora. *A LAS ARMAS*, dizia o slogan, em enormes letras brancas – ÀS ARMAS.

"A cor única do cartaz, as três palavras e o gesto resumiam a reação instantânea do povo cubano", escreveu uma testemunha solidária argentina, Adolfo Gilly. "Cuba era um só homem e seu fuzil."

FIDEL HABLARÁ HOY AL PUEBLO, proclamava a manchete do *Revolución* naquela manhã. FIDEL FALARÁ AO POVO HOJE.

19:06, TERÇA-FEIRA, 23 DE OUTUBRO

Os flashes pipocaram no Salão Oval quando Kennedy asssinou a proclamação de duas páginas autorizando a Marinha dos EUA a interceptar e, se necessário, "deter sob custódia" os navios soviéticos rumo a Cuba com "armas ofensivas". Escreveu o nome todo – John Fitzgerald Kennedy – com um suave floreado. A quarentena entraria em vigor às 10 horas da manhã, hora de Washington, no dia seguinte. Para projetar uma sensação de legalidade internacional, Kennedy atrasara a assinatura do decreto até que os diplomatas garantissem uma aprovação, por 19 a 0, da Organização dos Estados Americanos (OEA).

Sentando à mesa *Resolute*, com um lenço branco projetando-se do bolso do peito, com a bandeira das estrelas e listras atrás de si, ele era a imagem da determinação presidencial. Mas não era assim que ele se sentia. Ele passara o dia inteiro indagando aos assessores o que aconteceria quando os navios de guerra dos EUA se confrontassem com os soviéticos, e permanecera impassível perante a ideia de tudo que poderia dar errado. Se a Marinha dos EUA tentasse invadir um navio soviético e os russos reagissem, era provável que o resultado fosse uma "tremenda carnificina".

Dean Rusk mencionara a situação da "papinha de bebê" alguns momentos antes. Um navio soviético se aproxima e se recusa a parar. Os americanos usam a força para abordá-lo, mas acontece um desastre de relações públicas quando só encontram uma remessa de papinha de bebê.

– Atiramos em três babás! – admirou-se McGeorge Bundy.

– Vão continuar – argumentou o presidente. – E nós vamos arrancar o leme, ou a caldeira. E depois vamos tentar invadi-lo. E eles vão disparar um canhão, depois metralhadoras. E nós vamos nos divertir muito invadindo aquela coisa... Talvez seja preciso afundá-la, em vez de apenas tomá-la.

– Eles podem dar ordens de explodi-lo ou algo parecido – interferiu o irmão dele.

– É essa coisa de comida de bebê que me preocupa – irritou-se Robert McNamara.

Uma preocupação ainda maior eram os submarinos soviéticos, que, segundo relatórios, estavam seguindo pelo menos dois dos navios transportadores de mísseis. Um porta-aviões, o USS *Enterprise*, estava nos arredores. Kennedy queria saber se isso era sensato.

– Não queremos perder um porta-aviões imediatamente.

Depois de assinar a proclamação, Jack se encontrou com Bobby na sala de reunião com os ministros. Sem assessores por perto, os dois irmãos foram muito mais abertos acerca de revelar suas verdadeiras ideias. O presidente estava irritado com a esposa por ter organizado um jantar formal naquela noite com o Marajá de Jaipur, um indesejado desvio de atenção do confronto iminente com Kruchev. Por um breve momento parecia que ele poderia estar mudando de ideia, mas deixou isso de lado.

– Parece que vai ser muito ruim, não é? – disse ao irmão. – Mas, por outro lado, não há opção. Se a coisa ficar mesmo tão ruim desta vez, puta merda! O que vão estragar depois?

– Não, não havia opção – concordou Bobby. – Quer dizer, você seria... seria deposto.

– Bom, é o que eu penso. Eu sofreria um *impeachment*.

A quatro quadras da Casa Branca, os diplomatas soviéticos estavam oferecendo uma recepção regada a caviar e vodca na embaixada, uma festa de despedida para um adido naval. Os convidados se acumulavam ao redor de qualquer pessoa que trajasse uniforme militar, exigindo uma reação de Moscou ao bloqueio.

– Já combati em três guerras e estou ansioso por participar da próxima – vociferou o adido militar, tenente-general Vladimir Dubovik, enxugando com um lenço as mãos suadas. – Nossos navios irão para lá.

– Ele é militar, eu não sou – disse e deu de ombros o embaixador Dobrynin, quando indagado acerca do comentário de Dubovik. – É ele que sabe o que a Marinha fará.

Outros oficiais soviéticos exibiam menos valentia. Na missão das Nações Unidas em Nova York, os diplomatas contavam piadas de humor negro sobre seus epitáfios, caso houvesse uma guerra nuclear.

– Aqui jazem os diplomatas soviéticos – foi uma das sugestões –, mortos por suas próprias bombas.

20:15, TERÇA-FEIRA, 23 DE OUTUBRO

Seguido por assessores civis e militares, Robert McNamara saiu do conjunto de escritórios no terceiro andar do E-Ring, o corredor do poder no Pentágono, com vista para o rio Potomac. Dirigia-se ao centro nervoso da operação de quarentena, o Navy Flag Plot, localizado na ala adjacente do complexo, um andar acima. O presidente o instruíra a vigiar de perto os planos da Marinha para a realização do bloqueio.

Aos 46 anos de idade, McNamara era o protótipo das "melhores e mais brilhantes" cabeças que JKF prometera levar a Washington após sua vitória eleitoral. Com seus óculos de aro de metal e os cabelos negros lisos e cortados bem curtos, ele parecia uma versão humana dos computadores que estavam começando a transformar a indústria americana. O cérebro dele parecia funcionar mais depressa que o de qualquer um. Tinha talento para burilar um problema complexo e reduzi-lo a uma elegante fórmula matemática. Mas ele também tinha um lado mais sensível, emotivo, que atraía as mulheres.

– Por que será – perguntou Bobby uma vez – que o chamam de "computador", mas, não obstante, é com ele que todas as mulheres querem sentar-se nos jantares?

Embora admitindo que o secretário era brilhante, os militares uniformizados também o achavam arrogante e enxerido. Muitos oficiais graduados o detestavam. Desconfiavam de seu séquito de precoces jovens civis, conhecidos como "os geniozinhos", que pareciam dispostos a abalar os militares. Em particular, acusavam McNamara de contornar a cadeia normal de comando. Detestavam o hábito dele de interferir no funcionamento interno do Pentágono como nenhum outro secretário da Defesa antes dele, refutando seus números, vetando seus sistemas prediletos de armas e questionando sua maneira tradicional de administrar.

De sua parte, McNamara achava que não obtinha informações precisas e pontuais da Marinha. Nem ele nem seu vice, Roswell Gilpatric, viam as mensagens de CINCLANT, comandante em chefe de Atlantic, em Norfolk, Virgínia, que saíam para a frota. Temiam que um pequeno incidente, como uma discussão entre um marinheiro russo e um americano, pudesse se transformar numa bola de neve e culminar numa guerra nuclear. Na era atômica, não bastava mais que o presidente "comandasse" as Forças Armadas. Ele também tinha de exercer o "controle" dia a dia, às vezes minuto a minuto.

Ao entrar no Navy Plot, o secretário da Defesa e seus assistentes encontravam um mapa de parede inteira do Atlântico, que mostrava as localizações dos navios americanos e soviéticos. Havia fuzileiros armados de guarda à porta. Os recrutas usavam cabos compridos para empurrar os marcadores ao redor do mapa para atualizar as informações. As bandeiras que representavam porta-aviões e destróieres americanos estavam formando um arco, 500 milhas náuticas do extremo leste de Cuba, estendendo-se de Porto Rico até o litoral da Flórida. Quase duas dúzias de setas, representando os navios soviéticos, cruzavam o Atlântico rumo a Cuba.

À sua maneira brusca, resoluta, McNamara começou a disparar perguntas para o almirante de plantão, semelhantes às perguntas com as que JKF passara o dia angustiado na Casa Branca. Como um navio de guerra dos EUA faz sinal para um navio soviético parar? Será que há intérpretes de russo a bordo? E se eles se recusarem a responder aos nossos sinais? Como reagir se eles abrirem fogo? Por que esses navios de guerra estão fora de posição?

O almirante de plantão estava relutante ou não sabia responder à avalanche de perguntas. Esse tipo de interrogatório ultrapassava os limites da tradição da Marinha. Conforme explicou mais tarde um oficial naval que testemunhou a cena, "na Marinha o costume é mandar fazer algo, e não explicar como fazer". McNamara estava ensinando à Marinha como trabalhar.

Insatisfeito com as respostas que estava recebendo, McNamara pediu para falar com o chefe das operações navais, o almirante George Anderson. Conhecido na Marinha também como 00, CNO e "Gorgeous George"

("George Lindo"), o oficial alto e bonitão era devoto do credo naval de escolher os subordinados certos e deixá-los trabalhar. Sua filosofia, informava aos visitantes em seu gabinete do E-Ring, consistia em algumas máximas simples: "Compreender bem o fundamental. Deixar os detalhes para o pessoal. Elevar os ânimos, o que é de importância transcendental. Não se lamentar nem se preocupar." Depois de assinar os regulamentos do bloqueio, enviou a McNamara um memorando que dizia: "Doravante, não pretendo me intrometer com... os almirantes no local, a não ser que recebamos informações adicionais da espionagem."

Anderson tinha aceitado sob protesto a tarefa de planejar o bloqueio naval de Cuba. Ele informara a McNamara que a missão era equivalente a "trancar a porta da estrebaria depois que o cavalo foi roubado". Já havia mísseis nucleares na ilha, então um bloqueio não alcançaria o objetivo de tirá-los de lá e significaria um confronto com a União Soviética, e não com Cuba. Uma opção melhor, pensou ele, era bombardear os silos de mísseis. Não obstante, ele cumpriria as ordens.

O almirante não gostava que McNamara interferisse nos assuntos operacionais. Também estava decidido a proteger um dos segredos mais bem guardados da Marinha: sua capacidade de localizar submarinos soviéticos por meio de uma complexa rede de detetores de receptores de rádio. Os navios de guerra dos EUA sobre os quais McNamara levantara questões estavam rastreando os Foxtrots soviéticos. Embora o secretário e seu vice tivessem acesso óbvio a informações secretas, alguns dos assessores civis que o acompanharam até o Navy Plot não tinham. Para explicar o que estava acontecendo com os submarinos, Anderson levou McNamara e Gilpatric a uma sala menor, conhecida como Intelligence Plot.

McNamara estava menos preocupado com a localização precisa de navios do que com a questão de como pôr em prática a "quarentena" naval. A Marinha interpretava literalmente a ideia de bloqueio: não deixariam passar as armas proibidas. Já McNamara e Kennedy encaravam a questão como um mecanismo para enviar recados políticos à superpotência adversária. O objetivo era fazer Kruchev recuar, e não afundar navios soviéticos. O secretário da Defesa atormentava o chefe de operações navais com perguntas sobre como a Marinha deteria o primeiro navio a atravessar a linha da quarentena.

– Vamos saudá-lo.
– Em qual língua? Inglês ou russo?
– Como é que eu vou saber?
– O que fará se eles não entenderem?
– Presumo que usaremos bandeiras.
– E se eles não pararem?

– Daremos um tiro de advertência.
– E se não funcionar?
– Então vamos atirar no leme.
– Vocês não vão dar nem um tiro em nada sem a minha autorização expressa. Está claro?

Mais cedo, naquela mesma tarde, Anderson tinha chamado a atenção dos comandantes para um manual publicado em 1955, *Law of Naval Warfare*, que descrevia métodos de abordar e revistar navios de guerra inimigos. Pegou uma cópia do livreto com capa de papelão e o balançou na cara de McNamara.

– Está tudo aqui, Sr. Secretário – disse ao chefe.

O manual autorizava a "destruição" de navios de guerra que "resistissem ativamente à busca ou apreensão".

Conforme Gilpatric mais tarde recordou sobre o episódio, Anderson mal conseguia conter a raiva ao ouvir as perguntas detalhadas de McNamara.

– Isso não é da sua conta, porra – finalmente explodiu. – Sabemos como fazê-lo. Fazemos isso desde os tempos de John Paul Jones, e se o senhor voltar para o seu canto, Sr. Secretário, nós vamos tratar disso.

Gilpatric via a mudança de cor na fisionomia do chefe. Por um instante ele temeu uma discussão acalorada diante dos oficiais da Marinha. Mas McNamara simplesmente comentou:

– Já ouviu, almirante, não haverá tiros sem a minha permissão. – E saiu do recinto.

– É o fim do Anderson – disse ele a Gilpatric enquanto andavam de volta a seus gabinetes geminados. – No que me concerne, ele perdeu a minha confiança.

O choque entre o secretário da Defesa e o chefe de operações navais viria a simbolizar uma luta muito maior pela influência entre civis e militares uniformizados. A história foi recontada com tanta frequência que ficou repleta de mitos. A maioria dos relatos sobre a crise dos mísseis afirma, por exemplo, que o confronto aconteceu na noite da quarta-feira, e não na terça-feira, depois que a quarentena já entrara em vigor. Porém, um estudo dos diários do Pentágono e de outros registros demonstra que isso é impossível. Anderson nem estava no prédio na noite de quarta-feira no momento em que se alega que teve o encontro mordaz com McNamara.

21:30, TERÇA-FEIRA, 23 DE OUTUBRO

Do outro lado do Potomac, Bobby Kennedy, agitado, apareceu no portão da Embaixada Soviética, na Sixteenth Street, NW, no momento em que

McNamara estava saindo do Intelligence Plot. Anatoly Dobrinin foi ao encontro dele e o escoltou até o aposento no terceiro andar da grandiosa mansão da virada do século, construída pela viúva de George Pullman, o magnata dos trens. Dobrinin lhe ofereceu assento na sala de estar e uma xícara de café.

O presidente se sentia traído pelos soviéticos, disse Bobby ao embaixador. Ele acreditara nas garantias de Kruchev acerca da ausência de mísseis ofensivos em Cuba, mas fora enganado. Isso tinha "implicações arrasadoras para a paz mundial". Pensando melhor, RFK acrescentou que o irmão estava sofrendo fortes ataques dos republicanos e que "apostara sua carreira política" nas garantias soviéticas. Dobrinin teve dificuldade para responder porque ele também fora mantido na ignorância por Moscou. Insistia, resoluto, que a informação americana devia estar errada.

Quando o embaixador o estava escoltando de volta ao carro, Bobby lhe perguntou quais instruções foram dadas aos capitães dos navios soviéticos. Dobrinin respondeu que, até onde sabia, o comando era ignorar "exigências ilegais de parar ou de revista em alto-mar".

– Não sei como isso vai acabar – disse RKF, quando se despediram –, mas pretendemos deter os seus navios.

– Isso seria um ato de guerra – protestou o embaixador.

21:35, TERÇA-FEIRA, 23 DE OUTUBRO (20:35 EM HAVANA)

A 1.650km dali, em Havana, um comboio de veículos do governo acabara de estacionar em frente a um estúdio de televisão no exclusivo bairro Vedado. Fidel Castro saltou de um jipe em seu característico uniforme verde-oliva, seguido por ministros uniformizados. Um losango vermelho e preto nas dragonas o identificava como comandante, major, a mais alta patente do exército cubano. Assim como JFK na noite da véspera, Castro planejara usar a televisão para fazer um dos mais importantes discursos de sua vida e preparar o povo para os dias difíceis que estavam por vir.

A televisão era tão importante para Castro quanto para Kennedy. Era um veículo personalíssimo, que permitia aos cubanos conhecê-lo como "Fidel", em vez de "Castro". Ele não era só o comandante em chefe, era o professor-chefe, constantemente ensinando, bajulando, explicando. O número de aparelhos de televisão *per capita* era baixo em Cuba, em comparação com os EUA, mas alto em comparação à América Latina. Se uma pessoa em um bairro tivesse um televisor, todos se reuniriam para ver Fidel.

A comunicação de massa fora sempre essencial ao sucesso de Castro na função de líder revolucionário. Na juventude, ele ouvia, em transe, os discursos semanais de um radical feroz chamado Eddy Chibás, que usava o rádio para denunciar corrupção e injustiças. Durante a guerra contra Batista, ele montou um pequeno transmissor na montanha, conhecido como "Rádio Rebelde", para recrutar apoio à revolução. Usou uma entrevista com Herbert Matthews, do *New York Times*, para desmentir as notícias do governo de que ele estava morto. Praticamente todos os passos da marcha vitoriosa de Fidel em Cuba, depois da partida apressada de Batista, foram mostrados ao vivo na televisão, culminando em sua entrada triunfante em Havana em 8 de janeiro de 1959.

Assim como Kennedy, Castro não nasceu com o dom da oratória. Ambos tiveram de superar certa timidez inicial para encontrar a própria voz. Quando se candidatou ao Congresso pela primeira vez, em 1946, Kennedy ensaiava os discursos muitas vezes em particular, até ficar, gradualmente, mais à vontade. Castro se sentia tão desconfortável em público que tinha de, conscientemente, despertar um surto de indignação. Alguns observadores achavam que essa legendária loquacidade – ele sempre falava cinco ou seis horas seguidas – tinha ligação com a timidez.

"Cansado de falar, ele descansa falando", comentaria mais tarde acerca de Fidel o escritor colombiano Gabriel García Márquez. "Quando começa a falar, é sempre difícil ouvir a voz dele, e o rumo do discurso é incerto, mas se aproveita de qualquer coisa para ganhar terreno, pouco a pouco, até tomar posse da plateia." Depois de fazer o imenso esforço mental de começar a falar, Castro achava difícil parar.

Após a breve introdução de um "entrevistador" adulador, iniciou uma diatribe contra Kennedy e os Estados Unidos. O discurso foi a mesma confusão de indignação, oratória exacerbada, longos apartes fugindo ao tema, sarcasmo inclemente, os ocasionais *non sequitur*. Usava a educação jesuíta que recebera para dissecar o discurso de Kennedy ponto a ponto, mal parando para respirar ao saltar diretamente do "segundo tema" para o "quarto tema", sem mencionar o "terceiro tema".

As expressões de solidariedade de Kennedy ao "povo cativo de Cuba" eram farinha para o moinho retórico de Castro.

– Ele está falando de um povo que tem centenas de milhares de homens armados. Ele devia falar dos cativos armados de Cuba.

– Isso é declaração não de um estadista, mas de um pirata – irritava-se.

– Não somos soberanos pela graça dos ianques, mas por direito nosso...

– Só podem tirar a nossa soberania se nos varrerem da face da Terra.

Grande parte da eloquência de Castro provinha de sua hipnótica linguagem corporal, feita para a televisão. A voz era um tanto fina e estridente. Mas ele falava com tanta convicção que era fácil deixar-se levar pela torrente de palavras e gestos. O olhar agressivo e a espessa barba negra balançando para lá e para cá lembravam um profeta do Velho Testamento. O perfil romano assumia mais de 10 expressões em rápida sucessão – escárnio, raiva, humor, determinação –, porém nunca o mais leve vestígio de insegurança. Suas mãos longas e ossudas fatiavam o ar para dar ênfase, ocasionalmente segurando nos lados da cadeira. Quando argumentava, erguia o indicador direito magistralmente, como se desafiando alguém a discordar dele.

Falando diante da bandeira de Cuba, Castro mal mencionou os russos durante a diatribe de 90 minutos. Nem falou dos mísseis, a não ser para rejeitar as acusações de Kennedy contra Cuba. Pelo contrário, fez uma defesa passional da soberania nacional do país, juntamente com um aviso de que os agressores inevitavelmente seriam "exterminados".

"Nosso país jamais será inspecionado por ninguém, porque jamais daremos autorização a ninguém para isso, e jamais abdicaremos das nossas prerrogativas soberanas. Dentro das nossas fronteiras, somos nós que governamos e somos nós que fazemos as inspeções."

O desempenho de Castro no discurso pareceu brando aos diplomatas em Havana em comparação com o normal. Mas, ainda assim, foi fascinante. Quando lançou a peroração, agarrou-se às laterais da cadeira, como se lutando para permanecer sentado.

– Todos nós, homens e mulheres, jovens e velhos, estamos unidos neste momento de perigo. Todos nós, revolucionários e patriotas, teremos o mesmo destino. A vitória pertencerá a todos nós.

Com o lema final, "Patria o muerte, venceremos", ele saltou da cadeira e saiu às pressas do recinto. Não havia mais tempo a perder.

As ruas de Havana ficaram desertas enquanto Fidel falava. Quando ele terminou, o povo invadiu as ruas molhadas de chuva, carregando velas e outras tochas improvisadas. O céu noturno ficou cheio de milhares de pontos de luz enquanto as multidões surgiam pelos becos da velha Havana, cantando o Hino Nacional, celebrando uma vitória de 1868 sobre os espanhóis:

No temáis una muerte gloriosa,
Que morir por la patria es vivir.

(Não temais uma morte gloriosa,
Pois morrer pela pátria é viver.)

Maurice Halperin, ex-diplomata americano que buscou refúgio em Havana depois de ser acusado de espionar para a União Soviética, percebeu que muitos dos homens na multidão tinham se armado com cutelos de carne e machetes, que ostentavam no cinto com orgulho.

– Estavam equipados para o combate corpo a corpo, sem a menor desconfiança de que poderiam ser esmigalhados por um inimigo invisível.

Na opinião de Castro, sua ascensão ao poder em Cuba foi uma espécie de peça de moralidade. Ele era o protagonista, lançando-se contra uma série de inimigos muito mais poderosos, primeiro internos, depois externos. Quer o adversário fosse Batista, quer fosse Kennedy, o método de Castro era o mesmo: teimosia intransigente. Por ser muito mais fraco que o inimigo, não podia se dar ao luxo de exibir fraqueza nenhuma.

Para que o povo o seguisse, Castro tinha de projetar uma imagem de convicção total. Conversava sobre o futuro com tanta certeza, conforme comentou outro líder do Terceiro Mundo, que poderia muito bem estar falando do passado. Tudo dependia da vontade do líder. Era uma filosofia que ele adotara de José Martí, o "apóstolo da independência de Cuba", que morreu combatendo os espanhóis em 1895. Depois que Castro assumiu o poder, transformou em slogan uma das frases de Martí para o regime revolucionário, e mandou afixar em cartazes por todos os cantos de Cuba: *"No hay cosas imposibles, sino hombres incapaces."* (Nada há nada impossível, só homens incapazes.)

Assim como seu herói Martí, Castro estava disposto a morrer pela causa em que acreditava, e esperava que seus seguidores fizessem o mesmo. *Patria o muerte* expressava sua filosofia. Uma revolução, quase por definição, era uma aposta alta em que só havia dois resultados possíveis. Conforme definiu seu companheiro de luta Che Guevara, "numa revolução, se ganha ou se perde". Isso não significava correr riscos desnecessários, mas significava uma disposição para apostar tudo numa jogada brilhante dos dados. Se Fidel morresse, entraria para a história de Cuba como mártir, como Martí antes dele. Se vivesse, seria herói nacional.

Era essa disposição de dar tudo de si que distinguia Castro dos outros dois personagens principais na crise. À sua maneira, tanto Kennedy como Kruchev reconheciam as realidades da era nuclear e entendiam que uma guerra nuclear infligiria uma destruição inaceitável tanto aos vencedores quanto aos vencidos. Castro, pelo contrário, jamais se abalara com os cálculos políticos convencionais. Ele era o antipolítico com um ego avantajado. Na opinião do embaixador inglês em Havana, Herbert Marchant, o líder cubano era "a prima-dona das prima-donas", "um megalomaníaco com tendências paranoicas", "uma personalidade impressionante" e "um gênio passional e confuso". Solitário entre os três líderes, Fidel tinha a ambição messiânica de um homem escolhido pela história para uma missão ímpar.

Nasceu numa plantação de cana-de-açúcar na província de Oriente, em 1926, terceiro filho de um razoavelmente próspero imigrante espanhol. Já era rebelde aos sete anos de idade, tendo ataques de birra e querendo estudar em colégio interno. Depois de ser educado pelos jesuítas em Santiago de Cuba, estudou na Universidade de Havana, a instituição acadêmica de maior prestígio no país. Passava grande parte do tempo ali organizando manifestações, entre elas uma greve geral de 48 horas em 1947, após o assassinato de um aluno do ensino médio em uma passeata.

O momento decisivo da vida do jovem Fidel foi a tentativa de captura, em 26 de julho de 1953, do quartel de Moncada, em Santiago, executada por ele e 123 correligionários armados. O ataque foi um fiasco, resultando na prisão da maioria dos rebeldes em desvantagem de armas e numérica. Mas Castro conseguiu transformar a derrota na criação do mito de seu movimento político de 26 de julho, e transformá-lo no foco principal da oposição a Batista. Usou seu julgamento como plataforma para atacar o governo e recrutar mais correligionários, pronunciando sua frase mais famosa: "Condenem-me, não importa. A história me absolverá." ("*La historia me absolverá.*") Recebeu anistia depois de cumprir menos de dois anos de sua pena de 15 anos, e partiu para o México em julho de 1955.

– Seremos livres ou mártires – disse Castro a seus 81 correligionários quando zarparam para o México a bordo do iate *Granma*, em novembro de 1956, rumo à Sierra Maestra, a cordilheira de montanhas altas ao longo do litoral sul de Oriente. Como sempre, ele estava absurdamente otimista no tocante à possibilidade de conseguir o que parecia impossível, a derrubada de Batista. Ele olhava para a frente um passo de cada vez.

– Se partirmos, chegaremos. Se chegarmos, entraremos. Se entrarmos, venceremos.

– Ganhamos a guerra – proclamava ele com exuberância algumas semanas depois, quando seu exército sobreviveu à primeira de muitas emboscadas das forças de Batista, que o deixou com apenas sete correligionários e sete armas.

A vida de Castro demonstrava que indivíduos podiam mudar o rumo da história, dissessem o que dissessem os marxistas sobre a predominância da luta de classes. Em sua versão da história, que tinha mais a ver com o nacionalismo cubano do que com o comunismo de estilo soviético, o herói-mártir estava sempre no centro do palco.

Fidel passara anos se preparando para um confronto decisivo com os Estados Unidos. Mesmo quando ele estava nas montanhas, combatendo os exércitos de Batista, presumira que um dia seria convocado para "uma guerra muito maior e grandiosa" – contra os americanos.

– Percebo que será esse o meu verdadeiro destino – escreveu à assessora e amante, Celia Sánchez, em 5 de junho de 1958, depois de ouvir que seu exército rebelde fora atacado pelas bombas da força aérea de Batista, fornecidas pelos EUA.

A convicção de Castro de que a guerra decisiva seria contra a América expressava sua crença de que Washington jamais permitiria que Cuba fosse independente de fato, pois tinha demasiados interesses políticos e econômicos na ilha. Da perspectiva de muitos cubanos, inclusive de Fidel, a história das relações entre EUA e Cuba era a história do imperialismo travestida de idealismo. Os Estados Unidos haviam expulsado os colonialistas espanhóis para terminar tornando-se a nova força de ocupação. Embora os fuzileiros tivessem finalmente se retirado, os Estados Unidos continuaram a manter Cuba sob firmes rédeas econômicas por meio de grupos empresariais, como a United Fruit Company.

Os americanos, naturalmente, costumavam ter uma opinião muito mais benigna sobre seu envolvimento com Cuba. Homens como Theodore Roosevelt e Leonard Wood, o último governador-geral de Cuba, consideravam-se altruístas, assessorando a república incipiente no caminho da estabilidade política e da modernidade econômica. Wood passava o tempo a construir estradas, instalar redes de esgoto, combater a corrupção, elaborar um sistema eleitoral democrático. Era uma faina ingrata.

– Estamos avançando o mais rápido possível, mas trata-se de uma situação que está despencando ladeira abaixo há 100 anos – reclamou em um despacho.

Castro via pouca diferença entre Kennedy e o imperialista Teddy Roosevelt. JKF não passava de "um milionário analfabeto e ignorante". Depois da baía dos Porcos, era simples questão de tempo até que os americanos tentassem de novo, com muito mais força.

O antiamericanismo era o mais forte trunfo político de Castro no outono de 1962. O ano que ele proclamara *"el año de la planificación"* – o ano do planejamento econômico – havia se tornado o ano do desastre econômico. A economia estava em queda livre, em parte devido a um embargo comercial americano e à fuga da classe média, porém principalmente em razão de políticas econômicas equivocadas. A tentativa de simular o modelo econômico soviético de planejamento central e industrialização forçada resultara em carências crônicas.

A colheita da cana-de-açúcar, que representava mais de 4/5 da exportação de Cuba, caíra 30% no ano anterior, para menos de cinco milhões de toneladas.

Reunião do Comitê Executivo do Conselho Nacional de Segurança (ExComm). Casa Branca, sala do gabinete, 29 de outubro de 1962. No sentido horário a partir da bandeira: Robert McNamara, Roswell Gilpatric, general Maxwell Taylor, Paul Nitze, Donald Wilson, Theodore Sorensen, McGeorge Bundy (oculto), Douglas Dillon, o vice-presidente Lyndon Baines Johnson (oculto), Robert F. Kennedy, Llewellyn Thompson, William C. Foster, John McCone (oculto), George Ball, Dean Rusk, o presidente Kennedy. [Cecil Stoughton, Biblioteca Presidencial Kennedy.]

O presidente Kennedy e o secretário de Justiça Robert F. Kennedy do lado de fora da Ala Oeste da Casa Branca em outubro de 1962. [Cecil Stoughton, Biblioteca Presidencial Kennedy.]

Nikita Kruchev e o presidente Kennedy durante a única reunião entre os dois, em Viena, em junho de 1961. [USIA-NARA.]

Nikita Kruchev abraça Fidel Castro no Harlem, na cidade de Nova York, em setembro de 1960. [USIA-NARA.]

Fidel Castro em El Chico durante a crise dos mísseis, com o comandante soviético, o general Issa Pliiev (à direita). [MAVI.]

Castro e Anastas Mikoian, o líder que o conhecia melhor, em novembro de 1962. No fundo, o embaixador soviético Aleksander Alekseiev. [USIA-NARA.]

Antes de uma missão em Cuba, equipes terrestres fazem a manutenção de um RF-8 Crusader da Marinha dos EUA em Key West, Flórida. O principal posto de artilharia e de fotografia do avião está visível na parte de baixo. [USNHC.]

O comandante da Marinha William Ecker (à esquerda), que comandou o primeiro sobrevoo de Cuba em baixa altitude em 23 de outubro, cumprimenta o capitão dos fuzileiros navais, John Hudson. Os desenhos na fuselagem do avião mostram Fidel Castro com frangos em comemoração a cada missão bem-sucedida em Cuba. [USNHC.]

Fotografia de um depósito de ogivas nucleares em construção no local de Mísseis Balísticos de Médio Alcance Nº 1 de San Cristóbal, batida por Ecker com uma câmera frontal, ao mesmo tempo que a fotografia oblíqua abaixo. [NARA.]

Fotografia do local de MBMA Nº 1, batida por Ecker na terça-feira, 23 de outubro, na missão Blue Moon 8003, mostrando os equipamentos dos mísseis, veículos de combustíveis e vans de transporte de ogivas nucleares. A fotografia foi batida com uma câmera lateral oblíqua ao mesmo tempo que a fotografia acima. [NARA.]

Fotografia anteriormente inédita de um jato "Voodoo" RF-101 da USAF entrando no espaço aéreo cubano em 1º de novembro para inspecionar o desmanche dos silos de mísseis. [NARA.]

À esquerda: Fotografia anteriormente inédita de um Crusader RF-8 sobrevoando a região central de Cuba na quinta-feira, 25 de outubro, na missão Blue Moon 5010. [NARA.]

Página oposta, ao centro: Fotografias anteriormente inéditas do local SAM em San Julian, no Oeste de Cuba, mostrando o radar e cinco vans de controle ao centro, cercadas por posições de mísseis entrincheirados e camuflados. [NARA.]

Página oposta, embaixo: A primeira fotografia, batida de um U-2 pilotado pelo major e presidente Richard Heyser em 14 de outubro, que convenceu o presidente Kennedy de que a União Soviética havia destacado mísseis de médio alcance para Cuba. A imagem mostra o local de MBMA Nº 1, o mesmo fotografado pelo comandante Ecker em 23 de outubro. [NARA.]

Adlai Stevenson na ONU, durante o debate do Conselho de Segurança sobre as fotos de 25 de outubro dos silos de mísseis soviéticos. [UN]

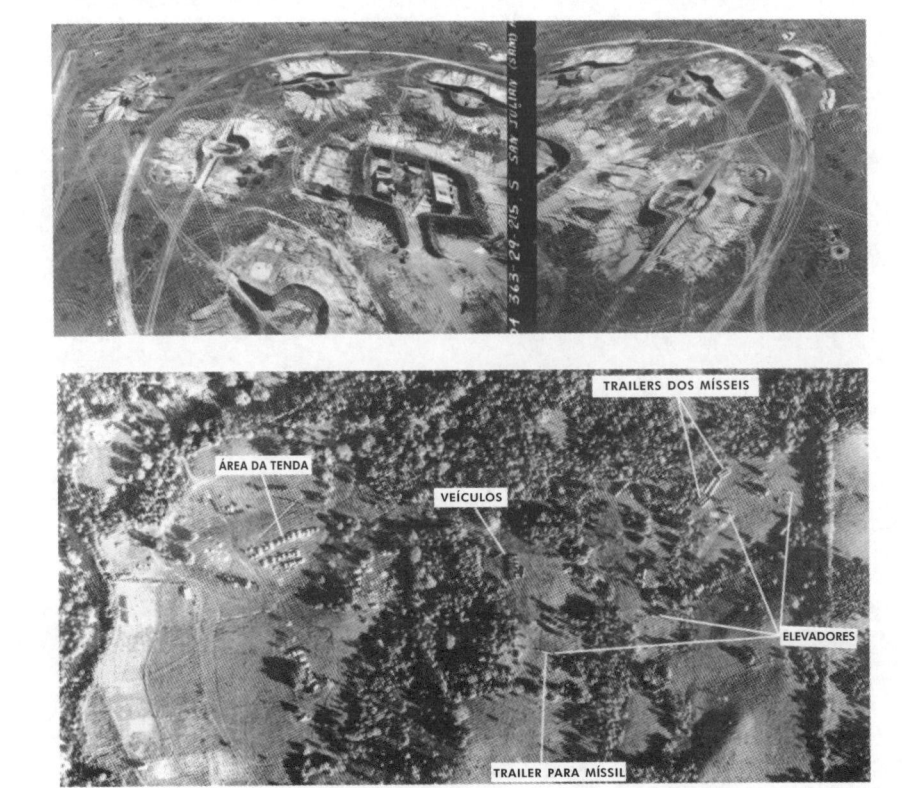

Coronel Ivan Sidorov, comandante de um regimento de mísseis R-12 de médio alcance estacionado perto de Sagua la Grande. [MAVI.]

Abaixo: O local de MBMA Nº 2 de Sagua la Grande, fotografado em 23 de outubro. [NARA.]

Houve rebeliões camponesas no Oeste de Cuba em junho. Os agricultores deixaram as colheitas apodrecerem nos campos em vez de entregá-las ao Estado. Sem praticamente nada para se comprar em lojas estatais, o mercado negro prosperava. Enquanto isso, derramava-se dinheiro em projetos de prestígio que se destinavam a exibir a independência econômica de Cuba. Um dos exemplos mais conhecidos era o de uma fábrica de lápis, construída com auxílio soviético. Acontece que era mais barato importar lápis prontos do que matérias-primas, como madeira e grafite.

Os problemas de Castro eram tanto políticos quanto econômicos. Seus soldados ainda estavam lutando em guerrilhas com rebeldes nas montanhas Escambray, ao centro de Cuba. Antes, naquele mesmo ano, ele repelira uma contestação de comunistas ortodoxos obrigando seu líder, Anibál Escalante, a fugir do país e refugiar-se em Praga. À denúncia de Castro de "sectarismo" seguiu-se um expurgo completo do Partido Comunista, com a expulsão de dois mil dos seis mil membros do partido.

Havia um aspecto realista no romantismo de Castro. Protegido em casa, ele calculava corretamente que a maioria dos cubanos ainda o apoiava na questão da independência nacional, fossem quais fossem suas queixas políticas ou econômicas. Ele estava confiante de que podia lidar com mais mini-invasões de exilados cubanos, ou mesmo com uma guerrilha apoiada por Washington. Mas ele também sabia que não podia derrotar uma invasão em grande escala dos EUA.

"A agressão imperialista direta", disse ele aos correligionários em julho de 1962, no nono aniversário da Moncada, representava o "último risco" para a revolução cubana.

A única maneira eficaz de lidar com esse risco era uma aliança militar com a outra superpotência. Quando Kruchev apresentou a ideia de mandar mísseis para Cuba, em maio de 1962, seus especialistas nesse país não acreditavam que Castro fosse concordar. Argumentaram que ele não faria nada que pudesse destruir sua popularidade no resto da América Latina. Na verdade, Fidel aceitou rapidamente a oferta soviética, exigindo apenas que o acordo fosse visto como "um ato de solidariedade" de Cuba com o bloco socialista, e não como um ato de desespero. A preservação da dignidade nacional era importantíssima.

Castro teria preferido um comunicado público sobre a transferência dos mísseis, mas, com relutância, concordou com a insistência de Kruchev no sigilo, até que os mísseis estivessem instalados. A princípio, o conhecimento da transferência dos mísseis limitava-se a Castro e quatro de seus assessores mais chegados, mas o círculo daqueles que sabiam foi aumentando gradualmente. Os prolixos cubanos, entre eles Castro, estavam ansiosos por contar ao mundo sobre os mísseis. Em 9 de setembro, o mesmo dia em que o cargueiro soviético *Omsk* ancorou no porto de Casilda com seis mísseis R-12, um informante da CIA entreouviu o piloto particular de Castro afirmar que Cuba tinha "muitas rampas móveis para foguetes de alcance intermediário... Eles não sabem o que os aguarda". Três dias depois, em 12 de setembro, o *Revolución* dedicou sua primeira página inteira a uma manchete ameaçadora, em letras garrafais:

> FOGUETES EXPLODIRÃO OS ESTADOS
> UNIDOS SE ELES INVADIREM CUBA.

O presidente de Cuba, Osvaldo Dorticós, quase entregou o jogo na ONU em 8 de outubro, quando se gabou de que Cuba possuía "armas que gostaríamos de não precisar e que não queremos usar" e que um ataque ianque resultaria em "uma nova guerra mundial". Ao retornar, foi saudado por Fidel, efusivo, que também apontou para a existência de alguns formidáveis novos meios de retaliação contra os Estados Unidos. Os americanos poderiam ser capazes de iniciar uma invasão de Cuba, ele admitiu, "mas não conseguiriam concluí-la". Em particular, um oficial graduado cubano contou a um repórter visitante inglês, em meados de outubro, que já havia "no território cubano mísseis cujo alcance é suficiente para atingir os Estados Unidos e não só a Flórida". Além disso, os mísseis eram "operados por russos".

Em retrospectiva, naturalmente, é notável que a inteligência americana não tivesse percebido todas essas dicas para concluir muito antes que havia fortes probabilidades de que a União Soviética tivesse enviado mísseis nucleares para Cuba. Na época, porém, os analistas da CIA não levaram em conta a jactância, achando que fosse uma típica fanfarronada cubana.

Enquanto Castro fazia discursos ao povo de Cuba, Che Guevara se preparava para passar sua segunda noite na Sierra del Rosario. Ele tinha chegado ao esconderijo na montanha na véspera com um comboio de jipes e caminhões, e passara o dia organizando defesas com os líderes militares locais. Se os americanos invadissem, ele planejava transformar os morros e os vales do Oeste de Cuba em uma sangrenta armadilha letal, como "a passagem das Termópilas", na frase de Castro.

Uma força de elite de 200 combatentes, muitos deles velhos companheiros da guerra revolucionária, tinham acompanhado Che até a montanha. Para quartel-general militar, o lendário líder guerrilheiro escolhera o sistema labiríntico de cavernas escondidas entre os eucaliptos e os mognos. Cavadas no calcário macio pelas corredeiras, La Cueva de los Portales parecia uma catedral gótica, com uma nave arqueada cercada por um labirinto de câmaras e passagens. Os adidos soviéticos ocupavam-se da instalação de um sistema de comunicações sem fio e linhas de comunicação por terra acionadas com energia gerada à mão. Os soldados cubanos estavam fazendo o possível para tornar habitável a caverna úmida.

Situada a meio caminho entre os litorais norte e sul de Cuba, próxima à foz do rio San Diego, La Cueva de los Portales ocupava uma passagem estratégica na montanha. Se tivesse seguido o rio na direção sul por mais 15 quilômetros, Che teria chegado a um dos silos de mísseis soviéticos. Olhando para o norte, ele via os Estados Unidos. Sabia que os soldados soviéticos tinham estacionado dezenas de mísseis de cruzeiro com ogiva nuclear nesse lado da ilha. Essas armas serviriam de principal linha de defesa contra uma invasão ianque.

Aos 34 anos de idade, o médico natural da Argentina tinha passado os 10 últimos anos perambulando pela América Latina e lutando em revoluções. (Ele ganhou o apelido de "Che" porque usava com frequência a expressão argentina que significa "camarada" ou "companheiro".) Conhecera Castro na Cidade do México em uma noite fria de 1955 e sucumbira imediatamente ao feitiço dele, descrevendo-o em seu diário como "um homem extraordinário... inteligente, muito seguro de si e corajosíssimo". Ao amanhecer, o sempre persuasivo Castro já convencera o novo amigo a navegar com ele para Cuba e iniciar a revolução.

Che era uma das pouquíssimas pessoas, além do irmão Raúl, em quem Fidel tinha confiança total. Ele sabia que um argentino jamais poderia aspirar a substituí-lo na liderança de Cuba. Juntos, Fidel, Raúl e Che formaram o triunvirato regente de Cuba. Todos os outros eram suspeitos ou dispensáveis.

Depois do triunfo da revolução, Fidel entregou o controle diário do exército a Raúl e a economia a Che. No cargo de ministro da Indústria, Che fizera tudo o que qualquer outro teria feito para arruinar a economia por meio da aplicação doutrinária das ideias marxistas do século XIX. Suas viagens pela América Latina o tinham exposto à maldade de empresas, como a United Fruit: ele jurou, perante um retrato do "nosso velho, muito saudoso camarada Stalin", exterminar aqueles "polvos capitalistas" se tivesse oportunidade. No mundo ideal de Che, não havia lugar para a motivação do lucro nem para qualquer tipo de relações monetárias na economia.

O que salvava Che era seu incansável idealismo. De todos os líderes cubanos, era ele que melhor resumia as contradições da revolução: rigidez e romantismo, fanatismo e sentimento fraterno.

Ele era disciplinador, mas também sonhador. Havia um grande elemento de paternalismo em seu apego à ideologia marxista: estava convicto de que ele e outros intelectuais sabiam o que era melhor para o povo. Ao mesmo tempo, ele também era capaz de fazer uma impiedosa autoanálise.

Che preferia o papel de guerrilheiro estrategista ao de burocrata do governo. Ele fora um dos arquitetos da vitória sobre Batista, tendo capturado um trem com munições do governo em Santa Clara numa das batalhas decisivas da guerra. Durante a invasão da baía dos Porcos, fadada ao fracasso, Castro o mandara organizar a defesa do Oeste de Cuba, mais ou menos como estava fazendo agora.

Assim como Castro, Che acreditava que o confronto militar com os Estados Unidos era praticamente inevitável. Quando jovem revolucionário na Guatemala, ele testemunhara um golpe orquestrado pela CIA contra o governo esquerdista de Jacobo Arbenz Guzmán, em 1954. Aprendeu algumas lições importantes nessa experiência. Primeiro, Washington jamais permitiria um regime socialista na América Latina. Segundo, o governo Arbenz cometera o erro fatal de dar "liberdade demais" aos "agentes do imperialismo", principalmente à imprensa. Em terceiro lugar, Arbenz devia ter se defendido criando milícias populares armadas e levando a batalha para o interior.

Sob instruções de Castro, Che estava, agora, preparando-se para fazer precisamente aquilo. Se os americanos ocupassem as cidades, os defensores cubanos fariam guerrilha, com a ajuda dos aliados soviéticos. Tinham esconderijos de munições por toda a parte. Castro reservara metade de seu exército, e a maioria de suas melhores divisões, para a defesa do Oeste de Cuba, onde estava a maioria dos silos de mísseis e onde os americanos esperavam desembarcar. O país inteiro poderia tornar-se uma Stalingrado, mas o ponto focal da resistência cubana seriam as bases de mísseis nucleares de Pinar del Río. E Che Guevara estaria numa situação precária.

6H, QUARTA-FEIRA, 24 DE OUTUBRO (5H EM HAVANA)

Timur Gaidar, o correspondente do *Pravda* em Havana, estava se preparando para ditar uma matéria para Moscou quando um jovem irrompeu pela porta do quarto dele no Havana Libre Hotel, o antigo Hilton. Era Yevgeny Yevtushenko, *enfant terrible* da literatura soviética e rebelde semioficial. O poeta estava vivendo uma espécie de exílio dourado em Havana, trabalhando num filme adulador sobre a revolução cubana, chamado *Ya-Kuba* (*Sou Cuba*), enquanto tentava rastejar de volta às graças de Kruchev.

– Moscou ligou?
– Estou aguardando. Ligará em breve.

– Maravilhoso. Eu temia me atrasar. Passei a noite inteira escrevendo.

Yevtushenko estivera no estúdio de televisão quando Castro fez o discurso e tinha passado as últimas horas gravando suas impressões. Era fácil para ele entender a atração de Kruchev para Castro porque ele também estava meio apaixonado. Ouvindo Fidel falar, estava preparado para perdoar-lhe qualquer coisa. O que importava se só havia vinagre e repolho nas quitandas, se Fidel tinha fechado os prostíbulos e declarado o fim do analfabetismo? Na luta entre a minúscula Cuba e os poderosos Estados Unidos, Yevtushenko sabia de que lado estava.

Enquanto esperava o telefonema de Moscou, o poeta andava pelo quarto de um lado para outro, declamando os versos. Em breve estariam espalhados na primeira página do *Pravda*, um editorial em versos:

América, escrevo-te de Cuba,
Onde as maçãs do rosto de sentinelas tensas
E os rochedos brilham ansiosos esta noite
À ventania da tempestade... .

Um tabaqueiro com sua pistola dirige-se ao porto.
Um sapateiro limpa uma velha metralhadora,
Uma showgirl, usando botas de soldado,
Marcha com um carpinteiro para montar guarda...

América, perguntarei em russo:
Não é uma vergonha e hipocrisia
Que tu os tenhas obrigado a pegar em armas
E, depois, o acuses de tê-lo feito?

Ouvi Fidel falar. Ele argumentou
Como um médico ou promotor.
No discurso, não havia animosidade,
Só amargor e repreensão...

América, será difícil reconquistar a grandeza
Que perdeste com teus jogos cegos
Enquanto uma ilhota, permanecendo firme,
Torna-se um grande país!

CAPÍTULO QUATRO

"Olho no olho"

8H, QUARTA-FEIRA, 24 DE OUTUBRO (15H EM MOSCOU)

Nikita Kruchev não via necessidade de se comunicar diretamente com seu próprio povo num momento de grave crise internacional. Mesmo sendo o mais bem-apessoado dos líderes soviéticos – tanto que permitia que o fotografassem passeando em milharais ou acenando –, a opinião pública era preocupação relativamente sem importância. Ao contrário de Kennedy, ele não precisava enfrentar eleições para o Congresso. Ao contrário de Castro, ele não precisava unir o povo contra uma invasão.

Sua meta principal era projetar uma sensação de normalidade. Empenhou-se ao máximo por ser amistoso com os americanos visitantes. Na noite anterior, ele e outros líderes soviéticos tinham ido ao teatro Bolshoi para assistir a uma apresentação de *Boris Godunov* com o baixo americano Jerome Hines e foi se encontrar depois com os cantores para um brinde com champanhe. A última visita que recebera fora William Knox, o presidente da Westinghouse Electric International.

Knox esteve em Moscou para explorar possíveis negócios industriais. Seus conhecimentos acerca da União Soviética eram tão limitados que ele precisou pedir a Kruchev que identificasse o sábio com a farta barba, cujo retrato estava na parede de seu enorme gabinete no Kremlin.

– É Karl Marx, ora, o pai do comunismo – respondeu surpreso o primeiro-secretário.

Duas noites antes, o presidente da Westinghouse foi despertado de um sono profundo pelo rugido de veículos militares e pelos brilhantes holofotes que apontavam para seu quarto de hotel em frente ao Kremlin.

"Foi difícil acreditar nos meus olhos", escreveu mais tarde. "A praça Vermelha estava repleta de soldados, marinheiros, tanques, carros blindados, mísseis de diversos comprimentos, chegando a pelo menos 30 metros, jipes, artilharia etc. Eu simplesmente não conseguia decifrar aquilo!"

Só na manhã seguinte ele descobriu que o exercício noturno fazia parte dos preparativos para a parada anual de 7 de novembro, Dia da Revolução.

O presidente de uma empresa de eletricidade era uma escolha estranha para o papel de emissário de uma superpotência. O atributo mais importante de Knox era que ele representava a ideia preconcebida que os soviéticos tinham da classe dominante americana. Mergulhado na ideologia marxista, Kruchev acreditava realmente que o governo dos EUA era comandado pelos presidentes de grupos empresariais, como se estes tivessem pauzinhos para manipulá-los por trás dos panos. Ao saber que havia um importante capitalista na cidade, ele convocou Knox para ir ao Kremlin em menos de uma hora.

O recado que Kruchev queria enviar à América via Knox era que ele permanecia firme. Ele admitiu pela primeira vez que a União Soviética tinha enviado mísseis balísticos nucleares para Cuba, mas afirmava com veemência que só tinham fins "defensivos". Tudo dependia da motivação da pessoa que portava a arma, explicou ele.

– Se eu apontar um revólver para você assim, para atacá-lo, o revólver é uma arma ofensiva. Mas se pretendo impedir que você atire em mim, é defensiva, não é?

Ele afirmava entender que os cubanos eram um "povo volátil", e era por isso que os mísseis permaneceriam sob controle soviético.

Tendo confirmado a presença dos mísseis de alcance intermediário em Cuba, Kruchev, a seguir, aludiu aos mísseis de cruzeiro de curto alcance. Se Kennedy quisesse mesmo saber que tipo de armas a União Soviética tinha enviado a Cuba, só precisaria ordenar uma invasão que descobriria rapidamente. A base naval de Guantánamo "desapareceria no primeiro dia".

– Não estou interessado na destruição do mundo – disse Kruchev a Knox –, mas se quiser que todos nos encontremos no inferno, só depende de você.

Contou, então, uma de suas piadas favoritas, sobre um homem que tinha de ir morar com o bode dele depois de ter caído em desgraça. Embora não gostasse do fedor, acabou se acostumando. Os russos, disse Kruchev, "viviam com um bode" na forma dos países da OTAN, como a Turquia, a Grécia e a Espanha, havia muito tempo. Agora os americanos teriam seu próprio bode em Cuba.

– Não estão contentes e não gostam disso, mas aprenderão a conviver com isso.

10H, QUARTA-FEIRA, 24 DE OUTUBRO

Na Casa Branca, a reunião matinal do ExComm começou como sempre, com uma atualização do serviço de espionagem feita por John McCone. Os colegas haviam apelidado o ritual de "Hora da Prece", devido à firme fé católica da monótona fala papal do diretor da CIA. Segundo as últimas informações da espionagem, 22 navios soviéticos dirigiam-se para Cuba, incluindo vários suspeitos de transportarem mísseis. Muitos deles vinham recebendo de Moscou urgentes mensagens de rádio em código indecifrável.

McNamara informou que dois dos navios, o *Kimovsk* e o *Yuri Gagarin*, aproximavam-se da barreira de quarentena, um raio de 500 milhas a partir da ponta oriental de Cuba. Um submarino estacionara entre os dois. A Marinha americana planejava interceptar o *Kimovsk* com um contratorpedeiro, enquanto helicópteros de um porta-aviões tentavam desviar o submarino de escolta. O navio, fabricado na Finlândia, tinha escotilhas de porão com quase 10 metros, o que era incomum, e fora projetado para transportar madeira, mas adequava-se bem aos mísseis. As regras de combate promulgadas pelo almirante Anderson autorizavam a destruição das belonaves inimigas caso não cumprissem as instruções americanas.

– Senhor presidente, acabaram de entregar-me uma nota – interrompeu McCone. – Recebemos há pouco informação de que... todos os seis navios soviéticos agora identificados em águas cubanas... e eu não sei o que significa isso... pararam ou reverteram o curso.

Seguiram-se um tumulto à mesa e um arquejo ("Ufa!"), mas o secretário de Estado Rusk logo abafou qualquer sensação de alívio:

– Que quer dizer com "águas cubanas"?

– Dean, no momento eu não sei.

Kennedy perguntou se os navios que tinham dado meia-volta chegavam ou partiam. O chefe da CIA não tinha a resposta.

– Como se fizesse alguma diferença – resmungou secamente Rusk enquanto McCone deixava a sala para investigar.

A observação foi recebida com uma risada nervosa.

– Claro que faz – disse Bundy.

Kennedy ficara assustado com a ideia de que o primeiro confronto da crise envolveria um submarino soviético. Queria saber como a Marinha reagiria se o submarino "afundasse nosso contratorpedeiro". Sem dar uma resposta direta, McNamara disse que a Marinha planejava usar cargas de profundidade de exercício para avisar aos submarinos soviéticos que eles deveriam ir à superfície. As cargas não causariam dano algum, mesmo que os atingissem.

Do outro lado da Sala do Gabinete, Bobby viu o irmão levar a mão ao rosto e cobrir a boca. "Ele abriu e fechou o punho. Parecia ter o rosto tenso, os olhos doloridos, quase pálido. Olhamo-nos de um a outro lado da mesa. Por alguns segundos fugidios, foi como se mais ninguém estivesse ali e ele não fosse mais presidente."

De repente, Bobby viu-se pensando nos tempos difíceis que haviam passado como família, quando Jack ficara doente, com colite, e quase morrera, quando o irmão, Joe Júnior, morrera num acidente de avião, quando Jack e Jackie perderam o primeiro filho num aborto. As vozes na Sala do Gabinete pareceram fundir-se num borrão até Bobby ouvir Jack perguntar se era possível adiar o ataque ao submarino.

– Não queremos que a primeira coisa a atacarmos seja um submarino soviético. Eu preferia um navio mercante.

McNamara discordou. Disse com firmeza ao presidente que a interferência junto ao comandante do cenário naval poderia resultar na perda de um navio de guerra americano. O plano era "pôr pressão" no submarino, "tirá-lo da área" e depois "fazer a interceptação".

– Tudo bem – disse Kennedy. – Vamos em frente.

Pouco mais de um quilômetro rua abaixo, na embaixada soviética, os diplomatas amontoavam-se em torno de aparelhos de rádio e televisão. Ignoravam tanto as intenções do Kremlin quanto todos os demais. Viam com crescente tensão os noticiários informarem a aproximação dos navios soviéticos de uma linha imaginária no oceano, e contavam as horas e minutos até eles chegarem frente a frente com os navios de guerra americanos. Dobrinin descreveria depois o 24 de outubro como "provavelmente o dia mais memorável em todo o meu longo período de serviço como embaixador nos Estados Unidos".

Na Bolsa de Nova York os negócios eram febris e os preços subiam e desciam como um ioiô. Haviam caído de forma acentuada na terça-feira. Quarta de manhã, continuavam 10% abaixo dos picos do verão. Os preços do ouro tinham subido. Um jovem economista chamado Alan Greenspan disse ao *The New York Times* ser provável que houvesse "uma enorme incerteza" se a crise continuasse por um período significativo de tempo.

O temor de um apocalipse nuclear vazava para a cultura popular americana. Em Greenwich Village, Manhattan, um jovem descabelado chamado Bob Dylan passara uma noite acordado escrevendo a letra de "A Hard Rain's Gonna Fall" num caderno de espiral. Explicou depois que desejava "captar a sensação do nada". As imagens de apocalipse vinham-lhe ao cérebro aos borbotões. Sem saber se viveria para compor outra música, "queria anotar o máximo que pudesse".

Em outra música inédita, descreveria "a noite pavorosa em que pensamos que o mundo ia acabar" e seu temor de que a Terceira Guerra Mundial eclodisse na madrugada do dia seguinte. Disse a um entrevistador que "as pessoas ficavam sentadas por aí imaginando se aquilo era o fim, e eu também".

– Que traz aí, John? – perguntou JFK quando McCone voltou à Sala do Gabinete.
– Todos os navios se dirigem para o Ocidente, com destino a Cuba – respondeu o diretor da CIA. – Ou eles os detiveram ou mandaram reverter o rumo.
– Onde soube disso?
– Do EIN, Escritório de Inteligência Naval. – Ele está vindo para cá agora.

A notícia de que os navios soviéticos tinham dado meia-volta ou permaneciam parados na água causou enorme alívio no ExComm. Após horas de crescente tensão, havia um fio de esperança. Um grupo de porta-aviões liderado pelo *Essex* tinha ordens de interceptar o *Kimovsk* e a escolta de submarinos. A interceptação estava programada para ocorrer entre 10:30 e 11 horas, horário de Washington. Julgando ter pouco tempo de sobra, Kennedy cancelou a interceptação.

Dean Rusk de repente viu-se lembrando de jogos da infância, na Geórgia, em que os meninos se punham a dois palmos de distância e olhavam-se nos olhos. Quem piscasse primeiro, perdia.

– Estamos olho no olho e o outro cara acabou de piscar – disse aos colegas.

"A reunião seguiu monótona", lembrou Bobby Kennedy mais tarde. "Mas todos pareciam pessoas diferentes. O mundo parara um instante e agora ia começar a se mexer de novo."

"SECRETO, DA MAIOR AUTORIDADE", dizia a ordem ao *Essex*. "NÃO INTERCEPTEM NEM ABORDEM, MANTENHAM-SE VIGILANTES."

Na verdade não se podia fazer nada disso. O *Kimovsk* achava-se a 800 milhas do *Essex* na hora em que se emitiu a ordem, e o *Yuri Gagarin*, a mais de 500. Os dois "navios de alto interesse" haviam voltado no dia anterior, pouco depois de receberem uma mensagem urgente de Moscou.

A ideia errônea de que os navios soviéticos voltaram no último instante numa tensa batalha de vontades entre Kennedy e Kruchev persiste há décadas. O imaginário do "olho no olho" serviu aos interesses políticos dos irmãos Kennedy para enfatizar a coragem e frieza deles num momento decisivo da história. A princípio, até a CIA ficou confusa. McCone acreditou por engano que o *Kimovsk* "deu meia-volta quando se viu diante de um vaso naval", durante uma "tentativa de interceptação" às 10:35. Os meios de comunicação exploraram a história de um confronto por pouco evitado na linha de quarentena com navios soviéticos "estacionados na água". Mais tarde, quando os analistas da espionagem estabeleceram o que de fato acontecera, a Casa Branca não corrigiu o registro histórico. Bobby Kennedy e Arthur Schlesinger Jr. descreveriam o impasse "no limite da linha de quarentena, com os navios soviéticos e americanos a apenas "algumas milhas" de distância. O mito foi alimentado por livros e filmes populares, como *Os treze dias*, que abalaram o mundo, e supostas obras autorizadas, como *A essência da decisão* e *Um jogo dos diabos*.

Determinar a localização dos navios soviéticos era uma ciência inexata, para dizer o mínimo, pois envolvia grande quantidade de palpite. De vez em quando, os navios e aviões de reconhecimento americanos os avistavam. Mas em geral fazia-se a localização por uma técnica da II Guerra Mundial conhecida como descoberta de direção. Quando um navio mandava uma mensagem, as antenas da Marinha em diferentes partes do mundo, do Maine à Flórida e à Escócia, captavam-na. Transmitiam-se então os dados a um centro de controle perto da base Andrews, da Força Aérea, ao sul de Washington. Com a determinação da direção num mapa, e o estabelecimento de onde as linhas se cruzam, os analistas localizam a origem de um sinal de rádio com variados graus de exatidão. Duas localizações eram aceitáveis; três ou mais, ideais.

O *Kimovsk* fora localizado 300 milhas a leste da linha de quarentena, às três horas de terça-feira, oito horas depois do pronunciamento do presidente transmitido pela televisão, com o anúncio do bloqueio. Às 10 horas de quarta-feira – apenas 30 horas depois – já estava mais de 450 milhas a leste, claramente a caminho de casa. Uma mensagem de rádio interceptada indicava que o navio – cujos porões de carga transportavam uma dúzia de mísseis R-14 – "seguia para o mar Báltico".

A localização de outros navios soviéticos foi pingando aos poucos, de modo que não houve qualquer momento preciso de "eureca" quando a comunidade de espionagem determinou que Kruchev tinha "piscado". O Estado-Maior naval desconfiou que os navios transmitiam falsas mensagens de rádio para ocultar a verdadeira movimentação. Os cálculos americanos da posição dos navios eram às vezes de uma imprecisão desvairada, devido a uma informação falsa ou uma suposição errônea. Mesmo que a informação por trás fosse correta, as direções determinadas erravam em até 90 milhas.

Analistas de espionagem de várias agências haviam discutido à noite sobre a interpretação dos dados. Só depois de receberem múltiplas confirmações do retorno é que sentiram confiança suficiente para informar à Casa Branca. Acabaram concluindo que pelo menos meia dúzia de navios de "alto interesse" já voltara ao meio-dia de terça-feira.

Os membros do ExComm ficaram perturbados com a falta de informação em tempo real. McNamara, em particular, achava que a Marinha devia ter partilhado seus dados horas antes, embora parte deles fosse ambígua. Ele visitara Flag Pot antes de ir à Casa Branca para a reunião, mas as autoridades da espionagem haviam chamado de "inconclusivas" as primeiras informações sobre mudança de curso e não se haviam preocupado em comunicar-lhe.

Na verdade, os figurões da Marinha sabiam pouco mais que a Casa Branca. Os circuitos de comunicação estavam sobrecarregados e havia um atraso no tráfego das mensagens de "emergência". A próxima categoria abaixo, o "tráfego imediato operacional", atrasara-se até de quatro a sete horas. Embora a Marinha tivesse informações muito boas sobre o que se passava em águas cubanas, foram relativamente raras as vezes em que se avistaram navios soviéticos.

– Surpreende-me não termos mais reconhecimento aéreo – resmungou o almirante Anderson a um ajudante.

A espionagem eletrônica estava sob controle da Agência de Segurança Nacional (NSA, em inglês), o departamento secreto de decifração de códigos em Forte Meade, Maryland, cujas iniciais às vezes eram interpretadas como "Não existe tal agência". Nessa tarde, a NSA recebeu urgente instrução mandando-a canalizar seus dados direto para a Sala de Situação da Casa Branca. Os políticos haviam se determinado a não ser deixados no escuro de novo.

Quando os analistas da espionagem por fim classificaram os dados, tornou-se visível que o *Kimovsk* e outros navios que transportavam mísseis tinham dado meia-volta na manhã de terça-feira, deixando apenas alguns navios-tanque civis e cargueiros continuarem rumo a Cuba. Os registros do não confronto encontram-se hoje nos Arquivos Nacionais e na Biblioteca John F. Kennedy. O mito do momento de "olho no olho" persistiu porque historiadores antigos da crise dos mísseis não usaram esses registros para fazer a localização de fato dos navios soviéticos na manhã de quarta-feira, 24 de outubro.

A verdade é que Kruchev já tinha "piscado" na primeira noite da crise – mas levou quase 30 horas para a "piscada" tornar-se visível aos formuladores de decisão em Washington. O perigo real não vinha dos navios com mísseis, todos já rumo à União Soviética àquela altura, mas dos quatro submarinos da classe Foxtrot ainda de tocaia no Atlântico Ocidental.

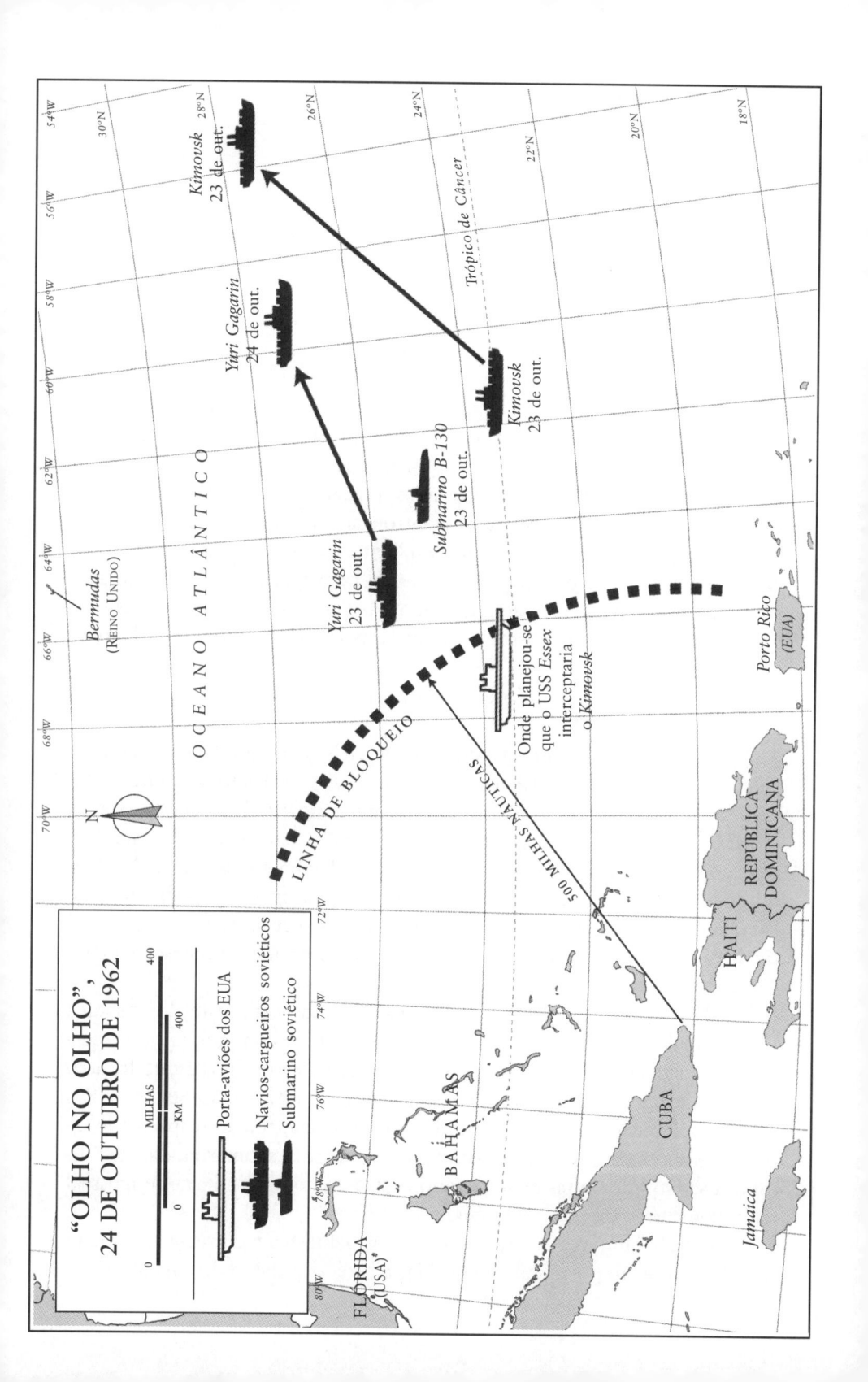

"OLHO NO OLHO", 24 DE OUTUBRO DE 1962

Legenda:
- Porta-aviões dos EUA
- Navios-cargueiros soviéticos
- Submarino soviético

Oceano Atlântico

- *Kimovsk* — 23 de out.
- *Kimovsk* — 23 de out.
- *Yuri Gagarin* — 24 de out.
- *Yuri Gagarin* — 23 de out.
- Submarino B-130 — 23 de out.
- Onde planejou-se que o USS *Essex* interceptaria o *Kimovsk*

LINHA DE BLOQUEIO

500 MILHAS NÁUTICAS

Trópico de Câncer

Bermudas (Reino Unido)

FLORIDA (USA)
BAHAMAS
CUBA
JAMAICA
HAITI
REPÚBLICA DOMINICANA
Porto Rico (EUA)

11:04, QUARTA-FEIRA, 24 DE OUTUBRO

O submarino da classe Foxtrot que fez JFK levar a mão à boca e encarar com ar sombrio o irmão tinha a designação soviética *B-130*. Na manhã de terça-feira, essa embarcação mantinha um olho protetor sobre o *Kimovsk* e o *Yuri Gagarin* no mar dos Sargaços. Depois que os dois navios que transportavam armas deram meia-volta, rumo à Europa, por ordens de Moscou, o *B-130* ficou sozinho no meio do oceano.

A Marinha dos Estados Unidos vinha monitorando o *B-130* e os três outros Foxtrots desde que eles deixaram a base de submarinos soviética em Gadjievo, no extremo norte da península de Kola, na noite de 1º de outubro. Equipamentos de escuta eletrônicos haviam seguido a flotilha quando ela contornou a costa da Noruega e entrou no Atlântico, entre a Islândia e a costa oeste da Escócia. Sempre que um Foxtrot se comunicava com Moscou – o que tinha de fazer pelo menos uma vez por dia –, arriscava-se a denunciar sua localização geral. As rajadas de dados, às vezes apenas alguns segundos, eram interceptadas por postos de escuta espalhados por todo o Atlântico, da Escócia à Nova Inglaterra. Com a obtenção de múltiplas localizações da fonte do sinal, os caçadores de submarinos podiam ter uma ideia geral do paradeiro da presa.

À medida que esquentava a crise dos mísseis, a comunidade de espionagem lançava um esforço total para localizar os submarinos soviéticos. Na segunda-feira, 22 de outubro – dia do pronunciamento de Kennedy à nação –, McCone comunicou ao presidente que vários Foxtrots se achavam "em posição de chegar a Cuba dentro de aproximadamente uma semana". O almirante Anderson comunicou aos comandantes da frota a possibilidade de "ataques surpresa dos submarinos soviéticos" e exortou-os a "usar toda informação existente, táticas enganosas e evasão". Assinou a mensagem com "Boa sorte, George".

A descoberta de submarinos espalhados pela costa leste dos Estados Unidos abalou o *establishment* militar americano. A competição das superpotências tomara novo rumo. Até então, os americanos haviam desfrutado de quase total superioridade submarina em relação à União Soviética. Os submarinos nucleares *Polaris*, com base na Escócia, tinham capacidade de patrulhar as fronteiras soviéticas à vontade. A frota submarina da URSS limitava-se em grande parte ao oceano Ártico e não apresentava perigo real para os Estados Unidos continentais.

Correram rumores de que os soviéticos planejavam construir uma base de submarinos no porto cubano de Mariel, sob o disfarce de uma aldeia de pescadores. Mas o próprio Kruchev negou as acusações numa conversa com o embaixador americano em Moscou:

– Dou-lhe minha palavra – declarou a Foy Kohler em 16 de outubro e acrescentou enquanto os quatro Foxtrots a caminho do Ocidente pelo Atlântico iam com essa exata missão.

Insistiu que o porto pesqueiro era apenas isso.

O comandante das forças aliadas no Atlântico, almirante Robert L. Dennison, assustou-se com o aparecimento de submarinos soviéticos em sua área de operações. Acreditava que a disposição deles se igualava em importância "ao aparecimento dos mísseis balísticos em Cuba, pois demonstra a nítida intenção soviética de fazer uma grande ameaça ofensiva às nossas praias".

"Aquela era efetivamente a primeira vez que se confirmava a existência de submarinos soviéticos em nossa costa leste." Era óbvio que a decisão de dispô-los devia ter sido tomada muitas semanas antes da imposição do bloqueio americano.

Despacharam-se aviões de patrulha das Bermudas e Porto Rico na manhã de quarta-feira para encontrar o *Kimovsk* e o *Yuri Gagarin* próximos das últimas posições comunicadas. Um Marlin P5M da base aérea das Bermudas foi o primeiro a chegar à cena. Às 11:04, horário de Washington, um observador a bordo do hidroplano de oito lugares viu de relance o giro denunciador produzido pelo tubo que, sugando o ar, permitia ao submarino demorar-se submerso, 500 milhas ao sul das Bermudas.

– Classificação inicial provável de submarino – comunicou Anderson ao comandaste da força antissubmarino. – Não é americano, nem amigo conhecido.

Uma flotilha de navios, aviões e helicópteros americanos, liderada pelo *Essex*, logo convergiu para a área.

O que começara como uma exótica aventura para o comandante do *B-130*, capitão Nicolai Shumkov, transformara-se numa viagem de pesadelo. Uma coisa após outra foi dando errado, a começar pelas baterias. Para enganar os caçadores de submarinos americanos, o seu precisava deslizar em silêncio pelo oceano. O barulho das máquinas a diesel do Foxtrot era fácil de detectar. O submarino viajava mais silencioso quando movido a baterias, mas também perdia velocidade. Shumkov pedira novas baterias, mas tivera o pedido rejeitado. Após alguns dias no mar, ele compreendeu que as suas não mais segurariam a carga o tanto que deviam, o que o obrigaria a subir à superfície muitas vezes para recarregá-las.

O problema seguinte eram as condições do tempo, cada vez mais quente à medida que os submarinos saíam do oceano Ártico para o Atlântico e o mar dos Sargaços. No meio do Atlântico, Shumkov já se deparara com o furacão Ella e ventos de mais de 150 quilômetros por hora. A maioria da tripulação, de sete a oito homens, ficou mareada. Quando o *B-130* chegou a águas tropicais, a temperatura dentro do submarino alcançou os 140 graus Fahrenheit (60°C) e 90% de umidade. Os homens sofriam severa desidratação, exacerbada pela escassez de água potável. O calor, a turbulência e o cheiro nocivo do diesel combinavam-se para tornar insuportáveis as condições a bordo.

Os comandantes na URSS queriam que eles mantivessem uma velocidade média de pelo menos nove nós, para chegar a Cuba no fim do mês. Como o avanço de um Foxtrot dentro d'água era de apenas seis a oito nós, Shumkov via-se obrigado a ligar os motores a diesel à velocidade máxima na superfície. Quando o *B-130* chegou ao mar dos Sargaços, uma vasta extensão de água que entra pelo Atlântico, a partir das Bermudas, dois dos motores já haviam deixado de funcionar. O monstruoso submarino – o *B* vinha de Bolshói, "Grande" em russo – mal avançava aos trancos e barrancos.

Shumkov sabia que os americanos se aproximavam; interceptara as comunicações. Fora designada uma equipe de espionagem para captar sinais em cada um dos Foxtrots. Ao sintonizarem as frequências nas Bermudas e em Porto Rico, os homens de Shumkov descobriram que haviam sido localizados pelas unidades de guerra antissubmarino americanas, o capitão soviético ficara sabendo da disposição de armas nucleares em Cuba, da imposição do bloqueio de navios e dos preparativos de invasão americana por estações de rádio daquele país. Um programa chegou mesmo a dizer que "já se preparam acampamentos especiais na península da Flórida para prisioneiros de guerra russos".

Shumkov consolava-se com a ideia de que os americanos não haviam descoberto o mais importante segredo do seu submarino. Ele trazia na popa do *B-130* um torpedo nuclear de 10 quilotons. Compreendia melhor que qualquer um na Marinha soviética o poder da arma, porque fora escolhido para fazer o primeiro teste real do torpedo *T-5* no oceano Ártico em 23 de outubro de 1961, quase exatamente um ano antes. Vira o clarão cegante da detonação pelo periscópio e sentira as ondas de choque a mais de oito quilômetros de distância. O feito valera-lhe a Ordem de Lênin, a mais alta condecoração soviética.

Antes da partida, os comandantes dos submarinos haviam recebido uma enigmática instrução do subcomandante da Marinha, almirante Vitali Fokin, sobre como reagir a um ataque americano.

– Se lhe derem um tapa na face esquerda, não ofereçam a direita.

Shumkov sabia que podia mandar pelos ares os navios americanos que convergiam sobre ele com o aperto de um botão. Controlava uma arma com mais da metade da força destrutiva de uma bomba nuclear do tipo que arrasou Hiroshima.

11:10 (10:10 EM OMAHA)

Enquanto continuava a caçada ao submarino soviético *B-130*, o comandante em chefe do Comando Aéreo Estratégico (SAC, em inglês) preparava-se para avisar ao Kremlin que a mais poderosa força militar da história estava pronta para ir à guerra. Do posto de comando subterrâneo no quartel-general do SAC, em Omaha, Nebraska, o general Thomas Power via ao mesmo tempo a disposição de suas forças em todo o mundo. A informação nas telas acima era sempre atualizada e mostrava o número de aviões de guerra e mísseis em estado de alerta.

Bombardeiros	912
Mísseis	134
Navios-tanque	402

Uma olhada às telas iluminadas informava ao CINSAC que uma fortaleza voadora B-52 partia de uma base da Força Aérea de 20 em 20 minutos, com armamento nuclear suficiente para destruir quatro cidades soviéticas de porte médio. Outras telas traziam notícias do resto de seu extenso império: complexos de mísseis, frotas de navios-tanque, aviões de reconhecimento. Relógios registravam as horas em Moscou e Omsk, duas das cidades soviéticas escolhidas como alvos.

Um telefone dourado ligava Power com o presidente e o Estado-Maior conjunto. Um telefone vermelho possibilitava-lhe comunicar-se com os comandantes de níveis inferiores, que retransmitiriam as ordens aos 280 mil soldados do SAC espalhados pelo mundo. O homem no comando do arsenal nuclear dos Estados Unidos tinha de poder responder a um telefonema do presidente dentro de seis toques, quer estivesse no quartel-general do SAC, em casa, dormindo, ou relaxando no campo de golfe.

Para chegar ao posto de comando, Power descera três andares subterrâneos por uma rampa circular. Passara por vários conjuntos de portas de aço sobre rodízios, cada uma protegida por guardas armados. A sala de controle podia resistir a bombas convencionais, mas não ao impacto direto de uma arma nuclear. Se destruído, suas funções logo seriam assumidas por uma série de instalações de reserva, incluindo três aviões "Espelho" EC-135, um dos quais estava no ar o tempo todo, com um general americano a bordo. Todos entendiam que o Prédio 500 era um alvo básico para um ataque de mísseis soviético.

Power mandara suas forças para o DEFCON-2 – um curto passo para a iminente guerra nuclear – às 10 horas, horário de Washington, quando a quarentena a Cuba entrava em vigor. Jamais em seus 16 anos de existência o SAC fora posto em tão alto estado de prontidão. Quando atingisse a força máxima, em 4 de novembro, Power comandaria uma força de 2.962 armas nucleares, no ar ou em alerta de 15 minutos. A "capacidade de execução imediata" do SAC consistiria de 1.479 bombardeiros, 1.003 navios-tanque e 182 mísseis balísticos.

Escolhera-se para imediata destruição na União Soviética um total de 220 "alvos de alta prioridade da Força-Tarefa 1". Os alvos iam de complexos de mísseis e bases militares a "centros de comando e controle", como o Kremlin, no coração de Moscou, e "alvos industriais urbanos", como siderúrgicas, sistemas de eletricidade e instalações petroleiras. Planejava-se atacar muitos alvos repetidas vezes, caso as primeiras bombas não os acertassem.

Às 11:10, Power falou aos comandados pelo Sistema de Alerta Primário, a mesma rede de comunicações que seria usada para lançar um ataque nuclear. Os subordinados haviam recebido ordens para voltar aos postos de comando e ouvir a mensagem. Cada base do SAC era representada por uma luzinha branca à frente do comandante em chefe. Quando os operadores distantes pegavam os telefones, as luzes apagavam-se. Power decidiu de propósito falar às claras, nas ondas de alta frequência monitoradas pelos soviéticos:

– Aqui fala o general Power. – A voz ecoou em dezenas de bases da Força Aérea e complexos de mísseis em todo o mundo. – Falo a vocês com o objetivo de reenfatizar a seriedade da situação que a nação enfrenta. Estamos em adiantado estado de prontidão para enfrentar quaisquer emergências.

Ao contrário de algumas versões posteriores, os registros do Pentágono mostram que ele agia com base na autoridade presidencial ao levar as forças ao DEFCON-2. Mas a decisão de falar aos comandantes em canais de comunicação abertos, não autorizada, era muitíssimo incomum. Como esperava, a mensagem foi logo interceptada pela espionagem militar soviética, recebida alto e claro em Moscou.

O Comando Aéreo Estratégico era, em grande parte, criação de Curtis LeMay – um rebento das experiências dele como comandante de frota de bombardeiros na II Guerra Mundial, quando ordenou ataques a baixa altitude a cidades japonesas. Numa única noite, de 9 para 10 de março de 1945, seus bombardeiros incineraram 41,5km² do centro de Tóquio e mataram quase 100 mil civis. Ele admitiu depois que na certa seria julgado como "criminoso de guerra" se o Japão vencesse. Justificou a carnificina com o argumento de que apressou o fim do conflito, por dobrar a vontade dos japoneses.

– Toda guerra é imoral – explicou. – Se você deixa que isso o preocupe, não é um bom soldado.

Acreditava que o objetivo da guerra era destruir o inimigo o mais rápido possível. O bombardeio estratégico constituía, quase por definição, uma arma de guerra brutal. A ideia era desferir um devastador ataque definitivo, sem se preocupar muito com o alvo exato. Ao lidar com inimigos como a Alemanha nazista, o Japão imperial ou a Rússia comunista, a contenção não vinha a ser apenas inútil, mas uma traição.

Quando LeMay assumiu o comando do SAC, em outubro de 1948, a instituição consistia de pouco mais que um punhado de pilotos desmoralizados, com disciplina medíocre e treinamento inadequado. Como exercício inicial, ele mandou os pilotos fazerem um ataque simulado a Dayton, Omaha, em condições semelhantes às de combate. Um desastre. Nem um único avião cumpriu a missão.

LeMay passou os anos seguintes transformando o SAC na mais potente arma militar de todos os tempos. Impôs disciplina coletiva aos pilotos e equipes, promoveu os bem-sucedidos e demitiu os malsucedidos. Avaliavam-se os pilotos do SAC segundo um sistema severo, que não dava espaço a problemas técnicos ou condições de tempo adversas. Tudo se determinava pelo sucesso ou fracasso. Para ele, só duas coisas importavam no mundo, "as bases e os alvos do SAC".

As historinhas sobre LeMay tornaram-se lenda do SAC. Grosseiro e arrogante, mostrava o desprezo que sentia pelos colegas no Estado-Maior Conjunto arrotando alto e deixando aberta a porta quando ia ao toalete privado dos colegas. Ao ser solicitado por um chefe de equipe a apagar o sempre presente charuto, para evitar uma explosão a bordo de um bombardeiro cheio de combustível, rosnou:

– Meu charuto não se atreveria.

Ao lhe pedirem recomendações sobre Cuba, respondeu apenas:

– Fritem-na.

Logo após a crise dos mísseis, LeMay se tornaria a inspiração para o personagem Buck Turgidson, o descontrolado general da Força Aérea no filme *Dr. Fantástico*, de Stanley Kubrick.

Embora respeitassem os talentos de comandante de LeMay, outros líderes militares ressentiam-se da tendência dele a construir impérios. Para ele, a Força Aérea nunca teria armas demais. Sempre se precisava mais para assegurar a destruição de uma lista de alvos cada vez maior. Os rivais burocráticos queixavam-se de "exagero". O comandante de operações navais, almirante Arleigh Burke, acusou a Força Aérea de tentar dominar as outras forças, como a União Soviética tentava dominar o resto do mundo.

– São inteligentes e implacáveis – disse, numa referência à suposta tomada de poder pela Força Aérea. – É o mesmo que acontece com os comunistas. Exatamente as mesmas técnicas.

Quando LeMay se tornou subcomandante do Estado-Maior da Força Aérea em 1957, Power, seu sub de longa data, sucedeu-o como comandante do SAC. O substituto tinha fama de ser ainda mais disciplinador que o antecessor. Parecia sentir um perverso prazer em ridicularizar os subordinados em público. Um dos vices, Horace Wade, descreveu-o como "mau", "cruel" e "implacável", e perguntava-se se ele era "estável" em termos psicológicos. Receava que o chefe tivesse "o controle de tantas armas e sistemas de armas e pudesse, em certas circunstâncias, lançar a força". Achava que LeMay tinha um "coração bondoso" em comparação a ele.

Power, que fizera ataques aéreos no Japão, partilhava as opiniões de LeMay sobre as virtudes de um primeiro ataque devastador, mesmo que levasse a uma horrorizante retaliação.

– Por que se preocupa tanto em salvar a vida deles? – perguntou a um dos sabichões civis de McNamara, que tentava criar uma estratégia de guerra limitada, sem ataque a cidades, conhecida como "contraforça". – A ideia geral é matar mesmo os sacanas.

Para ele, se restassem dois americanos e um russo, "nós vencemos". Era melhor assegurar que os "dois americanos" fossem "um homem e uma mulher", respondeu o auxiliar de McNamara.

O auxiliar do secretário de Estado que se enredou com LeMay era William Kaufmann, historiador formado em Yale que escrevera a tese de doutorado sobre a política de equilíbrio de poder no século XIX. Baixinho, com uma voz aguda e amargo senso de humor, sentava-se agora num escritório do Pentágono tentando responder a uma das perguntas conclusivas de JFK: que diferença fariam os mísseis soviéticos em Cuba no equilíbrio do terror nuclear? Os chefes do Estado-Maior Conjunto julgavam que o impacto seria considerável. McNamara achava que os mísseis pouco fariam para mudar o quadro geral.

Com mapas e esquemas, Kaufmann analisava as prováveis consequências de um ataque soviético sem aviso aos Estados Unidos. Notou que 34 em 66 bases de bombardeiros do SAC ficavam ao alcance dos mísseis balísticos de médio alcance em Cuba, e a maioria restante poderia ser atingida pelos de mais longo alcance. Por outro lado, a maioria dos protegidos regimentos de mísseis americanos e os submarinos *Polaris* sobreviveriam a um ataque soviético. Segundo os cálculos de Kaufmann, um primeiro ataque soviético sem os mísseis de Cuba ainda deixaria os Estados Unidos com uma força retaliatória mínima de 841 armas nucleares. Se os soviéticos disparassem os mísseis de Cuba também, restariam aos americanos pelo menos 483 bombas nucleares.

Em outras palavras, tanto os chefes do Estado-Maior Conjunto quanto McNamara tinham razão. A instalação de mísseis em Cuba fortalecera a mão de Kruchev e compensara sua escassez de mísseis intercontinentais. Por outro lado, ele não poderia lançar um ataque definitivo aos Estados Unidos em circunstância alguma. A força de ataque nuclear americana sobrevivente ainda poderia causar um estrago maior na União Soviética do que a que os soviéticos houvessem infligido aos Estados Unidos.

A doutrina de Mútua Destruição Certa – MAD [louco] em inglês – estava viva e passando bem mesmo após a instalação dos mísseis soviéticos em Cuba.

Um exército estava em marcha. Como preparação para a possível invasão de Cuba, o presidente ordenara a maior mobilização de emergência das tropas americanas desde a II Guerra Mundial. De repente, todos nas Forças Armadas pareciam dirigir-se à Flórida, por estrada, ferrovia e avião, acompanhados de grandes quantidades de equipamento. Registraram-se engarrafamentos em toda a parte.

Apenas para movimentar a 1ª Divisão Blindada, 15 mil homens, além dos tanques, veículos blindados e peças de artilharia, seriam necessários 146 aviões comerciais e 2.500 vagões ferroviários. Os expertos em logística decidiram que os tanques e outros veículos de esteira ficariam nos vagões, caso tivessem de ser movimentados depressa para outras partes. Logo se puseram os vagões em desvios por todo o Sudeste dos Estados Unidos. Para armazená-los, o exército precisava de pelo menos 50km de desvios, mas só havia 10 no momento. O espaço de armazenamento tornou-se um bem valioso, guardado com ciúme por cada força militar. Os comandantes do SAC recusaram-se a liberar espaço de desvio para o exército, porque isso podia "interferir" em sua própria missão.

Tantos soldados e equipes da Força Aérea convergiram para a Flórida que não havia dormitórios suficientes. Alguns aeroportos criaram o princípio do "catre quente", com três homens em cada cama, dormindo em turnos de oito horas. O campo de corridas da Gulfstream em Hallandale, Flórida, tornou-se base temporária da 1ª Divisão Blindada. "Logo puseram a polícia militar em todas as entradas", registrou um observador. "Os estacionamentos tornaram-se depósitos e usou-se o campo interno para armazenamento e cantina. Alojaram os soldados no primeiro e segundo andares da tribuna do campo. As armas e mochilas foram empilhadas nas bilheterias de apostas. Os ofícios religiosos eram realizados nas salas de retoque de fotos."

A munição tornou-se uma dor de cabeça a mais. Várias fábricas entraram em ritmo de três turnos, sete dias por semana, e produziam quantidades suficientes de munição para os caças que, esperava-se, iam metralhar as tropas cubanas e soviéticas. As bombas de napalm empilhavam-se como "montanhas de lenha" nos aeroportos da Flórida.

O cônsul britânico em Miami lembrou-se da atmosfera no Sul da Inglaterra antes do Dia D. Aviões militares pousavam no Aeroporto Internacional de Miami a cada minuto, trens de tropas dirigiam-se para Port Everglades, no Sul, e caminhões chocalhavam nas estradas, carregados de armas e explosivos. Uma armada de quase 600 aviões esperava ordens para atacar Cuba e interceptar os bombardeiros soviéticos IL-28 que partiam de aeroportos cubanos. Havia tanta ferramenta militar na Flórida que os oficiais da Força Aérea faziam piada, dizendo que a ilha ia afundar sob o peso de toda aquela tralha.

Quanto mais ao sul se ia, mais imponente se tornava a presença militar. O tranquilo balneário de Key West, na ponta das ilhas Key, de repente se viu na linha de frente da Guerra Fria, como Berlim ou a zona desmilitarizada entre as Coreias. Todas as agências do governo queriam participar da ação. A Marinha fazia operações de reconhecimento e decifração de códigos; a CIA estabelecia casas seguras nas ilhas vizinhas; o exército mudou-se para o venerável Casa Marina Hotel, construído no início do século pelo magnata das ferrovias Henry Flagler. Soldados com uniforme de combate tomaram o estádio de beisebol local, a praia pública e a maioria dos estacionamentos. Os fuzileiros estabeleceram ninhos de metralhadoras na praia, cercados por rolos de arame farpado em espiral.

A Flórida era agora o ponto sensível dos Estados Unidos. Antes de outubro de 1962, os estrategistas militares esperavam que um ataque soviético viesse do Norte, pelo polo. Todos os sistemas de radar antecipado voltavam-se em direção ao norte, em direção à União Soviética. Treinaram-se esquadrões de caças interceptores para distribuir-se ao longo da chamada "linha de pinheiros" no Canadá, contra os pesados bombardeiros soviéticos conhecidos pela OTAN como "Ursos" e "Bisões". Dispuseram-se sistemas de mísseis antiaéreos com pequenas ogivas nucleares em torno de cidades da costa leste, tipo Nova York e Washington, como última linha de defesa contra um ataque surpresa da União Soviética. Quase do dia para a noite, as defesas americanas tiveram de ser reorientadas de norte a sul.

Os embarques militares nem sempre recebiam prioridade. Na manhã de quarta-feira, 24 de outubro, um comboio de três caminhões percorria a Autoestrada 1, depois de partir de um depósito do exército na Pensilvânia. Os reboques comerciais, puxados por trator e liberados pelo exército, levavam mísseis terra-ar HAWK para proteger o sul da Flórida de um ataque soviético. Mas o exército esquecera de informar à Polícia Estadual da Virgínia que os mísseis iam a caminho. Um patrulheiro atento mandou os caminhões passarem por um posto de pesagem em Alexandria, do outro lado do rio Potomac, defronte de Washington, a capital. As suspeitas se confirmaram: os caminhões levavam 1.000 quilos acima do peso. Os motoristas civis tentaram explicar que o embarque era "secreto", mas não convenceram o patrulheiro.

Ele ordenou que os caminhoneiros dessem meia-volta e retornassem à Pensilvânia.

13H, QUARTA-FEIRA, 24 DE OUTUBRO (MEIO-DIA EM HAVANA)

Fidel Castro passara a noite no posto de comando subterrâneo, do outro lado do rio Almendares, de frente ao zoológico de Havana. O *bunker* dele era muito menos complexo do que o do CINCSAC, mas enorme para uma nação daquele tamanho. Era um túnel cavado no declive de uma montanha que tinha cerca de 185 metros de comprimento e meia dúzia de cômodos distribuídos em seu interior. Na entrada principal havia portas de aço construídas em uma subida desde uma das margens do rio. Um elevador de emergência levava até Kohly, um distrito de Havana, onde estavam as casas dos oficiais cubanos mais importantes.

O túnel ainda estava em construção quando a crise dos mísseis teve início, mas suficientemente pronto para funcionar como posto de comando. Soldados despejavam cascalho nos pisos acabados às pressas para torná-lo habitável. A principal falha era a ausência de um sistema de ventilação adequado. A alta umidade e a falta de ar fresco tornavam difícil dormir ou mesmo respirar, mas o túnel oferecia proteção contra os esperados ataques aéreos americanos. Além de Castro e dos altos conselheiros militares, um general soviético tinha escritório na casamata como oficial de ligação entre dois comandos.

O *bunker* era equipado com um gerador elétrico, além de água e comida suficientes para durar até um mês. Mas Fidel não ficou muito tempo dentro da terra. À exceção das três ou quatro horas passadas ali durante suas noites de sono, ele estava sempre se movimentando, visitando unidades militares cubanas, encontrando-se com generais soviéticos e supervisionando as forças de defesa de Havana. Enquanto Kennedy se reunia com o ExComm, Castro consultava altos comandantes.

– Nosso maior problema são as comunicações – informou o capitão Flavio Bravo, comandante da operação militar, indispensável braço direito de Fidel. – Grande parte do que deveríamos ter recebido continua no mar ou ainda nem deixou a União Soviética. O principal meio de comunicação é o telefone.

Outros oficiais queixavam-se da falta de caminhões, tanques e equipamento antiaéreo. Castro preocupava-se mais com os voos baixos dos aviões de reconhecimento americanos no dia anterior. Era revoltante a impunidade com que operavam os pilotos inimigos.

– Nenhum tipo de motivo político nos impede de abater um avião que nos sobrevoa a 100 metros de altura – insistiu. – Devemos concentrar as baterias antiaéreas de 30mm em quatro ou cinco lugares. Quando eles aparecerem, *"dejalos fritos"*.

"Dejalos fritos" – "Fritem-nos". Quase a mesma linguagem usada pelo general LeMay sobre Cuba.

Após a reunião matinal do Estado-Maior, Castro decidiu inspecionar as defesas no leste de Havana. O comboio de jipes atravessou o túnel sob o porto, contornando El Morro Castle, uma fortaleza de pedra construída pelos espanhóis no fim do século XVI para impedir os ataques dos piratas do Caribe. O grupo passou pela aldeia pesqueira de Cojímar, onde Ernest Hemingway situara O *velho e o mar*. O trecho litorâneo tornara-se um local de recreação favorito da nova classe dominante de Cuba. O próprio Fidel tinha ali uma vila, que usara como esconderijo nos primeiros meses da revolução, quando tramava a transformação de Cuba num Estado comunista. Um pouco mais abaixo na praia ficava o balneário de Tarará, onde Che Guevara se recuperava de ataques de malária e asma e esboçava um conjunto de leis revolucionárias, incluindo o confisco de fazendas de propriedade estrangeira.

Uma viagem de jipe de meia hora levou Fidel e os companheiros a uma base de mísseis terra-ar soviética que dava para a praia de Tarará, onde tinham uma visão desimpedida da mais provável rota de invasão americana. À direita ficava uma extensão de 8km de encostas de areia dourada, franjadas por palmeiras e dunas, o equivalente tropical das praias da Normandia. Milicianos cubanos que enxameavam a praia cavavam trincheiras e fortificavam as barreiras de concreto que Castro ordenara ao longo da costa. Viam-se no horizonte os espectros das belonaves americanas que patrulhavam o estreito da Flórida.

Um ano e meio antes, os americanos haviam escolhido uma das regiões mais isoladas de Cuba, a pantanosa península de Zapata, como o local da fatídica invasão da baía dos Porcos por 1.500 exilados cubanos. A força invasora fora engarrafada pelo exército e a Força Aérea cubanos e acabara dizimada. Não iam cometer o mesmo erro de novo. Desta vez, Castro convencera-se de que os ianques iam lançar um ataque frontal com a força toda, usando os fuzileiros e outras tropas.

O regimento dos mísseis terra-ar ficava em terreno elevado, a pouco mais de um quilômetro da costa. Tinha o desenho de uma estrela de Davi, com seis lançadores de mísseis em posições fortificadas nas pontas da estrela e furgões e equipamentos de radar no centro. Os finos mísseis V-75 surgiam numa inclinação em diagonal.

Castro insistira com os soviéticos pelos mísseis SAM muito antes de Kruchev ter a ideia de instalar os R-12 e R-14 com ogivas nucleares em Cuba. Os mísseis terra-ar eram a melhor defesa contra um ataque americano. Nenhuma outra arma soviética podia atingir um U-2, o avião espião americano de alta altitude projetado para ser invulnerável ao fogo antiaéreo normal. Um V-75 derrubara o U-2 pilotado por Francis Gary Powers sobre Sverdlovsk em 1º de maio de 1959, causando grande constrangimento ao presidente Eisenhower. O sistema de mísseis provara-se de novo no dia 8 de setembro de 1962, ao destruir um segundo U-2 sobre o Leste da China. Os soviéticos haviam cercado Cuba com 144 V-75 instalados em 24 bases diferentes. Juntos, proporcionavam cobertura quase completa à ilha.

As emocionadas tropas soviéticas ansiavam por mostrar ao líder cubano o que podiam fazer. Enquanto Castro olhava, detectaram um imaginário avião americano com um radar num furgão que localizava alvos a mais de 200km de distância; o próprio míssil tinha um alcance de 40km. Fidel ficou impressionado. Mas também viu logo o ponto fraco do sistema: a ineficácia contra alvos em voos baixos. Como no dia anterior, os americanos haviam mostrado que podiam fugir do radar soviético com o envio de aviões de reconhecimento a 60m da água.

O regimento dos mísseis terra-ar era defendido por uma única peça de artilharia, um canhão antiaéreo montado num frágil transporte de quatro rodas, manejado por meia dúzia de soldados cubanos em camisetas casuais. Como os camaradas soviéticos, eles reagiram com entusiasmo às palavras de encorajamento de Castro, mais que dispostos a lutar. Mas não havia como disfarçar o fato de que estavam extremamente vulneráveis a um ataque americano em baixa altitude.

Na volta a Havana, Castro sabia que teria de fazer uma completa reorganização da defesa aérea. A maioria dos canhões antiaéreos protegia Havana e outras cidades cubanas, que logo seriam tomadas em caso de invasão. O valor delas era em grande parte simbólico. Quanto mais ele pensava no problema, mais se convencia de que as armas antiaéreas deviam ser transferidas para o interior, para defender os regimentos de mísseis, o precioso bem estratégico. A fim de derrotar os invasores, tinha de dar aos aliados soviéticos tempo para carregar e disparar os mísseis.

Longe de se assustar com a ideia de uma guerra nuclear destruir seu país, Fidel achava-se numa calma e concentração extraordinárias. Era em tempos assim – quando a situação parecia mais precária – que ele vivia de forma mais plena a vida. Os auxiliares entendiam que o líder vicejava na crise. O editor de um jornal cubano que viu "el lider máximo" em ação nessa época sentiu que "Fidel extrai força da guerra e da alta tensão. Não suporta deixar de ser notícia de primeira página".

Castro acostumara-se a probabilidades intimidantes. Um frio cálculo do equilíbrio de forças sugeria que sua posição melhorara, em vez de enfraquecer-se, desde a guerra revolucionária, quando enfrentara as tropas muito mais numerosas de Batista. Agora tinha 300 mil homens armados sob seu comando direto, além do apoio da União Soviética. Possuía uma vasta variedade de modernos equipamentos militares, incluindo canhões antiaéreos, tanques T-54 e caças a jato MiG-21. Se tudo o mais falhasse, os aliados soviéticos dispunham de armas nucleares táticas nas montanhas atrás da praia de Tarará, e outros locais de provável desembarque, que podiam varrer uma cabeça de ponte americana em questão de minutos.

A chegada dessas armas mudara completamente o cálculo de quanto tempo Cuba aguentaria contra uma invasão. Poucos meses antes, expertos militares russos haviam calculado que uma força invasora americana levaria apenas três ou quatro dias para assumir o controle da ilha. Não era mais o caso. Acontecesse o que acontecesse, uma longa e sangrenta luta esperava os ianques.

O regimento de fuzileiros escolhido para liderar o ataque à praia de Tarará – renomeada de praia Vermelha no plano de invasão americano – navegava nesse momento ao longo da costa norte de Cuba, voltando da Operação ORTSAC em Guantánamo. O Pentágono cancelara os exercícios em Vieques, após o discurso do presidente Kennedy. Os fuzileiros não mais se preparavam para a derrubada de um ditador imaginário. Agora haviam voltado as vistas para um ditador real.

O ânimo andava alto no porta-helicópteros USS *Okinawa*, quartel-general temporário do regimento. Os fuzileiros passavam o tempo em treinamento de abordagem, afiavam as baionetas, faziam ginástica e praguejavam contra Fidel. Um sargento conduzia a cantoria enquanto os homens corriam acelerados ao redor do convés, que tinha o tamanho de um campo de futebol americano.

– Aonde vamos?
– Para Cuba.
– Que vamos fazer?
– Castrar Castro.

No convés de baixo, oficiais da 2ª Divisão de Fuzileiros curvavam-se sobre o Plano de Operações 316, que previa uma invasão total de Cuba com 120 mil homens. O plano era os fuzileiros atacarem o leste de Havana, em Tarará, enquanto a 1ª Divisão Blindada desembarcava pelo porto de Mariel, a oeste. Nesse meio-tempo, a 101ª e a 82ª Divisões Aerotransportadas fariam um ataque com paraquedistas atrás das linhas inimigas. Na onda inicial, a tropa invasora contornaria Havana e iria direto para os regimentos de mísseis.

Muitos dos oficiais a bordo do *Okinawa* se preparavam para uma invasão de Cuba havia mais de um ano. Vários que tinham lutado em Iwo Jima e Inchon coçavam-se por voltar ao combate. Eles haviam estudado as praias de desembarque, mapeado as rotas para o interior e examinado a lista de "procurados" cubanos. O plano de invasão fora ampliado e aperfeiçoado até incluir agora detalhes, como a hora em que o capelão chegaria à praia (Hora H mais 27 minutos) e as quantidades da ajuda em alimentos aos civis (2.209 toneladas de frango enlatado, 7.454 de arroz e 138 de ovos em pó).

O ataque à praia Vermelha e à pequena praia vizinha, a Azul, tomaria a forma de um clássico desembarque anfíbio, na tradição da Normandia e de *Okinawa*. Começaria com bombardeio naval e ataques aéreos. Equipes de demolição submarina limpariam a área de praia das minas. Tratores anfíbios chegariam com tropas, seguidos por navios de desembarque, incluindo os botes de fundo chato, chamados Higgins, conhecidos do Dia D. Os fuzileiros se ligariam às tropas de assalto lançadas de helicópteros que desceriam na ilha para ocupar estradas e terrenos elevados.

Os planejadores mal haviam levado em conta a possibilidade de o inimigo usar armas táticas nucleares para varrer as cabeças de ponte. As defesas contra ataque "nuclear, químico ou biológico" consistiam de máscaras e kits de detetor de agentes. Fora isso, os soldados foram instruídos a assinalar de forma clara as "áreas contaminadas" e comunicar explosões e dados sobre "todo disparo nuclear" ao quartel-general. A tarefa aparentemente rotineira de traçar um plano de defesa nuclear/química foi entregue a algum major retardado que "gastava o tempo com coisas sem maior prioridade".

Acontecesse o que acontecesse, era provável que as baixas fossem pesadas. Os fuzileiros haviam se preparado para 500 mortos no primeiro dia – sobretudo na praia de Tarará – e mais 200 feridos. Calcularam-se as perdas totais nos primeiros 10 dias de luta em mais de 1.800, incluindo 4 mil mortos. Os fuzileiros responderiam por quase a metade.

E isso sem a participação soviética, nem o uso de armas nucleares.

17:15, QUARTA-FEIRA, 24 DE OUTUBRO (16:15 EM HAVANA)

No Pentágono, os repórteres haviam se convencido de que era iminente a interceptação de um navio soviético. A tensão vinha crescendo o dia todo, e as autoridades nada revelavam sobre o movimento dos navios inimigos. O presidente ordenara que não houvesse "vazamentos".

O porta-voz do Pentágono, o ex-jornalista Arthur Sylvester, passara 37 anos no *Newark Evening News*. Tentara conter os repórteres o dia todo, com o que seu auxiliar chamava de "respostas diversionistas que envolviam marés, condições do mar e do tempo". Recusava-se a confirmar ou negar boatos de que cinco ou seis navios soviéticos haviam voltado para casa. Mas as desculpas começavam a se esfarrapar e a imprensa a clamar por notícias.

No fim da tarde, afinal, McNamara autorizou um cauteloso anúncio:

– Alguns dos navios do bloco que seguem para Cuba parecem haver alterado o curso. Outros continuam a caminho. Ainda não foi necessária qualquer interceptação.

Pouco tempo depois, Walter Cronkite, apelidado nas pesquisas de opinião de "homem mais digno de confiança dos Estados Unidos", com sua rica voz de barítono, fazia um informe especial. Também ele ganhava tempo:

– Este dia já começava a parecer o do conflito armado entre navios soviéticos e belonaves americanas, nas rotas marítimas que levam a Cuba. Mas não houve confronto até onde eu sei.

Os correspondentes mantinham-se de plantão nas Nações Unidas, na Casa Branca e no Pentágono. Nenhum deles sabia muita coisa.

– Ainda há uma considerável crença de que o confronto no Caribe pode ocorrer esta noite – informou George Herman, na frente da Casa Branca.

– Todos têm os lábios selados – disse Charles Von Fremd, no Pentágono. Estamos no equivalente a um sistema de censura de guerra.

– Não há grande otimismo esta noite – concluiu Cronkite, o cansaço visível nas marcas das rugas sob os olhos.

Castro exsudava calma decisão ao chegar ao quartel-general soviético em El Chico. De jaqueta de combate e boné de pala, apertou de forma meio brusca as mãos dos anfitriões. Passou então uma hora e meia ouvindo os relatórios, tomando notas numa prancheta e fazendo perguntas por meio de um intérprete. Pareceu a um dos generais soviéticos presentes "determinado e completamente calmo, como se a guerra não fosse iminente nem corresse risco a obra de sua vida".

O comandante em chefe queria coordenar a futura ação militar entre os dois exércitos e assegurar-se de que se comunicariam. Apressou-se em concordar com os soviéticos sobre um plano para redistribuir as armas antiaéreas. Os mais potentes canhões no arsenal cubano eram duas peças de artilharia de 100mm, com canhões de três metros, capazes de atingir alvos a 12km de distância. Fidel ia mandar um dos grandes canhões para guardar o *Aleksandrovsk* no porto de La Isabela e outro para proteger o regimento R-12 do coronel Sidorov, perto de Sagua la Grande, que fizera mais progresso no sentido de deixar os mísseis prontos para ação. Outras posições de mísseis seriam protegidas por um canhão de 57mm e dois de 37mm.

Era difícil para Castro saber se os soviéticos chegariam a usar as ogivas nucleares que permaneciam sob o controle deles. Sabia o que faria se a decisão lhe coubesse. Se aprendera alguma coisa com o exaustivo estudo dos movimentos revolucionários e suas próprias experiências nesse campo, era que seria suicida esperar o ataque inimigo. Desde a tomada da Bastilha, a sorte sempre favorecera os ousados. "A força que permanece nos quartéis está perdida", concluiu, após testemunhar o fracasso de uma revolução contra o governo na Colômbia, em 1948.

Não ia esperar simplesmente a invasão americana. Encontraria uma maneira de tomar a iniciativa.

22:30, QUARTA-FEIRA, 24 DE OUTUBRO (21:30 EM HAVANA)

Nessa noite, o presidente Kennedy jantou na Casa Branca com um pequeno grupo íntimo que incluía Bobby e Ethel Kennedy, e o amigo jornalista Charles Bartlett. A certa altura, este sugeriu um brinde para comemorar o retorno dos navios soviéticos, mas Kennedy não estava no clima.

– Não quer comemorar cedo demais neste jogo?

Bundy entrava e saía com notícias da linha de quarentena.

– Ainda temos 20 probabilidades em 100 de irmos à guerra com a Rússia – murmurou o presidente.

Essa previsão sombria foi reforçada por uma mensagem em termos duros de Kruchev, que começava a sair dos teletipos do Departamento de Estado no fim dessa noite. O líder soviético acusava o presidente de tudo, desde "franco banditismo" a "levar a humanidade à beira de uma guerra nuclear". Observava que a União Soviética "perdera a invulnerabilidade" a um ataque nuclear. Não ia nem retirar os mísseis nem respeitar a quarentena americana.

"Se alguém tentasse ditar condições semelhantes a vocês, os Estados Unidos, vocês as rejeitariam. Nós também dizemos *niet*", escreveu. "Naturalmente, não seremos apenas circunstantes em relação aos atos de pirataria de navios americanos em alto-mar. Seremos obrigados a tomar medidas que julgamos necessárias e adequadas para proteger nossos direitos."

Examinando a mensagem depois que os convidados se foram, Kennedy pegou o telefone e chamou Bartlett.

– Você vai gostar de saber que eu recebi um telegrama de nosso amigo – anunciou ao repórter. – Disse que aqueles navios vão atravessar.

Soubesse Kennedy o que se passava em Cuba naquela noite, ficaria ainda mais assustado. Emissários especiais de Fidel abriram-se em leque pelo país, para entregar dados ultrassecretos aos três regimentos de mísseis R-12. Faziam-se ensaios sob a proteção da noite para ter certeza de que os mísseis estavam prontos para lançamento. Eles tinham um alcance maior do que acreditavam os analistas da espionagem americana. Além de atingir Washington, os lançadores soviéticos operavam com base na suposição de que também poderiam atingir Nova York. A CIA informara a Kennedy que Nova York ficava fora do alcance dos R-12.

Os cartões de alvos continham instruções detalhadas para o lançamento dos mísseis. As mais importantes variáveis eram elevação, azimute, alcance, tempo em que o foguete tinha força própria, tipo de explosão e tamanho da carga nuclear. A programação resultava de semanas de trabalhosa pesquisa geodésica e complicados cálculos matemáticos. Em contraste com um míssil de cruzeiro, com força própria durante todo o voo, o balístico não tem força nos primeiros minutos após a partida. Depois segue uma trajetória que se pode calcular com vários graus de precisão. Giroscópios mantêm o míssil R-12 na rota determinada.

Para apontar bem os foguetes, os artilheiros soviéticos tinham de saber a posição exata dos locais de lançamento, incluindo altura acima do nível do mar. Jamais se fizeram pesquisas geodésicas apropriadas em Cuba, e por isso eles começaram quase do zero, e construíram uma rede de torres por todo o país, para recolher dados topográficos. Adaptaram com muito esforço o sistema soviético ao dos Estados Unidos, a fim de usar os velhos mapas militares americanos de Batista que Castro herdara do ex-ditador. Para observações astronômicas exatas, precisavam de um relógio com precisão de 1/1.000 de segundo. Como o sinal de Moscou chegava demasiado fraco, usaram os de tempo americanos.

Com computadores primitivos e calculadoras, a maior parte do trabalho matemático teve de ser feita à mão. Os dois artilheiros conferiam e reconferiam os cálculos. Cada regimento de mísseis R-12 tinha 12 alvos: uma rajada inicial de oito mísseis, mais quatro de reserva para a segunda rodada. Quando os artilheiros acharam que haviam acabado o trabalho, perceberam que o alvo destinado a um dos mísseis ficava fora de alcance. Foi preciso mais uma semana de trabalho – e várias noites insones – para reatribuir os alvos e refazer todos os cálculos.

O major Nicolai Oblizin era responsável por levar os cartões ao regimento do coronel Sidorov, 280km a leste de Havana. Como subdiretor do Departamento de Balística, passara a maior parte dos últimos três meses no quartel-general de El Chico. Alojara-se num antigo bordel com tudo, até uma piscina e camas de luxo.

Naqueles três meses em Cuba, Oblizin formara uma forte ligação com os anfitriões cubanos. Eles o cumprimentavam com gritos de *"compañero soviético"* e cantorias improvisadas da "Internacional" ou "Noites de Moscou". Dirigindo rumo a Sagua la Grande, lembrou que nem todos os cubanos se sentiam felizes com a presença soviética. Um grupo de contrarrevolucionários abriu fogo das colinas sobre os veículos blindados que escoltavam os artilheiros até o local dos mísseis. Mas as balas caíram longe demais para causar algum estrago.

Projetado por Mikhail Yangel, o R-12 era móvel e fácil de lançar, pelo menos segundo os padrões do início da década de 1960. Usava propulsores líquidos armazenáveis e podiam ser mantidos completamente abastecidos na plataforma de lançamento até por um mês, com uma contagem regressiva de 30 minutos. As posições de disparo pesquisadas antes eram construídas em torno de uma laje de concreto de cinco toneladas, presa no chão por rebites e correntes. A laje servia de base de disparo. Tinha de ser firme e plana, senão o foguete, em forma de lápis, virava. Uma vez as lajes nos lugares, só eram necessárias algumas horas para transportar o míssil de um lugar a outro. O "lápis" de Yangel tornou-se o míssil balístico mais digno de confiança da época.

Uma vez que recebessem os cartões, os homens de Sidorov podiam treinar mira e disparo. A planta dos regimentos parecia-se muito com as dos soviéticos. O lançamento bem-sucedido dependia de cronometragem de uma fração de segundo e de que todos soubessem com exatidão o que tinham de fazer. Antes de disparálos, precisavam passar da Condição de Prontidão 4 (Regular) para a 1 (Plena). Os oficiais mediam cada passo com cronômetros, para terem certeza do cumprimento de todos os prazos.

As guarnições dos mísseis esperaram até a noite para começar o ensaio geral e evitar ser vistos pelos aviões de reconhecimento americanos. Quando soou o alerta, a equipe de serviço tinha um minuto exato para chegar às posições.

As ogivas nucleares reais achavam-se armazenadas num *bunker* subterrânea perto de uma cidadezinha chamada Bejucal, a 14 horas de carro de Sagua la Grande. As guarnições treinavam com alvos falsos em forma de cone. Os soldados descarregavam as falsas ogivas de furgões especialmente designados e as punham em veículos que serviam de docas. Depois os empurravam para dentro de longas tendas já prontas.

No interior das tendas, os técnicos enxameavam em torno dos foguetes, verificando a parte eletrônica. Cabos partiam de cada uma delas até geradores e furgões d'água. Precisava-se de meia hora para aquecer as ogivas. Os engenheiros ligavam fios elétricos e uma série de três rebites metálicos, programados para lançar-se em voo num momento preestabelecido, separando a ogiva do resto do míssil. Achavam-se agora na Condição de Prontidão 3, a 140 minutos do lançamento.

Um reboque puxado a trator tirava um míssil da tenda e arrastava-o por várias centenas de metros até a plataforma de lançamento. Os soldados ligavam polias de correntes ao topo do elevador onde estava o foguete. O trator então guinchava o elevador e o míssil à posição de tiro, alguns graus fora da vertical. As plataformas voltavam-se no sentido norte-sul, na direção dos Estados Unidos.

O passo seguinte era a mira. Os engenheiros alinhavam os mísseis com o alvo, segundo a instrução no cartão de programação. Para precisão máxima, usavam um instrumento chamado teodolito, que girava o foguete na base de disparo, medindo o azimute e a elevação. Os procedimentos de mira tinham de ser executados antes do abastecimento, devido à dificuldade de transportar o míssil quando cheio.

Todos eles apontavam para o céu da noite, brilhando ao luar como versões mais robustas das palmeiras em volta. Em vez de folhas em forma de plumas, os foguetes apresentavam cones agudos, como a ponta de um lápis. A chuva caía sobre os soldados, que completavam os preparativos finais do lançamento. Caminhões com combustível e oxidantes seguiam roncando até as posições de lançamento e ligavam as mangueiras aos mísseis.

O oficial de controle apertou o botão do cronômetro e ordenou um alto no exercício. Bastava aquela noite. Não havia sentido em abastecer os foguetes enquanto não chegassem as ogivas reais. A guarnição mostrara que podia chegar à Condição de Prontidão 2, 60 minutos até o lançamento.

Os mísseis foram baixados da posição vertical e arrastados de volta às tendas. Soldados exaustos rastejaram para dentro delas, a fim de dormir. O único sinal da intensa atividade noturna foi uma série de profundos buracos na lama, deixados pelos caminhões de combustível e rebocadores de mísseis nos campos encharcados de chuva.

O comandante das forças de foguetes, major Igor Statsenko, mudara-se do posto de comando em Bejucal. Ainda não contava com uma ligação segura de comunicação por terra com o regimento de Sidorov em Sagua la Grande. Se recebesse ordem de Moscou para disparar, seria obrigado a retransmiti-la pelo rádio como mensagem cifrada.

Statsenko tinha motivos de satisfação e preocupação na noite de 24 de outubro. Dispunha de quase 800 homens sob seu comando. Uma vez abastecido de ogivas nucleares, os mísseis de Sidorov podiam destruir Nova York, Washington e meia dúzia de grandes cidades americanas. O regimento do coronel Nicolai Bandilovski, perto de San Diego de los Baños, no oeste de Cuba, atingiria status de combate em 25 de outubro. O terceiro regimento R-12, sob o comando do coronel Yuri Soloviev, localizado mais próximo de San Cristóbal, enfrentava uma situação mais difícil. Um dos navios de abastecimento, o *Yuri Gagarin*, fora impedido de chegar a Cuba pelo bloqueio. O chefe de Estado-Maior de Soloviev viajava de volta para a União Soviética, junto com a maior parte dos caminhões de combustível e oxidantes do regimento.

Só havia um motivo razoável nas circunstâncias. Statsenko teria de fazer malabarismos com o equipamento que já chegara a Cuba para permitir ao regimento estar pronto para o combate com a maior parte dos caminhões o mais rápido possível. Ele ordenou a Sidorov e Bandilovski que transferissem parte do equipamento de combustível a Soloviev.

Restava um outro problema. Aviões da Marinha americana haviam voado bem por cima de todos os regimentos de mísseis R-12. Statsenko tinha dúvida de que os americanos haviam descoberto todos os locais de lançamento. Fizera planos para essa eventualidade. Escreveu outra ordem:

"Transfiram-se para posições de reserva."

CAPÍTULO CINCO

"Até o inferno congelar"

3H, QUINTA-FEIRA, 25 DE OUTUBRO
(10H EM MOSCOU – 2H EM HAVANA)

– Os americanos recuaram de medo – gargalhou Nikita Kruchev. – Parece que Kennedy foi dormir com uma faca de madeira.

Os outros membros do Presidium já se haviam habituado às pitorescas expressões do primeiro-secretário. Kruchev muitas vezes recorria à sua herança camponesa ucraniana para pontilhar a conversa com linguagem grosseira e aforismos, como "Não se pegam moscas com as narinas", "Todo maçarico-das-rochas louva seu próprio pântano" e "Todos nós juntos não valemos a merda de Stalin". Mas desta vez ficaram muito perplexos.

– Que quer dizer com madeira? – perguntou o vice-primeiro-ministro Mikoian, amigo mais íntimo de Kruchev na liderança.

Como um comediante de cara limpa cujo final da piada malogrou, Kruchev teve de explicar a piada:

– Dizem que quando alguém vai caçar um urso pela primeira vez leva uma faca de madeira consigo. Assim é mais fácil limpar a calça.

Três dias após iniciado o confronto com os Estados Unidos, algumas autoridades soviéticas se perguntavam quem precisava mais de uma faca de madeira, Kennedy ou Kruchev. Um ex-ministro das Relações Exteriores disse a colegas que Nikita "cagou na calça" quando soube que o Comando Aéreo Estratégico americano passava para o DEFCON-2. O chefe da KGB afirmaria mais tarde que Kruchev "entrou em pânico" após saber que os americanos haviam descoberto os mísseis soviéticos em Cuba, anunciando de forma trágica:

– É isso aí. A obra de Lênin foi destruída.

Fosse qual fosse seu verdadeiro estado mental, ele sem dúvida ficou transtornado pela mais recente virada dos acontecimentos. Testemunhara de perto uma guerra convencional e não tinha o menor desejo de passar por uma nuclear. Como o principal comissário na batalha de Kharkov, em maio de 1942, vira um exército inteiro varrido desnecessariamente por causa dos erros e obstinação dos líderes políticos. A União Soviética perdera cerca de

30 milhões de pessoas durante a Grande Guerra patriótica. Os mortos incluíram o seu primogênito, Leonid, piloto de caça derrubado numa escaramuça com a Luftwaffe. Uma guerra nuclear quase com certeza resultaria em uma perda de vidas ainda maior. O presidente do comitê decidira fazer tudo a seu alcance para evitar mergulhar o país em outra guerra. Mas também entendia que agora havia o perigo de os acontecimentos fugirem rápido do seu controle – e do de Kennedy.

Parte do problema estava em seus próprios erros de cálculo sobre a provável reação americana à disposição estratégica de mísseis soviéticos em Cuba. Kruchev supusera que Kennedy acabaria aceitando com relutância mísseis soviéticos na ilha, assim como ele próprio aceitara armas nucleares dos EUA na Turquia e Itália. Os americanos ficariam irritados, até furiosos, mas não levariam o mundo à beira de uma guerra nuclear.

– Você não tem o que temer; não haverá grande reação alguma dos EUA – dissera a Che Guevara quando discutiram a questão pela primeira vez em julho. – E se houver um problema, enviaremos a frota báltica.

Quando ouviu essa observação, Che ergueu as sobrancelhas em descrença, mas não protestou. Talvez tenha achado que se tratava apenas de mais uma das historinhas de Kruchev. A frota báltica russa dificilmente era páreo para a Marinha dos EUA: a última vez que a desdobraram em águas estrangeiras fora em 1904, quando a marinha imperial japonesa a aniquilara, numa das maiores derrotas militares já infligidas à Rússia.

Como o oponente na Casa Branca, Kruchev ordenara um estado avançado de alerta às forças armadas. Todas as licenças militares haviam sido canceladas, e as dispensas do exército, adiadas por tempo indeterminado.

Ao abaixar a cabeça na mesa do Presidium, Kruchev entendeu que precisava preparar os colegas para uma provável retirada. Concluíra que tinha de "desmantelar os campos de mísseis". Mas queria realizar essa decisão de um modo que lhe permitisse afirmar que alcançara o objetivo primordial, a defesa da revolução cubana. Como descreveu a situação, era Washington, não Moscou, que voltava atrás.

– Tornamos Cuba um país no centro da atenção internacional – disse ao Presidium. – Os dois sistemas ficaram de igual para igual. Kennedy nos diz para tirar nossos mísseis de Cuba. E nós respondemos: "Nos dê firmes garantias, uma promessa, de que os americanos não vão atacar Cuba." Isso não é ruim.

Um acordo era possível. Em troca da garantia de não invasão, "poderíamos retirar os R-12s e deixar os outros mísseis lá". Isso não era "covardia", apenas bom-senso.

– Vamos fortalecer Cuba e salvá-la por dois ou três anos. Com o passar de poucos anos, será ainda mais difícil [para os EUA] lidar com isso.

O importante agora era evitar que a crise "fervesse".

Ouviram-se murmúrios de "correto" ao redor da mesa. Ninguém ousava desafiar o primeiro-secretário. Kruchev insistiu que o revés, se chegava a ser um, era apenas temporário.

– O tempo passará. Se necessário, os mísseis podem surgir lá de novo.

O tom da propaganda soviética mudou bruscamente assim que Kruchev decidiu, pelo menos a princípio, retirar os mísseis. "Não toquem em Cuba", fulminara o *Pravda*, jornal do Partido Comunista, antes naquela manhã. "Os planos agressivos dos imperialistas dos Estados Unidos precisam ser frustrados." No dia seguinte as manchetes diziam: "Tudo para Evitar a Guerra. A Razão Precisa Prevalecer."

Ficava agora claro para os colegas de Kruchev no Presidium que seu líder explosivo não tinha a menor intenção de ir para a guerra por causa dos mísseis. A 3.000km e sete fusos horários distantes em Washington, membros do Comitê Executivo do Conselho de Segurança Nacional haviam chegado a uma conclusão semelhante sobre Kennedy. O presidente encarava uma guerra nuclear como "o fracasso final" a ser evitado a todo custo.

As reações iniciais dos dois líderes haviam sido belicosas. Kennedy favorecera um ataque aéreo; Kruchev pensou a sério em dar aos comandantes em Cuba autoridade para usar armas nucleares. Após muita agonia, ambos estavam agora determinados a encontrar uma saída que não envolvesse conflito armado. O problema era a quase impossibilidade de eles se comunicarem francamente um com o outro. Cada um sabia muito pouco das intenções e motivações do outro lado, e tendiam a supor o pior. Mensagens levavam meio dia para serem enviadas. Quando de fato chegavam, eram veladas na opaca linguagem de diplomacia de superpotência, que impedia o redator de admitir fraqueza ou reconhecer erro.

Assim que acionada, a maquinaria da guerra logo adquiria sua própria lógica e ímpeto. A regra tácita da diplomacia da Guerra Fria – jamais ceder nada – dificultava muito para cada lado voltar atrás.

A questão deixara de ser se os líderes das duas superpotências queriam a guerra – mas se tinham o poder de evitá-la. Os momentos mais perigosos da crise ainda estavam por vir.

Dois homens enviados pela CIA para sabotar a mina de cobre de Matahambre abriam caminho a machadadas pela densa floresta cubana. O avanço deles era lento e tortuoso. Antes de chegarem à floresta, Miguel Orozco e Pedro Vera haviam caminhado com dificuldade na água à altura dos joelhos, por um manguezal, com pesadas mochilas nas costas. Orozco carregava o radiotransmissor, um pequeno gerador e um fuzil M-3 semiautomático. Vera levava três pacotes de explosivos C-4 e dispositivos de regulagem de tempo. Tinham mapas e bússolas para calcular a direção em que seguiam.

Dormiam de dia e caminhavam à noite. O único sinal de civilização ao longo do caminho era uma estrada rudimentar margeando a costa, que atravessaram sem incidente. Não encontraram ninguém. Até os animais tinham receio de penetrar o denso pantanal de mato espinhoso. Tempestades pesadas tornavam a viagem mais difícil.

No terceiro dia haviam localizado uma linha de torres de madeira escorando o sistema de teleféricos. Dirigiam-se a uma torre específica, a chamada "torre de controle de interrupção", no topo de uma colina de 161m entre a mina de cobre e o mar. Parecia idêntica à da Fazenda, o campo de treinamento da CIA na Virgínia. Vera, recente acréscimo à equipe de sabotagem, jamais vira o modelo em tamanho natural. Orozco já treinara muitas vezes a subida na torre. Era a sua quarta tentativa de sabotar Matahambre.

Chegaram à base da torre por volta da meia-noite no quinto dia. A operação teleférica parara por causa da escuridão e tudo estava silencioso. Orozco içara-se pela torre de 15 metros. Prendeu dois pacotes de explosivos em duas partes do cabo acima. Quando o teleférico recomeçasse a funcionar pela manhã, uma bomba acabaria na indústria de purificação de cobre em Matahambre, a outra na instalação de armazenagem na plataforma da zona portuária em Santa Lucia. As duas bombas eram projetadas para explodir por contato.

Enquanto isso, Vera punha uma bomba na base da torre. Ligou-a ao dispositivo de regulagem de tempo, um pedaço de madeira em forma de lápis com o interior cheio de ácido. O ácido corroeria devagar o metal até desencadear uma explosão, provocando o desabamento da torre, junto com o cabo de força que levava à mina de cobre. Embora as bombas se destinassem especificamente a não matar ninguém, a destruição da linha de força teria chance de aprisionar centenas de mineiros dentro do solo sem nenhum meio fácil de escapar. A falta de energia também desligaria as bombas que extraíam água da mina, causando uma séria inundação.

Com a missão deles quase realizada, os dois sabotadores rumaram de volta à costa. A viagem de retorno seria mais fácil, pois já conheciam o caminho e viam claramente aonde iam. Haviam combinado de encontrar-se com a equipe de saída da área entre 28 e 30 de outubro.

Ao amanhecer, já se achavam bem encaminhados no caminho de volta. O mar cintilava ao longe, por uma linha de colinas cobertas por pinheiros. Orozco começava a sentir uma dor aguda no estômago, o que tornava a caminhada desconfortável. Não era nada, tranquilizara o amigo.

8H, QUINTA-FEIRA, 25 DE OUTUBRO (7H EM HAVANA)

Na embaixada soviética em Washington, diplomatas e espiões achavam-se sob pressão de Moscou para apresentar informações concretas sobre os planos de invasão americana a Cuba. Agentes contavam o número de janelas iluminadas na Casa Branca, no Pentágono e no Departamento de Estado e mantinham conversas com jornalistas em bares e estacionamentos. Adidos militares tentavam observar de perto os movimentos de unidades de tropas dos EUA.

Até então tinham pouco a mostrar pelos seus esforços. Grande parte das "informações" secretas transmitidas a Moscou era escolhida dos jornais. Algumas delas erradas. Um despacho do embaixador Dobrinin identificava o secretário da Defesa McNamara como líder da facção linha-dura no Comitê Executivo do Conselho de Segurança Nacional e o secretário do Tesouro, Douglas Dillon, como principal opositor de prematura ação militar. A realidade era o oposto.

A parcimônia de informações corretas do Serviço de Inteligência foi particularmente frustrante para o chefe da estação da KGB em Washington, Aleksander Feklisov. Ele lembrou os dias de glória durante a II Guerra Mundial, quando agentes do Kremlin conseguiram penetrar nos mais altos níveis do governo americano. Como jovem espião em Nova York, trabalhando sob o disfarce de um vice-cônsul soviético, Feklisov ajudara a dirigir uma das mais bem-sucedidas operações de serviço de inteligência na história. Entre seus agentes havia estado Julius Rosenberg, que forneceu a Feklisov um fuso de proximidade, um dos mais valorizados itens da tecnologia militar americana.

Fora fácil então. O prestígio soviético era alto, sobretudo em seguida à invasão alemã, em junho de 1941. Muitos intelectuais americanos de esquerda julgaram seu dever fazer o que pudessem para ajudar o país que vinha dando o máximo de si na luta contra a Alemanha nazista. Informantes entravam no consulado soviético pelos fundos, oferecendo seus serviços por motivos apenas idealistas.

A Guerra Fria, as revelações sobre os crimes de Stalin e a invasão soviética da Hungria em 1956 tornaram a vida muito mais difícil para os espiões soviéticos nos Estados Unidos. Não podiam contar mais com a ideologia como incentivo para persuadir cidadãos americanos a cooperarem. O dinheiro e, em alguns casos, a chantagem, haviam se tornado as ferramentas preferidas de recrutamento da KGB, mas não eram nem de perto tão eficazes quanto a antiga simpatia política.

A secagem de fontes de informações do Serviço de Inteligência contribuiu para vários conceitos errôneos dos líderes soviéticos sobre os Estados Unidos. Quando Kruchev visitou o país em 1959, sentiu-se insultado ao receber um convite para passar dois dias num lugar chamado Camp David com o presidente Eisenhower. Nenhum de seus especialistas americanos sabia qualquer coisa sobre Camp David. A reação imediata de Kruchev foi declarar que haveria um tipo de centro de internação "onde se pudessem manter as pessoas indignas de confiança em quarentena". Foi necessário um esforço considerável para explicar que Camp David era "o que chamaríamos de *dacha*" e que o convite era uma honra, não um insulto. Em suas memórias, Kruchev riria sobre o incidente, dizendo que isso mostrava "como éramos ignorantes".

Quando Feklisov retornou aos Estados Unidos em 1960 como chefe de estação da KGB, ou *rezident*, em Washington, suas fontes consistiam sobretudo de fornecedores de fofocas de baixo nível. Seus agentes rondavam em torno do Clube da Imprensa Nacional, onde repórteres e diplomatas trocavam rumores. Mantendo os ouvidos abertos, os homens de Feklisov conseguiam às vezes apresentar informações interessantes que ainda não haviam chegado aos jornais.

Na noite de quarta-feira, um agente da KGB disfarçado de correspondente da TASS colhera um pedacinho apreciado de fofoca no clube. O barman, um imigrante lituano que se chamava Johnny Prokov, ouvira por acaso uma conversa entre dois repórteres do *New York Herald Tribune*, Warren Rogers e Robert Donovan. Rogers fora selecionado como membro de um grupo de oito repórteres para acompanhar os fuzileiros navais numa invasão a Cuba, se e quando houvesse uma. Achou que a ação era iminente e disse a Donovan, seu chefe de editoria: "Parece que estou indo." Prokov transmitiu uma versão distorcida da conversa ao repórter da TASS, que a passou para Feklisov, que a passou para Dobrinin.

A essa altura, a informação era de terceira ou quarta mão, mas as autoridades soviéticas em Washington andavam desesperadas por qualquer coisa assemelhando-se a informação privilegiada. A fim de confirmar a dica, Feklisov mandou outro agente da KGB topar "por acaso" com Rogers num estacionamento. O agente, cujo disfarce era de segundo-secretário na embaixada soviética, perguntou ao repórter se Kennedy realmente tinha a intenção de atacar Cuba.

– Claro que sim – respondeu Rogers, belicoso.

Mais tarde naquela manhã, Rogers recebeu um telefonema da embaixada soviética convidando-o a almoçar com um diplomata mais velho, Georgi Kornienko. Aceitou o convite, achando que ele poderia levar a uma matéria. Em vez disso, Kornienko interrogou-o em busca de informação. Sem saber o que de fato acontecia dentro do Comitê Executivo do Conselho de Segurança Nacional, o repórter descreveu McNamara e Bob Kennedy como os principais defensores de uma invasão. Quando Kornienko transmitiu a conversa aos superiores, Rogers afirmou que o governo Kennedy já tomara, a princípio, a decisão de "acabar com Castro". Os planos de invasão dos EUA foram "preparados até o último detalhe" e poderiam ser realizados "a qualquer momento". A única coisa a deter uma invasão era a "política flexível" de Kruchev. O presidente precisava de um pretexto para atacar Cuba que satisfizesse ao mesmo tempo o povo americano e a comunidade internacional.

Era a dica que vinha esperando a KGB. Dobrinin e Feklisov enviaram telegramas urgentes a Moscou contando o episódio, que logo terminaram na mesa de Kruchev e nas de outros líderes soviéticos. Uma apressada conversa no Clube da Imprensa Nacional da capital americana fora elevada da noite para o dia à categoria de informação de inteligência de alto sigilo.

A mina de Matahambre reiniciou as operações ao amanhecer. Várias centenas de mineiros haviam descido bem abaixo da superfície da terra em gaiolas de elevador metálicas e arrastavam-se por túneis subterrâneos para a face da rocha. A maquinaria precisava de reparos – não se importara equipamento novo algum para Cuba desde a revolução –, mas a mina ainda conseguia produzir cerca de 20 mil toneladas de cobre por ano. Grande parte da produção ia para o bloco soviético.

Um supervisor no extremo do teleférico em Santa Lucia de repente notou que tinha alguma coisa errada. Felipe Iglesias vinha operando o sistema de transporte havia mais de 20 anos, desde o período em que a fábrica ainda se achava sob administração americana. Observava as caçambas transportadoras descerem devagar de Matahambre quando localizou um estranho objeto preso ao cabo. Se avançasse mais um pouco, ficaria emaranhado na maquinaria.

– Parem o transportador – berrou pelo telefone interno que ligava o terminal de Santa Lucia com a fábrica de purificação de cobre em Matahambre. – Tem uma coisa estranha em cima de uma das caçambas.

– Parece uma bomba – gritou outro operário, ao inspecionar as bananas de dinamite.

Em minutos, descobriu-se uma segunda bomba, desta vez na ponta de Matahambre do teleférico. Equipes de homens da segurança percorreram então o comprimento de quase 10 mil quilômetros do teleférico, reunindo-se na torre de controle. Encontraram a última bomba plantada por Orozco e Vera pouco antes da hora em que ela estava programada para explodir.

MEIO-DIA DE QUINTA-FEIRA, 25 DE OUTUBRO (11H EM HAVANA)

O tenente Gerald Coffee estava na sua segunda missão de reconhecimento de baixa altitude sobre Cuba. Fizera fotos dos campos de mísseis de médio alcance perto de Sagua la Grande. Sulcos profundos eram visíveis na lama do exercício na noite anterior. Seu jato Crusader rumava a leste para um regimento de mísseis de alcance intermediário em Remedios, ainda inacabado, quando uma coisa atraiu-lhe a atenção pelo lado esquerdo do avião.

A cerca de 4km ao norte do regimento de mísseis estendia-se um grande acampamento no estilo militar. Coffee viu fileiras e fileiras de tanques e caminhões, muitos dos quais protegidos por camuflagem. Ele teve de tomar uma decisão em frações de segundo. Como subordinado de um piloto superior, fora designado a voar em fileira cerrada com o avião na dianteira ao longo de uma rota predefinida. Mas o alvo era tentador demais para perder. O campo militar era diferente de qualquer outro que vira antes em Cuba. Girou o manche à esquerda, nivelou as asas e começou a fazer fotos. A câmera registrou várias espirais e rotações agudas enquanto ele manobrava para encontrar a melhor posição, fotografando o céu, o horizonte e verdes campos de cana em rápida sucessão.

O Crusader rugia acima do campo a quase 500 nós, rápido demais para Coffee ter muita noção do que fotografava. Ele tomou uma acentuada direita, retrocedeu e posicionou-se atrás do piloto principal. Os pilotos deram uns aos outros o sinal de polegares erguidos, acionaram o motor a jato acoplado ao exaustor do motor principal e voaram de volta para o norte pelo estreito da Flórida.

Seriam necessárias várias semanas para o jovem tenente da Marinha perceber a importância do que acabara de fotografar. Um tempo depois, uma carta de avaliação chegou do comandante do Corpo dos Fuzileiros Navais recomendando a Coffee "alerta numa situação de rápida mudança". A carta prosseguia elogiando "a informação mais importante e oportuna para as forças anfíbias já adquirida na história dessa famosa equipe de combate da Marinha".

Coffee ainda não sabia, mas acabara de descobrir uma nova classe de armamento soviético em Cuba.

O sobrevoo do Crusader foi apenas o mais recente numa longa série de reveses para o coronel Grigori Kovalenko, comandante do 146º regimento de fuzileiros motorizados. A unidade dispunha de algumas das armas mais destrutivas do exército soviético: tanques T-54, mísseis guiados antitanque, foguetes múltiplos conhecidos como Katiushas e mísseis Luna. Os homens de Kovalenko, contudo, achavam-se doentes e exaustos. Quase tudo que podia dar errado dera.

Os problemas começaram no décimo oitavo dia da viagem pelo Atlântico, quando metade dos soldados caiu com enjoo. Essa infelicidade agravou-se pelo fato de se verem presos embaixo dos conveses, num calor de fervura. Após cambalearem para os botes, foram levados de caminhão para as áreas de distribuição, uma fazenda de galinhas abandonada. O local era completamente estéril, a não ser por algumas palmeiras, cabanas de bambu e uma torre de caixa-d'água que despejava um líquido vermelho salobro. Em poucos dias, os soldados queixavam-se de disenteria. A princípio uma dúzia de casos, depois quarenta, e, por fim, um terço do regimento. Uma epidemia.

Não apenas a água era venenosa, mas não havia sequer o suficiente. Acostumados a se virar com muito pouco eles próprios, os cubanos haviam acreditado que um único poço forneceria água potável para quatro mil soldados. Só um regimento de fuzileiros motorizados consumia 100 toneladas por dia. E precisava-se dela não apenas para os homens, mas também para o equipamento militar. Não havia tempo suficiente para cavar poços. Iam ter de mudar-se para alguma outra parte.

O regimento levara uma semana para redistribuir-se em outro desolado pedaço de terra, 80 quilômetros a leste, próximo de Remedios. Na mudança, um carro que levava um dos altos oficiais de Kovalenko bateu de frente com um caminhão cubano, quase matando os passageiros. As condições daquela cidade não eram muito melhores que no primeiro acampamento. Caminhões transportavam água potável de uma fonte a quase 30 quilômetros de distância, mas pelo menos era limpa. Os homens tiraram as cobras e grandes pedregulhos do mato baixo e armavam as barracas. Então vieram as chuvas, que encharcaram tudo e transformaram a terra vermelha em lama grossa.

A redistribuição acabava de concluir-se quando Kennedy anunciou o bloqueio naval. Kovalenko sabia que seu regimento estava na linha de frente de uma nova crise da Guerra Fria, mas tinha problemas para extrair informação útil dos superiores. Por sorte, um dos oficiais falava inglês fluente. Sintonizando estações de rádio de Miami e a *Voz da América*, ele pôde manter o coronel atualizado com as últimas notícias.

A missão básica do regimento era proteger as bases nucleares de Remedios e Sagua la Grande. Dois outros regimentos de fuzileiros motorizados haviam sido dispostos em torno de Havana para defender a capital e os regimentos de mísseis da província de Pinar del Río. Um quarto regimento fora estacionado na província de Oriente, no leste, para impedir uma fuga de Guantánamo. Todos os regimentos, com exceção do de Oriente, tinham baterias de armas nucleares.

Montados em chassis de tanques, os Lunas eram fáceis de manobrar. Levavam-se cinco minutos para prepará-los e dispará-los, e mais 60 para recarregá-los. Os foguetes conduziam uma ogiva nuclear de dois quilotons a 30 quilômetros, destruíam tudo num raio de 1.000 metros da explosão e despejavam radiação numa área muito maior. As tropas americanas expostas na mira deles teriam sido mortas na hora pelo calor e a pressão. Os soldados dentro de veículos talvez sobrevivessem alguns dias, antes de morrerem da radiação.

Kovalenko controlava dois lançadores de Luna e quatro ogivas nucleares. Os foguetes ficavam alinhados em ordem no estacionamento, junto com os Katiuchas e tanques T-54, onde foram fotografados pelo tenente Coffee.

Quinhentos quilômetros a oeste, nas colinas acima de Santiago de Cuba, o capitão da província de Oriente, um agente da CIA chamado Carlos Pasqual, codificou os últimos relatórios em grupos de cinco caracteres. Tirou o aparelho de rádio e o gerador do esconderijo. Juntos, tinham o incômodo peso de 25 quilos. Após certificar-se de que não havia ninguém por perto, ele ligou o aparelho, sintonizou-o na onda de alta frequência que usava para comunicar-se com o quartel-general. Digitou para o éter uma sucessão de bipes e esperou o melhor.

A mensagem que Pasqual queria transmitir aos superiores era para não esperarem muita coisa dele nos próximos dias. Os chefes vinham importunando-o com pedidos e perguntas desde a descoberta dos mísseis soviéticos em Cuba. As autoridades da ilha haviam acabado de anunciar que iam confiscar veículos particulares enquanto durasse o *alarme de combate*. A movimentação pelo país tornara-se quase impossível.

Filho do ex-comandante da Força Aérea de Batista, Pasqual deixara Cuba após a revolução e oferecera-se para servir à CIA. Após ser contrabandeado de volta à ilha num pequeno barco, no início de setembro de 1962, ele chegara a uma fazenda de café de dissidentes anticastristas. Dali, enviara dezenas de relatórios a Washington, registrando os movimentos dos comboios de tropas, o descarregamento de navios soviéticos no porto de Santiago e a construção de bases de foguetes nas montanhas. Sua última comunicação, no dia anterior, descrevera o transporte de equipamento para Guantánamo.

Era um trabalho que causava tensão. Homem alto, com a pele muito clara, Pasqual destacava-se dos camponeses negros e mulatos que lhe haviam proporcionado um lugar para ficar. Todos estavam assustados, e ele inseguro, sem saber em quem podiam confiar. Duas semanas antes, um parente do proprietário da fazenda surgira inesperadamente e começara a fazer perguntas sobre o estranho. Pasqual passou os dias seguintes escondido nas montanhas, receando que a milícia fosse logo intimada. Após esse incidente, dormia no celeiro, enroscado junto aos sacos de grãos de café. Fez questão de deixar a fazenda bem antes do amanhecer para que ninguém o visse.

Pasqual trabalhava para uma rede de espionagem chamada AMTORRID, um dos principais grupos de agentes e informantes que a CIA conseguira infiltrar em Cuba durante os últimos meses. A outra rede, de codinome COBRA, fora estabelecida na província de Pinar del Río na outra ponta da ilha. Além de atividades de coleta de informações secretas, a equipe COBRA se desmembrara em operações de sabotagem em pequena escala e fora abastecida com duas mil toneladas de armas e explosivos pela CIA. O principal agente encarregava-se de 20 subagentes e várias centenas de informantes e colaboradores.

O problema da CIA em Cuba era o oposto do da KGB em Washington: não um serviço de inteligência humana pequeno demais, mas grande demais. Além da COBRA e da AMTORRID, a CIA também recebia dicas de informações secretas de dezenas de cubanos e refugiados insatisfeitos que chegavam a Miami no voo diário da Pan Am. Relatórios vinham afluindo em Washington havia meses sobre misteriosos objetos em forma de tubo rolando por obscuras aldeias cubanas em carretas gigantescas. Faltavam detalhes em vários relatórios: observadores inexperientes confundiam um míssil de nove metros com um de 18. Alguns dos relatórios eram demonstravelmente falsos, pois descreviam sistemas de armas que ainda não haviam chegado a Cuba na época de sua suposta chegada. Via-se uma característica improvável de *Nosso homem em Havana* em diversos rumores. Quatro anos antes, Graham Greene escrevera um best-seller sobre um vendedor de aspiradores de pó que ganhava grandes somas do Serviço Secreto Britânico por desenhos de "uma plataforma de lançamento de foguetes" nas montanhas de Oriente. A "informação de alto sigilo" acabou sendo de esboços do interior de um aspirador de pó. O filme baseado no romance foi rodado em Havana em 1959 nos meses após a chegada de Castro ao poder.

Ao fazerem uma análise da massa de relatórios de agentes e refugiados – disseminaram-se 882 desses relatórios só no mês de setembro –, os analistas da CIA descobriram indícios para apoiar qualquer hipótese mais em voga na época. Era difícil selecionar quais os corretos, quais os exagerados e quais os falsos. Nas palavras do oficial da CIA que redigiu *The President's Intelligence Check List*, os analistas "passaram a ver todos esses relatórios com um alto grau de desconfiança". Na opinião predominante na agência, anterior ao voo do U-2 de 14 de outubro, a distribuição de mísseis nucleares em Cuba era arriscada demais para que os soviéticos a empreendessem. Uma estimativa da Inteligência Nacional concluiu magistralmente que "o estabelecimento no solo cubano de forças de ataque nuclear soviéticas possíveis de serem usadas contra os EUA seria incompatível com a política soviética como conhecemos no presente".

Como os principais avaliadores chegaram à conclusão formal de que a instalação de armas nucleares soviéticas em Cuba era altamente improvável, analistas do escalão inferior relutavam em contestar a opinião deles, mesmo com base em relatórios de testemunhos oculares sobre mísseis sendo descarregados de navios soviéticos. Na noite de 19 de setembro, apenas poucas horas após a publicação ansiosamente aguardada pela CIA da Estimativa da Inteligência, um informante da agência passeava na doca em Mariel. Ele observou "grandes foguetes intercontinentais de mais de 20 metros de comprimento" sendo descarregados de um navio soviético. Seu relatório chegou por uma rede de agentes a Miami e depois a Washington, onde a matriz da CIA acrescentou o desdenhoso comentário: "É mais provável que a fonte tenha visto os mísseis serem carregados." Em retrospecto, o relatório original foi extraordinariamente correto. Um foguete R-12 enfardado para transporte sem o cone do nariz mede 20 metros de comprimento, o dobro do comprimento de um míssil SAM V-75. Oito mísseis R-12 haviam chegado a Mariel a bordo do cargueiro soviético *Poltava* três dias antes.

Não foram só os agentes da CIA que desconfiaram dos relatórios sobre os mísseis nucleares soviéticos até serem confirmados por fotos aéreas. Outros observadores experientes, junto com todo o corpo diplomático em Cuba, também eram céticos. O Homem em Havana britânico, Herbert Marchant, descreveria mais tarde que ouvira numerosos rumores sobre "mísseis gigantescos, cada um mais comprido que um bastão de críquete", sendo embarcados da União Soviética para Cuba no verão e início do outono de 1962. Descartara as histórias como "uma sequela loucamente improvável" do popular romance de Greene.

Um dos raros dissidentes da sabedoria convencional foi o diretor da CIA, John McCone, republicano linha-dura. McCone não podia entender por que os soviéticos haviam posicionado mísseis terra-ar por toda a ilha, a não ser que tivessem alguma coisa muito valiosa a esconder. O propósito dos regimentos SAM era obviamente desencorajar o envio de U-2s sobre Cuba pelos Estados Unidos, raciocinou. De férias no Sul da França com a nova mulher, ele enviou uma série de mensagens preocupadas a Washington questionando a estimativa oficial da CIA e especulando sobre a instalação de mísseis de médio alcance soviéticos. As mensagens se tornaram conhecidas como "telegramas de lua de mel".

Ao datilografar seus relatórios para Washington, Pasqual desconhecia o debate acirrado na CIA sobre o valor da inteligência humana, ou "Humint", como era conhecido no mercado. Recentemente, a rede AMTORRID obtivera informações sobre atividades ao redor da cidade de Mayarí Arriba, nas montanhas da Sierra del Cristal. Apenas dois dias antes, em 23 de outubro, uma mensagem da AMTORRID descrevia um "comboio de 42 veículos incluindo sete transportadoras" de mísseis percorrendo uma estrada recém-construída para Mayarí. Também houve relatos de "construção de instalações subterrâneas" na área.

Os analistas em Washington estavam preocupados demais em descobrir o que acontecia nos confirmados regimentos de mísseis no Oeste de Cuba para prestar muita atenção ao que acontecia numa obscura parte de Oriente. Não sabiam da ameaça nuclear que pairava sobre a base naval de Guantánamo.

Diplomatas ocidentais sediados em Santiago de Cuba também observaram uma nova estrada nas montanhas e os frenéticos esforços para concluí-la. Viajando pela área a caminho de Guantánamo, o cônsul britânico notou uma "estrada larga e não asfaltada correndo para o norte, curvando-se sobre uma colina baixa e desaparecendo do campo visual". Milicianos cubanos entrincheirados atrás de árvores no topo da colina guardavam o acesso à estrada. Nem o cônsul nem qualquer outro estrangeiro tinham muita ideia do que acontecia estrada acima.

Um tanto atrasada, a inteligência dos EUA conseguira desvendar várias das mais poderosas armas soviéticas, entre elas os mísseis de médio alcance R-12, os bombardeiros Iliushin-28, os Lunas de curto alcance e a rede de mísseis de defesa antiaérea. Mas os americanos não haviam conseguido descobrir muita coisa. Suspeitavam que os soviéticos tivessem ogivas nucleares em Cuba, mas não sabiam onde estavam guardadas. Haviam estimado *grosso modo* os números das tropas soviéticas. E não tinham a mínima ideia sobre o sistema de armas fundamental aos planos de Moscou para defender a ilha contra uma invasão dos EUA. A história dos mísseis de cruzeiro acabados por ogivas nucleares permaneceria um segredo durante 40 anos e é contada aqui em detalhes pela primeira vez.

Se os diplomatas ocidentais tivessem conseguido atravessar as colinas além de Mayarí Arriba, teriam encontrado uma base de mísseis de cruzeiro, guardados em barracas militares nas montanhas. Pareciam jatos MiG em miniatura, com cerca de seis metros de comprimento e um de largura, com o nariz curto e grosso e asas dobráveis. Alguns continuavam nos engradados de madeira; outros escondidos sob lonas em campos perto do estacionamento.

As ogivas para os mísseis estavam a poucas centenas de metros de distância das barracas, em galerias abobadadas de concreto antes usadas para estocar granadas de artilharia. Cada ogiva pesava cerca de 50kg e continha carga nuclear de 14 quilotons, aproximadamente a energia da bomba de Hiroshima. As galerias eram quentes e úmidas, inadequadas para armazenar ogivas nucleares. Mas os sempre engenhosos cubanos tinham uma solução para o problema. Vasculharam Santiago à procura de velhos condicionadores de ar americanos, arrancando-os dos numerosos bordéis que haviam sido fechados após a revolução. Antes de acoplarem o equipamento a geradores do exército soviético, os técnicos soviéticos tiveram de adaptar os circuitos elétricos do padrão americano de 60 ciclos por segundo ao padrão russo, de 50 ciclos.

Conhecido pelo acrônimo russo FKR – *frontovaya krylataya raketa*, ou "foguete alado de linha de frente" –, os mísseis de cruzeiro eram os descendentes das bombas voadoras alemãs que aterrorizaram Londres durante a II Guerra Mundial. Apelidadas de "bombas-robôs" pelos britânicos, os mísseis alemães V-1 eram em essência uma aeronave não pilotada que caía do céu quando acabava o combustível. Os mísseis lançados de carretas soviéticas podiam atingir alvos a mais de 170km de distância, destruindo tudo num raio de quase dois mil metros. Um único míssil FKR tinha capacidade de destruir um grupo de porta-aviões americanos ou uma importante base militar.

Os soviéticos haviam trazido dois regimentos FKR para Cuba. Cada regimento controlava 40 ogivas e oito lançadores de míssil de cruzeiro. Um regimento foi aquartelado no Oeste de Cuba, não longe de Mayarí, perto de uma cidade chamada Guerra. Sua missão era defender a faixa vulnerável do contorno do litoral a leste e oeste de Havana, onde se esperava que os americanos desembarcassem. O outro regimento, aquartelado em Mayarí, recebia ordens de ficar pronto "para desferir um ataque repentino à base naval dos EUA na baía de Guantánamo, também chamada de GITMO pelos americanos". Os planos para a destruição da GITMO eram coordenados estreitamente com Raúl Castro.

Raúl era o irmão discreto. Durante 30 anos, vivera na sombra do carismático irmão Fidel. Pequeno e esquelético, jamais conseguira cultivar mais que alguns fios da barba, que quase fazia parte do uniforme dos revolucionários cubanos. Descrevia Fidel como o "problemático" e ria de sua loquacidade. Era tão fanático quanto o irmão mais velho, supervisionando pessoalmente as execuções de muitos contrarrevolucionários, mas expressava o fanatismo de diferente maneira. Se Fidel era o visionário, Raúl era o organizador.

Fez sentido Castro despachar o irmão mais moço para Oriente logo após declarar o alarme de combate na tarde de segunda-feira. Raúl conhecia intimamente a região ao redor de Mayarí. A aldeia servira como seu quartel-general durante o último estágio da guerra contra Batista. Fidel enviara Raúl e 65 seguidores da Sierra Madre na costa sudeste de Cuba para estabelecer uma segunda frente no interior na Sierra del Cristal. Mayarí consistia de 24 cabanas caindo aos pedaços, quando Raúl chegou num comboio de 10 jipes e caminhonetes de carroceria aberta. Ele montou um posto de comando numa das cabanas, confiscou mais territórios, construiu uma pista de pouso e decolagem para a força aérea rebelde e estabeleceu escolas e serviços de saúde. Logo Mayarí era a capital de uma "zona libertada" que se estendia pelas montanhas em direção à *finca*, propriedade da família Castro em Birán.

Raúl entendeu de imediato que os mísseis de cruzeiro seriam cruciais para impedir uma fuga americana de Guantánamo. Logo após a chegada, convidou comandantes militares soviéticos ao quartel-general de Santiago para consultas. Juntos reviram os planos para a destruição da base naval. O comandante do regimento FKR local, coronel Dmitri Maltsev, pegou um mapa e fez um resumo para Raúl sobre as posições de suas tropas.

O oficial soviético responsável pela defesa em terra de Oriente era o coronel Dmitri Yazov (que depois se tornaria o ministro da Defesa de Gorbachev e líder do golpe malogrado de 1991 contra ele). Como Kovalenko em Remedios, Yazov teve grande dificuldade em encontrar um acampamento adequado para seu regimento de fuzil motorizado. O primeiro local foi numa floresta cheia de árvores e arbustos venenosos. Alheias ao perigo, as tropas haviam usado galhos das árvores para construir cabanas improvisadas, infectando todo um batalhão de tanque com terríveis doenças cutâneas. Outras tropas sofreram de disenteria, causada por comida estragada. O regimento se transferiu para um campo aéreo nas imediações da cidade de Holguín, mas sua prontidão para combate foi muito diminuída.

Logo após a chegada a Oriente, Raúl emitiu uma ordem subordinando todo o potencial humano na província ao exército cubano. Como era ministro da Defesa, isso significava que todo trabalhador em Oriente achava-se agora sob seu comando pessoal. Jipes e caminhões civis tornaram-se veículos militares que não podiam ser dirigidos sem permissão. Sob o plano de defesa conjunto com os soviéticos, também se mantinha Raúl informado sobre os movimentos dos tanques de Yazov e os mísseis de cruzeiro de Maltsev.

Tudo estava instalado para um ataque a Guantánamo. Raúl percorrera as colinas acima da base naval com Maltsev e inspecionara as posições de lançamento para os mísseis FKR. Tropas soviéticas haviam passado semanas abrindo clareiras na floresta para os lançadores de mísseis, isolando os regimentos com trincheiras e cercas de arame farpado. As posições de lançamento eram bem camufladas e muito mais difíceis de detectar do ar que os regimentos de mísseis de médio alcance. A posição de alguns equipamentos, como antenas e geradores, foi pré-demarcada, mas a maioria seria trazida no último momento.

Raúl recebia atualizações regulares de informação secreta dos espiões cubanos, misturados com os trabalhadores que serviam na base e viajavam de um lado para outro pelos postos de controle dos EUA e cubanos. Estes sabiam os números de reforços dos fuzileiros navais e as posições estratégicas onde eram postos. A base era cercada por todos os lados. Se a guerra começasse, a Marinha soviética solaparia a entrada para a baía de Guantánamo, enquanto as tropas de Yazov bloqueariam os acessos por terra. Várias dezenas de peças de artilharia pesada foram instaladas nas colinas acima da base.

Os comandantes soviéticos estavam confiantes que os americanos ainda não tinham a menor ideia dos mísseis de cruzeiro nem de suas ogivas nucleares, apesar de vários voos de U-2 sobre a área. Um carregamento inicial de ogivas nucleares chegara a bordo do *Indigirka* na primeira semana de outubro e fora distribuído aos regimentos FKR. Oficiais de controle nuclear haviam feito a viagem de 20 horas a La Isabela por estradas ruins para receber o *Aleksandrovsk*, descarregar as ogivas e trazê-las de volta a Mayarí. Tomaram elaboradas precauções para ocultar o destino do comboio, enviando caminhões e picapes como chamariz à direção oposta para criar o máximo de confusão.

Enquanto isso, caminhões carregados de mísseis de cruzeiro já avançavam pela recém-construída estrada de Mayarí na direção de Guantánamo.

Conhecida pelos fuzileiros navais como GITMO, a base naval da baía de Guantánamo parecia uma fatia pesadamente fortificada do subúrbio americano fincada na ponta de uma ilha tropical. Viam-se jipes parados diante de agradáveis bangalôs de um andar com gramados podados à perfeição. Caminhões transportando granadas e morteiros percorriam ruas margeadas por pistas de boliche, mercearias, cintilantes piscinas e um rinque de patinação. Tanques ficavam estacionados na borda de um campo de golfe de 27 buracos, perto de placas de sinalização que diziam: 20KM, CRIANÇAS BRINCANDO.

A relaxada atmosfera de cidade pequena desaparecera no dia em que Kennedy anunciou a descoberta de mísseis nucleares em Cuba. Naquela manhã, os fuzileiros navais foram de porta em porta dizendo às mulheres e crianças que tinham uma hora para arrumar as malas e partirem. Ao cair da noite, 2.810 dependentes haviam sido evacuados. As casas foram ocupadas por cinco mil reforços de fuzileiros, que se espalharam pela divisa de 2.500km com Cuba. Navios canhoneiros deslocaram-se ao largo, prontos para bombardear posições de artilharia nas colinas acima da base naval. Um avião de reconhecimento sobrevoava constantemente em círculos, identificando alvos militares soviéticos e cubanos.

Na manhã de quinta-feira, poucas horas após o discurso do presidente, um avião-cargueiro transportando munição extra para a GITMO colidiu com o solo ao pousar. Minutos após o acidente, o material bélico a bordo do avião começou a detonar no extremo calor, produzindo uma série de maciças explosões e espalhando destroços a mais de 2km. Foram necessários quatro dias para varrer a área e encontrar os restos carbonizados dos oito homens da tripulação.

Cercada por montanhas, a GITMO oferecia à Marinha dos EUA um dos melhores portos naturais no Caribe. Também era uma anomalia histórica. A data do acordo da base remontava aos dias de Teddy Roosevelt, quando Cuba ainda estava sob proteção americana. O incipiente governo cubano foi obrigado a arrendar o enclave de 117km^2 para sempre aos Estados Unidos por um pagamento anual de 2.000 dólares em moedas de ouro, depois convertidos para U$3.386,25 em papel-moeda. Após a revolução, Castro denunciou o acordo da base como um resíduo de colonialismo "ilegal" e recusou-se a aceitar os pagamentos que os americanos continuavam mandando. Mas se absteve de encenar ameaças de expulsão dos gringos de Guantánamo, sabendo que isso seria tratado como uma causa bélica por Washington.

Desesperado por dinheiro e informações secretas, Castro permitiu que vários milhares de cubanos continuassem servindo na base. Os trabalhadores cubanos gerenciavam as mercearias, reparavam e descarregavam navios, e até participavam de patrulhas policiais conjuntas americano-cubanas. Após passarem em grandes números pelos postos de controle cubano e americano no principal portão nordeste, eram levados aos respectivos locais de trabalho por ônibus da Marinha dos EUA. As autoridades também vendiam à base toda a água potável, bombeando sete centenas de milhões de galões anuais do vizinho rio Yateras.

Quando o bloqueio entrou em vigor, os comandantes da GITMO se reforçaram para a ação retaliatória pelos cubanos. Mas quase metade dos 2.400 trabalhadores cubanos apresentou-se ao trabalho na terça-feira, e mais ainda no dia seguinte. O abastecimento de água continuou ininterrupto. Muitos dos cubanos trabalhavam na base naval fazia anos e se opunham a Castro. Forneciam informações sobre o posicionamento estratégico de tropas aos fuzileiros navais e encaravam de bom grado a perspectiva de uma invasão dos EUA. Outros cooperavam com a polícia secreta cubana. O Serviço de Inteligência fluía nas duas direções, satisfazendo a todos.

Os fuzileiros navais tinham boas informações sobre movimentos de tropa e posições de artilharia na vizinhança imediata de Guantánamo. Haviam compilado uma lista de alvos de dezenas de lugares-chave a serem tomados nas primeiras horas de hostilidade, incluindo aeroportos, pontes, postos de comunicação, acampamentos militares e regimentos de mísseis suspeitos. Mas deram pouca importância à base de mísseis FKR em Mayarí Arriba, sem dúvida a maior ameaça à GITMO. A área de Mayarí era descrita como um alvo militar de "baixa prioridade" no plano de operações conjuntas.

Algumas das informações de inteligência que voltavam das linhas de frente eram de valor duvidoso. O comandante, general de brigada William Collins, ficou perplexo no início com os relatos de um misterioso sistema de sinalização cubana em Caimanera, a um quilômetro da linha divisória. Os fuzileiros navais recém-entrincheirados no lado americano da linha de frente relataram uma série de sinais luminosos amarelos, verdes e vermelhos do lado cubano.

Amarelo, verde, vermelho. Vermelho, amarelo, verde. Assim que decifrou o código secreto, o general desatou a rir. Seus homens vinham observando um sinal de trânsito.

17H, QUINTA-FEIRA, 25 DE OUTUBRO

A princípio, Adlai Stevenson não quis exibir as fotografias do Serviço de Inteligência dos mísseis soviéticos ao Conselho de Segurança das Nações Unidas. Era o tipo de gesto ostensivo de que ele naturalmente desgostava. Durante toda uma vida na política, achava detestável atacar a jugular. Como embaixador dos EUA nas Nações Unidas, orgulhava-se de manter o debate civilizado e racional. Além disso, jamais esqueceria a ocasião em que a CIA o ludibriara a tentar enganar o mundo, fazendo-o parecer um tolo no processo.

Em abril de 1961, durante a invasão da baía dos Porcos, o Departamento de Estado convencera o embaixador a mostrar às Nações Unidas a fotografia de um avião da Força Aérea cubana que bombardeara um aeroporto perto de Havana. Constatou-se que se tratava de uma "prova" falsa. O ataque aéreo não fora realizado por desertores da Força Aérea cubana, como afirmou a administração Kennedy, mas por pilotos da CIA, num antigo B-26 pintado com a insígnia cubana. Para tornar a história sobre uma deserção mais verossímil, homens da CIA haviam perfurado dezenas de buracos de bala num dos aviões, usando pistolas calibre .45. Stevenson foi humilhado.

Por isso, tinha dúvidas sobre o tratamento de Kennedy da crise dos mísseis. Achava que os Estados Unidos deviam negociar com os soviéticos sob o aval da ONU. Era claro para ele que Washington teria de oferecer alguma coisa em troca pela retirada dos mísseis, talvez a retirada de mísseis Júpiter da Turquia e da Itália ou até a base naval de Guantánamo. Mas também sofria pressão da Casa Branca para adotar uma posição pública dura. Receoso de que faltasse determinação a Stevenson, Kennedy despachara John McCloy, homem sensato para todos os fins e ex-delegado americano na Alemanha, para reunir-se com ele em Nova York.

Na ausência de transmissão ao vivo de Cuba ou da linha de bloqueio, o Conselho de Segurança era o mais próximo de redes de televisão a que podia chegar o climático confronto de superpotências. O conselho oferecia o perfeito pano de fundo para um torneio de gladiadores retóricos. Dominava a câmara uma gigantesca tapeçaria de parede de uma fênix renascendo das cinzas – representando a recuperação da humanidade da destruição da II Guerra Mundial. Havia espaço para apenas 20 cadeiras ao redor da mesa redonda, proporcionando uma intimidade e intensidade dramáticas que faltavam à Assembleia Geral muito maior. Em momentos de crise, diplomatas e autoridades amontoavam-se em volta das entradas, vendo o debate acontecer.

Quis a sorte que o embaixador soviético, Valerian Zorin, presidisse a reunião quando Stevenson pediu a palavra. Cansado e doente, Zorin vinha mostrando sinais de deterioração mental nos últimos meses. Às vezes, durante reuniões privadas, erguia os olhos, como num atordoamento, e perguntava: "Que ano é este?" Fora deixado por Moscou para esquivar-se sozinho. Sem instruções, recorrera às tradicionais técnicas de diplomatas soviéticos: confusão e negação. Zorin continuou a negar a presença de mísseis soviéticos em Cuba, mesmo quando Kruchev confirmava-os em particular ao empresário americano de visita, William Knox.

As negações de Zorin haviam se tornado excessivas, até para o paciente e bem-educado Stevenson. Sentado a quatro cadeiras do russo em volta da mesa, Stevenson insistiu em fazer "uma pergunta simples".

– Nega, embaixador Zorin, que a USSR instalou, e vem instalando, mísseis de alcance médio e intermediário e acampamentos em Cuba? – Ouviram-se gargalhadas nervosas ao redor da câmara quando Stevenson pressionou a pergunta: – Sim ou não?... não espere a tradução... sim ou não?

– Não estou num tribunal americano, senhor, e não desejo responder a uma pergunta que me foi feita à maneira de um promotor – respondeu Zorin, em sua voz chorosa e estridente. Sorriu e balançou a cabeça como se espantado pela insolência de Stevenson.

– O senhor está no tribunal da opinião mundial neste momento e pode responder sim ou não. Negou que eles existem e quero saber se o entendi corretamente.

– Receberá a resposta no devido tempo. Não se preocupe.

Mais risadas nervosas, quando Stevenson tentou encurralar o oponente.

– Estou disposto a esperar a resposta até o inferno congelar, se é esta a sua decisão.

A frase "até o inferno congelar" logo se tornaria célebre como a perfeita humilhação ao embaixador que se negava a falar. Na verdade, foi o oposto do que de fato Stevenson pretendia fazer. Os americanos não queriam esperar uma resposta soviética. Queriam-na imediatamente. Para forçar uma resposta de Zorin, Stevenson mandou armar dois cavaletes nos fundos da câmara e continuou em seguida a apresentar a prova fotográfica.

Enquanto todos os demais se esticavam para ver as fotografias, Zorin, de forma ostensiva, escrevia anotações para si mesmo.

– Aquele que mentiu uma vez não será acreditado uma segunda vez – disse ao conselho, após uma longa pausa para a tradução consecutiva, em francês, das observações de seu atormentador. – Em consequência, Sr. Stevenson, não vamos olhar suas fotografias.

Entre os milhões de americanos vendo o debate do Conselho de Segurança pela televisão estava o presidente. Sentado em sua cadeira de balanço, no Salão Oval, anotava num bloco de papel ofício, fazendo um círculo em volta de palavras-chave e sublinhando-as.

"Míssil", escreveu no alto da folha. Desenhou uma caixa em volta, e então repetiu a palavra, desta vez com um círculo ao redor. "Veto, veto, veto, veto, veto." "Provocativo", anotou, com um círculo forte. Repetiu a palavra "provocativo", desta vez com um círculo um pouco mais leve. Sublinhou as palavras "vigilância estrita" e "navio soviético". Na parte inferior da página, desenhou uma série de caixas entrelaçadas que se estendiam além das margens.

Depois que Stevenson terminou, Kennedy ergueu os olhos do bloco.

– Impressionante – disse aos ajudantes. – Eu nunca soube que Adlai tinha isso nele. É uma pena que não tenha mostrado parte dessa verve na campanha de 1956.

1:03, SEXTA-FEIRA, 26 DE OUTUBRO

O vigia noturno fazia suas rondas regulares. Todos estavam em alerta para ataques surpresa pelos comandos russos conhecidos como *spetsnaz*, infiltrados nos Estados Unidos com antecedência para a guerra. Estrategistas bélicos haviam avisado que um primeiro ataque nuclear soviético poderia ser antecedido por ataques de sabotagem contra instalações militares de comando e controle. O setor do centro de direção na ponta sul do aeroporto Duluth era um alvo óbvio, pois alojava os sistemas de computadores e radar que reuniam e transmitiam em conjunto informações de defesa aérea pelos Grandes Lagos. Se sabotadores soviéticos conseguissem explodir o prédio de concreto tipo fortaleza, os Estados Unidos perderiam grande parte da capacidade de rastrear bombardeiros soviéticos chegando do Norte.

O guarda patrulhava os fundos do prédio de quatro andares quando viu um vulto transpondo uma cerca perto da maquinaria gerando eletricidade. Deu alguns tiros no escuro e correu para disparar o alarme. Em segundos, a buzina começara a gemer, assustando pilotos no salão da cantina, a várias centenas de metros. Ninguém sabia o que concluir do alarme, que era diferente do alerta-padrão aos pilotos para decolar e dirigir-se a um destino para investigar a visão ou interceptar um inimigo. Continuavam a perguntar-se o que fazer quando alguém informou tratar-se de uma sirene de sabotagem, não de partida.

Enquanto os pilotos em Duluth esperavam instruções, alarmes começaram a disparar por toda a região, do Canadá à Dakota do Sul. Poderia uma trama de sabotagem soviética estar em andamento? O plano de antissabotagem prescrevia "*flushing*", a força interceptora, terminologia da Força Aérea americana para pôr o maior número de aviões no ar o mais rápido possível. Sem entender o que acontecia no centro de direção de Duluth, o controlador responsável pelo Campo Volk, no Wisconsin, decidiu que "discrição era a essência da coragem" e prosseguiu para a realização do plano.

Já começava a nevar no centro do Wisconsin e as temperaturas pairavam em torno do ponto de congelamento. O Campo Volk ficava numa área isolada, conhecida por seus profundos desfiladeiros e excepcionais formações rochosas. O campo era usado sobretudo para fins de treinamento pela Guarda Aérea Nacional. Não havia hangar para os aviões de alerta, nenhum sistema de pouso guiado por radar, nem torre de controle, as pistas eram inadequadas e sofria de uma escassez crônica de equipamento de remoção de gelo. Os técnicos ainda consertavam as sirenes e recorriam a um sistema telefônico precário para distribuir e autenticar uma ordem de pôr os aviões no ar.

As condições em alguns dos outros campos sendo usados para receber F-101s e F-106s carregados com armas nucleares do Comando de Defesa Aérea eram ainda mais rudimentares. Faltava quase tudo no aeroporto do município de Siskiyou, na Califórnia, "com exceção de uma pista e uma van reformada" que servia de torre de controle. Na base Williams da Força Aérea, no Arizona, um piloto viu, horrorizado, um empreiteiro civil inexperiente despejar 20 galões de combustível na pista de decolagem. Constatou-se que o empreiteiro apertara o botão errado. Em vez de bombear combustível no avião, bombeava-o fora.

Aeronaves das grandes bases da Força Aérea em Duluth e Detroit haviam sido dispersadas para Volk, prontas para levantar voo na ocorrência de um ataque soviético. Os pilotos de Detroit as haviam trazido do Campo Hulman, nos arredores de Terre Haute, dois dias depois que um dos seus colegas passara do limite da pista. Os pilotos acomodaram-se em camas de hospital no dispensário, a uma distância por jipe de 20 segundos dos aviões. Dormiram com os uniformes de voo.

A ordem de decolagem chegou às 00:14, horário padrão, 11 minutos após as sirenes soarem em Duluth. Despertados do sono, os pilotos calçaram as botas com zíperes e correram para fora sob uma nevasca. Ao saltar num jipe e dirigir-se ao avião, o tenente Dan Barry convenceu-se de que a guerra irrompera. Seria loucura lançar interceptores carregados com armas nucleares nessas condições em tempo de paz. Subiu correndo a escada para o avião e apertou um dispositivo para pôr o motor de desligado para ocioso. Enquanto o motor aquecia, prendeu o capacete e o paraquedas, que fazia parte do assento. O F-106 já fora totalmente carregado com um míssil rematado por ogiva nuclear MB-1 "Gênio", dois mísseis infravermelhos com sensores que buscam calor e dois mísseis guiados por radar.

Um avião *flushed* é como uma ambulância ou carro de bombeiro, com prioridade sobre todo outro tráfego. Após subirem para dois mil pés, os aviões fariam contato com o quartel-general do setor em Duluth. A suposição era de que rumariam ao norte, para interceptar os Ursos e Bisões soviéticos que se acreditava enxamearem sobre o Canadá.

Barry impelia-se na pista quando viu um jipe percorrendo a pista em sua direção, acendendo os faróis, frenético. O líder F-106 ia decolar. Chegara uma segunda mensagem do controlador de Duluth, cancelando o alerta de sabotagem. Como não havia torre de controle, o único jeito de impedir a decolagem dos aviões era bloqueando fisicamente a pista.

Foram necessários quatro minutos para chamar os aviões de volta. Mais um minuto e o primeiro F-106 carregado de arma nuclear estaria no ar, os outros logo atrás.

Em Duluth, enquanto isso, os guardas continuavam procurando o misterioso intruso. Pouco depois, encontraram buracos de bala numa árvore. Acabaram concluindo que o suspeito *spetsnaz* era na certa um Urso.

CAPÍTULO SEIS

Intel

7:50, SEXTA-FEIRA, 26 DE OUTUBRO

Chegara a hora de um certo teatro político. Haviam se passado quatro dias desde o anúncio de Kennedy de um bloqueio naval a Cuba – oficialmente conhecido como uma "quarentena" –, mas a Marinha dos EUA ainda não tinha de abordar nenhum navio. Jornalistas vinham fazendo perguntas sobre a eficácia do bloqueio. Almirantes e generais reclamavam da permissão a um petroleiro soviético, o *Bucharest*, de navegar para Cuba, com base na garantia dada pela capitã de que não transportava "materiais proibidos".

Ninguém tinha mais consciência dos aspectos de relações públicas do bloqueio que o presidente, manipulador experiente e muito eficaz da mídia. Ele era seu próprio relações-públicas: convidava divulgadores ao Salão Oval, afagava os editores certos, telefonava para influentes colunistas e repórteres, repreendia autoridades administrativas que expressavam opiniões fora de hora. Lia jornais assiduamente e incentivava os ajudantes a criar formas de fazer "lavagem cerebral" na imprensa, termo usado por seu assistente militar no início da crise. Para Kennedy, a quarentena era mais uma ferramenta política que militar. As percepções do público eram de grande importância.

O navio escolhido para a necessária demonstração da resolução americana foi o *Marucla*, de 7.268t, um cargueiro libanês fretado pela União Soviética. Estava a caminho de Cuba após deixar o porto letão de Riga, com uma carga declarada de papel, enxofre e peças de caminhão. As chances de um navio registrado como libanês, com a maior parte da tripulação grega, ser descoberto carregando partes de um míssil soviético proibido era quase inexistente. Abordando o *Marucla*, a Marinha assinalaria sua determinação de reforçar a quarentena. Como disse Kennedy ao ExComm em 25 de outubro: "Temos de provar mais cedo ou mais tarde que o bloqueio funciona."

O destróier mais próximo do *Marucla* era o USS *John R. Pierce*, que iniciou a caça na noite de quinta-feira. Mas a Marinha julgou que seria "simpático" se a interceptação fosse feita pelo USS *Joseph P. Kennedy*, destróier batizado com o nome do irmão do presidente. O *Kennedy* achava-se a uma distância muito mais considerável do *Marucla* na época e teve de acionar três das suas quatro caldeiras, alcançando uma velocidade de 30 nós, para encurtar a distância.

Quando o Kennedy se moveu em direção ao *Marucla*, o capitão convocou uma reunião na sala dos oficiais para discutir formalidades de abordagem. Após alguma conversa sobre o que vestir, o grupo de abordagem acabou se decidindo por uniformes brancos sem armas laterais. O branco era mais formal que o cáqui e daria uma boa impressão. O capitão enfatizou a necessidade de "gestos amistosos" e "cortesia" em vez de tiros peremptórios pela proa. Na quinta-feira, 25 de outubro, a Marinha emitira instruções para uma abordagem mais gentil para cumprir o bloqueio. Os oficiais da abordagem estavam autorizados a, se necessário, "distribuir revistas, balas e isqueiros". Autorizou-se ainda um orçamento de 200 dólares por navio para a compra de materiais adequados "de pessoa para pessoa".

"Não empreendam ações ameaçadoras", instruía o cabograma. "Não apontem as armas do navio na direção de mercadores."

Logo após o amanhecer, o *Kennedy* instruiu o *Marucla*, com o uso de bandeira e luz piscante, que se preparasse para inspeção. O desafio imediato foi entrar a bordo. Os mares estavam agitados e o barco de salvamento do *Kennedy* sacudia para cima e para baixo, deixando fora de alcance a escada de corda baixada pela equipe do *Marucla*. O oficial no comando do grupo de abordagem, capitão de corveta Kenneth Reynolds, temia cair no mar e parecer ridículo. Acabou dando um salto bem-sucedido para a escada. Às 7:50, todos se achavam em segurança no convés.

Os prestativos marinheiros gregos ofereceram café aos convidados, retiraram as tampas das comportas de carga e convidaram os americanos a procurarem peças de míssil. Não havia nenhuma para ser encontrada. Um engradado rotulado de "instrumentos científicos", que atraíra a curiosidade de Reynolds, era na verdade uma coleção de "objetos meio ordinários que poderiam ser encontrados num velho laboratório de ciências de colégio".

Não havia tempo para uma busca minuciosa. Superiores de toda a cadeia de comando pediam constantemente informação por rádio de faixa lateral. O Pentágono ficava nervoso. A Casa Branca queria alguma boa notícia para distribuir. Após duas horas de inspeção, Reynolds decidiu que já vira o suficiente. Autorizou o *Marucla* a prosseguir para Havana.

As ruas ao redor do prédio da Steuart Motor Company no centro de Washington eram cheias de lixo, garrafas quebradas, veículos abandonados e pilhas de detritos. Vagabundos e bêbados moravam nos becos atrás do edifício de sete andares sem identificação. Estacionamentos e meios de transporte público eram tão limitados que os analistas da CIA em geral faziam transporte solidário para trabalhar. Antes de estacionar os carros, os homens da agência muitas vezes tinham de afastar vidros quebrados.

Localizado na esquina das ruas Quinta e K no noroeste de Washington, o prédio da Steuart era a sede do trabalho de interpretação de fotos da CIA. (A agência da CIA ocupava os quatro andares superiores, acima do showroom de uma concessionária de automóveis e do escritório de uma corretora imobiliária.) Todo dia mensageiros militares apareciam com centenas de latas de filme rodado de aviões espiões ou satélites que sobrevoavam alvos como a União Soviética, a China e mais recentemente Cuba. Durante períodos de crise não era raro que aparecessem limusines diante do prédio, descarregando secretários de gabinete e generais que precisavam evitar o amontoamento de vendedores de carros e vagabundos para comparecer a reuniões de inteligência confidenciais.

Como fazia todo dia durante a crise, Arthur Lundahl atravessou as portas giratórias de segurança na entrada do prédio da Steuart e seguiu até seu escritório que dava para a Quinta Rua. O diretor do Centro Nacional de Interpretação Fotográfica passaria grande parte do dia viajando ao redor de Washington resumindo as mais recentes informações secretas para líderes políticos e militares. Mas primeiro tinha de mergulhar nos detalhes da última série de fotos feitas pelos jatos Crusader da Marinha no centro e no Oeste de Cuba e analisadas da noite para o dia por equipes de intérpretes de fotografias.

Após semanas estudando imagens de alta altitude de U-2, foi um alívio examinar afinal as fotos de baixa altitude. Tudo era muito mais claro e detalhado. Até leigos distinguiam os aspectos reveladores de um campo de mísseis soviético: as compridas tendas de abrigo dos mísseis, as plataformas de lançamento feitas de concreto, os caminhões de combustível, as casamatas para ogivas nucleares, a rede de estradas secundárias. Era possível ver vultos passeando entre as palmeiras ou correndo em busca de cobertura quando os Crusaders da marinha sobrevoaram.

O pacote do serão da inteligência incluía informações sobre unidades militares e sistemas de arma jamais vistos antes em Cuba. Uma fotografia de baixa altitude da área de Remedios, no centro de Cuba, mostrava fileiras e fileiras de tanques T-54, caminhonetes eletrônicas, carretas de transporte pessoal blindadas, um depósito de armazenamento de petróleo e no mínimo uma centena de tendas. A julgar pela disposição do local e o alinhamento preciso das tendas e veículos, era óbvio tratar-se de um acampamento militar soviético, não de um cubano. Esses eram claramente soldados de combate, não "técnicos", como um membro da inteligência dos EUA descrevera-os antes. E havia muito mais deles do que qualquer um suspeitara.

Os intérpretes de fotos chamaram a atenção do diretor para um objeto oval com barbatanas semelhantes às de tubarão, de mais de 10 metros de comprimento, ao lado de um caminhão de radar. Lundahl reconheceu o objeto como um FROG, acrônimo para "Free Rocket Over Ground". (FROG era a designação americana; o nome soviético oficial era Luna.) Era impossível saber se esse FROG específico era convencional ou nuclear, mas planejadores militares tinham de supor o pior. Havia agora uma assustadora possibilidade de que, além dos mísseis apontados para os Estados Unidos, as tropas soviéticas em Cuba estivessem equipadas com mísseis de curto alcance rematados com ogivas nucleares, capazes de destruir uma força invasora americana.

As fotografias de baixa altitude dos regimentos de mísseis MBMA continham mais notícias ruins. As provas de que havia atividade eram muitas. Sulcos frescos na lama sugeriam que os soviéticos vinham testando os mísseis durante a noite. A maioria dos regimentos achava-se agora camuflada, alguns com mais eficácia que outros. Vários lançadores de mísseis haviam sido cobertos com metros de plástico, mas analistas conseguiram usar fotos anteriores para concluir o que havia por baixo. As fotografias de Calabazar de Sagua eram detalhadas o suficiente para identificar postes para camuflar a instalação de redes. Em San Cristóbal, 400 quilômetros a oeste, viam-se claramente as cordas segurando de pé as tendas de inspeção de mísseis.

Apesar das tentativas de camuflagem, os intérpretes de fotos haviam localizado cabos partindo das tendas de inspeção em direção aos geradores e painéis de controle ocultos na mata. Haviam encontrado, na maioria dos regimentos, unidades de teodolito, sofisticados instrumentos ópticos usados para alinhar mísseis na base de lançamento. Caminhões de combustível e agente oxidante achavam-se estacionados por perto. Embora nenhum dos mísseis estivesse na posição vertical, a maioria poderia ser disparada em seis a oito horas, segundo estimativas da CIA.

Comparando as fotografias com dados sobre os tempos de prontidão do R-12 extraídos do manual técnico fornecido por Oleg Penkovsky, os analistas haviam concluído que quatro dos seis campos de mísseis eram "plenamente operacionais". Os dois restantes na certa seriam operacionais em dois dias.

Ao examinar as fotografias, Lundahl perguntou-se como iria transmitir as informações secretas ao presidente. Numa frequente comunicação de más notícias, ele se esforçou para evitar "dramáticas". Tinha cuidado com qualquer coisa que criaria "o medo de estouro de uma boiada". Ao mesmo tempo, sabia que tinha de apresentar os fatos de forma sucinta e conclusiva, "para que os tomadores de decisão se convencessem, assim como se convenceram os intérpretes de fotos, de que a crise entrava numa nova fase".

A arte do reconhecimento aéreo remontava às guerras napoleônicas. Tropas francesas usaram um balão de observação militar em 1794 para espionar tropas holandesas e austríacas na batalha de Maubeuge. Durante a Guerra Civil americana, um cientista chamado Thaddeus Lowe concebeu um método para telegrafar informes sobre posições das tropas confederadas na Virgínia de um balão preso bem acima do rio Potomac. Artilheiros da União conseguiram usar as informações para mirar tropas confederadas sem vê-las. Na I Guerra Mundial, alemães e britânicos usavam aviões de reconhecimento de dois lugares para fotografar posições de tropas inimigas. O reconhecimento de fotos expandiu-se muitíssimo na II Guerra Mundial, tanto para identificar alvos quanto para inspecionar os danos causados pelos altamente destrutivos ataques de bombardeiros sobre a Alemanha e o Japão.

Como a maioria de seus analistas de primeira linha, Lundahl servira como intérprete de fotos durante a guerra, analisando dados de bombardeios do Japão. Gostava de gabar-se de que a fotografia aérea fornecia de 80% a 90% do serviço de inteligência militar coletado na II Guerra Mundial – e poderia desempenhar uma função semelhante na Guerra Fria. O fluxo de informações úteis disparou depois que o presidente Eisenhower autorizou a construção do U-2, um revolucionário avião com câmeras igualmente revolucionárias, capazes de fotografar objetos de 30cm de comprimento a 70 mil pés de altura. A demanda por expertise fotográfica logo se tornou opressiva. Só em outubro de 1962 os homens de Lundahl achavam-se envolvidos em mais de 600 projetos distintos de interpretação de fotos, que iam de campos de testes de foguetes em Krasnoiarsk a indústrias de energia em Xangai e fábricas de aviões em Tashkent.

No início da década de 1960, o reconhecimento aéreo desovara uma coleção de subdisciplinas esotéricas, como "barracalogia", "abrigologia" e "engradadologia". Intérpretes de fotos passavam dias analisando os engradados nos conveses de navios soviéticos que se dirigiam a lugares como o Egito e a Indonésia, medindo suas dimensões precisas e adivinhando o que poderiam levar dentro. Em 1961, a CIA publicou um guia detalhado de diferentes tipos de engradados, ensinando aos agentes a diferença entre o engradado de um MiG-15 e de um MiG-21. A "engradadologia" lavrou seu grande triunfo em fins de setembro, quando analistas deduziram corretamente que um navio soviético rumando para Cuba transportava bombardeiros Il-28. Como se sabia que o Il-28 tinha capacidade nuclear, essa descoberta estimulou Kennedy a concordar com o crucial sobrevoo do U-2 de 14 de outubro a Cuba para investigar a escalada de armas soviéticas.

Os analistas podiam deduzir muita coisa apenas olhando a foto de um navio e estudando a maneira como se posicionava na água. Alguns cargueiros soviéticos em rota para Cuba haviam sido construídos na Finlândia e tinham comportas extraordinariamente compridas. Destinavam-se ao comércio de madeira, mas as fotografias mostraram-nos navegando suspeitamente alto na água. Havia uma óbvia explicação: os foguetes pesavam muito menos que madeira maciça.

Um experiente intérprete de fotos extraía informação de inteligência valiosa de detalhes de pouca importância aparente. Os analistas associaram campos de beisebol a tropas cubanas, campos de futebol a tropas soviéticas. Um canteiro de flores fornecia valiosas pistas da ordem de batalha soviética: algumas unidades usavam flores de cores diferentes para exibir sua insígnia regimental. Grandes quantidades de concreto assinalavam com frequência alguma espécie de instalação nuclear. Sem jamais ter posto o pé em Cuba, intérpretes de fotos podiam sentir seus ritmos, avaliar os ânimos e participar indiretamente da vida de seus habitantes.

Um dos principais assistentes de Lundahl, Dino Brugioni, descreveria mais tarde os elementos que tornaram Cuba tão intrigante:

> O sol quente da manhã; as nuvens de chuva à tarde; a estranha vegetação da palmeira, conífera e árvores decíduas; a grama alta; os canaviais nas planícies; as cidadezinhas onde se reuniam as pessoas; as grandes propriedades que davam para belas praias; os telhados de colmo das cabanas dos camponeses; as luxuosas cidades de veraneio; as ricas extensões de "fincas", ou fazendas; os ubíquos diamantes de beisebol; a aparência cosmopolita de Havana e o visual sonolento e esquecido de Santiago; a Sierra Maestra elevando-se abruptamente atrás do litoral; as pequenas estradas de ferro que levavam das centrais de processamento de açúcar aos campos de cana; a solidão da grande prisão da ilha de Pinheiros; as salinas; os vários barcos e viveiros de pesca, e as estradas que atravessavam e entrecruzavam a ilha.

E no centro desse paraíso tropical, como uma estranha excrescência na terra, os campos de mísseis soviéticos.

8:19, SEXTA-FEIRA, 26 DE OUTUBRO

Na manhã de sexta-feira, os quatro submarinos soviéticos no mar de Sargaços haviam começado a recuar de suas posições avançadas por ordens de Moscou. A missão deles se tornara muito obscura. Não havia mais navios transportando mísseis para eles protegerem: os que não haviam chegado a Cuba fizeram a volta em direção à União Soviética. Após um acalorado debate no Presidium, Kruchev decidira contra o envio dos Foxtrots pelo estreito canal de mar das ilhas Turca e Caicos, onde poderiam ser facilmente detectados por caçadores submarinos americanos. Mas a Marinha soviética de fato autorizou um submarino – B-36 – a explorar a mais larga Passagem Silver da Margem, entre a Grão-Turco e Hispaniola. Mais tarde verificou-se que isso foi um crasso erro de julgamento.

O B-36 foi avistado por um avião de reconhecimento às 8:19, a 80 milhas náuticas da ilha Grão-Turco. O reluzente submarino preto tinha uns 300 pés de comprimento e 25 pés de largura, cerca de duas vezes o volume de um submarino alemão U-boat. O número "911" em grandes letras brancas era claramente visível numa de suas torres de comando. O submarino submergiu cinco minutos depois. Navegava no curso sul, em direção a Hispaniola, a cerca de sete nós por hora. O fato de ter sido localizado apontou um avanço revolucionário para um novo dispositivo de guerra antissubmarino conhecido como Sistema de Vigilância Sonoro, ou SOSUS, acrônimo em inglês.

Submarinos de caça eram um clássico exemplo de competição e escalada tecnológicas. Um lado inventava um submarino mais silencioso, rápido, ou menos visível; o outro lado criava uma nova tecnologia para detê-lo. Era difícil encontrar um submarino com aparelho para renovação de ar por meio de radar, mas era possível detectá-lo por som. O som emitido pelos barulhentos motores a diesel era ampliado dentro d'água e viajava, às vezes, milhares de milhas. Ondas sonoras podiam ser demarcadas e trianguladas de maneira muito semelhante à que se demarcavam e triangulavam ondas de rádio.

No final da década de 1950, os Estados Unidos haviam instalado um sistema de hidrofones, ou microfones subaquáticos, ao longo de toda a orla marítima leste. Tão logo se determinasse a locação geral de um submarino inimigo pelo SOSUS, a aeronave da Marinha dos EUA usava boias de recepção de som e radar para encontrar a posição precisa. O problema do SOSUS era que captava outros objetos, como baleias. Mais de 800 contatos haviam sido registrados num sistema no espaço de 48 horas. Nenhum desses contatos tinha ainda resultado numa visão de submarino confirmada.

A instalação naval na minúscula ilha britânica de Grão-Turco – NAVFAC Grão-Turco – foi um dos primeiros postos de escuta de submarino. Construída em 1954, a estação SOSUS ocupava uma península solitária na ponta norte da ilha, de pouco mais de nove quilômetros de comprimento. Cabos subaquáticos ligavam a instalação a uma rede de hidrofones no leito do mar. Os hidrofones transformavam ondas sonoras em cargas elétricas que queimavam marcas em rolos de papel térmico externos. Uma linha forte e clara era uma boa indicação de ruído de motor.

Técnicos no NAVFAC Grão-Turco haviam começado a notar as distintivas linhas queimadas na noite de quinta-feira. Rastreadores de submarino relataram "um contato confiável" às 10:25 e chamaram os aviões de patrulha. Batizaram o contato como "C-20", ou "Charlie-20".

– Avião – gritou o vigia na ponte do submarino *B-36*. – Mergulhe!
Levou apenas poucos segundos para os vigias descerem correndo a escada da torre de comando. Ouviu-se um alto ruído gorgolejante quando a água inundou os tanques de flutuação, expelindo o ar que mantinha o navio à tona. O submarino entrou num mergulho de emergência. Panelas e pratos voaram para todos os lados na cozinha.

Membros da tripulação correram ao redor do navio, girando válvulas e fechando comportas. A maioria usava calção. Só o oficial da vigilância vestia um paletó azul-marinho, em nome da propriedade. Muitos dos homens haviam besuntado o corpo com um brilhante unguento antisséptico para aliviar a irritação de erupções causadas por alta temperatura, semelhantes a colmeias. O ar abafado e o calor extraordinário, de mais de 55 graus centígrados, em partes do navio, haviam cobrado seu preço da maioria dos marinheiros resistentes. Todos se sentiram cansados e debilitados, os cérebros entorpecidos de tonteira. O suor escorria-lhes do corpo.

O tenente Anatoli Andreiev vinha mantendo um diário em forma de uma extensa carta à esposa de dois anos e um mês. Até levar a caneta ao papel era um esforço monumental. Grandes gotas de suor pingavam na folha, manchando a tinta. Quando não estava de serviço, ele se deitava no beliche, cercado de fotografias de Sofia e da filha de um ano do casal, Lili. Elas eram sua tábua de salvação para um mundo mais saudável, no qual se respirava ar fresco, se bebia tanta água quanto desejasse e ninguém gritava com outro por erros imaginários.

Todos estão com sede. É só do que todos falam: sede. Que sede eu sinto. É difícil escrever, o papel está encharcado de suor. Todos parecemos recém-saídos de um banho a vapor. Tenho as pontas dos dedos inteiramente brancas, como se Lyalechka houvesse voltado a ter um mês, e eu acabado de lavar todas suas fraldas... O pior é que os nervos do comandante estão em frangalhos. Ele berra com todo mundo e tortura a si mesmo. Não entende que devia poupar sua força e a dos homens também. Do contrário, não vamos durar muito tempo. Tem se tornado paranoico, com medo da própria sombra. É duro lidar com ele. Sinto pena e ao mesmo tempo raiva dele.

Já estavam no mar fazia quase um mês. O B-36 fora o primeiro dos quatro submarinos a deixar Gadjievo na calada da noite, sem quaisquer luzes. Encabeçara o caminho pelo Atlântico para os outros submarinos. O capitão Aleksei Dubivko tinha ordens da Marinha soviética para chegar ao canal Caicos na entrada do Caribe na quarta semana de outubro. Teve de manter uma velocidade média de 12 nós, um ritmo extraordinariamente rápido para um submarino movido por corrente elétrica gerada por um motor a diesel, que só podia fazer sete ou oito nós dentro d'água. Durante quase toda a viagem, fora necessário navegar na superfície, usando motores a diesel, em vez de suas baterias, e batalhando com ondas altas como um prédio de quatro andares.

À parte as lúgubres condições a bordo do navio, a jornada fora quase sem ocorrências especiais. Os motores a diesel continuaram funcionando bem – em contraste com a experiência de Shumkov no B-130, que rastejava a mais de 200km atrás. Pelo que eles sabiam, haviam conseguido escapar da detecção dos americanos até chegarem ao mar dos Sargaços. O maior drama foi um membro da tripulação que caiu doente com apendicite. O médico do navio operou-o na mesa de refeições na sala dos oficiais. Como era impossível utilizar um bisturi corretamente com o navio arfando na superfície, realizaram a operação totalmente submersos, reduzindo a velocidade para três nós e perdendo um dia. A operação foi um sucesso.

Andreiev mantinha um comentário constante de seu próprio estado de espírito na carta sinuosa à amada Sofia. Sentia-se alternadamente intimidado pela força e beleza do oceano e lutando com desconforto físico. "Que magnífico é o oceano quando furioso. Fica todo branco. Vi tempestades maiores, mas nada mais lindo que isso", disse à esposa, quando o submarino rumava para o outro lado do Atlântico através de ventos com a força de vendaval. "As ondas, que ondas! Erguem-se como cordilheiras de montanhas, parecendo se estender sem fim. Nosso navio parece um minúsculo besouro perto delas." Após cair o crepúsculo, o oceano "tornou-se apavorante e ameaçador, e a beleza desapareceu. Só restaram a funesta escuridão e a sensação de que tudo poderia acontecer a qualquer minuto".

Quando chegaram ao mar dos Sargaços, a água ficou "absolutamente calma", a cor, "alguma coisa entre azul-marinho e roxo". Mas as condições a bordo do navio se deterioraram. A temperatura nas partes mais frias do submarino é de pelo menos 38°C. "O calor está nos enlouquecendo. A umidade subiu. Tem ficado cada vez mais difícil respirar... Todo mundo concordou que preferia ter geada e nevascas." Andreiev sentia como se a cabeça fosse "explodir do ar abafado". Marinheiros desmaiavam de superaquecimento. Os níveis de dióxido de carbono eram perigosamente altos. Os homens que não estavam de serviço reuniam-se na parte mais fria do navio e "sentavam-se imóveis, fitando um único ponto".

Não havia água suficiente para se beber à vontade, por isso a ração foi reduzida a uns 250 mililitros diários por membro da tripulação. Por sorte, havia copioso abastecimento de uma calda de compota de fruta, que os homens bebiam como desjejum, almoço e jantar. A temperatura no refrigerador aumentou para quase 8°C. Como oficial encarregado da cozinha, Andreiev ordenou o aumento na ração de carne, pois toda a carne poderia estragar. Mas quase ninguém sentia vontade de comer. Muitos membros da tripulação perderam um terço do peso. O capitão acusou Andreiev de deixar a comida deteriorar-se de propósito. "Tornei-me um inimigo do povo", escreveu. "Houve uma grande briga e me senti muito mal com isso. O calor está nos irritando."

Pensava o tempo todo na mulher e na filha. "A primeira coisa que faço quando acordo é dar bom-dia a vocês duas." Quando montando vigilância, ele se imaginava no convés de um luxuoso navio de linha regular com Sofochka. "Você, num leve vestido de verão, sente frio. Ficamos abraçados, admirando a beleza do mar à noite." Enviava saudações à esposa pela constelação de Órion, visível simultaneamente na Rússia e no Atlântico. Lembrava Lili "sentada na areia com o bracinho levantado... E aqui está você, minha sereia, saindo da água com um sorriso deslumbrante... Tentando tirar uma bola dela com uma expressão séria". Lembranças das "minúsculas mãos" da filha, "seu sorriso feliz, o pequeno assentimento da cabeça do outro lado da mesa defronte a mim, a risada e as carícias da mulher", ajudaram-no a atravessar os momentos mais difíceis da jornada.

O *B-36* aproximou-se do acesso ao canal de Caicos no prazo, no momento em que a crise aproximava-se do ápice. Foi então que o capitão Dubivko recebeu uma mensagem urgente de Moscou, ordenando-o a conter-se. Em vez de tentar transpor o canal de quase 70km de largura, ele foi instruído a desviar para a ponta oriental das ilhas dos Turcos e Caicos, a 250km de distância. Embora fosse longo o caminho para Cuba, o canal marítimo era duas vezes mais largo. Era evidente que os chefes navais acreditavam que os riscos de detecção reduziam-se muito se os submarinos se mantivessem afastados da estreitas passagens marítimas.

Quando o *B-36* contornou a ilha Grão-Turco, com sua estação secreta SOSUS, surgiram acima os aviões de patrulha da Marinha dos EUA. Os marinheiros soviéticos ouviram o ruído de explosões abafadas quando os aviões de patrulha despejaram cargas de profundidade e boias de recepção de som na tentativa de localizá-los. A atmosfera dentro do submarino tornou-se ainda mais tensa. "Estamos no covil do inimigo. Tentamos não revelar-lhes nossa presença, mas eles sentem nossa proximidade e nos procuram", observou Andreiev.

Monitorando transmissões de rádio americanas, Dubivko entendeu que a União Soviética e os Estados Unidos aproximavam-se da guerra. Foi-lhe exigido subir à superfície pelo menos uma vez a cada 24 horas, à meia-noite, horário de Moscou, para uma sessão de comunicações pré-programada. Ninguém no quartel-general da Marinha prestou atenção ao fato de que meia-noite em Moscou era o meio da tarde no Atlântico Ocidental. O risco de detecção aumentava de forma acentuada durante as horas de luz do dia. Mesmo assim, apavorava Dubivko faltar a uma sessão de comunicação. Se irrompesse a guerra enquanto ele estivesse nas profundezas do oceano, o *B-36* se tornaria automaticamente um primeiro alvo de destruição pelas naves americanas à espreita acima. Sua única chance de sobrevivência estava em disparar o torpedo nuclear antes que o destruíssem.

Dubivko esperava o sinal codificado de Moscou para iniciar operações de combate "de uma hora para outra".

MEIO-DIA DE SEXTA-FEIRA, 26 DE OUTUBRO

Jack Kennedy era um ávido consumidor do Serviço de Inteligência. Gostava da sessão de voyeurismo de bisbilhotar a vida de outras pessoas, e o poder que vinha da posse de informação secreta. Gostava de ver os dados brutos para que pudesse fazer os próprios julgamentos. Quando Andrei Gromiko visitou a Casa Branca em 18 de outubro, quatro dias após a descoberta dos mísseis soviéticos em Cuba, as fotografias do U-2 achavam-se na gaveta da mesa do presidente apenas alguns centímetros de distância. Kennedy teve dificuldade para controlar o mau gênio quando o ministro das Relações Exteriores continuou a negar a existência das bases de míssil. Disse aos assessores que mal conseguia conter-se para não retirar as fotografias da mesa e jogá-las sob o nariz do russo cara de pau. Começou a referir-se a Gromiko como "aquele safado mentiroso".

Lundahl armou o cavalete no Salão Oval após a reunião do ExComm pela manhã. Levara consigo algumas das mais recentes fotografias de baixa altitude e estava ávido para mostrar ao presidente provas da rápida escalada soviética. Informou que o terreno achava-se tão encharcado das recentes tempestades que os soviéticos haviam erguido passarelas ao redor dos regimentos de mísseis e estendiam cabos de força em postes elevados.

"Ora, é interessante", interrompeu John McCone, apontando a fotografia do suspeito lançador de míssil FROG. O diretor da CIA explicou que os analistas ainda "não tinham certeza" das provas, mas era possível que os soviéticos houvessem instalado "armas nucleares táticas para combater tropas no campo".

Kennedy, porém, tinha os pensamentos em outro lugar. Já avançara vários passos além dos informantes. Quanto mais sabia da escala e sofisticação do posicionamento estratégico soviético em Cuba, mais duvidoso se tornava de uma solução diplomática para a crise. Precisava explorar outras opções. Mais cedo naquela manhã, ouvira uma proposta da CIA de introduzir clandestinamente exilados cubanos na ilha em submarinos para uma operação de sabotagem contra os campos de mísseis. Queria saber se era possível explodir uma carreta de combustível com uma "única bala".

– Seria vaporizar ácido nítrico vermelho, senhor – respondeu Lundahl. – Se são abertos, poderiam causar verdadeiro problema para os que vêm tentando refreá-los.

Kennedy notou que seria muito mais difícil destruir os FROGs, que funcionavam com menos combustível de material sólido.

– Não, não poderia explodi-los – concordou McCone, ex-presidente da Comissão de Energia Atômica.

Enquanto o intérprete de fotos reunia seus materiais, o presidente e o diretor da CIA ainda debatiam as opções para se livrarem dos regimentos de mísseis. Embora tivesse pouca fé na diplomacia, Kennedy temia que um ataque aéreo e invasão terminassem num "combate muito sangrento" que talvez provocasse os soviéticos a disparar os mísseis. Nenhuma opção era muito atraente.

– Invadir vai ser um empreendimento muito mais sério do que a maioria das pessoas entende – reconheceu McCone, fechando a carranca. – É um material muito perigoso que eles têm lá... Darão às forças invasoras momentos muito difíceis. Não será fácil de modo algum.

O presidente Kennedy quis que a notícia do *Marucla* fosse divulgada "agora mesmo". Os assessores acreditavam que a operação de abordagem bem-sucedida ajudasse a "restaurar nossa credibilidade" com os irritados almirantes do Pentágono. O veículo escolhido para publicar a matéria do *Marucla* foi uma figura cada vez mais controversa em Washington, Arthur Sylvester.

Durante a primeira semana da crise, o porta-voz do Pentágono enfurecera repórteres com seu método reticente de transmitir informações. Limitouse a declarações à imprensa cautelosamente expressas, ditadas pelo telefone por Kennedy ou um de seus assessores. Para JFK e Sylvester, informação era uma "arma" a ser usada com deliberação e parcimônia para promover as metas da administração. Como o objetivo do exercício era a retirada da ameaça militar soviética ao hemisfério ocidental, os fins claramente justificavam os meios.

Na sexta-feira, repórteres se queixavam em voz alta que vinham obtendo quase nenhuma informação de Sylvester. Os dois, às vezes três por dia, informes oficiais à imprensa eram tão pouco informativos que um jornalista pôs uma lata de estanho no canto da sala de imprensa do Pentágono rotulada "dispositivo de resposta automática". Era cheia de tiras de papéis com silvestrismos, como "Não necessariamente", "Não posso confirmar nem negar" e "Nada a comentar".

A frustração dos jornalistas – não havia mulheres cobrindo o Pentágono regularmente – era compreensível. O mundo parecia à beira de aniquilação nuclear, mas era difícil descobrir o que de fato acontecia. Tratava-se de um novo conflito, um confronto antisséptico, misterioso, com um inimigo em grande parte invisível. As apostas eram imensas, mas sem nenhuma linha de frente da qual os repórteres pudessem noticiar, nenhum equivalente a Pearl Harbor, Okinawa ou às praias da Normandia. Haviam se mantido os repórteres longe dos mais óbvios locais novos, como a base naval na baía de Guantánamo, ou os navios forçando o bloqueio. Ao noticiar a mais grave ameaça à segurança nacional desde a II Guerra Mundial, dependiam quase totalmente dos fragmentos de informação lançados em seu caminho pela administração.

Agora que ele tinha afinal algumas notícias para divulgar, Sylvester decidira aproveitar o máximo da oportunidade. Atualizava os repórteres durante o dia todo sobre o status do *Marucla*. Transmitia explicações minuto a minuto do processo de abordagem, os nomes e endereços de pessoal militar envolvido, a carga, tonelagem e dimensões precisas do navio libanês, o poder de fogo dos destróieres americanos. Mas os repórteres queriam mais. Sempre queriam mais.

13H, SEXTA-FEIRA, 26 DE OUTUBRO
(MEIO-DIA EM HAVANA)

Enquanto Sylvester descrevia a busca do *Marucla*, outro pequeno drama desenrolava-se nos estreitos da Flórida, longe do olhar dos meios de comunicação. Um contratorpedeiro americano estacionado a 80km da costa cubana localizou um navio cargueiro sueco que de algum modo atravessara a linha de quarentena.

– Por favor, identifique-se – assinalou o destróier, o *Newman K. Perry*, por luz piscante.
– *Coolangatta*, de Gotemburgo.
– Qual seu destino?
– Havana.
– De onde vem?
– Leningrado.
– Qual é sua carga?
– Batatas.

O capitão do *Coolangatta* era um sueco chamado Nils Carlson. Tinha a reputação na companhia de ser "temperamental e obstinado". As batatas iam começar a apodrecer, por causa de manuseio e embalagem ineficientes. Estava indignado com os russos pela incompetência, mas também irritado com os americanos por interferirem no seu direito de livre navegação. Como disse depois a um jornalista sueco, não achou que seu navio, caindo aos pedaços, pudesse ser de algum interesse possível para a Marinha dos EUA.

O *Perry* estacionara a uns 50 metros a estibordo do *Coolangatta*. Carlson registrou o sinal seguinte do navio de guerra americano no diário de bordo como "Quer parar para inspeção?". Mas o operador de rádio era jovem e inexperiente na interpretação do código Morse. Pelo que Carlson sabia, o sinal poderia ter sido uma instrução em vez de uma pergunta.

De qualquer modo, ele decidiu não responder. Após três semanas no mar, estava impaciente para chegar a Havana. Deu a ordem de "toda força à frente".

Inseguro sobre sua autoridade, o capitão do *Perry* enviou um cabograma aos superiores pedindo instruções. A resposta retornou:

1. FIQUE COM O NAVIO SUECO E AVANCE.
2. NÃO VIOLE ÁGUAS CUBANAS.

Um pouco mais tarde, McNamara emitiu uma ordem para deixá-lo ir. O embaixador americano em Estocolmo foi instruído a levantar a questão com o governo sueco, que pareceu "perplexo por não ter havido nenhum disparo convencional pela proa". O embaixador temia que a "aparente vacilação de nossa parte" enviasse um "mau sinal aos neutros". A facção anti-Kennedy no Pentágono queixou-se em privado sobre a ineficácia do governo em impor o bloqueio.

Por enquanto, contudo, os dissidentes seguravam as línguas em público. À parte uns poucos almirantes, generais, insatisfeitos e alguns diplomatas confusos, ninguém em Washington soube do *Coolangatta*. Era como se o incidente jamais houvesse acontecido.

As manchetes no dia seguinte eram todas sobre o *Marucla*.

Fidel Castro convocara o embaixador soviético em Cuba, Aleksandr Alekseiev, ao seu posto de comando em Havana. Ele queria partilhar uma notícia alarmante que acabara de receber da agência de notícias estatal cubana em Nova York. Repórteres da *Prensa Latina*, que tinham todos estreitos laços com a inteligência cubana, vinham captando rumores de que Kennedy dera às Nações Unidas um prazo final para a "liquidação" de mísseis soviéticos de Cuba. Se não se cumprisse o prazo final, a suposição era de que os Estados Unidos atacariam os regimentos de mísseis, bombardeando-os ou por um ataque de tropa de paraquedistas.

Castro gostava de Alekseiev e confiava nele. O relacionamento deles remontava aos primeiros meses após a revolução, quando Alekseiev, alto e de óculos, chegou a Havana como um agente secreto da KGB posando de repórter da Tass. Na época, a União Soviética nem tinha embaixada em Cuba. Primeiro cidadão a quem se concedeu um visto para Cuba, Alekseiev era um enviado não oficial do Kremlin ao novo regime, trazendo para Castro presentes de vodca, caviar e cigarros soviéticos. Os dois homens logo se deram bem. Após o estabelecimento das relações diplomáticas entre Moscou e Havana, Castro deixou claro que preferia muito mais tratar com o espião informal do que com o enfadonho burocrata que servia como o primeiro enviado soviético a Cuba. Kruchev acabou chamando de volta o embaixador e nomeou Alekseiev em seu lugar.

Como agente da KGB, e mais tarde embaixador soviético em Havana, Alekseiev teve uma privilegiada visão do racha cada vez maior entre Cuba e os Estados Unidos, e da metamorfose do próprio Castro de nacionalista para comunista. Achava-se presente no pódio na Plaza de la Revolución quando Fidel anunciou no Dia do Trabalho, 1º de maio, logo após a baía dos Porcos, que a revolução cubana era "uma revolução socialista".

– Você vai ouvir uma música interessante hoje – disse Castro a Alekseiev com um ar travesso, quando uma orquestra de jazz cubana iniciou os primeiros acordes da "Internacional", hino do movimento comunista em âmbito mundial.

Alguns meses depois, Castro declarou que era marxista-leninista e assim "permaneceria até o último dia de minha vida".

No começo, os líderes soviéticos não sabiam bem o que entender do recém-descoberto amigo caribenho. Sua ousadia e impulsividade os deixavam nervosos. Kruchev admirava a "coragem pessoal" de Castro, mas temia que sua violenta retórica comunista "não fizesse muito sentido" do ponto de vista tático. Iria antagonizar cubanos da classe média e "estreitar o círculo daqueles cujo apoio ele poderia contar" contra a aparentemente inevitável invasão dos EUA. Por outro lado, tão logo Castro se declarara marxista-leninista, Kruchev sentiu-se obrigado a apoiá-lo. Em abril de 1962, o *Pravda* começou a referir-se a Castro como *tovarishch*, ou "camarada".

Fidel tinha "confiança ilimitada" no poder do país que usara seus "colossais foguetes" para pôr o primeiro homem no espaço. Acreditava nas jactâncias de Kruchev sobre a União Soviética produzir mísseis "como salsichas" e conseguir atingir uma "mosca no espaço". Ele não sabia exatamente "quantos mísseis tinham os soviéticos, quantos tinham os Estados Unidos", mas impressionava-o a imagem de "confiança, certeza e força" projetada por Kruchev.

A reação soviética inicial ao discurso de Kennedy na noite de segunda-feira agradara a Castro. Kruchev enviara-lhe uma carta privada denunciando as ações "de pirataria, pérfidas e agressivas" dos Estados Unidos e anunciando um completo alerta de combate às tropas soviéticas em Cuba. Parecia não existir nenhuma possibilidade de que Moscou pudesse recuar.

– Bem, parece guerra – disse Fidel aos assessores, após ler a carta. – Não consigo conceber nenhuma retirada.

Concluíra muito antes que hesitação e fraqueza eram fatais no trato com os ianques – e que a firmeza inabalável era a única forma de evitar um ataque americano.

Embora Castro ainda confiasse em Kruchev, começava a ter dúvidas sobre sua determinação. Discordou da decisão de Kruchev de fazer os navios soviéticos que transportavam mísseis no Atlântico darem meia-volta. Achou que os soviéticos deviam ser muito mais firmes em deter os sobrevoos de U-2 acima de Cuba. E não entendia por que o delegado soviético para os Estados Unidos, Valerian Zorin, continuava negando a presença de mísseis soviéticos em Cuba. Do ponto de vista de Fidel, as negações faziam parecer que Moscou tinha alguma coisa a esconder. Seria muito melhor a União Soviética e Cuba anunciarem publicamente sua aliança militar.

Castro partilhou suas preocupações com Alekseiev, que por sua vez comunicou-as a Moscou. Os sobrevoos de baixa altitude americanos acima de instalações soviéticas e cubanas tornavam-se cada vez mais descarados. Os americanos na certa iriam usar as missões de reconhecimento como fachada para ataques aéreos de surpresa. Até então, as unidades de defesa antiaérea se refreavam de disparar em aviões americanos para evitar solapar as negociações diplomáticas nas Nações Unidas. Castro queria que os líderes soviéticos soubessem que sua paciência era limitada.

Causavam-lhe mais preocupação os sinais de que os americanos tentavam isolá-lo dos aliados soviéticos. Surpreenderam-no as notícias na imprensa americana sugerindo que autoridades dos EUA haviam subestimado excessivamente os números de tropas soviéticas em Cuba e aceito a descrição de Moscou delas como "conselheiros" ou "técnicos". Era difícil acreditar que a CIA soubesse menos sobre essas tropas do que sabia sobre os campos de mísseis. Para a mente desconfiada de Castro, os americanos precisavam ter um motivo posterior para depreciar a presença militar soviética. Ao falar de tropas cubanas, em vez de tropas soviéticas, esperavam que a União Soviética não defendesse Cuba contra um ataque americano.

Com o irmão Raúl e Che Guevara fora de Havana, o conselheiro mais próximo de Fidel nesse período era Osvaldo Dorticós, o presidente cubano. Dorticós participou do encontro de Fidel com Alekseiev. Quanto mais os dois líderes cubanos pensavam a respeito, mais se convenciam de que o tempo se esgotava.

Um ataque americano é "inevitável", disse o emocional Dorticós ao embaixador iugoslavo depois naquela tarde. "Será um milagre se não ocorrer esta noite; repito, esta noite."

14:30, SEXTA-FEIRA, 26 DE OUTUBRO

Bobby Kennedy era um homem humilhado. No início da crise dos mísseis, exigira um esforço de sabotagem muito mais agressivo contra Cuba. Convencera o irmão a aprovar uma longa lista de alvos, como a embaixada chinesa em Havana, refinarias de petróleo e uma longa ponte rodoviária-chave. Chegara a falar em explodir um navio americano na baía de Guantánamo, pondo a culpa em Castro, e usando o incidente como um pretexto para invadir Cuba. Mas a ameaça de apocalipse nuclear fizera-o repensar suas opiniões.

Com o mundo à beira de guerra nuclear, tornou-se necessário introduzir alguma ordem na confusa Operação Mangusto. Era às vezes difícil saber quem estava no comando do esforço clandestino para derrubar Castro. O "chefe de operações" nominal era Edward Lansdale, mas era um visionário carente de espírito prático, indigno de confiança e ridicularizado pela CIA e alguns dos colegas no Pentágono. A parte da operação da CIA era chefiada por Bill Harvey, que fizera sua reputação em Berlim no início da década de 1950 supervisionando a construção de um túnel que grampeava cabos de comunicações no setor soviético da cidade. Mais tarde verificou-se que o "buraco de Harvey" fora por água abaixo desde o início por um agente duplo soviético, mas isso não impediu sua ascensão pelo mundo de capa e espada.

– Então você é nosso James Bond – dissera JFK com um sorriso irônico, quando apresentado ao careca e pançudo Harvey.

Na época da crise dos mísseis a lenda de Harvey achava-se um pouco dentada pelo excessivo gosto por martínis duplos. Mal falava com Lansdale e fazia pouco segredo de seu desdém pelos Kennedy, depreciando-os como "bichas" porque lhes faltava coragem para um confronto direto com Castro. Encarava Bobby como um amador intrometido, referindo-se a ele como "aquele babaca". Não era muito mais respeitoso na presença dele. Quando RFK falou em levar os cubanos anti-Castro para sua propriedade em Hickory Hill a fim de "treiná-los", Harvey perguntou: "Que vai ensinar a eles, senhor? Tomar conta de crianças?"

RFK, enquanto isso, não teve nenhum escrúpulo em agir pelas costas de Harvey para estabelecer contatos próprios com a comunidade de exilados cubanos em Miami. Soubera pelo líder cubano exilado, Robert San Román, do plano da CIA para mandar 60 exilados cubanos à ilha por submarino.

– Não nos importamos de ir, mas queremos ter certeza de que vamos porque o senhor acha que vale a pena – dissera-lhe San Román.

Bobby descobrira por Lansdale que três equipes de seis homens já haviam partido e mais sete logo se seguiriam. Outras 10 equipes vinham sendo mantidas de reserva. Ficou furioso com Harvey por "acionar uma operação de meia-tigela" sem sua aprovação.

Para destrinchar as questões, RFK convocou uma reunião dos principais agentes Mangusto na Sala de Guerra sem janelas do Pentágono conhecida como "o Tanque". A sessão logo se degenerou em ataques verbais, com Harvey como saco de pancada. O homem da CIA não conseguiu explicar quem o autorizara a enviar as equipes. Bobby questionou a estratégia de "usar tão valiosos recursos, como refugiados cubanos, para formar equipes a se infiltrarem em Cuba num momento em que a segurança seria excessivamente rígida... Os resultados operacionais questionáveis e as perdas altas". Emitiram-se ordens para chamar de volta as três equipes já a caminho.

Revertendo as decisões anteriores, Bobby rejeitou "grandes atos de sabotagem" contra Cuba enquanto as tensões estivessem em ponto de fervura. Mas não se opunha a incidentes de menor escala, cuja origem seria difícil de reconstituir aos Estados Unidos. Concordou com ataques a navios de propriedade cubana. "Afundem em portos cubanos ou do bloco [soviético], ou em alto-mar", dizia o memorando de Lansdale. "Sabotem as cargas." "Torne as tripulações inoperantes." Os ataques seriam realizados por "recursos da CIA" a bordo de navios cubanos.

Os problemas de Harvey foram agravados pelo general Maxwell Taylor, que perguntou sobre a operação contra a mina de cobre em Matahambre que todos os demais haviam esquecido. Harvey não tinha uma resposta satisfatória. A CIA não tivera notícia dos dois agentes desde sua infiltração em Cuba na noite de 19 de outubro. Harvey resmungou alguma coisa sobre os homens sendo "dados como desaparecidos".

Como era depois do almoço – e seus habituais martínis duplos –, Harvey não estava em sua forma mais articulada. Conseguiu esconder o estado da maioria dos membros do Grupo Especial, mas pareceu a um antigo colega da CIA "obviamente embriagado". Quando bebia demais, apoiava o queixo no peito e resmungava na barriga numa voz profunda, alheio a todos os demais na sala. Não avaliou o sinal de perigo quando Bobby anunciou que ele tinha exatamente dois minutos para ouvir sua explicação.

Dois minutos depois, Harvey continuava falando com monotonia. Bobby pegou os documentos e saiu da sala.

– Harvey destruiu a si mesmo hoje – disse o diretor da CIA, McCone, aos ajudantes ao retornar para Langley. – Sua utilidade terminou.

O comentário de McCone se revelaria presciente. Restava, porém, uma peça de negócio inacabado sobre a qual ele desconhecia inteiramente. Envolvia Harvey, os irmãos Kennedy, Fidel Castro e a Máfia.

O FBI vinha procurando John Roselli, um chefão do submundo sob investigação por negociata. Acreditava-se que o chamado "Don Almofadinha" (apelido dado pela mídia a John Gotti, chefe da família criminosa Gambino, famoso pela personalidade franca e estilo extravagante) era o representante da Máfia em Las Vegas, garantindo que o crime organizado recebesse sua parcela das rendas imensamente lucrativas de cassino. A Agência Federal grampeara seu apartamento em Los Angeles e recrutara informantes para acompanhar seus movimentos, mas Roselli de algum modo conseguira escafeder-se em 19 de outubro. O FBI perdeu o paradeiro dele até a manhã de sexta-feira, 26 de outubro, quando fugiu para Los Angeles a bordo de um voo da National Airlines de Miami sob um nome falso.

O que os agentes subalternos do FBI não sabiam na época era que o gângster condenado, de 57 anos, trabalhava para a CIA, que pagara as passagens aéreas, punha-o em aeronaves e providenciava para que viajasse pelo país incógnito. Também não sabiam que Roselli era a figura central numa série de tentativas frustradas da CIA de assassinar Castro, usando franco-atiradores, bombas e cápsulas envenenadas. (O diretor do FBI, J. Edgar Hoover, soubera da conexão Roselli-CIA, mas guardara a informação para seu próprio uso.)

A CIA recrutara Roselli em setembro de 1960, numa época em que o governo Eisenhower pensava em agir contra Castro. Antes da revolução cubana, a Máfia controlava os negócios de cassino em Havana, mas seus bens foram confiscados pelo regime de Castro. Oficiais superiores da CIA achavam que a Máfia tinha a motivação e os contatos em Havana para liquidar as contas e ao mesmo tempo promover os interesses políticos externos americanos. Harvey assumiu como o oficial do caso e principal contato de Roselli, em abril de 1962. Várias semanas depois, entregou uma embalagem de quatro pílulas com veneno a Roselli, garantindo-lhe que "funcionavam em qualquer lugar, a qualquer hora e com qualquer coisa". A Máfia planejava usá-las contra Fidel, Raúl Castro e Che Guevara. Harvey também deixou um caminhão de mudança cheio de armas e explosivos num estacionamento de Miami e deu as chaves a Roselli. O homem da CIA e o gângster se encontrariam em Washington, Miami ou no arquipélago de Florida Keys, onde seria possível superarem em bebida um ao outro e manter conversas que ninguém podia ouvir.

Harvey soubera na reunião da Mangusto com Bobby Kennedy em 18 de outubro que a ação militar contra Cuba poderia ser iminente. Como muitas vezes acontecia, as instruções foram vagas. Ele decidiu que era sua responsabilidade mobilizar "cada equipe e bem individual que pudesse reunir" em apoio a uma possível invasão. Além dos agentes que se preparavam para desembarcar em Cuba por submarino, organizou equipes de homens-rãs para destruírem navios no porto de Havana e paraquedistas para abrir uma trilha até os regimentos de mísseis. Seus "bens" incluíam John Roselli.

Segundo a explicação de Roselli, Harvey mandou chamá-lo "imediatamente" e o pôs num lugar seguro em Washington, para esperar mais instruções. Dois dias depois, Harvey decidiu que seu protegido seria mais útil em Miami, "reunindo informações secretas". Roselli passou um tempo em Miami trocando fofocas sobre a possível invasão com exilados anti-Castro. As pílulas de veneno, conhecidas pelo eufemismo "o remédio", estavam num lugar "seguro" em Havana. A Máfia não conseguira um meio de pôr uma na comida de Castro.

Embora não haja prova incontestável ligando os irmãos Kennedy à trama de assassinato de Castro, há indícios circunstanciais. Jack Kennedy discutiu a possibilidade de assassinato de Castro com um jornalista, Tad Szulc, em novembro de 1961, apenas para concordar que seria "imoral" e "não prático". Bobby não levantou objeção alguma no mês seguinte, quando Lansdale enviou-lhe um memorando propondo usar "alguns de nossos elementos criminosos... que operaram dentro de Cuba com jogos e outros empreendimentos" para solapar o regime de Castro. RFK teve um ataque em maio de 1962, quando oficiais da CIA o informaram do primeiro estágio da trama de assassinato, mas parece pouco ter feito, se alguma coisa, para impedi-la. Tinha sua própria conexão na Máfia na forma de um agente da CIA chamado Charles D. Ford, que recebeu o apelido de "Rocky Fiscalini" e trabalhava direto para o procurador-geral da Justiça dos EUA. RFK falava com frequência de "livrar-se" de Castro, sem especificar exatamente o que tinha em mente.

Harvey comunicava-se com o chefe de operações sigilosas, Richard Helms, burocrata voltado para a carreira, que ascenderia mais tarde para tornar-se diretor. Os dois homens se certificaram de que seu chefe, McCone, fosse mantido fora do circuito. Numa ocasião em que se suscitou a "liquidação de líderes" no grupo especial, em agosto de 1962, McCone expressou horror à ideia. Católico fervoroso, disse aos colegas que podia ser "excomungado" por perdoar assassinato. O conspirativo Harvey mandou alterar as minutas para apagar qualquer referência a assassinato.

É difícil explicar por que Helms e Harvey pediriam à Máfia para matar Castro sem instruções de autoridade mais alta. Por outro lado, é possível que os irmãos Kennedy se abstivessem de emitir claras instruções para preservar o princípio de "negação plausível". Helms negava haver falado com Jack ou Bobby Kennedy sobre assassinato. Mas Harvey entendeu que era "um vale-tudo" e o complô tinha a "plena autoridade da Casa Branca".

O homem da CIA passou a ver a ideia de usar a Máfia para matar Castro como uma "ideia danada de tola". Tinha sérias dúvidas sobre a estratégia de Lansdale de "ajudar os cubanos a se ajudarem" sem intervenção militar americana direta. Ele deleitava amigos com histórias de uma reunião dramática na Sala de Crise da Casa Branca no auge da crise dos mísseis, na qual ele supostamente disse ao presidente e a seu irmão: "Se vocês não houvessem fodido a baía dos Porcos, nós não estaríamos nesta porra de confusão."

Não há documentos, nem qualquer testemunho independente, para apoiar a versão do homem da CIA do confronto climático. Mas mesmo se isso nunca tenha ocorrido, revelou muito sobre seu estado de espírito. Bill Harvey jamais perdoaria os Kennedy pelo que chamou da "idiotice" de Operação Mangusto.

O quartel-general da guerra secreta da CIA contra Fidel Castro era um campo de 4.000km² na periferia sudeste de Miami. A propriedade servira como uma base para dirigíveis durante a II Guerra Mundial, mas foi vendida à Universidade de Miami após ser devastada por um furacão. A universidade, por sua vez, arrendara para a Zenith Technical Enterprises, uma subsidiária de propriedade total da CIA. O código interno da CIA para a operação de Miami era JM/WAVE.

No decorrer de 1962, a JM/WAVE crescera rápido e se tornara a maior estação da CIA fora de Washington. Mais de 300 oficiais e empregados contratados trabalhavam na JM/WAVE, supervisionando uma rede de vários milhares de agentes e informantes, muitos dos quais veteranos cubanos da baía dos Porcos. Os bens da estação incluíam mais de uma centena de veículos para o uso de agentes secretos, uma minimarinha para infiltrar agentes em Cuba, um hangar estocado com tudo, desde metralhadoras, uniformes do exército cubano a caixões, dois aviões pequenos, centenas de casas seguras na área de Miami, um campo de treinamento paramilitar nos Everglades e várias bases e galpões de barco. O orçamento anual para a operação excedia a 50 milhões de dólares.

Para manter as aparências, um oficial da CIA servia como presidente da Zenith, com um escritório para receber os visitantes. Gráficos nas paredes registravam números de vendas falsas e contribuições beneficentes fictícias pelos empregados. Dezenas de empresas menores da CIA espalhavam-se ao redor de Miami. A imensa operação da CIA era quase um segredo aberto na cidade.

Muitas pessoas, entre elas repórteres do *Miami Herald*, sabiam que a Zenith era uma fachada da CIA, mas achavam que tinham o dever patriótico de ficar caladas. Quando os agentes entravam em apuros com a polícia ou a Guarda Costeira, um telefonema bastava para salvá-los.

O chefe da estação JM/WAVE era Ted Shackley, figura alta, musculosa, meio distante, conhecida pelos colegas como o "fantasma louro". Com apenas 35 anos, Shackley era uma das estrelas ascendentes da CIA. Tinha uma reputação de fria eficiência e uma memória colossal. Em Berlim, no início da década de 1950, servira a Bill Harvey, que o selecionara pessoalmente para a missão de Miami. Shackley dava o melhor de si para impedir a intromissão de Langley nos assuntos da JM/WAVE, mas tinha de suportar as estranhas visitas de Harvey. Numa ocasião, ele quis entrar no prédio à noite e encontrou uma passagem tapada a pregos por uma tábua de dois por cinco centímetros. Havia outra entrada a apenas 30m, mas Harvey não tolerava obstáculos. Entrou a chute, grunhindo: "Não tenho tempo para a porra desta porta."

A maioria dos oficiais do exército secreto de Shackley era americana; os soldados de infantaria eram quase todos cubanos, recrutados das fileiras da quarta parte de um milhão de cubanos que haviam fugido da ilha nos quatro anos desde que Castro chegou ao poder. Embora fossem todos passionais opositores de Castro, tinham dificuldade de agrupar-se em torno de um líder alternativo. Um "manual contrarrevolucionário" redigido pela CIA relacionava 415 grupos e movimentos de exilados cubanos tentando derrubar Castro, que iam de ex-defensores de Batista a revolucionários desiludidos. O manual observou que algumas das organizações contrarrevolucionárias eram "patrocinadas pelos serviços de inteligência [cubana]" com a finalidade de encenar provocações e semear dissensão nas fileiras dos dissidentes. Muitos dos grupos existiam apenas no papel, enquanto outros canalizavam a energia competindo entre si "pela afiliação e apoio financeiro dos EUA". O manual deplorava a falta de líderes refugiados competentes.

– O problema conosco, cubanos – disse um líder exilado a um repórter do *Washington Post* –, é que todo mundo quer ser presidente de Cuba. Estamos pondo as ambições pessoais acima do interesse nacional.

Muitas das facções cubanas operavam sozinhas. Mas várias centenas cooperavam com a CIA e aceitavam sua tutela. Seus combatentes se incluíam na folha de pagamentos da agência. A questão enfrentada por Harvey e Shackley quando irrompeu a crise dos mísseis era como poderiam aproveitar melhor esse patrimônio. Haviam tido pouco sucesso com ataques de sabotagem. Mas acreditavam que os cubanos poderiam reunir informações úteis sobre a presença militar soviética em Cuba para complementar o reconhecimento fotográfico. Na eventualidade de uma invasão americana, os coletores de informações se transformariam em descobridores de rotas para os militares dos EUA.

Na sexta-feira, a JM/WAVE tinha 20 equipes de infiltração "abrigadas em segurança" na área de Miami. Uma equipe característica consistia de cinco ou seis cubanos e incluía um operador de rádio. Após longos meses de preparação, numerosas decepções e alarmes falsos, os cubanos estavam ansiosos por partir. Poucos duvidavam que desta vez – em contraste com a baía dos Porcos – o governo Kennedy era sério sobre livrar-se de Castro.

Shackley comunicou a Langley que seus homens achavam-se no "pique de motivação mais alto possível e estão de prontidão". No distrito de Little Havana, em Miami, veteranos da baía dos Porcos cantavam seu hino de guerra:

> Que nada ya detenga
> Esta guerra nuestra
> Sí es uma guerra santa
> Y vamos com la Cruz
>
> *Que nada detenha*
> *Esta guerra nossa,*
> *Uma santa guerra, sim,*
> *E vamos com a Cruz.*

Típico dos combatentes à espera de serem infiltrados em Cuba era um estudante de 21 anos chamado Carlos Obregon. Fazia parte de um grupo que se chamava de Directorio Revolucionario Estudantil (DRE) – formado por ex-estudantes da Universidade de Havana contrários a Castro por uma mistura de motivos ideológicos e religiosos. Como a maioria dos camaradas, Obregon vinha de uma impecável família de classe média. O pai, educado numa escola secundária jesuítica, era advogado. Os pais não gostavam de Batista, embora se opusessem ainda mais aos comunistas, a quem encaravam como o mal personificado. A família deixou Cuba logo após a baía dos Porcos.

Junto com uma dezena de outros membros do DRE, Obregon começou a receber treinamento militar de instrutores da CIA em outubro de 1961. Foi levado para uma casa de estuque de quatro cômodos em Key Largo, onde lhe ensinaram os fundamentos de infiltração, "exfiltração", tratamento de subagentes, leitura de mapas e manuseio de armas e explosivos. Alguns meses depois a agência selecionou-o para treinamento mais intensivo como operador de rádio. Foi mandado à fazenda na Virgínia para um curso de dois meses e meio de guerra de guerrilha. Após passar por um teste de polígrafo, puseram-no na folha de pagamentos da CIA por 200 dólares mensais e apresentaram-no ao seu agente secreto, um homem conhecido apenas como "Jerry".

Em 22 de outubro, segunda-feira, Jerry disse a Obregon que esperasse com o resto da equipe numa casa de fazenda de dois andares numa área rural ao sul de Miami. Naquela noite, os cinco cubanos ouviram no rádio Kennedy proferir o que parecia um ultimato para a União Soviética sobre seus mísseis. Ficaram exultantes. A guerra secreta não era mais secreta. Os Estados Unidos apoiavam publicamente a luta deles.

Nos quatro dias seguintes, membros da equipe foram supridos de roupas, mochilas e equipamento de rádio que iam precisar em Cuba. Obregon recebeu instruções de comunicações finais. Jerry apresentou a equipe a um cubano, recém-chegado da ilha, que serviria de guia deles. Faltava apenas a distribuição das armas. Partiriam para Cuba naquele fim de semana.

Na tarde de sexta-feira, Jerry chegou ao esconderijo para anunciar que a operação de infiltração fora inesperadamente "adiada".

CAPÍTULO SETE

Bombas nucleares

18H, 26 DE OUTUBRO (17H EM HAVANA)

Embora estivesse no poder havia quase quatro anos, Fidel Castro ainda mantinha muitos dos velhos hábitos revolucionários. Não observava horário fixo. Vivia em constante movimento, visitando unidades militares, misturando-se com os estudantes, batendo papo com operários. Comia e dormia em intervalos irregulares. O líder soviético que o conhecia melhor, Anastás Mikoian, impressionava-se com a intensidade "religiosa" de Fidel, mas queixava-se de que ele muitas vezes "esquecia o papel de anfitrião". Como a maioria dos políticos soviéticos, Mikoian acostumara-se a três refeições substanciais por dia. Mas o homem conhecido pelos cubanos como *el caballo* muitas vezes pulava o almoço e não gostava de álcool. O "cavalo" parecia dormir melhor num carro em movimento, correndo de um encontro a outro.

Na tarde de sexta-feira, Castro decidira não mais tolerar os sobrevoos americanos em Cuba. Vira os jatos rugirem sobre os subúrbios de Havana e partilhara a raiva e a impotência das tropas. Após reunir-se com o Estado-Maior cubano, escrevera um comunicado ao secretário-geral das Nações Unidas: "Cuba não aceita o privilégio de vândalo e pirata de qualquer plano de guerra para violar nosso espaço aéreo, pois isso ameaça a segurança cubana e prepara o caminho de um ataque aéreo ao seu território. Não se pode renunciar a esse direito legítimo de autodefesa. Portanto, qualquer avião de guerra que invada o espaço aéreo de Cuba o faz arriscando-se a enfrentar nosso fogo antiaéreo."

Dirigiu-se ao posto de comando militar soviético em El Chico, 18km a sudoeste de Havana, para informar essa decisão aos aliados. O comandante em chefe ali, general Pliiev, ouvia os relatórios dos subordinados sobre o estado de prontidão das unidades. Fidel viu cada oficial tomar posição de sentido e fazer o relatório:

– Unidades motorizadas de fuzileiros em condição de combate.
– Regimento da Força Aérea em condição de combate.
– Unidades antiaéreas prontas.

Por fim, chegou a vez de Igor Statsenko, comandante da força de mísseis. Cinco das seis baterias de R-12 haviam alcançado plena condição de combate e podiam desencadear uma barragem de 20 ogivas contra cidades e bases militares em todos os Estados Unidos. A última bateria restante tinha "capacidade de emergência operacional", o que significava pelo menos que alguns dos mísseis poderiam ser lançados, talvez não com muita precisão.

– Unidade de mísseis pronta para combate.

Castro queixou-se de que os aviões em voo baixo desmoralizavam as tropas cubanas e soviéticas. Na verdade, os americanos efetuavam sessões diárias de treinamento para a destruição das defesas militares de Cuba.

– Não podemos tolerar tais sobrevoos baixos nessas condições – disse Fidel a Pliiev. – Qualquer dia, de madrugada, eles destroem todas essas unidades.

Ele queria que os soviéticos ligassem os radares de defesa aérea para detetar a aproximação de aviões americanos. Os radares ficavam inativos a maior parte do tempo, para evitar a entrega de detalhes da rede. Castro já se convencera da iminência de um ataque aéreo.

– Liguem os radares – insistiu. – Não podem continuar cegos.

Tinha outras duas recomendações aos comandantes soviéticos. Exortava-os a transferir pelo menos alguns dos mísseis para posições de reserva, a fim de tornar impossível aos americanos destruírem-nos num único ataque. E queria que os 43 mil soldados russos na ilha tirassem as camisas esportivas quadriculadas – e vestissem uniformes militares.

Se os ianques ousassem atacar Cuba, deveriam dar-lhes uma recepção digna.

Durante todo o dia, a multidão vinha se reunindo no cais de Havana para aplaudir o primeiro navio soviético a romper o bloqueio americano. O comandante do *Vinnitsa* os entreteve com histórias da armada americana de barcos, helicópteros e aviões que não haviam conseguido deter seu pequeno navio. Com uma bandeira e um retrato de Castro, o capitão "Pedro" Romanov descreveu como enfrentara ventos com força de tempestade e os imperialistas para entregar petróleo a "Cuba, que ama a liberdade".

– *Fidel, Kru'cho, estamo' con lo do'* (Fidel, Kruchev, estamos com vocês dois) – gritavam os manifestantes, engolindo muitas das palavras, à maneira cubana.

Outro canto popular celebrava a aliança ideológica entre cubanos e russos, e a impotência dos Estados Unidos para fazerem alguma coisa a respeito.

Em espanhol, as palavras tinham uma rima insolente, que as tornavam mais fáceis de cantar:

> Somos socialistas, pa'lante, y pa'lante;
> Y al que no le guste, que tome purgante.
>
> *Somos socialistas, avante, avante;*
> *Se você não gosta, que tome purgante.*

Era o zênite do caso de amor de Cuba com a União Soviética. Os pais cubanos batizavam os filhos como Yuri Gagarin, viam filmes soviéticos, liam poemas de Ievtuchenko e faziam filas para comprar bilhetes e ver o Circo de Moscou. Mas a admiração pela superpotência distante tinha uma nuança de condescendência. Mesmo quando aplaudiam a chegada dos navios soviéticos e abraçavam os soldados da URSS, não podiam deixar de notar o cheiro que eles traziam consigo – uma amálgama de vapores de gasolina, cigarros, grossas botas de couro e cecê. Tinham até um nome para esse estranho aroma: "banha de urso".

E depois havia a embriaguez. Até Castro reclamava da loucura dos soldados russos quando bêbados e da necessidade de uma "disciplina mais forte". A sede de álcool levou a um enorme negócio de barganha. Mal pagos, os russos negociavam qualquer coisa – comida, roupa, até um caminhão do exército – por cerveja e rum. A polícia militar tentou manter a ordem o melhor possível, prendendo os militares bêbados e espancando-os até transformá-los numa polpa.

Muitos cubanos detetavam uma curiosa contradição entre a sofisticação do armamento soviético e o atraso dos russos comuns. Quando o escritor Edmundo Desnoes visitou um aeroporto militar soviético nos arredores de Havana com uma delegação de intelectuais cubanos, ficou impressionado com o "primitivismo" das condições de habitação. Enquanto os pilotos aguardavam as ordens para acorrerem aos modernos jatos MiG-21, as esposas lavavam roupas à mão em bacias de madeira. Ofereceram aos intelectuais camas para passar a noite na enfermaria, junto a padiolas já marcadas com pequenas etiquetas daqueles a quem esperavam em breve.

Carlos Franqui, editor de *Revolución*, ficou espantado com a má qualidade das roupas russas:

> Estavam fora de moda havia anos; roupas feias e de mau corte. E os sapatos? O homem comum começou a imaginar por que, se o socialismo é de fato superior ao capitalismo, tudo que aqueles russos tinham era tão mise-

rável. As mulheres nem sabiam andar de salto alto. E não parecia haver grande diferença entre os vários grupos: os líderes, técnicos e oficiais tinham um estilo, e os soldados e trabalhadores comuns, outro – muito inferior. As pessoas começaram a perguntar-se sobre a questão da igualdade sob o socialismo.

Os russos eram menos "arrogantes" que os americanos, achava Franqui, e "simpáticos" mesmo quando bêbados, mas davam a impressão "da mais absoluta pobreza".

A aliança com Moscou coincidira com a sovietização da sociedade cubana. A revolução perdia o espírito de carnaval; os burocratas assumiam. A maioria dos cubanos ainda apoiava as metas da revolução, mas esfriara o ardor revolucionário. Funcionários do Partido Comunista ocupavam agora posições-chave no governo. Cuba transformava-se num Estado policial, com delatores e comitês tipo cães de guarda do bairro brotando por toda a parte. Um dos últimos bastiões da liberdade intelectual, um suplemento literário chamado *Lunes de Revolución* [Segunda-feira de Revolução], fora fechado no ano anterior. Jornais outrora vibrantes tornaram-se megafones do governo. Até a linguagem da revolução cubana se tornava estulta, cheia de slogans marxista-leninistas.

Sentia-se a mão pesada da rigidez socialista na economia. Muitas decisões econômicas dependiam do capricho pessoal de Fidel. Quando o *comandante en jefe* decretou que o campo em torno de Havana era ideal para plantações de café, ninguém se atreveu a contradizê-lo, embora a terra fosse inteiramente inadequada a esse fim. A proibição à empresa privada levara à escassez crônica e a um próspero mercado negro. Um diplomata britânico descreveu "uma maravilhosa terra de loucos", onde "as sapatarias vendem apenas bolsas chinesas e a maioria dos 'supermercados' só oferece uma prateleira de purê búlgaro". Relatórios confidenciais da KGB queixavam-se de que os camponeses cubanos se recusavam a entregar a produção ao Estado e "um grande número de gângsteres agravam de forma artificial o déficit dos produtos".

A insatisfação popular com o regime frustrou-se, no entanto, com a ameaça de invasão estrangeira. Poucos cubanos se dispunham a sacrificar-se por um sistema econômico já começando a falir, mas muitos estavam prontos para morrer pela pátria. Por enquanto, esqueciam-se as divisões e decepções ideológicas, no espírito do patriotismo. As pessoas podiam resmungar contra a incrível burocracia e a falta de comida nas lojas, mas a maioria apoiava Castro na luta contra o "imperialismo *yanqui*".

No fim, como explicou um dos auxiliares de Fidel a Maurice Halperin, a segurança e os bens materiais "não importavam tanto assim" para o cubano médio. O que mais contava eram os valores tradicionais cubanos de "honra, dignidade, fidelidade e independência", sem os quais "nem o crescimento econômico nem o socialismo significavam nada". O regime fazia todo o possível para explorar a obsessão nacional com *dignidad*, individual ou nacional. O embaixador britânico observou no relatório anual que as faixas na rua proclamavam *"paz con dignidad"*. Até os cartões de Natal chegavam *"con dignidad"*.

"O sangue espanhol pode estar se desgastando, mas ainda há muito 'Dom Quixote' nos cubanos", informou Marchant. "Esse tipo de raça de olhos estrelados do orgulho nacional no revolucionário cubano é uma característica que nenhum observador pode se dar ao luxo de ignorar ao interpretar os acontecimentos."

Confiante no nível de apoio popular, Fidel e seguidores ocupavam-se em preparar-se para uma guerra de guerrilha. Milicianos cavavam trincheiras em torno do Hotel Nacional, no Malecón. Empilhavam-se armas por toda Havana, nas fábricas, blocos de apartamentos e repartições do governo, dos quais se podia distribuí-las na hora. Se os *yanquis* chegassem, iam encontrar uma população armada. E mesmo que a capital caísse, a luta continuaria no campo e nas montanhas.

A ironia era que os Estados Unidos haviam escolhido desafiar a trôpega revolução cubana no ponto mais forte, a questão da soberania nacional.

Poucos minutos após as 18h, as máquinas de teletipo no Departamento de Estado em Washington começaram a despejar uma longa mensagem da embaixada americana em Moscou. Era a última missiva de Nikita Kruchev. O líder soviético iniciava a carta confusa e quase suplicante erguendo o espectro da devastação nuclear e censurando Kennedy por se preocupar demais com pressões políticas internas:

> Você nos ameaça com a guerra. Mas sabe muito bem que o mínimo que receberia em resposta seria sofrer as mesmas consequências das que nos enviou... Não devemos sucumbir à embriaguez e às paixões mesquinhas, independe ou não de as eleições serem iminentes neste ou naquele país. São coisas transitórias, mas se a guerra de fato eclodir, não estaria em nosso poder detê-la, pois essa é a lógica da guerra. Eu participei de duas e sei o

que é quando rolou por cidades e aldeias, semeando por toda a parte morte e destruição.

A carta fora entregue em mãos ao embaixador americano em Moscou às 16:42, horário local, 9:42 em Washington. Para apressar a transmissão, diplomatas americanos haviam-na cortado em partes, cada uma a ser trabalhosamente traduzida para o inglês, codificada, decodificada e datilografada. A primeira levara mais de oito horas para chegar ao Departamento de Estado. A última só chegaria depois das 21 horas, hora de Washington. A paz mundial pendia de um fio, mas foram necessárias quase 12 horas para a entrega de uma mensagem do líder de uma superpotência ao outro.

O mundo estava nas vascas de uma semiacabada revolução na informação. Satélites artificiais irradiavam os discursos de Kennedy para todo o mundo quase na mesma hora, quase no mesmo instante, mas ele não podia falar com Kruchev em tempo real. Podia pegar o telefone e chamar o primeiro-ministro britânico quando quisesse, mas levava horas para alcançar o líder do Brasil. Vasos de comunicações da Marinha ricocheteavam mensagens da Lua, mas o tráfego de alta prioridade entre o Pentágono e os navios que impunham o bloqueio demorava de seis a oito horas. Na quarta-feira, no meio do confronto "olho no olho" com Kruchev sobre os navios com mísseis que se dirigiam a Cuba, o presidente dedicara uma preciosa hora a discutir meios de melhorar as comunicações com a América Latina e o Caribe.

Os atrasos nas comunicações estenderam-se até os postos de comando de emergência que seriam responsáveis pelo lançamento de uma guerra nuclear se o presidente fosse assassinado ou uma bomba jogada no quartel-general do SAC em Omaha, Nebraska. Um avião Boeing EC-135 ficava no ar o tempo todo, pronto para ordenar a destruição de Moscou ou Kiev. Ao estourar a crise dos mísseis, os planejadores perceberam, constrangidos, que faltava aos aviões "Espelho", um aparelho para autenticar mensagens de emergência do solo. Na quinta-feira, enviaram uma longa mensagem de segredo máximo descrevendo como seria possível instalar os aparelhos de autenticação a bordo dos postos de comando aerotransportados. Muitos dos que as receberam reagiram com ceticismo.

"Isso é piada", rabiscou em sua cópia da proposta o chefe de operações navais, apontando um "atraso de quatro a nove horas nas mensagens dos postos de observação". Quando se autenticasse uma ordem de execução, Washington já teria sido obliterada.

O problema era ainda pior no lado soviético. Alguns de seus procedimentos de comunicação datavam do século XIX. Se o embaixador deles em

Washington quisesse enviar uma mensagem, primeiro teriam de codificá-la em grupos de quatro letras. A embaixada então telefonaria para o escritório local da Western Union, que mandaria um mensageiro, de bicicleta, pegar o telegrama. Os diplomatas soviéticos veriam o jovem negro descer devagar a rua, pedalando, e se perguntariam se ele ia parar no caminho para bater papo com a namorada. Se tudo corresse bem, a mensagem seria transmitida ao Kremlin por um cabo telegráfico estendido até o outro lado do Atlântico 100 anos antes.

No Departamento de Estado, autoridades arrancariam a mensagem do teletipo e analisariam parágrafo por parágrafo. O mais alto *expert* em União Soviética do departamento, LlewellynThompson, que servira como embaixador em Moscou, tinha certeza de que o próprio Kruchev ditara a carta, pois faltava ao texto polidez diplomática e sofisticação. Ele na certa se encontrava "sob considerável tensão". O subsecretário George Ball imaginava o "atarracado e infeliz presidente diante de uma parede branca", despejando "angústia em cada palavra".

O parágrafo-chave vinha lá pelo fim. Após insistir que os mísseis só tinham um objetivo – a defesa de Cuba –, Kruchev sugeria uma saída da crise. Se os Estados Unidos chamassem de volta a frota e prometessem não atacar Cuba, "desapareceria a necessidade da presença de nossos especialistas militares". Comparava a situação internacional ao nó numa corda que se tornava cada vez mais apertado quanto mais os políticos rivais puxavam em cada ponta:

> Talvez em algum momento o nó fique tão apertado a ponto de a pessoa que o deu não ter força para desatá-lo. Então será necessário cortá-lo, e não cabe a mim explicar o significado disso, porque você próprio entende perfeitamente as forças terríveis que nosso país possui.
>
> Por conseguinte, se não há intenção de apertar esse nó e com isso condenar o mundo à catástrofe da guerra nuclear, não apenas relaxemos as forças que puxam as pontas do cordão, mas tomemos medidas para desatar o nó.

Para Ball, a mensagem era um *"cri de coeur"*. No Pentágono, Curtis LeMay mostrou-se menos sentimental. Disse aos companheiros que a carta era "um monte de besteira". Kruchev devia acreditar que "nós somos um bando de merdas burros, se engolirmos essa xaropada".

19:35, SEXTA-FEIRA, 26 DE OUTUBRO

Enquanto a carta de Kruchev continuava a sair do teletipo na noite de sexta-feira, Dean Rusk, fechado em seu escritório no sétimo andar do Departamento de Estado, ouvia um repórter de televisão chamado John Scali. O correspondente da ABC News tinha uma estranha história a contar. Antes, nesse mesmo dia, fora convidado a almoçar pelo chefe do posto da KGB em Washington, Aleksander Feklisov, que atuava disfarçado de consultor na embaixada soviética. Comendo costeletas de porco e torta de caranguejo no Occidental Restaurant, da embaixada, na avenida Pensilvânia, o agente acenara com um plano para resolver a crise que parecia ecoar o tom conciliatório da última mensagem de Kruchev. Na versão de Scali, a proposta consistia de três pontos:

- A União Soviética desmontaria as bases de mísseis em Cuba sob supervisão das Nações Unidas;
- Castro prometeria jamais aceitar qualquer tipo de armas ofensivas;
- Os Estados Unidos emitiriam uma promessa formal de não invadirem Cuba.

A proposta intrigava o secretário de Estado. Se autêntica, poderia assinalar uma abertura, uma oferta soviética de encerrar a crise em termos aceitáveis pelos Estados Unidos. A forma como a mensagem fora entregue parecia um tanto curiosa: nem Feklisov nem Scali haviam sido usados antes como intermediários secundários entre Moscou e Washington. Mas era de supor que os soviéticos sabiam dos bons contatos de Scali no Departamento de Estado, e que não estava em termos muito amistosos com o chefe da espionagem de Rusk, Roger Hislman. Enviando a proposta por um agente da KGB, Kruchev podia desautorizar as concessões se Kennedy se recusasse a negociar.

Segundo Scali, Feklisov queria uma resposta o mais breve possível. Ele dera o número de seu telefone para poder ser chamado a qualquer momento, se necessário. Rusk escreveu uma resposta ao jornalista numa prancheta amarela especial. Continha uma mensagem de duas frases, que autorizava Scali a transmitir a Feklisov na primeira oportunidade:

Tenho motivo para acreditar que o governo dos Estados Unidos vê verdadeiras possibilidades nisso e supõe que os representantes da URSS e das Nações Unidas em Nova York podem trabalhar nesse assunto com o secretário-geral da ONU U Thant e uns com os outros. Tenho a impressão definitiva de que a hora é urgente, e o tempo, muito curto.

Feklisov ainda se encontrava na embaixada quando Scali ligou. Os dois concordaram em encontrar-se no café do Statler-Hilton, da rua Dezesseis. O hotel ficava a três quadras da Casa Branca, uma da embaixada soviética. Pelo relógio do jornalista, eram 19:35 quando chegaram. Sentaram-se a uma mesa no fundo e pediram dois cafés. Scali deu a mensagem de Rusk de memória, sem revelar a procedência exata.

– Isso vem de altas fontes? – perguntou Feklisov, tomando notas numa caderneta.

– As mais altas fontes no governo americano.

O homem da KGB pensou um instante e levantou uma nova questão. Achava que inspetores da ONU deveriam ter permissão para entrar em bases militares americanas na Flórida e em torno das ilhas do Caribe para confirmar que não haveria invasão de Cuba. Scali respondeu que não tinha "informação oficial", mas sua "impressão" era que tais exigências criariam problemas políticos para o presidente. Os direitistas no Congresso e nas Forças Armadas pressionavam pela invasão.

– A questão do tempo é essencial – acentuou.

Feklisov prometeu transmitir a mensagem às "mais altas fontes" em Moscou. Tinha tanta pressa em voltar à embaixada, lembrou depois Scali, que pagou o café com uma nota de 10 dólares e não esperou o troco, comportamento mais que incomum num diplomata soviético.

O encontro do agente do KGB e o repórter foi um clássico exemplo de erro de comunicação entre Moscou e Washington, num momento em que um único passo em falso podia levar à guerra nuclear. Scali talvez haja pensado que estava sendo usado como intermediário para resolver a crise – na certa convencera o Departamento de Estado e a Casa Branca de que assim era –, mas não era de modo algum como o Kremlin via o caso.

Feklisov vinha cavucando em busca de intuições sobre o processo de decisão do governo americano desde o início da crise. O ex-controlador do círculo de espiões do casal Rosenberg tinha dolorosa consciência do penoso estado da espionagem soviética nos Estados Unidos. Sofria enorme pressão de Moscou para produzir alguma "informação secreta" dos confidentes de Kennedy. Como não dispunha de fontes no governo, tinha de colher as migalhas que conseguisse das órbitas externas do círculo. Repórteres com boas ligações como Scali eram o mais perto que ele chegava da corte de Camelot.

Vinha se encontrando com o repórter da ABC para um café e um ou outro almoço havia mais de um ano. Quando nada, os encontros constituíam uma maneira de melhorar seu inglês. Scali, volúvel ítalo-americano, era "um tipo exuberante" do qual se podia com relativa facilidade extrair informação. A técnica padrão do russo era simplesmente levantar uma questão que o interessasse e depois insistir num certo ponto: "Não, não pode ser." Ávido por exibir conhecimento privilegiado, Scali respondia com um comentário, tipo: "Que quer dizer com não pode ser? O encontro ocorreu na última terça-feira, às 16 horas, e eu até posso lhe dizer que foi no décimo primeiro andar." Feklisov vivia sondando o contato americano em busca de informação, sem dar muita coisa em troca. Lançava ideias apenas para testar a reação dele.

Após deixar Scali no café, Feklisov voltou a pé para a embaixada. Tinha por fim uma informação verdadeira para transmitir a Moscou. Escreveu um telegrama em que esboçava a solução de três pontos para a crise e enfatizava o fato de que o repórter falava em nome das "mais altas autoridades". Mas as duas versões da proposta diferiam num aspecto crucial. Pela sua versão, tratava-se de uma iniciativa soviética; o outro descrevia-a como americana. O que Scali e os americanos interpretaram como uma sondagem de Moscou na verdade era uma tentativa do seu contato na KGB de identificar a condição de Washington para terminar a crise.

Feklisov só tinha autoridade para enviar telegramas aos superiores diretos. Para chegar a Kruchev, ou a um membro do Presidium, ele precisava da concordância do embaixador, Anatoli Dobrinin. Após pensar no relatório do *residente* umas duas horas, Dobrinin recusou-se a assinar o telegrama. Explicou que o Ministério das Relações Exteriores "não autorizara a embaixada a fazer esse tipo de negociação". Ele, que tinha canal próprio para Bobby Kennedy, era cético sobre as iniciativas da KGB.

O máximo que Feklisov podia fazer era enviar o relatório ao diretor de espionagem estrangeira. A essa altura, o telegrama já chegara a Moscou, já era tarde de sábado pela hora local. Não há prova de que o telegrama desempenhou qualquer papel no processo de decisão do Kremlin sobre a crise ou foi sequer lido por Kruchev. Mas o encontro Scali-Feklisov tornou-se parte da mitologia da crise dos mísseis cubanos.

Ao mesmo tempo que Feklisov se encontrava com Scali no Statler-Hilton, na Casa Branca, mais abaixo na rua, o presidente dava vazão à sua raiva sobre uma matéria jornalística segundo a qual autoridades americanas insinuavam "outras ações". Kennedy achava que suas cuidadosas tentativas de administrar a expectativa do público em relação à crise haviam sido postas em perigo por um inconsiderado comentário dos porta-vozes do Departamento de Estado. Pegou o telefone para reprimir pessoalmente o burocrata de nível médio.

Claro, sabia que o porta-voz não pretendera causar dano algum. Sob pressão dos repórteres para dar-lhes alguma coisa, Lincoln White chamara a atenção deles para uma frase no discurso do presidente à nação na segunda-feira. Nesse pronunciamento, Kennedy descrevera a imposição da quarentena em torno de Cuba como um primeiro passo numa série de medidas para obrigar Kruchev a retirar os mísseis. Ao escolher a frase "podem-se justificar outras ações", White dera aos jornalistas um novo ângulo da notícia.

Outra complicação é que o ExComm ordenara ao secretário de Imprensa da Casa Branca, Pierre Salinger, emitir uma declaração que resumisse os últimos dados enviados de Cuba pela espionagem. Longe de parar o trabalho nos regimentos de mísseis, os soviéticos "prosseguiam céleres a construção do suporte de foguetes e instalações de lançamento". Com instintos bem afinados para a imprensa, Kennedy temia que os repórteres combinassem declarações da Casa Branca e do Departamento de Estado e concluíssem que a guerra era iminente. As manchetes sobre isso talvez forçassem sua mão, tornando mais difícil encontrar uma saída pacífica. Qualquer ação tinha de ser calibrada com todo cuidado.

– Temos de colocar isso sob controle, Linc – disse o presidente, a voz fervendo de frustração. – O problema é que, quando a gente diz que vai empreender outras ações, todos perguntarão: "Que ação?" E isso adianta em dois dias a escalada, quando não estamos prontos.

– Sinto muito, senhor.

Desculpas não bastavam:

– Você precisa ter muito cuidado! Não pode se referir a discursos passados, porque isso dá uma nova manchete a eles... E agora conseguiram.

– Sinto muitíssimo, senhor.

22:50, SEXTA-FEIRA, 26 DE OUTUBRO (21:50 EM HAVANA)

Kennedy não foi o único a implicar com as insinuações do Departamento de Estado sobre "outras ações". A 1.600km de distância, em Havana, as observações de Lincoln White haviam provocado preocupação entre líderes cubanos e militares soviéticos. Para Castro, eram mais um sinal de que Washington preparava algum tipo de ultimato sobre a remoção dos mísseis soviéticos. Se estes o rejeitassem, como ele tinha certeza de que fariam, se seguiria uma invasão "dentro de 48 horas".

Outros sinais voavam no vento, além da informação na *Prensa Latina* enviada de Nova York antes nesse mesmo dia. A mais expressiva era a mensagem do presidente do Brasil a Castro, transmitida pelo embaixador brasileiro em Havana, Luís Batista Pinto. Brasília tinha informação de que o governo americano planejava destruir os regimentos de mísseis se o trabalho de construção não fosse "suspenso nas próximas 48 horas". Castro levou muito a sério a mensagem. Estava em bons termos com Batista Pinto, também muito considerado em Washington. Nesse meio-tempo, os comandantes soviéticos em Cuba passavam ao estado de "prontidão militar plena".

Ao analisarem toda essa informação, as autoridades cubanas e soviéticas concluíram que o cenário mais provável era um ataque americano seguido da invasão. O ataque começaria a qualquer momento. Quanto mais pensavam nisso, mais se convenciam de que a primeira fase – o ataque aéreo – na certa viria da noite para o dia.

O comandante das forças soviéticas em Cuba, Issa Pliiev, tinha fama de cauteloso. Cavalariano de cabelo bem repartido e bigode aparado, pesava com cuidado as decisões. Já vira luta suficiente na Grande Guerra Patriótica. Não alimentava ilusões sobre o provável resultado de uma invasão americana de Cuba. Ainda em recuperação de problemas de um cálculo biliar, tentava evitar excitação e demitia os subordinados que traziam informações alarmistas. Poucos dias antes, seu ajudante trouxera-lhe um relatório sobre um possível desembarque de rebeldes anticastristas. Outros generais soviéticos queriam com urgência falar ao comandante em chefe.

– Não entre em pânico. Deixe que investiguem com os camaradas cubanos. Talvez sejam apenas alguns pescadores – disse Pliiev ao ajudante. – Depois que investigarem o assunto, venha me informar.

Nem mesmo ele se preocupava. Após encontrar-se com Castro, também chegara à conclusão de que a guerra era tudo, menos inevitável. Ordenara ao Estado-Maior mudar-se para um posto de comando subterrâneo, perto do quartel-general de El Chico. Como a casamata de Castro em Havana, o posto de comando soviético era equipado com sofisticado equipamento de comunicações eletrônicas, grande quantidade de alimentos e catres para o Estado-Maior. À medida que se espalhavam os boatos sobre um ataque americano ao anoitecer de sexta-feira, ele deu às tropas ordens de pleno alerta para o combate. Dispunha-se, se necessário, a enfrentar meses de guerrilha.

– Não temos para onde nos retirar – disse aos comandantes. – Estamos longe da pátria, mas temos suprimentos suficientes para cinco ou seis semanas. Se nos destruírem como exércitos, lutaremos como divisões. Se destruírem as divisões, lutaremos como regimentos, iremos para as montanhas.

Rejeitou o plano de Castro para os soldados soviéticos vestirem uniformes. Mas concordou em ligar os radares aéreos e autorizou os comandantes da Defesa a reagir a um ataque com disparos contra os aviões inimigos. Ordenou a colocação de minas nos acessos por terra à base na baía de Guantánamo. Instruiu duas das baterias de mísseis de cruzeiro com ogivas nucleares a mudarem para suas posições de fogo avançadas no Leste e Oeste de Cuba. E ordenou a retirada do depósito de algumas das ogivas para os R-12 apontados na direção de alvos nos Estados Unidos.

Houvera certa confusão inicial sobre se Pliiev tinha autoridade para usar armas nucleares táticas na resistência a uma invasão americana. A doutrina militar soviética exigia que os comandantes de campo tivessem responsabilidade por armas nucleares no campo de batalha em caso de guerra. O ministro da Defesa soviético escrevera uma ordem que concedia a Pliiev essa autoridade, mas não a assinara. A última versão da ordem, emitida em 23 de outubro, deixava claro que Moscou retinha pleno controle sobre o uso de todas as armas nucleares. Apesar disso, Pliiev queria ter certeza de que os mísseis estavam prontos para disparo se a guerra estourasse.

Às 21:50, hora de Havana, ele enviou ao ministro da Defesa soviético uma mensagem em que resumia suas ações:

Ao Diretor [pseudônimo de Malinovski],
Segundo dados da espionagem de que dispomos, os americanos identificaram vários dos locais de instalação do camarada STASENKO [comandante da força de mísseis soviéticos em Cuba]. O Comando Aéreo Estratégico dos Estados Unidos emitiu uma ordem de pleno alerta militar de sua força de ataque aéreo.

Na opinião dos camaradas cubanos, devemos esperar um ataque aéreo americano a nossas bases durante a noite de 26-27 de outubro, ou ao amanhecer de 27.

Fidel Castro decidiu abater aviões de guerra americanos com sua artilharia antiaérea no caso de um ataque.

Tomei medidas para dispersar as *tekhniki* [eufemismo para ogivas nucleares] dentro da zona de operação e fortalecer os esforços de camuflagem.

Em caso de ataques aéreos americanos aos nossos locais, decidi usar todos os meios de defesa aérea à minha disposição.

Assinou o telegrama como "Pavlov", pseudônimo oficial.

O coronel Sergei Romanov tinha fama de ser tão duro consigo mesmo quanto com os outros. Fizera a carreira militar, agora em perigo, no transporte e armazenamento de armas nucleares. Um comboio sob seu comando envolvera-se num acidente pouco depois de chegar a Cuba. Um caminhão soviético tentara ultrapassar um veículo lento, numa estrada cheia de curvas, e colidira com o carro de um civil cubano, que morreu. Romanov recebera uma reprimenda do Partido Comunista – uma punição severa. Ao voltar a Moscou, teria de enfrentar as consequências, uma perspectiva que lhe causava pavor.

Apesar da sombra que pairava acima, tinham lhe dado o comando do depósito de armazenamento nuclear, onde as ogivas eram guardadas em casamatas à prova de choque. O local ficava escondido numa encosta coberta de árvores pouco ao norte de Bejucal, uma cidade de ruas infestadas de pulgas, ladeadas de bangalôs em ruínas, a cerca de 30km de Havana. Escavara-se uma casamata de passagem na encosta, depois coberta de concreto e tapada com terra de novo. Tinha duas alas em forma de L de um a dois metros, ligadas a um estacionamento subterrâneo. Uma estrada de acesso circular permitia que os furgões das armas nucleares entrassem na casamata pela porta norte e saíssem pela sul. Todo o complexo, cercado, cobria cerca de um hectare, de fácil visibilidade do ar.

Construída a princípio pelo exército cubano para armazenar munição convencional, adaptara-se o lugar para ogivas nucleares. O quartel-general estabelecera severas especificações para assegurar e mantê-las. Deviam ser armazenadas a meio metro umas das outras, numa instalação de pelo menos três metros de altura. Exigia-se um espaço de pelo menos 300m^2 para reunir e conferir as ogivas. Não se devia permitir que a temperatura subisse além dos 20 graus centígrados, e devia manter-se a umidade dentro de uma faixa de 45 a 70%. A manutenção dos níveis de temperatura e umidade era uma luta constante. A temperatura dentro do *bunker* jamais caía muito abaixo dos 26,5 graus. Para baixá-la ao nível máximo permitido, Romanov tinha de catar aparelhos de ar-condicionado e caixas de gelo dos anfitriões cubanos.

A tensão para cuidar do equivalente a duas bombas atômicas tipo Hiroshima caía pesada sobre todos. Romanov, o único a dormir de três a quatro horas todo dia, teria um ataque cardíaco fatal logo após voltar para casa. O principal sub, major Boris Boltenko, morreria alguns meses depois de febre cerebral. Os colegas achavam que ele contraíra câncer por haver reunido ogivas nucleares para um teste real de mísseis R-12 no ano anterior. Quando chegou a Cuba, na certa já sofria de doença causada pela radiação e não diagnosticada. Muitos dos técnicos engenheiros que trabalharam com as "engenhocas" – como chamavam as ogivas – teriam câncer depois.

Em contraste com a forte segurança em torno das bases de armazenamento nuclear, a casamata de Bejucal era protegida por uma única cerca e vários canhões antiaéreos. O quartel-general de Romanov ficava numa colina a mais ou menos meio quilômetro de distância, nos arredores da cidade, num orfanato católico expropriado antes conhecido como La Ciudad de los Niños. Aviões americanos passavam de dia, coletando informação. À noite, os soldados soviéticos que guardavam o lugar muitas vezes ouviam o barulho de tiros nas colinas próximas, onde milicianos cubanos caçavam rebeldes. Às vezes, soldados soviéticos nervosos disparavam contra sombras na escuridão. Quando iam investigar pela manhã, de vez em quando encontravam um porco morto no mato baixo. Na noite seguinte, banqueteavam-se com o animal assado.

Bejucal ficava de quatro a cinco horas de carro do regimento de mísseis próximo a San Cristóbal, no Oeste de Cuba, mas a 14 horas de estradas ruins do regimento comandado pelo coronel Sidorov. No centro do país, Pliiev sabia que não haveria tempo para levar as ogivas a Sagua la Grande em caso de ataque americano. Além de ser o mais distante dos três regimentos de mísseis, o dele era também o mais avançado em preparação. Como tinha a melhor chance de lançar um ataque nuclear aos Estados Unidos, seria o primeiro a receber as ogivas nucleares.

Os cones de mais de três metros dos mísseis R-12 eram carregados em furgões de armamento especialmente projetados, com trilhos que se estendiam para fora até o chão. A noite já caíra quando os furgões, quadrados e parecendo corcundas, surgiram da instalação subterrânea e juntaram-se a uma fila de caminhões e jipes. Havia um total de 45 veículos no comboio, mas apenas meia dúzia transportava ogivas. Os caminhões carregados de equipamento industrial entremeavam-se com os furgões com ogivas, para disfarçar. As tropas de foguetes haviam sido distribuídas ao longo dos 320km de estrada até Sagua la Grande, para bloquear o tráfego e dar segurança ao comboio. Todos morriam de pavor de outro acidente.

Tomaram-se todas as precauções para impedir a detecção do comboio pelo ar. A operação seria executada na escuridão. Não se permitiu aos motoristas usar os faróis. As únicas luzes permitidas eram as laterais – e só para cada quarto veículo. Limitou-se a velocidade a 30km/h.

Romanov e os colegas sentiam-se felizes por ver-se livres de pelo menos uma das ogivas. Viviam em medo constante de um ataque aéreo americano.

Entendiam como se achavam vulneráveis e achavam difícil acreditar que os americanos não houvessem descoberto esse segredo.

A CIA vinha vasculhando Cuba em busca de ogivas nucleares desde a descoberta dos mísseis. Na verdade, achavam-se escondidos à vista de todos durante o tempo todo em que os analistas da espionagem americana observaram a escavação subterrânea em Bejucal, mais de um ano atrás, com imagens de U-2 e tiveram o cuidado de anotar a construção das casamatas, estradas em círculo e cercas. No outono de 1962, marcaram como alvo duas casamatas ali como "possível local de armazenamento". A CIA informara a Kennedy no dia 16 de outubro que a base de Bejucal era "uma instalação incomum", com "proteção de armas antiaéreas automáticas". Informou algumas "semelhanças, mas também muitos pontos de dessemelhança" com conhecidos depósitos de armazenamento nuclear na União Soviética.

– É o melhor candidato – disse o subdiretor da agência, general Marshall Carter, ao ExComm. – Nós o assinalamos para posterior vigilância.

Uma análise mais detalhada, três dias depois, observou que os bombardeiros de Bejucal haviam sido construídos entre 1960 e 1961 para "depósito de munições convencionais". Fotos feitas em maio de 1962 mostravam "*bunkers* resistentes a explosões e uma única cerca de defesa. Viram-se dezenas de veículos indo e vindo, mas pouco trabalho parecia haver sido feito na base entre maio e outubro. A ausência de outras precauções de segurança tornava improvável que a base houvesse sido "convertida em depósito de armas nucleares", concluíram os analistas.

Aviões de reconhecimento sobrevoaram a casamata de Bejucal várias vezes na segunda metade de outubro. A cada inspeção, colhiam um pouco mais de provas que haveriam alertado os analistas para o significado da instalação. Na terça-feira, 23 de outubro, um Crusader da Marinha dos Estados Unidos em voo baixo fotografou 12 dos furgões corcundas usados no transporte de ogivas nucleares diante de "uma estrutura de passagem coberta de terra". Na quinta-feira, 25, outra missão de reconhecimento descobriu vários guindastes pequenos especialmente projetados para retirar as ogivas dos furgões, que eram todos idênticos, com grandes portas nos fundos e uma pontuda entrada de ar logo atrás da cabine do motorista. Tanto os guindastes quanto os furgões achavam-se bem estacionados a 200m da entrada bastante visível de um *bunker* subterrâneo de concreto. Uma cerca de arame farpado, em postes de concreto, circundava a base.

Em retrospecto, percebe-se que os guindastes e as vans corcundas eram chaves para a solução do mistério das ogivas soviéticas, mas seriam necessárias muitas semanas para a comunidade da espionagem americana começar a ligar os pontos. Só em janeiro de 1963 os analistas examinaram uma pilha de fotos que mostravam que o *Aleksandrovsk* partira na viagem para Cuba de uma base de submarinos na península de Kola. Nenhum outro navio civil fora observado na base, já identificada como um provável ponto de trânsito e centro de serviço para ogivas nucleares. A incongruência de um navio mercante avistado numa instalação militar tão sensível despertou o interesse dos analistas, que revisaram todas as imagens do *Aleksandrovsk*. Fotografaram-se furgões com o cone em bico a bordo do navio quando retornava de Cuba à península de Kola no início de novembro.

Apesar de fazer uma ligação tardia entre o *Aleksandrovsk* e as vans com ogivas nucleares, os analistas jamais a fizeram com Bejucal. Dino Brugioni, um dos altos auxiliares de Lundahl, escreveu um livro em 1990 em que identificou o porto de Mariel como a principal instalação de ogivas nucleares da ilha. Na verdade era apenas um ponto de trânsito para as ogivas que chegavam a bordo do *Indigirka* a 4 de outubro. Autoridades soviéticas, entre elas o coronel Beloborodov, diretor do arsenal nuclear, só começaram a falar em público da importância da base de Bejucal após o colapso da União Soviética em 1991.

A localização do *bunker* de armazenamento de ogivas nucleares e outro semelhante, escavado numa encosta que dava para a cidade de Manágua, é revelada pela primeira vez neste livro, com base no estudo de fotografias de reconhecimento liberadas. (As coordenadas exatas são dadas numa nota final na página 428.) As fotos antes inéditas feitas em 25 e 26 de outubro por aviões da Força Aérea americana estão nas páginas do terceiro encarte. O depósito de Bejucal serviu de esconderijo de 36 ogivas de um megaton para o míssil R-12; Manágua foi local de armazenamento de 12 ogivas Luna de dois quilotons.

A melhor maneira de descarte de Bejucal como *bunker* de armazenamento de mísseis por parte da CIA – depois de havê-lo assinalado como "melhor candidato" a tal função – é a tirania da sabedoria convencional.

– Os *experts* não paravam de falar que as ogivas nucleares estariam sob o rígido controle da KGB – lembrou Brugioni. – Mandaram-nos procurar múltiplas cercas de segurança, bloqueios de estrada, níveis de proteção a mais. Não vimos nada disso. – Os analistas notaram uma cerca caindo aos pedaços em torno da base de Bejucal, não protegida sequer por um portão fechado, e concluíram que não havia ogivas lá dentro. Os relatórios da interpretação de fotos referiam-se apenas a uma "base de armazenamento de munição" não identificado.

Os intérpretes de fotos ficaram muito empolgados com a antiga fábrica de melado em Punta Gerardo, porto açucareiro 80 quilômetros a oeste de Havana, costa abaixo. A usina localizava-se numa base bem defendida, perto de uma rede de autoestradas. Novos prédios subiam todo dia. Mais importante, construíra-se "uma dupla cerca de segurança" em torno da instalação, à típica moda soviética, com postos de guarda em toda a volta. Tudo resultava em fortes indícios de um possível depósito nuclear, disse a CIA a Kennedy antes do discurso na televisão.

A fábrica de melado revelou nada ter a ver com ogivas nucleares. Fora usada como ponto de transferência e armazenamento para combustível de mísseis. Mais uma vez, como no caso do *Aleksandrovsk*, a ausência de precauções de segurança óbvias em torno de Bejucal era a melhor segurança de todas.

Como o colega soviético do outro lado, Issa Pliiev, o tenente-general Hamilton Howze era cavalariano por vocação. Sua carreira militar abrangera a transição do cavalo para os helicópteros: ele agora comandava as tropas aerotransportadas americanas. Já tinha uma ligação de família com Cuba pelo lado do pai, Robert Lee Howze, que participara da batalha da colina de San Juan com Teddy Roosevelt. "Oficial tão ousado e valente quanto qualquer outra da galante divisão de cavalaria", foi como o descreveu T. R. Se os Estados Unidos invadissem Cuba uma segunda vez, o filho do velho cavalariano seria o mais velho comandante americano no campo de batalha.

Os homens de Howze sentiam-se ávidos para chegar a Cuba. Os planos de invasão exigiam que 23 mil soldados da 82ª e 101ª divisões aerotransportadas tomassem quatro aeroportos na área de Havana, incluindo o principal, internacional. Enquanto os paraquedistas tomavam a retaguarda do inimigo, os fuzileiros e a 1ª Divisão Blindada lançariam um movimento em pinças em torno de Havana, isolando a capital dos regimentos de mísseis. Howze avisou ao Pentágono na sexta-feira que ia "ter dificuldades para manter tropas de moral alto em prolongado estado de alerta sem mandá-las para a ação. A escala da operação total comparava-se aos desembarques do Dia D na Normandia em junho de 1944. Um total de oito divisões, cerca de 120 mil soldados, entraria em ação numa frente de 60 quilômetros, desde o porto de Mariel à praia de Tarará, a leste de Havana. A força que desembarcou na Normandia no Dia D tinha por volta de 150 mil soldados numa frente de 75 quilômetros.

O plano de invasão tinha o nome de código Operação Bainhas. Os desembarques seriam precedidos por intenso bombardeio aéreo, com três

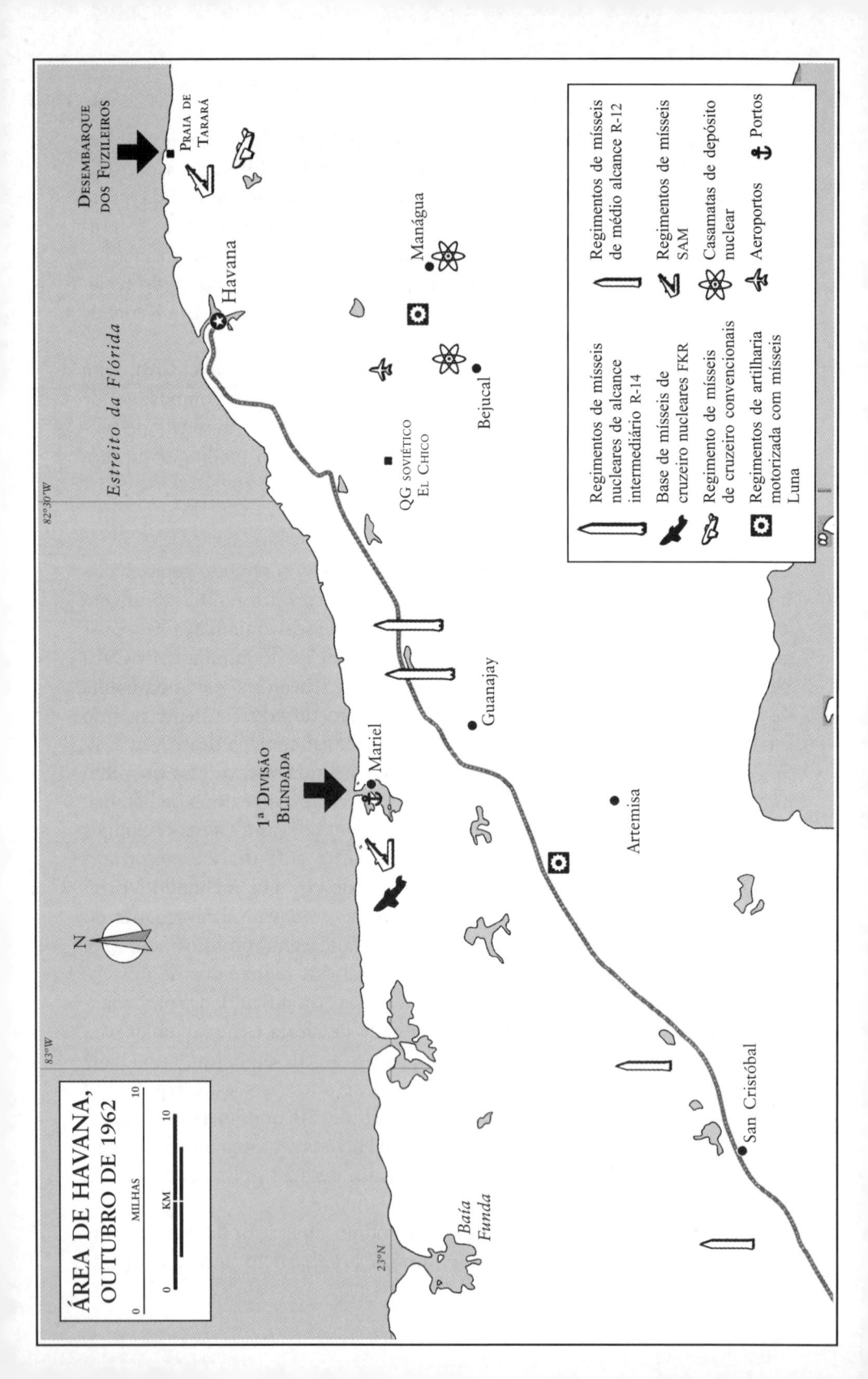

ÁREA DE HAVANA, OUTUBRO DE 1962

Desembarque dos Fuzileiros → Praia de Tarará

1ª Divisão Blindada → Mariel

Estreito da Florida

Havana · Manágua · Bejucal · QG soviético El Chico · Guanajay · Artemisa · San Cristóbal

Baía Funda

Legenda:
- Regimentos de mísseis nucleares de alcance intermediário R-14
- Base de mísseis de cruzeiro nucleares FKR
- Regimento de mísseis de cruzeiro convencionais
- Regimentos de artilharia motorizada com mísseis Luna
- Regimentos de mísseis de médio alcance R-12
- Regimentos de mísseis SAM
- Casamatas de depósito nuclear
- Aeroportos
- Portos

enormes ataques aéreos por dia, até que os regimentos de mísseis, defesas aéreas e aeroportos inimigos fossem destruídos. Voos baixos de reconhecimento haviam identificado 1.397 alvos separados na ilha. No total, planejavam-se 1.190 ataques aéreos apenas para o primeiro dia, a partir de aeroportos na Flórida, porta-aviões no Caribe e da base naval de Guantánamo.

Como era inevitável, com uma operação em tal escala, surgiram problemas de todo tipo. Os fuzileiros tinham tanta pressa para fazer-se ao mar que embarcaram sem equipamentos de comunicação adequados. Muitas unidades do exército não iam com força total. Havia escassez de policiais porque algumas unidades haviam sido despachadas ao Sul Profundo para impor ordens de dessegregação. Os planejadores haviam subestimado o número de vasos necessários para uma invasão anfíbia e errado os cálculos sobre o gradiente de algumas praias. Seguiu-se uma correria por kits de água quando o exército descobriu que as praias de Mariel não eram tão rasas quanto se presumira. A Marinha queixou-se da "escassez crônica de informações" sobre bancos de areia e corais na praia de Tarará, que podiam pôr em perigo "todo o sucesso do ataque na praia de Tarará, no Oeste de Cuba".

O avanço das forças americanas em torno de Cuba foi mal informado de uma forma chocante sobre o que iam encontrar se recebessem ordens para desembarcar na ilha. Presumiram que o adversário seria basicamente cubano, sem apoio de um número desconhecido de "técnicos militares do bloco soviético". Estimativas da espionagem americana referiam-se com cautela a tropas e conselheiros "sino-soviéticas", dois anos depois da ruptura entre Moscou e Pequim. A espionagem extraía de 25 de outubro reconhecimento fotográfico do combate de uma unidade soviética perto de Remedios, equipada com mísseis FROG, que ainda não se haviam filtrado para os fuzileiros e unidades aerotransportadas que se preparavam para invadir Cuba na tarde de sexta-feira, 26 de outubro.

À medida que se espalhava dentro dos mais altos círculos da burocracia americana o boato sobre as armas com capacidade nuclear em Cuba, em mãos de defensores soviéticos, os comandantes americanos puseram-se a clamar por armas nucleares táticas próprias.

A ordem de mudar a base naval de Guantánamo veio tarde na noite de sexta-feira, quando já escurecera. Várias centenas de soldados soviéticos, equipados com três lançadores de mísseis de cruzeiro, cada um com um artefato nuclear do tamanho do jogado sobre Hiroshima, estivera à espera em posição de "pré-lançamento" numa antiga escola militar americana na aldeia de Vilorio, a mais de 20 quilômetros da base, na direção do interior. Haviam se mudado dali do centro de abastecimento em Mayarí Arriba, na Sierra del Cristal, para Vilorio dois dias antes. A fim de preservar o máximo segredo, só se redistribuiriam para uma posição de lançamento se se esperasse a eclosão da guerra.

A ordem de instalação foi trazida por mensageiro num pacote lacrado: pelo rádio, a mensagem arriscava-se a ser interceptada pelos americanos. A nova posição ficava perto de uma fazenda de café abandonada, na aldeia de Filipinas, também a mais de 20km de Guantánamo, porém mais perto do mar. A distância entre a posição de pré-lançamento para a de lançamento era de cerca de 15 quilômetros. Nesta, se prepararam para "destruir o alvo" ao receberem instruções do Estado-Maior em Moscou.

Os preparativos soviéticos para destruir a base naval de Guantánamo iam permanecer secretos por quase cinco décadas. As atividades dos regimentos da KGB estacionados nas províncias de Oriente e Pinar del Río receberam pouca atenção dos historiadores, embora tais unidades controlassem mais da metade das ogivas nucleares instaladas em Cuba. Equipados com uma carga explosiva de 14 quilotons, mais ou menos o poder da bomba que destruíra Hiroshima, os mísseis de cruzeiro FKR eram várias vezes mais potentes que os Luna, de médio alcance, avistados no centro de Cuba. E havia muitos outros: os soviéticos trouxeram 80 ogivas nucleares FKR para Cuba, em comparação com apenas 12 ogivas Luna.

Os movimentos do comboio de mísseis de cruzeiro na noite de sexta-feira, 26 de outubro, quando a crise se aproximava do clímax, são revelados aqui pela primeira vez. A história foi montada a partir de documentos e das lembranças de participantes, que combinam muito de perto com os detalhes contidos em relatórios americanos liberados. Apesar do segredo em torno da operação, os americanos puderam acompanhar o comboio por meio de interceptações no rádio e reconhecimento aéreo. Mas, como ocorre com as fotos da base de depósito nuclear em Bejucal, jamais se compreendeu o significado da espionagem original.

Entre os soldados soviéticos enviados para Filipinas, ia um jovem recruta chamado Viktor Mikheiev. Ele servia no Corpo de Engenharia havia pouco mais de um ano, usando o talento de carpinteiro para ajudar a preparar as posições de lançamento. Tinha 21 anos quando acabara em Cuba. As fotos enviadas à mãe, do Exército, mostram um jovem atarracado, de olhar penetrante e cabelo escovado para trás. Vestia uniforme de praça, botas altas de couro e um largo cinto com uma grande estrela vermelha.

A origem de Mikheiev era típica dos recrutas que participaram da Operação Anadir. Vinha de uma aldeiazinha no plano campo russo em torno de Moscou. Os pais trabalhavam numa fazenda coletiva. Mais ou menos quando chegou a Cuba, em meados de setembro de 1962, permitiram-lhe escrever para casa, até meados de outubro. A carta era breve. Os censores militares o proibiram de dizer muita coisa e até mesmo revelar sua localização. "Saudações de uma terra distante", escreveu o rapaz, numa carta cheia de erros de gramática e ortografia. "Estou vivo e com saúde." Explicava que "era proibido" escrever antes, e dava uma caixa postal em Moscou como endereço para resposta.

Mikheiev fazia parte de um grupo de soldados oriundos da unidade de engenharia na carroceria de um potente caminhão de frente quadrada conhecido como KRAZ quando o comboio deixou Vilorio e dirigiu-se para o sul,

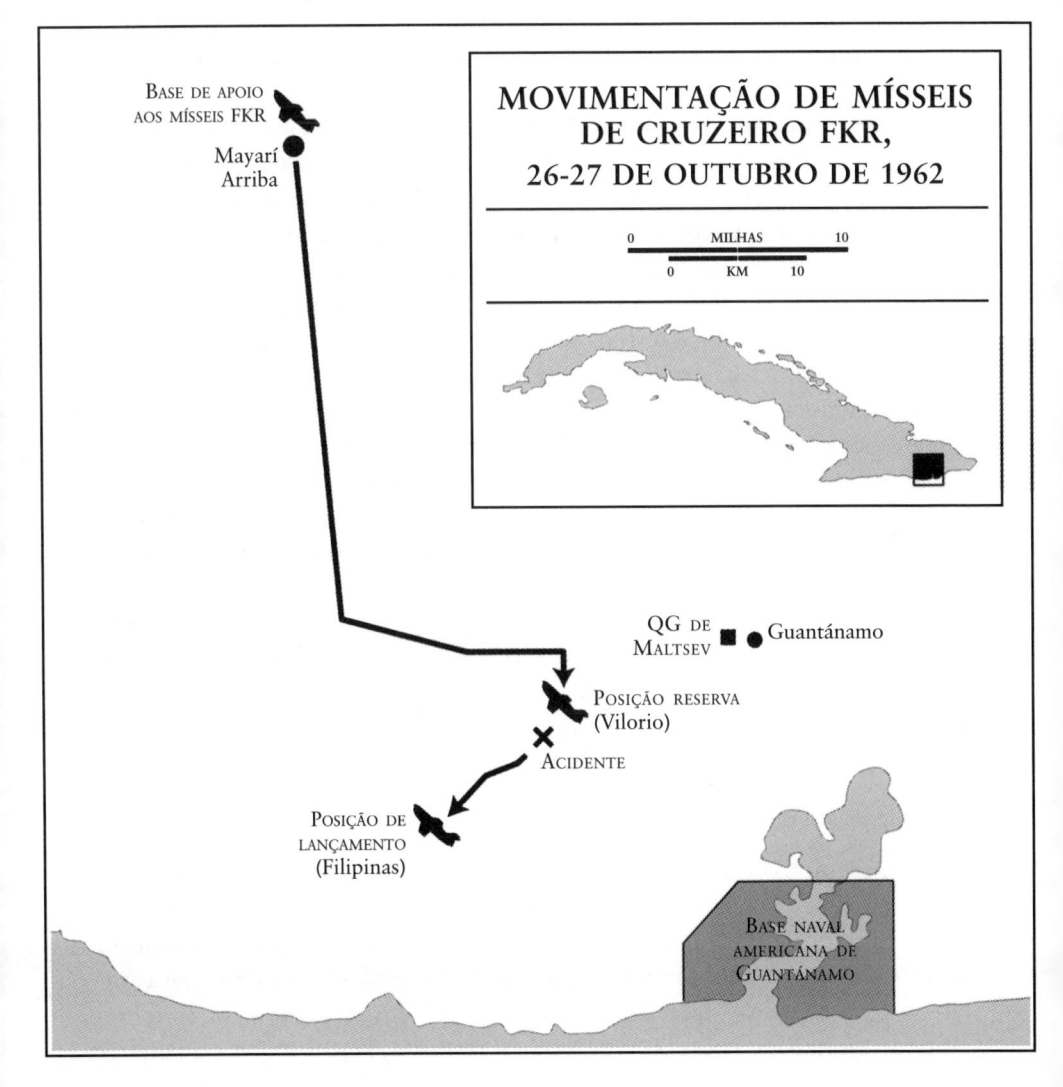

MOVIMENTAÇÃO DE MÍSSEIS DE CRUZEIRO FKR, 26-27 DE OUTUBRO DE 1962

- Base de apoio aos mísseis FKR — Mayarí Arriba
- QG de Maltsev — Guantánamo
- Posição reserva (Vilorio)
- Acidente
- Posição de lançamento (Filipinas)
- Base Naval Americana de Guantánamo

rumo ao mar. Logo atrás vinha outro caminhão que arrastava um míssil de cruzeiro FKR, versão simplificada do jato MiG-15 com as asas dobradas e uma ogiva nuclear de 14 quilotons no meio da fuselagem. Os mísseis ficavam ocultos sob lona. Uma fila de veículos de apoio, incluindo furgões de rádio usados para orientar o foguete até o alvo, arrastava-se atrás. O comboio rastejava para a frente numa escuridão de breu, em observação ao estrito blecaute. O comandante do batalhão, major Denischenko, ia na frente, junto com o comissário político.

De repente, no meio da escuridão, ouviu-se o barulho de uma forte batida, seguido por gritos de terror. Os soldados no caminhão dos FKR julgaram-se sob ataque dos rebeldes, talvez até dos americanos. Saltaram e mergulharam para posições defensivas, atrás de rochas e mandacarus. Uma confusão total.

Levaram minutos para entender o que acontecera. O KRAZ que levava a equipe de engenharia virara dentro de uma ravina. Quando os outros foram investigar, encontraram o caminhão no fundo da vala. Mikheiev e o amigo Aleksander Sokolov haviam sido mortos por esmagamento, junto com um circunstante cubano. Meia dúzia de soldados sentados em bancos no lado direito do caminhão tinham sofrido sérios ferimentos. Os camaradas puxaram os mortos e feridos para fora e deitaram-nos no acostamento.

Denischenko não conseguiu evitar o pedido de socorro pelo rádio – mesmo que isso significasse revelar a posição aos americanos. A notícia do acidente chegou ao comandante do regimento, coronel Maltsev, no quartel-general nos arredores da cidade cubana de Guantánamo, 15 quilômetros ao norte da base naval. Havia três mortos – dois soviéticos e um cubano – e pelo menos 15 feridos, alguns em estado grave. Maltsev pediu médicos e mandou caminhões ao local do acidente.

Como sempre acontece depois desse tipo de tragédia, a prioridade não eram as baixas, mas concluir a missão. A longa fila de caminhões que arrastavam os mísseis de cruzeiro FKR e ogivas nucleares afundou na noite tão logo chegaram os veículos de resgate.

MEIA-NOITE DE SEXTA-FEIRA, 26 DE OUTUBRO (23H EM HAVANA)

Tornara-se impossível para os jornalistas estrangeiros informarem com liberdade a partir de Havana. Os que se queixavam das restrições acabavam presos e acusados de ser "agentes americanos". Um repórter de televisão sueco, Björn Ahlander, perguntou a milicianos cubanos se devia "vestir-se para jantar ou para a prisão" quando eles irromperam em seu quarto de hotel na noite de quinta-feira. Como não recebeu resposta, vestiu-se para o jantar e passou uma noite trancado numa cela no quartel-general da polícia. Permitiram-lhe voltar ao hotel na sexta-feira, dando a "palavra de honra" como oficial da reserva do exército suíço de que não tentaria fugir.

Os estrangeiros que se dispunham a participar em operações de propaganda contra os Estados Unidos eram, claro, bem-vindos. O governo cubano forneceu instalações de rádio a um fugitivo ativista americano dos direitos humanos chamado Robert F. Williams, que denunciou Kennedy como "o Napoleão de todos os Napoleões". Falando aos "nossos irmãos norte-americanos oprimidos" na Rádio Dixie Livre, convocou os soldados negros em unidades militares americanas a invadir Cuba para rebelar-se contra os oficiais.

– Enquanto estão armados, lembrem-se de que é sua única chance de ser livres – disse, em seu programa semanal das sextas-feiras para o Deep South. – É a única chance de impedir seu povo de ser tratado pior que cachorros. Nós cuidamos da frente, Joe, mas pelas costas ninguém saberá o que o atingiu. Sacou?

Carlos Alzugaray passara o dia cavando trincheiras nos arredores de Havana, com outros diplomatas cubanos. Quando voltou ao Ministério das Relações Exteriores, só se falava de um ataque americano a Cuba, esperado do dia para a noite. O governo precisava de um relatório urgente sobre as prováveis consequências de um ataque nuclear, dentro ou perto da capital.

Por sorte para o jovem *expert* em assuntos americanos, Cuba ainda pertencia a um consórcio de bibliotecas internacionais e continuava a receber publicações oficiais do governo americano, da Biblioteca do Congresso. O Departamento de Defesa fizera um exaustivo estudo dos efeitos de uma guerra nuclear, esboçando diferentes cenários de aniquilação atômica. Eram vívidas descrições do que aconteceria a uma cidade de porte médio como Havana, com uma população de quase dois milhões de habitantes, a depender de variáveis, como tamanho da arma, altura da explosão e ventos predominantes. Enquanto lia o material, Alzugaray sentiu um crescente fatalismo.

Uma bomba de um megaton – semelhante ao míssil soviético R-12 – deixaria uma cratera de 1.500m de largura e 60m de profundidade. A explosão destruiria tudo num raio de mais de 500m – prédios de escritórios, blocos de apartamentos, fábricas, pontes, até rodovias. Nos dois quilômetros e meio seguintes, a força da explosão derrubaria paredes e janelas, deixando as estruturas de alguns prédios intatas e pilhas de detritos nas ruas. Centenas de milhares de moradores do centro de Havana seriam mortos na hora, a maioria de ferimentos causados pela explosão ou queda de detritos. Dezenas de outros milhares morreriam dentro de algumas horas, por radiação anormal. Incêndios grassariam no resto da cidade, até os subúrbios mais longínquos, e o quartel-general soviético em El Chico, a quase 20km.

Alzugaray descreveu aos colegas o que se seguiria a um ataque nuclear. Uma explosão cegante. Uma nuvem em forma de cogumelo. Calor intenso. Morte certa. Depois redigiu o mais breve relatório de sua carreira diplomática: "Em caso de armas nucleares dentro ou perto de Havana, a cidade e nós seremos destruídos." Concluíra a missão. Nada mais a acrescentar.

Nas ruas em torno do ministério, poucos sinais de qualquer preparativo da defesa civil. A calma com que os cubanos seguiam com a vida diária era difícil de entender para os estrangeiros. O exilado americano Maurice Halperin ouvira a semana toda programas de rádio da Flórida que informavam o armazenamento de comida e preparativos para a evacuação de cidades americanas. Imaginava "qual o problema" dos moradores de Havana, que pouca atenção davam às baterias antiaéreas no Malecón, os ninhos de metralhadoras protegidos por sacos de areia e o arame farpado ao longo da praia. Ninguém "parecia notar ou ligar para o fato de que, em caso de bombardeio, não haveria onde esconder-se, nem abrigos com suprimentos médicos, nem pessoal treinado para cuidar dos feridos, apagar incêndios e enterrar os mortos".

No quinto andar do ministério, Alzugaray e outros diplomatas preparavam-se para passar a noite nos escritórios. Fizeram camas em cima de escrivaninhas, exaustos de tanto cavar trincheiras, "sem a perspectiva de morte certa para afetar o sono no mínimo dos mínimos".

Montara-se o palco para o que Theodore Sorensen depois chamaria de "de longe o pior dia" da crise dos mísseis cubanos, um dia que viria a ser conhecido na Casa Branca como "Sábado Negro". Depois de ganhar velocidade após o discurso do presidente à nação na noite de segunda-feira, 22 de outubro, os fatos seriam acelerados de forma dramática mais uma vez. A crise adquiria uma lógica e impulso próprios. Exércitos se mobilizavam, punham-se aviões e mísseis em alerta, generais exigiam ação. A situação mudava a cada minuto. A maquinaria da guerra estava em movimento. O mundo lançava-se rumo ao conflito nuclear.

CAPÍTULO OITO
Ataque primeiro

00:38, "SÁBADO NEGRO", 27 DE OUTUBRO

Os oficiais de guerra eletrônica a bordo do US *Oxford* sentavam-se curvados sobre os consoles, numa sala fria e pouco iluminada, coberta de equipamentos de gravação. Era uma noite nublada, sem estrelas e com moderados ventos leste. Aquele turno acabara havia pouco. Dois conveses acima, um alto mastro atraía sinais de radar de centenas de milhas em volta. Com fones nos ouvidos, os coletores de informações da espionagem forçavam-se para escutar os zumbidos reveladores das antenas ligadas no sistema de defesa aéreo soviético. Até então, os radares haviam estado em grande parte silenciosos, a não ser por breves testes. Se ligassem o sistema por qualquer período de tempo, isso quereria dizer que aviões americanos em voo sobre Cuba corriam sério risco de ser abatidos.

Os coletores de informações a bordo do *Oxford* eram engrenagens numa gigantesca máquina de processamento de informação. Os dados dispersos que conseguiam captar – uma interceptação, uma conversa escutada, uma foto aérea – eram enviados a agências burocráticas secretas em Washington, de nomes como CIA, DIA, NSA e NPIC. Interpretavam, analisavam e processavam os dados em relatórios confidenciais com nomes de código tipo PSALM, ELITE, IRONBARK e FUNNEL.

A Guerra Fria era uma guerra de espionagem. Em alguns momentos e lugares, era travada às claras, como na Coreia e depois no Vietnã, mas, na maior parte, foi feita nas sombras. Como não se podia destruir o inimigo sem arriscar uma retaliação nuclear, os estrategistas da Guerra Fria tentavam descobrir as capacidades deles de buscar pontos fracos. Podia-se transformar a superioridade numérica em vantagem política e diplomática. Informação significava poder.

De vez em quando, um incidente fornecia um vislumbre por trás das sombras da guerra de espionagem, como quando os soviéticos derrubaram o U-2 pilotado por Francis Gary Powers na Sibéria, em maio de 1960. Como consequência da derrubada e o subsequente interrogatório do prisioneiro pelos soviéticos, compreendeu-se bem a capacidade fotográfica da espionagem americana conhecida como "Photint". Mas palavras tipo "Elint", "Comint" e "Sigint" permaneceram ciosamente guardadas como segredos nacionais. "Comint" era a sigla em inglês de "espionagem eletrônica", apenas o estudo dos sinais de radar; "Sigint" significava o campo mais amplo da espionagem por sinais. Além do *Oxford*, os postos de escuta para coleta de informação Comint e Sigint incluíam as bases navais de Guantánamo e Key West e aviões RB-47 da Força Aérea que patrulhavam a periferia de Cuba gravando sinais de radar, mensagens em código Morse, conversas de pilotos e transmissões em micro-ondas.

As últimas semanas haviam sido ora entusiasmantes, ora frustrantes para mais ou menos uma centena de bisbilhoteiros profissionais a bordo do *Oxford*, um navio Liberty convertido da II Guerra Mundial. Na área de operações regulares adjacente a Havana, haviam ajudado a mapear os regimentos de mísseis SAM ao longo da costa e escutado pilotos de caça soviéticos mandarem mensagens em espanhol rudimentar com forte sotaque russo. Mas a capacidade de escuta ficara muito reduzida por uma ordem no fim de semana anterior para levar o navio até o meio do estreito da Flórida, a pelo menos 40 milhas de Cuba. Tomara-se a decisão por motivos de segurança. A não ser por duas submetralhadoras Thompson e meia dúzia de fuzis M-1, o *Oxford* quase não tinha defesas. Os Estados Unidos não podiam arriscar a captura do navio. Uma janela para o processo de decisão fechou-se no momento exato em que a crise esquentava.

A tristeza era particularmente intensa na parte frontal do navio, sede do Setor R, especializado em micro-ondas de alta frequência e sinais de código Morse. A rede de micro-ondas cubana fora instalada por uma empresa americana, a Radio Corporation of America, no período de Batista. Armados com um mapa completo da rede e detalhes técnicos das instalações de transmissão, os fofoqueiros do *Oxford* puderam gravar e analisar algum tráfego de comunicação tantalizante. Entre os circuitos que conseguiram quebrar, pelo menos em parte, havia segredos da polícia secreta, da Marinha, da polícia, da defesa aérea e da aviação civil cubanas. Pelo segredo do trabalho, o navio tinha de ficar estacionado entre torres de transmissão de micro-ondas na área de Havana. A qualidade da interceptação caía de forma sensível sempre que o *Oxford* recuava mais de uma dúzia de milhas da costa.

Antes de 22 de outubro, o navio andara fazendo ociosas figuras de oito, como na patinação, em geral bem à vista de El Morro Castle, o mais visível marco de Havana visto no mar. Viajando a cerca de cinco nós, navegava para leste por 60 ou 70 milhas, depois voltava na direção oposta e repetia o padrão sem parar. O *Oxford* tinha a descrição oficial de "navio de pesquisa técnica", fazendo estudos sobre "propagação das ondas de rádio", além de coletar "dados oceanográficos". Os cubanos não se deixaram enganar. Viam as altas antenas na popa e na proa e concluíam que se tratava de um "navio espião", com o objetivo básico de furar as comunicações deles. Os militares da ilha enviaram mensagens de aviso sobre os perigos da "conversa fiada" ao telefone.

A Marinha cubana fazia um contínuo jogo de gato e rato com o *Oxford*. Numa ocasião, mandou barcos-patrulha fotografarem o navio espião. Em outra, uma canhoneira cubana aproximou-se algumas centenas de metros. Os operadores do *Elint* podiam ouvir o radar de controle de fogo na canhoneira emitir uma série de bipes em busca de um alvo. Quando o radar se fechou sobre o alvo – o próprio *Oxford* –, os bipes tornaram-se um tom constante. No convés, a tripulação viu marinheiros cubanos apontarem pesados canhões em sua direção. Após encenar o falso ataque, a canhoneira se afastou.

Privado dos equipamentos da II Guerra Mundial, o *Oxford* funcionava como um gigantesco ouvido eletrônico. Os sinais captados pelos mastros de comunicação eram decompostos e mandados para o convés de baixo, onde equipes de engenheiros eletrônicos e linguistas os analisavam. Cada especialidade tinha suas próprias tradições e protocolos. Os *experts* em código Morse, por exemplo, eram conhecidos como "caçadores de fraldas", porque passavam as horas de trabalho transcrevendo pontos e traços. Foram eles que demonstraram que os soviéticos estavam assumindo o controle das defesas aéreas cubanas. Em 9 de outubro captaram indícios de que o sistema de rastreamento usado pelos aviões cubanos era quase uma cópia em carbono daquele que os soviéticos usavam antes.

Mesmo depois de recuar, o *Oxford* ainda captava sinais de radar soviéticos vindos da área de Havana. A análise deles era responsabilidade do Setor T – um pequeno departamento com 18 homens que ocupava a parte de trás do navio. Em geral, quatro ficavam de serviço na Sala de Recepção, vasculhando frequências conhecidas e ligando os gravadores sempre que ouviam alguma coisa interessante. A informação mais valiosa vinha dos regimentos de mísseis terra-ar que formavam o anel defensivo em torno de Cuba. Usado para abater Gary Powers, o míssil V-75 SAM era a arma mais temida pelos pilotos americanos. Operava em conjunto com dois sistemas de radar: um de rastreamento, ou aquisição de alvo, conhecido pela OTAN como "Apoio de Colher", e um de controle de fogo conhecido como "Conjunto de Frutas". O Apoio de Colher seria ativado primeiro. O outro só seria ligado se se avistasse um alvo ou se testasse o sistema.

O *Oxford* detetara pela primeira vez um radar Apoio de Colher em Cuba em 15 de setembro. Em 20 de outubro, o pessoal do Setor T captou sinais de um radar Conjunto de Frutas. Isso significava que os mísseis SAM haviam sido completamente conferidos e podiam ser lançados a qualquer momento. O fato era tão importante que o diretor da agência de criptologia da Marinha insistiu em ver a prova por si mesmo. Naquela noite, o *Oxford* parou meia hora em Key West para que o almirante Thomas Kurtz pegasse as fitas.

A grande notícia seguinte veio pouco depois da meia-noite no "Sábado Negro". O *Oxford* acabara de iniciar a grande volta rumo ao leste. O navio espião achava-se agora 60 milhas ao largo da costa cubana, longe demais para pegar os sinais, mas perto o suficiente para detetar sinais de radar. À 00:38, o pessoal do Setor T captou o zumbido do radar de defesa de um regimento de SAM, nos arredores de Mariel. Eles ligaram os gravadores e pegaram os cronômetros, para medir os intervalos entre os zumbidos e a consulta a um volumoso manual que continha as características de identificação de todos os sistemas de radar soviéticos conhecidos, incluindo frequência, largura de pulsação e taxa de repetição das pulsações. O manual confirmou o que já sabiam. Era o radar do Apoio de Colher.

Desta vez, os soviéticos não desligaram o radar, como haviam feito antes, quando apenas testavam o sistema. Logo o *Oxford* captava sinais do Apoio de Colher vindos dos regimentos de SAM no Havana Leste (regimento visitado por Castro em 24 de outubro) e Matanzas, além de Mariel. Os sistemas em todos os três campos continuavam ativos quase duas horas depois, quando a Agência de Segurança Nacional emitiu o primeiro relatório-relâmpago. Como o navio espião se movia devagar pelo litoral abaixo, os homens do Setor T puderam fazer múltiplas orientações sobre a origem dos sinais de radar e estabelecer a exata localização dos regimentos de SAM.

Só havia uma conclusão possível: as regras de combate haviam mudado de repente. Dali em diante, os aviões americanos em voo sobre Cuba seriam identificados e entrariam na mira.

2H, SÁBADO, 27 DE OUTUBRO
(11H EM BAIKONUR, NO CAZAQUISTÃO)

Nove fusos horários a leste, já era meados da manhã na plataforma de testes de mísseis em Baikonur, nas áridas planícies do Sul do Cazaquistão. Boris Chertok acordou tarde. Projetista de foguetes, estivera trabalhando durante semanas na preparação da mais nova e espetacular peça soviética, uma sonda para Marte. Passara a maior parte da noite acordado, preocupado com o projeto. Um lançamento já fracassara, depois que o motor de um foguete negara fogo. Planejava-se uma segunda tentativa para 29 de outubro.

Quando ele chegou à sala de montagem de foguetes, mal pôde acreditar nos próprios olhos. Soldados fortemente armados haviam ocupado o prédio e conferiam com todo cuidado a identidade de quem entrava e saía. Ninguém dava muita atenção ao foguete de Marte. Em vez disso, engenheiros enxameavam em torno de um rígido monstro de cinco motores antes coberto com lonas. Apelidado de *Semiorka* – "Pequeno Sete" –, o R-7 conquistara fama mundial como o foguete que lançara o Sputnik e Yuri Gagarin em órbita, mas caía rápido na obsolescência. Servia apenas para soltar uma bomba de 2,8 megatons e varrer Nova York, Chicago ou Washington. Os soviéticos tinham tão poucos mísseis balísticos intercontinentais em serviço que precisavam usar cada foguete do arsenal, superado ou não.

A sonda de Marte estava fora, explicou Anatoli Kirilov, comandante da base de lançamento de Baikonur, quando Chertok por fim o alcançou. Haviam chegado de Moscou ordens para pegar dois ou reservar *Semiorkas* prontos para lançamento. Um míssil já fora conferido, abastecido e combinado com a ogiva. Estava parado numa plataforma na outra ponta do cosmódromo. O segundo *Semiorka* estaria pronto tão logo chegasse a ogiva do depósito de armazenamento especial. Quando isso acontecesse, todo o pessoal civil seria "mandado embora", no caso de o foguete explodir na partida, como já acontecera.

Chertok fez um rápido cálculo mental. Uma arma de 2,8 megatons destruiria tudo num raio de 13km da explosão e despejaria radiação numa área muito maior. Não haveria lugar seguro perto de Baikonur. Ele conhecia Kirilov havia muitos anos e davam-se bem, mas preocupava-o o que estava ocorrendo. Queria ligar para Moscou e falar com alguém da liderança, até mesmo Kruchev em pessoa. O comandante não permitiu. Era impossível contatar Moscou num telefone comum. Todas as comunicações haviam sido reservadas para os militares, em caso de chegar a ordem de guerra.

O projetista de foguetes viu-se imaginando se o amigo estaria pronto para apertar o botão, caso recebesse a ordem de Moscou. Um conflito nuclear seria muito diferente da última guerra que haviam travado.

– Não estamos falando apenas da morte de umas 100 mil pessoas por uma ogiva nuclear específica. Isso poderia ser o início do fim para toda a raça humana. Não é a mesma coisa que na guerra, quando você comanda uma bateria e alguém grita "Fogo!".

Kirilov pensou um instante.

– Eu sou soldado e cumprirei as ordens, como fiz no front – acabou por responder. – Em algum lugar ou outro haverá outro oficial de mísseis, não chamado Kirilov, mas alguma coisa tipo Smith, à espera da ordem de atacar Moscou ou este cosmódromo em si. Portanto, não precisa envenenar minha alma.

O cosmódromo de Baikonur era apenas uma ilha isolada num vasto arquipélago nuclear que se estendia por toda a União Soviética. Nos 17 anos desde que os Estados Unidos haviam explodido a primeira bomba atômica do mundo, os soviéticos vinham fazendo esforços frenéticos para alcançá-los. Igualar os americanos arma nuclear por arma nuclear constituía a prioridade nacional primeira. A bomba nuclear – e a capacidade de lançá-la – era tanto o símbolo como a garantia do status de superpotência da URSS. Tudo o mais – o bem-estar econômico do país, liberdades políticas, mesmo o futuro comunista – vinha em segundo lugar, após a competição nuclear com a superpotência rival.

Na busca de igualdade nuclear, Stalin e os sucessores haviam transformado grandes partes do país num deserto industrial-militar. A União Soviética fora pontilhada de instalações nucleares ultrassecretas, desde as minas de urânio da Sibéria e as bases de testes da Rússia e do Cazaquistão, às fábricas de foguetes da Ucrânia e dos Urais. Apesar de alguns feitos impressionantes, porém, a superpotência comunista continuava muito atrás da superpotência capitalista tanto em número como em quantidade de armas nucleares prontas para lançamento.

Pelos cálculos do Pentágono, a União Soviética tinha entre 86 e 100 mísseis balísticos de longo alcance em outubro de 1962, em comparação com 240 do lado americano; de fato, o número verdadeiro no lado soviético era 42. Seis desses mísseis eram *Semiorkas* antiquados, tão grandes e rígidos que tinham pouca utilidade militar. Pairando 110 pés no ar, o R-7 dependia de propulsores líquidos instáveis. A preparação para o lançamento levava 20 horas e não se podia mantê-lo em alerta por mais de um dia. Volumoso demais para ser guardado em silos, os *Semiorkas* eram alvo fácil para um ataque americano.

O míssil de longo alcance soviético mais efetivo, o R-16, usava propulsores armazenáveis. O míssil fino, de dois estágios, fora projetado por Mikhail Yangel, inventor do míssil de médio alcance R-12, que aparecera em Cuba. O primeiro R-16 testado, em outubro de 1960, explodira na plataforma de lançamento em Baikonur e matara 126 engenheiros, cientistas e líderes militares presentes para testemunhar o momento de triunfo de Yangel sobre o rival, Sergei Korolev. As vítimas incluíam o comandante das Forças de Foguetes Estratégicos, marechal Mitrofan Nedelin. Mas o desastre foi abafado e os problemas, aplainados. A União Soviética passou a produzir em massa o R-16 dois anos depois. Um total de 36 já fora instalado na época da crise dos mísseis e achava-se num alerta de 15 minutos. Quase 10 desses mísseis tinham base em silos.

3H, SÁBADO, 27 DE OUTUBRO (2H EM HAVANA)

Em Havana, era ainda o meio da noite. Generais soviéticos e cubanos, nos postos de comando, aguardavam notícias do desembarque aerotransportado americano, esperado de uma hora para outra. No quartel-general soviético em El Chico os oficiais ficavam andando, batiam papo, fumavam sentados e trocavam uma ou outra piada de sempre. Após a meia-noite chegara um comunicado de que navios americanos haviam sido avistados a leste da capital. Distribuíram-se metralhadoras, mas era um falso alarme. Na forte neblina de outono, um vigia tomara alguns barcos pesqueiros cubanos pela força invasora americana.

Fidel Castro também ficara acordado, como sempre àquela hora da manhã. À medida que passavam os minutos, ele se tornava cada vez mais pessimista sobre as chances de evitar a invasão americana. A analogia histórica que o perturbava era o ataque de Hitler à União Soviética em 22 de junho de 1941. Stalin recebera inúmeros comunicados da espionagem sobre uma invasão nazista, mas ignorara-os. Temendo uma possível provocação para encurralá-lo e levá-lo a uma guerra indesejada, recusara-se a mobilizar as Forças Armadas soviéticas até tarde demais. Essa miopia "custara aos soviéticos milhões de homens, quase toda a Força Aérea, unidades mecanizadas, enormes retiradas". Os nazistas chegaram às portas de Moscou e Leningrado. A pátria do socialismo quase fora varrida. Ao analisar o estado do mundo naquela manhã de sábado, Castro receava que "a história se repetisse". Decidira assegurar que Kruchev não cometesse o mesmo erro. Mandaria uma mensagem pessoal a ele, alertando-o do perigo e encorajando-o a manter-se firme. Às duas horas, mandara o presidente Dorticós telefonar ao embaixador Alekseiev que aguardava a sua vinda para "uma reunião importante".

A embaixada soviética localizava-se no bairro de Vedado, em Havana, um enclave muito arborizado de mansões da virada do século XIX, vilas art nouveau e prédios de apartamentos art deco expropriados da elite cubana. A mansão neoclássica de dois andares na esquina das ruas B e 13, que agora abrigava a embaixada, pertencera antes a uma família de barões do açúcar que a deixara nas vésperas da revolução. Além dos escritórios, o embaixador e vários auxiliares também tinham apartamentos no complexo. Vedado tinha uma magia particular à noite, quando as fracas luzes dos postos lançavam sombras nas varandas cobertas de cipós e o cheiro da amendoeira pairava no ar.

O jipe do líder cubano parou na ampla entrada de garagem da embaixada, atrás dos portões de ferro fundido tomados pelas glicínias. Castro pediu ao embaixador que o levasse ao abrigo contra bombas embaixo do prédio, dizendo temer um iminente ataque aéreo americano e até mesmo uma invasão. Pôs-se a andar de um lado para outro e a balançar os compridos braços no ar. Era "inevitável" um ataque "ianque", insistia. Calculava as possibilidades, como JFK.

Tinha muitas queixas do general Pliiev e do Estado-Maior soviético. Disse a Alekseiev que os comandantes russos não tinham informação básica sobre a escalada militar americana. Só haviam descoberto os detalhes do bloqueio naval um dia depois de ele entrar em vigor. Estavam acostumados às leis clássicas da guerra, como as da II Guerra Mundial, e não entendiam que aquele ia ser um tipo muito diferente de conflito. A curta distância entre Cuba e os Estados Unidos significava que os aviões americanos poderiam destruir os regimentos de mísseis soviéticos em pouco tempo, mesmo sem usar armas nucleares. As defesas soviética e cubana pouco tinham a fazer para impedir um ataque devastador.

Na opinião de Castro, era provável que a guerra convencional escalasse muito rápido para uma troca de bombas nucleares. Como lembrou mais tarde, "tomei como certo que se tornaria uma guerra nuclear de qualquer jeito, e todos iríamos desaparecer". Em vez de se submeter à ocupação americana, ele e os camaradas "se dispunham a morrer na defesa de nosso país". Não via problema para autorizar o uso de armas nucleares táticas contra os invasores americanos, mesmo que significasse envenenar Cuba durante várias gerações. Ele e outros líderes cubanos entendiam muito bem que "seríamos aniquilados" no caso de uma guerra nuclear. Pereceriam *"con suprema dignidad"*.

Como sempre com Fidel, tudo se resumia a *dignidad*. Mas havia também um elemento de cálculo político na preocupação com a morte e o sacrifício. Toda a sua estratégia geopolítica baseava-se em elevar o custo de uma invasão de Cuba até a insustentabilidade para os Estados Unidos. Aceitar o inaceitável e pensar no impensável era a chave da sobrevivência estratégica. A guerra nuclear acabava por ser o jogo derradeiro dos covardes. Se conseguisse convencer Kennedy e Kruchev de que se dispunha a morrer pelo que acreditava, isso lhe daria uma certa vantagem. Como era o mais fraco dos três líderes políticos, teimosia, desafio e *dignidad* vinham a ser as únicas armas de verdade.

Com ele, não se podia dizer onde terminava a *dignidad* e começava o cálculo político. A meta preponderante era assegurar a sobrevivência do regime. Por isso aceitara os mísseis soviéticos, para começo de conversa. Havia muito concluíra que os Estados Unidos se opunham implacavelmente à sua visão de Cuba. A baía dos Porcos não passava de uma precursora de tentativas mais sérias de livrar-se dele. A melhor esperança de deter a invasão era pôr Cuba sob o guarda-chuva nuclear soviético. Tão logo os mísseis fossem instalados e operados, os "ianques" jamais se atreveriam a invadir a ilha.

Por outro lado, Castro não queria parecer demasiado endividado com a União Soviética ou deixar a impressão de que Cuba não era capaz de defender-se. Por isso embrulhou a decisão de aceitar a oferta feita por Kruchev de mísseis nucleares numa justificava sonora. Informou aos enviados soviéticos que aceitaria a oferta não porque estivesse desesperado pela proteção proporcionada, mas para "fortalecer o campo socialista". Em outras palavras, fazia um favor a Moscou, e não o contrário.

Alekseiev conhecia Castro melhor que qualquer outra autoridade soviética ou diplomata estrangeiro. Apelidado de "Don Alejandro" pelos cubanos, desfrutava de extraordinário acesso a Fidel, primeiro como agente da KGB e depois como embaixador. Mas o líder cubano continuava um enigma para ele.

No nível pessoal, Alekseiev caíra sob o fascínio de Fidel. Encarava-o como a reencarnação dos heróis políticos da infância, que haviam assegurado a vitória da Revolução Russa. Admirava a determinação dele e gostava daquela descontraída informalidade. Mas também sabia por experiência profissional que o líder cubano se ofendia rápido. Pegava um pequeno detalhe e transformava-o numa grande questão. A ideia de disciplina do Partido Comunista, que era tudo para um *apparatchik* como Alekseiev, pouco importava para um autocrata como Castro. Nos despachos enviados a Moscou, o embaixador atribuía-lhe uma "personalidade complexa e demasiado sensível" e "insuficiente preparação ideológica". O líder cubano parecia uma criança voluntariosa, dominado fácil pelas emoções. Alekseiev acostumara-se a revolucionários que pregavam crucifixos na parede e invocavam o poder da Virgem Maria.

Como os chefes políticos em Moscou, Alekseiev se dispunha a ignorar as idiossincrasias políticas de Castro. Assim como ele precisava dos soviéticos, também os soviéticos precisavam dele. Não haviam protestado nem quando um pouco antes, naquele ano, Castro expurgara um grupo de comunistas ortodoxos pró-Moscou, chefiado por Anibál Escalante. A pureza ideológica importava menos que a realidade do poder político. Na visão de Alekseiev, Castro era a "principal força política" em Cuba e a personificação da revolução. "Portanto, devemos lutar por ele, educá-lo e às vezes perdoar-lhe pelos erros."

O diplomata, que tinha um espanhol bom, mas não perfeito, esforçava-se para acompanhar a torrente de ideias despejada por Castro nas primeiras horas da madrugada de sábado. Um dos auxiliares soviéticos anotava algumas frases em espanhol e entregava o papel a outro, para a tradução em russo. Mas tinham de começar tudo de novo depois que Fidel se dizia insatisfeito com o trabalho.

Ele tinha dificuldade para explicar com exatidão o que desejava de Kruchev. Às vezes parecia querer dos aliados soviéticos o lançamento de um ataque nuclear preventivo aos Estados Unidos. Em outras, parecia sugerir que deviam usar armas nucleares em autodefesa se atacassem Cuba. À medida que um esboço se seguia a outro na cesta onde os queimavam, Alekseiev foi à sala de código e ditou um telegrama de contenção:

ULTRASSECRETO.
PRIORIDADE MÁXIMA.
F. CASTRO ESTÁ CONOSCO NA EMBAIXADA E
PREPARA UMA CARTA PESSOAL PARA N. S. KRUCHEV,
A SER MANDADA IMEDIATAMENTE.
NA OPINIÃO DELE, A INTERVENÇÃO É QUASE INEVITÁVEL
E OCORRERÁ DENTRO DE 24-72 HORAS.
ALEKSEIEV.

3:35, SÁBADO, 27 DE OUTUBRO (10:35 EM MOSCOU)

Pelos padrões soviéticos, o teste nuclear planejado para a manhã de 27 de outubro seria com um artefato mais ou menos pequeno, com a força explosiva de cerca de 20 bombas tipo a de Hiroshima. Como a maioria dos testes aerotransportados soviéticos, seria realizado em Novaia Zemlia, muito acima do Círculo Polar Ártico. Composto de duas ilhas em forma de apêndice, mais ou menos do tamanho do Maine, Novaia Zemlia era um local perfeito para o teste de atmosfera. A população local, 536 esquimós, fora reassentada no continente depois de 1955, e o lugar, tomado pelo pessoal militar, cientistas e operários da construção civil.

Tanto a União Soviética quanto os Estados Unidos haviam realizado testes nucleares após a explosão da primeira bomba atômica em 16 de julho de 1945. O amanhecer da era nuclear fora anunciado por um clarão de luz forte no deserto do Novo México, seguido pela formação de um cogumelo nuclear em expansão. Para uma testemunha ocular, foi "a luz mais forte que já vi ou acho que alguém viu um dia". O pai da bomba, Robert Oppenheimer, lembrou-se de um versículo do deus Vishnu na escritura hindu: "Agora tornei-me a Morte, destruidora de mundos." Todos sabiam que "uma nova era acabara de nascer".

Nos 17 anos transcorridos desde aquele primeiro teste, chamado de "Trindade" por Oppenheimer, o segredo do Armagedon espalhara-se dos Estados Unidos para a Rússia, a Grã-Bretanha e a França. Cada vez mais países clamavam para juntar-se ao clube nuclear. Durante um debate na eleição presidencial com Richard Nixon em outubro de 1960, Kennedy disse recear que "10, 15 ou 20 países... Incluindo a China vermelha", tivessem a bomba no final de 1964. Mas esse medo não o impediu de entrar em vigorosa competição com a União Soviética, para criar tipos sempre mais destrutivos de armas nucleares.

As duas superpotências haviam concordado com uma moratória nos testes nucleares em 1958. Mas Kruchev ordenara o reinício dos seus em setembro de 1961, descartando as objeções de cientistas como Andrei Sakharov, que encarava os testes como "um crime contra a humanidade". Toda vez que a União Soviética ou os Estados Unidos explodiam uma bomba nuclear sob o solo, envenenavam o ar das futuras gerações. Sakharov observou que a radiação liberada por uma grande explosão – cerca de 10 megatons – podia levar à morte de 100 mil pessoas. Tais preocupações pouco significavam para Kruchev, que argumentava que a União Soviética estava atrás na corrida armamentista e precisava fazer os testes para alcançar o inimigo.

– Eu seria uma água-viva, não o presidente do Conselho de Ministros, se desse ouvidos a gente como Sakharov – disse, fumegando.

– Fodeu de novo – comentou Kennedy ao ouvir a notícia.

Ele reagiu ordenando o reinício dos testes americanos em abril de 1962. Em outubro, as duas superpotências empenhavam-se numa frenética disputa de provas nucleares, detonando bombas reais mais duas ou três vezes por semana e preparando-se para uma guerra nuclear por Cuba. Já haviam ido além do mero arrastar de sabres. As ameaças de uso das armas eram apoiadas por demonstrações práticas semanais – às vezes diárias – de poder destrutivo.

Desde o início de outubro, os americanos haviam realizado cinco testes no Pacífico Sul. No mesmo período, os soviéticos detonaram nove bombas nucleares na atmosfera, a maioria em Novaia Zemlia. O clima ali piorara no início do mês. Havia nevascas e tempestades de neve quase todo dia, e só duas a três horas de fraca luz do sol, melhor momento para um lançamento de avião. Os técnicos tinham de remover a neve funda para instalar câmeras e outros aparelhos de gravação antes do teste. Deixavam equipamentos em grossos cilindros de metal dentro de blocausses de concreto a alguns quilômetros do epicentro, perto da baía de Mitiushikha. Quando voltavam depois para recolher os "samovares", a tundra congelada tornara-se um cinzeiro, a fumaça subindo das rochas enegrecidas.

Na manhã do "Sábado Negro", dois bombardeiros pesados Tu-95 "Urso" que levavam o último aparelho de teste soviético partiram do aeroporto de Olenie, na península de Kola. Dirigiram-se para o norte, pelo mar de Barents, rumo ao que já era o crepúsculo naquelas altitudes nortistas. Para confundir a espionagem americana, os aviões emitiram falsos sinais de rádio durante o voo de 900km até a zona de lançamento. Caças interceptores patrulhavam o espaço aéreo em torno de Novaia Zemlia, para espantar aviões espiões americanos.

– *Gruz poshiel*. A carga se foi – informou o piloto do Urso ao passar sobre a zona profunda e fazer um acentuado desvio.

A bomba de 260 kilotons flutuou graciosa até a terra num enfunado paraquedas. A tripulação dos dois bombardeiros pôs os óculos de voo com lentes escuras e esperou o clarão.

4H, SÁBADO, 27 DE OUTUBRO (MEIA-NOITE NO ALASCA)

O capitão Charles W. Maultsby desejou estar em outra parte. Podia estar ganhando experiência de combate sobre Cuba como muitos dos colegas pilotos de U-2. Ou ter sido enviado a algum lugar quente, como a Austrália e o Havaí, onde a Wing também tinha locais de operação. Em vez disso, passava o inverno no Alasca. Sua esposa e dois filhos pequenos moravam numa base da Força Aérea no Texas.

Maultsby tentara descansar um pouco antes do longo voo ao polo Norte, mas só conseguira duas horas de sono agitado. Pilotos entravam e saíam do alojamento dos oficiais durante toda a noite, com pesadas botas de neve, riam e batiam as portas. Quanto mais ele tentava dormir, mais acordado sentia-se. No fim, desistira e descera ao prédio de operações, onde havia um catre vazio.

A missão era coletar mostras radioativas dos testes nucleares em Novaia Zemlia. Em comparação com pilotar um U-2 sobre território hostil e fazer fotos de regimentos de mísseis, faltava glamour àquela tarefa. Os participantes do "Projeto Poeira de Estrela" em geral não voavam nem perto da União Soviética. Em vez disso, seguiam para um ponto fixo, como o polo Norte, para inspecionar nuvens levantadas do local de teste, a mais de 1.500km. Recolhiam as amostras em filtros especiais de papel, enviados ao laboratório para análise. Muitas vezes nada havia, mas em outras, quando os soviéticos tinham realizado um grande teste, os contadores Geiger estalavam furiosos. De 42 missões já feitas a partir da base Eielson da Força Aérea em Fairbanks, no centro do Alasca, seis haviam voltado com material radioativo.

Maultsby estava acostumado à rotina. Como piloto de um avião de um só lugar, ficaria por conta própria quase seis horas. Planejara antes, com navegadores, a rota à frente. Faria a maior parte do caminho pelas estrelas, com a ajuda de uma bússola e um sextante, como os marinheiros de outrora. Uma equipe de busca e resgate, conhecida como "Rabo de Pato", o seguiria durante parte da viagem, mas pouco poderia fazer caso alguma coisa desse errado. Não podiam aterrissar numa capa de gelo. Se ele tivesse de ejetar-se perto do polo Norte, ficaria sozinho com os ursos-polares. "Eu não puxaria a corda" era o melhor conselho que eles poderiam dar.

O ritual antes do voo era sempre o mesmo. Após acordar do cochilo, ia à cantina dos oficiais para um café da manhã de bife com ovos de alta proteína e baixo resíduo. A ideia era comer alguma coisa sólida que levasse muito tempo para ser digerida, evitando viagens ao inexistente banheiro. Ele vestia uma longa cueca, punha o capacete e iniciava os exercícios de "pré-respiração", inalando oxigênio puro por uma hora e meia. Era importante expelir o máximo de nitrogênio possível do organismo. Senão, se a cabine se despressurizasse a 70 pés, se formariam bolhas do gás no sangue e lhe causariam embolia, como o mergulhador de água profunda que sobe rápido demais à superfície.

Em seguida, ele vestia o uniforme de pressão parcial, feito sob medida para seu corpo de 75kg. O traje fora projetado para reagir à súbita perda de pressão na cabine, formando um colete em torno do piloto e impedindo o sangue de explodir no ar rarefeito.

Meia hora antes da partida, ligavam-no a uma garrafa de oxigênio portátil e levavam-no para o avião num furgão. Ele instalava-se numa nacele apertada e amarrava-se ao assento de ejeção. Um técnico conectava-o ao abastecimento interno de oxigênio e amarrava várias correias e cabos. Fechava-se o teto. Bem costurado à almofada do banco havia um kit de sobrevivência, que incluía rojões, um machado, equipamento de pesca, um fogareiro de acampamento, uma balsa inflável, repelente de mosquito e uma faixa de seda que proclamava, numa dúzia de idiomas, "sou americano". Um panfleto prometia recompensa a quem o ajudasse.

A robusta compleição de Maultsby – tinha apenas pouco mais de 1,60m – constituía uma vantagem para o piloto de U-2. A nacele era muito apertada. Para construir um avião capaz de subir a uma altura de 40km, o projetista, Kelly Johnson, cortara sem dó nem piedade o peso e tamanho da fuselagem. A certa altura, jurou "vender sua própria avó" por uns dois metros a mais do precioso espaço, para uma lente mais longa. Dispensou muitas das características de um avião moderno, como trem de aterrissagem convencional, sistema hidráulico e suportes estruturais. As asas e a cauda haviam sido presas com rebites à fuselagem, e não unidas com folhas de metal. Se o avião fosse submetido a demasiada trepidação, as asas simplesmente cairiam.

O U-2 tinha muitas outras características de projeto únicas, além da frágil construção. A fim de ganhar impulso para cima em grandes altitudes, precisava de asas longas e estreitas. O de Maultsby tinha 24m de envergadura, quase duas vezes a distância da ponta à cauda. As asas esguias e o corpo leve permitiam ao avião planar por até 463km se perdesse força do único motor.

Voar nesse extraordinário avião exigia um corpo de elite de pilotos, homens equipados física e mentalmente para percorrer os limites da atmosfera numa época em que o voo espacial continuava na infância. O piloto de um U-2 era um cruzamento de aeronauta com astronauta. Para ser escolhido, precisava demonstrar uma combinação de atletismo, intelecto e absoluta confiança na própria capacidade. Fazia-se o treinamento na "fazenda", uma remota pista de pouso no deserto de Nevada. Também conhecida como "Área 51", a fazenda já começava a tornar-se famosa como lugar em que se avistavam muitos OVNIs, a maioria prováveis U-2. Visto de baixo, com o sol refletindo-se nas asas, podia-se tomar o avião especial de grande altitude por uma nave espacial marciana.

À meia-noite, hora do Alasca – quatro horas, na Costa Leste –, Maultsby recebeu o sinal verde do oficial de controle móbil. Disparou pela pista, puxando o manche de controle que fazia o aparelho subir. Os pogos – bastões com rodas auxiliares que impediam as longas asas de rasparem – fecharam-se. O frágil avião elevou-se às alturas no céu noturno num ângulo agudo, como um exótico pássaro preto.

Maultsby já se achava uma hora fora de Eielson quando sobrevoou o último farol de rádio a caminho do polo Norte. Era na ilha Barter, na costa norte do Alasca. Dali em diante, ia depender da navegação celeste para manter-se na rota. O navegador do Rabo de Pato desejou-lhe sorte e disse que iam "manter uma luz na janela" para guiá-lo de volta, seis horas depois.

5H, SÁBADO, 27 DE OUTUBRO (MEIO-DIA EM MOSCOU)

Em Moscou, 11 fusos horários à frente do Alasca, Nikita Kruchev acabara de convocar mais uma reunião da liderança soviética.

– Não vão invadir agora – disse ao Presidium.

Claro, não havia "garantia". Mas um ataque a Cuba parecia "improvável" no momento em que os americanos falavam às Nações Unidas sobre uma possível solução para a crise. O próprio fato de Kennedy haver respondido às propostas de U Thant, secretário-geral da ONU, sugeria que não ia invadir Cuba então. Kruchev começava a duvidar da "valentia" do presidente dos Estados Unidos.

– Tinham decidido acertar as contas com Cuba e queriam pôr a culpa em nós. Mas agora, parece, estão pensando melhor nessa decisão.

O humor do líder soviético mudara muitas vezes durante a semana. Ele parecia ter uma opinião diferente sobre a probabilidade de um ataque americano a Cuba toda vez que se reunia com os membros do Presidium na sala de conferências apainelada mais abaixo de seu escritório no corredor. A notícia de que os americanos haviam descoberto os militares deixara-o assustado. A decisão de Kennedy de impor o bloqueio em vez de um ataque aéreo aliviara os piores medos. Informações do DEFCON-2 – um passo aquém da guerra nuclear – produziram outro ataque de ansiedade. Mas nada aconteceu e ele agora se sentia um pouco mais relaxado. Diminuía o perigo imediato.

As reações de Kruchev à crise refletiam as mudanças de humor, por sua vez moldadas pelos sinais que ele recebia de Washington, oficiais e extraoficiais. A pasta da espionagem na manhã de sexta-feira incluía a aflitiva notícia de que Kennedy decidira "acabar com Castro" de uma vez por todas. O relatório baseava-se em frágil prova: pedaços entreouvidos de uma conversa no Clube Nacional de Imprensa, em Washington, e um almoço de um repórter americano com um diplomata soviético. Mas ajudavam-no a enviar a mensagem de aparência conciliadora a Kennedy sobre desatar "o nó da guerra".

Após passar mais uma noite pensando nas opções, ele acreditava que ainda restava tempo para negociação. A mensagem de sexta-feira fora em termos vagos e sugeria que a garantia de não invasão afastaria "a necessidade da presença de nossos especialistas militares em Cuba". Kruchev sabia que na certa teria de terminar retirando os mísseis, mas queria salvar o que pudesse na retirada. A mais óbvia concessão a exigir em troca seria a retirada dos mísseis americanos da Turquia.

Tinha bons motivos para acreditar que Kennedy talvez pensasse num acordo. No início da crise, a espionagem militar soviética informara que

"Robert Kennedy e seu círculo" se dispunham a trocar bases americanas na Turquia e Itália pelas bases soviéticas em Cuba. A informação fora considerada autêntica porque vinha de um agente chamado Georgi Bolshakov, que servira como canal oculto do Kremlin com Bobby. Mais recentemente, o interesse de Kruchev fora provocado por uma coluna de Walter Lippmann, distribuída por um sindicato, que pedia uma troca dos mísseis da Turquia pelos de Cuba. Os soviéticos sabiam que o colunista tinha excelentes fontes no governo de Kennedy. Parecia improvável que ele falasse apenas por si mesmo. Kruchev entendeu a coluna de Lippmann como uma sondagem de Washington que não se podia atribuir a ninguém.

– Não vamos poder acabar com o conflito se não satisfizermos os americanos e dissermos que nossos R-12 de fato estão lá – disse aos membros do Presidium. – Se pudermos fazer com que acabem com suas bases na Turquia e no Paquistão, teremos vencido.

Outros presentes manifestaram apoio quando ele ditou o texto de outra mensagem a Kennedy. Como sempre, dominou a reunião com sua personalidade vigorosa. Se os outros se preocupavam com a forma como ele lidava com a crise, mantiveram tais objeções para si mesmos. Ao contrário da carta confusa do dia anterior, a última mensagem esboçava termos explícitos para um acordo:

> Você se preocupa com Cuba. Diz que o preocupa porque fica a apenas 90 milhas do outro lado do mar, à frente do litoral dos Estados Unidos. Contudo, a Turquia fica próxima de nós. Nossas sentinelas andam de um lado para outro e vigiam-se umas às outras. Você se acha no direito de exigir segurança para seu país e a retirada de armas que considera ofensivas, e não reconhece o mesmo direito para nós?...
>
> Por isso faço a seguinte proposta: concordamos em retirar essas armas de Cuba que você considera ofensivas. Concordamos em declarar este acordo às Nações Unidas. Seus representantes farão uma declaração dizendo que os Estados Unidos, tendo em mente a ansiedade e preocupação da União Soviética, retirarão as armas análogas da Turquia.

Pela proposta de Kruchev, os Estados Unidos seriam responsáveis por assegurar a aplicação do acordo por inspeção no local. Prometeriam não invadir Cuba. A União Soviética faria uma promessa semelhante à Turquia.

Desta vez ele não se dispôs a confiar a mensagem aos demorados canais diplomáticos. Queria fazê-la chegar a Washington o mais rápido possível.

Também calculou que a publicação de uma proposta de aparência razoável lhe compraria mais algum tempo, pois poria Kennedy na defensiva na batalha internacional de relações públicas. A mensagem seria irradiada na Rádio Moscou às 17 horas, hora local, 9 horas de sábado em Washington.

Enquanto isso, Kruchev queria ter certeza de que a guerra não ia começar por engano. Tinha pouca escolha senão aprovar as medidas tomadas pelo general Pliiev na noite anterior e comunicadas a Moscou, incluindo a ativação da defesa aérea. Mas também se mexeu para fortalecer o controle pelo Kremlin das ogivas nucleares. Ordenou a volta dos R-14 à União Soviética a bordo do *Aleksandrovsk*. E mandou o ministro da Defesa enviar um telegrama urgente a Pliiev sobre a cadeia de comando das armas nucleares:

> Está categoricamente confirmada a proibição do uso das armas nucleares dos mísseis FKR e Luna sem aprovação de Moscou. Confirme recebimento.

Um dos grandes problemas: fazer Castro aceitar o acordo sobre Cuba e Turquia. Era provável que o orgulhoso e hipersensível líder cubano reagisse com raiva a qualquer negociação pelas suas costas que envolvesse a remoção dos mísseis soviéticos de Cuba, sobretudo se soubesse da proposta primeiro pelo rádio. Kruchev confiou o trabalho de acalmar Fidel a Alekseiev. O embaixador recebeu instruções de descrever sua mensagem a Kennedy como uma astuta tentativa de impedir a ameaça de invasão. Os americanos "sabem muito bem que seriam classificados de agressores se fizessem uma intervenção nas atuais circunstâncias. Passariam vergonha diante de todo o mundo como inimigos da paz, que não hesitam em copiar os piores exemplos de barbaridade hitlerista".

Enquanto Kruchev ditava a mensagem a Kennedy, milhares de moscovitas protestavam nas ruas diante da embaixada americana. Agitavam faixas com slogans oficialmente aprovados, tipo "Tenham vergonha, agressores ianques!", "Fora com o bloqueio!" e "Cuba, sim, ianques, não!". Alguns manifestantes chegaram a subir em bondes parados ao longo da via perimetral Sadovoe para brandir os punhos contra a representação e jogar pedras e garrafas de tinta, despedaçando algumas janelas.

– Quem dá a vocês o direito de deter navios em alto-mar? – perguntou um manifestante a um repórter americano que circulava na multidão. – Por que simplesmente não deixam Cuba em paz?

Um veterano da II Guerra Mundial sugeriu que os dois lados apenas desistissem de todas as bases militares, "e seremos amigos como éramos na guerra".

Uma mulher de rosto tenso queixou-se que os americanos não compreendiam a guerra porque o país deles jamais fora invadido.

– Se vocês sentissem a guerra como nós sentimos, não nos ameaçariam sempre com ela – argumentou.

Com todas as manifestações "espontâneas" desse tipo em Moscou, o protesto foi uma coisa muito bem organizada. Um diplomata americano observou que colegiais eram desembarcados numa rua próxima e recebiam faixas denunciando o colonialismo e o imperialismo. Centenas de soldados tomaram ruas laterais perto da embaixada, para assegurar que os manifestantes não se descontrolassem. Eles debandaram logo por uma ordem da polícia após quatro horas exatas e caminhões com mangueiras d'água apressaram-se a limpar a rua em frente à embaixada.

Antes da ascensão de Castro ao poder, a maioria dos russos teria problema para encontrar Cuba num mapa. Em menos de cinco anos, o país transformara-se na mente dos soviéticos de uma distante ilha no Caribe à linha de frente da Guerra Fria. Os propagandistas locais referiam-se a ela como "a ilha da liberdade". Os jornais traziam matérias refulgentes sobre a revolução social ali e os maus imperialistas que tentavam restaurar o corrupto regime de Batista. Retratos de Castro e Che Guevara estavam expostos em milhões de casas. Os russos, que não falavam uma palavra de espanhol, sabiam o significado de "Pátria o muerte", do mesmo modo como seus pais se emocionavam com a frase "No pasarán" durante a Guerra Civil Espanhola.

A revolução de Castro tomou a imaginação de muitos russos porque lhes lembrava sua própria revolução antes de ela esclerosar. Cuba, nas palavras de um intelectual soviético, era uma "base de treinamento sobre a qual podemos rever o nosso passado". Fidel e seus "barbudos" exerciam mais atração como líderes que os velhos burocratas que olhavam de cima as massas soviéticas nos retratos na praça Vermelha. Havia uma deliciosa ironia na glorificação oficial de revolucionários cabeludos como o Che, num momento em que as autoridades soviéticas olhavam de lado os jovens de cabelos compridos. Em Cuba, reverenciava-se tudo. Quanto mais alta a autoridade, maior a barba. Os russos comuns também se impressionavam com o hábito de Castro de fazer discursos de seis horas sem qualquer anotação. Na União Soviética, as aparições de grandes autoridades em geral tinham roteiros escritos.

Os propagandistas soviéticos tentaram canalizar o romantismo da revolução cubana para direções construtivas. Celebravam-se os feitos de Fidel e o desafio dele aos ianques na imprensa oficial. A maioria dos soviéticos conhecia as palavras "Kuba, liubov' moia" ("Cuba, meu amor"), uma música que glorificava os barbudos, ao som de música marcial e rufar de tambores:

> Kuba, liubov' moia.
> *Ilha da alvorada púrpura.*
> *A canção voa sobre o sonoro planeta,*
> Kuba, liubov' moia.
> *Ouves o passo firme,*
> *São os barbudos que marcham.*
> *O céu é uma ígnea bandeira,*
> *Ouves o passo firme?*

A admiração popular pela ilha tinha uma nuança de cautela e ceticismo, porém décadas de propaganda haviam deixado o russo comum desconfiado de qualquer coisa que lia nos jornais. Estudantes de intercâmbio na Universidade do Estado em Moscou ficavam "divertidos, perturbados e perplexos" com a indiferença dos amigos russos em relação à ameaça de guerra nuclear. Acostumados a sintonizar-se com as arengas oficiais sobre os pecados do imperialismo, os estudantes russos reagiam como se a crise não fosse tão séria assim. Numa reunião na universidade, aplaudiram calorosamente um líder estudantil cubano que fez um discurso emocionado em russo. Mas pouca atenção davam às enlatadas observações de seus próprios professores.

Um número pequeno mas crescente de russos questionava em privado o custo da "ajuda fraterna" a lugares distantes. Na manhã de sábado, o Ministério da Defesa soviético informou a Kruchev que o surdo resmungo espalhara-se até às Forças Armadas. Um marinheiro de um torpedeiro no oceano Ártico expressara dúvida de que a aventura cubana fizesse alguma coisa para promover os "interesses de Estado" da URSS. Um alistado da Força Aérea perguntou:

– Que temos nós em comum com Cuba? Por que somos arrastados a esta luta?

Um soldado numa unidade antiaérea queixou-se de uma parada temporária nas dispensas devido à crise cubana.

Mais sinistro ainda, apenas poucos meses após os motins do pão em Novocherkassk, brutalmente reprimidos pelas tropas de Pliiev, algumas pessoas perguntavam por que a Mãe Rússia precisava "alimentar todos os demais". Havia excesso de açúcar cubano nos depósitos e déficit de pão russo. Em torno das mesas de cozinha, mal-humorados soviéticos cantavam a provocante melodia de "Kuba, liubov' moia" com novos versos subversivos:

Cuba, devolva-nos nosso pão!
Cuba, leva de volta teu açúcar!
Estamos fartos de teu descabelado Fidel.
Cuba, vá pro inferno!

6H, SÁBADO, 27 DE OUTUBRO (5H EM HAVANA)

Castro estivera na embaixada soviética em Havana durante quase três horas e ainda tinha dificuldade para compor a carta a Kruchev. "Don Alejandro" esforçava-se por compreender as "frases bastante complexas" dele. Por fim, não mais se conteve e fez uma pergunta óbvia:

– Você quer dizer que nós devemos lançar um ataque primeiro ao inimigo?

Isso era um pouco direto demais para Fidel, educado pelos jesuítas.

– Não quero dizer isso diretamente. Mas em certas circunstâncias, sem esperar para sofrer a traição e o primeiro ataque dos imperialistas, devemos estar à frente e apagá-los da face da Terra, em caso de agressão a Cuba.

Reiniciou-se a sessão de esboço. Quando surgiram os primeiros raios de sol sobre a capital, ele por fim ditara a versão que o satisfazia:

Prezado Camarada Kruchev,

Analisando a situação e a informação em nosso poder, considero que uma agressão nas próximas 24-72 horas é quase inevitável.

Há duas variantes possíveis dessa agressão:
1. O mais provável é um ataque pelo ar a certos alvos, com o objetivo limitado de destruí-los.
2. Menos provável, mas ainda possível, é uma invasão direta do país. Creio que essa variante exigiria grande número de forças e isso poderia deter a agressão. Além do mais, a opinião pública mundial receberia com indignação uma tal agressão.

Tenha certeza de que nos oporemos de modo firme e decidido a qualquer tipo de agressão. O moral do povo cubano está extremamente alto e todos enfrentarão o agressor com heroísmo.

Agora eu gostaria de expressar minha opinião estritamente pessoal sobre esses fatos.

Se a agressão tomar a forma da segunda variante e os imperialistas atacarem Cuba com o objetivo de ocupá-la, o perigo que enfrenta toda a humanidade... seria tão grande que a União Soviética não deve, em circunstância

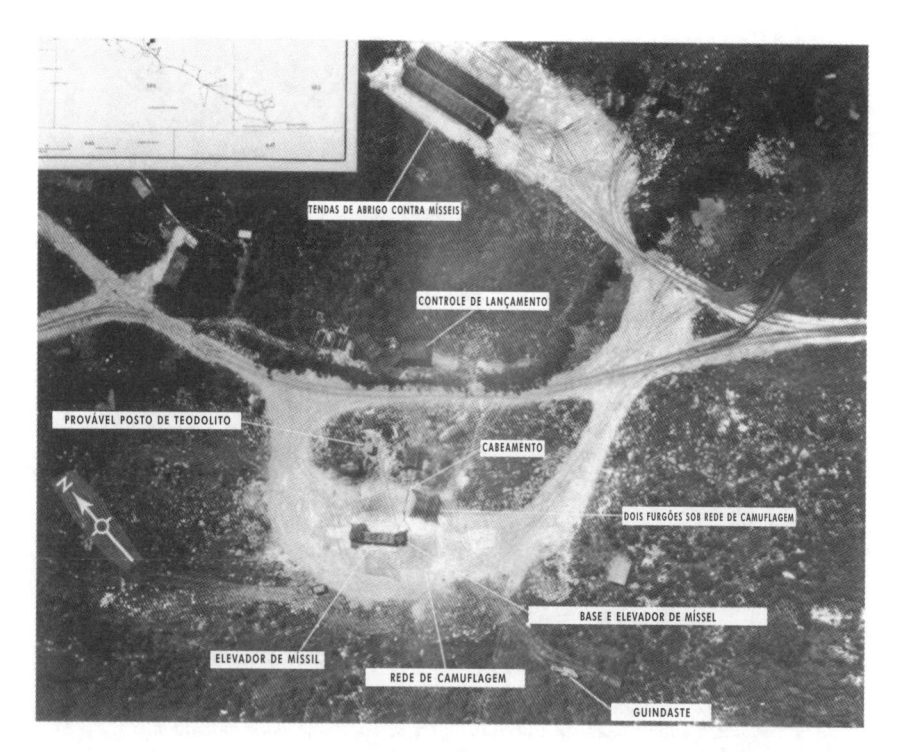

Close de uma posição de lançamento de míssil, Sagua la Grande. [NARA.] *Inserção abaixo: general Igor Statsenko, comandante das tropas de mísseis soviéticos em Cuba.* [MAVI.] *Abaixo: Uma bateria de canhões antiaéreos tomou posição diante do Hotel Nacional, no Malecón, em Havana.* [Foto do governo cubano disponibilizada na Conferência de Havana em 2002.]

Che Guevara (esquerda) com o embaixador soviético em Cuba, Aleksander Alekseiev (direita). Antes de ser nomeado embaixador, Alekseiev foi um agente da KGB que fez o primeiro contato formal com os líderes da revolução cubana. [MAVI.]

A caverna na montanha acima dos regimentos de mísseis de San Cristóbal, usada por Che Guevara como quartel-general durante a Crise dos Mísseis. Soldados cubanos construíram uma estrutura de concreto lá dentro para proporcionar a ele alguma privacidade. Hoje é vista como um santuário de Che. [Foto do autor.]

Pedro Vera em casa, em Tampa, 2006. Ele segura uma cópia de uma planta do teleférico de Matahambre, que tentou sabotar em outubro de 1962. [Foto do autor.]

Esta foto de reconhecimento aéreo feita pela Marinha americana da área de Matahambre vista da Missão Lua Azul 5035 em 2 de novembro mostra que a missão de sabotagem da CIA fracassou. A mina de cobre e o teleférico ficaram intactos. [NARA.]

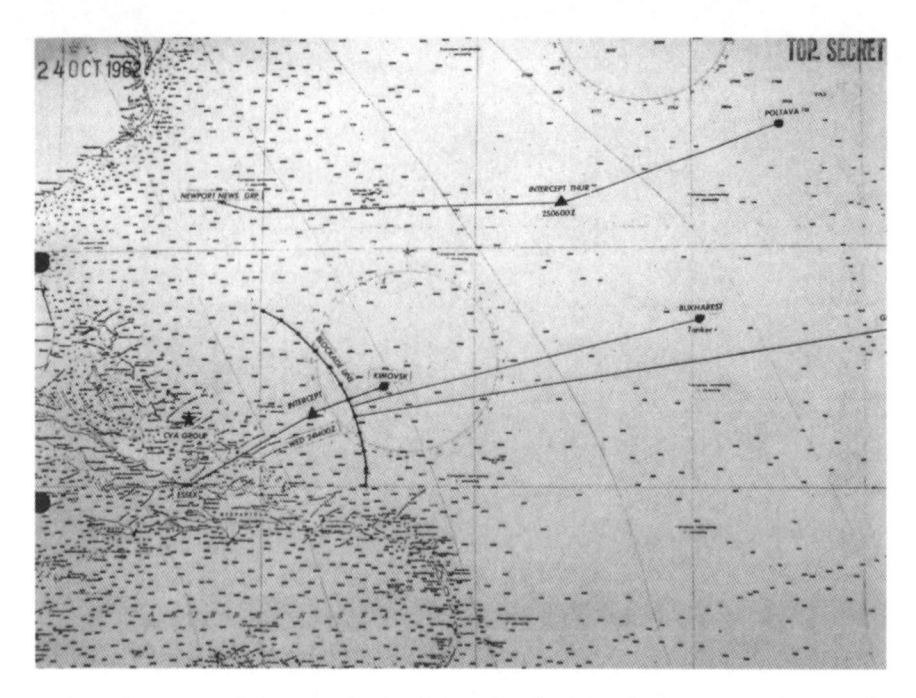

Mapa ultrassecreto, da Marinha dos Estados Unidos, da planejada interceptação do Kimovsk *em 24 de outubro. Os navios soviéticos que transportavam mísseis já voltavam à URSS. A Marinha deixou que o navio petroleiro* Bucharest *seguisse para Havana.*

O Poltava *fotografado em setembro de 1962, quando transportava oito R-12 para um regimento de mísseis de San Cristóbal, em Cuba. O navio iniciou uma segunda viagem em outubro, com sete R-14 a bordo, mas voltou para a União Soviética no dia 23, depois da declaração da quarentena naval pelo presidente Kennedy.* [NARA.]

O submarino soviético B-59, sob o comando de Valentin Savitski, foi obrigado a subir à superfície pelo navio americano Sábado Negro, 27 de outubro. Ostenta a bandeira vermelha. Membros da equipe na torre de observação vigiam um navio de reconhecimento americano acima. [NARA.]

O USS Oxford ficou estacionado perto de Havana durante a crise para captar comunicações cubanas, incluindo sinais de radar e micro-ondas, por meio de altos mastros na popa e na proa. [USNHC.]

O general Thomas Power, cercado por seu Estado-Maior no posto de comando na base aérea de Offutt, Nebraska, transmite pelo rádio ao DEFCON-2 a ordem para o Comando Aéreo Estratégico em 24 de outubro. [Força Aérea dos EUA.]

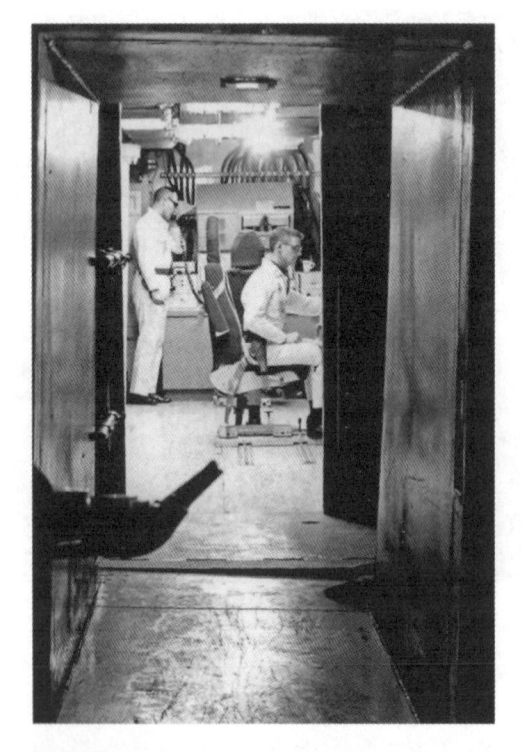

Cinquenta pés acima da pradaria de Montana, a equipe de combate do míssil Minuteman encontra-se em alerta estratégico. Técnicos mexeram no foguete para ser disparado de um único centro de comando, e não dois, como exigem as regras de segurança. [Força Aérea dos EUA.]

O comandante de todos os 43 mil soldados soviéticos em Cuba, general Issa Pliiev (direita), com o ministro da Defesa cubano, Raúl Castro (esquerda). Ex-oficial de cavalaria, o russo pouco entendia do sistema de mísseis, mas gozava da confiança de Kruchev, que lhe ordenara a supressão dos motins por comida no Sul da Rússia em junho de 1962. [MAVI.]

Foto inédita de reconhecimento aéreo do quartel-general militar soviético em El Chico, a sudoeste de Havana, feita por RF-101s da Força Aérea na Missão Lua Azul 2623 em 26 de outubro. Os americanos sabiam da existência do local pelas aldeias próximas de Torrens e Lourdes. Antes da revolução, o campus servira como reformatório para meninos. [NARA.]

Os tenentes Coffee (esquerda) e Arthur Day (direita) são interrogados pelo contra-almirante Joseph M. Carson, comandante da Frota Aérea Jacksonville, logo após retornarem de uma missão sobre Cuba. Os dois sofreram fogo antiaéreo em 27 de outubro. Coffee fotografou mísseis FROG/Luna capazes de transportar ogivas nucleares no dia 25 de outubro. [USNHC.]

Foto de mísseis FROG/Luna capazes de transportar ogivas nucleares perto de Remedios, feita pelo tenente Coffee na Missão Lua Azul 5012 em 25 de outubro. Como resultado da foto, as estimativas americanas das tropas soviéticas subiram acentuadamente. O presidente Kennedy foi informado sobre ela na manhã de 26 de outubro. [NARA.]

alguma, admitir a criação de condições que permitam aos imperialistas fazerem um primeiro ataque atômico à URSS.

Digo isto porque acho que a natureza agressiva dos imperialistas chegou a um nível extremamente perigoso.

Se eles atacarem Cuba, um ato bárbaro, ilegal e imoral, este seria o momento de pensar em liquidar tal perigo para sempre pelo direito legal de autodefesa. Por mais dura e terrível que seja essa decisão, não há outra saída, em minha opinião.

A carta seguia tortuosa por mais três parágrafos. Foi assinada "Com fraternais saudações, Fidel Castro".

Para o comboio de mísseis de cruzeiro que recebera a ordem de dirigir-se à posição de lançamento a oeste da base naval de Guantánamo, foi a reviravolta numa noite caótica e desastrosa. Os lançadores e veículos de apoio só tinham algumas dezenas de quilômetros a fazer, mas numa estrada não pavimentada e cheia de calombos, ao longo de profundas ravinas. Abalados pela morte dos dois camaradas, os motoristas tinham de manter extrema vigilância para evitar outro acidente. O comboio levou mais uma hora para chegar à minúscula aldeia de Filipinas.

A posição de lançamento ficava numa clareira na floresta pouco além da aldeia, perto de um pequeno riacho. Engenheiros de campo, que passaram uma semana retirando tocos e espalhando cascalho para os veículos pesados, já haviam preparado o terreno. Canhões antiaéreos protegiam os acessos. A área fora lacrada com arame farpado e guardada por soldados soviéticos. Tropas cubanas eram responsáveis pelo perímetro externo.

Quando os caminhões se aproximaram de um posto de guarda cubano a algumas centenas de metros da base de lançamento, uma voz nervosa soou na escuridão:

– *Contraseña!*

Os soldados russos na frente do comboio gritaram a senha. Mas era evidente que havia algum engano. Em vez de permitirem que os caminhões prosseguissem, os guardas cubanos responderam com uma saraivada de fogo de fuzil.

Levou-se mais uma hora, e muito xingamento em russo e espanhol, para que a unidade de mísseis esclarecesse a situação sobre a senha. Um dos oficiais soviéticos, que falava um espanhol macarrônico, acabou conseguindo comunicar-se com os cubanos rápidos no gatilho. O comboio de caminhões, jipes e furgões eletrônicos entrou no campo aberto junto ao riacho.

– *Razvernut'sia!* ("Distribuam-se!") – ordenou o major Denischenko.
Os caminhões tomaram posição em torno do local de lançamento. Os mísseis de cruzeiro com ogivas nucleares esperavam nos reboques de transporte, apoiados em longos trilhos metálicos. Pareciam grandes aeromodelos, com cerca de sete metros e meio, com uma envergadura de seis. Os furgões eletrônicos estacionavam perto. Se se desse a ordem de disparar, um foguete de combustível sólido impeliria o míssil de bico rombudo pelos trilhos até decolar. Vinte e cinco segundos depois o motor a jato entraria. Desse ponto em diante, o míssil seria guiado pelo operador de rádio num dos furgões eletrônicos até o alvo. O projétil cobriria a distância de 3,7km até a base americana em menos de dois minutos, guinchando sobre a paisagem pontilhada a uma altura de cerca de dois mil pés. Quando chegasse em cima do alvo, os operadores enviariam outro sinal que desligaria o motor e faria o míssil mergulhar. Programara-se a ogiva nuclear para explodir a algumas centenas de pés acima do solo, para causar maior destruição.

Uma equipe de lançamento consistia de um oficial e cinco praças: um mecânico de aviação graduado, dois eletricistas, um operador de rádio e um motorista. Tão logo se instalasse o míssil na posição de partida, os preparativos restantes tomavam cerca de uma hora. Em teoria, só se podia disparar um míssil por ordem do comandante do regimento, que só agiria sob instruções de Moscou. Em termos práticos, porém, a ausência de código de cores ou travas nas ogivas significava que podiam ser lançados por um tenente, com a ajuda de dois soldados.

– *Okopat'sia!* ("Cavar trincheiras!") – gritou o major.
Não havia muito sentido na ordem. O chão era tão duro e pedregoso que não se podia cavar abaixo da camada de cima. Os oficiais acabaram por ceder. Permitiram aos soldados armar as tendas nas pedras e descansar duas horas. Enquanto isso, tudo estava no lugar para a destruição nuclear da base naval de Guantánamo.

Dentro da base naval, os homens da escuta eletrônica acompanhavam o comboio que rumava para Filipinas, com o acidente fatal no caminho. Graças às transmissões de emergência pelo rádio, identificaram os dois campos militares, além do quartel-general de campo de Maltsev. Todos os três lugares haviam sido marcados para ataque aéreo americano na Operação Bainha de Espada. Oficiais da espionagem comunicaram grande número de "tropas russo/sino/cubanas", "equipamento de artilharia não identificado" em marcha para Filipinas. Observaram que o complexo era "móvel e exigia constante vigilância".

Para os analistas da espionagem americana, o tipo exato de "equipamento" que os soviéticos haviam posto em Filipinas continuou um mistério. Jamais lhes ocorreu que a base naval estivera na mira de armas nucleares táticas. Quando o cônsul britânico em Santiago de Cuba passou os rumores sobre lançadores de foguetes soviéticos em Filipinas, os superiores agradeceram-lhe a informação e disseram que não se preocupasse. "As autoridades americanas em Guantánamo sabem da base [em Filipinas] e não se interessam, pois os foguetes são pequenos mísseis guiados que não transportam ogivas atômicas."

CAPÍTULO NOVE

Caçada ao *Grozny*

6H, SÁBADO, 27 DE OUTUBRO

A notícia que chegava à Sala de Crises da Casa Branca era assustadora. Cinco de seis mísseis de médio alcance em Cuba encontravam-se em estado "plenamente operacional", segundo a CIA. O sexto na certa ficaria até o domingo. Isso significava que uma larga faixa do sudoeste norte-americano já ficara sob o alcance de 20 ogivas nucleares de um megaton. Washington, e talvez Nova York, poderia ser destruída por completo 20 minutos depois de os mísseis partirem de Cuba. No caso de um ataque surpresa soviético, mal daria tempo para retirar o presidente da Casa Branca.

Localizada no porão da Ala Oeste, a Sala de Crises era uma inovação de Kennedy. Ele sofrera uma intensa frustração com a ausência de informação ao seu dispor durante o episódio da baía dos Porcos. Radioamadores ao longo da Costa Leste souberam do desastre que se desenrolava na praia cubana pela interceptação de transmissões horas antes do comandante em chefe. JFK teve de depender de linhas telefônicas abertas para descobrir o que se passava na CIA e no Pentágono. Isso jamais deveria voltar a acontecer. Ele precisava de um "centro vital" de informação na Casa Branca, que servisse como "sala de guerra para a Guerra Fria".

O espaço usado para a Sala de Crises servira antes como pista de boliche. O assessor naval do presidente trouxe *Seabees* ["abelhas marinhas", batalhão de construção da Marinha americana] para transformar a área num complexo de quatro salas, que incluíam uma de conferência, outra de arquivo e um apertado centro de observação para os oficiais de serviço. Instalaram-se circuitos de comunicação na Ala Oeste, para evitar a necessidade de mensageiros. Ouvia-se o contínuo martelar dos teletipos diante da sala de conferências, sem janelas. Imensos mapas de Cuba, com os acessos por mar, cobriam as paredes. Soldados armados ficavam de guarda em frente à porta.

Fora os mapas, a sala de conferência assemelhava-se a um escritório familiar numa área residencial de Washington. Decorada com móveis funcionais, tipo escandinavo, incluía uma mesa de jantar de aparência frágil e desconfortáveis cadeiras de espaldar baixo, com iluminação discreta e dois pontos de luz acima. Kennedy descreveria os escritórios no porão como "um chiqueiro". Ainda assim, a Sala de Crises cumpria seu objetivo, proporcionando-lhe um fluxo contínuo de informação por tradição ciosamente guardada por burocratas semiautônomos do governo. Os oficiais de observação, que trabalhavam em turnos de 24 horas, seguidas de oito de folga, vinham todos da CIA.

Uma abundância de informações já fluía para a sala na época da crise dos mísseis. O presidente ouvia conversas entre o planejamento da Marinha e os navios que patrulhavam a linha de quarentena num rádio de faixa única. A Casa Branca recebia cópias dos mais importantes telegramas do Departamento de Estado e do Pentágono. Além dos teletipos das agências de notícias, havia também os que o ligavam ao Serviço de Transmissão de Informação Estrangeira, que fornecia transcrições brutas das declarações do governo soviético pela Rádio Moscou. Interceptações de comunicações começaram a chegar direto da Agência de Segurança Nacional, após as queixas de Kennedy e McNamara quanto ao atraso na informação sobre a meia-volta dos navios soviéticos.

Ao contrário do que diz o mito posterior, Kennedy abstinha-se de emitir ordens diretas aos navios que impunham o bloqueio. Em vez disso, usava a tradicional cadeia de comando, por meio do secretário da Defesa e comandante das operações navais. Ainda assim, o fato de a Casa Branca poder monitorar as comunicações militares a cada minuto tinha grandes implicações para o Pentágono. Os chefes militares temiam que a própria existência da Sala de Crises reduzisse a liberdade de ação deles – e tinham razão. O relacionamento entre os civis e os militares sofrera uma profunda mudança nas duas décadas desde a II Guerra Mundial. Na era nuclear, um líder político não mais podia dar-se ao luxo de confiar que os generais tomassem a decisão certa por si mesmos, sem estreita supervisão.

A partir da Sala de Crises, os oficiais de serviço acompanhavam as últimas notícias da linha de bloqueio. Já se achavam prontos os planos para um ataque aéreo em massa a Cuba, seguido de invasão em cerca de sete dias. Uma força tática de ataque de 576 aviões militares, com base em cinco diferentes bases aéreas, aguardava as ordens do comandante em chefe. Cinco caças a jato passavam todo o tempo no ar sobre a Flórida, prontos para interceptar aviões militares soviéticos que partissem de Cuba, e outros 183 esperavam em alerta no chão. Guantánamo era uma guarnição armada, guardada por 5.868 fuzileiros. Outra divisão de fuzileiros partira da costa oeste, via canal do Panamá. Mais de 150 mil soldados americanos haviam sido mobilizados para a invasão por terra. A Marinha cercara a ilha com três porta-aviões, dois cruzadores pesados e 26 contratorpedeiros, além dos navios de apoio.

Mas os americanos percebiam que o outro lado também estava pronto. A CIA informara que Cuba mobilizava forças "em ritmo rápido". Acreditava-se que todos os 24 regimentos de mísseis SAM estavam em estado operacional, e portanto capazes de abater aviões modelo U-2. Uma fotografia feita em voo baixo oferecia a primeira prova concreta da existência na ilha de lançadores FROG capazes de lançar armas nucleares – apesar da garantia dada por Kruchev às Nações Unidas de que ia evitar a zona de quarentena por enquanto.

O navio soviético mais próximo da barreira chamava-se *Grozny*.

Após permitir que o *Vinnitsa* e o *Bucharest* cruzassem a linha de quarentena, o ExComm queria mostrar que decidira deter e abordar um navio soviético. O melhor candidato à interceptação parecia ser o *Grozny*, de 80 toneladas, que trazia no convés uma carga de aparência suspeita e hesitara no meio do Atlântico após a imposição do bloqueio, antes de acabar por retomar o curso. Esse comportamento "estranho" sugeria que o Kremlin não sabia o que fazer com o navio.

Houve um forte debate dentro do governo Kennedy sobre o que, exatamente, o *Grozny* transportava naqueles grossos cilindros. McNamara dissera ao presidente na quinta-feira que os tanques, "na certa", continham combustível para os mísseis soviéticos em Cuba. Na verdade, o consenso na CIA era de que o navio nada tinha a ver com o caso dos mísseis e levava amônia para uma fábrica de níquel no Oeste do país. Os *experts* da agência fizeram uma cuidadosa análise da fábrica em Nicaro, uma das várias instalações visadas para sabotagem sob a Operação Mangusto. Tinham mantido uma estreita vigilância no *Grozny*, que fizera várias viagens antes à ilha, para descarregar amônia em Nicaro.

O ExComm interessava-se mais pelas vantagens em termos de relações públicas da "captura" do navio que por debater o conteúdo dos tanques no convés. A meia-volta no início da semana de óbvios transportadores de mísseis como o *Kimovsk* deixara uma escassez de navios soviéticos a abordar. Como se queixava Bobby Kennedy, só meio de brincadeira, "há muito poucos trens na Ferrovia de Long Island, porra". No sábado, McNamara mudou de opinião sobre o *Grozny* e disse ao ExComm não mais acreditar que ele transportava "material proibido". Mas achava que o navio devia ser detido mesmo assim. Deixar que o *Grozny* seguisse para Cuba sem inspeção seria um sinal de fraqueza americana.

A Força Aérea conseguira localizá-lo na quinta-feira, a mil milhas da linha do bloqueio. Mas não pudera acompanhá-lo e de novo pedira ajuda aérea. Cinco aviões de reconhecimento RB-47 do Comando Aéreo Estratégico haviam vasculhado metodicamente o oceano na sexta-feira, substituindo uns aos outros a intervalos de três horas. Essa busca não produziu resultados, e destinaram-se outros cinco aviões à missão "Touca de Bebê", no sábado. Estes pertenciam à 55ª Ala de Reconhecimento Estratégico, que tinha como lema *"Videmus Omnia"* ("Vemos Tudo").

O capitão Joseph Carney partiu do Campo Kindley nas Bermudas ao amanhecer e dirigiu-se à área de busca ao sul.

6:37, SÁBADO, 27 DE OUTUBRO

Outros três aviões de reconhecimento preparavam-se para decolar das Bermudas e juntar-se à busca. O primeiro RB-47 na pista era pilotado pelo major William Britton, que participara do esforço para localizar o *Grozny* na terça-feira. A tripulação incluía um co-piloto, um navegador e um observador.

Quando o avião de Britton percorreu a curta pista, uma forte fumaça negra saiu dos motores. O aparelho parecia ter problema para acelerar e só ganhou os ares quando chegou à barreira no fim da pista. Baixou muito a asa esquerda. Britton lutou para controlar a aeronave e conseguiu nivelar as asas. Na margem oposta, a asa direita baixou e raspou no lado de um rochedo. Ouviu-se uma forte explosão quando o avião caiu no chão e desintegrou-se com o impacto.

Uma investigação posterior mostrou que a manutenção em Kindley abastecera o avião com o tipo errado de injeção de fluido água-álcool. Não conheciam as exigências dos aviões de reconhecimento, que em geral partiam da base da Força Aérea no Kansas. O fluido de injeção destinava-se a dar mais impulso aos motores na decolagem, mas o abastecimento na verdade o reduzira. Faltou ao aparelho força suficiente para subir.

Morreram Britton e os três companheiros. Os pilotos dos outros dois aviões abortaram o voo ao verem a bola de fogo no outro lado da lagoa. Na verdade, a missão era desnecessária. No Atlântico, 600 milhas ao sul, Joseph Carney acabara de avistar um navio que parecia o *Grozny*.

6:45, SÁBADO, 27 DE OUTUBRO

Haviam atribuído a Carney uma área de busca que media 50 por 200 milhas. O procedimento consistia em localizar um navio por meio de radar e descer para vigilância e reconhecimento. O RB-47 mergulhava e emergia das nuvens, à medida que o navegador apontava possíveis alvos. Entre os navios avistados por Carney, havia um contratorpedeiro americano, o USS *MacDonough*, também em busca do *Grozny*.

Após afastar-se do *MacDonough*, ele tornou a subir a 500 pés. Avistou outro navio no horizonte, com os conveses de proa e popa cobertos de tanques cilíndricos prateados. Trazia a foice e o martelo estampados no lado da chaminé. Via-se bem claro o nome – GROZNY – em caracteres cirílicos. Carney fez repetidos mergulhos sobre o navio, fotografando-o de ângulos diferentes com uma câmera de mão.

Localizou a embarcação soviética às 6:45 e transmitiu a localização ao *MacDonough*. Duas horas depois, o capitão do *MacDonough* enviou uma mensagem ao Planejamento da Marinha, comunicando uma interceptação positiva:

1. NAVEGANDO A 18 MILHAS.
2. ESTOU COMPLETAMENTE PREPARADO PARA INTERROGAR OU ABORDAR, COMO FOR DESEJÁVEL.

O *Grozny* achava-se agora a cerca de 350 milhas da linha de quarentena. Nessa velocidade, alcançaria a barreira por volta do amanhecer de domingo.

Ao amanhecer no domingo, Andrew St. George sentia-se "fraco e desencorajado". O repórter da revista *Life* partira seis dias antes de Miami numa incursão armada ao Norte de Cuba organizada pelo feroz grupo anticastrista Alpha 66. A aventura transformara-se num desastre.

O objetivo era explodir uma barcaça de cana cubana, mas o mau tempo, a escuridão e a falta de uma sonda profunda fizeram os sabotadores em potencial baterem com uma das duas lanchas num rochedo. E destruíram a segunda ao tentarem salvar a primeira. Após passarem três dias vagando por mangues e pântanos e sobrevivendo com biscoitos de água e sal, St. George e os amigos haviam roubado um barco a vela e um pouco de comida de um pescador cubano. Dirigiram-se de volta à Flórida sem bússola, enfrentaram ondas de dois metros e meio e jogando sem parar água da embarcação, furada, para mantê-la à tona. Um a um, resignaram-se ao destino. St. George ouvia "o assobio crescente da morte" no vento e mar uivantes.

Mais propagandista que repórter, St. George era o equivalente moderno dos aventureiros jornalísticos que cobriram para Randolph Hearst na Guerra Hispano-Americana. "Vocês entram com as ilustrações", dissera ao seu cartunista astro, "que eu forneço a guerra." Dentro de um ano, cada um cumprira sua parte no acordo. O pintor Frederic Remington fez um desenho chocante de pudicas senhoras cubanas revistadas por brutais policiais espanhóis –, e Hearst ajudou a convencer o presidente McKinley a declarar guerra à Espanha.

Os jornalistas que trabalhavam para Hearst não apenas informavam sobre a guerra em Cuba. Promoviam-na ativamente e até lutaram nela. "Uma esplêndida luta", entusiasmou-se o editor, após uma visita ao campo de batalha, com um revólver na cinta e um lápis e caderneta na mão.

– Uma esplêndida guerrinha – concordou o futuro secretário de Estado John Hay, numa carta ao amigo Theodore Roosevelt.

Mais de seis décadas depois, a imprensa americana livrara-se de grande parte do chauvinismo belicista, tipo "imprensa marrom". Mas alguns editores e repórteres na tradição de Hearst ainda defendiam com entusiasmo um acerto de contas, desta vez com a União Soviética. O papel outrora desempenhado por Hearst era assumido desta vez pelo império *Time-Life* de Henry e Clare Boothe Luce, que acusaram o governo Kennedy de "não fazer nada" para impedir a tomada de Cuba pelos comunistas. Clare Luce recebeu uma nota de admiração do filho de Hearst depois que escreveu um editorial na revista *Life* denunciando a maneira como ele tratara do caso em princípios de outubro, poucos dias antes da erupção da crise. "Um artigo bom pra caramba", entusiasmou-se William R. Hearst. "Eu gostaria de tê-lo escrito."

Como o velho Hearst, ela foi além de escrever editoriais belicosos atacando a inação do governo em relação à escalada soviética em Cuba. Em suas próprias palavras, canalizou para o senador Kenneth Keating informação de emigrantes sobre os campos dos mísseis que ele, republicano de Nova York, usou para constranger Kennedy. Subsidiou grupos de exilados cubanos que buscavam derrubar Castro e mandou repórteres com eles nas incursões tipo ataca e foge. A *Life* concordou em pagar a St. George US$ 2,5 mil por uma matéria com fotos sobre o ataque à barcaça de açúcar cubana.

St. George, que se descrevia como descendente da realeza húngara, tinha um passado nebuloso e usava charme e ligações para passar de um campo ideológico a outro. A CIA desconfiava de que ele fornecia informação à espionagem soviética na Áustria, mas também o usava como informante. Ele tinha um jeito de aparecer onde havia ação. Durante o levante contra Batista, caminhara na selva para entrevistar Castro e Che Guevara, mas brigara com os "barbudos" e agora apoiava grupos de exilados como o Alpha 66, que o elegera "membro honorário".

Deitado de bruços nas tábuas molhadas do barco de pesca roubado, St. George viu-se imaginando se valera a pena. Após uma vida inteira de excitação, lembrava-se de uma linha num livro de André Malraux, um diálogo de um revolucionário desiludido: "Quando só temos uma vida, não devemos tentar mudar o mundo com demasiado empenho."

O momento de desespero não durou muito. Poucos minutos depois, os cansados rebeldes avistaram uma rocha erguendo-se da água. Quando a velha dama [o barco] "rangendo e encharcada" tocou a praia, viram a bandeira inglesa que tremulava na brisa, num prédio solitário. Haviam chegado à minúscula ilha britânica de Cay Sal.

– Andrew, você é um dos nossos – disse o chefe da malfadada expedição ao exausto e eufórico repórter. – Ajude-nos a arranjar alguns novos barcos e voltaremos a Cuba.

Os dois exilados cubanos enviados pela CIA para sabotar a mina de cobre de Matahambre já atravessavam as colinas de volta havia três noites. Dormiam durante o dia para não chamar atenção. Viam os manguezais de Malas Aguas, onde tinham escondido o catamarã. Mas cada passo se tornava mais difícil para Miguel Orozco, o chefe da equipe, que se sentia febril e tonto. A dor penetrante no abdome aumentava à medida que ele andava.

Os dois sabotadores esperavam ser resgatados de Cuba cedo na manhã seguinte, domingo. O plano exigia que falassem pelo rádio com um navio da CIA que esperava próximo, tirassem o catamarã do esconderijo e usassem o motor elétrico quase silencioso para chegar ao ponto de encontro. Se houvesse problema num dos lados, fariam outras tentativas de encontro na segunda e terça-feira. Não tinham ideia do que acontecera em Matahambre. O barulho das explosões controladas que viera da área os fizera acreditar que a missão tivera sucesso.

Pedro Vera fez o que pôde para ajudar o amigo, carregando a maior parte do equipamento e dando-lhe a mão para transpor rochas e árvores caídas. Achava que Miguel devia estar sofrendo de gripe ou algum outro problema intestinal, talvez causado por alguma coisa que tinham comido ou bebido. Mas haviam trazido a maior parte da água consigo e usado pílulas para purificar a que pegavam em riachos no caminho. Enquanto andavam, o amigo cada vez com mais dor, ele imaginava se poderia ser apendicite.

O que nenhum dos dois sabia no momento era que a CIA, por instruções de Bobby Kennedy, ordenara um alto em todas as operações de infiltração e exfiltração de agentes cubanos.

7H, SÁBADO, 27 DE OUTUBRO
(11H EM LONDRES, MEIO-DIA EM BERLIM)

Era quase meio-dia em Londres, do outro lado do Atlântico, onde manifestantes se reuniam na Trafalgar Square, para um grande protesto antiamericano. A poucos metros dali, o primeiro-ministro Harold Macmillan reunia-se com os comandantes da Defesa na Casa do Almirantado, sua residência temporária enquanto se renovava o número 10 da Downing Street. Cânticos de "Tirem as mãos de Cuba" e "Viva Fidel, Kennedy que vá pro inferno!" flutuavam por Whitehall, mais abaixo, onde as autoridades britânicas discutiam como ajudar o aliado americano.

Os acontecimentos da última semana haviam abalado seriamente Macmillan, que se orgulhava da própria frieza numa crise. Como colegial em Eton, aprendera a jamais mostrar muita emoção. Era o mestre da cara impassível, sobrancelha arqueada, do lânguido falar arrastado da classe alta. Reagira com aristocrático desdém quando Kruchev interrompera um discurso que ele fazia à Assembleia Geral da ONU em setembro de 1960. Furioso com a crítica à política externa da União Soviética, o líder soviético batera na mesa com os punhos, sacudira os braços e pusera-se a gritar alguma coisa em russo.

– Eu gostaria disso traduzido, por favor. – Fora a única resposta do *premier* inglês.

À medida que a crise cubana prosseguia, o primeiro-ministro começava a sentir a tensão como jamais antes. Tinha de trilhar uma cuidadosa linha entre o desejo de apoiar Kennedy e o ceticismo de muitos políticos britânicos e *experts* da espionagem sobre a "ameaça" cubana. Os europeus tinham aprendido a viver com as armas atômicas soviéticas no quintal e era difícil entender por que os americanos não fariam o mesmo. Do ponto de vista britânico, Berlim Ocidental era um bem estratégico muito mais valioso que Cuba. Alguns analistas ingleses questionavam até mesmo a "prova" fotográfica de soviéticos lá. Para enfrentar esse ceticismo, a embaixada americana em Londres distribuiu algumas dessas fotos à imprensa antes de fazer o mesmo em Washington. Os repórteres americanos ficaram indignados por perderem o furo.

Macmillan continuou a exibir a calma que era sua marca registrada em público, mas traía as emoções nos bastidores. O embaixador americano na Grã-Bretanha, David Bruce, informou secamente a Washington que julgava haver detectado "uma ligeira oscilação numa asa" do inflexível primeiro-ministro. Aconselhou Kennedy a ignorar a "gritaria" e não dar muita atenção aos escrúpulos expressos pelos aliados britânicos quando os "interesses mais vitais" dos Estados Unidos estavam em causa. "Só os gigantes estúpidos se deixam amarrar pelos liliputianos", telegrafou.

Kennedy fez o que pôde para mostrar aos ingleses que os levava a sério. Telefonava a Macmillan quase todo dia. O embaixador britânico em Washington, David Ormsby-Gore, ocupava especial posição na corte de Camelot. Era amigo de Jack desde os dias em que Joseph Kennedy pai servia em Londres como embaixador americano. O presidente tratava Ormsby-Gore como um conselheiro informal, para irritação de outros aliados, em particular os franceses. Corria em Washington o boato de que duas belas jovens vistas com frequência em companhia do embaixador francês eram "plantadas", cuja verdadeira missão era "chegar perto de Jack" e neutralizar as tramas da pérfida Albion.

Da Casa do Almirantado, Macmillan falara com Kennedy na noite anterior. Exortara-o a fazer concessões a Kruchev. Deitando os alicerces de uma possível barganha com Moscou, oferecera-se para "imobilizar" 60 mísseis Thor estacionados na Grã-Bretanha. Esses foguetes de alcance intermediário ficavam sob controle conjunto britânico-americano: os britânicos tinham a propriedade formal, e os americanos eram os responsáveis pelas ogivas nucleares de 1,4 megaton. O presidente prometeu pôr a ideia de Macmillan na "maquinaria" burocrática. Depois mandou uma mensagem dizendo que um tal acordo era prematuro. Ia manter a proposta de reserva, caso tudo o mais falhasse.

Enquanto isso, Macmillan discretamente autorizou o aumento nos níveis de prontidão britânicos. Ordenou aos comandantes da Defesa que colocassem os mísseis Thor e os bombardeiros nucleares Vulcan da própria Grã-Bretanha em alerta de 15 minutos.

"Berlim são os testículos do Ocidente", gostava de dizer Kruchev. "Toda vez que eu quero fazer o Ocidente gritar, aperto Berlim."

Não era muito difícil encontrar um ponto de aperto adequado. Berlim Ocidental era um bastião capitalista quase indefeso de dois milhões de pessoas mais de 150km da Alemanha Oriental comunista adentro. A cidade ligava-se à Alemanha Ocidental por 13 zonas de acesso negociadas, qualquer uma das quais podia ser cortada em minutos por uma maioria esmagadora de forças soviéticas. As rotas de acesso incluíam autoestradas, quatro linhas ferroviárias, o rio Elba, um canal e três corredores aéreos, cada um com 30km de largura. Os corredores aéreos haviam sido uma linha salva-vidas em 1948, depois que Stalin cortou as ligações por terra. A aliança ocidental mandava suprimentos pela ponte aérea durante 462 dias consecutivos. No auge do bloqueio, um avião de transporte aliado pousava no aeroporto Tempelhof, em Berlim, a cada minuto.

Kennedy e Kruchev consideravam a cidade "o lugar mais perigoso do mundo". Vinham brigando por ela desde a eleição de Kennedy como presidente. Os soviéticos não aceitavam o *status quo*: centenas de refugiados alemães orientais cruzavam a fronteira todo dia. Na Conferência de Cúpula de Viena, em junho de 1961, o líder soviético ameaçou assinar um tratado com a Alemanha Oriental e eliminar os direitos aliados a Berlim Ocidental. Dois meses depois, preferiu uma opção diferente, erguer uma "barreira de defesa antifascista" de 163km, mais conhecido no Ocidente como Muro de Berlim. Mas as tensões continuaram. Em 26 de outubro de 1961, tanques americanos e soviéticos enfrentaram-se no posto de controle Charlie, num impasse de dois dias. Foi o primeiro confronto direto soviético-americano da era nuclear, com "soldados e armas olho no olho".

O destino de Berlim ocupou a mente do presidente e seus auxiliares desde o momento em que ficaram sabendo da presença de mísseis soviéticos em Cuba.

– Começo a imaginar se o Sr. Kruchev será talvez inteiramente racional em relação a Berlim – disse Dean Rusk aos colegas na primeira sessão do ExComm, em 16 de outubro. – Talvez eles pensem que podem trocar Berlim por Cuba, ou nos provocar a fazer um tipo de ação em Cuba que daria um guarda-chuva para agirem em relação a Berlim.

O medo da retaliação soviética em Berlim era um dos motivos principais de Kennedy ao decidir bloquear Cuba em vez de bombardear os regimentos de mísseis, o impulso inicial. Como explicou aos chefes de Estado-Maior Conjunto, um ataque americano aos regimentos daria aos soviéticos um pretexto para "tomar Berlim", como haviam invadido a Hungria em reação ao ataque anglo-francês ao Egito em 1956. Na mente dos europeus, "seríamos encarados como os americanos rápidos no gatilho que perderam Berlim". Um ataque soviético a esta cidade deixaria o presidente "com apenas uma alternativa, disparar armas nucleares". Como observou Kennedy, era "uma alternativa dos diabos".

Durante as semanas que levaram à crise cubana, Kennedy preocupara-se com a questão de como impedir um ataque soviético a Berlim Ocidental. Não havia como o Ocidente vencer uma guerra convencional pela cidade, mas pelo menos ele podia elevar os custos de um ataque inimigo. Perguntou aos auxiliares quanto demoraria mandar uma forma do tamanho de um regimento pela autoestrada numa emergência. A resposta foi 35 horas. A pedido do presidente, os militares pensaram em meios de reduzir o tempo de reação a 17 horas, mudando a posição da força. A CIA informou em 23 de outubro que a cidade tinha estoques de alimentos, combustíveis e remédios suficientes para sobreviver a um bloqueio de seis meses.

Ao contrário das expectativas americanas, os soviéticos não aumentaram a pressão sobre Berlim em resposta ao bloqueio a Cuba. Aconteceram os incidentes de sempre na fronteira e discussões sobre movimentos de comboios aliados. As tropas soviéticas em Berlim Oriental receberam ordens de entrar no mais elevado nível de alerta. Oficiais dos dois lados trocaram acusações de "ações provocadoras". Mas tudo ficou mais ou menos na rotina.

Os alemães orientais ainda fugiam para o Ocidente, embora em número mais reduzido. Nas primeiras horas da manhã de sábado, cinco rapazes e uma mulher atravessaram barreiras de arame farpado para chegar ao setor francês. Os guardas alemães orientais soltaram rojões para iluminar a noite e varreram o terreno com fogo de armas automáticas. A mulher, de 23 anos, enganchou o casaco numa barricada de arame farpado. Os companheiros ajudaram-na a desembaraçar-se e evitar as balas sob a chuva pesada. Outro grupo de três rapazes rastejou por um cemitério na fronteira, passou por cima de um muro de tijolos coberto de arame farpado e entrou em Berlim Ocidental.

À tarde, um avião de transporte americano que partiu da cidade pelo corredor aéreo central foi advertido por caças interceptadores soviéticos. Os jatos soviéticos fizeram três passagens pelo lento T-29 americano a hélice, mas fora isso não interferiram. Oficiais da espionagem americana imaginaram se o incidente era o primeiro sinal de uma nova campanha de perseguição no corredor aéreo.

Kruchev bem pode ter visto uma ligação entre a instalação de mísseis em Cuba e o jogo final por Berlim. Na mente dele, tudo se ligava. Se a aposta cubana desse certo, seu poder total de barganha seria muito maior. Ele vinha soltando fortes insinuações sobre uma grande nova iniciativa em relação a Berlim Ocidental, incluindo a assinatura de um tratado de paz, após a eleição para o Congresso americano em 6 de novembro.

– Nós daremos (a Kennedy) uma opção. Ir à guerra ou assinar um tratado de paz – disse ao secretário do Interior, Stewart Udall, em setembro. – Vocês precisam de Berlim? Precisam mesmo.

Quaisquer que fossem os motivos iniciais para instalar mísseis soviéticos em Cuba, ele agora não tinha estômago para um mais amplo confronto com os Estados Unidos. Resistiu à tentação de elevar as apostas em Berlim numa época em que o mundo chegou perto da guerra nuclear em Cuba. Quando um vice-ministro soviético, Vasili Kusnetzov, propôs "aumentar a pressão" sobre Berlim Ocidental, como forma de contrabalançar a pressão americana em Cuba, Kruchev reagiu com força:

– Nós mal começamos a nos desembaraçar de uma aventura e você sugere que entremos em outra.

Decidira dar um alívio aos "testículos" do Ocidente.

9:09, SÁBADO, 27 DE OUTUBRO

Na base McCoy da Força Aérea nos arredores de Orlando, o major Rudolf Anderson Jr. concluía os preparativos finais para a sexta missão em U-2 sobre Cuba. Recebera uma última atualização dos navegadores, fizera os exercícios de respiração e enfiara-se no traje pressurizado. Ia fazer um voo de reconhecimento de uma hora e 15 minutos sobre a metade oriental da ilha.

Magro e atlético, cabelos negros e impressionantes olhos castanhos, o piloto, de 35 anos, parecia uma personalidade Tipo A clássica. Voar era a sua vida e paixão. Quando criança, construíra aeromodelos e sonhava em tornar-se piloto. Fazia avaliações sempre excelentes, sinais de uma brilhante carreira militar. Exuberante em privado – certa vez saltou da janela do segundo andar do dormitório da faculdade para correr atrás de um passarinho que escapara da gaiola –, mostrava intensa seriedade quando se tratava do trabalho. O amigo Bob Powell considerava-o o tipo de piloto "que aceitava todas as missões possíveis. A gente se oferecia como voluntário para apoio se a primeira fracassasse. Tinha de se apresentar. Ele era irreprimível".

Anderson empenhava-se numa amistosa competição com outro piloto de U-2, Richard Heyser, para pegar o máximo de missões possíveis sobre Cuba. O outro era superior a ele em patente, mas Anderson era o chefe da padronização do esquadrão, uma prestigiosa posição de supervisão dos outros pilotos.

No começo, o nome de Anderson não constava na lista de voo da manhã de sábado. O plano original consistia de três incursões, realizadas por pilotos menos experientes. A primeira missão era uma rápida passada de 20 minutos sobre o regimento de mísseis no centro de Cuba; a segunda, um voo de uma hora sobre todos os regimentos de mísseis; e a terceira, um de quatro horas em torno da periferia da ilha, permanecendo em espaço internacional. Na noite de sexta-feira, os planejadores do SAC acrescentaram uma quarta missão ao programa: verificar tropas soviéticas e cubanas nas vizinhanças da base naval de Guantánamo e sondar o sistema de defesa aéreo soviético. Ávido por pegar mais horas de combate, Anderson pressionou para ser designado.

Uma a uma, as três primeiras missões foram canceladas nas primeiras horas da manhã de sábado. A Marinha realizava reconhecimento em baixa altitude dos campos de mísseis, de modo que não fazia muito sentido enviar os U-2 sobre a mesma área num momento em que os soviéticos haviam ativado a defesa aérea. Um dos pilotos, Charles Kern, já se instalara na cabine do caça quando chegou de Washington a ordem para cancelar o voo. Isso deixava a missão 3.128 – a de Anderson.

O plano de voo determinava que ele voasse ao alcance de oito regimentos de SAM, a uma altitude de 72 mil pés. Anderson sabia da ameaça representada pelos mísseis V-75 soviéticos. Seu U-2 era equipado com um dispositivo para detetar os sistemas de radar ligados ao de mísseis. Se um localizasse o avião, apareceria uma luz amarela na cabine. Se o regimento de SAM mirasse o U-2, a luz passaria para vermelha. Ele então tentaria uma ação evasiva, fintando para um lado e outro como o toureiro que desvia o touro. Esperava-se que os mísseis passassem zunindo e explodissem no céu sem causar danos.

Um furgão levou-o à linha de voo, onde o esperava o avião que ele usara para fazer os cinco voos perigosos antes. Era um aparelho da CIA, nº 56-6676, repintado com a insígnia da Força Aérea. Kennedy preferia que os pilotos da Força Aérea sobrevoassem Cuba aos da CIA: seriam feitas menos perguntas se os abatessem. Mas os U-2 da agência eram ligeiramente superiores à versão da Força Aérea: tinham um motor mais possante e voavam cinco mil pés mais alto. Isso os tornava um alvo um pouco mais difícil para os SAM soviéticos. A CIA concordara, com relutância, em emprestar vários aviões, com a condição de reter o controle sobre o processo de interpretação de fotos.

A agência não gostava de ter o palco roubado pela Força Aérea. Seu pessoal continuava responsável pela tripulação dos aviões espiões da McCoy e por encarregar-se do material da espionagem. Os pilotos da Força Aérea encaravam-nos como intrometidos, "buscando defeito em tudo que nós fazíamos". As autoridades da CIA queixavam-se de que a Força Aérea não dava a devida atenção à ameaça representada pelos campos de SAM. Não havia sistema para uso das técnicas de guerra eletrônica destinadas a interferir nos radares empregados pelo sistema de defesa aérea soviético na localização dos U-2 em voo sobre Cuba. Os oficiais da espionagem estimavam as chances do piloto de um U-2 ser abatido sobre a ilha em torno de uma em seis.

Anderson subiu a escada do U-2 seguido pelo oficial de controle móvel e amarrou-se à cabine. Levava fotos da esposa e dois filhos pequenos na carteira. Ainda sentia um pouco de dor no ombro direito, causada por uma queda no gelo quando de serviço temporário no Alasca, mas não ia deixar que isso o impedisse de voar. Quando o comandante o tirou do programa de voo um dia para dar-lhe algum descanso, ele se queixara de forma vociferante:

— Meu serviço não está sendo bom o suficiente? – quis saber.

O oficial móvel, capitão Roger Herman, correu a lista de verificação final. Assegurou-se de que o suprimento de oxigênio fora ligado corretamente e haviam empilhado bem a pasta de mapas e alvo "ultrassecreto" ao lado do assento ejetor. Os dois pilotos testaram os sistemas de emergência para terem certeza de que funcionavam de forma normal. Uma onda de oxigênio influ por um breve instante todas as roldanas do traje em parte pressurizado de Anderson, enchendo a cabine. Quando viu que tudo estava em ordem, Herman deu um tapinha no ombro do amigo.

– Tudo bem, Rudy, faça uma boa viagem. Até a volta.

Anderson ergueu o polegar quando o outro fechou a nacele. Momentos depois, o U-2 partiu para Cuba. Eram 9:09.

Na hora em que Anderson decolava, um avião de reconhecimento eletrônico americano já partira havia quatro horas. O RB-47, versão modificada do bombardeiro B-47, buscava sinais de radar soviéticos. O capitão Stan Willson saíra às cinco horas da base Forbes da Força Aérea no Kansas, completara o tanque de combustível sobre o golfo do México e agora circulava Cuba, com o cuidado de permanecer em águas internacionais. Embora se interessasse por qualquer tipo de sinal de radar, o objetivo primário era descobrir se as defesas aéreas soviéticas tinham sido ativadas.

Além dos dois pilotos e um navegador, a tripulação do RB-47 incluía dois oficiais de guerra eletrônica. No linguajar oficial da Força Aérea, eram conhecidos como "corvos", mas preferiam um termo mais bem-humorado e autodepreciativo: "gralhas". Pouco depois de o avião ganhar os ares, mas antes de atingir altitude, os corvos rastejaram de volta à ala de bombas adaptada, agora entulhada de equipamentos de escuta. Projetando-se como o ventre de uma grávida do bojo do aparelho, o "ninho das gralhas" era isolado do compartimento do piloto e pressurizado em separado. Os corvos iam passar as próximas horas escutando uma série de bipes e assobios nas ondas aéreas.

Na maior parte, tratava-se de trabalho chato, pontilhado por momentos de intensa atividade. Muitos dos homens no avião de Willson haviam feito missões periféricas em torno da União Soviética, em busca de pontos fracos no sistema de defesa aéreo antes de um possível ataque de bombardeiro. Partiam direto para a fronteira soviética, como se estivessem numa incursão de ataque, e desviavam-se no último instante. Pretendiam provocar os russos para que ligassem os radares. Os dados da interceptação podiam ser usados depois para mapear o sistema de defesa aérea soviético. Sempre havia o risco de se perderem em território inimigo e ser abatidos. Vários membros da unidade de Willson – a 55ª Ala de Reconhecimento Estratégico – haviam acabado em prisões soviéticas, e outros mortos pelos próprios sistemas de armas que tinham recebido ordens para detetar.

Os voos em torno de Cuba eram conhecidos como "Causa Comum". Alguns corvos, em busca de emoção, haviam começado a referir-se às missões como "Causa Perdida". Passavam-se dias inteiros sem que nada acontecesse. Para um piloto de RB-47, o barulho que definia a crise dos mísseis cubanos era o "som do silêncio". Os dois lados ficavam fora das ondas aéreas o máximo possível, para revelar mínima informação ao inimigo. Em geral, ouvia-se "muita conversa fiada", mas agora todos pareciam "prender a respiração".

Na manhã de sábado, as ondas aéreas voltaram a ganhar vida, quando os soviéticos ligaram o sistema de localização da defesa aérea. Ao pegarem um sinal de radar, na mesma hora os corvos ligavam os gravadores de fita e varredores eletrônicos. A análise de um sinal de radar era uma mistura entre monitorar um cardiograma e estudar um canto de pássaro. Como os observadores de pássaros experientes distinguem centenas de diferentes variedades de aves, os corvos aprenderam a distinguir entre diferentes tipos de sistema de radar, e até a imitá-los. Os primeiros sinais de advertência produziam um barulho em tom baixo, com bastante distância entre as pulsações. Os radares de controle de fogo emitiam um guincho mais agudo, quase contínuo, como o gorjeio de um passarinho. Quando um corvo ouvia um desses, sabia que seu avião corria perigo de tornar-se alvo. O piloto tinha autorização para "atirar e destruir", se se julgasse na iminência de um ataque.

Quando o RB-47 contornou a costa de Cuba, os corvos começaram a captar sinais de radar associados a diferentes regimentos de mísseis soviéticos. Identificaram o *brr-brr* revelador de um Apoio de Colher, o radar de aquisição de alvo do sistema SAM. O navio espião *Oxford* captara sinais semelhantes à noite no meio do estreito da Flórida, um primeiro indício de que os soviéticos haviam por fim decidido ligar o sistema de defesa aéreo.

Curvados sobre os monitores, de repente ouviram o *zip-zip-zip* de um radar de controle de fogo. Com o equipamento de localização de direção, uma antena giratória no bojo do avião, conseguiram identificar a origem do sinal. Vinha de um já identificado local de SAM a poucos quilômetros da cidade de Banes, no Leste de Cuba. As implicações pareciam sinistras: os aviões americanos que sobrevoavam Cuba não apenas eram localizados pelos defensores aéreos soviéticos, mas tornavam-se alvos.

O corvo mais graduado virou o botão do intercomunicador que ligava o ninho das gralhas à cabine acima.

– Ei, chefe, temos um Charutão.

Charutão era a palavra em código oficial de um radar de controle de fogo Conjunto de Frutas. O copiloto passou a informação ao Comando Aéreo

Estratégico, mas não houve como entrar em contato direto com Anderson para avisá-lo do perigo. O piloto do U-2 observava estrito silêncio no rádio.

Após 11 anos na Força Aérea, Chuck Maultsby tinha fama de piloto destacado. Servira dois anos com os Thunderbirds, equipe acrobática da força, manobrando o F-100 Super Sabre numa série de espetaculares *loops*, roladas e parafusos. Era a Ala Direita na formação de quatro aviões. Antes disso, sobrevivera 600 dias como prisioneiro de guerra dos chineses após ser abatido em combate na Coreia do Norte. Com bigode aparado, rosto trigueiro bonitão e olhos sorridentes, parecia uma versão menor do ator britânico David Niven. Exsudava confiança e competência. Como a maior parte dos ases da Força Aérea, alimentava a firme crença de que podia "vencer qualquer um num combate aéreo".

No momento, porém, sentia-se tudo, menos confiante. Segundo o plano de voo, já devia estar a caminho de volta ao Alasca. Mas estrelas não paravam de surgir em lugares inesperados. Ele se perguntava se alguma coisa não resultara em "um erro terrível".

Maultsby confiava nas técnicas milenares de navegação celeste – métodos usados por Magalhães e Cristóvão Colombo – para manter-se orientado. Os navegadores haviam preparado uma pilha de cartas celestes para vários pontos ao longo da rota. O piloto mantinha as cartas empilhadas ao lado do assento. No meio do caminho entre a ilha Barter e o polo, pegou o rígido cartão verde que mostrava a presumível posição e o exato alinhamento das estrelas naquela hora determinada da noite. Se estivesse no rumo certo, devia ver a suave luz laranja de Arcturus, a mais brilhante estrela no hemisfério Norte, à direita do bico do avião. Outra estrela brilhante, Vega, seria localizada mais alto no céu, para os lados do noroeste. A estrela do Norte, Polaris, estaria quase acima, indicando que ele se aproximava do polo Norte. A constelação de Órion, o Caçador, haveria ficado para trás, no rumo do sul.

Ele tentara fixar várias das estrelas mais brilhantes com o sextante, mas "estrias de luz que dançavam no céu" tornavam difícil distinguir umas das outras. Quanto mais longe chegava, "mais intensas tornavam-se as luzes". Entrara no fenômeno conhecido como aurora boreal, as luzes do Norte.

Em outras circunstâncias, Maultsby poderia ter apreciado o espetáculo, diferente de qualquer coisa que já vira antes. O negro céu da noite fora da cabine fervilhava de luzes brilhantes e pulsantes. Clarões laranja, violeta e roxos raiavam os céus, rodopiando e retorcendo-se como galhardetes ao vento. Às vezes, o firmamento parecia um campo de batalha celeste, em chamas como sabres reluzentes e lanças disparadas. Outras vezes, era o palco de um balé, com delicadas e luminosas formas dançantes contra o fundo escuro.

Deslumbrado pelas luzes rodopiantes, Maultsby achava difícil distinguir uma estrela de outra. A bússola não ajudava. Nas vizinhanças do polo Norte a agulha virava-se automaticamente para baixo, o campo magnético da Terra, e norte e sul confundiam-se de uma maneira incrível. Incapaz de obter uma fixação correta entre as estrelas, ele tinha apenas uma vaga ideia de onde se achava ou da direção para onde se dirigia. As últimas fixações antes de chegar ao que julgava ser o polo Norte pareciam "muitíssimo suspeitas", mas ele, teimoso, manteve o curso assim mesmo, na esperança de que "a estrela que eu julgava ver era a correta".

Já era bastante difícil pilotar um avião temperamental como o U-2 nas melhores ocasiões. Havia muitas variáveis a levar em conta e cálculos a fazer. Maultsby voava a uma altitude conhecida pelos pilotos de U-2 como "quina de caixão", o ar tão tênue que mal suportava o peso do avião, e a diferença entre velocidades máxima e mínima permitidas não passava de meros seis nós. Projetado para voar em alturas extraordinárias, o avião era um dos mais frágeis já construídos. Se voasse depressa demais, o frágil pássaro se desmontaria, a começar pela cauda. Se lento demais, o motor emperraria e ele mergulharia de bico. Maultsby não podia permitir-se desviar os olhos muito tempo da velocidade aérea circular indicada à sua frente.

Ele descobrira que pilotar um U-2 era um pouco como retornar aos primeiros dias da aviação, quando o voo se reduzia ao essencial. Sem hidráulica para ajudá-lo, tinha de usar a força do braço para mover os flaps das asas, puxando ou empurrando a canga em forma de E à frente na cabine. Acima da canga podia-se usar um visor redondo ou na posição de baixo, para ver a Terra, ou de cima, como um sextante.

Enquanto voava para o norte, ele ativou um gigantesco mecanismo com filtro de papel para recolher a poeira radioativa. O filtro ficava no bojo do avião, no compartimento em geral reservado às câmeras. Maultsby também coletou amostras de ar em garrafas que seriam mandadas a um laboratório após o retorno ao Alasca. Com a cuidadosa análise das amostras de ar e poeira, os cientistas americanos podiam aprender muito sobre os testes nucleares feitos pelos soviéticos a 1.500km de Novaia Zemlia. Davam valor especial às recolhidas em altas altitudes, pois era provável que fossem menos poluídas que a poeira caída mais na atmosfera.

Ao alcançar o que julgava ser o polo Norte, Maultsby decidiu seguir em frente e dar uma virada de 90-270 graus, procedimento padrão para inverter o rumo – "Girar 90 graus à esquerda e logo inverter o rumo 270 graus até voltar pelo mesmo caminho, só que na direção contrária."

Um mar empedrado de gelo e neve estendia-se abaixo na escuridão. Parecia estranho e confuso voar sobre uma massa de terra escura como breu de um horizonte a outro, com o céu incendiado por luzes dançantes.

9:25, SÁBADO, 27 DE OUTUBRO

O presidente chegou ao Salão Oval às 9:25, após o exercício matinal de rotina. Como muitas vezes acontecia, os primeiros visitantes eram o secretário de Compromissos, Kenny O'Donnell, e o consultor de Segurança Nacional, McGeorge Bundy. Tinha alguns assuntos rotineiros a tratar, incluindo o recebimento das credenciais do embaixador de Trinidad e Tobago. Deu alguns telefonemas, entre eles um a um velho colega da escola preparatória, Lem Billlings. Poucos minutos depois das 10, desceu o corredor até a Sala do Gabinete, onde se reuniam os 12 membros do ExComm.

A não ser quando muito cansado, Kennedy passava pelo menos uma hora por dia nadando e fazendo exercícios de alongamento prescritos por Hans Kraus, cirurgião ortopedista austríaco a quem mal reconheceu na segunda-feira após o discurso. Fora montada para ele uma pequena sala de ginástica no porão da Ala Oeste, ao lado da piscina. A Sala de Crises ficava logo após a esquina, o que lhe permitia verificar os movimentos dos submarinos soviéticos entre os trabalhos nos fracos músculos abdominais. Kraus advertiu que era "sobretudo importante" manter o programa de exercícios "em momentos de estresse e tensão".

JFK vinha lutando com a doença desde que se lembrava. Passara grande parte da adolescência com uma sucessão de males misteriosos. Os médicos jamais conseguiram identificar a causa desses problemas, e sempre discutiam como tratá-lo. Quando se tornou presidente, Kennedy já sofrera meia dúzia de grandes operações. Injetavam-lhe todo dia mais de uma dúzia de diferentes remédios, incluindo procaína, para aliviar a dor nas costas, testosterona, para aumentar o peso, esteroides, para controlar a colite, e antibióticos, para impedir a explosão de uma antiga doença venérea.

Kraus convencera-se de que muitos dos problemas de saúde do presidente resultavam do excesso de remédios. Médicos rivais vinham-lhe injetando novocaína e outros analgésicos para ajudá-lo a atravessar o dia. Embora Kennedy conseguisse reduzir o consumo diário de medicamentos nos últimos meses, continuava sendo um armarinho de pílulas ambulante. Tomava pelo menos 10 diferentes tipos de medicação, alguns duas vezes por dia. À medida que aumentava o receio de terem de retirá-lo da Casa Branca, o médico da Marinha que o acompanhava emitiu instruções para que se mantivesse sempre uma caixa cheia de medicamentos pronta diante da porta do

Salão Oval. O estojo, de couro marrom, devia ter as inscrições "bens pessoais do presidente" e "disponível para seguir com o grupo do presidente a qualquer hora".

Mantinha-se o grau de problemas médicos do presidente como um grande segredo, mas tiveram grande impacto no que ele era e como vivia a vida. A má saúde contribuía para a sua natureza introspectiva e cética. Kennedy fazia piada sobre a morte desde pequeno. Ao mesmo tempo, aprendeu cedo a "viver cada dia como se fosse o último". À semelhança de sua nêmese, Fidel Castro, era "viciado em excitação", nas palavras de um dos biógrafos. Para ele, a vida não passava de "uma corrida contra o tédio".

Divergia de Fidel, e também de Kruchev, no senso de distanciada ironia, que também muito tinha a ver com a longa doença. Vivia questionando a sabedoria convencional. Castro era sarcástico e absorvido em si mesmo; importavam apenas os seus atos e vontade. Kruchev reduzia as questões mundiais a grosseiros cálculos de poder político. Kennedy tinha um jeito de olhar um problema com os olhos dos adversários. A "capacidade de pôr-se no lugar dos outros" era ao mesmo tempo sua maldição e sua força.

Uma vida de sofrimento físico foi uma das duas influências formadoras que distinguiram Kennedy do típico rebento da riqueza e do privilégio. A outra foi a II Guerra Mundial. Como tenente no comando de uma lancha PT no Pacífico, ele obteve uma perspectiva da linha de frente da guerra moderna bastante diferente da vista da Casa Branca ou do Pentágono.

"A guerra aqui é uma coisa suja", escreveu à namorada sueca, Inga Arvad, em 1943. Era difícil convencer seus homens de que morriam por uma grande causa quando lutavam por "algumas ilhas pertencentes à empresa Lever... uma fabricante britânica de sabonetes. Creio que se fôssemos acionistas talvez nos saíssemos melhor". Ao contrário dos japoneses, dispostos a sacrificar-se pelo seu imperador, o soldado americano típico sentia uma lealdade dividida: "quer matar, mas também tenta evitar ser morto". A lição extraída por Jack era que era melhor os políticos pensarem com muito cuidado antes de mandarem os filhos para a guerra. Sentia desprezo por expressões abstratas, tipo "guerra global" ou "esforço total".

> É muito fácil falar em guerra e vencer os japoneses, mesmo que leve anos e um milhão de homens, mas quem fala assim deve pensar bem no que diz. Acostumamo-nos tanto a falar em bilhões de dólares, e milhões de soldados, que milhares de baixas soam como gotas num balde. Mas se esses milhares querem viver tanto quanto os dez que eu vi [na lancha PT, cortada

pela metade por um contratorpedeiro japonês], é melhor as pessoas que decidem os porquês e portantos terem muita certeza de que todo esse esforço se dirija a uma meta definida, e quando a atingirmos, possamos dizer que valeu a pena, pois, senão, a coisa toda virará cinzas e enfrentaremos grandes problemas nos anos após a guerra.

Kennedy ficou ainda mais preocupado com as indesejadas consequências da guerra após tornar-se comandante em chefe. No início de 1962, a historiadora Barbara Tuchman publicou um livro sobre o início da I Guerra Mundial, intitulado *The Guns of August* [Os canhões de agosto], que permaneceu na lista de best-sellers do *The New York Times* durante mais de 10 meses consecutivos. A tese principal era que os erros, mal-entendidos e falhas de comunicação podem desencadear uma imprevisível cadeia de acontecimentos, fazendo governos irem à guerra com pouca compreensão das consequências. O presidente ficou tão impressionado com o livro que muitas vezes o citava, e insistiu que os auxiliares o lessem. Queria que "todo oficial no exército" também o fizesse. O secretário do exército mandou exemplares a todas as bases militares americanas no mundo.

Um dos trechos favoritos de Kennedy era uma cena em que dois estadistas alemães analisam os motivos do mais destrutivo confronto militar até então:

– Como foi que tudo isso aconteceu? – queria saber o mais jovem.
– Ah, se eu ao menos soubesse.

Quando Kennedy tentava imaginar uma guerra com a União Soviética por Cuba, uma ideia sempre voltava a perturbá-lo. Imaginava o planeta devastado por "fogo, veneno, caos e catástrofe". Fizesse o que fizesse como presidente dos Estados Unidos, decidira evitar um resultado em que um sobrevivente de uma guerra nuclear perguntasse a outro "Como foi que tudo isso aconteceu?" e recebesse a resposta "Ah, se eu ao menos soubesse".

Os códigos de ataque nuclear eram mantidos dentro de uma maleta de vinil conhecida como "Bola de Futebol" [americano]. Ela possibilitava ao presidente ordenar a obliteração de milhares de alvos na União Soviética, China e Europa Oriental. Segundos após a autenticação de uma ordem presidencial, mísseis partiriam de silos nas planícies de Montana e Dakota do Norte; bombardeiros a caminho da Rússia passariam pelos pontos de segurança até os alvos, submarinos Polaris no oceano Ártico lançariam as ogivas nucleares.

A princípio, Kennedy encarava a Bola de Futebol apenas como mais uma peça da parafernália presidencial. Mas após um ano na Casa Branca começou a fazer perguntas mais objetivas sobre o seu uso. Algumas delas eram provocadas por um romance publicado havia pouco, *Seven Days in May* [Sete dias de maio], de Fletcher Knebel e Charles W. Bailey, que descreve uma tentativa de golpe militar contra um fictício presidente americano. Ele interrogou o ajudante militar, general Chester "Ted" Clifton, sobre alguns dos detalhes. Interessava-se em particular pelos oficiais que cuidavam dos códigos nucleares.

– O livro diz que um desses homens fica sentado diante da porta de meu quarto a noite toda. É verdade?

Clifton respondeu que o oficial de serviço responsável pela Bola de Futebol ficava no andar de baixo, na área de escritórios, não no de cima, na residência.

– Ele subirá... Nós cronometramos muitas vezes; pode conseguir mesmo que tenha de subir a escada correndo e não usar o elevador... Num minuto e meio. Se bater na porta uma noite, entrar e abrir a maleta, preste atenção.

Em outra ocasião, Kennedy quis esclarecer precisamente como faria para ordenar "um ataque nuclear imediato ao bloco comunista", se tornasse necessário. Fez uma lista de perguntas por escrito ao Estado-Maior Conjunto, para saber o que aconteceria se apertasse "o botão vermelho no telefone da minha mesa" e se comunicasse com a Sala Conjunta de Guerra no Pentágono.

- Se eu ligasse para a Sala Conjunta de Guerra sem avisar antes, com quem falaria?
- Que diria eu à Sala Conjunta de Guerra para lançar um ataque nuclear imediato?
- Como a pessoa que recebesse minhas instruções as verificaria?

Não eram perguntas lá muito abstratas. O presidente e seus auxiliares haviam examinado os prós e os contras de um primeiro ataque nuclear à União Soviética, muitas vezes no contexto de um ataque soviético a Berlim. Alguns chefes militares, como LeMay e Power, eram entusiásticos proponentes da opção do primeiro ataque. Kennedy repelia a ideia, que o assustava – concordava com McNamara em que não se podia garantir a destruição de todas as armas da União Soviética –, mas fizeram-se planos mesmo assim. O debate nuclear passava da fé abstrata na contenção pela "certeza da mútua destruição" até considerações práticas de como fazer e ganhar uma guerra nuclear limitada.

O plano de guerra nuclear americano era conhecido como Plano Operacional Integrado Único, SIOP na sigla em inglês. Kennedy ficara horrorizado com o primeiro desses planos, o SIOP-62, que determinava o envio de

2.258 mísseis e bombardeiros com 3.423 armas nucleares contra 1.077 "alvos militares e industriais urbanos" espalhados por todo o bloco sino-soviético. Um conselheiro caracterizou o plano como "orgiástico, wagneriano". Outro descreveu-o como "um ataque estratégico em massa, total, abrangente e obliterante... A tudo que era vermelho". Entre outras questões, previa o virtual aniquilamento da Albânia, minúsculo país balcânico. Embora a China (e a Albânia) houvesse recusado a tutela de Moscou, não se fazia diferença entre Estados comunistas. Todos eram alvos de destruição.

– E nós nos chamamos de raça humana. – Foi o sardônico comentário de Kennedy, quando o instruíram sobre o plano.

Apavorado com as opções do tudo ou nada no SIOP-62, o governo traçou um novo plano, conhecido como SIOP-63. Apesar do título, este entrou em vigor em meados de 1962. Permitia ao presidente várias opções de "contenção", incluindo a China e a Europa Oriental, e fazia uma certa tentativa de distinção entre cidades e alvos militares. Ainda assim, o plano continuava baseado na ideia de um único ataque devastador, que destruiria totalmente a capacidade bélica da União Soviética.

Nenhuma dessas opções atraía Kennedy no momento da decisão de fato. Ele perguntara ao Pentágono quantas pessoas morreriam se um único míssil soviético passasse e caísse em algum ponto perto de uma cidade americana. A resposta foi 600 mil.

– Foi o número total de baixas na Guerra Civil – explodiu o presidente. – E nós não superamos isso em 100 anos.

Como reconheceu depois, os mísseis soviéticos de alcance intermediário em Cuba constituíam "um substancial dissuasor para mim".

Concluíra para si mesmo que as armas nucleares "só serviam para dissuadir". Julgava "insanidade dois homens, em lados opostos do mundo, poderem decidir pôr fim à civilização".

CAPÍTULO DEZ

Tiroteio

10:12, SÁBADO, 27 DE OUTUBRO (9:12 EM HAVANA)

Após decolar da base McCoy da Força Aérea, Rudolf Anderson voou pela costa leste da Flórida abaixo. Ao atingir a altura de cruzeiro, 72 mil pés, duas vezes a altitude de um avião comercial, viu a terra afastar-se curvando-se abaixo. Embora ainda fosse o meio da manhã, o céu começou a escurecer quando ele entrou nas camadas superiores da atmosfera. As defesas aéreas americanas haviam sido advertidas sobre o avião misterioso, mas não tinham permissão de entrar em contato com ele. O piloto do U-2 enviou um sinal codificado 40 minutos após a decolagem, ao deixar o espaço aéreo dos Estados Unidos. Fora instruído para manter silêncio no rádio até tornar a entrar alguns minutos após o meio-dia.

Da cabine do U-2, Anderson via as arenosas praias brancas de Cayo Coco e Cayo Guillermo, um dos locais de pesca favoritos de Hemingway. O voo o levaria, numa linha diagonal, a atravessar Cuba por cima da cidade de Camagüey. Faria uma curva à esquerda sobre o regimento de mísseis de SAM em Manzanillo, na costa sul cubana, e seguiria para Sierra Maestra, passando por Guantánamo até a ponta ocidental da ilha. Depois faria outra curva fechada à esquerda e voltaria para a Flórida.

Quando entrou no espaço aéreo cubano sobre Cayo Coco, o U-2 foi localizado e seguido pelas defesas aéreas soviéticas. Os oficiais anotaram a hora da entrada – 9:12, horário local – e alertaram o resto do sistema de defesa aérea.

Anderson ligou a câmera quando se dirigiu ao primeiro regimento de mísseis SAM nos arredores da cidadezinha de Esmeralda. Sentiu uma série de conhecidos baques na baia da câmera embaixo, ao virar a máquina de um lado para outro, de horizonte a horizonte, em furiosos cliques. Um voo de foto assemelhava-se a um de bombardeio: a principal tarefa do piloto consistia em manter a "plataforma" o mais firme possível enquanto voava sobre o alvo. A câmera era um equipamento monstruoso, com uma profundidade de foco de 36 polegadas. Quando carregada, continha mais ou menos 1,5km de filme. Para manter o equilíbrio do avião, cortava-se a película em duas tiras de 15 centímetros de largura enroladas em direções opostas e depois remontadas.

A câmera continuava a causar os baques quando o U-2 passou por cima de Esmeralda às 9:17, hora local. Em Washington eram 10:17.

10:18, SÁBADO, 27 DE OUTUBRO

A sessão matinal do ExComm estava em andamento no Sala do Gabinete da Casa Branca havia apenas sete minutos quando Anderson entrou no espaço aéreo cubano. Começou, como sempre, com uma atualização dos dados da espionagem feita por McCone. Seguiu-se uma breve discussão sobre a detenção do *Grozny*. McNamara pôs-se então a esboçar um plano de vigilância de 24 horas aos regimentos de mísseis soviéticos. Oito Crusaders da Marinha americana iam partir em breve de Key West; outros oito seriam despachados à tarde. A esses voos se seguiria a primeira missão de reconhecimento noturno por aviões da Força Aérea, que iluminariam as bases com fortes clarões.

Um auxiliar entregou ao presidente uma nota da imprensa que acabara de ser arrancada do teletipo da Associated Press. Ele lançou-lhe uma olhada rápida e leu-a em voz alta:

BOLETIM
MOSCOU, 27 DE OUT. (AP) – PREMIER KRUCHEV DISSE AO PRESIDENTE KENNEDY NUMA MENSAGEM HOJE QUE RETIRARIA AS ARMAS OFENSIVAS DE CUBA SE OS ESTADOS UNIDOS RETIRAREM SEUS FOGUETES DA TURQUIA.
27 OUT. 1018A

– Huumm – protestou o perplexo Bundy, consultor de segurança nacional. – Ele não disse.
– Assim interpretam as duas associações que a publicaram até agora – observou Ted Sorensen.

O boletim da Reuters vinha com a hora 10:15, três minutos antes. Tinha quase o mesmo texto.
– Ele não...
– Ele na verdade não disse isso, disse?
– Não, não.

Como acontecia com frequência, Kennedy estava um passo à frente dos auxiliares. Kruchev não falara numa possível troca Turquia-Cuba na mensagem particular que mandara no dia anterior via embaixada americana em Moscou. Mas era bem possível que se tratasse de uma proposta inteiramente nova. Talvez os soviéticos houvessem apenas aumentado o preço. Isso mudaria tudo.

– Talvez ele mande outra carta – especulou Kennedy. E gritou para o secretário de imprensa: – Pierre? Pierre?

Pierre Salinger enfiou a cabeça pela abertura da porta.

– Não tinha isso na carta que recebemos, tinha?

– Não, eu li com muito cuidado. Não me parece.

– Bem, então esperemos.

Enquanto os membros do ExComm aguardavam novas notícias das agências telegráficas, Kennedy voltou a atenção para os voos de vigilância. Tinha algumas dúvidas sobre a missão noturna, a primeira desse tipo sobre Cuba. Era difícil prever como os soviéticos e cubanos reagiriam à pirotecnia da Força Aérea. Bundy e McNamara achavam importante "manter o calor". O trabalho nos campos de mísseis prosseguia dia e noite. Levado pelos argumentos dos auxiliares, JFK dera uma hesitante aprovação à proposta dos voos noturnos.

– Tudo bem pra mim – acabou por dizer.

Mas logo injetou uma condição:

– Mas acho que podemos ter mais uma conversa a respeito. Por volta das seis horas, só para o caso de recebermos alguma coisa importante durante o dia.

– Tudo bem, senhor – concordou McNamara.

10:22, SÁBADO, 27 DE OUTUBRO (9:22 EM HAVANA)

O sistema de defesa aéreo soviético para o Leste de Cuba tinha o quartel-general em Camagüey, velha cidade colonial conhecida como "Labirinto", por causa do complexo desenho das ruas. O pessoal da divisão mudara-se para prédios expropriados da Igreja no centro. O posto de comando de combate ficava a mais ou menos 1km dos arredores da cidade, numa mansão de dois andares construída como clube de esportes e caça para a elite comercial local antes da revolução.

O andar térreo do posto de comando era dominado por uma tela enorme, com cerca de 4,5m de altura e pouco mais de nove de largura, que andara vazia durante semanas. As unidades de defesa aérea haviam sido instruídas a manter os radares desligados a fim de evitar revelar suas posições e capacidades aos americanos. Quando por fim os ligaram, tarde da noite na sexta-feira, a tela no posto de comando iluminou-se com alvos em potencial. Os oficiais viam aviões da Força Aérea americana decolarem e pousarem na baía de Guantánamo e outros da Marinha patrulhando a periferia da ilha.

À medida que a noite avançava, a atmosfera foi se tornando cada vez mais tensa. Filtrara-se a notícia, do quartel-general em El Chico, de que era provável um ataque americano da noite para o dia, provavelmente antes do amanhecer. Todos os regimentos de mísseis SAM foram colocados em alerta de seis minutos, o que significava que tinham de poder lançar os mísseis seis minutos após receberem a ordem. Distribuíram-se armas de fogo, capacetes, munição, granadas de mão e rações secas aos oficiais de serviço. Todos os graduados da divisão passaram a noite no posto de comando, prontos para ação imediata. Todos vestiam trajes civis. A maioria usava camisa branca, calças pretas e botas; os soldados comuns, camisas xadrez.

O comandante de divisão, coronel Giorgi Voronkov, deixou o posto de comando pelo quartel-general por volta das oito horas. Ainda não se via sinal de ataque americano e ele precisava comer alguma coisa e descansar um pouco. Permaneceu em contato com os subordinados via rádio e uma linha telefônica codificada.

Os radares da defesa aérea haviam localizado um U-2 americano entrando no espaço aéreo cubano, na área de Cayo Coco, pouco depois das nove horas. O avião voava em direção ao sudeste. Passou bem em cima de Camagüey às 9:22, mas voava alto demais para ser facilmente visível do chão.

O avião americano apareceu como um ponto pulsante na grande tela. Não respondeu ao pedido de identificação "amigo ou inimigo". Os controladores da defesa aérea rotularam-no de "Alvo Número 33".

10:30, SÁBADO, 27 DE OUTUBRO

Kennedy calculara certo. O *premier* soviético escrevera uma segunda carta, impondo nova condição para a retirada dos mísseis de Cuba. Ao contrário da anterior, esta era irradiada para o mundo pela Rádio Moscou.

A simples menção dos mísseis Júpiter na Turquia irritou o presidente. Zangara-se com Kruchev por cinicamente aumentar as apostas no momento mesmo em que as duas superpotências pareciam agrupar-se em dar uma solução à crise. Mas também se zangara com os auxiliares, por não preparem os turcos para a possível retirada dos mísseis e porem em teste a solidariedade da OTAN. E consigo mesmo por haver concordado em instalar as já obsoletas armas, para começar.

Todos reconheciam que os Jupíteres não passavam de "um monte de lixo", na expressão de McNamara. Os próprios mísseis eram quadrados e bastante curtos. Da base aérea de Cigli, na costa ocidental da Turquia, podiam lançar uma ogiva nuclear de 1,44 megatons – 100 vezes o poder da bomba de Hiroshima – sobre Moscou em pouco menos de 17 minutos. O problema era haverem sido instalados na superfície, em lugares desprotegidos. Antes de poderem ser disparados, tinham de ser abastecidos com oxigênio líquido, um processo que levava pelo menos 15 minutos. Ao contrário dos mísseis soviéticos em Cuba, eram difíceis de transportar para novas posições de lançamento. Isso os tornava alvos fáceis num ataque preventivo, se o Kremlin desconfiasse que os Estados Unidos iriam à guerra.

Haviam sido necessários quatro anos, e muita pressão diplomática, para encontrar um lugar onde abrigar os Jupíteres. Como o alcance deles limitava-se a 1.609km, não fazia sentido instalá-los nos Estados Unidos. Eisenhower achava em perspectiva histórica que "teria sido melhor jogá-los no oceano, em vez de tentar empurrá-los em nossos aliados". A Turquia e a Itália acabaram por concordar em aceitá-los, e eles se tornaram operacionais em março de 1962.

Ao contrário dos italianos, que só os aceitaram como um favor a Washington, os turcos encararam os superados Jupíteres como um símbolo de prestígio nacional. Os oficiais da Força Aérea americana retinham o controle das ogivas nucleares, mas os próprios mísseis passaram para a guarda turca em 22 de outubro, mesmo dia em que Kennedy foi à televisão anunciar o bloqueio a Cuba. Treinaram-se equipes turcas para disparálos. A reluzente fachada branca das armas trazia uma bandeira da Turquia e o não muito sutil desenho de uma nuvem em forma de cogumelo com uma seta atravessada. Protegidos na base por grandes saias de metal, os Jupíteres pareciam gigantescos minaretes.

Kennedy preocupava-se tanto com esses foguetes que emitiu uma instrução secreta aos oficiais americanos para destruí-los ou desabilitá-los em vez de arriscar o uso deles sem sua autorização. Os Jupíteres deviam servir de armadilha nuclear, ligando de forma irrevogável a segurança da Turquia e outros países da OTAN à dos Estados Unidos. Mas o presidente receava que um ataque soviético aos mísseis disparasse automaticamente uma guerra nuclear, sem qualquer contribuição sua. Uma grande autoridade do Pentágono, Paul Nitze, garantiu-lhe que não era esse o caso, mas ele continuou cético:

– Acho que não devemos aceitar a palavra dos chefes do Estado-Maior Conjunto neste caso, Paul – insistiu.

O ExComm pensara na possibilidade de uma troca de mísseis Cuba-Turquia quase desde o início. Kennedy concordou com McNamara que na certa o "preço" de Kruchev para retirá-los de Cuba era a retirada pelos americanos de seus armamentos da Turquia e da Itália. Chegou a pedir a Sorensen que redigisse uma carta oferecendo esse acordo ao *premier* soviético;

porém jamais a mandaram. O presidente não queria parecer barganhar sob pressão, e os assessores começaram a levantar objeções políticas. A carta de Kruchev na sexta-feira, combinada com a abordagem extraoficial soviética de John Scali, levou todos a esperar que não fosse necessária uma troca.

Com as antenas políticas em sintonia fina, Kennedy sentiu logo que a oferta formal do líder soviético de uma troca de mísseis Cuba-Turquia seria recebida favoravelmente pela opinião pública europeia. Os assessores acreditavam que seria um desastre político abandonar os turcos. O presidente viu-se numa minoria de um no ExComm, apenas com o tépido apoio de Bobby.

– Vamos ficar numa posição insuportável neste assunto se isso se tornar a proposta dele – disse Kennedy aos assessores. – Ele nos meteu num sério aperto. Porque a maioria das pessoas encararia a proposta como bem razoável.

– Mas qual maioria das pessoas, Sr. Presidente? – quis saber Bundy.

– Creio que vamos achar muito difícil explicar por que empreenderemos uma ação militar hostil contra Cuba, contra essas bases... Quando ele está dizendo: "Se você tirar os seus da Turquia, nós tiramos os nossos de Cuba." Acho que temos aí uma situação muito difícil.

– Não vejo por que temos de tomar *essa trilha*, quando ele nos ofereceu a outra nas últimas 24 horas.

Kennedy, impaciente, interrompeu o conselheiro de segurança:

– Bem, agora nos ofereceu uma nova.

Taylor apoiou Bundy:

– Você acha séria a proposta pública, quando ele tem uma particular?

– *Sim!* Temos de supor que esta é a *nova* e *última* posição deles, e *pública*.

Nitze especulou que talvez Kruchev seguisse duas trilhas ao mesmo tempo: uma particular, "relacionada apenas a Cuba", e uma pública, destinada a confundir a opinião pública "e dividir-nos com outras pressões".

– É possível – admitiu JFK.

Bundy despontava como porta-voz dos falcões. Advertiu que a posição dos Estados Unidos "se desmontará muito breve" se "aceitarmos a ideia da troca neste estágio". Falar aos turcos sobre a retirada dos mísseis equivalia a "tentar vender nossos aliados em nosso próprio interesse".

– Essa seria a opinião em toda a OTAN – apontou Bundy. – Agora é irracional e *loucura*, mas um *fato terrivelmente poderoso*.

Além do mais, "o problema é Cuba. Os turcos não constituem ameaça à paz".

Kennedy cortou a discussão. Antes de decidir como reagir a Kruchev, a Casa Branca devia emitir uma declaração chamando a atenção para as contradições na posição soviética. Ainda receava que "você vai descobrir muita gente que ainda acha esta posição mais ou menos razoável".
– Isso é verdade – reconheceu Bundy.
– Não nos enganemos.

Em Moscou, o jornal *Izvestia*, oficial do governo, rodava nas máquinas. Os editores haviam refeito a primeira página na última hora para incluir a última mensagem de Kruchev a Kennedy admitindo a presença de mísseis soviéticos em Cuba e propondo retirá-los, se os Estados Unidos retirassem os seus da Turquia.

"Manter a paz é a principal meta do governo da URSS", publicava o jornal.

Infelizmente para o crédito do *Izvestia*, nada se podia fazer em relação ao comentário na segunda página, que fora ao prelo muitas horas antes. O redator acusava os Estados Unidos de inventarem histórias sobre bases de mísseis soviéticos em Cuba. Despejava desdém sobre a ideia de uma troca de mísseis Cuba-Turquia como uma cínica iniciativa de relações públicas da "máquina de propaganda do Pentágono".

11:16, SÁBADO, 27 DE OUTUBRO (10:16 EM HAVANA)

Os generais soviéticos de serviço no posto de comando subterrâneo em El Chico vinham seguindo os relatórios de acompanhamento do "Alvo Número 33" com crescente preocupação. Após sobrevoar Camagüey, o avião fez uma curva de 180 graus à esquerda sobre Manzanillo, na costa sudeste de Cuba. Dali, voara ao longo das encostas da Sierra Maestra, rumo à baía de Guantánamo. A mais alta cadeia de montanhas da ilha fora o refúgio de Castro e dos "barbudos" durante a guerra contra Batista e continuava eriçada de fortificações, posições de artilharia e acampamentos armados.

O avião espião quase com certeza fotografara as posições avançadas de mísseis de cruzeiro perto de Guantánamo, agora equipados com ogivas nucleares táticas, voltados para a base naval americana. Os últimos dados do rastreamento mostravam que o U-2 fizera uma curva fechada na ponta leste da ilha e voava ao longo da costa cubana, de volta à Flórida. Se se permitisse ao intruso deixar o espaço aéreo de Cuba, os americanos logo teriam informação atualizada sobre as posições militares soviéticas no Leste do país, incluindo o plano para destruir Guantánamo.

O general Pliiev deixara o posto de comando para descansar um pouco. Em sua ausência, dois subs tomavam decisões. O tenente-general Stepan Grechko tinha responsabilidade geral sobre as defesas aéreas soviéticas; o major-general Leonid Garbuz era o subcomandante em chefe para os planos militares. Os dois sabiam que Pliiev informara a Moscou a intenção de derrubar aviões americanos se parecesse iminente um ataque. Também sabiam que Castro ordenara às baterias antiaéreas cubanas abrir fogo sobre aviões em voo baixo. Tornava-se difícil distinguir voos de reconhecimento e o início de uma incursão de bombardeio. Esperava-se um ataque devastador americano a qualquer momento. As regras de combate em vigor pareciam autorizar o uso de qualquer arma aquém de mísseis nucleares para defender as tropas soviéticas.

– Nosso convidado já está lá em cima há mais de quatro horas – queixou-se Grechko. – Acho que devemos dar a ordem de abatê-lo, pois ele está descobrindo nossas posições em profundidade.

– Não devemos deixar que nossos segredos militares caiam nas mãos do Pentágono – concordou Garbuz.

Os dois generais tentaram localizar Pliiev pelo telefone, mas não conseguiram alcançá-lo. Enquanto isso, os relatórios do rastreamento mostravam que o U-2 voltara para o norte e logo deixaria o espaço aéreo cubano. Não havia sequer um momento a perder.

– Muito bem – disse Grechko. – Vamos nós mesmos assumir a responsabilidade.

Enviaram uma ordem em código à divisão de defesa aérea com base em Camagüey, 500km a leste. Nela constava a hora, 10:16 em Havana, 11:16 em Washington.

"Destruam o Alvo Número 33."

Em Washington, na Casa Branca, o presidente deixara a Sala do Gabinete para dar uns telefonemas. Em sua ausência, outros membros do ExComm especulavam sobre o motivo da súbita mudança de sinais de Moscou. Era difícil explicar por que Kruchev agora exigia a retirada dos mísseis americanos da Turquia após a carta de aparência emocional na sexta-feira, inquieto com o "nó da guerra".

– Nós tínhamos um acordo na carta, agora temos outro – queixou-se McNamara. – Como podemos negociar com alguém que muda o acordo antes mesmo de termos uma chance de responder?

– Deve ter havido uma decisão superior em Moscou – especulou Bundy.

Outros membros do ExComm argumentaram que o impulsivo líder soviético na certa escrevera a primeira carta ele próprio e mandara-a "sem liberação" dos colegas. Talvez tivesse havido algum tipo de golpe no Kremlin, com o relativamente moderado Kruchev substituído por linha-duras ou forçado a fazer o que eles mandavam. Na CIA, autoridades observaram que o *premier* não aparecia em público fazia dois dias. Ninguém imaginava a verdade, que o próprio Kruchev detetara uma vacilação na posição americana e decidira explorá-la.

Uma coisa era certa, disse Llewellyn Thompson, o kremlinólogo residente do ExComm. A última missiva de Kruchev representava a posição oficial da liderança soviética.

– O Politburo pretendia que fosse *esta*.

11:17, SÁBADO, 27 DE OUTUBRO (10:17 EM HAVANA)

Um Crusader da Força Aérea sobrevoou o posto de comando soviético em El Chico quase ao mesmo tempo que os generais decidiam derrubar o Alvo Número 33. Momentos depois, outro avião de reconhecimento juntou-se ao primeiro e tomou um rumo ligeiramente para o sul, sobre o porto de Mariel e um campo de mísseis de alcance intermediário em Guanajay. Os canhões antiaéreos abriram fogo sobre os dois jatos quando eles passaram por cima do topo das palmeiras e viraram para o norte, contornando os altos prédios do centro de Havana.

Os voos baixos de vigilância tinham um duplo objetivo: em essência missões de coleta de informação pavimentavam também o caminho para incursões de bombardeio. Como explicou Robert McNamara ao ExComm, os soviéticos e cubanos só poderiam distinguir um avião de reconhecimento de um bombardeiro quando fossem de fato bombardeados. O objetivo era "estabelecer um padrão de operação que... não se possa diferenciar de um ataque". As missões de reconhecimento tinham o efeito de reduzir o tempo de aviso de um ataque de verdade a praticamente zero.

Ao se aproximarem do último regimento de mísseis, os pilotos viram os defensores cubanos atravessarem disparados um campo lamacento rumo aos canhões antiaéreos. Haviam posto grandes lajes de pedra na lama para formar um caminho até os canhões. Um radar fez uma inútil tentativa de mirar o alvo móvel. Quando os cubanos giraram os canhões e os apontaram para os Crusaders, já era tarde demais. Os jatos da Marinha haviam desaparecido numa nuvem de fumaça.

No regimento de mísseis R-12 perto de Sagua la Grande, os soldados soviéticos dispararam de pistolas contra os jatos. Oficiais mais experientes balançaram a cabeça descrentes.

– Em primeiro lugar, não atirem de pé num avião – ensinou aos calouros um major chamado Troitski, comandante da unidade química de defesa. – Em segundo, não usem a pistola para derrubar um avião.

Mesmo em tempos normais, a vida tinha um tom quase alucinatório na Cuba de Castro. Acentuou-se a sensação de que se vivia num mundo onírico durante a crise dos mísseis, quando o país – e sete milhões de cubanos – se viu ameaçado de aniquilação nuclear. A ilha era o centro das atenções internacionais. Ao mesmo tempo, fora desligada do resto do mundo e funcionava segundo ritmos peculiares próprios.

Os poucos estrangeiros que restavam em Havana espantavam-se com a calma no olho do furacão. "As pessoas em geral não demonstram entusiasmo nem pânico", informou Herbert Marchant, embaixador britânico. "Vêm comprando estoques de coisas, como parafina, gasolina, café, mas não há corrida frenética às lojas e o abastecimento de comida ainda parece adequado. Muito menos pessoas que de hábito aparecem nas ruas, mas tem chovido forte." Além dos canhões antiaéreos ao longo do litoral, poucos sinais se viam de preparativos militares sérios. Para o jornalista italiano Saverio Tutino, Havana era "uma cidade de meninos brincando com pistolas".

– Claro que ficamos assustados, mas era uma coisa mais complexa – lembrou o escritor cubano Edmundo Desnoes. – Quando a gente está em grande perigo e se sente com razão, isso de algum modo equilibra tudo. Além do mais, na verdade não sabíamos o que significava ser destruídos. Não tínhamos experiência da II Guerra Mundial. As únicas imagens que tínhamos de destruição em massa vinham do cinema.

O jornalista argentino Adolfo Gilly não conseguiu detetar qualquer sinal de pânico ao andar pelas ruas de Havana na manhã de sábado. Deu uma passada no Ministério da Indústria, na esperança de encontrar-se com Che Guevara, mas ele fora a Pinar del Río. Um auxiliar deu a Gilly as últimas notícias:

– Esperamos o ataque esta tarde, entre as 15 e as 16 horas – disse, como se falasse das condições do tempo ou da chegada de uma delegação estrangeira.

Ao descer o elevador, o jornalista escutou um miliciano dizer a um colega que não conseguira barbear-se naquela manhã.

– Parece que vão chegar muito breve – respondeu o segundo miliciano. – Sua barba vai ter de esperar até depois da guerra.

De volta ao quarto em Vedado, Gilly notou que os flamboyants da rua haviam desabrochado como uma explosão. Uma bela jovem andava pela calçada sob as brilhantes flores em chamas rubras. Gilly sentiu uma súbita pontada de nostalgia de um mundo que parecia à beira da aniquilação. "Que pena", viu-se pensando, "que toda essa beleza vá desaparecer entre as 15 e as 16 horas."

Havana parecia mais atemporal, mais precária, mais encantadora que nunca. A cidade parecia Veneza em lânguido afundamento na lagoa, ou Paris na véspera da ocupação nazista, um lugar de comovente beleza ameaçada pela condenação. Restava apenas saborear o momento.

O governo cubano começara por fim a fazer algumas mornas tentativas de defesa civil, anunciando a formação de equipes de primeiros socorros nos bairros. Ordenou-se aos comitês de defesa locais que fizessem padiolas improvisadas com lençóis e sacos de aniagem. Os manuais de primeiros socorros andavam em tal escassez que quem tinha um era instruído a entregá-lo às autoridades. Um trabalhador de saúde qualificado encabeçava cada equipe, "fosse ou não membro de organização revolucionária". Os hospitais recebiam apenas casos de emergência, a fim de deixar espaço para baixas em caso de invasão. As autoridades ofereciam uma enxurrada de instruções sobre como preparar-se para os ataques aéreos americanos:

- Mantenham dois ou três baldes de areia em casa para apagar incêndios.
- Mantenham um pequeno pedaço de madeira à mão para pôr entre os dentes quando começarem os bombardeios.
- Não se reúnam em grupos, pois haverá mais vítimas de uma única explosão.
- Não armazenem comida. O armazenamento por mais de dois ou três dias causará escassez artificial, que ajuda o inimigo.

Ao longo do Malecón, juntavam-se multidões para aplaudir os navios que entravam no porto de Havana após atravessarem o bloqueio naval americano. A toda hora as pessoas viam-se encharcadas por uma grande espuma de água do mar da mistura de vento e ondas que açoitavam o quebra-mar. Robert Williams, fundador da Rádio Free Dixie, liderou uma marcha no cais para saudar várias centenas de turistas alemães orientais que haviam chegado a bordo de um dos navios. Levava um cartaz que dizia: "*Ama teu irmão, Jack.*"

Numa colina acima de Vedado, rumores sobre uma possível invasão vazavam das densas muralhas de pedra do Castillo del Príncipe, fortaleza colonial que servira de prisão desde os tempos dos espanhóis. Os prisioneiros incluíam alguns dos exilados capturados no ano anterior na baía dos Porcos, misturados com assassinos e criminosos comuns. Como precaução de segurança, não mais se permitia aos presos receber visitas de parentes. Guardas espalharam o boato de que haviam colocado dinamite nos andares inferiores do enorme castelo branco. Se os fuzileiros desembarcassem e tentassem libertar os cativos, todos seriam mandados pelos ares.

11:19, SÁBADO, 27 DE OUTUBRO (10:19 EM HAVANA)

Chovera durante grande parte da noite no regimento de SAMs comandado pelo major Ivan Gerchenov. Os soldados haviam descansado o possível nas alagadas trincheiras. Todos nervosos. A bateria entrara em alerta pleno desde o fim da tarde anterior, quando recebera a ordem de ligar os radares. Corriam rumores de que os americanos planejavam um ataque de paraquedistas nas proximidades da cidade vizinha, Banes.

As telas de radar pulsavam com pontos que apitavam.

– Sigam o Alvo Número 33.

Gerchenov ordenou o Alerta de Combate Nº 1. As equipes de mísseis haviam treinado várias vezes. Transferiram-nos dos transportadores para os lançadores, amarrando os cabos necessários. O radar Apoio de Colher já acompanhava o alvo. Um oficial gritava a altura, velocidade, distância e dados de azimute. Os artilheiros ergueram o elevador de lançamento até o míssil ter o alvo na mira.

O regimento de SAMs tinha a formação de uma estrela de Davi, com o posto de comando no centro de um círculo fortificado de seis lançadores de mísseis. Gerchenov mantinha os olhos no controle de radar do Conjunto de Frutas, que recebia constante informação atualizada sobre o alvo do radar Apoio de Colher. Antes de apertar o botão, precisava de uma última instrução do quartel-general do regimento em Victoria de las Tunas, a 120km de distância. A cadeia de comando seguia a geografia da ilha. O regimento recebia as ordens do quartel-general de divisão em Camagüey, a outros 120km, que por sua vez esperava uma decisão de El Chico.

De repente, uma nova ordem ressoou no rádio. Apesar da chuva forte, a ligação era clara:

– Destruam o Alvo Número 33. Usem dois mísseis.

Ouviu-se um zumbido, quando o primeiro míssil roncou pelo ar adentro, em perseguição à distante condensação de ar no céu, a três vezes a velocidade do som. Seguiu-se um outro alguns segundos depois. Os dois fecharam sobre o alvo pelo radar, acelerando num gracioso arco. Pela tela do radar, Gerchenov via dois pontinhos aproximando-se de um ponto maior, cada vez mais rápidos à medida que cruzavam a tela. Após alguns segundos, os pontos fundiram-se em um e desintegraram-se. Houve um súbito clarão de luz no céu escuro. O major viu pedaços de destroços caindo na terra.

– Alvo Número 33 destruído – comunicou às 10:19.

A maioria dos destroços caiu na terra a 12km do regimento de mísseis SAMs em Banes. Uma das asas do avião acabou no centro de uma aldeiazinha chamada Veguitas. Uma parte retorcida e queimada da fuselagem com o corpo do major Anderson pousou num canavial a algumas centenas de metros. A cauda do U-2 seguiu planando para o mar.

Ao reconstruírem o incidente depois, investigadores americanos concluíram que um fuso de proximidade detonara o SAM quando ele se aproximou do avião, espalhando fragmentos de granada para todos os lados. Vários desses pedaços cortaram a cabine, perfurando o traje de pressão parcial do piloto e a parte de trás do capacete. Rudolf Anderson provavelmente morreu na hora. Se de algum modo sobrevivesse à explosão inicial, na certa teria morrido alguns segundos depois, pela perda de oxigênio e o choque da despressurização.

11:30, SÁBADO, 27 DE OUTUBRO (10:30 EM HAVANA)

As colunas de caminhões com ogivas nucleares de Bejucal para Sagua la Grande haviam parado duas vezes durante a noite, a fim de permitirem um pouco de descanso aos motoristas. Tudo transcorrera tranquilamente. Os aldeões cubanos saudavam o lento comboio militar nas horas do dia com gritos de "*Que vivan los sovieticos!*", "Fidel! Kruchev!" e "*Patria o muerte!*" Mas nenhum dos circunstantes fazia a menor ideia do que se ocultava nos furgões em forma de caixas semelhantes a corcundas.

O comboio já estava a 90km de seu destino quando aviões da Marinha dos Estados Unidos voaram baixo sobre a autoestrada central. Os americanos ainda não haviam conseguido localizar as ogivas nucleares, apesar do frenético trabalho de busca. Uma das missões de reconhecimento da manhã passara direto sobre a principal instalação de depósito nos arredores de Bejucal, que os analistas da CIA ainda a descreviam como "local de armazenamento de munição". "Não se viu *bunker*", informaram os intérpretes de fotos. No dia anterior, jatos da Força Aérea tinham fotografado a base das ogivas Luna, 10km a leste de Bejucal, sem encontrar novidade. "Não houve mudança visível", dizia o relatório de interpretação de fotos sobre o *bunker* de Manágua. "Uma única cerca em torno do local apoia-se em postes em forma de Y. Cresceram cipós na cerca em algumas partes."

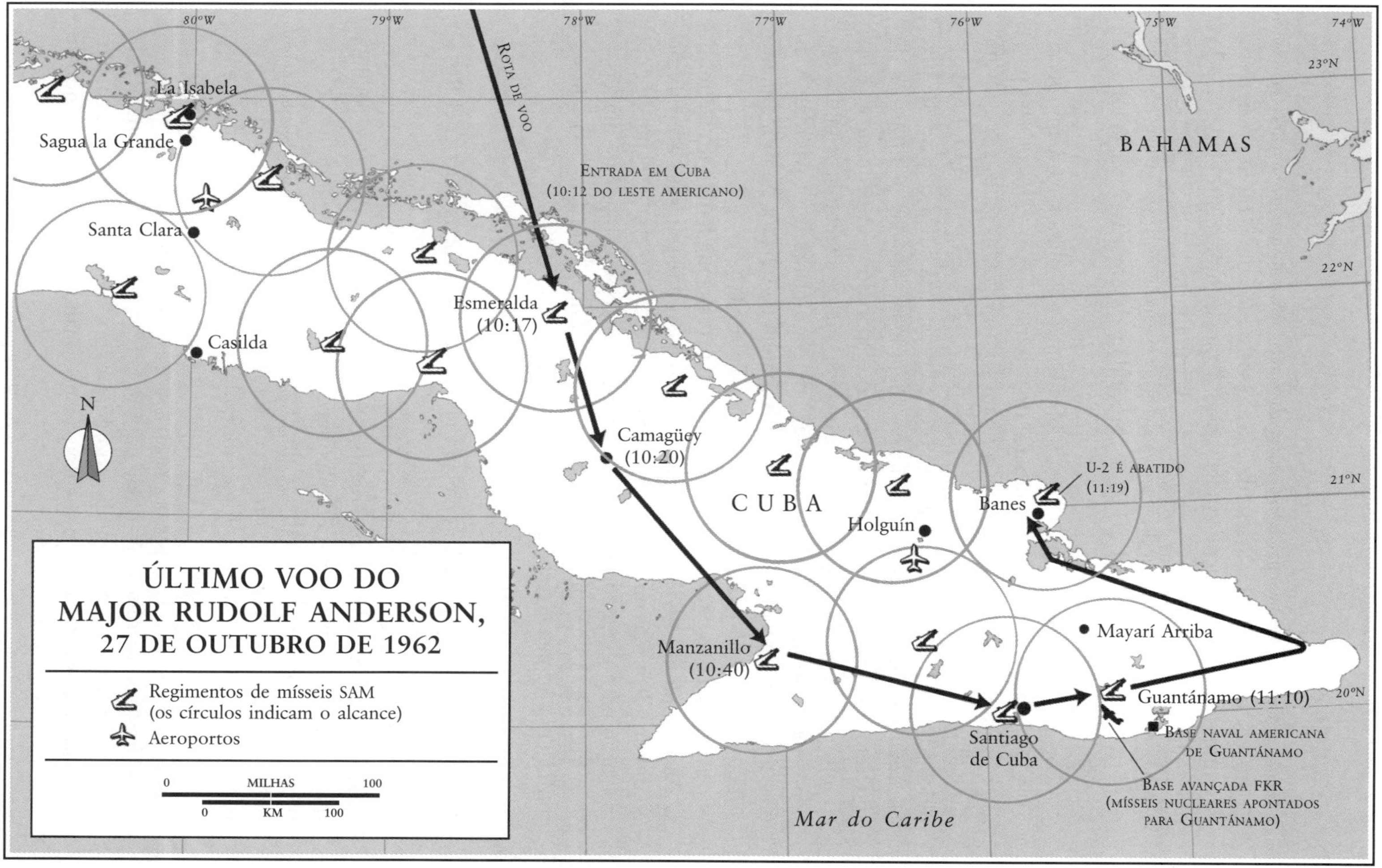
ÚLTIMO VOO DO
MAJOR RUDOLF ANDERSON,
27 DE OUTUBRO DE 1962
Regimentos de mísseis SAM
(os círculos indicam o alcance)
Aeroportos
0 MILHAS 100
0 KM 100
80°W
79°W
78°W
77°W
76°W
75°W
74°W
23°N
22°N
21°N
20°N
ROTA DE VOO
ENTRADA EM CUBA
(10:12 DO LESTE AMERICANO)
BAHAMAS
La Isabela
Sagua la Grande
Santa Clara
Casilda
Esmeralda
(10:17)
Camagüey
(10:20)
CUBA
Holguín
Banes
U-2 É ABATIDO
(11:19)
Manzanillo
(10:40)
Mayarí Arriba
Guantánamo (11:10)
Santiago
de Cuba
BASE NAVAL AMERICANA
DE GUANTÁNAMO
BASE AVANÇADA FKR
(MÍSSEIS NUCLEARES APONTADOS
PARA GUANTÁNAMO)
Mar do Caribe
N

O embarque de ogivas nucleares a Sagua la Grande significava que os mísseis estavam quase prontos para disparo. O comandante das tropas de mísseis, major-general Statsenko, ficara satisfeito com o rápido progresso dos últimos dois dias. Fazendo malabarismos com os suprimentos e desviando um pouco do estoque de combustíveis, distribuíra todos os 24 foguetes de alcance intermediário três dias antes do planejado. A última bateria restante perto de San Cristóbal atingira "prontidão de combate" na manhã de sábado.

Por outro lado, haviam ocorrido problemas nos planos para contornar a vigilância americana com a mudança de pelo menos parte dos mísseis para as posições de reserva. Os campos vinham sendo vigiados antes e já estavam alinhados com alvos nos Estados Unidos. Os R-12 podiam ter sido transportados para os lugares de apoio em poucas horas, mas havia escassez de plataformas de lançamento pré-fabricadas. Sem essas pesadas plataformas de concreto, os mísseis emborcariam quando disparados. Ao ordenar a redistribuição na quarta-feira, Statsenko esperava que os engenheiros pudessem contornar o problema com a construção de plataformas improvisadas. Mas elas ainda não haviam ficado prontas na manhã de sábado. Num momento crítico da crise, não estavam nas posições de reserva.

Enquanto isso, Statsenko captava sinais de crescente tensão no Kremlin. O Alto-Comando soviético recebera a mensagem que reiterava a proibição ao disparo de armas nucleares "sem a aprovação de Moscou". Seguiu-se uma instrução para deter todo trabalho durante o dia nos campos de mísseis.

"Vocês estão irritando os Estados Unidos", dizia a ordem. "Façam camuflagem completa, trabalhem só à noite."

Nos cinco dias em que Che Guevara viveu nas montanhas Sierra del Rosario, os guardas fizeram o máximo possível para garantir sua privacidade. Construíram uma cabana improvisada para ele num canto da alta gruta conhecida como Cueva de los Portales. Feita de blocos de concreto, incluía um estúdio e um quarto para os auxiliares próximos. O *comandante* dormia numa cama simples de metal, sob um teto de pedra inclinado, com um inalador ao lado para afastar os frequentes ataques de asma. Um túnel secreto proporcionava uma rota de fuga montanha abaixo em caso de lançamento de paraquedistas americanos. Um pouco à frente da gruta havia uma mesa e uma cadeira onde Che jogava xadrez com os auxiliares.

O lendário revolucionário não passara tanto tempo assim na gruta desde que chegara na noite de segunda-feira. Viajara por todo o Oeste de Cuba, planejando emboscadas para o invasor, inspecionando unidades, reunindo-se com oficiais soviéticos. Numa dessas saídas, visitara uma unidade de defesa aérea em Pinar del Río. A visão do "homem enérgico e barbudo, de macacão e boina preta", teve um "efeito quase elétrico" nas tropas soviéticas, que fizeram "uma brilhante demonstração" de como preparar um míssil SAM para o disparo. Um general soviético ficou impressionado com "a instantânea relação que nossos soldados sentiram com Guevara, uma medida da ligação que haviam formado com a causa cubana".

Quaisquer que fossem suas qualidades humanas, Che era também o mais fanático dos auxiliares de Castro. Importava-lhe menos saber quantas pessoas morreriam na guerra com os Estados Unidos do que a luta entre os sistemas ideológicos opostos. Num editorial de jornal escrito durante a crise dos mísseis, mas publicado postumamente, ele deixava claro que via apenas dois futuros possíveis para a humanidade: "A vitória definitiva do socialismo ou o retrocesso sob a vitória nuclear da agressão imperialista." Já fizera sua escolha: "O caminho da libertação, mesmo que custe milhões de vítimas atômicas."

A tranquilidade do esconderijo de Che foi despedaçada pelo ronco de dois jatos da Marinha americana que passaram roçando as palmeiras. Vinham do sul, seguindo a linha do rio San Diego, que ligava a Cueva de los Portales ao regimento de mísseis de Pinar del Río. Voavam tão baixo que os defensores cubanos viram até os pilotos nas cabines quando os Crusaders passaram por cima. Sem dúvida, deviam ter sido descobertos.

Na verdade, foi uma coincidência. Os Crusaders apenas retornavam à Flórida após voarem sobre os regimentos de mísseis em San Cristóbal. Para economizar filme, os pilotos haviam desligado as câmeras muito antes de sobrevoarem as grutas secretas. Embora os americanos soubessem que Che deixara Havana, jamais descobriram seu verdadeiro esconderijo. No dia anterior, a CIA informara que ele "estabelecera um posto de comando na cidade de Corral de la Palma", cerca de 22km a leste da verdadeira localização.

Por volta da mesma hora em que os Crusaders roncavam sobre o esconderijo de Che, dois outros jatos sobrevoavam o aeroporto de San Juan, na ponta ocidental de Cuba. Da cabine, os pilotos americanos viram um bombardeiro leve Iliushin-28 em "estágio final" de conclusão, com os dois motores já instalados. Outros cinco aviões estavam em diferentes graus de montagem, dois apenas com a fuselagem. Pelo menos 21 ainda não haviam sido retirados das caixas, bem alinhadas no pátio de manobras. Guindastes, equipamentos de terraplenagem e furgões de radar espalhavam-se por todo o aeroporto.

Os IL-28 eram de grande interesse para os americanos por saber-se que tinham capacidade nuclear. Os motores a jato haviam sido copiados de turbo-jatos Rolls-Royce licenciados para os soviéticos pelos britânicos depois da II Guerra Mundial. A tripulação de três homens consistia de um piloto, um bombardeiro e um artilheiro de cauda. O Iliushin transportava várias bombas pequenas, torpedos ou minas navais, ou uma única bomba atômica como a "Tatiana", versão soviética do "Gordo" americano lançado em Nagasaqui. Tinha alcance de mais de 1.000km, o bastante para atingir o sul da Flórida.

No início dos anos 1960, o IL-28 já beirava a obsolescência e sem dúvida não constituía páreo para as defesas aéreas americanas. Ainda assim, sua capacidade nuclear preocupava os generais ianques. Centenas de Iliushin-28 haviam sido estacionados na Polônia e Alemanha Oriental na década de 1950, como ponta de lança de uma onda de ataques nucleares contra as forças da OTAN em caso de guerra. O uso de armas nucleares táticas fazia parte integral dos planos de guerra soviéticos desde muito tempo atrás. Chegaram a lançar um Tatiana ativo sobre suas próprias tropas durante um exercício militar na Sibéria destinado a simular uma guerra nuclear com os Estados Unidos. Cerca de 45 mil soldados e oficiais foram expostos à precipitação da explosão e muitos morreram depois de doenças relacionadas com a radiação.

Analistas da espionagem americana haviam localizado o transporte dos bombardeiros no Atlântico pelo exame da forma das caixas nos cargueiros soviéticos. Outras idênticas haviam sido usadas no embarque dos IL-28s para o Egito vários anos antes. Quando apareceram em San Julian, exigiram intensa vigilância em voos baixos para acompanhar o processo de montagem. O que os americanos não sabiam na época era que os aviões de San Julian não se destinavam a uso com armas nucleares táticas. Estavam sob o controle da Marinha soviética e vinham equipados com torpedos e minas navais para emprego contra uma frota invasora.

Os IL-28s com capacidade nuclear haviam sido entregues a Cuba, mas estavam no outro lado da ilha, num aeroporto nos arredores da cidade de Holguín, na província de Oriente. Não se tentara tirá-los das caixas. Os americanos só saberiam de sua existência no início de novembro, quando mandaram uma missão de reconhecimento em voo baixo sobre o aeroporto. O esquadrão de Holguín consistia de nove bombardeiros sob o comando da Força Aérea soviética. Seis deles destinavam-se a transportar as bombas Tatiana e os seis restantes voariam à frente do esquadrão, servindo para despistar o radar inimigo.

Os comandantes soviéticos encaravam o IL-28 e os Tatianas como um estorvo desnecessário. Kruchev mandara-os para Cuba como um meio a mais de defesa contra uma força invasora. Em teoria, podiam ter sido usados contra concentrações de tropas dos Estados Unidos. Mas os soviéticos já tinham armas táticas mais eficazes na ilha, na forma de mísseis de cruzeiro FKR e dos foguetes Luna. Os seis Tatianas eram um exagero, como descobriu o oficial encarregado tão logo desembarcou do *Indigirka*, o navio que os trouxera da Rússia. Quando o tenente-coronel Anastasiev perguntou o que devia fazer com suas bombas, recebeu como resposta um dar de ombros. Os oficiais que recebiam o *Indigirka* referiam-se aos Tatianas como "essas coisas de que ninguém precisa".

Após levar, no início, os Tatianas a uma das propriedades litorâneas de Batista, Anastasiev acabou por convencer os superiores a mudá-los para um lugar mais seguro. O novo local de armazenamento consistia de um túnel nas montanhas próximas, protegido com um pouco de arame farpado e uma cerca. Os arranjos de segurança eram rudimentares, mas representavam uma melhora em relação ao abrigo com cadeado à beira-mar. Também importante, podiam-se controlar os níveis de temperatura e umidade dentro das grutas nas montanhas. Anastasiev e seus homens usaram barras de metal roliças para rolar as caixas com as bombas de 14 quilotons até o interior do túnel.

Após encontrar um lugar onde guardar as bombas, Anastasiev saiu à procura de um aeroporto para os IL-28s. Segundo o plano original do Ministério da Defesa, deviam ter como base Santa Clara, no centro da ilha. Mas o campo ali revelou-se totalmente inadequado ao armazenamento de armas nucleares. Depois de voar por Cuba alguns dias, Anastasiev por fim decidiu-se pelo aeroporto de Holguín. Os *bunkers* de terra perto do campo podiam ser camuflados e lacrados. Quando os IL-28s fossem montados, poderiam ser levados para os *bunkers*, junto com os Tatianas.

O desafio seguinte era transportar os Tatianas do ponto de armazenamento no Oeste de Cuba para Holguín, que significava uma viagem de mais de 800km. Esse era o problema que Anastasiev enfrentava no Sábado Negro.

Se os generais russos tinham armas nucleares táticas, os generais americanos também as queriam. A descoberta dos bombardeiros leves Iliushin e dos mísseis FROG capazes de lançar ogivas nucleares disparara nova corrida armamentista. Embora não tivessem prova concreta de que as ogivas haviam chegado a Cuba, os comandantes americanos achavam que não tinham de fazer planos para todas as eventualidades. Enquanto o resto do país se concentrava nos mísseis R-12 de médio alcance, eles se preparavam para uma guerra nuclear tática, a ser travada dentro e em torno da ilha.

Na manhã de sábado, os chefes do Estado-Maior Conjunto receberam uma mensagem ultrassecreta do comandante em chefe do Comando da Defesa norte-americana que descrevia a ameaça dos Iliushins. O general John Gerhart era responsável por impedir que os bombardeiros soviéticos atacassem a Flórida a partir de Cuba. Instalara baterias de mísseis HAWK ao longo de Florida Keys, mas haviam-lhe proibido carregar os mísseis com ogivas nucleares. Ele queria que se invertesse essa política.

"No caso de uma incursão de IL-28 partida de Cuba que penetre no espaço aéreo americano, julgo imperativo usar armas com a máxima capacidade de matar", telegrafou ao Pentágono. Pediu esclarecimento de sua autoridade para "declarar hostis os aviões táticos cubano/sino-soviéticos" e permissão prévia "para empregar armas nucleares" contra bombardeiros que se aproximassem. Os chefes do Estado-Maior Conjunto garantiram-lhe que podia usar armas nucleares táticas para destruir aviões hostis, "se um esquema de ações" em outra parte no sistema de defesa aéreo indicasse um "ataque cubano e sino-soviético" geral. Se os cubanos atacassem sozinhos, armas não nucleares seriam usadas.

O comandante em chefe da frota do Atlântico, almirante Robert Dennison, preocupava-se com os mísseis FROG de curto alcance descobertos em 25 de outubro, durante um reconhecimento em voo baixo. Se equipados com ogivas nucleares, os FROGs podiam dizimar a força invasora que agora se dirigia a Cuba a bordo de suas naves. O almirante propunha equipar "as forças aéreas e terrestres americanas destinadas a operações em Cuba" com "a capacidade de lançar armas atômicas".

O aparecimento dos FROGs também assustara o contra-almirante Edward J. O'Donnell, comandante da base naval de Guantánamo. Ele queria autoridade para declarar "qualquer movimento de mísseis FROG" que ameaçasse a base "um ato ofensivo inaceitável pelos Estados Unidos". O almirante estava em santa ignorância da ameaça muito mais imediata dos mísseis de cruzeiro com ogivas nucleares instalados num raio de 24km do GITMO.

Após descartar a princípio a ameaça das bombas atômicas táticas soviéticas, os chefes do Estado-Maior Conjunto tiveram de refazer o plano de guerra. Pediram uma estimativa de baixas que levasse em conta "a possibilidade do uso pelo inimigo de armas nucleares táticas". A força de invasão a Cuba teria foguetes Honest John com capacidade nuclear, o equivalente americano ao FROG e Luna soviéticos. Embora McNamara se recusasse a autorizar a instalação de ogivas nucleares táticas com os Honest Johns, era possível lançá-los muito mais rápido a partir de depósitos na Flórida.

Dezenas de aviões de ataque da Marinha e da Força Aérea já estavam "em alerta" para atacar alvos em Cuba com armas nucleares táticas, se as hostilidades subissem a esse nível. Dois porta-aviões, o *Independence* e o *Enterprise*, já haviam tomado posição na Jamaica, a 150 milhas da baía de Guantánamo. Cada porta-aviões tinha cerca de 40 bombas nucleares táticas, prontas para ser carregadas em jatos Skyhawks A4D. Os núcleos atômicos das bombas vinham armazenados em separado em cruzadores próximos, a curta distância de helicóptero. Outros jatos com armas nucleares pertencentes ao Comando Aéreo Estratégico estavam em alerta de 15 minutos, em aeroportos no sul da Flórida. Se tudo o mais falhasse, o SAC se dispunha a apagar Cuba com armas de 20 megatons lançadas de Stratojets B-47.

Do ponto de vista do Pentágono, esses aviões eram necessários para contrabalançar a confiança soviética em armas nucleares táticas. Antes de tornar-se presidente dos chefes de Estado-Maior Conjunto, Maxwell Taylor fizera um estudo detalhado da doutrina militar soviética. Assustara-se ao descobrir que o plano de ataque padrão deles exigia que se equipasse um grupo de exército com "250 a 300 armas nucleares". O general também recebera informações sobre um exercício militar nos montes Cárpatos, na Europa Oriental, em julho de 1961, durante o qual as tropas soviéticas planejavam usar até 75 armas nucleares táticas num "primeiro ataque surpresa" à OTAN. Taylor afastou a "resistência emocional em certos setores" a essas armas. Em sua opinião, a verdadeira questão não era o desenvolvimento delas, mas como torná-las bastante pequenas e flexíveis para permitir "um estágio separado na escalada, aquém do uso de armas de destruição em massa".

Outros conselheiros de Kennedy acreditavam que uma guerra nuclear limitada era uma contradição em termos. Lembraram um diálogo com Dean Acheson logo após a descoberta de mísseis soviéticos em Cuba. De acordo com a fama de linha-dura, ele defendera um imediato ataque aéreo aos regimentos de mísseis. Alguém perguntou como os soviéticos reagiriam a um tal ataque.

– Eu conheço muito bem a União Soviética – respondeu o ex-secretário de Estado, com a confiança que era sua marca registrada. – Eles destruirão nossos mísseis na Turquia.

– Bem, e então, que fazemos nós?

– Creio que, sob nosso tratado com a OTAN, do qual participei, teríamos de reagir destruindo uma base de mísseis dentro da União Soviética.

– Então que fariam eles?

A essa altura, Acheson já se tornava cada vez menos seguro de si.

– Bem – respondeu com certa irritação. – É aí que esperamos que prevaleçam cabeças mais frias, e eles parem e negociem.

Os outros membros do ExComm sentiram um "verdadeiro arrepio" baixar sobre a sala ao ouvirem o lendário "sábio" da era Truman. Sem querer, Acheson desnudara uma sombria verdade da Guerra Fria: era impossível saber onde terminaria um conflito nuclear "limitado".

Ao mesmo tempo que se inquietavam com a ameaça representada pelos IL-28s em Cuba, os generais americanos faziam pressão sobre a Casa Branca para pôr fim às restrições ao carregamento de bombas nucleares potentes em Alerta de Reação Rápida nos aviões na Europa. Na manhã de sábado, acabaram por conseguir o que queriam.

De certa forma, os caça-bombardeiros F-100 Super Sabre eram análogos aos Iliushins. Haviam sido instalados em países da linha de frente da OTAN, como a Turquia, e podiam bombardear alvos dentro da União Soviética com pouco aviso. Por outro lado, tinham sido projetados para levar bombas muito mais poderosas que os IL-28s, e muito mais rápido. Uma bomba termonuclear de dois estágios transportada por um Super Sabre tinha várias centenas de vezes o poder destrutivo das relativamente rudes bombas atômicas levadas pelos Iliushins. Ao contrário do Iliushin de três lugares, os F-100s eram aviões de um só lugar. As bombas ficavam sob o controle físico de um piloto solitário, uma violação do tradicional "sistema de companheiros".

As preocupações com a segurança nuclear haviam levado Kennedy a recusar permissão para carregar armas termonucleares nos Super Sabres em abril de 1962. Como as armas não eram protegidas com sistemas de travamento eletrônico, não se podia excluir o seu uso não autorizado. O presidente também se preocupava com a segurança inadequada em alguns aeroportos europeus e o possível roubo de segredos nucleares americanos.

A decisão de Kennedy frustrou Curtis LeMay e outros generais da Força Aérea. Eles se queixaram de que isso solapava a eficácia de seus planos de guerra. Os Super Sabres eram responsáveis pela cobertura de sete alvos de "alta prioridade" no bloco soviético, sobretudo aeroportos na Alemanha Oriental. Os estudos da Força Aérea afirmavam que o uso de armas atômicas de baixa potência contra esses alvos reduziria a "probabilidade média de dano" de 50% a 90%. Isso era inaceitável.

À medida que esquentava a crise dos mísseis, os generais aceleravam os esforços para reverter a decisão presidencial, citando a "gravidade da atual situação mundial". Desta vez conseguiram. Embora ainda não se houvessem instalado travas eletrônicas nas armas, Kennedy deixou a Força Aérea fazer o que queria nesta ocasião. Os chefes do Estado-Maior Conjunto enviaram uma mensagem ao comandante da Força Aérea na Europa autorizando a instalação das armas.

Um dos aeroportos que receberam os Super Sabres F-100 foi Incirlik, na Turquia. A segurança nuclear ali era "tão fraca que perturba a imaginação", lembraria depois o comandante do 613º Esquadrão Tático de Caças.

– Nós carregamos tudo [e] estendemos uma manta sobre a plataforma durante duas semanas. Os aviões pifavam, as tripulações estavam exaustas.

Na época, parecia inconcebível que um piloto americano disparasse uma arma nuclear sem autorização. Em retrospecto, "a alguns caras a gente não confiaria um fuzil .22, muito menos uma bomba termonuclear".

11:46, SÁBADO, 27 DE OUTUBRO (5:46 NO HAVAÍ)

O Boeing Stratofortress B-52, pilotado pelo major Robert T. Graff, partira do Havaí três horas antes do amanhecer. Voou para a ilha de Johnston, a oeste, um atol isolado no Pacífico Sul, refúgio federal de pássaros que agora servia como base de teste nuclear. Do outro lado do mundo, dezenas de aviões semelhantes voavam para a União Soviética com uma carga completa de bombas nucleares, parte do alerta aerotransportado em massa conhecido como "Domo de Cromo". Mas esta missão era diferente. A equipe de voo sob o comando do major Graff tinha certeza de que ia soltar uma bomba de 800 quilotons.

O lançamento da bomba no Pacífico fazia parte da Operação Dominic. Furioso com a retomada dos testes soviéticos, Kennedy aprovara uma série de mais de 30 na atmosfera, incluindo experiências lançadas de foguetes e o disparo de um míssil por um submarino Polaris. Um bem-sucedido teste de míssil em grande altitude em Johnston na sexta-feira, 26 de outubro, compensara em parte uma série de reveses, entre eles um grande desastre em julho, quando um foguete Thor em mau funcionamento explodira na plataforma de lançamento. O complexo de foguetes e o aeroporto vizinho ficaram demolidos, e toda a ilha, contaminada com plutônio. Foram necessários quase três meses para limpar o lugar. A julgar pelos resultados da Operação Dominic, os aviões continuavam a ser um veículo de lançamento mais digno de confiança para armas nucleares que os mísseis.

Ainda estava escuro quando o B-52 chegou à zona de lançamento no meio do Pacífico, 100 milhas a sudeste de Johnston. Uma fina fatia de lua pairava perto do horizonte. O teste fora coreografado como um balé, cada movimento cuidadosamente ensaiado e cronometrado. Da cabine do bombardeiro, que voava a 45 mil pés, Graff via as luzes de uma dezena de naves, designadas a monitorar a explosão nuclear. Meia dúzia de outros aviões lotados de sofisticadas câmeras e dosímetros cercava o alvo, uma barcaça da Marinha americana com faróis e refletores de radar estava ancorada ao fundo do oceano.

Quando o B-52 começou a dar voltas em torno ao alvo, o piloto enviou pelo rádio informações sobre o vento a um balístico no Havaí a quem todos conheciam apenas como "Kitty". Testava-se então um novo projeto do Laboratório Lawrence Livermore, na Califórnia, que fazia melhor uso do espaço existente na caixa da bomba. Para assegurar medições exatas, importava que o artefato explodisse numa hora, altura e local precisos. Cercado por cartas de navegação e cinzeiros transbordantes, Kitty fez os cálculos numa régua T e mandou de volta as compensações necessárias para a liberação da bomba.

O membro-chave da tripulação era o bombardeiro, major John C. Neuhan. Solitário, calado e absorvido nos detalhes do ofício, consideravam-no o melhor bombardeiro da 8ª Força Aérea, com uma folha de serviço quase perfeita. Os colegas atribuíam esse sucesso em parte à sorte e em parte ao extraordinário conhecimento do equipamento operado à mão. Um rudimentar computador de bordo operava mecanicamente. A eletrônica consistia de válvulas. Neuhan verificava os filamentos um a um, para ver se precisavam ser substituídos.

Graff fez três passadas por cima da zona de lançamento, cronometrando cada padrão de corrida para chegar a 16 minutos exatos. Os membros da tripulação ligaram uma série de interruptores e travas para armar a bomba e permitir a liberação. Na quarta passada, Neuhan anunciou a contagem regressiva na frequência de emergência, para que todos ouvissem:

– Três minutos... JÁ.
– Dois minutos... JÁ.
– Um minuto... JÁ.
– Trinta segundos... JÁ.
– Vinte segundos...
– Dez segundos...

A tripulação sentiu um tranco quando a hidráulica de alta pressão abriu as portas da baia atrás deles. Uma luz amarela de advertência no painel de voo avisou: "Portas da Bomba Abertas."

– LIBERAR.

O bombardeiro usou o polegar para apertar um interruptor acionado à mão, semelhante ao botão de um controle de videogame. Um reluzente cilindro oval de quatro megatons caiu na corrente de ar lançada pela turbina. Dentro de alguns segundos, três paraquedas abriram-se a fim de reduzirem a descida da bomba e dar ao B-52 bastante tempo para atravessar a zona. O navegador iniciou a contagem regressiva pós-liberação. A tripulação fechou as cortinas térmicas na frente da cabine, deixando uma fenda no centro. Todos viraram a cabeça. Após 87,3 segundos, um clarão branco atrás do avião os fez piscar. Vários minutos depois, sentiram uma série de leves ondas de choque, como se houvessem alcançado um trecho de ligeira turbulência.

A nuvem em forma de cogumelo ergueu-se a mais de 60 mil pés, apequenando o bombardeiro que se afastava. Coelhos embarcados em vários dos aviões de diagnóstico ficaram cegos com o clarão. Quando o B-52 se afastou e as luzes da explosão se reduziram, Neuhan olhou pelo visor de bomba para verificar o alvo. Bem na mosca.

Uma gigantesca esfera em forma de lua apareceu no céu, com raias verdes, violeta e roxas. A brilhante aurora do acontecimento com o nome de código CALAMIDADE demorou-se algum tempo, depois desapareceu na quente aurora tropical. O apocalipse nuclear tinha uma beleza estranha, quase compulsiva. Eram 5:46 no Havaí, 11:46 em Washington e 18:46 em Moscou.

No outro lado do mundo, na Casa Branca, a reunião matinal do ExComm já terminava. E no céu da península de Chukot, 13 milhas acima da superfície da Terra, Chuck Maultsby ia atravessar a fronteira da União Soviética.

CAPÍTULO ONZE

"Um bom filho da puta"

11:59, SÁBADO, 27 DE OUTUBRO (7:59 NO ALASCA)

Houvesse Chuck Maultsby mantido o curso de voo determinado, estaria pousando na base Eielson da Força Aérea após um voo de retorno de 7:50 ao polo Norte. Em vez disso, vagava sozinho na estratosfera escura como breu num frágil avião, como um cego a tropeçar nas trevas. Desaparecera a aurora boreal, mas as estrelas haviam mudado de posição, e ele não fazia ideia de onde se encontrava. Continuavam a acontecer-lhe coisas estranhas, que achava difícil explicar.

Uma hora antes de aterrissar em Eielson, haviam-lhe programado um encontro com o avião de resgate Rabo de Pato que circulava sobre a ilha Barter, na costa norte do Alasca. Também haviam-lhe prometido "deixar uma luz acesa na janela" para ele ver ao voltar, mas não se vira sinal deles na hora apropriada. Ele não podia nem alcançar o Rabo de Pato nem captar o farol de rádio na ilha, embora os dois devessem estar ao alcance. Começou a irradiar mensagens em aberto, na esperança de alguém orientá-lo no rumo certo. Talvez nem houvesse chegado ao polo Norte. Ofuscado pela aurora boreal, suas decisões baseavam-se mais na "esperança" que na localização de estrelas.

De repente, o Rabo de Pato entrou na linha, na faixa única do rádio. Disseram que iam disparar rojões a cada cinco minutos, a começar daquele instante. O piloto do U-2 forçava os olhos, mas nada via. Lançaram outro rojão. Nada ainda. Sozinho na vasta escuridão, Maultsby tinha dificuldade para combater um "ataque de pânico". Estava "ou muitas milhas a leste ou a oeste da ilha Barter... mas qual?".

Alguns minutos antes, o navegador do avião de resgate aéreo no Rabo de Pato voltara a entrar em contato e perguntara-lhe se podia identificar uma estrela. No horizonte à frente via-se a conhecida forma da constelação de Órion, o Caçador, facilmente identificável pelas três estrelas brilhantes no meio, que formavam o Cinturão de Órion. Um pouco mais acima no céu, no ombro direito de Órion, ficava a grande estrela vermelha Betelgeuse.

Mais abaixo, no joelho direito da constelação, vinha Rigel, uma das mais brilhantes estrelas do céu.

– Estou vendo Órion cerca de 15 graus à esquerda do bico do avião – respondeu Maultsby.

Seguiu-se uma pausa, enquanto os navegadores a bordo do Rabo de Pato e em Eielson consultavam manuais e mapas de estrelas para calcular a posição do desaparecido U-2. Após algumas contas apressadas, um dos navegadores do Rabo de Pato tornou a chamar com uma ordem para ele virar 10 graus à direita.

Pouco depois de receber essa instrução, Maultsby recebeu outro chamado no rádio de faixa única. Desta vez, a voz era desconhecida. Quem quer que fosse, usava o sinal de chamada correto e mandou-o virar 30 graus à esquerda. Dentro do espaço de alguns minutos, Chuck recebera chamados de duas diferentes estações de rádio, ordenando-lhe virar em direções opostas.

– Que diabo está acontecendo? – perguntou a si mesmo.

O confuso piloto não sabia ainda, mas transpusera a fronteira da União Soviética às 7:59 (11:59 em Washington). Atingira um dos mais desolados lugares da Terra, na margem norte da península de Chukot, mais de mil milhas fora do curso.

Quando ele cruzou a fronteira, pelo menos seis jatos interceptadores decolaram de dois diferentes aeroportos em Chukotka. Missão: abater o avião intruso.

A mais de 6.400km, na Casa Branca, em Washington, o presidente Kennedy deixava a Sala do Gabinete para receber uma delegação de governadores de Estado preocupados com a defesa civil. Ainda se concentrava na resposta à última mensagem de Kruchev e não tinha ideia do drama que se desenrolava nos céus acima de Chukotka. Pareceu aos governadores reunidos "extraordinariamente sóbrio e acossado", mas isso não os impediu de imaginar se ele não estaria sendo "vigoroso o bastante" com o líder da União Soviética.

O governador Edmund Brown, da Califórnia, foi bastante direto:

– Sr. Presidente – perguntou –, muitas pessoas estão questionando por que o senhor mudou de ideia sobre a baía dos Porcos e abortou o ataque. Vai mudar de ideia de novo?

Kennedy deixou claro que estava irritado com a reconsideração:

– Preferi a quarentena porque imaginei se o nosso povo está preparado para a bomba – respondeu em voz normal.

Muitos governadores achavam que as autoridades federais não haviam feito o suficiente para proteger os americanos da ameaça da bomba.

– Foi tudo muito vazio – queixou-se um deles, referindo-se ao programa de defesa americano.

Após anos de propaganda sobre "Abaixar-se e Proteger-se" e abrigos antibombas em todos os quintais, os americanos haviam quase se embotado para os perigos que enfrentavam. A simples menção de "defesa civil" numa coletiva à imprensa de McNamara no início da semana provocara risos dos jornalistas. A Tartaruga Bert, uma divertida personagem de desenho animado inventada no governo Truman para ajudar as crianças a defenderem-se da bomba atômica, tornara-se uma brincadeira nacional:

> *Era uma tartaruga chamada Bert,*
> *E a tartaruga Bert andava muito alerta;*
> *Quando o perigo a ameaçava* [disparos de bombinhas],
> *Ela jamais se machucava.*
> *Sabia o que fazer...*
> *Abaixava-se* [assobio]
> *E protegia-se.*

Os filmes da Defesa Civil mostravam imagens de crianças que mergulhavam debaixo das carteiras escolares e se protegiam encolhendo-se. Ensinavam-se aos adultos práticas semelhantes nos escritórios e fábricas, mas muita gente questionava a eficiência disso. "Ao ver o forte clarão de uma explosão nuclear, curve-se e ponha a cabeça firme entre os joelhos", avisava um pôster pregado nas paredes dos dormitórios de estudantes. "Depois dê ao seu rabo um beijo de adeus."

Apesar da maciça campanha de relações públicas que promovia os abrigos, pouco se conseguira no outono de 1962. As autoridades da Defesa Civil informaram aos governadores que se haviam pregado sinais indicando abrigos em menos de 800 prédios públicos em todo o país, o que dava um total de 640 mil espaços. Só havia reservas de comida de emergência em 112 prédios. Se os soviéticos atacassem naquela semana, havia abrigos e rações apenas para 170 mil americanos.

A possibilidade de retaliação soviética contra os civis americanos preocupava o presidente ao rever os planos de uma invasão americana em Cuba. Havia o risco de os soviéticos preferirem disparar os mísseis a permitirem que fossem capturados. Pelos cálculos da Casa Branca, 92 milhões de americanos viviam ao alcance dos mísseis já instalados na ilha. No início da semana, Kennedy perguntara aos principais auxiliares na Defesa Civil sobre a exequibilidade da evacuação de Miami "antes do ataque aos campos de mísseis". O secretário-assistente da Defesa, Steuart Pittman, achava impraticável a evacuação, que só criaria uma "confusão dos diabos". Abandonaram a ideia.

Na ausência de ação do governo, deixou-se que os americanos comuns se virassem por si sós. Ondas de compras em pânico varreram algumas cidades, mas contornaram outras. Os moradores de Los Angeles correram aos supermercados locais após um boato de que eles seriam fechados se começasse a guerra. As mercearias informaram um salto de 70% nas vendas em Miami, depois que uma autoridade disse a todos que deviam manter um suprimento de comida para duas semanas. Em Washington, houve uma corrida à água engarrafada; o deão da Catedral Nacional ordenou a inundação do porão como observatório de emergência. Lojas de armas no Texas e na Virgínia registraram rápidas vendas de rifles e armas de mão. Um comerciante de armas de Richmond explicou que os moradores da Virgínia estavam se armando não contra os russos, mas contra "os moradores da cidade que podiam buscar abrigo em áreas rurais".

12:15, SÁBADO, 27 DE OUTUBRO

Enquanto o presidente se trancava com os governadores, seus porta-vozes convocaram uma dezena de jornalistas ao escritório da Ala Oeste. Kennedy receava que a oferta de troca Cuba-Turquia feita por Kruchev se desfizesse junto à opinião pública internacional, solapando a posição de negociação americana. A Casa Branca precisava conseguir alguma coisa rápido.

Lendo um texto preparado às pressas, Salinger disse aos repórteres que a última mensagem soviética consistia apenas de "várias propostas inconsistentes e propostas conflitantes". A crise fora causada pelas ações soviéticas em Cuba, não americanas. O "primeiro imperativo" era parar o trabalho nas bases de mísseis e torná-las "inoperantes". Feito isso, tudo seria discutido.

Os repórteres ficaram tão confusos quanto os membros do ExComm:
– São duas mensagens, então?
– Certo.
– Que dizia a última?
– Não podemos revelar.
– O senhor acha que as duas respostas seguirão para Moscou esta tarde?
– Não posso dizer.

Na calçada em frente à avenida Pensilvânia 1.600, manifestantes gritavam slogans a favor e contra o bloqueio. Exilados cubanos e universitários marchavam de um lado para outro no seco ar de outono, cantando "Invada Cuba,

Ataque os Comunas". Meia dúzia de nazistas americanos usando braçadeiras com a suástica exigiam uma invasão imediata. Cartazes de ativistas pela paz proclamavam NÃO MAIS GUERRAS.

12:30, SÁBADO, 27 DE OUTUBRO (8:30 NO ALASCA)

O general Power estava no campo de golfe na base aérea de Offutt, em Omaha, Nebraska, quando chegou a notícia de que um piloto de U-2, numa missão em busca de amostras no polo Norte, desaparecera. Os dados de localização interceptados das defesas aéreas soviéticas indicavam que o avião espião voava sobre território soviético, e pelo menos seis mísseis MiGs haviam se apressado a derrubá-lo. Quando o CINCSAC correu de volta à escrivaninha, passou por um grande quadro de avisos com o slogan orwelliano "A Paz é nossa Profissão".

Ninguém no quartel-general do SAC dera muita atenção às missões de coleta de amostras. Um dos subordinados de Power ligou para a unidade de Maultsby, a 4.080ª Ala Estratégica, para perguntar: "Que diabo vocês estão fazendo com um U-2 sobre a Rússia?"

– É melhor perguntar a outro, porque eu estou atolado aqui – respondeu o coronel John Des Portes, já preocupado com o atraso do major Anderson. – Não sei de nenhum U-2 sobre a Rússia.

No posto de comando, Power encontrou oficiais da espionagem do SAC estabelecendo a trilha do voo de Maultsby numa tela gigante, junto com as dos MiGs. Os americanos na verdade olhavam por cima dos ombros dos controladores de voo militares da URSS que seguiam o U-2 desaparecido acima de Chukotka. Os soviéticos, bastante ciosos com a segurança, não conseguiam usar uma codificação muito forte na rede de defesa aérea, pois a informação tinha de ser disponibilizada em tempo real às estações de localização em todo o país. Os dados das transmissões em alta frequência saltavam da ionosfera e os americanos em postos a milhares de quilômetros os captavam.

Power ficou perplexo. A capacidade de "ler a correspondência" das defesas aéreas soviéticas era um segredo nacional guardado com todo ciúme. Se os comandantes do SAC alertassem Maultsby para a magnitude do erro de navegação, arriscariam informar aos soviéticos sobre uma valiosa técnica de espionagem. Tinham de bolar um meio de orientá-lo de volta ao Alasca sem revelar como sabiam sua localização exata. Uma complicação a mais era a probabilidade de o Kremlin interpretar a invasão do espaço aéreo soviético como um ato de alta provocação. Havia o risco de os líderes soviéticos encararem o sobrevoo do U-2 como uma missão de reconhecimento antes do ataque total.

Os oficiais da espionagem precisavam de autorização especial da Agência de Segurança Nacional para dividir as informações do que acontecera a Maultsby com os comandantes da operação no Alasca. Logo se obteve permissão – com a condição de que nada se fizesse ou dissesse que comprometesse a fonte da informação. Os navegadores no avião de resgate Rabo de Pato já tentavam orientar o piloto perdido de volta ao Alasca com base em observações astronômicas.

O tenente Fred Okimoto fora o navegador que planejara o voo de Maultsby ao polo Norte. Após enviá-lo à meia-noite, hora do Alasca, retirara-se para a cama no alojamento dos oficiais em Eielson. Foi acordado algumas horas depois pelo comandante de operações, tenente-coronel Forrest Wilson, com a notícia de que o U-2 desaparecera.

– Temos um problema – disse Wilson, à maneira discreta de sempre.

Os dois atravessaram a pé a escuridão antes do amanhecer até o hangar dos U-2. Subiram ao pequeno escritório onde se planejara a missão. Okimoto refez todos os cálculos de novo, em busca de erros. Tudo parecia em ordem. Ouvia-se um ou outro chiado do rádio de faixa lateral em alta frequência que o Rabo de Pato usava para entrar em contato com Maultsby. Abriram-se cartas de navegação e manuais em todo o escritório. O fato de o piloto do U-2 haver comunicado que vira o Cinturão de Órion ao lado do bico do avião sugeria que ele voava para o sul. A prioridade máxima era orientá-lo para a direção leste.

Olhando pela janela, o navegador notou um fraco fulgor rubro no horizonte acima do leste. O sol começava a erguer-se no centro do Alasca. Isso lhe deu uma ideia. Entrou no rádio e perguntou a Maultsby se via o nascer do sol.

– Negativo. – Foi a resposta entrecortada.

A conclusão inescapável dizia que Maultsby estava centenas de quilômetros a oeste do Alasca, em território soviético. A solução era fazê-lo virar à esquerda até ter Órion na ponta da asa esquerda. Então estaria voltando para casa.

Assustado e exausto, Maultsby ainda recebia estranhos chamados pelo rádio de faixa lateral. Desta vez, a voz desconhecida o mandou virar 35 graus à direita, um rumo que o levaria mais adentro da União Soviética. O piloto respondeu, usando um código que "só um operador legítimo conheceria". Não obteve resposta.

A transmissão do Alasca tornava-se mais fraca a cada minuto. A última instrução que Maultsby conseguiu ouvir foi:

– Vire à esquerda, 15 graus.

Ele sabia que não lhe restava muito combustível, sem dúvida não o suficiente para levá-lo de volta ao Alasca. Na certa ia ter de tentar um pouso de emergência. A transmissão da fonte desconhecida continuava forte, mas Maultsby ignorou-a. Em vez disso, escolheu o canal de emergência e gritou:

– MAY DAY! MAY DAY! MAY DAY!

Após berrar freneticamente por socorro, captou uma estação de rádio que transmitia ao lado do bico do avião, tocando o que parecia música folclórica soviética. Os acordes de balalaicas, acordeões e vozes eslavas chegavam "alto e claro".

O piloto por fim calculou onde estava.

Ao ouvir música russa no rádio, Maultsby entrou em pânico com a ideia de tornar-se "outro Gary Powers", abatido sobre a Sibéria em 1960, quando em missão de reconhecimento sobre campos de mísseis soviéticos. Powers saltara de paraquedas em segurança, para ser logo capturado por perplexos camponeses russos. Após um julgamento de fachada em Moscou, passara dois anos e nove meses na prisão. O incidente do U-2 fora um enorme embaraço para o governo americano, sobretudo para o presidente Eisenhower. Supondo por engano que Powers não poderia ter sobrevivido à derrubada, ele autorizou uma declaração em que afirmava que o U-2 caíra no Leste da Turquia, "quando realizava uma secretíssima missão de pesquisa sobre o clima em grande altitude". Kruchev, em júbilo, logo denunciou uma sucessão de declarações sobre o incidente como deslavadas mentiras dos Estados Unidos.

Maultsby sabia o que era a vida no interior de uma prisão comunista. Voltou o pensamento a um dia de janeiro, 10 anos antes, quando decolou na 17ª missão de combate sobre a Coreia do Norte. Levava uma bomba de 500 quilos embaixo de cada asa do F-80 Estrela Cadente, pronto para jogar sobre reforços chineses em Kunri, um importante centro ferroviário. Uma granada inimiga explodiu na fuselagem pouco atrás quando ele tentou mergulhar para o bombardeio à linha. Ao embicar rumo ao chão, sem controle, teve apenas tempo suficiente para soltar as duas bombas e puxar a alavanca de ejeção. Caiu na neve, livrou-se do paraquedas e tentou correr. Não foi muito longe. Logo se viu olhando "os focinhos de uma dúzia de fuzis, todos empunhados por soldados chineses".

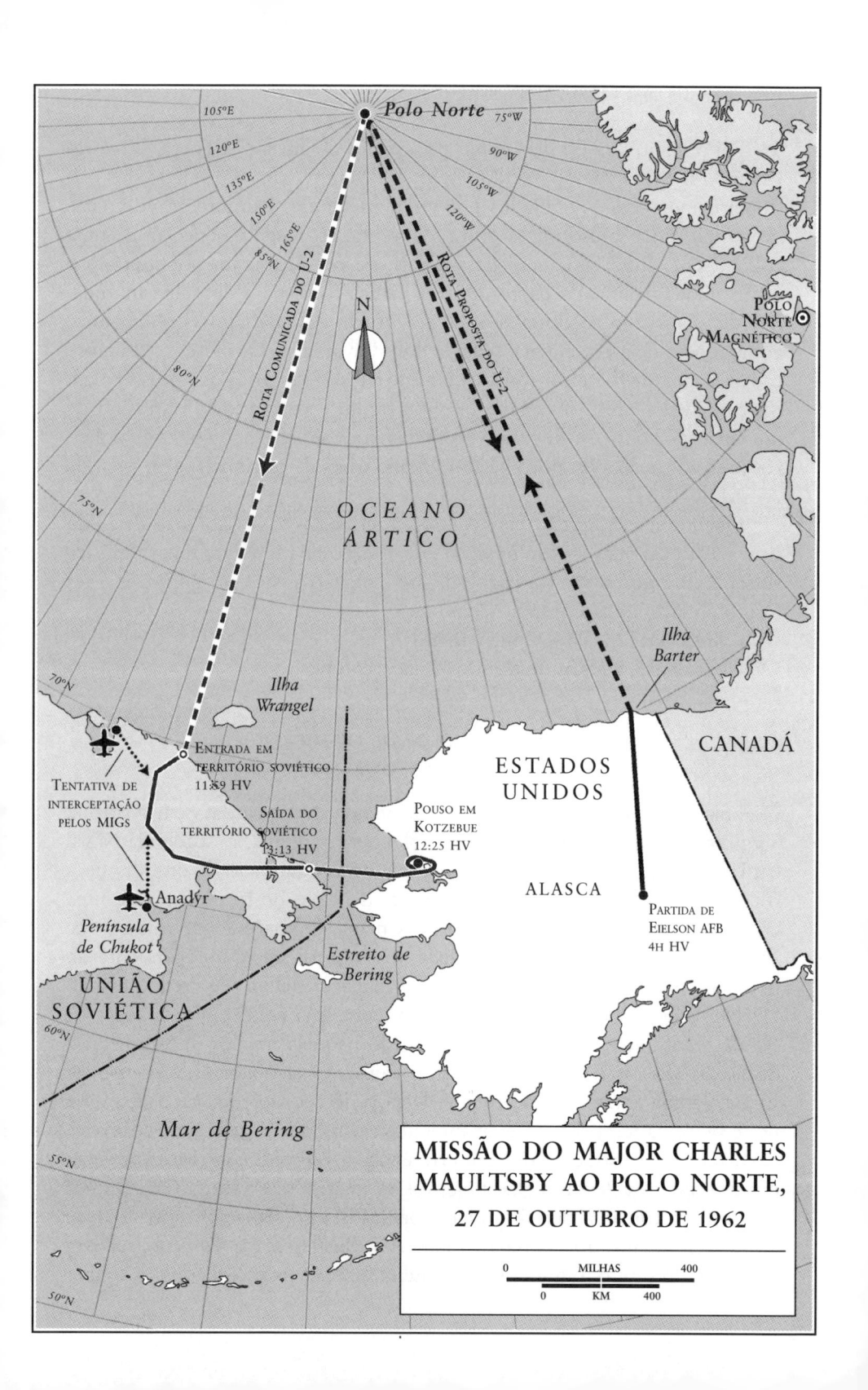

MISSÃO DO MAJOR CHARLES MAULTSBY AO POLO NORTE, 27 DE OUTUBRO DE 1962

Foi o início de 600 dias como prisioneiro de guerra. A Força Aérea relacionou-o como "desaparecido em ação". Mantiveram-no isolado dos prisioneiros americanos e aliados por muitas semanas. Durante grande parte do tempo, ficou preso numa gruta fedorenta, escavada na encosta de uma colina, sem altura suficiente para pôr-se de pé. Acabaram por juntá-lo a outro piloto americano capturado. As camas consistiam de palha imunda, que dividiam com roedores e insetos. Um frio de amargar. As refeições se compunham de arroz e água. "Havia dor, dor intensa. Os meses enchiam-se cada vez mais de fome e privação, com frio e interrogatórios que prosseguiam interminavelmente... Arrastaram, empurraram e cutucaram [Maultsby] de um lugar para outro, e ele raras vezes sabia onde se achava, ou os companheiros presos." Acabaram por libertá-lo numa troca de prisioneiros no final de agosto de 1953.

Quanto mais Maultsby pensava nas experiências na prisão, mais decidido ficava a "sair o mais rápido possível" da estação de rádio que tocava música russa. Continuou a virar à esquerda até deixar o sinal bem para trás e ter Órion ao lado da asa direita. Chamou:

– MAY DAY! MAY DAY! MAY DAY!

Continuava 500km dentro da União Soviética.

12:38, SÁBADO, 27 DE OUTUBRO
(2:38 EM SYDNEY)

O almirante Anderson tinha um compromisso de longa data em Norfolk, Virgínia, para assistir ao jogo de futebol americano entre a Academia Naval e a Universidade de Pittsburgh. Tratava-se de uma questão de orgulho para o comandante de operações navais poder deixar o posto no meio de uma crise, pois o navio continuaria em boas mãos. O guardião da tradição de John Paul Jones tinha total confiança nos subordinados, independente do que pensassem os superiores civis. Ia permanecer fiel ao seu credo pessoal: "Deixe os detalhes com a equipe... Não tenha azia nem se preocupe."

Ele voara ao sul da Virgínia mais cedo naquela manhã, após acertar a instalação de um telefone especial no camarote do jogo, para o caso de surgir alguma coisa de fato urgente. Depois do acordo com McNamara na noite de terça-feira sobre os arranjos para o bloqueio, não se preocupava em disfarçar a frustração com a interferência dos civis. Em vez de estabelecer diretivas gerais e deixar a Marinha prosseguir com o serviço, a Casa Branca insistira em tomar a decisão final sobre cada interceptação individual de navio. Pelo menos dois barcos soviéticos, o *Bucharest* e o *Vinnitsa*, haviam ultrapassado direto a linha de quarentena sem ser inspecionados. Ao saber dessa ordem por um auxiliar de McNamara, o almirante soltara um rio de pragas.

A saída para o jogo significava que Anderson perdera a reunião diária dos chefes de Estado-Maior Conjunto que coordenavam toda a ação contra Cuba e a União Soviética. Mas os auxiliares lhe garantiram que tinham tudo sob controle. No início da tarde de sábado, um subordinado do CNO ligou para a sala de operações a fim de verificar as mensagens destinadas ao chefe.

– Diga ao almirante que fique tranquilo – respondeu confiante o principal auxiliar de Anderson. – O barco tem quilha plana. Ele deve ir ao jogo e se divertir.

Com o "Belo George" na torcida, a Marinha destroçou Pittsburgh por 32 a 9.

No outro lado do mundo, na Austrália, um professor universitário americano chamado Irvin Doress via-se obcecado por ideias de Armagedon. O sociólogo de 32 anos fazia parte de um punhado de compatriotas que preferiram fugir do país a esperar desamparados que "os mísseis cruzassem o seco ar da noite". Sua bagagem consistia de "alguns dos meus melhores livros, dois manuscritos em vários estágios de desorganização, dois ternos e minha confiável máquina de escrever".

Sentado num esquálido quarto de hotel em King's Cross, ele revisava a decisão de fugir. Era o meio da noite, hora de Sydney, Irvin pensava nos dois filhos pequenos que deixara para trás nos Estados Unidos, com a esposa separada, e em seus alunos no Union College, no norte de Nova York. Escrevera um bilhete apressado ao diretor do Departamento de Sociologia, mas não dera qualquer adeus de verdade. Confiara ao diário que começava a sentir "vergonha por haver abandonado meus entes queridos". E perguntava-se: "Por que eu deveria sobreviver, e não outros, em especial os mais jovens?"

"Há um tempo para viver e um tempo para morrer", meditava. "Um mundo pós-nuclear seria um lugar extremamente desagradável para viver – mesmo que a radioatividade não o matasse."

12:44, SÁBADO, 27 DE OUTUBRO (8:44 NO ALASCA)

Localizada 300km acima do Círculo Ártico, Pevek era uma das cidades mais ao norte e mais isoladas da Rússia. A cultura Chukchi local revolvia em torno da criação de renas e caça às morsas, com uma população de mais ou menos duas pessoas em cada 600km^2. No inverno, a temperatura caía mais de 17 graus abaixo de zero. Para o Estado soviético, a região era interessante sobretudo pelas ricas jazidas de estanho e ouro, como refúgio de inverno para os navios que patrulhavam o oceano Ártico e remoto posto avançado militar. Um esquadrão de MiGs fora estacionado num aeroporto à beira-mar, para interceptar bombardeiros americanos em voos sobre o polo Norte.

Quando a estação de radar militar localizou o intruso que se dirigia à península de Chukot, os MiGs partiram do aeroporto ali. Dispararam para cima, em explosões de velocidade, mas o estranho avião permaneceu fora de alcance de uma forma tantálica. Com os motores supersônicos, os pilotos soviéticos logo subiram a 60 mil pés em dois minutos, mas isso ainda os deixava 15 mil pés aquém da presa. Os jatos interceptadores mantiveram-se com o intruso por 300 milhas e depois desviaram-se roncando em direção ao oeste, em busca de combustível.

Outro grupo de MiGs decolou do aeroporto de Anadyr, no mar de Okhotsk, do outro lado da península. Voou para o norte, a fim de assumir a caçada dos interceptadores com base em Pevek. Quase alcançaram Maultsby sobre o meio da península, e seguiram-no quando ele virou rumo ao Alasca.

As tentativas de interceptação eram acompanhadas a quase 5.000km de distância em Offutt, Nebraska, no Centro de Operações do Comando Aéreo Estratégico. Com o monitoramento da rede de radar da defesa aérea soviética, os oficiais da espionagem do SAC podiam seguir os MiGs da mesma forma como seguiam o U-2 de Maultsby depois de entrar no espaço aéreo inimigo. Marcaram os movimentos dos aviões russos com pequenos sinais de conferido numa tela iluminada. Quando os MiGs viraram para leste, o SAC pediu à defesa aérea no Alasca que mandasse às pressas dois caças interceptadores F-102 para proteger Maultsby.

No início da semana, técnicos haviam retirado as armas convencionais dos F-102s estacionados na base aérea de Galena, no Oeste do Alasca, e carregado mísseis nucleares nos interceptadores. Era o procedimento-padrão quando o esquadrão passava ao DEFCON-3. Armado com um míssil ar-ar Falcon de ogiva nuclear, um único F-102 podia varrer toda uma frota de bombardeiros soviéticos que se aproximasse. Em teoria, o piloto do F-102 tinha a capacidade física de disparar a ogiva apertando alguns botões no painel de controle. Como estava sozinho na cabine, ninguém podia cancelar sua decisão.

Um dos pilotos dos interceptadores era o tenente Leon Schmutz, de 26 anos, recém-saído da escola de voo. Ao ganhar os céus acima do estreito de Bering, na busca ao U-2 desaparecido, ele se perguntava o que faria se desse com os MiGs soviéticos. Seu único meio de defesa era uma ogiva nuclear capaz de destruir tudo num raio de mais de meio quilômetro da explosão. O uso de tal arma era praticamente impensável, sobretudo sobre território americano. A detonação mesmo de uma pequena ogiva podia resultar numa guerra nuclear total. Mas não responder ao ataque de um caça soviético ia contra o instinto de sobrevivência básico do piloto.

13:28, SÁBADO (9:28 NO ALASCA)

Maultsby fez um resumo mental da situação. O mais positivo era que não mais ouvia a estação de rádio russa. O menos, que o avião tinha combustível suficiente para 9:40 de voo. Ele estava no ar havia 9:28, após decolar à meia-noite. Restavam 12 minutos de combustível.

Para ter alguma esperança de chegar ao Alasca, Maultsby sabia que precisava fazer pleno uso da extraordinária capacidade de planar do avião. Com as asas longas e enfunadas, e excepcional leveza, um U-2 viajava até 200 milhas sem força própria, levado pelas correntes de vento ao atravessar devagar, para baixo, a atmosfera da Terra. Era tanto planador quanto avião.

Ele precisava poupar um pouco de combustível para uma emergência, e também queria conservar a força da bateria. Fez um chamado final em aberto para anunciar que ia sair do ar. "Uma sensação de desespero instalou-se" quando estendeu a mão para o painel de controle à frente e desligou o único motor J-57 Pratt & Whitney do avião. Entrou em suave planar.

Com o desligamento do motor, também desabilitara a pressurização e o sistema de aquecimento da cabine. As roldanas haviam se inflado no traje de voo com um assobio do oxigênio de emergência para compensar a perda de pressão ambiente, impedindo que seu sangue explodisse no ar. Ele parecia o boneco da Michelin. Uma única frase não parava de passar-lhe pelo cérebro exausto e sonado enquanto deslizava pela atmosfera a uma altura de 60 mil pés, sem saber onde estava e incapaz de comunicar-se com alguém.

"Em que bela enrascada você se meteu, Charlie."

13:41, SÁBADO, 27 DE OUTUBRO (9:41 NO ALASCA)

A última mensagem de Kruchev apenas confirmara as piores suspeitas dos chefes do Estado-Maior Conjunto. Os chefões militares haviam se convencido de que o líder soviético não tinha intenção de tirar os mísseis de Cuba. Apenas ganhava tempo, arrastando os Estados Unidos a uma interminável rodada de barganhas sem sentido. Quando Kennedy compreendesse o que acontecia, seria tarde demais. Os mísseis seriam conjugados com ogivas nucleares e apontados para os Estados Unidos, prontos para disparar.

Na visão dos chefes conjuntos, qualquer palavra ou gesto conciliatório de Moscou não passava de enganação. Um importante general da Marinha advertiu aos chefes que "Kruchev, como todo doutrinário comunista antes, é um seguidor servil de Sun Tzu". Para provar isso, citou vários aforismos do venerado estrategista militar chinês, traçando paralelos entre o Império do Meio em 512 a.C. e o Império Soviético de 1962 d.C.:

- Fale em termos humildes, continue os preparativos e ataque;
- Finja inferioridade e encoraje a arrogância do inimigo;
- O crucial nas operações militares está em fingir aceitar o desígnio do inimigo.

Os chefes reuniam-se no Tanque, santuário interno do Pentágono, dominado por um enorme mapa-múndi. Sentados em torno da mesa de madeira envernizada, debatiam as últimas informações sobre Cuba, incluindo indícios de mísseis FROG capazes de transportar ogivas nucleares e muito mais soldados soviéticos do que suspeitavam antes. Curtis LeMay dominava a sessão como sempre, embora falasse em monossílabos e se recusasse a recomendar a execução de um ataque em escala total a milhares de alvos militares em Cuba, seguido de uma invasão por terra dentro de sete dias. Por insistência dele, os generais começaram a redigir um documento para enviar à Casa Branca, acusando Kruchev de "chantagem diplomática".

"A demora em empreender qualquer ação militar para resolver o problema de Cuba beneficia a União Soviética", advertiam. "Cuba será mais difícil de derrotar. As baixas americanas se multiplicarão. A ameaça direta de ataque aos Estados Unidos continentais por mísseis nucleares com base em território cubano e aviões capazes de transportar armas nucleares aumentará muito."

Os chefes discutiam a hora do ataque à ilha quando McNamara entrou no Tanque. Como vinha direto da reunião do ExComm, preocupava-se com os mísseis Júpiter na Turquia, alvos fáceis para os soviéticos se os Estados Unidos atacassem Cuba. Uma das formas de reduzir a tentação de Kruchev a "derrubar" os Jupíteres seria pôr submarinos nucleares Polaris ao longo da costa turca e informar Moscou. O invulnerável submarino, com 16 mísseis balísticos Polaris a bordo, constituía um impedimento muito maior a um ataque soviético à Turquia que os vulneráveis Jupíteres. O envio de um submarino nuclear àquele país também pavimentaria o caminho para a retirada dos obsoletos mísseis.

O secretário da Defesa instruiu os chefes a prepararem um plano para pôr pelo menos um submarino nuclear no Mediterrâneo oriental. Também queria saber o que, exatamente, eles tinham em mente quando falavam em "execução antecipada e oportuna" do ataque aéreo a Cuba.

– Atacar domingo ou segunda-feira – respondeu LeMay, mal-humorado.

Os generais não esconderam a impaciência com McNamara. Haviam tido repetidos choques com ele sobre a compra de novas armas e sistemas e tinham-no como suspeito de alimentar "opiniões pacifistas". Depois que o secretário vetou o novo bombardeiro B-70 e insistiu em limitar os mísseis Minuteman a mil, LeMay perguntou aos colegas se as coisas podiam "piorar muito caso Kruchev fosse secretário da Defesa". Achava tais escrúpulos difíceis de engolir. Quando McNamara perguntou se era possível bombardear os campos soviéticos sem matar muitos russos, ele o olhou pasmo.

– Você deve ter perdido o juízo.

Os sentimentos de McNamara sobre o comandante da Força Aérea eram mais ambivalentes. O relacionamento dos dois remontava à II Guerra Mundial. O brilhante estatístico de Berkeley servira sob coordenação de LeMay no Extremo Oriente, planejando meios de maximizar a devastação causada pelo bombardeio das cidades japonesas. Considerava o ex-chefe "o mais hábil oficial de combate" que já conhecera. LeMay era brutal, mas fazia o serviço. Pensava nos termos mais simples: perda de suas tripulações por unidade de alvo a ser destruído. McNamara ajudara-o a fazer os cálculos que levaram à morte pelo fogo 100 mil moradores de Tóquio – homens, mulheres e crianças – numa única noite. Mas essa admiração pelo general se misturava com repulsa. Ele se dispusera a aceitar o bombardeio da capital japonesa. Uma guerra nuclear com a União Soviética que podia resultar em milhões de baixas americanas era coisa diferente.

– Quem vencerá uma guerra dessas? – perguntou ao comandante da Força Aérea, quando discutiam o assunto.

– Nós, claro – respondeu LeMay. – O país que termina com o maior número de armas nucleares vence.

– Mas se perdermos 10 milhões de pessoas, de que adianta vencer?

McNamara estava cansado. Os últimos dias haviam sido um redemoinho de reuniões, chamados para conferências e centenas de decisões. Ele dormia num catre do seu escritório no terceiro andar do Pentágono que dava para o rio Potomac. Só uma vez conseguira jantar em casa, na noite de sexta-feira. Fazia a maior parte das refeições no escritório. Levantava-se às 6:30 e trabalhava até às 23h, ou meia-noite. Tinha o sono muitas vezes interrompido por telefonemas do presidente ou grandes autoridades. O único relaxamento era um ou outro jogo de squash no Clube dos Oficiais, no Pentágono. Embora com a mente ainda a trabalhar como um computador, perdia parte da perspicácia que constituía sua marca registrada e não mais dominava as reuniões do ExComm com as secas análises e múltiplas opções.

No meio dessa tensa conversa, McNamara recebeu uma mensagem urgente, que lhe foi passada por LeMay. Ele deu uma rápida olhada.

"Perdemos um U-2 no Alasca."

Os comandantes do SAC tinham levado uma hora e meia para comunicar a perda do avião às autoridades civis, apesar dos fortes indícios de que Maultsby cruzara por engano a fronteira soviética. As informações chegavam fragmentadas. O Pentágono disse à Casa Branca que o piloto "saiu do curso" após sofrer um "problema com o giroscópio" e ser captado por um "localizador de alta frequência" na ilha Wrangel. "Depois parece haver entrado, ou quase, em território soviético. Não está claro no momento qual a causa. Caças russos acorreram – e os nossos também."

As primeiras informações eram bastante assustadoras. Um avião espião americano na certa penetrara em território soviético num momento em que os dois países se encontravam perto da guerra nuclear. Com quase toda certeza ficara sem combustível. McNamara saiu correndo da sala para telefonar ao presidente. Os registros da reunião mostram que eram 13:41.

Preocupado com o desligamento do motor, Maultsby esquecera de puxar a correia que impedia o capacete de subir depois que o traje pressurizado se inflou. A parte de baixo agora bloqueava a sua visão e ele tinha uma "dificuldade dos diabos para ver o painel de instrumentos" à frente. Lutou com o capacete até conseguir, afinal, repô-lo no lugar.

Pouco depois, o para-brisa embaçou-se e apareceu a condensação na lâmina contra incêndio do capacete. Ele puxou-a para tão perto da boca quanto possível. Esticando a língua, lambia a condensação o suficiente para ver o painel de instrumentos.

O altímetro continuava a mostrar uma altura de 70 mil pés. Maultsby supôs que a agulha emperrara, mas então percebeu que o avião ainda voava a essa altura, mesmo sem qualquer força. O U-2 levou pelo menos 10 minutos para iniciar a lenta descida. O piloto disse a si mesmo que lhe restava apenas "manter as asas niveladas e uma taxa de descida para alcance máximo, e esperar que meu anjo da guarda não tenha tirado um cochilo".

O barulho pulsante do motor dera lugar a um fantástico silêncio. O único barulho que Maultsby conseguia ouvir vinha de sua própria respiração forçada. A necessidade física mais premente após quase 10 horas no ar era urinar. Em condições normais, aliviar-se num U-2 envolve o trabalhoso abrir o zíper do traje de pressão parcial, afastar várias camadas de roupa de baixo e mirar numa garrafa. Uma manobra já complicada na melhor das hipóteses tornava-se quase impossível quando o traje se inflava e tomava quase toda a cabine.

13:45, SÁBADO, 27 DE OUTUBRO (9:45 NO ALASCA)

Fora uma manhã febril, mas o presidente decidira não perder a nadada de sempre. Em geral ia duas vezes por dia, pouco antes do almoço e outra vez antes do jantar, com o auxiliar Dave Powers. Os médicos haviam-lhe prescrito exercícios de natação para o problema das costas, mas era também uma forma de relaxar. A princípio construída para Franklin Roosevelt como parte do tratamento da pólio, a piscina interna no porão da Ala Oeste fora reformada e decorada com o mural de uma gloriosa cena de navegação nas ilhas Virgens, doado por Joe Kennedy. Os dois amigos entraram num papo agradável enquanto praticavam nado de peito de um lado para outro dos 80 metros d'água, mantida em constantes 32 graus.

Ao voltar do exercício, Kennedy passou pelo Salão Oval e dirigiu-se à sala de refeições para um almoço leve. O telefone tocou à 13:45. Era McNamara, com a notícia do U-2 desaparecido no Alasca.

Poucos minutos depois, o chefe da espionagem do Departamento de Estado subiu às pressas a escada, vindo do escritório de Bundy no porão. Roger Hilsman acabara de saber da corrida de jatos soviéticos e americanos. Após passar dois dias sem dormir, sentia-se exausto, mas entendeu na hora o significado do que acontecera.

— As implicações eram tão óbvias quanto horrendas: os soviéticos bem podiam encarar aquele voo de U-2 como um reconhecimento de última hora em preparação para a guerra nuclear.

Hilsman esperava uma explosão de fúria do presidente, ou pelo menos algum sinal do pânico que ele próprio começava a sentir. Mas Kennedy quebrou a tensão com uma risada curta e amarga e um truísmo de seus dias na Marinha:

— Tem sempre um filho da puta que não recebe a notícia.

A calma exterior traía uma profunda frustração. Ao contrário de outros membros da família, em particular o irmão Bobby, Kennedy ficava calado quando zangado. Os auxiliares mais próximos temiam mais o ranger de dentes que as ocasionais explosões. Quando realmente fora de si, ele batia nos dentes da frente com as unhas ou agarrava os braços da cadeira com tanta força que os nós dos dedos ficavam brancos.

Kennedy descobria os limites do poder presidencial. Era impossível um comandante em chefe saber tudo que se fazia em seu nome. Havia tantas coisas que só descobriria quando "algum filho da puta" estragasse tudo; a máquina militar operava segundo uma lógica e impulso interno próprios.

O Pentágono garantia-lhe que os voos para coleta de amostras de ar ao polo Norte haviam sido planejados e aprovados muitos meses antes. Ninguém pensara na possibilidade de um U-2 acabar do outro lado da fronteira soviética no dia mais perigoso da Guerra Fria.

Não apenas a extensão de sua própria ignorância perturbava Kennedy. Às vezes pedia que fizessem alguma coisa e nada acontecia. Um exemplo desse fenômeno, pelo menos para ele, eram os mísseis Júpiter na Turquia. Quisera tirá-los de lá havia meses, mas a burocracia sempre encontrava um motivo obrigatório para ignorá-lo. Manifestara essa exasperação durante uma caminhada no Jardim das Rosas com Kenny O'Donnell pela manhã. Mandara-o descobrir "a última vez que pedi a retirada daqueles malditos mísseis da Turquia. Não as primeiras vezes que pedi a retirada, apenas a data da última". Revelou-se que o presidente instruíra o Pentágono a examinar a remoção dos Jupíteres em agosto, mas a ideia fora arquivada por receio de irritar os turcos. Bundy depois insistiu que jamais recebera uma "ordem presidencial" formal para retirar os mísseis, e os registros arquivados parecem confirmar isso.

A remoção dos mísseis complicava-se mais agora que Kruchev tentava usá-los como moeda de barganha pública. Mas Kennedy tinha certeza de uma coisa: não ia à guerra por alguns mísseis obsoletos. Quando jovem oficial da Marinha no Pacífico, chegara à conclusão de que era melhor "as pessoas que decidem os porquês e portantos" terem uma motivação convincente para ir à guerra, pois de outro modo "a coisa toda vira cinzas". Isso resumia muito bem a maneira como se sentia 20 anos depois, agora que ele próprio decidia "os porquês e portantos".

Mas o drama naquela tarde de sábado pouco tinha a ver com os desejos de Kennedy ou Kruchev. Os fatos moviam-se mais rápido do que os líderes políticos podiam controlar.

Um avião espião americano fora derrubado sobre Cuba. Outro se perdera sobre a Rússia. Uma bateria de mísseis de cruzeiro soviética tomara posição diante de Guantánamo, pronta para cumprir a ameaça feita por Kruchev de "varrer" a base naval. Um comboio de ogivas nucleares dirigia-se a um dos regimentos de mísseis R-12. Castro ordenara ao exército que abrisse fogo sobre aviões americanos em voo baixo e exortava os soviéticos a pensarem num primeiro ataque nuclear.

O presidente nem sequer exercia completo controle sobre suas próprias forças. Tinha apenas um vago senso de confronto em formação no Caribe, onde navios de guerra americanos tentavam forçar submarinos soviéticos a irem à superfície e os exaustos tripulantes imaginavam se já começara a Terceira Guerra Mundial.

O paradoxo da era nuclear era que os americanos tinham um poder maior que nunca – mas tudo seria posto em risco por um único e fatal erro de cálculo. Os erros não passavam de uma consequência inevitável da guerra, mas nas anteriores haviam sido mais fáceis de consertar. As apostas eram muito mais altas agora, e a margem de erro, muito mais estreita. "A possibilidade de destruição da humanidade" não lhe saía da cabeça, segundo Bobby. Ele sabia que a guerra "raras vezes é intencional". Perturbava-o mais a ideia de que, "se erramos, não erramos apenas para nós mesmos, nossos futuros, nossas esperanças e nosso país", mas para os jovens em todo o mundo "que não tiveram papel, nem voz, que não sabiam sequer do confronto, mas cujas vidas seriam apagadas como as de todos os demais".

Um fraco fulgor surgiu no horizonte ao lado do bico do avião de Maultsby. Ele sentiu o ânimo elevar-se pela primeira vez em horas. Agora tinha certeza de que se dirigia para o leste, de volta ao Alasca. O navegador em Eielson vira o mesmo fulgor rubro uma hora e meia antes, quando ainda estava escuro sobre Chukotka. Maultsby decidiu manter o rumo até descer a 20 mil pés. Se não houvesse nuvens, desceria para 15 mil e olharia em volta. Se houvesse, tentaria manter a altitude o máximo possível. Não queria bater numa montanha.

A 25 mil pés, o traje pressurizado começou a desinflar-se. Não se viam nuvens nem montanhas. A essa altura, havia apenas luz suficiente para permitir a Maultsby ver o chão. Coberto de neve.

Dois F-102s com a típica pintura vermelha na cauda e na fuselagem apareceram na ponta de cada asa. Pareciam voar a uma "velocidade quase nula", num ângulo perigosamente inclinado. Maultsby tinha apenas energia de bateria suficiente para entrar em contato com os caças na frequência de emergência do rádio. Uma voz americana atravessou o ar em estalos:

– Bem-vindo ao lar.

Os dois interceptadores F-102 entravam e saíam disparados das nuvens, circulando o abalado avião espião como insetos a zumbir. Se tentassem igualar a lenta velocidade de planador do U-2, se incendiariam e cairiam. Pelo menos não havia sinal de MiGs soviéticos, que tinham voltado para Anadir muito antes de Maultsby alcançar águas internacionais.

O aeroporto mais próximo ficava numa primitiva faixa de gelo num lugar chamado estreito de Kotzebue, posto militar de radar pouco acima do Círculo Polar Ártico. Faltavam cerca de 20 milhas. Os pilotos dos F-102s sugeriram que Maultsby tentasse pousar ali.

– Vou fazer uma curva à esquerda, por isso é melhor se mandarem – ele falou pelo rádio ao avião da esquerda.

– Não tem problema, vamos lá.

Quando Maultsby virou à esquerda, um dos F-102s desapareceu sob a asa esquerda do seu avião. O piloto falou de volta para dizer que ia procurar a pequena faixa de gelo.

Roger Herman esperava na ponta da pista na base McCoy da Força Aérea nos arredores de Orlando, Flórida, vasculhando o céu do sul em busca de algum sinal de Rudy Anderson. O oficial móvel tinha um papel crucial na ajuda ao piloto para pousar o avião. O U-2 já era bastante difícil de pilotar; mais ainda de pousar. O piloto tinha de fazer as longas asas pararem de gerar força ascensional exatos dois pés acima da pista. O oficial móvel corria atrás do avião num veículo de controle, gritando a altitude a cada dois palmos. Se o piloto e ele fizessem o trabalho direito, o avião pousaria de barriga. De outro modo, continuaria a planar.

Roger esperara Anderson por mais de uma hora. Perdia rápido a esperança. O piloto não mandara uma mensagem de rádio codificada para avisar que tornara a entrar no espaço aéreo americano. Talvez um erro de navegação o houvesse feito desviar-se. Mas só tinha combustível suficiente para um voo de quatro horas e meia. Partira às 9:09. O tempo se esgotava.

De pé na ponta da pista, Herman sentia-se como alguém num filme sobre a II Guerra Mundial, contando os minutos até a volta do amigo. Esperou até receber um chamado do comandante da ala, coronel Des Portes:

– É melhor você voltar.

14:03, SÁBADO, 27 DE OUTUBRO

McNamara preocupava-se cada vez mais com a falta de informação. Acontecimentos dramáticos desenrolavam-se em tempo real, mas ele só ficava sabendo horas depois, quando ficava. Tinha uma filosofia oposta à do almirante Anderson. Preocupava-se com tudo e queria saber todos os detalhes na hora. Nesse esforço para ser informado, ia fundo na burocracia. De sua suíte no Pentágono, podia grudar-se no sistema de comunicações dos chefes do Estado-Maior Conjunto. Precisava telefonar ele mesmo para funcionários de nível inferior, incluindo um operador de radar em Florida Keys, para descobrir o que acontecia em Cuba e arredores.

Não ficara claro para McNamara se os líderes militares retinham as informações de propósito ou se eles próprios não sabiam o que se passava.

Ele e seu vice, Roswell Gilpatric, haviam notado as discrepâncias entre o que dizia o Plano da Marinha e o que ficavam sabendo pela Agência de Inteligência da Defesa. Não tinham certeza alguma de que a Marinha "operava com base na mais recente informação". Revelou-se que os comandantes da Força Aérea só havam sabido do voo de Maultsby ao polo Norte quando ele se encrencou.

O secretário da Defesa soube que outro U-2 decolara numa missão para coleta de amostras no polo Norte na mesma rota seguida por Maultsby. Ordenou o imediato retorno. Mais tarde ia parar todos os voos de U-2 fora do território americano até a Força Aérea fornecer um relatório completo do voo de Maultsby.

Outra notícia perturbadora aguardava McNamara tão logo ele tornou a juntar-se aos chefes no Tanque. Às 14:03, um coronel da Força Aérea de cara fechada entrou na sala e anunciou que "um U-2 que sobrevoava Cuba está 30 a 40 minutos atrasado".

14:25, SÁBADO, 27 DE OUTUBRO (10:25 NO ALASCA)

Quando Maultsby desceu abaixo de cinco mil pés, os pilotos dos F-102s começaram a ficar nervosos. Não entendiam como um avião podia voar àquela altitude sem qualquer força e não pegar fogo. Mas não tinham experiência com o U-2.

Maultsby passou pela primeira vez sobre o aeroporto de Kotzebue à altura de mil pés. A instalação ficava numa península coberta de neve que se projetava no mar. Um caminhão assinalava o início da pista. Além do aeroporto, viam-se algumas cabanas de esquimós e um posto de radar numa colina. Quase não havia vento contrário, o que era um alívio, pois mesmo pequenas rajadas podiam desviar do curso o frágil avião. Quando ele iniciou uma baixa virada à esquerda em direção ao mar, um dos pilotos de F-102 se convenceu de que o avião ia cair:

– Pule! Pule! – gritou o tenente Dean Rands, piloto do F-102 da frente.

Mas Maultsby recusou-se a entrar em pânico. Baixou os flaps das asas e desligou o motor J-57, que deixara em ponto morto, pois lhe dava grande empuxo. Tudo parecia muito bem, só se aproximava da pista com mais velocidade do que desejava. Ao passar a 15 pés sobre o caminhão, soltou um paraquedas da cauda e balançou o leme de um lado para outro, a fim de reduzir. Sem o oficial móvel correndo ao lado da pista, atrás, era difícil julgar a altitude com precisão. O U-2 "parecia não querer parar de voar, mesmo sem o motor". Por fim, fez o necessário pouso de barriga na pista, derrapou no gelo e parou na neve funda.

Maultsby continuou sentado como em transe no assento ejetor, incapaz de pensar ou se mexer. Sentia-se física e emocionalmente exausto. Após ficar abobalhado por vários minutos, assustou-se com uma batida na nacele. Ergueu o olhar e viu um "gigante barbudo" com a parca oficial do governo.

– Bem-vindo a Kotzebue – disse o gigante, um sorriso enorme no rosto.

– Você não sabe o meu prazer por estar aqui. – Foi tudo que o piloto conseguiu dizer em resposta.

Tentou sair da cabine, mas tinha as pernas dormentes. Vendo a dificuldade, o novo amigo "pôs as mãos sob minhas axilas, tirou-me com toda delicadeza e me colocou na neve, como se fosse uma boneca de trapo". O pessoal da estação de radar e meia dúzia de esquimós juntaram-se em torno para receber o inesperado visitante. Os dois F-102s deram adeus voando baixo sobre o aeroporto e balançando as asas.

O gigante barbudo ajudou Maultsby com o capacete. Uma explosão de ar muito frio bateu-lhe no rosto, revivendo-o por um instante e lembrando-lhe o único assunto do qual deveria cuidar antes de tudo o mais. Desculpou-se com o comitê de recepção e arrastou-se com esforço até o outro lado do U-2, onde esvaziou a abarrotada bexiga num monte de neve virgem.

CAPÍTULO DOZE

"Corra como o diabo"

14:27, SÁBADO, 27 DE OUTUBRO (12:27 EM MONTANA)

A perda de um U-2 sobre a União Soviética foi apenas o mais recente numa série de pesadelos de segurança que assombravam o Comando Aéreo Estratégico. Bombardeiros haviam se extraviado, aviões de reconhecimento derrubados por acidente e sistemas de alerta antecipado transmitindo falsos alertas de ataque soviético. Isso tudo no âmbito da verdadeira possibilidade.

O SAC já tinha mais aviões, mísseis e ogivas em alerta que em qualquer momento de sua história. Um oitavo da força de bombardeiros pesados B-52 – um total de 60 aviões – partia todas as vezes, pronto para atacar alvos em todo o bloco soviético. Outros 183 B-47s haviam se dispersado por 33 aeroportos civis e militares em todo o país, preparados para decolar em 15 minutos. Pôs-se em alerta um total de 136 mísseis de longo alcance. Uma "Folha de Fatos Cubanos" fornecida ao presidente pelo assessor militar relatou que o general Power fora instruído a mobilizar a "força restante de 804 aviões e 44 mísseis já às 10 horas desta manhã". Por volta do meio-dia de domingo, o SAC teria uma força de ataque nuclear "apontada" – "pronta para disparo" – de 162 mísseis e 1.200 aviões com 2.858 ogivas nucleares.

Quanto mais se punham aviões e mísseis em alerta, mais tenso ficava o sistema. Enquanto se desenrolava o drama de Maultsby, os oficiais veteranos do SAC receavam a possibilidade de um lançamento desautorizado do revolucionário novo míssil Minuteman do silo subterrâneo em Montana. Ao contrário dos mísseis abastecidos com combustível líquido anteriores, que exigiam um tempo de preparação de lançamento de no mínimo 15 minutos, estes, abastecidos com combustível sólido, podiam ser disparados em apenas 32 segundos. Acelerara-se a instalação do sistema de mísseis por causa da crise, mas os oficiais da segurança nuclear agora temiam que talvez se houvessem reduzido muitos ângulos.

A decisão de ativar o primeiro voo de 10 Minutemans fora tomada logo após o aparecimento de Kennedy na televisão para anunciar a descoberta de mísseis soviéticos em Cuba. Power queria todo o sistema de mísseis existente assestado para a União Soviética. Telefonou ao comandante da

341ª Ala de Mísseis Estratégicos, coronel Burton C. Andrus Jr., para saber se era possível preparar o Minuteman para disparar imediatamente, contornando os procedimentos de segurança aprovados.

Em tempos normais, disparar um desses foguetes exigia quatro "votos" eletrônicos de duas equipes de oficiais, localizados em dois diferentes centros de controle de lançamento, a 11km um do outro. O problema era que apenas um desses centros fora concluído. Os empreiteiros ainda despejavam concreto no segundo, que só se tornaria operacional várias semanas depois. Mas a "última coisa" que Andrus queria dizer ao chefe de pavio curto era "não se pode fazer". Sabia que Power "tentava freneticamente roubar o espetáculo da grande folha de serviço de LeMay como chefe de Estado-Maior do SAC". Encontraria uma forma de "burlar o sistema".

Piloto da II Guerra Mundial, Andrus herdara certa teatralidade do pai, ex-comandante da prisão militar de Nuremberg e carcereiro de criminosos de guerra nazistas, como Hermann Goering e Rudolf Hess. O pai vestia-se com esmero, usava um chicote de cavalgada e um capacete verde esmaltado, e dizia aos amigos:

– Detesto esses chucrutes.

Burt Júnior gostava de saltar sobre uma mesa no hangar de manutenção da base da Força Aérea, com o uniforme de voo azul e vociferar aos recrutados mortos de medo:

– Kruchev sabe que estamos atrás do rabo dele.

Circulava com três radiotelefones e dizia aos repórteres que jamais ficava a seis toques de um chamado, para o caso de o presidente precisar dele. Era tido como o único comandante com licença para dirigir as carretas que arrastavam os mísseis até os silos.

Após servir ao SAC quase desde a sua criação, Andrus "convencera-se de que ainda não se inventara um sistema de armas no qual os profissionais do ar não pudessem passar a perna". A solução era fazer um reparo improvisado do aparato para que a "parte crítica" do painel de controle eletrônico, do tamanho de uma caixa de sapatos, no segundo centro de lançamento fosse diretamente ligada ao circuito do primeiro. Bastavam uma chave de fenda, alguma reinstalação elétrica e um pouco de engenhosidade ianque.

Nos três dias seguintes, Andrus vagou pelas estradas secundárias de Montana na caminhonete azul de sempre, pressionando as equipes para deixarem os mísseis em condições de voo. Partindo da base Malmstrom, na borda de Great Falls, tomou a U.S. 87 e embrenhou-se nas densas florestas das Little Belt Mountains. Após uns 30km, a estrada bifurcava-se. A rodovia 87 continuava na direção sudeste até o centro de controle de lançamento Alpha One, menos de 10km adiante. A 89 levava ao sul mais uns 30km, por um desfiladeiro, até a outrora próspera cidade mineira de prata de Monarch. Alguns quilômetros depois de Monarch, no lado direito da estrada, uma simples barreira de correntes isolava dois hectares áridos e algumas lajes de concreto. Escondido sob o concreto, protegido por uma porta de aço de 80 toneladas, estava o primeiro míssil acionado por botão de pressão automatizado.

O Minuteman tinha uma coisa muito impessoal. A geração anterior de mísseis abastecidos com combustível líquido exigia constante manutenção e observação. As equipes ficavam de plantão enquanto os abasteciam, os içavam dos silos e disparavam. O Minuteman era operado por controle remoto, por equipes a uns 15, 30 até 50km de distância. Para torná-los invulneráveis a ataques, armazenavam-nos em silos revestidos de aço, distantes, no mínimo, 5km um do outro. Não se podia destruir mais que um Minuteman com uma única arma nuclear. Se o Kremlin tentasse um primeiro ataque, os mísseis americanos poderiam ser lançados enquanto os soviéticos ainda estivessem no ar. Planejou-se a instalação de uns 800 mísseis Minuteman, espalhados por Montana, Wyoming e nos dois estados de Dakota. Kennedy referia-se a eles como seu "ás na manga".

Operar um Minuteman assemelhava-se mais ou menos a comprar um novo carro sem receber as chaves, segundo o tenente-coronel responsável pelo voo Alpha:

– A gente não pode dirigir. Não tem nenhuma sensação de propriedade. Com um míssil abastecido de combustível líquido, você pode fazê-lo subir para fora do silo no elevador, abastecê-lo e ir para a contagem regressiva. Não pode tocar numa única coisa.

Instalados nos *bunkers* 300 metros abaixo da superfície, os oficiais de lançamento não podiam nem ver o Minuteman ser disparado do silo. O mais próximo contato que tinham com o inimigo era um aviso jocoso e gabola: "Entrega mundial em 30 minutos ou menos – ou a próxima é grátis." O apocalipse nuclear era tão mundano quanto a entrega de pizza.

Na tarde de sexta-feira, Andrus e o técnico principal já se haviam preparado para pôr o Minuteman em operação. Visto de fora, o centro de controle de lançamento Alpha One parecia uma modesta casa de fazenda numa campina. Assim que entraram, os operadores do míssil desceram de elevador até um pequeno posto de comando conhecido como "cápsula". Ao repassarem a lista de verificação final, Andrus disse ao técnico que ia manter o polegar no botão de desligamento.

– Se eu não avistar uma luz, ou você ouvir alguma coisa, vir alguma coisa, ou até sentir o cheiro de alguma coisa que pareça irregular, berre que eu desligo – instruiu.

Como reconheceu depois:

– Se parecíamos nervosos, era porque estávamos mesmo. Ter apenas 99% de certeza de que não se pode fazer um lançamento sem querer não é lá muito bom quando se encara a possibilidade de iniciar a Terceira Guerra Mundial.

O teste saiu muito bem para o primeiro Minuteman a ser declarado operacional. Várias horas depois, o secretário da Força Aérea Eugene Zuckert comunicou ao presidente que três mísseis Minuteman "tiveram as ogivas instaladas e lhes foram atribuídos alvos na União Soviética".

De fato, o sistema vivia atormentado por problemas. Apenas duas linhas telefônicas ligavam o centro de controle de lançamento à instalação de apoio na base Malmstrom. As comunicações falhavam repetidas vezes. Operários da Boeing perambulavam pelo local tido como seguro e faziam ajustes de última hora. A falta de equipamento "exigia muitos macetes improvisados". Cada míssil era posto e retirado de alerta a intervalos, enquanto os técnicos tentavam solucionar problemas, que incluíam curtos-circuitos e fiações trocadas.

Após encorajar Andrus a instalar os mísseis o mais rápido possível, os superiores no quartel-general do SAC começaram a reconsiderar a decisão. Já tinham preocupações de segurança suficientes com os procedimentos improvisados de lançamento para insistir numa precaução de segurança atamancada. Para evitar um lançamento acidental, ordenaram a desativação manual das pesadas tampas de aço no topo dos silos. Se um míssil fosse disparado sem autorização, explodiria no silo. Antes que se pudesse lançar um Minuteman, uma equipe de manutenção teria de religar as cargas explosivas que arrancavam por explosão a tampa antes da decolagem. A instrução do SAC com os novos procedimentos foi enviada às 14:27, horário de Washington, no sábado, 24 horas depois de o primeiro Alpha Seis tornar-se "operacional".

Os técnicos a quem cabia a tarefa de religar as tampas nos silos referiam a si mesmos, apenas meio de brincadeira, como pelotão "suicida". Se alertados por oficiais de lançamento que o míssil ia ser disparado, precisavam ligar o cabo de volta, saltar numa caminhonete à espera e "correr pra burro". Calcularam que tinham cerca de três minutos para sair do caminho antes que o grande pássaro branco explodisse acima do solo. Se não fossem mortos pelo Minuteman na partida, tinham grande chance de ser atingidos por um R-16 na chegada.

Duas Stratofortresses decolaram da base Carswell da Força Aérea, no Texas, impulsionadas por seis motores a jato Pratt & Whitney. Apelidado de BUFF, sigla de "Big Ugly Fat Fucker" (Grande Fodão Feio e Gordo, em inglês), cada avião levava uma tripulação de seis homens, mais um terceiro piloto para permitir que os pilotos originais tivessem algum descanso durante o voo de 24 horas. No compartimento de bombas de cada avião encontravam-se quatro dispositivos termonucleares Mark-28, a principal arma da Guerra Fria do SAC. Com uns 5 metros de comprimento e 50cm de largura, parecia um charuto gigantesco e levava uma carga explosiva de 1,1 megaton, 70 vezes o poder da bomba jogada sobre Hiroshima.

As tripulações haviam passado horas estudando os alvos na União Soviética, técnicas de bombardeio e manobras de fuga. Estavam "prontos para entrar na guerra". Mas também resignados ao fato de que "era improvável realizarmos toda a missão". Uma troca nuclear na certa significaria que "o mundo como conhecemos teria um fim". E entendiam que suas próprias bases de bombardeiro nos Estados Unidos eram os primeiros alvos de um ataque nuclear soviético. Antes de partirem, muitos dos homens haviam dito às suas mulheres que abarrotassem a caminhonete da família, a abastecessem de gasolina e fossem para o lugar mais remoto que encontrassem se a crise tomasse o rumo do pior.

Os B-52s atravessaram o Atlântico na rota sul do alerta aéreo Domo de Cromo. Outros BUFFs voaram para o norte, em torno do Canadá, circundando as orlas do oceano Ártico. Dois dos B-52s mantinham constante vigilância acima da estação de radar de alerta antecipado de mísseis balísticos em Thule, Groenlândia, como medida de segurança contra um bombardeio soviético. O número de bombardeiros em alerta aéreo aumentara cinco vezes com a declaração dos DEFCONSs-3 e 2. Era a forma de o SAC avisar a Moscou que estava pronto e tinha condições de dar a "resposta retaliatória completa" ameaçada pelo presidente no comunicado pela televisão na noite de segunda-feira.

Os bombardeiros reabasteceram-se quando sobrevoavam Gibraltar e o Sul da Espanha, a caminho do Mediterrâneo, e de novo no percurso de volta. O tráfego revelou-se tão intenso que não era incomum ver seis BUFFs sendo abastecidos ao mesmo tempo. A operação de reabastecimento levava 30 minutos, com os B-52 ligados por tubos aos aviões-tanque e sugando até a última gota de gasolina. Ao se dirigirem às zonas de patrulha à frente, os aviões do Domo de Cromo muitas vezes sofriam "interferência" dos sinais de rádio dos *experts* em guerra eletrônica soviéticos. Uma misteriosa estação que se identificava como "Estação Oceânica Bravo" criou a rotina de solicitar informação de voo dos aviões da Força Aérea ao largo de Groenlândia. Os pilotos do BUFF eram treinados para ignorar chamadas não autenticadas, mas a interferência eletrônica às vezes os chateava. Na tarde de sábado, pilotos de aviões-tanque comunicaram interferência de rádio de uma traineira ao largo da costa meridional da Espanha quando voavam com dois B-52s.

Após circundarem a Espanha e a costa meridional da Itália, os BUFFs fizeram uma volta à esquerda ao se aproximarem de Creta e dirigiram-se à costa adriática da Grécia e da Iugoslávia. Era o ponto de mudança de rumo. Achavam-se ainda a uma hora de voo da fronteira soviética e duas de Moscou. Monitoravam os receptores de rádio de alta frequência para ouvir "mensagens de ação de emergência" vindas de Omaha. Se o presidente quisesse que bombardeassem a União Soviética, o SAC transmitiria uma ordem codificada em forma de sequência misturada com seis caracteres de letras e números. No mínimo dois membros da tripulação tinham de autenticar a mensagem segundo grandes livros pretos de código guardados junto aos pilotos.

Os B-52s se aproximariam da Rússia em sobrevoo baixo, para evitar radares inimigos, como haviam feito os bombardeiros de LeMay no Japão durante a II Guerra Mundial. Alguns dos outros transportavam bombas que precisavam ser "armadas" por um membro da tripulação, que rastejava pelo compartimento de bombas adentro e inseria uma haste no centro do dispositivo nuclear. Mas no BUFF esse processo era automático.

Os pilotos haviam estudado a balística das armas e sabiam quando desprendê-las para "lançá-las" no alvo. A arma vinha equipada com um fusível de retardo para permitir que o BUFF, voando a 400 nós, escapasse da bola de fogo e explosão. O alvo era muito menos preciso que os disparos de teste no Pacífico, realizados em condições quase perfeitas. Os pilotos não tinham sistemas de radar sofisticados para guiar as bombas até os alvos. Não havia um "Kitty" no quartel-general do SAC para fazer os complicados cálculos balísticos no meio de uma missão. Estavam sozinhos. A fim de compensar a falta de precisão, o SAC insistia que os mesmos alvos fossem atacados múltiplas vezes, para assegurar a destruição.

Os alvos na lista SIOP incluíam campos de mísseis, aeroportos, instalações de defesa e centros de comando e controle como o Kremlin, no coração de Moscou, cidade com uma população de mais de seis milhões. O plano relacionava seis "complexos de alvo" na capital soviética, a serem cobertos por 23 armas nucleares, quase quatro por alvo. Isso correspondia a 25 milhões de toneladas de TNT, pelo menos cinco vezes a quantidade total de explosivos usados na II Guerra Mundial.

Em teoria, todos os alvos tinham algum tipo de importância "estratégica". Mas com uma notável exceção. Caso o BUFF não acertasse um, e a tripulação fosse morta ou ficasse incapacitada por um míssil soviético, o avião dispunha de um mecanismo que se preparava para "liberação automática de bombas pré-armadas" sobre território inimigo. Em vez de "desperdiçar" todas as armas nucleares juntas, os planejadores do SAC preferiam acionar uma detonação automática sempre que acontecesse de o bombardeiro entrar num mergulho de bico final. O macabro dispositivo era chamado pelas tripulações do B-52 de "interruptor do morto".

15:02, SÁBADO, 27 DE OUTUBRO (14:02 EM HAVANA)

A emissora nacional cubana Radio Reloj interrompeu os programas vespertinos às 15:02, horário de Washington, para anunciar que "aviões de guerra não identificados" haviam "penetrado fundo em solo nacional" naquela manhã, mas tinham sido rechaçados pelo fogo da defesa antiaérea. "As forças aéreas cubanas encontram-se em estado de alerta máximo, em posição estratégica de combate máxima e prontas para defender os sagrados direitos da pátria."

Na hora da transmissão dessa declaração, o comboio de veículos que levavam ogivas de Bejucal chegava a Calabazar de Sagua, 275km a leste de Havana. As principais instalações de armazenamento das ogivas ainda continuavam incompletas. Haviam enchido as fundações de concreto no primeiro regimento, mas ainda não começara o trabalho de montagem dos arcos de alumínio transportados da Rússia. No segundo regimento, as tropas de construção tinham acabado de instalar um respiradouro tipo chaminé na última parede e impermeabilizavam o telhado. Mas o interior da casamata permanecia inacabado e ainda não fora instalado o equipamento de controle de clima. Como não havia lugar algum para armazenar de forma correta as ogivas, guardaram-nas nas caminhonetes corcundas perto do quartel-general do regimento, a 2km das posições de lançamento. Os técnicos inspecionavam as ogivas dentro das caminhonetes.

O campo de mísseis de Calabazar era isolado por palmeiras e plantações de cana-de-açúcar, entre algumas colinas baixas. As colinas não tinham nem 50m de altura, mas ofereciam alguma proteção a norte e a leste. Havia quatro posições de lançamento separadas entre si por várias centenas de metros. Uma plataforma de lançamento consistia de uma pesada mesa de aço em que se colocava o míssil para disparo, com um grande orifício no centro e um defletor de chama em forma de cone embaixo. Uma carreta aguardava perto de cada plataforma de lançamento para suspender com guincho o míssil numa posição vertical. Os próprios mísseis ficavam estocados em barracas próximas.

O regimento de Calabazar era uma das duas baterias de mísseis sob o comando do coronel Ivan Sidorov, comandante do 79º regimento de mísseis. Uma segunda bateria, com mais quatro posições de lançamento, localizava-se a 20km de distância, mais perto de Sagua La Grande. Esses regimentos eram mais expostos a ataques americanos que os do oeste de Pinar del Río, protegidos por montanhas cobertas de florestas. Mas tinham uma imensa vantagem, o que explica por que receberam prioridade máxima: ficavam 80km mais próximos da orla marítima oriental densamente povoada dos Estados Unidos que dos situados em redor de San Cristóbal. Os mísseis soviéticos não podiam atingir Nova York de San Cristóbal, mas a metrópole de oito milhões de pessoas ficava ao alcance dos mísseis disparados de Sagua La Grande. O R-12 tinha um alcance máximo de 1.609km; a distância entre o regimento de míssil de Calabazar e Manhattan era de pouco menos que isso.

A entrega das ogivas significava que Sidorov agora poderia lançar oito mísseis nucleares R-12 contra os Estados Unidos, com um total de material explosivo na cabeça do míssil de no mínimo oito megatons, força explosiva equivalente a todas as bombas já jogadas na história da guerra. O poder de uma ogiva nuclear de um megaton compensaria a falta de precisão do míssil. Sidorov tinha mais quatro. Além de ogivas de reserva para uma segunda saraivada, mas pouca chance de disparálas, em vista da certeza de maciça retaliação americana.

Como as outras posições de mísseis, o regimento de Calabazar era cercado por uma série de anéis defensivos. A primeira linha de defesa compunha-se de baterias antiaéreas, instaladas 2km a leste das plataformas de lançamento. A seguinte consistia de 40 MiG-21 supersônicos interceptadores de aviões de caça, na posição de 11km ao sul, no aeroporto de Santa Clara. Reforçados, leves e muitíssimo manobráveis, representavam um formidável competidor para os sofisticados caças americanos, mais pesados. O último círculo defensivo incluía os regimentos de mísseis SAM ao longo da costa norte de Cuba e o regimento motorizado de fuzileiros, 32km a leste, equipado com mísseis nucleares táticos.

O elo fraco nesse sistema defensivo estava no próprio centro. As tropas de Sidorov tinham o poder de destruir várias cidades americanas com os mísseis, mas não defender a si mesmas de um ataque aéreo. As armas de defesa do regimento consistiam de algumas metralhadoras e pistolas para os oficiais. O terreno era tão rochoso e duro que não haviam conseguido escavar trincheiras adequadas, mesmo com a ajuda de explosivos. O melhor que conseguiram foram algumas trincheiras individuais perto das posições de lançamento, onde passavam a noite e descansavam durante o dia.

Veteranos de combate cobertos de cicatrizes visitavam as posições de defesa, oferecendo conselho aos mais jovens, ansiosos. Aonde correrem se o inimigo atacar. O que levar. O major Troitski recorreu à sua experiência na Grande Guerra Patriótica:

– Não temam – disse aos neófitos, sorrindo. – Os afortunados sobreviverão.

O regimento entrou em estado formal de alerta "intensificado", Condição de Prontidão 3. Os homens de Sidorov haviam treinado a contagem regressiva final várias vezes: transferir a ogiva para carros elétricos de acoplamento. Pôr a ogiva no míssil. Levá-lo para a plataforma de lançamento. Erguê-lo na posição vertical. Abastecê-lo. Dispará-lo. Reduzindo algumas arestas, Sidorov poderia agora lançá-los contra os Estados Unidos em duas horas e meia após receber a ordem.

Embora ele não tivesse autoridade para disparar os mísseis por conta própria, podiam-se conceber circunstâncias em que seriam disparados sem ordem de Moscou. Não havia travas eletrônicas nos mísseis para impedir o disparo não autorizado. O mecanismo de disparo ficava sob o controle do comandante de cada plataforma de lançamento individual, um major. As ligações de comunicação com o quartel-general da divisão fora de Bejucal continuavam a não merecer confiança. Os especialistas ainda não haviam terminado de instalar uma sofisticada rede de micro-ondas que permitisse o envio de ordens codificadas direto de Moscou a Bejucal, Calabazar e Sagua La Grande. As transmissões de rádio variavam com o tempo: às vezes, a qualidade era boa; em outras, as mensagens vinham ininteligíveis.

A responsabilidade pelo cálculo do tempo da contagem regressiva final cabia a um jovem tenente, Viktor Iesin, depois promovido a chefe do Estado-Maior das Forças de Foguete Estratégico da União Soviética. Ao refletir sobre sua experiência de Cuba décadas depois, perturbava-o a ideia do resultado provável de um ataque aéreo americano:

– Você tem de entender a psicologia do militar. Se está sendo atacado, por que não deve retribuir na mesma moeda?

15:30, SÁBADO, 27 DE OUTUBRO

A CIA havia muito suspeitava que Castro reagiria a um ataque americano a Cuba atacando os Estados Unidos em todo lugar que pudesse. Interceptara cartas codificadas a agentes cubanos na América Central avisando-lhes que se preparassem para "uma onda coordenada de terrorismo e revolução a ser iniciada tão logo Cuba seja atacada". Tinha informação de que "pelo menos mil" cidadãos de países latino-americanos haviam viajado a Cuba em 1962, "para receber doutrinação ideológica ou treinamento de guerra de guerrilha, ou ambos". Era típico os estagiários chegarem por rotas sinuosas, desembarcando numa cidade no Leste Europeu, como Praga, antes de viajarem para Havana. O programa de treinamento significava que Castro tinha uma rede de agentes leais em países como a Venezuela, o Peru e a Bolívia, dispostos a defenderem a revolução cubana.

Na tarde de sábado, a CIA interceptou uma mensagem de "um transmissor em algum lugar em Havana" instruindo os defensores de Castro na América Latina a destruírem "qualquer tipo de propriedade *yanqui*". Qualquer empresa comercial ou estatal de propriedade americana era um alvo legítimo, desde as minas a poços de petróleo, a agências de telégrafo, a missões diplomáticas. As embaixadas dos Estados Unidos e as filiais da CIA em todo o mundo foram logo postas em alerta.

"Ataquem as embaixadas *yanquis* e se apoderem do maior número possível de documentos", instruía a mensagem. "O principal objetivo é a eliminação física de gentalha contrarrevolucionária e a destruição de seus centros. Os menos importantes podem dilapidar... Mantenham o material retirado da embaixada *yanqui* em lugar seguro até o recebimento de outras instruções... Saberemos os resultados pela imprensa. *Viva América Latina libre! Patria o muerte!*"

Desde o rompimento final com Washington em janeiro de 1961, Castro fizera pouco segredo do desejo de desencadear uma revolução em todo o continente. Em fevereiro de 1962, emitiu o que correspondia a uma declaração de guerra de guerrilha aos governos da América Latina apoiados pelos Estados Unidos. "É dever de todo revolucionário fazer a revolução", declarou. "É comportamento revolucionário incorreto sentar-se diante da porta de casa à espera da passagem do cadáver do imperialismo." Um plano secreto conhecido como Operação Bumerangue exortava os agentes secretos a explodirem instalações militares, escritórios governamentais, túneis e até cinemas na área de Nova York, se os americanos invadissem Cuba.

Propagar a revolução não era apenas uma questão ideológica para Castro, mas um problema de sobrevivência política. Os Estados Unidos haviam feito tudo ao seu alcance para solapar o regime, desde invasão armada a embargo comercial e inúmeros atos de sabotagem. Desde os dias de jovem revolucionário, Castro convencera-se de que a melhor forma de defesa era o ataque. Como explicou aos patronos soviéticos: "Os Estados Unidos não conseguirão nos ferir se toda a América Latina estiver em chamas."

O governo Kennedy deixara vazar a informação da mensagem de rádio cubana interceptada para os repórteres, como parte do esforço maior de retratar Castro como o perigo número um à estabilidade da América Latina. Claro, os Estados Unidos dificilmente eram a parte inocente. Na semana anterior, o presidente aprovara em pessoa uma série de atos de terrorismo em solo cubano, incluindo um ataque com granada à embaixada chinesa em Havana, a demolição de uma estrada de ferro em Pinar del Río e ataques a refinarias de petróleo e a uma fábrica de níquel. A execução desses planos revelara-se impraticável por enquanto, mas isso não significava que os Kennedy houvessem desistido da sabotagem como instrumento do programa de ação. Na reunião da Mangusto na sexta-feira, Bobby aprovara um plano da CIA para explodir 22 navios de propriedade cubana em portos estrangeiros.

Os simpatizantes de Castro na América Latina não levaram muito tempo para responder ao apelo de Havana. Em poucas horas, houve um dilúvio de pequenas explosões contra empresas americanas na Venezuela, o país mais pró-americano na região. Uma série de outras abalou a calma do lago Maracaibo, uma enorme enseada ao largo da costa caribenha da Venezuela. Três homens numa lancha atiraram três bananas de dinamite em estações de distribuição de energia elétrica ao longo da costa oriental do lago, cortando o abastecimento de energia a um campo petrolífero de propriedade da Standard Oil de Nova Jersey. Os sabotadores explodiram sem querer o próprio barco, quando atacavam a quarta subestação. O capitão morreu no mesmo instante e dois outros homens sofreram ferimentos graves. Guardas de segurança os encontraram agarrados a uma torre de perfuração na água.

O governo venezuelano logo culpou Cuba pelos ataques, afirmando que haviam sido realizados por um "círculo de sabotagem comunista" sob instruções dos cubanos. O governo da ilha negou indignado a acusação, mas noticiou as explosões com grande prazer, dizendo que constituíam uma "primeira resposta do Exército de Libertação Venezuelano à mobilização militar decretada pelo títere Rômulo Betancourt".

A Operação Toque de Clarim preparou-se para partir. Dezesseis aviões de caça F-105 estavam em alerta na base da Força Aérea na periferia de Orlando, para bombardear Cuba com um folheto intitulado *LA VERDAD* (A VERDADE). Um lado do panfleto mostrava uma foto de uma das bases de mísseis soviéticos feitas por um avião de reconhecimento dos Estados Unidos, com dísticos que identificavam tendas de mísseis prontos, plataformas de lançamento e equipamento de abastecimento. O outro lado fornecia um mapa das bases de mísseis soviéticos e uma explicação em espanhol do bloqueio naval americano.

"Os russos construíram secretamente bases de mísseis nucleares ofensivos em Cuba. Essas bases põem em perigo vidas cubanas e a paz mundial, porque Cuba agora é uma base avançada para a agressão russa."

Os panfletos – seis milhões, mais ou menos um para cada cubano adulto – haviam sido impressos na unidade de guerra psicológica do Exército dos Estados Unidos em Fort Bragg. Foram depois embalados em "bombas de folhetos" de fibra de vidro, atadas com barbante detonador que explodiriam sobre Havana e outras cidades cubanas, fazendo chover gotas de *verdad* sobre o populacho embaixo. A Operação Toque de Clarim aguardava a aprovação final do presidente quando surgiu um obstáculo de última hora. Os céus sobre Cuba de repente se haviam tornado muito mais perigosos.

15:41, SÁBADO, 27 DE OUTUBRO

Os seis Crusaders da Marinha decolaram de Key West às 15:41 e voaram para o sul sobre o estreito da Flórida, abaixo do nível dos radares soviéticos. Ao se aproximarem do litoral cubano, separaram-se em diferentes direções e tomaram rumo oeste, para fotografar o aeroporto em San Julian e os regimentos de mísseis de Pilar del Río, e a leste para inspecionar os modernos MiG-21s no aeroporto de Santa Clara, além de um sítio de R-14 em Remedios.

O capitão Edgar Love, veterano de oito anos com o Corpo dos Fuzileiros Navais dos Estados Unidos, era o piloto líder da missão sobre o centro de Cuba. Entrou em território cubano perto da estação balneária da elite de Varadero e dirigiu-se a sudeste pela costa, acompanhando uma linha ferroviária como orientação. Após o tempo de voo de oito minutos, viu uma baixa colina que se erguia acima dos campos de cana-de-açúcar à esquerda. Era o regimento de mísseis de Calabazar. O capitão fez algumas fotos oblíquas do local e continuou rumo a Santa Clara. Ao passar pelo aeroporto, viu um esquadrão de jatos de caça MiG pronto para pousar. Guinou para fora do caminho e voou numa inclinação acentuada para a esquerda. Por um momento, julgou que os MiGs poderiam tentar persegui-lo, mas eles o ignoraram, e Love virou para o norte, em direção a Remedios.

Ao surgir de repente para fazer as fotos, viu a baforada de fogo de defesa antiaérea. Era difícil saber o lugar exato de onde vinha, em algum ponto afastado à direita. O piloto subordinado no caça próximo forçou o avião a subir rápido, dificultando a manobra de Love. Ele deu uma brusca guinada para a esquerda e quase colidiu com o outro.

– Afaste-se! – berrou ao piloto de apoio pelo rádio, passando para o motor a jato acoplado ao exaustor do principal, a fim de aumentar o empuxo. – Você está perto demais.

Armas de defesa antiaérea também abriram fogo sobre os aviões de reconhecimento Crusader que sobrevoavam San Cristóbal. As equipes cubanas haviam ficado em alerta desde que tomadas de surpresa mais cedo naquele dia. Desta vez, os dois jatos da Marinha americana aproximaram-se do oeste, da direção da aldeia de San Diego de los Baños. Sobrevoaram o local chamado pelos americanos de Regimento MBMA Nº 1 San Cristóbal, fotografado pelo comandante Ecker a 23 de outubro, e seguiram pela formação linear da cadeia de montanhas da Sierra del Rosario. Uma unidade de defesa antiaérea cubana aquartelada diante da entrada do campo de mísseis disparou nos dois Crusaders quando eles se dirigiram ao Regimento MBMA Nº 2, cinco quilômetros a oeste.

De dentro das cabines, os pilotos da Missão Lua Azul 5025 viam os denunciadores sinais de fumaça no retrovisor. As câmeras na baia de bombas ainda estalavam metodicamente. Ao ver isso, o piloto da frente virou o manche para a esquerda, mas logo nivelou. A câmera da frente captou uma abrangente visão panorâmica do Regimento MBMA Nº 2, que seria depois exibido pelo Pentágono como prova da atividade dos mísseis soviéticos em Cuba. Viam-se bem as plataformas e elevadores de lançamento no lado esquerdo da imagem, a poucas centenas de metros do grupo das trincheiras recém-cavadas na base das montanhas cobertas por densa capa florestal. Uma fração de segundo depois, o piloto viu outra baforada de fumaça. Incluímos uma série de fotografias não publicadas antes, feitas no momento em que dispararam no Crusader, na página 4 da terceira inserção. Desta vez, o piloto não hesitou. Deu uma guinada acentuada à esquerda e rumou de volta à pátria pelas montanhas da Sierra del Rosario.

16H, SÁBADO, 27 DE OUTUBRO

A notícia de que os jatos da Marinha dos Estados Unidos tiveram problemas começaram a chegar à Casa Branca logo após o início da reunião vespertina do ExComm. McNamara comunicou que dois Crusaders haviam "abortado" a missão e "retornavam à base" devido a um transtorno "mecânico". Vinte minutos depois, chegou a mensagem de que dois outros aviões haviam sido "rechaçados a tiros... pelo que parecia uma arma de defesa antiaérea de 37mm".

Os ataques aos aviões em baixa altitude pareceram representar uma importante escalada dos soviéticos, sobretudo quando combinados com a aparente perda do U-2 do major Anderson sobre Cuba naquela manhã. Os últimos acontecimentos fizeram Kennedy perguntar-se se era uma boa ideia continuar com os voos de vigilância noturna programados antes. O diretor interino da Agência de Informação dos Estados Unidos (USIA, sigla em inglês), Donald Wilson, planejava transmitir um aviso ao povo cubano sobre as explosões "inofensivas" no escuro.

– Acho melhor esperarmos – disse Kennedy. – Não sei se esta noite é a certa para fazer isso.

– Precisamos avaliar certas coisas antes de deixá-las seguir – concordou Maxwell Taylor.

O chefe da USIA deixou a sala às pressas, "para assegurar que ninguém cometesse algum erro".

O presidente voltou a atenção para uma resposta redigida pelo Departamento de Estado à carta particular de Kruchev da noite de sexta-feira e sua própria proposta pública, antes, naquele dia, sobre a permuta de mísseis Cuba-Turquia. Kennedy achou que o rascunho não tratara de forma adequada a oferta do líder soviético e o provável apelo para a opinião pública internacional. Propôs uma linguagem mais suave, dizendo que os Estados Unidos "teriam prazer em discutir" outros assuntos assim que os soviéticos suspendessem o trabalho nos regimentos de mísseis em Cuba.

– Caso contrário, ele vai anunciar que rejeitamos sua proposta – raciocinou Kennedy. – E aí, onde ficamos nós?

Dean Rusk previu que os soviéticos fariam "um grande estardalhaço" pelo sobrevoo do U-2 na União Soviética. O secretário de Estado leu em voz alta o rascunho de uma declaração dizendo que o U-2 se ocupava em "operações de coleta de amostra aérea", mas "se desviou do curso" em consequência da "avaria de um instrumento".

Kennedy preferiu não dizer nada, "se conseguirmos nos livrar sem ter nenhum vazamento". Lembrou o vexame sofrido pelo presidente Eisenhower em maio de 1960, após a derrubada de um U-2 sobre a Sibéria. Não queria ser pego numa série de explicações conflitantes sobre a atividade do U-2 na União Soviética que solapasse sua "credibilidade" com Kruchev.

– Isso dará a ele uma matéria amanhã e nos fará parecer os agressores.

Mais detalhes continuaram a chegar do Pentágono sobre os voos de reconhecimento da tarde. McNamara comunicou erroneamente que um dos Crusaders fora "atingido" por uma granada de 37mm. O piloto estava bem e retornava à base, mas houvera "uma óbvia mudança no caráter das ordens dadas aos defensores cubanos". O secretário da Defesa não julgou sensato "confundir a questão" reconhecendo publicamente o sobrevoo americano acima da União Soviética.

– Concordo – disse Kennedy, firme. – Vamos deixar passar.

17:40, SÁBADO, 27 DE OUTUBRO

Dean Rusk achou os sinais conflitantes de Moscou difíceis de entender. Na sexta-feira, recebera o que parecia uma mensagem indireta de Kruchev pelo repórter da ABC John Scali, oferecendo retirar os mísseis soviéticos de Cuba em troca da promessa dos Estados Unidos de não invadirem a ilha. Agora, o líder soviético aumentava a aposta exigindo a retirada dos mísseis americanos da Turquia. O secretário de Estado pediu a Scali para descobrir o que acontecera.

Mais tarde no sábado, Scali pediu a Aleksander Feklisov que fosse ao hotel Statler-Hilton, onde se haviam reunido na noite anterior. Desta vez, o repórter e o *rezident* da KGB dirigiram-se ao salão de baile deserto no mezanino. Scali estava furioso com a fonte e não queria ser ouvido por acaso.

– Trata-se de uma fedorenta traição – protestou, quando ficaram a sós. – A fórmula mencionada pela Rádio Moscou não tem nada a ver com o que conversamos ontem à noite.

Feklisov tentou acalmá-lo. Não houvera "traição alguma", insistiu. Reconheceu que sua mensagem a Moscou talvez houvesse sido atrasada pelo "pesado tráfego telegráfico" de ida e volta. Também salientou que a ideia de uma permuta Turquia-Cuba dificilmente era nova. Até Walter Lippmann a citara em sua coluna.

– Não dou a mínima se Walter Lippmann ou Cleópatra a citou – explodiu o jornalista. – É completa, total e inteiramente inaceitável. É inaceitável hoje, será inaceitável amanhã. Será inaceitável até o infinito. O governo americano sequer vai levá-la em consideração.

Feklisov explicou que ele e o embaixador Dobrinin eram apenas "peixinhos". Kruchev vinha recebendo conselhos de várias pessoas diferentes. Esperavam uma mensagem de Moscou em resposta ao telegrama da noite anterior.

Despedindo-se de Feklisov, Scali percorreu a pé as três quadras da Décima Sexta à Casa Branca. O subchefe do serviço de informações no Departamento de Estado esperava-o. Eram 17:40. Thomas Hughes assistia a uma matinê de *O Mikado* quando um dos atores surgiu no palco, em veste de gala imperial, e disse-lhe que telefonasse para o escritório. Seu chefe, Roger Hilsman, recolhera-se exausto à cama. Deram a Hughes a tarefa de acompanhar Scali ao escritório privado do presidente, para uma reunião com Rusk.

Rusk ficou estupefato com os últimos desdobramentos do caso. Um dos motivos de o governo dos Estados Unidos ter dado tanto crédito à carta particular de Kruchev na sexta-feira fora a proposta concreta recebida por

Feklisov. A mensagem original dele era muito vaga, dizendo apenas que a "necessidade de especialistas soviéticos em Cuba" desapareceria se Washington desse garantias de que não ia invadir a ilha. Sem a informação extra fornecida por Feklisov, a carta original não passava de "12 páginas de ninharias", segundo a expressão de McNamara. "Não há uma única palavra nela que proponha retirar os mísseis... Nenhum contrato. Você não poderia assinar isso e dizer que sabemos que assinamos."

O que ninguém no ExComm percebeu é que o repórter e o *rezident* exageraram muito sua própria importância. Grande parte da própria informação indireta Scali-Feklisov era de fato ninharia.

Na sala do gabinete, JFK enfrentava crescente oposição à vontade de pensar em algum tipo de acordo Cuba-Turquia. A revolta vinha sendo liderada por Mac Bundy, que temia que a simples sugestão de permuta causasse um "verdadeiro problema" para os Estados Unidos. Todos os *experts* concordaram, insistiu o conselheiro de segurança nacional.

– Se parecermos estar negociando a defesa da Turquia pela ameaça a Cuba, teremos de enfrentar um declínio radical na eficácia da OTAN.

Kennedy irritou-se com os argumentos de Bundy. Os aliados talvez se queixassem de um acordo sobre os mísseis, mas se queixariam ainda mais alto se os soviéticos reagissem a uma invasão americana de Cuba atacando Berlim ou a Turquia.

– Sabemos a rapidez com que a coragem de todo mundo desaparece quando o sangue começa a jorrar – disse ao ExComm. – É o que vai acontecer à OTAN. Quando [os soviéticos] tomarem Berlim, todo mundo vai dizer: "Bem, foi uma proposta muito boa." Não nos enganemos.

O presidente achava que era necessário oferecer algum incentivo a Kruchev para a retirada dos mísseis de Cuba. Após haver feito a oferta pública de permuta Turquia-Cuba, não ia simplesmente recuar sem alguma coisa em troca. Acreditava apenas em dois meios de retirar os mísseis de Cuba: pela força ou pela negociação. Preferia a negociação.

– Não concordo, senhor presidente – opôs-se Llewellyn Thompson. – Acho que ainda há uma chance de essa linha de ação continuar.

– De que ele recue?

O ex-embaixador salientou que Kruchev estava disposto a se contentar com uma garantia de não invasão de Cuba menos de 24 horas antes. Era possível que apenas tentasse "pressionar-nos", para ver até onde podíamos chegar. O presidente devia tentar conduzi-lo de volta às ideias esboçadas da carta particular de sexta-feira. Thompson também se preocupava com os termos do acordo proposto sobre Cuba-Turquia. A redação da carta soviética sugeria que Kruchev queria trocar mísseis por mísseis, aviões por aviões e bases por bases. Retirar os russos de Cuba talvez exigisse o desmantelamento não apenas dos Jupíteres, mas de toda a presença militar americana no flanco oriental da OTAN na Turquia.

A essa altura, havia na mesa vários rascunhos diferentes de uma possível resposta a Kruchev. Num telefonema de Nova York, Adlai Stevenson discordara de que o do Departamento de Estado "parecesse demais um ultimato". Propunha uma linguagem nova e mais conciliatória. Kennedy tentou fundir os dois rascunhos e começou a ditar as mudanças a Dean Rusk. Logo, todos ofereciam sugestões.

– Mude um pouco – instruiu Kennedy. – Comece de novo, Sr. Secretário.

– Pode mudar a frase seguinte – Bundy aderiu à conversa.

– "Bem-vinda a declaração de seu desejo" – disse Rusk, tornando a ler as notas que tomara. – Não poderíamos apenas dizer: "Meu desejo é o mesmo?"

– Meu desejo não é o mesmo que o dele – protestou Kennedy. – Que tal "Posso garantir-lhe o grande interesse do povo dos Estados Unidos em encontrar uma solução satisfatória a esse..."?

– Interessado em reduzir tensões – murmurou o secretário de Estado.

– Temos de confundir um pouco – admitiu o presidente.

Rusk insistiu:

– Claro que estamos muito dispostos a analisar com nossos aliados as sugestões que o senhor e seus parceiros no Pacto de Varsóvia possam ter em mente.

A ideia de que o Pacto de Varsóvia, dominado pelos soviéticos, constituía uma aliança de nações livres era demais para o drástico Bundy.

– Precisamos falar dos "seus parceiros no Pacto de Varsóvia"? – interrompeu, raivoso. – O que *você* [Kruchev] tem em mente?

– É, acho que deve... – concordou o presidente Kennedy.

Sentado do outro lado da mesa, de frente para Jack, Bobby não conseguia mais ocultar a frustração. O rascunho emendado, embora cheio de nobres sentimentos, de fato não *dizia* nada. Como Thompson, ele queria conduzir a troca com Moscou de volta à proposta original da noite de sexta-feira. Sugeriu que o irmão dissesse a Kruchev:

– O senhor nos fez uma proposta e a aceitamos. E também nos fez uma segunda oferta, que tem a ver com a OTAN, e teremos prazer em discuti-la numa ocasião posterior.

Bobby, o membro caçula e menos experiente do ExComm, muitas vezes oscilava entre beligerante e inarticulado. Mas também tinha um talento especial para de vez em quando concentrar-se na essência de um problema.

Sentia que a discussão no ExComm girava em círculos e todos se perdiam num lamaçal de vírgulas e cláusulas subordinadas. Ele exortou o irmão a permitir-lhe, e a Ted Sorensen, isolarem-se em outra sala e redigirem a resposta a Kruchev.

– Por que não tentamos elaborá-la, sem que você tenha de ficar aqui para rasgá-la em pedacinhos?

A sugestão arrancou risadas do resto do ExComm. Ninguém mais ousava falar com tanta franqueza ao presidente. Bobby tornou a quebrar a tensão dois minutos depois, quando Taylor anunciou que os chefes conjuntos exigiam ataques maciços a Cuba por volta da manhã de segunda-feira, o mais tardar, "a não ser que haja prova irrefutável nesse meio-tempo de que estão desmantelando as armas ofensivas".

– Ora, *estou* surpreso.

Os membros do Excomm continuavam debatendo o que fazer sobre os turcos e os Júpiteres quando caíram de volta no presente. Mais de quatro horas se haviam passado sem qualquer notícia do destino do major Anderson. Era quase certo que estivesse morto, mas não se sabia se seu desaparecimento sobrevoando Cuba fora um acidente ou ação inimiga. Uma comunicação cubana interceptada resolveu a questão:

– O U-2 foi derrubado – disse McNamara, lendo uma nota que lhe entregou um assessor.

– O piloto morreu? – quis saber Bobby.

O general Taylor tinha mais alguns detalhes:

– O corpo do piloto está no avião. – O U-2 fora na certa derrubado sobre a cidade de Banes por um míssil SAM soviético. Um avião de reconhecimento americano captara sinais de um míssil guiado por meio de radar a partir de um regimento de mísseis SAM perto de Banes no mesmo horário do sobrevoo do U-2. – Tudo se junta de forma muito plausível.

Kennedy ficou atônito com a visível "escalada" soviética. Devia ter havido uma importante "mudança de ordens" de Moscou. Ele começou a unir os pontos. Um novo recado de Kruchev no início do dia após sinais mais conciliatórios na sexta-feira. Fogo da defesa antiaérea contra aviões de reconhecimento dos Estados Unidos em baixa altitude. E agora um U-2 derrubado. O panorama de repente parecia muito sombrio. Misturando um pouco as metáforas, Bobby Kennedy descreveria depois a sensação na sala, de que "o nó se apertava sobre todos nós, os americanos, a humanidade, e as pontes para a fuga desmoronavam".

– Eles dispararam o primeiro tiro – disse Paul Nitze, o assistente linha-dura do secretário da Defesa.

A questão imediata era como responder.

— Não podemos simplesmente mandar um U-2 lá, podemos?, e ter mais um rapaz morto amanhã — disse o presidente.

Taylor concordou:

— Com certeza não devíamos fazer isso até retaliar, e dizer que se eles tornarem a disparar num dos nossos aviões, voltaremos com grande força.

— Convém ir ao amanhecer e acabar com aquele regimento de mísseis SAM — disse McNamara.

Seu vice, Gilpatric, afirmou que a derrubada do U-2 era mais sinistra que o fogo antiaéreo contra os aviões em baixa altitude. As baterias da defesa antiaérea sem dúvida eram comandadas por cubanos, mas os mísseis SAM com toda probabilidade estariam sob o controle dos soviéticos.

— Isso é uma mudança de padrão — concluiu McNamara, pensando em voz alta. — Agora, por que é uma mudança de padrão, não sei.

17:50, SÁBADO, 27 DE OUTUBRO
(12:50 DE DOMINGO EM MOSCOU)

As famílias dos pilotos do U-2 moravam ao lado umas das outras na base Laughlin da Força Aérea, na periferia de Del Rio, Texas, cidadezinha na fronteira mexicana circundada por cactos e salvas. A 4.080ª Ala Estratégica, que consistia de um esquadrão de U-2 com cerca de 25 pilotos, formava uma família grande e ruidosa. A Força Aérea construíra bangalôs novos em folha em lotes de bom tamanho para os pilotos. A vida social girava em torno de festas de *bridge*, a igreja e churrascos no quintal. O Sr. Rudolf Anderson e a esposa, Jane, eram os pilares do grupo de *bridge*, junto com os melhores amigos, Robert e Marlene Powell, com filhos da mesma idade.

As mulheres dos pilotos tinham pouca informação sobre o que ocorria nos céus de Cuba. Todos os maridos desapareceram no início da crise, sem dizer muita coisa do que faziam. Deixaram-nas para defender-se sozinhas, estocar comida enlatada e vedar as janelas em caso de ataque soviético. Enquanto tentavam preservar a semelhança de rotina, uma visão englobava todos os receios: um capelão e um coronel subindo a entrada de carros com sérias expressões nos rostos.

Jane Anderson já passara por essa terrível sensação. Poucos meses antes, a Força Aérea comunicara que Rudy fora morto num desastre de U-2 durante um exercício de abastecimento. Acabou-se sabendo que se tratava de uma notícia falsa. Houvera uma confusão no manifesto e fora outro piloto quem morrera. Logo depois, apareceram oficiais da Força Aérea na entrada da casa de Jane e deram a notícia, que Rudy telefonara para dizer que estava bem. Foi necessário algum tempo para esclarecer a confusão.

Quando o carro da equipe da Força Aérea surgiu no complexo dos alojamentos de oficiais na tarde de sábado, as mulheres olharam pelas janelas para ver a que lugar se dirigia. Vendo o veículo com o capelão e o coronel passar por suas casas, todas deram um suspiro de alívio. Por fim, os oficiais saltaram e foram procurar Marlene Powell. Ela imaginou que alguma coisa houvesse acontecido com o marido. Em vez disso, pediram-lhe que os acompanhasse ao bangalô dos Anderson, no outro lado da rua. A informação definitiva do que ocorrera com Rudy ainda não chegara a Del Rio. Só se sabia que ele desaparecera sobre Cuba.

Quando ouviu a batida na porta, Jane correu para o banheiro e recusou-se a sair. Marlene tentou reconfortá-la pela porta trancada:

– Não se preocupe – disse à amiga, sufocando os soluços. – Ainda há esperança.

Quando Jane acabou reaparecendo na sala, um médico da Força Aérea quis dar-lhe um remédio para acalmar os nervos. Marlene levou-o a um canto. Como melhor amiga de Jane, sabia de uma coisa que ninguém mais sabia:

– Não diga nada – sussurrou. – Ela está grávida.

A viúva de Rudy Anderson deu à luz uma menina sete meses e meio depois.

Por causa das sete horas de diferença no fuso horário, já passava bastante da meia-noite em Moscou. Nikita Kruchev descansava em sua vila nas montanhas Lênin, com a vista panorâmica do Kremlin e o sinuoso rio Moscou. Retornara tarde do escritório e pedira a habitual bebida noturna, chá com limão. Sugeriu que a mulher e o filho fossem de carro pela manhã para o retiro de fim de semana da família nos arredores da capital. Convocara outros membros do Presidium a se reunirem com ele numa vila do governo próxima. Assim que se visse liberado, iria juntar-se a eles na dacha.

Por volta de uma hora da manhã, recebeu uma série de telefonemas dos assessores. Um telegrama acabara de chegar da embaixada soviética em Havana, transmitindo a carta de Fidel Castro, que previa um ataque a Cuba nas próximas 24 a 72 horas. Também continha um dramático apelo. Ouvindo a carta junto ao telefone, Kruchev concluiu, certo ou errado, que Castro defendia um ataque nuclear preventivo aos Estados Unidos. Interrompeu várias vezes o assessor para esclarecer alguns trechos no texto.

Via a mensagem como um "sinal de alarme extremo". Antes, naquele mesmo dia, decidira que ainda havia tempo para negociar um acordo e salvar as aparências com Kennedy. Os americanos pareciam oscilar. Parecia improvável uma invasão de Cuba pelos americanos, numa época em que Washington respondia aos sensores diplomáticos soviéticos pelas Nações Unidas. Mas e se Castro tivesse razão? Kruchev instruíra as tropas soviéticas a socorrerem os camaradas cubanos em caso de ataque. Haveria sem dúvida muitas baixas soviéticas. Seria muito difícil, talvez impossível, limitar o combate por Cuba.

Outro fator a considerar era a personalidade esquentada do líder cubano. Kruchev não duvidava de que o amigo tivesse uma extraordinária coragem e a disposição de sacrificar a própria vida por suas crenças. Gostava dele e admirava-o enormemente, mas também sabia de sua natureza obstinada. Castro lembrava ao antigo camponês ucraniano "um jovem cavalo que não se quebrantava". Tinha de ter muito cuidado ao lidar com tal criatura. O homem que os cubanos chamavam de *el caballo* era "muito fogoso". Precisava de "algum treinamento" para transformá-lo num marxista-leninista digno de confiança.

A ideia de que a União Soviética seria a primeira a usar armas nucleares era inteiramente inaceitável para o líder soviético, por mais que ele ameaçasse e vociferasse. Ao contrário de Castro, não alimentava ilusões quanto à capacidade de a União Soviética ganhar uma guerra nuclear. Os Estados Unidos tinham armas nucleares mais que suficientes para suportar um primeiro ataque e varrer do mapa a União Soviética. A obsessão cubana com morte e sacrifício pessoal espantava Kruchev, que já vira mais que seu quinhão de destruição e sofrimento. Entendia, talvez pela primeira vez, a diferença no modo como os dois "viam o mundo" e valorizavam a vida humana. Segundo ele, "Não lutamos contra o imperialismo para morrer", mas para alcançar a "vitória do comunismo" a longo prazo. Ser Vermelho e morto era não entender a questão.

No entanto, lá estava o revolucionário cubano falando com toda alegria em lançar um ataque nuclear contra os Estados Unidos. Após sobreviver à I Guerra Mundial, à Guerra Civil Russa e à Grande Guerra Patriótica, Kruchev estremecia com a ideia do que aconteceria se seguisse o conselho de Fidel. Os Estados Unidos sofreriam, óbvio, "imensas perdas", mas o "campo socialista" também. Mesmo que os cubanos combatessem e "morressem heroicamente", o país acabaria destruído no fogo cruzado nuclear. Seria o início de uma "guerra termonuclear".

Ao golpe da carta de Castro logo se seguiu outro choque. Às 18:40, horário de Washington, 1:40 de domingo em Moscou, o Pentágono anunciou que um avião de reconhecimento militar americano sumira sobre Cuba e fora "considerado desaparecido". A declaração não esclarecia se o haviam derrubado, mas as implicações para o Kremlin eram profundamente perturbadoras. Embora Kruchev houvesse autorizado seus comandantes em Cuba a revidar em autodefesa, não ordenara ataques a aviões de reconhecimento desarmados. Agora perguntava-se se Kennedy ia querer "engolir a humilhação" da perda de um avião espião.

CAPÍTULO TREZE

Gato e rato

17:59, SÁBADO, 27 DE OUTUBRO

Na tarde do que se transformava rápido no Sábado Negro, a Marinha dos Estados Unidos já localizara todos os quatro submarinos soviéticos. Espalhavam-se num grande retângulo, de 200 por 400 milhas, que se estendiam das ilhas Bahamas e Turcas na direção nordeste. Parecia que dois dos submarinos soviéticos haviam sido destinados a proteger seus navios ao longo da rota norte para Cuba, do outro lado do Atlântico, e os outros dois tomavam posição numa rota mais rumo ao norte.

A caçada aos Foxtrots ocorreu em segredo, sem conhecimento do público americano. Na maior parte, Kennedy permitia à Marinha realizar operações antissubmarino sem dar muito palpite de entendido. McNamara avisara que seria "extremamente perigoso" interferir nas decisões do comandante da cena, ou adiar um ataque a um submarino soviético que representava significativa ameaça.

– Podemos facilmente perder um navio americano desse jeito – disse ao presidente.

O ExComm aprovava os procedimentos a serem adotados pelos americanos para indicar por sinais aos submarinos soviéticos que deviam subir à superfície. Os sinais consistiam em quatro ou cinco cargas de profundidade de treinamento. Os comandantes da Marinha garantiram a McNamara que essas cargas eram "inofensivas", para ser jogadas direto em cima dos submarinos.

– Foram projetadas para produzir uma ruidosa explosão dentro d'água, mas supõe-se que não causem dano ao navio soviético.

A caça aos submarinos soviéticos para obrigá-los a subir à superfície era o jogo de gato e rato. Combinados contra os submarinos, quatro grupos de caçadores-matadores incluíam, cada um, um porta-aviões, dezenas de aviões e helicópteros e sete ou oito contratorpedeiros. Além disso, aviões P2V antissubmarinos da Marinha com base nas Bermudas e em Porto Rico viviam em constante patrulha. Os Foxtrots tinham todo o oceano para esconder-se. Mas pelo menos uma vez por dia eram obrigados a sair dos esconderijos para se comunicarem com Moscou e recarregar as baterias.

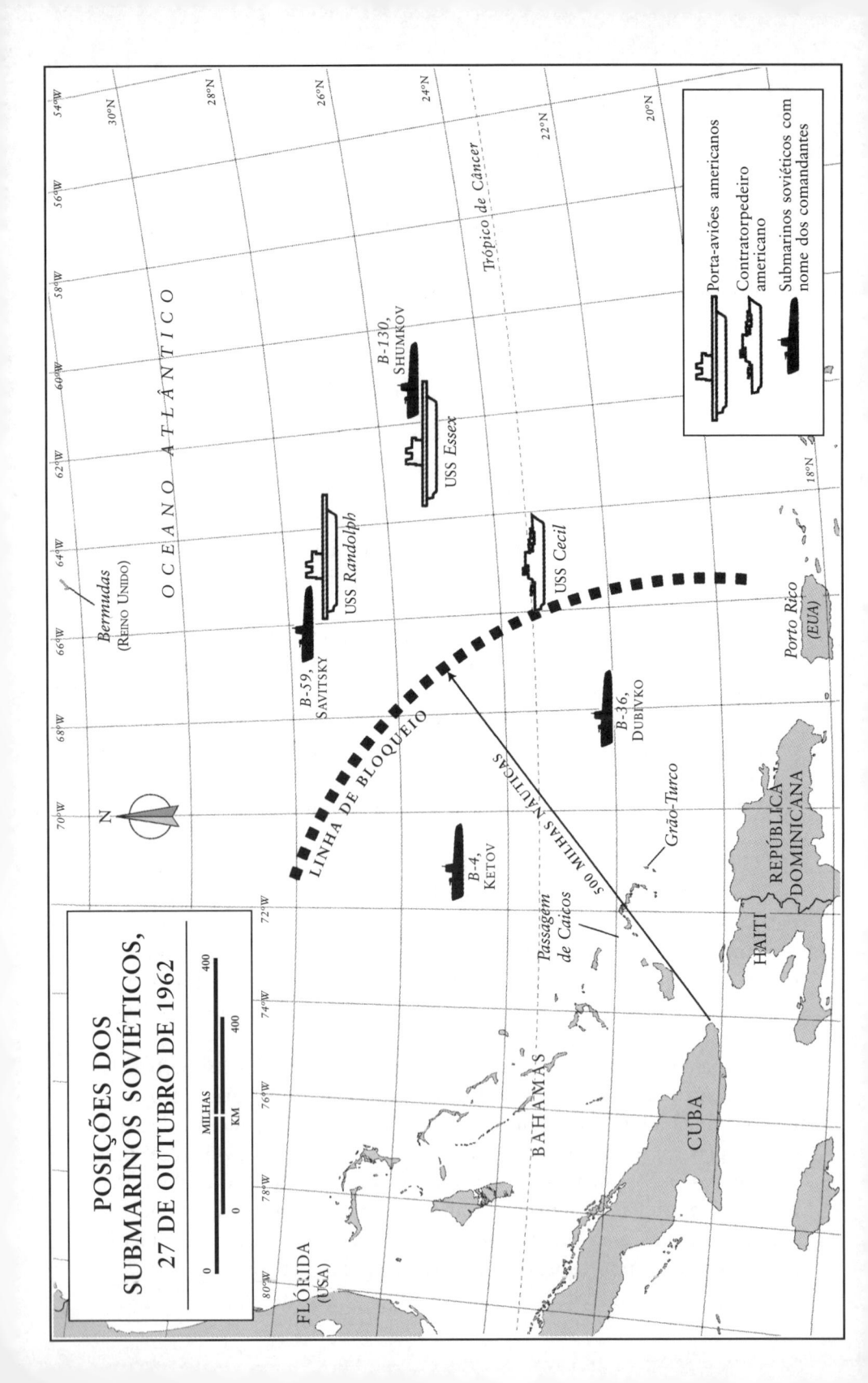

POSIÇÕES DOS SUBMARINOS SOVIÉTICOS, 27 DE OUTUBRO DE 1962

No início da tarde, os americanos haviam fotografado um submarino antes não identificado, designado *B-4* pelos soviéticos, 150 milhas para dentro da linha de quarentena. A nave submergiu logo após ser localizada. O *B-36*, sob o comando do capitão Dubivko, movia-se devagar para leste, depois de ser detetado nas vizinhanças de Grão-Turco com a ajuda de técnicas de sonar submarino. Um grupo de contratorpedeiros caçadores-matadores sob a liderança do porta-aviões *Essex* perseguia o *B-130*, comandado por Nicolai Shumkov e em lenta marcha para leste dentro d'água, com a força de apenas um motor a diesel.

A mais ativa caçada em andamento na tarde de sábado foi a do submarino *B-59*, conhecido pelos americanos como *C-19*. Era liderada pelo USS *Randolph*, um venerável porta-aviões, visto pela primeira vez em ação contra o Japão na II Guerra Mundial. Os helicópteros e bimotores localizadores Grumman S2F do *Randolph* vinham na caça ao submarino soviético o dia todo, jogando boias sonoras e triangulando os ecos de som. A perseguição concentrava-se numa área de 300 milhas quadradas ao sul das Bermudas. Fazia um dia nublado, com um ou outro pé d'água.

– Submarino a estibordo – berrou o piloto do avião localizador.

A nave soviética dirigia-se para o norte, tentando esconder-se atrás de uma linha de aguaceiro. Viam-se vários homens na torre.

Quando o S2F fez uma segunda passagem, os marinheiros soviéticos já haviam sumido e os conveses do Foxtrot, desaparecido sob a água. Na terceira passagem, o submarino todo submergira. Os americanos jogaram cargas de profundidade de treinamento para obrigar os soviéticos a subirem à superfície e se identificarem. Os pilotos dos helicópteros mantiveram contato por sonar com o submarino e ouviam o clangor da maquinaria pesada e o barulho de sucção causado por uma hélice. Um deles chegou a escutar o bater de escotilhas na área da explosão submarina, "não deixando dúvida de que havíamos feito contato". Mas o *B-59* continuou dentro d'água.

Três contratorpedeiros americanos chegaram à cena e circularam a área onde o Foxtrot se escondia. "Lançamos cinco granadas de mão como desafio para o submarino identificar-se", registra o diário de bordo do USS *Beale* às 17:59. "Não houve resposta. Fizemos o desafio pelo radar. Não houve resposta." O USS *Cony* lançou outro conjunto de cinco cargas de profundidade inofensivas meia hora depois.

O objetivo dos sinais foi descrito numa mensagem do Pentágono transmitida ao governo soviético via embaixada americana em Moscou na quarta-feira. "Os submarinos submersos, ao ouvirem esse sinal, deviam subir à superfície num curso leste." Tanto Kennedy quanto McNamara acreditaram que os comandantes das naves soviéticas haviam sido informados dos novos procedimentos e compreendido o significado dos sinais.

Enganaram-se. O governo soviético jamais acusou o recebimento da mensagem sobre os sinais submarinos, nem retransmitiu o conteúdo aos comandantes dos Foxtrots.

18:30, SÁBADO, 27 DE OUTUBRO

Enquanto os contratorpedeiros americanos lançavam granadas de mão no mar dos Sargaços, a mil milhas de distância, em Washington, Maxwell Taylor atualizava os chefes do Estado-Maior Conjunto sobre os resultados da sessão da tarde do ExComm:

– O presidente foi tomado pela ideia de trocar os mísseis turcos pelos cubanos – informou. Parece ser um único a favor disso. Sente que o tempo está se esgotando.

Os outros chefes desconfiaram do presidente do conselho. Sentiram que ele era "político" demais, perto demais do governo. Bobby Kennedy chegara a dar o nome do ex-herói paraquedista do Dia D a um de seus muitos filhos. O presidente respeitava-o como soldado intelectual, muito diferente do militar durão personificado por Curtis LeMay. Meio surdo de um dos ouvidos devido a uma explosão, Taylor falava japonês, alemão, espanhol e francês. Dizia-se na Casa Branca que, se lhe apresentassem um problema no Oriente Médio, "ele iria querer saber como Xerxes cuidaria disso".

Com esse agudo senso da história, Taylor começava a perguntar-se se havia o perigo de se "atolarem" em Cuba. Julgava necessário ter em mente a experiência dos "britânicos na Guerra dos Bôeres, da Rússia na última guerra com os finlandeses e nossa própria experiência com a Coreia do Norte". Preocupava-se com as últimas informações da espionagem, que sugeriam uma presença de soldados soviéticos muito maior do que se suspeitava antes. O plano de invasão americano, com nome de Código Operação Plano 316, parecia-lhe "frágil".

O presidente do conselho tinha de equilibrar-se numa delicada linha entre a lealdade a Kennedy e a lealdade aos amigos. Ia de um lado para outro entre os dois campos, transmitindo as opiniões da Casa Branca ao Pentágono e vice-versa. Nas discussões do ExComm, falava consistentemente em favor de uma dura ação contra os soviéticos e no início preferira ataques aéreos ao bloqueio. Mas tão logo o presidente tomava uma decisão, ele a aplicava com lealdade e tentava expor os motivos por trás da ideia de Kennedy aos colegas generais.

Taylor disse aos chefes que passara a unânime recomendação deles em favor de ataques aéreos aos regimentos de mísseis na segunda-feira, o mais tardar.

– Depois, recebemos a notícia da perda do U-2.

A essa altura, havia pouca dúvida na mente de qualquer um deles de que o major Anderson fora derrubado por um míssil SAM. A escuta eletrônica a bordo do USS *Oxford* interceptara uma mensagem de teletipo segundo a qual os cubanos haviam recuperado o corpo junto com os destroços do avião. A Agência de Segurança Nacional também tinha dois minutos de gravação da defesa aérea soviética sugerindo que o U-2 caíra em algum ponto perto de Banes, no Leste de Cuba.

– Devemos acabar com o campo de SAMs? – queria saber o presidente do conselho.

Alguns membros do ExComm, entre eles o próprio Taylor, defendiam o ataque imediato a um ou mais regimentos de mísses SAM, como retaliação pela derrubada do avião espião. O Pentágono traçara um plano, com nome de código FIRE HOSE [mangueira de incêndio, em inglês], para ataques a três campos na área de Havana. Mas os outros chefes se opunham às ações contra locais individuais e medidas "em picadinho", como o proposto lançamento de folhetos de propaganda, que descartavam como "inválidos em termos militares", pois podiam levar à perda inútil do avião distribuidor. Preferiam esperar mais um dia e destruir todas as instalações soviéticas em Cuba, a começar pelo sistema de defesa aérea. A reação mínima aceitável para os chefes do Estado-Maior conjunto era a eliminação de todos os regimentos de mísseis SAM, não apenas um ou dois.

– Só nos exporíamos à retaliação – protestou LeMay. – Temos pouco a ganhar e muito a perder.

– Eu acho a mesma coisa – concordou o general Earle Wheeler, chefe de Estado-Maior do Exército. – Talvez Kruchev jogue um de seus mísseis sobre nós.

Como os outros comandantes de submarino, Valentin Savitski aproximava-se do fim da corda. A Marinha dos Estados Unidos vinha perseguindo seu submarino nos últimos dois dias. As baterias estavam num ponto perigosamente baixo. Ele não conseguira comunicar-se com Moscou em mais de 24 horas. Perdera uma sessão de rádio marcada para aquela tarde porque aviões americanos haviam aparecido acima e ele se vira obrigado a fazer um mergulho de emergência. Pelo que sabia, a Terceira Guerra Mundial podia ter estourado enquanto estava sob as ondas.

A viagem de um mês causara esgotamento físico e emocional ao comandante do *B-59*. O submarino não se encontrava em tão má forma quanto o do amigo Nicolai Shumkov, que perdera dois dos três motores a diesel, mas continuava perseguido por problemas mecânicos. O sistema de ventilação pifara. O sal bloqueara os resfriadores de diesel, as vedações do leme estavam rasgadas e vários compressores elétricos, quebrados. A temperatura a bordo ia dos 43,3 aos 60 graus. A presença do dióxido de carbono aproximava-se de níveis críticos e os oficiais de serviço desmaiavam com a combinação de calor e exaustão. Os homens caíam como "peças de dominó".

O lugar mais quente era a sala de máquinas, junto à de torpedos, na popa. A fumaça nociva dos três barulhentos motores a diesel criava uma atmosfera insuportável de tão quente. As baterias elétricas ficavam no compartimento ao lado, junto com o equipamento de recarga. A maior parte da equipe alojava-se em catres no compartimento à frente. O posto de comando ocupava a parte central da nave, onde se baixava e levantava o periscópio, e havia ainda um cubículo para o capitão e uma sala de rádio. A parte de vante consistia dos alojamentos dos oficiais e da baixa sala de torpedos. Os homens que não estavam de serviço muitas vezes se deitavam junto aos tubos dos torpedos, tão longe quanto possível da sufocante sala de máquinas; também era lá que o torpedo se localizava.

Indicava-se um tenente-comandante para cuidar o tempo todo dos torpedos e fazer a manutenção das ogivas de 10 quilotons. Ele chegava a dormir ao lado do reluzente contêiner cinza. Segundo os regulamentos, um torpedo nuclear só podia ser disparado após o recebimento de uma instrução codificada de Moscou, e só por ordem do comandante da flotilha. Na prática, porém, não havia travas especiais na arma para bloquear o seu uso não autorizado. Se o oficial encarregado e o comandante do submarino estivessem de acordo, lançavam-no.

O *B-59* transportava vários passageiros extras, além da tripulação normal, de 78 homens. Incluíam-se nesse grupo o chefe de Estado-Maior da flotilha de submarinos, comandante Vasili Arkhipov. Ele e Savitski tinham a mesma patente, embora o segundo fosse comandante da nave e, portanto, em última análise, responsável por tudo. Uma equipe de *experts* em sinais da espionagem também ia a bordo, encarregada de interceptar e analisar mensagens navais americanas. Se quisessem escutá-las, o submarino tinha de chegar perto o suficiente da superfície para a antena varar as ondas. Interrompiam-se as comunicações sempre que a nave mergulhava fundo.

O submarino descera vários pés quando começaram a espocar fortes explosões em toda a volta. Todos os compartimentos tinham pouca luz. Savitski passara para a iluminação de emergência, a fim de conservar as baterias em declínio. Os homens tateavam na semiescuridão. Quando as explosões chegaram mais perto, tornaram-se mais dilacerantes para os nervos. Em breve ocorriam bem junto ao casco. Os membros da tripulação sentiam-se como se estivessem sentados "dentro de um barril de metal no qual alguém bate constantemente com um martelo mecânico". Ninguém sabia o que se passava.

Na sala de controle, com Arkhipov e o chefe da equipe de sinais da espionagem, Vadim Orlov, Savitski nada sabia dos processos de sinalização da Marinha americana. Perdera a comunicação com Moscou e os outros três Foxtrots. Sabia apenas que estava cercado por naves americanas e precisava desesperadamente recarregar as baterias. A julgar pelas ensurdecedoras explosões, os americanos faziam o melhor possível para atormentá-lo. Não havia humilhação maior para um comandante de submarino do que ser obrigado pelo inimigo a subir à superfície.

Quatro décadas mais tarde, Orlov lembraria o que aconteceu depois:

> Os americanos nos atingiram com alguma coisa mais forte que uma granada, o que parecia algum tipo de carga de profundidade de treinamento. Nós pensamos: "É isso, é o fim." Após esse ataque, Savitski, em total esgotamento, ficou furioso. Além de tudo o mais, não conseguia estabelecer comunicação com o Estado-Maior. Convocou o oficial encarregado do torpedo nuclear e ordenou-lhe que o preparasse para combate. "Talvez a guerra já tenha começado enquanto dávamos saltos mortais aqui embaixo", gritou emocionalmente Valentin Grigorievitch, justificando a ordem. "Vamos estourar todos eles! Nós mesmos morreremos, mas os afundaremos também! Não vamos envergonhar nossa Marinha."

19:30, SÁBADO, 27 DE OUTUBRO

Em Washington, o presidente saíra da Sala do Gabinete após mais de duas horas de discussão tensa, às vezes apaixonada, para tomar a dose diária de remédios. Os médicos deram-lhe uma injeção a mais de hidrocortisona para a insuficiência adrenal, além do habitual coquetel de esteroides e antibióticos. Quinze minutos depois, ele recebeu um telefonema de Jackie, que levara os filhos para o retiro de fim de semana em Glen Ora, na Virgínia rural, longe da zona de precipitação nuclear em torno de Washington.

Tornava-se cada vez mais difícil formar um consenso no ExComm. Todos pareciam ter suas próprias ideias para lidar com os soviéticos. Bobby e Ted Sorensen tinham ido ao gabinete privado do presidente para tentar fundir os textos rivais do Departamento de Estado e de Adlai Stevenson.

Bob McNamara trabalhava num plano para retirar unilateralmente os Jupíteres da Turquia e privar os soviéticos de todo alvo no caso de um ataque aéreo a Cuba. John McCone redigia o seu próprio ultimato a Kruchev: "mais um ataque aos aviões de vigilância U-2 e nós destruiremos todas as suas instalações militares em Cuba." Paul Nitze compunha uma exigência de que Moscou concordasse em desmontar os regimentos de mísseis cubanos até às 17 horas, hora de Washington, ou enfrentasse as consequências.

No espaço de algumas horas, formaram-se, desfizeram-se e reformaram-se alianças, à medida que os membros do ExComm agonizavam com as várias respostas a Kruchev.

– Havia fortes discordâncias – lembraria Bobby depois. – Todo mundo tenso; alguns já chegavam à exaustão; tudo isso sobrecarregado de receio e preocupação.

McCone juntou forças com o veterano diplomata George Ball no ataque ao plano de McNamara para a retirada unilateral dos Jupíteres.

– Se vamos tirar os malditos mísseis da Turquia mesmo – argumentou Ball –, então os troquemos pelos mísseis nucleares e evitemos uma ação militar com enormes perdas e o grande e grave risco de escalada.

– E que resta da OTAN? – perguntou Bundy, assustado.

– Não creio que vá ser destruída – respondeu Ball. – E se a OTAN não é melhor que isso, não nos serve muito.

Apenas algumas horas antes, o subsecretário de Estado insistira que só falar nos Jupíteres com os turcos já seria "um assunto extremamente perturbador".

Um auxiliar sussurrou alguma coisa no ouvido de Bundy. O assessor de segurança nacional interrompeu o debate sobre guerra e paz para abordar uma questão mais imediata:

– Vocês querem jantar lá embaixo, com bandejas, ou preferem esperar?

– Comer é a última das minhas preocupações – cortou McNamara.

Gente entrava e saía na Sala do Gabinete. Na ausência de Kennedy, o debate rodava em círculos, às vezes descendo a uma mal disfarçada animosidade. O vice-presidente Lyndon Johnson manteve suas opiniões para si mesmo enquanto o presidente andava por perto. Mas tornou-se mais animado quando JFK saiu, e insinuou divergências políticas. Receava que o governo estivesse "recuando" da firme posição esboçada nas palavras do presidente. O povo americano via que a Casa Branca vacilava e sentia-se "inseguro".

– As pessoas sentem. Não sabem por que sentem, nem como. Apenas...

Bobby retornara à sala, furioso com a sugestão de que seu irmão estava "recuando", mas LBJ insistiu, e afirmou que os navios soviéticos vinham "furando" o bloqueio.

– Não, os navios não estão passando. Voltaram todos. Noventa por cento.

LBJ manteve a posição. Repetiu em voz baixa que era difícil afirmar se "estamos tão fortes quanto no dia do anúncio do presidente". Alguns minutos depois, após sua nêmese haver saído mais uma vez, ele surpreendeu os outros membros do ExComm ao exclamar de um jeito caprichoso:

– Acho que os governos estão velhos, cansados e doentes, vocês não?

Queria ação – tipo um ataque imediato a um campo soviético. A derrubada do U-2 americano chamara muito mais a atenção de todos do que "todos esses sinais que cada um de nós escreve". As palavras perdiam o sentido. Kruchev era "um *expert* em palavreado".

Após uma longa ausência, o presidente retornou à Sala do Gabinete por volta das 19:30 para concluir a reunião-maratona do ExComm. Não revelou o que andara fazendo enquanto ficara fora, ou a quem consultara, mas era claro que começara a contornar o ExComm como órgão decisório. Havia demasiadas opiniões a conciliar. Apesar da objeção de Bundy e dos outros, Kennedy deixou claro que ainda pensava em algum tipo de acordo sobre a Turquia. Os Estados Unidos não podiam invadir Cuba para destruir mísseis que podiam trocar por outros sem incorrer em qualquer carnificina.

– Se isso faz parte do acordo, não vejo como termos uma boa guerra – disse o presidente.

Após apoiar, no início, uma troca, Johnson agora temia que Kruchev apenas usasse as negociações sobre a Turquia para extorquir uma série de concessões dos Estados Unidos.

– Não são só os mísseis. Ele os tira de Cuba, tira os homens e aviões soviéticos de lá. Ora, aí toda a sua política externa desaparece? Você tira tudo da Turquia. Vinte mil homens, todos os técnicos, aviões e mísseis. E... e desmorona.

– De que outro modo vamos tirar aqueles mísseis da ilha? – quis saber JFK.

Nos momentos de crise, a pessoa em quem Kennedy mais confiava era Bobby. Via-o como "um puritano, absolutamente incorruptível". Mas a característica mais importante do irmão, na opinião dele, era a "terrível energia executiva" e a compreensão intuitiva, "quase telepática", dos desejos do presidente. A Casa Branca estava abarrotada de pessoas inteligentes, transbordantes de ideias brilhantes. O problema consistia em levar as coisas a serem feitas. Bobby era um soberbo organizador. Jack confiava no irmão para aplicar sua vontade.

Cada um a seu modo, os dois irmãos haviam sofrido profundas mudanças com as experiências partilhadas nos últimos 12 dias. Quando ouviram falar pela primeira vez da presença de mísseis soviéticos em Cuba, a reação imediata fora de raiva, até mesmo pique, ao se verem frustrados por Kruchev. Tinham chegado muito perto de bombardear os campos de mísseis. Agora buscavam, desesperados, formas de se afastarem de um abismo nuclear.

Trabalhando no gabinete privado do presidente, Bobby e Ted Sorensen haviam conseguido fundir as cartas rivais a Kruchev num único documento. A versão final trazia as marcas de muitos autores:

> Li sua carta de 26 de outubro com muito cuidado e acolho a declaração do desejo de buscar uma solução imediata para o problema. [*Rascunho original do Departamento de Estado, escrito sobretudo por Bundy e seu vice, Alexis Johnson.*]
>
> A primeira coisa a fazer, porém, é cessar o trabalho nas bases de mísseis ofensivos em Cuba e tornar inoperantes todas as armas capazes de uso ofensivo. [*Stevenson/JFK.*] Supondo que se faça logo isso, dei a meus representantes em Nova York instruções que lhes permitirão elaborar neste fim de semana – em cooperação com o secretário-geral em exercício e seu representante – um acordo para solução permanente do problema cubano [*Stevenson.*], nas linhas sugeridas em sua carta de 26 de outubro. Ao lê-la, os elementos-chave das propostas – em geral aceitáveis como as entendo – são os seguintes: [*JFK.*]
>
> 1. Você concordaria em retirar esses sistemas de armas de Cuba sob apropriada observação e supervisão das Nações Unidas, e trataria, com as salvaguardas adequadas, de deter a introdução de outras armas desse tipo no país. [*Estado.*]
> 2. De nossa parte, nós concordaríamos – após o estabelecimento de arranjos adequados por meio da Nações Unidas para assegurar a execução e continuação desses compromissos – (a) em suspender de imediato as medidas de quarentena agora em vigor [*Estado*] e (b) dar garantias contra uma invasão a Cuba... [*Discussão do ExComm.*]
>
> O efeito desse acordo no alívio das tensões mundiais nos possibilitaria trabalhar para um acordo mais geral em relação a "outros armamentos", como proposto em sua segunda carta, que você tornou pública. [*Stevenson.*]
>
> Eu gostaria de tornar a dizer que os Estados Unidos estão muito interessados em reduzir as tensões e deter a corrida armamentista [*JFK*], e se sua carta significa que você está disposto a discutir a *détente* que afeta a OTAN e o Pacto de Varsóvia, nós nos dispomos a pensar com nossos aliados em quaisquer propostas úteis. [*Stevenson.*]

Mas o primeiro ingrediente, permita-me enfatizar, são a cessação do trabalho nos regimentos de mísseis em Cuba e medidas para tornar tais armas inoperantes, sob eficazes garantias internacionais... [*JFK.*]

O presidente queria que Bundy entregasse a carta pessoalmente ao embaixador soviético, Anatoli Dobrinin, junto com uma mensagem oral enfatizando a gravidade da situação. Sem que o resto do ExComm soubesse, Bobby já telefonara a Dobrinin e pedira para encontrar-se com ele no Departamento de Justiça, a seis quadras da Casa Branca, na avenida Pensilvânia.

Encerrada a reunião do ExComm, Kennedy convidou um seleto grupo de assessores – incluindo RFK, McNamara, Rusk e Bundy – ao Salão Oval para discutirem a mensagem oral que Bobby entregaria a Dobrinin. Excluiu LBJ e McCone dessa sessão. O núcleo do ExComm concordou que Bobby advertisse ao embaixador que o tempo se esgotava e era "inevitável outra ação americana" se Kruchev rejeitasse os termos apresentados pelo presidente. Isso deixava a questão de como responder à exigência pelo líder soviético de uma troca Cuba-Turquia, além da promessa na carta de discutir "outros armamentos", código diplomático para os Júpiteres.

Com base num telegrama do embaixador americano na Turquia, Rusk pensara numa forma de conciliar as divergências no ExComm. Sugeriu que Bobby simplesmente informasse a Dobrinin que de qualquer forma os Júpiteres seriam retirados em breve. Assim, os obsoletos mísseis americanos não seriam obstáculo a um acordo. Mas tampouco se tornariam pretexto para outras trocas. A fim de não dar a impressão de barganha soviético-americana às custas da Turquia, era importante que a garantia unilateral sobre os Júpiteres permanecesse confidencial. A engenhosa tentativa do secretário de Estado de fazer do círculo um quadrado logo conquistou apoio unânime.

O conhecimento do acordo seria mantido em rígido segredo, concordaram todos. Nas palavras de Bundy: "Ninguém na sala seria informado dessa outra mensagem." Além disso, os soviéticos teriam de manter o mesmo segredo, senão o compromisso se tornaria "nulo e vazio".

20:05, SÁBADO, 27 DE OUTUBRO

Anatoli Dobrinin tinha sentimentos contraditórios em relação a Bobby. Para o genial diplomata russo, RFK era uma "pessoa complexa e difícil, que muitas vezes perdia a tramontana". Comportava-se de "forma rude" e provocava em si mesmo uma fúria sobre os malfeitos soviéticos, reais e imaginários. As conversas entre os dois tendiam a ser "desiguais e interrompidas". Bobby parecia encarar-se como *expert* em política externa, mas pouco sabia sobre o resto do mundo. Durante uma visita à União Soviética em 1955, fizera o possível para ofender os anfitriões, com perguntas sobre técnicas soviéticas de "grampear conversas telefônicas", e criticara a falta de liberdade. Apesar disso, era irmão do presidente e o melhor canal de comunicação direta e informal entre o Kremlin e a Casa Branca.

Haviam se encontrado muito nos sete meses desde que Dobrinin chegara a Washington. Para quebrar o gelo, Bobby convidara o novo embaixador à sua casa em McLean, e apresentara-o à "família meio tumultuada". Quanto a Cuba, Dobrinin achava Bobby "impulsivo e excitável". Encarava-o como um dos falcões no ExComm, onde empurrava o irmão a adotar uma "visão firme", até e incluindo uma invasão à ilha. Nos encontros anteriores, Bobby denunciara furioso os truques e "trapaças" soviéticos. Convocado ao Departamento de Justiça no anoitecer de sábado, o embaixador preparava-se para mais uma explosão.

Em vez disso, encontrou um indivíduo abatido, quase angustiado, num vasto escritório pouco iluminado e decorado com pinturas de crianças. Num telegrama ao Ministério das Relações Exteriores escrito logo após essa visita, Dobrinin descreveu o procurador-geral como "muito perturbado", com poucos traços da combatividade de sempre. Jamais o vira assim antes. "Ele nem sequer tentou puxar briga sobre várias questões, como faz em geral. Voltava persistentemente ao mesmo tema: o tempo era essencial e não devíamos perder essa chance".

Em lugar das *démarches* diplomáticas padrão, Bobby dirigiu-se ao embaixador soviético como um ser humano irmão que tentava salvar o mundo da destruição nuclear. Começou por descrever a derrubada do U-2 e os disparos contra jatos da Marinha americana como "uma virada de extrema seriedade dos acontecimentos". Não entregava um ultimato; apenas expunha os fatos.

– Vamos ter de tomar certas decisões dentro das próximas 12 ou talvez 24 horas. Resta muito pouco tempo. Se os cubanos atirarem em nossos aviões, nós atiraremos de volta.

Dobrinin protestou dizendo que os aviões americanos não tinham direito algum a sobrevoar Cuba. Em vez de responder, Bobby queria fazer o embaixador entender as razões políticas americanas. Os militares exigiam que o presidente respondesse "ao fogo com fogo". Kruchev devia saber que havia muitas cabeças quentes entre os generais – "e não só entre os generais" – que se "coçavam por uma luta".

– Não podemos deter esses sobrevoos – explicou RFK. – É a única forma que temos de obter informação rápida sobre o estado da construção de suas bases de mísseis em Cuba, que representam uma ameaça muito séria à nossa segurança nacional. Mas se abrirmos fogo em resposta, terá início uma reação em cadeia muito difícil de deter.

Lógica semelhante aplicava-se à base de mísseis soviética, disse Bobby. Os Estados Unidos estavam decididos a "livrar-se" delas, se necessário bombardeando-as. Se isso acontecesse, na certa morreriam cidadãos soviéticos, o que faria Moscou empreender ação contra os Estados Unidos em algum lugar na Europa.

– Começará uma guerra de fato, na qual milhões de americanos e russos morrerão. Queremos evitar isso de todas as formas que possamos.

Descreveu o conteúdo da última carta de Kennedy a Kruchev. O presidente se dispunha a encerrar a quarentena e dar garantias contra a invasão de Cuba se o governo soviético desmontasse as bases de mísseis.

– E a Turquia? – quis saber o embaixador.

Essa era a questão mais delicada e sensível, que preocupara o presidente e o ExComm durante grande parte do dia. Mais uma vez, Bobby confiou no russo e explicou o dilema enfrentado pelo irmão. O presidente se dispunha a retirar os Jupíteres "dentro de quatro a cinco meses". Mas não podia fazer qualquer tipo de concessão pública. A decisão de instalar os mísseis americanos fora tomada pelo coletivo da OTAN. Se parecesse que os Estados Unidos desmontavam as bases unilateralmente, sob pressão da União Soviética, a aliança podia desfazer-se.

Bobby pediu uma resposta rápida de Kruchev, no domingo se possível.

– Resta muito pouco tempo – advertiu. – Os acontecimentos ocorrem com grande rapidez.

20:25, SÁBADO, 27 DE OUTUBRO

RFK retornou à Casa Branca às 20:25. O encontro com Dobrinin não durara mais de 15 minutos. Ele subiu logo à mansão executiva, onde encontrou o presidente conversando com a filha de quatro anos ao telefone. Nos últimos dias Kennedy tinha dado mais atenção que de hábito a Caroline e a John Júnior, dedicando tempo para pô-los na cama e ler histórias infantis. Disse a Dave e a Powers que se preocupava não apenas com os próprios filhos, mas com "as crianças em toda parte do mundo".

Pulando a nadada noturna de sempre por causa da pressão das reuniões, o presidente convidou Powers a um jantar informal na sala de visita do andar de cima. A equipe da cozinha deixara um pouco de ensopado de galinha numa chapa quente. Jack abriu uma garrafa de vinho branco. Bobby, faminto, perguntou se podiam guardar "mais uma coxa de galinha", ao informar o encontro com o embaixador soviético. Todos três estavam ocupados em comer e beber quando Kennedy olhou para Powers com fingida desaprovação.

— Deus do céu, Dave. Da maneira como você come essa galinha toda e toma todo o meu vinho, qualquer um diria que é sua última refeição.

— Da maneira como Bobby fala, eu achava que era a última mesmo — respondeu Powers.

A brincadeira disfarçava a crescente preocupação. A Casa Branca era o alvo principal de um ataque soviético. Nos últimos dias, a equipe vinha recebendo pacotes de instruções que diziam o que fazer e aonde ir numa emergência. Altos assessores, como Powers, Stevenson e Kenny O'Donnell, haviam recebido cartões de identificação cor-de-rosa, o que significava que deviam acompanhar o presidente a um *bunker* subterrâneo nas montanhas Blue Ridge, na Virgínia Ocidental. Uma unidade de helicópteros de elite, o 2.857º Esquadrão de Teste, tinha como única missão pousar no gramado da Casa Branca se fosse iminente um ataque nuclear e levar o presidente e seus auxiliares mais próximos para um lugar seguro. As tripulações dos helicópteros estavam prontas até mesmo para fazer uma tentativa de resgate pósataque. Vestidos da cabeça aos pés com roupas protetoras, iam abrir caminho quebrando tudo até o abrigo antibombas da Casa Branca, com pés de cabra e tochas de acetileno, enfiar o presidente num traje contra radiação e tirálo dos escombros.

As instruções sobre evacuação faziam parte de um plano secreto para o dia final, com vistas a assegurar a sobrevivência do governo americano em caso de guerra nuclear. O presidente seria levado para o monte Weather, a 80km de Washington, junto com secretários do gabinete, juízes da Suprema Corte e vários milhares de outras autoridades federais. As instalações no monte incluíam uma rede de rádio e televisão, câmaras de descontaminação, hospital, usina de força de emergência, crematório e suíte presidencial com tudo, até um colchão terapêutico para o problema de coluna de JFK. O Congresso acabara de concluir a construção de seu próprio "local seguro e não revelado" embaixo do luxuoso hotel Greenbrier, nas montanhas Alegany. Os planos de contingência exigiam o resgate da Reserva Federal [Banco Central americano] e de tesouros culturais, como a Declaração da Independência e as obras-primas da Galeria Nacional de Arte.

— Que acontece com nossas esposas e filhos? — perguntou Powers, após receber o cartão cor-de-rosa.

As famílias de algum modo haviam sido esquecidas no planejamento do dia final. O assessor naval do presidente, capitão Tazewell Shepard, recebeu ordens para fazer os arranjos necessários. Mandou seus dependentes se reunirem dentro de um lugar cercado no noroeste de Washington sem trazer quaisquer pertences pessoais. "Suprimentos mínimos de comida e água" seriam bem providos para uma viagem de carro a "um local de relocação nos arredores da área da capital". Kenny O'Donnell achava que as chances de sobrevivência para a esposa e seus cinco filhos eram "fracas, na melhor das hipóteses".

Sem confiar nos planos do governo, famílias de grandes autoridades decidiram-se por planos de evacuação próprios. Dino Brugioni, membro-chave da equipe da CIA que acompanhava a escalada dos mísseis soviéticos, "sucumbiu ao clima geral de apocalipse" no anoitecer de sábado. Como não via saída para a crise, "a não ser guerra e completa destruição", mandou a esposa preparar-se para levar os dois filhos à casa dos pais dele, no Missouri, no meio do país. O homem encarregado do boletim diário da espionagem para o presidente, Dick Lehman, tinha um acordo semelhante com a esposa.

Muitas vezes, quanto maior a autoridade, mais sombria se sentia em relação às chances de um resultado pacífico da crise. No início do entardecer, Bob McNamara saíra à varanda do Salão Oval durante uma folga nas discussões do ExComm e vira a luz do sol desaparecer. Era uma bela noite de outono, mas o secretário da Defesa sentia-se preocupado demais para desfrutá-la. Pensou consigo mesmo que talvez "não vivesse para ver outra noite de sábado".

21H, SÁBADO, 27 DE OUTUBRO (20H EM HAVANA)

O secretário da Defesa queria que escoltas de caças acompanhassem os aviões de reconhecimento da Marinha em voo baixo nas missões sobre Cuba.

– Se atirarem em nossos aviões amanhã, deveremos atirar de volta – insistiu McNamara, depois que os membros do ExComm tornaram a reunir-se na Sala do Gabinete para uma discussão final.

O presidente não via sentido em atirar em cada um dos canhões antiaéreos.

– Só poremos nossos aviões em risco, e quem está em terra leva vantagem.

Concordava com os comandantes militares. Se houvesse outros ataques a aviões americanos, anunciaria que os Estados Unidos consideravam a ilha de Cuba "território aberto" e varreria todos os regimentos de mísseis SAM. Nesse meio-tempo, ativaria 24 esquadrões da defesa aérea, com mais ou menos 300 transportes de tropa. Conhecidos como "carros voadores", os aviões C-119 levariam tropas aerotransportadas e suprimentos para Cuba numa invasão. A convocação de reservistas seria uma forma de dar um sinal da determinação americana.

Mesmo quando se preparava para a guerra, Kennedy tentava salvar a paz com uma série de posições de recuo. Além da promessa informal a Kruchev de retirar os mísseis americanos da Turquia, concordara em particular com uma sugestão de Dean Rusk sobre uma abordagem discreta ao secretário-geral das Nações Unidas. Seria mais fácil para os Estados Unidos e aliados aceitarem um dramático pedido de última hora de troca Turquia-Cuba feito por U Thant que por Kruchev. Com a concordância de Kennedy, Rusk telefonou a um ex-funcionário da ONU chamado Andrew Cordier, que se sabia ser íntimo de U Thant. Se Kruchev rejeitasse o acordo secreto esboçado por Bobby a Dobrinin no início da noite, Cordier conseguiria fazer com que o secretário-geral pedisse em público a retirada dos mísseis de Cuba e da Turquia.

Mas primeiro tinham de preparar os aliados para aceitar um tal acordo. O governo turco, em particular, encarava os Jupíteres como um símbolo internacional de masculinidade e detestava a ideia de entregá-los. Em lugar de retirá-los unilateralmente, Kennedy queria que os aliados compreendessem bem as prováveis consequências militares da rejeição da "ligação entre Turquia e Cuba". A alternativa era um ataque americano à ilha, seguido de algum tipo de ataque soviético à Turquia ou a Berlim. Se isso acontecesse, Kennedy não queria que os aliados dissessem "Nós o seguimos, e você estragou tudo".

O cronograma da diplomacia tornava-se muito apertado. O Pentágono queria que os ataques aéreos a Cuba começassem na segunda-feira, 29 de outubro, na ausência de algum sinal de que os soviéticos desmontavam os campos de mísseis. Convocara-se uma reunião do conselho da OTAN para a manhã de domingo em Paris. Quase não havia tempo para os embaixadores da OTAN receberem instruções de seus governos. Kennedy propôs retardar em algumas horas o programa militar, para dar tempo a todos de uma "última chance" de apresentar alguma coisa. Sob o cronograma revisado do presidente, o bombardeio de Cuba começaria na terça-feira, 30 de outubro, seguido pela invasão sete dias depois.

Depois que Kennedy deixou a Sala do Gabinete, alguns membros do ExComm demoraram ainda um pouco, trocando conversa-fiada.

– Como vai, Bob? – perguntou RFK a McNamara, com forçada jocosidade.

O secretário da Defesa não queria admitir a exaustão.

– Bem – respondeu. – E você?

– Tudo certo.

– Tem alguma dúvida?

– Não, acho que estamos fazendo a única coisa que podemos fazer.

O cérebro de McNamara ainda tiquetaqueava, pensando à frente.
– Precisamos ter duas coisas prontas – ele disse aos outros. – Primeiro, um governo para Cuba, porque vamos precisar depois de entrarmos com 500 aeronaves. E, segundo, alguns planos sobre como reagir à União Soviética na Europa, porque é claro que eles vão fazer alguma coisa lá.
RFK sonhava com vingança:
– Eu gostaria de tomar Cuba de volta. Isso seria legal.
– Ééé – concordou John McCone. – Eu tomaria Cuba de Castro.
Alguém mais brincou com a hipótese de pôr a turma da Mangusto no comando:
– E se fizéssemos Bobby prefeito de Havana? – pilheriou um dos irlandeses de Boston.
A tensão dissolveu-se em risadas.

Também os *experts* em Cuba do Departamento de Estado pensavam na questão de quem deveria formar o próximo governo cubano. Antes, naquele dia, o coordenador de assuntos da ilha assinara um memorando de três páginas que propunha a criação de uma "Junta para uma Cuba independente e democrática". A junta serviria como órgão consultivo de um governo militar durante "a fase de combate das operações", tornando-se um "ponto de reunião" para todos os cubanos contrários a Castro.
Os *experts* advertiram contra qualquer tentativa de devolver Cuba à desacreditada era Batista. Em vez disso, a junta devia enfatizar a ideia de que Castro traíra a revolução, e o povo cubano tinha agora "uma verdadeira oportunidade de executar o programa revolucionário original". Encabeçava a lista de "cubanos importantes" do Departamento de Estado, não alinhada com Batista nem com Castro, José Miró Cardona.
Com grandes óculos, cabelo ralo e bigode aparado, Miró parecia o advogado e professor universitário que fora antes de tornar-se político. O ex-presidente da Ordem dos Advogados de Cuba atuara como primeiro-ministro e figura de proa após o triunfo da revolução, no início de 1959, e durara 59 dias, antes de ser substituído por Castro.
– Eu não posso dirigir meu escritório enquanto outro tenta dirigi-lo por trás de um microfone – explicou a um amigo.
De opiniões conservadoras moderadas e credenciais contra Batista e Castro, tornara-se a escolha perene de Washington para chefiar um novo governo cubano.
O papel de líder em perspectiva era frustrante e ingrato. Miró vira suas esperanças subirem e descerem muitas vezes, enquanto os patrocinadores

americanos brigavam, tramavam e prevaricavam sobre o modo de se livrar de Castro. A mais amarga decepção viera em abril de 1961, quando a CIA o convencera e aos amigos a apoiarem a invasão da baía dos Porcos. Enquanto os rebeldes vadeavam até a praia, ele e outros membros do Conselho Revolucionário haviam sido levados a uma casa segura em Miami pelos manipuladores da CIA, dispostos a mudar-se para a primeira fatia da "Cuba Livre". O chamado jamais chegou. Em vez de retornarem como heróis, os líderes exilados foram mantidos trancados na casa por três dias, sem saberem do desastre que se desenrolava nas praias. Quando tudo acabou, muitos deles desabaram e choraram. Entre os 1.800 homens capturados por Castro, estava o filho do próprio Miró.

Os líderes exilados foram levados de avião a Washington, para se encontrarem com o presidente.

– Eu sei mais ou menos como vocês se sentem – disse-lhes Kennedy. – Perdi um irmão e um cunhado na guerra.

Garantiu-lhes que seu compromisso com uma Cuba livre era "total". Viriam outras oportunidades. Miró encontrou-se com o presidente várias vezes no ano e meio seguinte, e saía com uma impressão diferente sempre que deixava o Salão Oval. A descoberta dos mísseis soviéticos em Cuba convenceu-o de que chegara finalmente o dia da libertação.

Miró passou grande parte da noite de sábado com autoridades do governo americano. Disseram-lhe que mantinham os refugiados cubanos nas Forças Armadas em "prontidão máxima", à espera de ordens para desembarcar em Cuba. Com a invasão aparentemente a apenas algumas horas, discutiram os "detalhes finais sobre o estabelecimento de um governo cubano beligerante em território libertado". Após voltar para casa, o líder exilado pediu a um auxiliar que redigisse uma proclamação comemorando a "nova aurora de liberdade" na ilha:

> Não viemos com impulsos de vingança, mas com espírito de justiça. Não defendemos os interesses de qualquer setor, nem pretendemos impor a vontade de qualquer governante. Viemos restaurar o direito do povo cubano a estabelecer suas próprias leis e eleger seu próprio governo. Não somos invasores. Cubanos não podem invadir sua própria terra...
>
> Cubanos! Derrubem a opressão da foice e do martelo. Juntem-se à nova batalha pela independência. Peguem em armas para redimir a nação e marchem resolutos para a vitória. Nossa bandeira soberana drapeja com orgulho suas cores esplêndidas, e a ilha ergue-se com o grito comovente da liberdade!

Em casas seguras da CIA por toda Miami, 75 rebeldes esperavam impacientes ouvir quando iriam partir para Cuba. Haviam se organizado em 20 equipes separadas, a maioria de dois a cinco membros. Um grupo tinha 20. A operação de infiltração fora misteriosamente posta em "espera" na tarde de sexta-feira, após o confronto de Bobby Kennedy com Bill Harvey na reunião da Mangusto no Pentágono. Ninguém parecia saber o que acontecia, mas alguns combatentes começavam a imaginar se os Kennedy haviam perdido a coragem de novo.

As informações sobre dissidências nas fileiras chegaram até Washington por meio do chefe do posto da CIA em Miami. Após oito meses na Flórida, Ted Shackley passara a ver os cubanos como um "povo volátil, emocional, expressivo". Receava o que aconteceria se toda a operação fosse cancelada e as equipes se desfizessem. Sendo os cubanos o que são, havia um grande risco de que os combatentes, desiludidos, "falassem e sua experiência corresse a comunidade como fogo selvagem". Se isso acontecesse, seria inevitável que a história "chegasse à imprensa". Shackley escreveu sobre essa preocupação em impecável jargão burocrático, descrevendo "minúcias das realidades da espionagem, com base numa avaliação clínica e objetiva de nossa situação". Começou por enfatizar que seus homens estavam no "mais alto tom possível de motivação e estado de prontidão", após "a verificação do equipamento, atualizações sobre os comunistas, discussões das rotas de infiltração". E continuou num tom mais sombrio:

> A psicologia e o vigor humanos sendo o que são, não se pode manter por tempo indefinido esse alto pico de eficiência porque os combatentes de todos os tipos se tornam rançosos, como tão bem se documentou nos anais do pugilismo e todos os outros campos competitivos onde se exige prontidão de combate.
>
> Embora isso seja bem sabido, os quartéis-generais acreditam que as flutuações nas ordens de partida e alto em mais de sete dias foram tais que o julgamento prudente exige de nós uma avaliação pessoal de que estamos sentados numa explosiva situação humana, que pode ir pelos ares a qualquer momento dentro das próximas 48 horas. Desejo assegurar-lhes que, embora toda a gama do padrão de liderança da psicologia e a disciplina sejam aplicadas para evitar qualquer explosão humana, não podemos garantir que isso não acontecerá.

No outro lado do estreito da Flórida, em Havana, o embaixador soviético fazia o possível para acalmar o indignado Fidel Castro. O líder cubano ficara revoltado ao saber pelo rádio naquela manhã da proposta de Nikita Kruchev de uma troca de mísseis Turquia-Cuba. Sua mente já desconfiada por natureza interpretou isso como um sinal de que Cuba podia tornar-se um peão em algum tipo de grande barganha entre as superpotências.

– Os amigos simplesmente não agem assim – disse furioso a Aleksander Alekseiev, quando o diplomata o visitou ao anoitecer de sábado com uma explicação oficial da última posição soviética. – É imoral.

Após três anos lidando com Castro, Alekseiev já se acostumara a desarmar a raiva dele. Vivia buscando meios de evitar ofender o anfitrião e cumpria ao mesmo tempo as instruções de seu governo. Era um delicado número de equilibrismo. Ele às vezes reformulava as mensagens de Moscou para torná-las mais aceitáveis ao explosivo cubano. A técnica adotada desta vez era dar sua própria volta conciliatória numa mensagem que conseguira soar sinos de alarme em Washington, Havana e Ancara.

– Em minha opinião, Nikita Sergeievitch não está impondo a questão da troca – disse o embaixador, num tom tranquilizador.

Descreveu a carta de Kruchev como um ardil de negociação, destinado a denunciar a hipocrisia da posição americana. Os Estados Unidos afirmavam ter o direito de instalar mísseis em torno das fronteiras da União Soviética, mas negavam direito semelhante a Moscou. Era muitíssimo improvável que Kennedy aceitasse a oferta. A manobra de Nikita tornaria mais fácil justificar a presença de mísseis em Cuba diante da opinião pública mundial.

Embora ainda não convencido, Castro começou a suavizar-se. Disse a Alekseiev que as primeiras notícias da imprensa sobre a carta haviam "confundido" alguns setores da opinião pública cubana, incluindo os militares. Alguns oficiais tinham lhe perguntado se Moscou estava renegando os compromissos com Cuba. Ele faria o possível para explicar a lógica por trás da proposta ao povo cubano.

Castro não estava tão nervoso quanto na noite anterior, quando apareceu na embaixada soviética em Vedado e anunciou a iminência de um ataque americano. Como Alekseiev depois comunicou a Moscou: "Ele começou a avaliar a situação com mais calma e realismo... Mesmo assim, continua a acreditar que o perigo de um súbito ataque ainda existe como antes."

Apesar da frustração com Kruchev, Castro deliciou-se ao saber que os camaradas soviéticos haviam derrubado um avião espião americano. Disse ao embaixador que as autoridades cubanas tinham recolhido os destroços, junto com "o cadáver do piloto". Sem saber os detalhes militares, Alekseiev supôs que o U-2 fora abatido pelos cubanos, não os soviéticos. O informe posterior que enviou a Moscou contornou a questão da responsabilidade, mas enfatizou que Fidel se sentia plenamente justificado em ordenar às suas forças que reagissem a qualquer sobrevoo americano.

"Castro disse que no caso de um ataque [americano], fogo total seria voltado contra o agressor, e ele tinha certeza do sucesso", telegrafou Alekseiev.

21:52, SÁBADO, 27 DE OUTUBRO

Valentin Savitski chegara à conclusão de que a única escolha que restava era subir à superfície. O comandante do submarino B-59 fora tentado a usar o torpedo nuclear para explodir os atormentadores, mas os colegas oficiais o convenceram a acalmar-se. Ele tomou a decisão de subir em conjunto com o chefe do Estado-Maior da flotilha, Vasili Arkhipov. Tão logo conseguissem erguer a antena do rádio, mandariam uma mensagem ao quartel-general naval, dando sua localização e contando o que acontecera.

Quando o B-59 subiu com um gigantesco borbulhar, os marinheiros espantaram-se ao encontrar toda a área inundada de luz. Haviam emergido no meio de quatro contratorpedeiros americanos. Helicópteros pairavam acima, iluminando o mar com poderosos holofotes. Subindo e descendo nas ondas, viam-se dezenas de boias sonoras usadas pelos americanos para localizar submarinos, bastante identificáveis pelas trêmulas luzes de navegação. Era como se o mar escuro estivesse em chamas. Registros da Marinha americana anotaram a hora: 21:52.

Savitski subiu à ponte, acompanhado por Arkhipov e vários outros oficiais. Estava um grau centígrado menos que embaixo. Inspiraram o ar da noite como afogados que arquejam em busca de ar. Um dos oficiais "quase caiu na água com a sensação de engolir tanto ar fresco do mar". Ao terem o primeiro vislumbre dos marinheiros nos conveses dos navios de guerra americanos, com os uniformes bem passados, os oficiais soviéticos sentiram-se ainda menos à vontade e humilhados. Estavam sujos, desanimados e exaustos, e o submarino, numa forma lamentável. Mas também sentiram um orgulho desafiador. Haviam empreendido uma odisseia de cinco mil milhas, a mares onde nenhum tripulante de submarino soviético jamais navegara. Tinham suportado problemas físicos que os bem vestidinhos inimigos mal imaginavam. As máquinas é que haviam falhado, não os homens do B-59.

Savitski ordenou aos homens que içassem a bandeira soviética. Não o pavilhão azul e branco da Marinha, mas a vermelha do Estado, com a foice e o martelo estampados no canto. Era a sua maneira de mostrar que o sovado barco estava sob a proteção de uma poderosa superpotência. Um dos contratorpedeiros americanos enviou uma mensagem por sinais luminosos perguntando se ele precisava de ajuda.

– Este barco pertence à União das Repúblicas Socialistas Soviéticas – respondeu Savitski. – Parem com suas ações provocativas.

Aviões de localização americanos fizeram repetidas passagens em voo baixo sobre o *B-59*, tirando fotos e lançando mais boias sonoras, instrumentos de gravação e rojões, que caíram várias centenas de pés antes de explodir em brilhante mostra incendiária. Cada um tinha o poder de 50 milhões de velas. Da ponte do *B-59*, parecia que os aviões faziam passagens de bombardeio de treinamento. Vigias observaram que os americanos borrifavam o mar com fogo traçante de metralhadora.

Após mais ou menos uma hora, chegou uma mensagem de Moscou instruindo o *B-59* a "despistar os perseguidores" e passar a uma posição de reserva mais perto das Bermudas. Isso era mais fácil de dizer do que fazer. Para todo lado que olhava, Savitski via naves e aviões americanos. O mar parecia um caldeirão de luz em chamas.

23H, SÁBADO, 27 DE OUTUBRO (22H EM HAVANA)

Os americanos foram para a cama na noite de sábado num estado de grande incerteza, sem saberem o que traria o dia seguinte. A Casa Branca ficara quase deserta. Kennedy dispensara a maioria dos auxiliares, mandando-os descansar com as esposas e famílias em casa. A única pessoa que manteve consigo foi Dave Powers, o bobo da corte de Camelot. O irônico irlandês tinha a tarefa de elevar o astral de JFK quando baixava. Em qualquer dia, Powers era em geral o primeiro membro da equipe a dar bom-dia ao presidente e o último a dar boa-noite. Seus deveres incluíam assegurar um completo suprimento de camisas limpas e drinques gelados. Muitas vezes marcava encontros para que mulheres visitassem o chefe quando ele viajava ou Jackie estava longe.

Inveterado conquistador, Kennedy dizia aos parceiros que tendia a ter dores de cabeça se não arranjasse um "belo rabo todo dia". Sua libido certamente não tirava folga por causa do acrescido risco de guerra nuclear. Ele ainda se encontrava com uma amante de longa data, Mary Pinchot Meyer, esposa de uma grande autoridade da CIA. Artística, sofisticada e inteligente, ela diferia do habitual padrão de namoradas presidenciais com apelidos tipo "Fiddle" e "Faddle". Kennedy a conhecia desde que era menino e muitas vezes a procurava em momentos de grande tensão. Convidara-a na última hora para um jantar em família na Casa Branca, na noite de segunda-feira, 22 de outubro, ao qual a irmã de Jackie, Lee Radziwill, e seu costureiro, Oleg

Cassini, também compareceram. Mary telefonou para Jack no Salão Oval na tarde de sábado. Incapaz de alcançá-lo imediatamente porque ele estava amarrado nas discussões, deixara um número de contato para o dia seguinte.

"Vamos estar na missa das 10 horas na igreja de Santo Estêvão, Dave. Temos muitas orações difíceis a fazer, por isso não se atrase."

Outras autoridades pegaram o que puderam. No Pentágono, houve um surto de excitação no fim da noite sobre o *Grozny*, o navio soviético que se dirigia a toda a velocidade para Cuba. Parecia que o navio-tanque ia chegar à linha de quarentena ao amanhecer, seguido por navios de guerra americanos. O presidente teria então de decidir se o detinha ou deixava passar. A escolha reduzia-se ao risco de confronto com Kruchev antes que ele o visse e fosse encarado pelo resto do mundo como fraco e vacilante.

George Anderson recolheu-se à cama com um resfriado pouco antes das 11 da noite, após ser atualizado por Curtis LeMay sobre tudo que acontecera em Washington enquanto ele fora ao jogo entre a Marinha e Pittsburgh. Mais de 14 mil reservistas da Força Aérea haviam sido convocados para uma possível invasão de Cuba. Os chefes do Estado-Maior Conjunto tinham promulgado um programa de reação para atacar a ilha:

Ataques aéreos a regimentos de mísseis de SAM: duas horas.
Ataque aéreo total: 12 horas.
Invasão: Dia da Decisão mais sete dias.
Desembarque de todas as forças: Dia da Decisão mais 18 dias.

De uma forma ainda mais sinistra, o ExComm planejava anunciar que se consideraria "hostil" qualquer submarino soviético localizado dentro de 500 milhas da zona de interceptação. As forças antissubmarino americanas haviam localizado dois submarinos soviéticos dentro da zona, outros dois um pouco fora. A declaração proposta era em termos vagos. Em certas circunstâncias, podia ser interpretada como uma concessão às belonaves americanas da autoridade para abrir fogo sobre os submarinos dentro da zona se apresentassem "ameaça".

Em Havana, Sergio Pineda preparava-se para mais uma longa noite. O repórter da agência de notícias *Prensa Latina* vinha enviando despachos da capital cubana a jornais latino-americanos. Na noite de sábado, descreveu a convocação de centenas de moças para os batalhões de saúde e o aparecimento de soldados com capacetes de aço diante de grandes prédios de escritórios, a fim de "descarregar enormes caixas de remédios e material cirúrgico".

"Agora tudo pode acontecer", informava. "Há calma nesta hora na cidade. Tudo parece afundado em quietude." Enquanto datilografava a informação, o único som que ouvia eram os trinados de uma flauta num rádio de um posto de guarda próximo. De vez em quando, um locutor interrompia a música para repetir as palavras de Antonio Maceo Grajales, um dos heróis da Guerra de Independência cubana contra a Espanha:

"Quem tentar invadir Cuba vai colher apenas a poeira do solo encharcado de sangue, se não morrer na luta."

CAPÍTULO CATORZE

"Encaixote e devolva"

2H, DOMINGO, 28 DE OUTUBRO (1H EM MOSCOU)

Os fatos haviam se desenrolado de uma forma muito diferente de como Nikita Kruchev imaginara ao mandar seus exércitos atravessarem o oceano, mais longe do que os soldados soviéticos, ou na verdade russos, já se aventuraram antes. No momento em que tomou a decisão, em maio, ela parecera inspirada. Ele ia defender o mais novo membro da comunidade socialista da agressão americana, mantendo ao mesmo tempo a posição militar total da União Soviética. Acreditara, ingenuamente, que seria possível ocultar o armamento nuclear até poder apresentar ao mundo um *fait accompli*. Agora via-se diante de uma escolha que jamais previra: a invasão de Cuba e uma possível guerra nuclear, ou a humilhação pessoal.

A situação mudava de hora para hora, às vezes de minuto para minuto, de forma perigosa e inesperada. Na reunião com os colegas do Presidium na noite de sábado, ele anunciara que era "improvável" a invasão de Cuba pelos americanos no futuro próximo. Embora já houvesse concluído que teria de retirar os mísseis, ainda se podia negociar, extrair para a União Soviética o máximo de vantagens da relutância de Kennedy ir à guerra. Mas uma série de incidentes imprevistos – entre eles a derrubada de um U-2, a penetração do espaço aéreo por outro e a assustadora mensagem de Castro anunciando um iminente ataque ianque – convencera-o de que o tempo se esgotava.

Ele pedira à liderança soviética uma reunião na dacha do governo no bucólico campo de Moscou. Paisagem de conto de fadas, com ondulantes salgueiros, aldeias de livro ilustrado e o sinuoso rio Moscou, a área em torno de Novo-Ogariovo fora o playground da classe dominante russa durante séculos. Os governadores czaristas de Moscou haviam esculpido jardins ornamentais na densa floresta; Stalin ia ali para escapar dos demônios do Kremlin; Kruchev tinha seu próprio lugar de fim de semana próximo, onde gostava de relaxar com a família.

Mansão de dois andares, com uma falsa fachada neoclássica, a dacha de Novo-Ogariovo apresentava uma ligeira semelhança com a Casa Branca em Washington. Fora construída originalmente para o suposto sucessor de Stalin como primeiro-ministro, Georgi Malenkov, logo afastado pelo mais vigoroso Kruchev. Depois que Malenkov caiu em desgraça, a propriedade lhe fora tomada e transformada numa casa de convidados do governo. Novo-Ogarievo alcançaria maior fama décadas depois, como retiro presidencial de Mikhail Gorbachev e local da negociação que levou à dissolução da União Soviética em 1991.

Os 18 membros do Presidium sentavam-se à frente do primeiro-secretário, ao longo da mesa de carvalho envernizada. Eles incluíam Andrei Gromiko, ministro das Relações Exteriores, e Rodion Malinovski, ministro da Defesa. Assessores pairavam no fundo, para serem convocados e dispensados quando necessário. Como sempre, Kruchev dominava o espetáculo. Os outros ficavam satisfeitos em deixá-lo falar. "Você nos arrastou a esta bagunça; cabe agora a você nos tirar dela" era o sentimento não expresso na sala. Além de Kruchev, as únicas pessoas que muito contribuíram para a discussão foram Gromiko e Anastas Mikoian.

Sobre a mesa, diante de cada membro do Presidium, havia uma pasta com as últimas missivas de Kennedy e Castro. A Casa Branca liberara a de JFK para a imprensa, a fim de evitar as longas demoras de comunicação entre Moscou e Washington. O relatório de Dobrinin sobre o encontro com Bobby Kennedy ainda não chegara a Moscou quando começou a sessão do Presidium. Mas Kruchev sentiu-se encorajado pelo trecho na carta de Kennedy que manifestava a disposição de discutir "outros armamentos" tão logo se resolvesse a crise de Cuba. Entendia isso como uma "insinuação" sobre a retirada dos Jupíteres da Turquia.

Kruchev preparara o Presidium para a inevitabilidade de uma retirada tática, com a descrição da promessa feita pelos americanos de não invadirem Cuba, como uma vitória da diplomacia soviética. O argumento era de que agia na tradição do grande Lênin, que entregara uma grande faixa de território aos alemães sob o punitivo Tratado de Brest-Litovsk, em 1917, para "salvar o poder soviético". As apostas haviam aumentado mais ainda. Ele disse aos colegas que tinham de desarmar "o perigo de guerra e catástrofe nuclear, com a possibilidade de destruir a raça humana. Para salvar o mundo, temos de recuar".

Um assessor indicou as duas questões principais levantadas pelo primeiro-secretário:

1. Se for provocado um ataque [a Cuba], daremos a ordem para a resposta retaliatória;
2. Concordamos em desmontar os campos de mísseis.

A verdadeira questão diante de Kruchev não era a retirada, mas a logística da aplicação da decisão de sair e as concessões que podia arrancar de Washington em troca. O problema fora resolvido em grande parte, para ele, por uma série de informações assustadoras que chegaram durante a reunião.

Um telegrama da residência da KGB em Havana informava que "nossos amigos cubanos consideram inevitáveis a invasão e bombardeio de objetivos militares". A mensagem dava maior ênfase à advertência anterior de Fidel. O telegrama foi seguido às 10:45, hora de Moscou, pelo comunicado formal de Moscou sobre a derrubada do U-2 americano no dia anterior. Assinado por Malinovski, o texto deixava claro que o avião fora derrubado por uma unidade antiaérea soviética, não cubana. Mas não dizia quem ordenara os disparos. A possibilidade de que os comandantes soviéticos em Cuba obedecessem ordens de Castro num assunto tão sensível assustou Kruchev.

Enquanto os membros do Presidium digeriam essa informação, chamaram o assessor político do primeiro-ministro, Oleg Troianovski, ao telefone. O Ministério das Relações Exteriores acabara de receber um telegrama em código de Dobrinin sobre o encontro com Bobby Kennedy. Troianovski anotou os pontos essenciais e voltou à reunião.

Enquanto os membros do Presidium ouviam o comunicado de Dobrinin, o "clima elétrico altíssimo" da reunião se tornou ainda mais carregado. A referência de RFK aos generais cabeças quentes americanos ressoou em Kruchev e outros líderes havia muito desconfiados de que o Pentágono era o verdadeiro centro do poder em Washington. O comunicado do embaixador deixara claro que finalmente chegara a "hora da decisão".

Os membros do Presidium pediram a Troianovski que lesse de novo o telegrama, para poderem entender bem suas implicações. Era claro que a oferta sobre a Turquia adoçava a proposta, mesmo que, como informava Dobrinin, Bobby Kennedy houvesse insistido em mantê-la "extremamente confidencial". Qualquer desejo restante de brigar por termos e condições se desfez. Após ouvir a última mensagem de Washington, os homens em torno da mesa "concordaram rapidinho que tinham de aceitar as condições do presidente Kennedy", lembraria depois Troianovski. "Na análise final, tanto nós quanto Cuba conseguiríamos o que queríamos, a garantia de que a ilha não seria atacada."

A essa altura, o secretário da Defesa, coronel-general Semion Ivanov, foi chamado ao telefone e retornou alguns minutos depois para informar que o presidente americano ia falar na televisão às 21 horas, horário de Washington. Parecia que Kennedy faria algum tipo de anúncio dramático, talvez um ataque americano a Cuba ou o bombardeio das bases de mísseis.

A boa notícia era que Kruchev tinha mais uma hora para responder à carta de Kennedy. Da noite para o dia, a diferença de horários entre Moscou e Washington estendera-se de sete para oito horas, com o fim do horário de verão americano. O prazo para uma resposta soviética era às 17 horas na capital soviética. A fim de poupar tempo, teria de ser transmitida publicamente pelo rádio, e não por telegrama diplomático em código.

Não havia nenhum momento a perder. Kruchev chamou uma estenógrafa e começou a ditar uma carta pessoal a John F. Kennedy.

Apesar de todas as divergências, pessoais e ideológicas, os dois haviam chegado a conclusões semelhantes sobre a natureza da guerra nuclear. Nikita Kruchev e John Kennedy entendiam que uma guerra dessas seria muito mais terrível que qualquer outra já conhecida pela humanidade. Após haverem testemunhado eles próprios a guerra, também entendiam que um comandante em chefe nem sempre controla seus exércitos. O poder de explodir o mundo os assustara, apavorara e deixara sóbrios. Acreditavam que os riscos se haviam tornado inaceitavelmente altos e era necessário agir com decisão para cortar o que Kruchev chamara de "nó da guerra". Em suma, eram ambos seres humanos – falhos, idealistas, trapalhões, às vezes brilhantes, muitas vezes enganados, mas, em última análise, bastante conscientes de sua humanidade.

Kennedy já decidira, contra a opinião de muitos dos auxiliares íntimos, que não ia arriscar uma guerra nuclear por alguns mísseis obsoletos na Turquia. Chegara à conclusão de que "não vamos ter uma guerra muito boa", a não ser que pudesse proporcionar ao povo americano uma explicação convincente dos "porquês e portantos".

O senhor do Kremlin não tinha de dar tanta atenção à opinião pública, pelo menos a curto prazo, quanto o ocupante do Salão Oval. Mas também entendia que seu povo jamais lhe perdoaria se o levasse a uma "guerra de aniquilação" sem tentar "todas as medidas necessárias". A sugestão feita por Castro, de que ele pensasse num ataque nuclear preventivo dos Estados Unidos, enchia-o de apreensões. Embora fosse por natureza um jogador – os colegas do Presidium depois o acusariam de "tramas idiotas" –, não ia tentar a sorte. Tinha o instinto ardiloso do camponês sobre quando empurrar e quando puxar. Como disse aos generais, antes de enviá-los na aventura cubana:

– Que nenhum de vocês pense que pode puxar Deus por aí pela barba.

Quando se encontraram em Viena em junho de 1961, no íntimo "sentira um pouco" de pena de Kennedy, mesmo quando o provocava em relação a Berlim. Recordava de maneira bem vívida a expressão de profunda decepção no rosto do presidente quando o encontro fora interrompido. Mas lembrara-se que "a política é uma coisa impiedosa" e resistira à tentação de ajudar o rival. Sentira-se em liberdade para falar grosso e ameaçar, desde que não houvesse grandes consequências. A situação tornara-se agora bastante diferente. O mundo oscilava à beira da destruição nuclear. O russo passara a sentir um "profundo respeito" pelo americano. Kennedy mostrara-se "sóbrio". Não se deixara "assustar", mas tampouco "ficara nervoso". Não "superestimava o poder dos Estados Unidos". "Deixara para si mesmo uma saída da crise."

A última missiva de Kruchev a Kennedy continha a habitual enxurrada de pensamentos impulsivos e imagística pungente. Os diplomatas reveriam o texto depois, pondo-o "no padrão", em jargão burocrático. Sabendo que o tempo era curto, o presidente do conselho ia direto à questão muito rápido. A União Soviética retiraria os mísseis de Cuba. Seguia-se uma confusão de autojustificações. A ilha de Fidel estivera "sob contínua ameaça de forças agressivas, que não ocultavam a intenção de invadir seu território". "Barcos piratas" rondavam-na com toda liberdade. O armamento soviético destinava-se apenas a fins defensivos. O povo soviético "só queria a paz".

Após fazer seu papel para evitar a guerra, Kruchev detalhava as queixas sobre o comportamento americano. No alto da lista vinha a provocativa sondagem do território soviético por aviões americanos de reconhecimento. Lembrava a Kennedy que a mais leve fagulha podia resultar numa conflagração geral. As defesas aéreas soviéticas haviam comunicado um sobrevoo da península de Chukot por um U-2:

> A questão, senhor presidente, é: como devemos encarar isso? Que é isso? Uma provocação? Um de seus aviões viola nossa fronteira nesta época de ansiedade pela qual ambos passamos, quando se pôs tudo em prontidão de combate. Não é verdade que um avião americano intruso pode facilmente ser tomado por um bombardeiro nuclear, que pode empurrar-nos a um passo fatídico? E mais ainda quando o governo americano e o Pentágono há muito declararam que vocês mantêm uma contínua patrulha de bombardeiros nucleares.

Depois de concluir a carta a Kennedy, Kruchev ditou uma mensagem a Fidel Castro. Lidar com o espinhoso líder cubano já era muito difícil nos melhores momentos. A pressa em anunciar um acordo com Washington complicava tudo ainda mais. Quando o telegrama codificado chegasse a Havana, todo o mundo já saberia da ordem de "encaixotar e devolver" pela

Rádio Moscou. Prevendo uma explosão, Kruchev pedia a Castro que "não se deixe levar pelo sentimento". Reconhecia que os americanos tinham agido com rudeza ao enviar aviões de reconhecimento sobre território cubano. "Ontem você derrubou um deles", queixava-se, como se o outro fosse pessoalmente responsável pela decisão. "Antes você não atirava neles quando sobrevoavam seu território."

Aconselhava-o a "mostrar paciência, autocontrole e ainda mais autocontrole". Se os americanos invadissem o país, os cubanos tinham completo direito de se defenderem "por todos os meios". Mas Castro não devia deixar-se "levar pelas provocações" dos "militaristas do Pentágono", em busca de qualquer motivo para a invasão.

Havia mais uma mensagem a enviar, ao general Pliiev, comandante do Grupo das Forças Soviéticas em Cuba. Era sucinta e objetiva:

> Consideramos que você agiu com demasiada pressa ao derrubar o avião espião U-2 americano, quando já surgia um acordo para evitar por meios pacíficos um ataque a Cuba.
>
> Tomamos a decisão de desmontar os mísseis R-12 e retirá-los. Comece a aplicar esta medida.
>
> Confirme o recebimento.

A pedido de Kruchev, os homens de Pliiev haviam trabalhado dia e noite na preparação dos mísseis para disparo, apontados para cidades americanas. Agora, no momento mesmo em que tinham completado a tarefa, mandavam-nos desmontar tudo. Não se dava qualquer explicação para a espantosa meia-volta.

4:30, DOMINGO, 28 DE OUTUBRO

Os contratorpedeiros americanos vinham seguindo o *Grozny* a noite toda. De pé na ponte do *Lawrence* e na do *MacDonough*, oficiais da Marinha viam as luzes do navio mercante soviético que se dirigia à linha de quarentena. Discutiam como abordar o navio-tanque e inspecionar a carga, se lhes ordenassem fazer a interceptação.

A Marinha repensava como deter navios soviéticos que se recusassem a parar para inspeção. "Deve-se evitar disparar um tiro à frente da proa, se possível", dizia a mensagem do quartel-general da frota do Atlântico em Norfolk. "Se surgir essa situação, deve-se traçar um plano para fazer tal navio parar." O novo procedimento consistia em embaraçar o navio-alvo em "um longo fio" ou corda. Não estava claro como exatamente funcionaria isso. Prometiam-se mais detalhes depois.

Enquanto esperavam o amanhecer, os americanos notaram que o navio soviético parara bem diante da zona de quarentena. Despachou-se um telegrama-relâmpago para Norfolk: "Contato parado na água desde as 4:30."
O *Grozny* recebera instrução para não desafiar o bloqueio.

6:30, DOMINGO, 28 DE OUTUBRO

Trezentas milhas mais ao norte, os contratorpedeiros americanos ainda cercavam o submarino *B-59*. A tripulação soviética apagara com tinta o número na torre, mas o navio ostentava a bandeira vermelha. As tentativas das naves americanas de comunicar-se com o submarino por sinais luminosos foram dificultadas pela barreira do idioma e as peculiaridades do código Morse russo. Os sinaleiros americanos haviam interpretado o nome do submarino de várias formas, como "*Korabl X*" ou "*Navio 10*", "*Prinavliet*" e "*Prosnablavst*", duas palavras de algaravia sem sentido.

Quando rompeu a aurora, os comandantes americanos decidiram fazer outra tentativa de contato com o submarino. Despacharam por helicóptero dois homens que falavam russo do *Randolph* ao *Lowry*. O contratorpedeiro encostou a distância de uma saudação por megafone.

– *Vnimaniie, vnimaniie* – gritou o capitão Oscar MacMillan no microfone da ponte do *Lowry*. – Atenção, atenção.

– *Kak vas zovut?* Como você se chama?

Dois marinheiros soviéticos estavam na ponte do *B-59*. Ignoraram a saudação gritada dos americanos. Os rostos não traíam emoção alguma, nem qualquer sinal de reconhecimento.

O segundo intérprete, tenente-comandante George Bird, tentou falar mais alto:

– Atenção, atenção, por favor – berrou várias vezes. – Qual é o nome de seu navio? Aonde vão?

Continuou sem resposta.

O capitão do *Lowry* tentou outro método. Reuniu a orquestra de jazz do contratorpedeiro no convés e mandou tocar qualquer música. Os compassos de *Yankee Doodle* atravessaram flutuando a água, seguidos por um número de boogie-woogie. Os americanos julgaram ver um sorriso no rosto de um dos marinheiros. Perguntaram se ele gostaria de ouvir alguma música em particular. O marinheiro soviético não respondeu.

Os americanos a bordo do *Lowry* dançavam ao som da música, com uma alegria ostensiva. Atiraram alguns pacotes de cigarros e Coca-Colas, mas eles caíram na água. O comandante do *B-59*, Savitski, mandou os homens "comportarem-se com dignidade". Os russos fotografaram os americanos, e estes, os russos. Quando Savitski avistou um dos homens na ponte discretamente batendo com o pé no ritmo do jazz, ordenou que ele descesse.

Foi um alívio saber que a Terceira Guerra Mundial não estourara. Ainda assim, não haveria confraternização com os americanos.

O *B-59* conseguiu livrar-se dos perseguidores após dois dias de contínua vigilância. Savitski esperou até as baterias se recarregarem, levou o submarino para 500 pés abaixo, mudou o curso em 180 graus e fugiu. Pouco depois, o USS *Charles P. Cecil* teve condições de obrigar outro submarino soviético, o *B-36*, a ir à superfície. Um terceiro Foxtrot, o *B-130*, precisou ser levado por rebocador até a península de Kola, após deixar de consertar os motores a diesel. Só um submarino, o *B-4*, sob o capitão Riurik Ketov, deu um jeito de concluir a missão sem a humilhação de ter de emergir na frente de naves americanas.

Os comandantes de submarino retornaram a Murmansk no final de dezembro e tiveram uma fria recepção dos superiores. Não se deu espaço aos defeitos técnicos dos navios soviéticos ou à superioridade das forças navais americanas. Como sempre, culpou-se pelo fracasso da missão os homens que haviam arriscado a vida para cumpri-la, e não os almirantes e *apparatchiks* que fizeram do planejamento uma bagunça. O vice-ministro da Defesa, marechal Andrei Grechko, recusou-se a ouvir os comandantes quando eles tentaram descrever as dificuldades que haviam encontrado. A certa altura, ficou tão furioso que tirou os óculos e os quebrou na mesa de conferências em pequenos fragmentos.

Grechko parecia incapaz de entender que um submarino tinha de subir à superfície para recarregar as baterias.

– A única coisa que ele compreendeu foi que nós violamos as exigências de segredo, fomos descobertos pelos americanos e por algum tempo ficamos em contato de perto com eles – lembrou depois Aleksei Dubivko, comandante do *B-36*.

– É uma vergonha – fumegou o marechal. – Vocês envergonharam a Rússia.

Chegara o momento que Chuck Maultsby vinha receando desde o retorno em segurança ao Alasca. O general Power queria vê-lo. O comandante do SAC tinha fama de ser um severo capataz, intolerante com o mínimo erro. Os auxiliares acreditavam que ele sentia um perverso prazer em humilhar os subordinados em público. Um alto sub lembraria depois que ele "gostava de ridicularizar e gozar as pessoas, e era um bamba nisso. Deliciava-se em chamar um grupo ao seu escritório e depois mostrar o oficial que atualizava as informações". Se um comandante de ala era convocado para pô-lo a par de um acidente, "nove em dez vezes voltava para casa demitido".

As circunstâncias do interrogatório de Maultsby dificilmente poderiam ser menos propícias. Ele quase desmaiara no aeroporto de Kotzebue quando lhe disseram que seis MiGs haviam tentado derrubá-lo.

– Merda, oh, meu Deus! – Fora sua primeira reação. – Estou satisfeito por não ter sabido disso na hora... Ufa!

Depois "cambaleei até uma cadeira e me livrei do peso que carregava, com medo de que minhas pernas cedessem". Um avião especial de transporte militar C-47 foi mandado a Kotzebue para levá-lo de volta à base Eielson da Força Aérea, enquanto o comandante da unidade recuperava o U-2. De Eielson, outro avião, um KC-135, transportou-o ao quartel-general do SAC em Omaha, Nebraska. Era o único passageiro a bordo.

Um oficial da Força Aérea escoltou-o ao posto de comando subterrâneo de Power, no Prédio 500. Era uma colmeia em atividade. As pessoas "corriam de um lugar a outro como se suas vidas dependessem disso". O coronel levou-o a uma sala de interrogatório ao lado do posto de comando e anunciou que o CINCSAC o receberia em breve. Na cabeceira da mesa havia um mapa que mostrava a rota de Maultsby até o polo Norte, com uma folha de papel colada com fita sobre uma parte que ilustrava sua entrada na União Soviética.

O general Powers entrou afinal na sala, seguido por "outros oito generais que pareciam não ter tirado o uniforme havia dias". Tinham sido 24 horas de despedaçar os nervos para Powers e os colegas. Um U-2 perdera-se sobre a União Soviética; outro fora abatido sobre Cuba; cancelaram-se voos de coleta de amostras de ar em grande altitude até segunda ordem; o SAC chegara a um nível de mobilização jamais atingido em seus 16 anos de história. Maultsby, nervoso, tomou posição de sentido, enquanto os generais se sentavam em torno da mesa de conferências. Powers sentou-se bem em frente a ele, do outro lado. Ao contrário de alguns dos outros generais, usava um uniforme limpo e estava barbeado, mas parecia "extremamente cansado".

– Capitão Maultsby, que tal nos informar sobre seu voo de ontem? – pediu, depois que todos se sentaram.

Maultsby ficara de pé ao lado da carta de navegação; descreveu a missão de coleta de amostras de ar e indicou a rota planejada até o polo Norte. Falou dos efeitos da aurora boreal e da dificuldade que tivera para orientar-se.

– Capitão Maultsby, você sabe aonde foi após deixar o polo? – interrompeu-o por fim o CINCSAC.

— Sim, senhor — respondeu Maultsby, enquanto os outros generais "se espremiam nos assentos", parecendo "sentados em tachas".

— Mostre-nos, por favor.

O capitão ergueu o papel da parte secreta do mapa e mostrou a rota de voo com um apontador. Vira um mapa semelhante na estação militar de radar em Kotzebue logo após o retorno, por isso sabia onde estivera. Mas não fazia ideia de como a Força Aérea pudera acompanhar o voo, nem entendia por que não "recebera orientação" antes de invadir por engano o território soviético.

— Cavalheiros, têm mais alguma outra pergunta? — perguntou Powers, depois que ele acabou.

Ninguém tinha.

O general sorriu.

— É uma pena você não ter sido equipado com um sistema para coleta de radiação eletromagnética. Os russos provavelmente tinham cada radar e regimento de mísseis balísticos intercontinentais em alerta máximo.

Powers ordenou a Maultsby que não discutisse o sobrevoo com ninguém. Não era a primeira vez que um avião do SAC saíra feio da rota na vizinhança de Chukotka. Em agosto, um bombardeiro *B-52* carregado de armas nucleares se perdera quando retornava da Groenlândia ao Alasca. Seguia direto para a União Soviética, já a 300 milhas da península de Chukot, quando o controle de terra finalmente lhe ordenara a mudança de curso. Parecia que ia numa rota semelhante à de Maultsby. Segundo a história oficial do SAC, o incidente "demonstrou a seriedade dos erros de computação celeste na região polar". Como era ao crepúsculo, o navegador não conseguira fazer leituras precisas das estrelas — como Maultsby fora confundido pela aurora boreal.

Os generais deixaram a sala por ordem de patente. O último foi um de uma estrela. Na saída, o brigadeiro-general voltou-se para Maultsby, espantado.

— Você é um demônio de sorte. Eu já vi o general Powers mastigar e cuspir gente por muito menos, diabos.

Miguel Orozco e Pedro Vera haviam recuperado o catamarã no manguezal de Malas Aguas, na costa noroeste de Cuba. Vinham tentando entrar em contato com a nave mãe da CIA que devia levá-los de volta à Flórida por várias horas. As dores de estômago que atormentavam Miguel nos últimos três dias causavam-lhe agonia. Os dois fariam outras tentativas de entrar em contato com os homens do resgate da CIA em 29 e 30 de outubro. As mensagens cada vez mais frenéticas ficaram sem resposta.

Aos poucos, compreenderam a verdade: haviam sido abandonados.

A CIA disse depois que "nada soubera" dos dois agentes após a bem-sucedida infiltração na noite de 19-20 de outubro. Harvey afirmou num memorando ser "inexequível em termos militares" fornecer a Orozco e Vera equipamento de comunicação, "em vista do cronograma operacional, do terreno [e] da distância a percorrer". Mas sua versão dos acontecimentos, e a cronologia que a acompanhava sobre a Operação Matahambre, parecem ter se destinado, a princípio, a proteger sua própria reputação, seriamente prejudicada. Quarenta e cinco anos depois, Vera ficou pasmo ao saber da versão de Harvey, que descartou como "bobagem". Ele próprio arrastara o rádio sobre as montanhas, depois que Orozco adoecera com apendicite. Era o salva-vidas deles.

– Eles sabiam que estávamos tentando chamá-los – insistiu.

A lembrança de Vera é mais convincente que a cronologia oficial de Harvey. Os registros da CIA mostram que agentes anteriores enviados a Matahambre iam equipados com rádio.

Numa aparente tentativa de criar um álibi burocrático, Harvey quis chamar a atenção para um ponto formal determinado a "todas as ações, operações marítimas e de infiltração clandestinas" de 28 de outubro em diante, após a reunião da Mangusto no Pentágono. Já encrencado com Bobby Kennedy pelo despacho não autorizado de equipes de agentes a Cuba, ele não teve estômago para desafiar a ordem de paralisação. Orozco e Vera eram dispensáveis.

Na manhã de terça-feira, 30 de outubro, Vera acabou por concluir que não podiam esperar mais.

– O navio não voltou, Miguel estava morrendo e ninguém respondia aos nossos chamados.

Era um homenzinho duro e seco, apelidado de *el cojo* – o manco. (Quatro anos antes, um caminhão passara por cima de sua perna e deixara-o com um permanente capengar.) Ajudou o amigo a entrar no catamarã, a princípio destinado a levá-los à nave mãe, e fez-se ao mar. Usando as estrelas para navegar, dirigiu-se para o norte, na direção de Florida Keys.

As ondas logo espancaram o barquinho de todos os lados. O movimento constante fazia Orozco gritar de dor. Quando a terra desapareceu abaixo do horizonte, uma enorme onda virou o catamarã, levando as mochilas para o mar. Conseguiram revirá-lo, mas o motor ficara inútil.

Os dois acabaram presos por milicianos cubanos na noite de 2 de novembro, depois de pedirem ajuda a um camponês. Um avião de reconhecimento da Marinha americana sobrevoou a área de Matahambre antes naquele mesmo dia. Era claro pelas fotos da mina e do teleférico – ambos intactos e funcionando – que a última missão de sabotagem da CIA contra Cuba terminara em fracasso.

9H, DOMINGO, 28 DE OUTUBRO
(17H EM MOSCOU, 8H EM HAVANA)

As autoridades soviéticas trabalharam no texto da mensagem de Kruchev a Kennedy até o último instante, limpando o rascunho bruto e traduzindo a versão acabada para o inglês. Às 15 horas em Moscou, o Ministério das Relações Exteriores ligou para a embaixada americana e mandou-a esperar uma importante mensagem "dentro de uma hora e meia a duas horas". Todos tinham grande consciência do prazo de cinco horas, quando se esperava que o presidente falasse ao povo americano.

Com o tempo esgotando-se, várias cópias da carta foram confiadas ao secretário do Partido Comunista encarregado das ideologias, Leonid Brejnev, também responsável pelos meios de comunicação de massa. Ele ordenara ao seu chofer que o levasse o mais rápido possível à sede da Rádio Moscou, uma viagem de 45 minutos com pouco tráfego. O Chaika negro disparou pela tortuosa floresta de ruas que ligavam Novo-Ogariovo ao centro de Moscou e subiu a vasta extensão da avenida Kutuzov, passou pelo Arco do Triunfo que comemorava a derrota de Napoleão em 1812 e atravessou o rio Moscou. Quando os milicianos viram a limusine com cortinas aproximar-se, ordenaram aos outros veículos que parassem no acostamento com os compridos bastões luminosos brancos. Ignorando todas as leis de trânsito, Brejnev chegou à estação de rádio em tempo recorde.

Na rádio, os locutores queriam mais tempo para repassar o roteiro. Haviam se acostumado a recebê-los com horas, às vezes dias de antemão, para aperfeiçoarem o enunciado, com o equilíbrio adequado de drama e convicção ideológica. Conhecidos como *diktors* em russo, os leitores de notícias constituíam as vozes do Estado soviético. A maioria era de consumados atores, treinados pela famosa escola Stanislavski, no que se conhecia como o Método. Para parecer sincero, o ator tem de viver completamente o papel. Se se convencer de que está perdido de amor, convence a plateia. As vozes pingavam orgulho quando recitavam planos quinquenais e acerada indignação quando contavam os malfeitos dos imperialistas.

O mais famoso *diktor*, Yuri Levitan, tinha uma voz tão açucarada que ouvi-lo era como ouvir o próprio Grande Irmão. Ele levara ao povo soviético notícias de vitória e tragédia, triunfo e derrota, e convencera-o a pôr fé no Partido Comunista, quaisquer que fossem as circunstâncias. Levitan anunciara o início da guerra com a Alemanha nazista em junho de 1941 e a derrota do nazismo quatro anos depois. Dera a notícia da morte de Stalin em 1953 e do voo espacial de Yuri Gagarin em 1961. Agora cabia-lhe proclamar o fim do grande jogo cubano de Kruchev.

Como o prazo se aproximava rápido, Iliichev insistiu que os *diktors* entrassem no ar ao vivo, sem tempo para ensaiar. A mensagem de Kruchev seria irradiada ao mesmo tempo em russo e inglês.

– *Govorit Moskva* – começou Iliichev. – Aqui fala Moscou.

Eram nove horas em Washington. Ele disse aos ouvintes que ia ler uma carta escrita por Nikita Sergeievitch Kruchev, primeiro-secretário do Presidium do Partido Comunista e presidente do Conselho de Ministros, a John Fitzgerald Kennedy, presidente dos Estados Unidos da América.

> O governo soviético, além de instruções anteriores sobre a interrupção do trabalho nos locais de construção de armas, deu nova ordem para desmontar as descritas como ofensivas, encaixotá-las e trazê-las de volta à União Soviética.

Levitan conseguiu fazer isso soar como mais um triunfo da política externa de Moscou, amante da paz, sobre os belicosos imperialistas. A liderança soviética, com suprema sensatez, salvara o mundo da ameaça de destruição nuclear.

O filho de Kruchev, Sergei, ficara à espera do pai na *dacha* da família quando ouviu o anúncio no rádio. Sentiu-se meio aliviado e meio espantado com a reviravolta. Depois veio a encarar essa decisão sob uma luz muito mais positiva, mas no momento pareceu-lhe uma "vergonhosa retirada".

"É isso", pensou consigo mesmo. "Nós nos rendemos."

Outros cidadãos soviéticos ficaram agradecidos porque o pesadelo acabara. Quando Oleg Troianovski por fim retornou ao seu apartamento após uma semana de serviço no Centro de Crises do Kremlin, sentiu um choque ao descobrir que perdera dois quilos e meio. Ao dizer à esposa o que andara fazendo, ela o repreendeu delicadamente:

– Se possível, na próxima vez que você quiser perder um pouco de peso, encontre uma forma mais segura de fazer isso.

O prazo de cinco horas revelou-se um falso alarme. Não se planejara nenhum novo anúncio presidencial para esse horário. Uma das redes de televisão americanas apenas decidira reprisar o pronunciamento de Kennedy em 22 de outubro. Kruchev fora mal informado pelo pessoal da espionagem soviética.

As campainhas começaram a tocar nos teletipos das agências de notícias em Washington logo depois das nove horas de domingo. McGeorge Bundy tomava o café matinal na cantina da Casa Branca, logo adiante da Sala de Crises, corredor abaixo, quando um auxiliar entrou correndo com um boletim arrancado da impressora. O presidente estava em seu quarto, vestindo-se para ir à igreja, quando o assessor de segurança nacional leu a notícia do Serviço de Transmissão Exterior:

> O Serviço Interno de Moscou transmitiu em russo às 14:04GMT [Hora do Meridiano de Greenwich], em 28 de outubro, uma mensagem de Kruchev ao presidente Kennedy declarando que a União Soviética decidiu desmontar os regimentos de mísseis soviéticos em Cuba e levá-los de volta ao país.
> 28 out. 0908A

– Já me sinto um novo homem – disse JFK a Dave Powers, após digerir a notícia. – Você percebe que tínhamos um ataque aéreo inteiramente acertado para terça-feira? Graças a Deus que tudo acabou.

Outros membros do ExComm entravam em igual êxtase. John McCone voltava da missa das nove horas ao ouvir a notícia no rádio do carro.

– Eu mal acreditei em meus ouvidos – lembrou depois.

A virada soviética era tão inesperada quanto súbita. Donald Wilson "teve vontade de rir, berrar ou dançar". Após várias noites de pouco sono, imaginando se tornaria a ver a família, de repente sentia-se alegre, quase tonto.

Fazia uma bela manhã de outono em Washington. As folhas nas árvores haviam se tornado de um vermelho forte e a cidade banhava-se em dourada luz do sol. Ao chegar à Casa Branca, George Ball lembrou-se de um quadro de Georgia O'Keeffe, de "uma rosa brotando de uma caveira de boi". A vida emergira magicamente da sombra da morte.

Os circunstantes notaram outra elasticidade no passo do presidente quando ele saltou da limusine preta na igreja de Santo Estêvão, a oito quadras da Casa Branca. Apenas horas antes, calculava as possibilidades de uma guerra nuclear e punha-as entre "uma em três e empatadas".

Do outro lado do Potomac, o clima era muito diferente no Pentágono, onde os chefes do Estado-Maior Conjunto se ocupavam aperfeiçoando os planos

Regimento de fuzileiros soviéticos motorizados perto de Remedios desfila em trajes civis. A Operação Anadir foi rebatizada de Operação Camisa Xadrez pelos soldados russos porque lhes distribuíram trajes muito semelhantes na esperança de disfarçar as verdadeiras identidades. [MAVI.]

Fotos do reconhecimento feitas pela Marinha americana, inéditas, da praia de Tarará, perto de Havana, rebatizada de praia Vermelha no plano de invasão. Os fuzileiros esperavam cerca de 500 mil baixas apenas no primeiro dia, estimativa que supunha que o inimigo não usaria armas nucleares táticas. [USNHC.]

Foto contemporânea da praia de Tarará. Notem o bunker de concreto, construído em 1962, contra uma possível invasão americana de Cuba, agora usado como posto de salva-vidas para turistas estrangeiros. [Foto do autor.]

Foto inédita do depósito nuclear da base de Bejucal, extraída de um filme bruto da espionagem feito por Crusaders da Marinha americana na Missão Lua Azul 5008 em 25 de outubro. Notem a estrada circular, furgões de ogivas nucleares, cerca de segurança única e frouxa segurança no portão principal. Vejam a inserção da foto vertical dos furgões de ogivas nucleares, feita na mesma missão. [NARA.]

O coronel Nicolai Beloborodov, comandante do arsenal nuclear em Cuba, ao leme do Indigirka, *primeiro navio soviético a chegar à ilha com ogivas nucleares.* [MAVI.]

Foto inédita da base de depósito nuclear de Manágua, sul de Havana, usado para armazenar as ogivas dos mísseis táticos FROG/Luna. Os rótulos mostram a única cerca de segurança, as entradas do bunker e uma base antiaérea no topo da colina. Instantâneo feito a 26 de outubro por um RF-101 da Força Aérea americana na Missão Lua Azul 2623. [NARA.]

Foto inédita extraída de um filme bruto da espionagem, da Lua Azul 5025, no sábado, 27 de outubro, mostrando fotogramas antes e depois de o piloto detetar fogo antiaéreo inimigo. O fotograma 47 mostra o regimento de mísseis balísticos intercontinentais nº 2 de San Cristóbal. Uma fração de segundo depois, no fotograma 48, o piloto faz uma curva fechada à esquerda para escapar por cima da montanha. A foto de um relógio embutida no filme (ver detalhe no alto à esquerda) *exibe o momento exato do incidente:* 20:22:34, 16:22:34 em Washington, ou 15:22:34 em Cuba. [NARA.]

O míssil de cruzeiro soviético conhecido como FKR, ou frontovaia krilataia raketa, *apontava para a base naval da baía de Guantánamo durante a crise cubana. Era uma versão não pilotada do jato de caça MiG-15 e lançava uma ogiva nuclear de 14 quilotons.* [Foto do governo cubano feita para a Conferência de Havana de 2002.]

Os fuzileiros navais americanos que guardavam a base naval da baía de Guantánamo não faziam ideia de que os mísseis nucleares de cruzeiro se achavam estacionados em colinas a pouco mais de 24 quilômetros. [Foto distribuída pelo Pentágono.]

Foto inédita do filme de espionagem de um RF-101 da Força Aérea americana sobrevoando um regimento de mísseis SAM soviético em Banes, em 26 de outubro. No dia seguinte, 27 de outubro, um U-2 pilotado pelo major Rudolf Anderson foi abatido por dois mísseis disparados desse regimento de mísseis SAM. Descoberta pelo autor nos Arquivos Nacionais, os fotogramas consecutivos foram cortados e juntados com fita adesiva por analistas da CIA. [NARA.]

Foto do regimento de mísseis SAM em Banes, feita pelo RF-101 mostrado acima, a 26 de outubro. [NARA.]

Em voo na ala direita, na Missão Lua Azul, este RF-101 da Força Aérea americana, de número 41511, fez com a câmera da baia esquerda a foto mostrada no alto da página anterior. [NARA.]

O coronel Georgi Voronkov (esquerda), comandante do regimento de SAM no Leste de Cuba, parabeniza os oficiais responsáveis pela derrubada do U-2 de Anderson. O oficial à direita, com a pistola, é o major Ivan Gerchenov, comandante do regimento de mísseis SAM em Banes. [MAVI.]

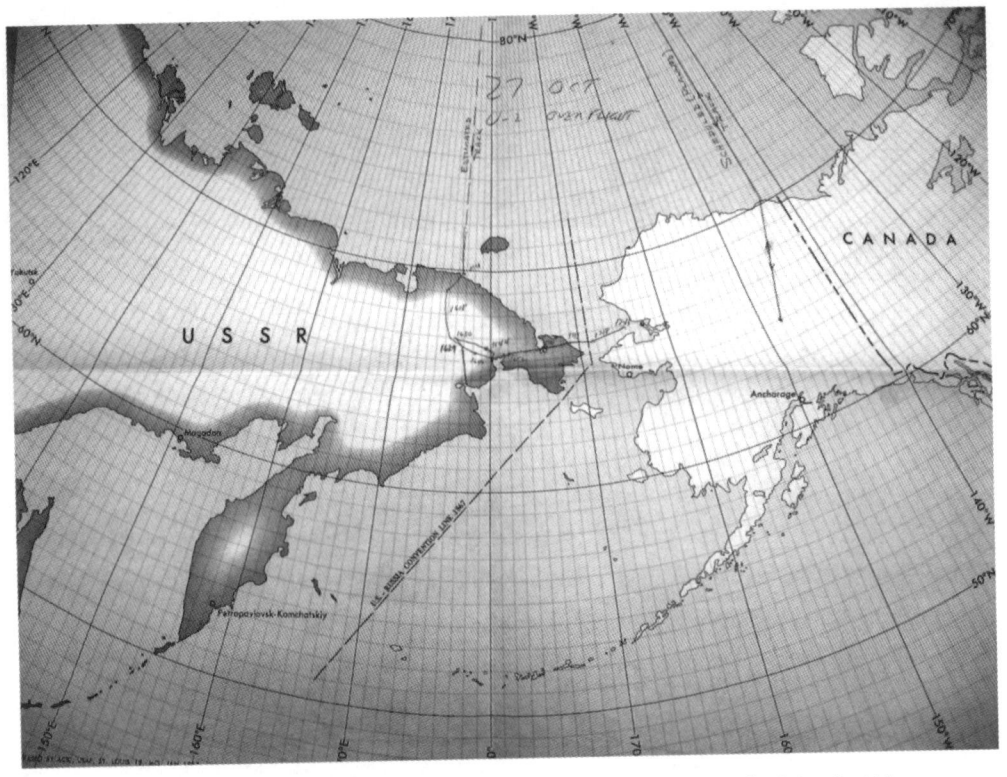

Mapa inédito do sobrevoo do capitão do U-2, Charles Maultsby, dentro da União Soviética, descoberta pelo autor nos Arquivos do Departamento de Estado. [NARA.]

Foto do capitão Maultsby da Força Aérea. [Fornecida pelo próprio Maultsby.]

Outro piloto de U-2, major Rudolf Anderson, foi derrubado sobre Cuba enquanto Maultsby estava no ar sobre a União Soviética. [Fornecida pela família de Anderson.]

de ataque aéreo em massa a Cuba, seguido de invasão. Curtis LeMay estava furioso com Kennedy por adiar o planejado ataque até terça-feira. O comandante da Força Aérea queria que os colegas generais o acompanhassem até a Casa Branca para exigir o ataque na segunda, o mais tardar, antes que os mísseis se tornassem "plenamente operacionais".

A fita de telégrafo da Rádio Moscou foi distribuída por volta das 9:30 de domingo. Os comandantes reagiram com consternação. LeMay denunciou a declaração de Kruchev como "um enigma" e cobertura para algumas armas em Cuba. O almirante Anderson previu que a promessa de não invasão oferecida a Cuba pelo presidente ia "deixar Castro livre para criar problemas na América Latina". Os generais não se impressionaram com o argumento de McNamara de que as concessões de Kruchev deixavam os Estados Unidos "numa posição muito mais forte". Redigiram uma mensagem urgente à Casa Branca descartando a medida soviética como "uma proposta insincera para ganhar tempo", e advertindo que "não se deve relaxar os procedimentos de alerta".

– Fomos enganados – disse Anderson a Kennedy quando por fim se encontraram.

– É a maior derrota em nossa história – insistiu LeMay. – Devíamos invadir hoje.

Fidel Castro estava em casa, em Vedado. Soubera do desmonte dos regimentos de mísseis soviéticos por um telefonema do editor de *Revolución*, Carlos Franqui. O teletipo da Associated Press informava que o texto da carta de Kruchev a Kennedy acabara de ser irradiado pela Rádio Moscou. O editor do jornal queria saber: "O que devemos fazer em relação à notícia?"

– Que notícia?

Franqui leu o boletim ao telefone e preparou-se para uma explosão:

– Filho da puta! Sacana! Imbecil!

Fidel prosseguiu nesse tom por algum tempo, "superando até mesmo seus próprios xingamentos". Para dar vazão à raiva, chutou uma parede e espatifou um espelho. A ideia de que os russos haviam feito um acordo com os americanos "sem sequer se dar o trabalho de informar-nos" atingia-o fundo. Sentia uma profunda "humilhação". Instruiu o presidente Dorticós a ligar para o embaixador soviético e descobrir o que acontecera.

Alekseiev ficara acordado até tarde da noite. Ainda estava na cama quando o telefone tocou.

– O rádio diz que o governo soviético decidiu retirar os mísseis.

O embaixador não fazia ideia do que Dorticós falava. Era óbvio que havia algum engano.

– Você não deve acreditar em uma rádio americana.
– Não foi uma rádio americana. Foi a Rádio Moscou.

11H, DOMINGO, 28 DE OUTUBRO

A informação que chegou ao Comando de Defesa Aérea Norte-americana em Colorado Springs era surpreendente. Um dos seus radares captara sinais de um inexplicado lançamento de míssil do golfo do México. A trajetória sugeria que o alvo era a área da baía de Tampa, na Flórida.

Quando os oficiais de serviço no NORAD imaginaram para onde se dirigia o míssil, já era tarde demais para tomar qualquer medida. Receberam o primeiro comunicado do incidente às 11:08, seis minutos depois que o míssil devia explodir. Uma verificação junto ao Sistema de Alarme de Bomba, rede nacional de detecção de artefatos nucleares instalado em conjuntos de telefones em cidades e bases militares, revelou que Tampa continuava intacta. O Comando Aéreo Estratégico nada sabia do lançamento comunicado.

Foram necessários alguns minutos para estabelecer o que na verdade ocorrera. A descoberta de mísseis soviéticos em Cuba resultara num programa intensivo de reorientação do sistema aéreo americano de norte a sul. Uma estação de radar em Moorestown, quase ao lado do pedágio de Nova Jersey, fora reconfigurado para captar lançamentos de mísseis da ilha. Mas a gigantesca instalação em estilo global ainda fervilhava de problemas. Os técnicos haviam posto uma fita de teste no sistema no momento mesmo em que um satélite artificial apareceu no horizonte, fazendo os operadores de radar confundi-lo com um míssil.

Um falso alarme.

O ExComm começou a reunião às 11:10, depois que JFK retornou da igreja, no momento em que o NORAD esclarecia a confusão sobre o ataque do míssil fantasma a Tampa. Auxiliares que haviam manifestado dúvidas sobre a maneira como Kennedy lidava com a crise algumas horas antes agora disputavam entre si para elogiá-lo. Bundy cunhou uma nova expressão para descrever as divisões entre os conselheiros do presidente de uma forma dramática na tarde de sábado:

– Todos sabem quem eram os falcões e quem eram as pombas – disse o autodesignado porta-voz dos falcões. – Hoje foi o dia das pombas.

Para muitos dos homens que tinham passado os últimos 13 dias na sala do gabinete, em agonia com a ameaça representada pelos mísseis soviéticos, de repente parecia que o presidente era um milagreiro. Um dos auxiliares sugeriu que ele interviesse na guerra de fronteira entre a China e a Índia sombreada pelo confronto das superpotências. Kennedy descartou a sugestão:

– Não creio que nenhum deles, ou qualquer outro, queira que eu resolva essa crise.

– Mas, senhor presidente, hoje o senhor está com a moral toda.

JFK riu.

– Vai durar cerca de uma semana.

Kennedy redigiu uma carta a Kruchev acolhendo sua "decisão de estadista" de retirar os mísseis. Instruiu Pierre Salinger a dizer às redes de televisão que não dessem a notícia como "uma vitória para nós". Receava que o mercurial líder soviético "fique tão humilhado e furioso que mude de ideia".

O exercício de contenção mostrou-se difícil para as redes. Naquela noite, o programa *CBS News* transmitiu uma reportagem especial sobre a crise, "trazida a você pelos fabricantes de Geritol, vitamina de alta potência, um tônico rico em ferro que o faz sentir-se mais forte". Sentado diante de um mapa de Cuba, o correspondente Charles Collingwood tentou pôr em perspectiva os últimos acontecimentos:

– Este é um dia em que temos toda razão de acreditar que o mundo saiu de baixo da mais terrível ameaça de holocausto nuclear desde a II Guerra Mundial – disse aos telespectadores.

Descreveu a carta de Kruchev a Kennedy como uma "humilhante derrota para a União Soviética".

Bobby Kennedy perdera a primeira parte da reunião do ExComm devido a um encontro arranjado às pressas com o embaixador soviético. Dobrinin transmitiu oficialmente a decisão de Kruchev de retirar os mísseis de Cuba e os "melhores votos" ao presidente. O irmão de JFK não fez qualquer tentativa de ocultar o alívio:

– Finalmente, vou ver as crianças – disse ao embaixador. – Ora, quase esqueci o caminho de casa.

Era a primeira vez em muitos dias que Dobrinin o via sorrir.

Por instrução de Moscou, o embaixador tentou formalizar o acordo sobre a retirada dos mísseis americanos da Turquia com uma troca de cartas entre Kruchev e Kennedy. Mas Bobby recusou-se a aceitar a carta soviética, e disse a Dobrinin que o presidente manteria a palavra, mas não entraria em correspondência sobre o assunto. Confiava em concorrer ele próprio à Presidência um dia – e teria as chances prejudicadas se deixasse vazar a notícia de um acordo secreto com Moscou. Apesar da determinação dos irmãos Kennedy, de evitar a criação de uma pista por escrito, o desmonte dos mísseis na Turquia começou como prometido cinco meses depois, em 1º de abril de 1963.

TARDE DE 28 DE OUTUBRO, DOMINGO

A carta de Kruchev a Castro, explicando os motivos da decisão de retirar os mísseis, chegou à embaixada soviética em Havana várias horas após a transmissão da Rádio Moscou. Quando Alekseiev tentou entregá-la, informaram-lhe que Fidel deixara a cidade e estava "indisponível". Na verdade, o líder cubano não tinha o menor desejo de encontrar-se com o embaixador soviético. Ficara furioso com Kruchev por "abandonar" Cuba no climático momento do acerto de contas com os Estados Unidos.

Fidel fez uma breve visita ao quartel-general soviético em El Chico, numa tentativa de obter mais informação. O general Pliiev confirmou que recebera ordem de Moscou para desmontar os mísseis.

– Todos eles?
– Todos.
– Muito bem – respondeu Castro, esforçando-se para conter a raiva. Levantou-se. – Ótimo. Agora vou embora.

Para demonstrar sua desaprovação à decisão soviética, fez uma lista de "exigências" cubanas como condição para qualquer acordo com os Estados Unidos. Incluíam o fim do bloqueio econômico, de "todas as atividades subversivas" e a retirada americana da base naval de Guantánamo. Também deixou claro que Cuba não aceitaria qualquer "inspeção" internacional em seu território.

Quando se espalhou a notícia da retirada soviética, os cubanos invadiram as ruas para dar vazão à sua raiva. Os cartazes antes ubíquos proclamando que "Cuba não está sozinha" desapareceram das paredes. Ouviam-se gritos de "Russos, vão embora" e *"Jrucho' maricón"* (Kruchev bicha). Logo a multidão inventou outro canto:

Nikita, Nikita,
Lo que se da no se quita.

Nikita, Nikita,
O que se dá não se tira.

Os soldados russos em Cuba ficaram tão confusos quanto os anfitriões cubanos. Muitos saíram e tomaram um porre. Um agente da CIA em Pinar del Río descreveu inúmeros casos de militares soviéticos que vendiam "relógios, botas e até óculos a fim de levantar dinheiro para beber". Muitos sentiam-se felizes por finalmente irem para casa, mas outros desmoronaram e choraram, segundo um despacho do embaixador tcheco em Havana. "Alguns *experts* e técnicos recusaram-se a continuar trabalhando e houve muitos casos de embriaguez na velha Havana."

Os mais perplexos eram os comandantes, que haviam passado os últimos três meses transportando algumas das armas mais poderosas conhecidas da humanidade por metade do mundo e apontando-as para cidades como Washington e Nova York. O comandante das tropas de mísseis, major-general Statsenko, achava difícil entender o que Moscou queria dele. Enquanto seus homens mourejavam para cumprir a ordem de Kruchev, desmontando os regimentos de mísseis, ele dava vazão à frustração com um representante do Estado-Maior soviético:

– Primeiro você me incitou a concluir os campos de lançamento o mais rápido possível. E agora me critica por desmontá-los tão devagar.

Nos dias e noites seguintes, Fidel preparou o povo para uma longa luta à frente. Retornou a *la colina*, o campus da Universidade de Havana no alto da colina que fora cenário de suas primeiras lutas contra Batista, para exortar os estudantes a "apertar os cintos e talvez mesmo morrer" em defesa da pátria. Cuba arriscava-se a tornar-se "uma ilha abandonada, sem petróleo nem eletricidade", advertiu.

– Mas nós preferimos voltar à agricultura primitiva a aceitar a perda de soberania.

Enquanto fulminava os soviéticos, continuou a ser o político prático:

– Não vamos cometer o mesmo erro duas vezes – afirmou aos jovens seguidores.

Cuba não ia "romper com os russos" tão logo após o "rompimento com os americanos". Qualquer coisa era preferível a ver-se empurrado de volta aos braços do Tio Sam. Para salvar a revolução, Fidel se dispunha a fazer o supremo sacrifício: engoliria o orgulho.

De volta à Casa Branca, depois que o resto do ExComm saiu, JFK viu-se sozinho com Bobby. Juntos, reviram os fatos dos últimos 13 dias, sobretudo o final, o Sábado Negro, quando o mundo parecera oscilar à beira da guerra nuclear. Muitas vezes nas últimas 24 horas Kennedy, como Abraham Lincoln antes, tivera motivo para perguntar-se se controlava os fatos ou os fatos o controlavam.

A história, entendia, nem sempre corre em direções previsíveis. Às vezes pode ser sequestrada por fanáticos de vários tipos, homens de longas barbas, ideólogos que vivem em cavernas, assassinos armados de fuzis. Ainda pode ser arrancada do caminho normal por uma combinação de acontecimentos aleatórios, como um avião que se perde, a identificação errônea de um míssil ou o soldado que perde a paciência. Os estadistas tentam curvar as caóticas forças da história à sua vontade, com variados graus de sucesso. A probabilidade de ocorrer um fato imprevisível que muda o curso da história é sempre maior em tempos de guerra e crise, quando tudo entra em fluxo.

A questão que o mundo enfrentou durante o que veio a ser chamado de crise dos mísseis cubanos era saber quem controlava a história: os homens de terno, os homens de barba, os homens de uniforme ou absolutamente ninguém. Nesse drama, Kennedy acabou do mesmo lado que sua nêmese ideológica, Nikita Kruchev. Nenhum dos dois queria a guerra. Ambos sentiam obrigação com as futuras gerações para frear os demônios escuros e destrutivos que eles próprios haviam ajudado a desencadear.

Grande parte do alívio sentido por Kennedy na tarde de domingo, 28 de outubro, deveu-se ao fato de que ele e Kruchev haviam conseguido retomar o controle dos fatos históricos. Após a ameaça de irromper numa conflagração nuclear, a Guerra Fria ia recair no conhecido ritmo. Homens de bom-senso e razão tinham derrotado as forças da destruição e do caos. A questão agora era saber se a vitória da ordem e previsibilidade seria duradoura ou passageira.

Em busca de um precedente histórico adequado, JFK lembrou-se de um de seus antecessores. Em 14 de abril de 1865, cinco dias após aceitar a rendição do Sul na Guerra Civil, Lincoln decidiu comemorar o momento de triunfo fazendo uma visita ao teatro Ford, para ver uma montagem de *Nosso primo americano*.

– Esta é a noite em que eu devia ir ao teatro – disse Jack.

Sem saber se achava graça ou o protegia, Bobby entrou na macabra piada do irmão:

– Se você for, eu quero ir junto.

Algumas das personagens desta história logo foram esquecidas, outras destinadas à fama e notoriedade. Algumas acabaram infelizes; outras ascenderam a posições de grande influência. Mas todas ficaram marcadas de forma duradoura pelo "mais perigoso" momento na história.

Os dois sabotadores da CIA, Miguel Orozco e Pedro Vera, passaram 17 anos nas prisões cubanas antes de serem enviados de volta aos Estados Unidos. O homem que os contrabandeou para Cuba, Eugenio Rolando Martinez, foi preso no hotel Watergate em junho de 1972, quando arrombava o quartel-general da Convenção Nacional Democrata.

Charles Maultsby foi proibido pela Força Aérea dos Estados Unidos de voar a qualquer parte, mesmo remotamente, perto do polo Norte ou da península Chukot. Morreu de câncer na próstata em 1998.

Victor Mikheiev, o soldado russo morto quando preparava um ataque de mísseis nucleares à base naval de Guantánamo, foi enterrado com o uniforme militar cubano em Santiago. Transferiram-se depois os seus restos mortais para o cemitério militar soviético em El Chico. A família foi informada de que ele morrera "cumprindo o dever de instrutor".

George Anderson foi dispensado do cargo de comandante de operações navais em agosto de 1963 e nomeado embaixador dos Estados Unidos em Portugal.

William Harvey foi retirado do cargo de chefe da Operação Mangusto após a crise dos mísseis e enviado como chefe de um posto da CIA em Roma, onde bebia com vontade.

Dimitri Iazov tornou-se ministro da Defesa soviética em 1987 e liderou um golpe, fracassado, contra o presidente Mikhail Gorbachev em agosto de 1991.

John Scali atuou como embaixador dos Estados Unidos nas Nações Unidas no governo do presidente Nixon.

Curtis LeMay foi caricaturado como o maníaco general da Força Aérea Buck Turgidson em Dr. Fantástico. Em 1968, concorreu a vice-presidente dos Estados Unidos numa chapa encabeçada pelo segregacionista George Wallace.

Ernesto "Che" Guevara deixou Cuba em 1965 para seguir seu sonho de revolução mundial. Acabou morto nas montanhas da Bolívia por forças do governo apoiadas pela CIA em 1967.

Robert McNamara continuou a ser secretário da Defesa até 1968. Depois arrependeu-se do papel que desempenhou na escalada da Guerra do Vietnã e passou a acreditar que só a "sorte" impedira a guerra nuclear por Cuba.

Nikita Kruchev foi afastado do cargo em outubro de 1964. Os colegas membros do Presidium acusaram-no de "megalomania", "aventureirismo", de "prejudicar o prestígio internacional de nosso governo" e de levar o mundo "à beira da guerra nuclear".

Robert F. Kennedy foi assassinado na Califórnia em junho de 1968, quando fazia campanha para eleger-se presidente.

John F. Kennedy foi assassinado em novembro de 1963. O assassino fora ativo num grupo de protesto esquerdista que se intitulava "Jogo Limpo com Cuba".

Fidel Castro permaneceu no poder por mais 45 anos. Em fevereiro de 2008, foi sucedido como presidente de Cuba pelo irmão, Raúl.

Posfácio

A mitologização da crise dos mísseis cubanos começou quase imediatamente. As pessoas leais a Kennedy pegaram a retirada dos foguetes soviéticos para dar uma envernizada na imagem dele como pacificador e homem de ação. Como sempre acontece em tais ocasiões, acentuaram o positivo e minimizaram o negativo, enfatizando a decisão e habilidade do presidente ao controlar o teste de vontades com Nikita Kruchev. O invariável tom otimista foi estabelecido pelo historiador Arthur M. Schlesinger Jr., que escreveu ter Kennedy "deslumbrado o mundo" com uma "combinação de dureza e contenção, de vontade, coragem e sabedoria controladas de forma tão brilhante e calibradas de forma tão ímpar". Bobby Kennedy, Theodore Sorensen e muitos acólitos menores chegaram a conclusões semelhantes, que os deixaram com estrelas luzindo nos olhos.

O próprio Kennedy contribuiu para a criação desse mito. Logo após a crise, deu uma longa entrevista não oficial a um dos amigos jornalistas mais próximos, Charles Bartlett. Uma matéria deste e Stewart Alsop no *Saturday Evening Post* descrevia como o presidente resistira à pressão de Adlai Stevenson para entregar as bases na Turquia, Itália e Grã-Bretanha pelos campos soviéticos em Cuba. Citava um auxiliar rival de JFK dizendo que "Adlai queria um Munique". Em contraste, Jack era mostrado como um líder de espírito duro, que "jamais perdia a coragem", apesar de ficar "olho no olho" com Kruchev. Bobby Kennedy era a "principal pompa" no ExComm que defendia com ardor a tese de que um ataque não anunciado a Cuba seria "um Pearl Harbor ao contrário e ia contra todas as tradições americanas".

A versão oficial da história omitia alguns fatos inconvenientes. As fitas das reuniões do ExComm deixavam claro que a posição de RFK era mais contraditória e ambígua do que sugeriam as primeiras versões. "Desde o início", ele mal chegava a ser uma pomba, como afirmou Schlesinger na biografia *Robert Kennedy and His Times* (1978). No primeiro dia da crise, foi um dos principais defensores da invasão de Cuba e chegou a ruminar em voz alta sobre a encenação de um incidente tipo o "Afundamento do *Maine*" como pretexto para livrar-se de Castro. Passava de um campo a outro a depender dos sinais que recebia do irmão e de Moscou. Quanto a JFK, sua ficha histórica mostra que se dispunha a fazer grandes esforços no Sábado Negro para evitar um acerto de contas com Kruchev. A principal diferença entre ele e Stevenson era que o presidente queria manter a ideia da troca de mísseis de reserva, para o caso de não haver outra saída, enquanto o embaixador se dispunha a pô-la na mesa de negociação logo desde o começo.

As versões da crise inspiradas por Kennedy também passavam por cima de grande parte do fundo histórico que explicava por que Kruchev decidira fazer a grande jogada dos mísseis, para começar. Era como se as armas soviéticas houvessem aparecido em Cuba sem qualquer provocação dos Estados Unidos. Pouco se sabia da Operação Mangusto até o Senado americano começar a investigar os malfeitos da CIA na década de 1970, na esteira do escândalo de Watergate. Revelações de arquivo posteriores demonstraram que Castro e os patronos soviéticos tinham verdadeiros motivos para temer tentativas americanas de mudar o regime, incluindo, como último recurso, a invasão de Cuba. Mesmo durante a própria crise estavam a caminho trabalhos de sabotagem. Os motivos de Kruchev para enviar mísseis a Cuba eram complexos e multifacetados. Ele sem dúvida viu a jogada como uma forma de contrabalançar a superioridade nuclear americana, mas também era sincero no desejo de defender a revolução cubana do poderoso vizinho ao norte. Os temores cubanos e soviéticos de uma intervenção americana não resultavam de simples paranoia comunista.

Tampouco tinha a diplomacia no dia a dia de um "controle brilhante", como o campo de Kennedy gostaria de fazer-nos acreditar. No desejo de reivindicar crédito pela súbita meia-volta de Kruchev na manhã de 28 de outubro, domingo, os auxiliares do presidente apresentaram a ideia do "ardil de Trollope" para descrever a estratégia americana no Sábado Negro. A jogada recebeu o nome de uma repetida cena nos romances de Anthony Trollope, em que uma apaixonada donzela vitoriana prefere representar um inocente aperto de mãos como uma proposta de casamento. Segundo essa versão, aceita durante muitos anos pelos estudiosos da crise dos mísseis, foi Bobby quem propôs a ideia do ardil. Sugeriu que o irmão simplesmente ignorasse o apelo feito por Kruchev, na manhã de sábado, por uma troca de mísseis Turquia-Cuba, e em vez disso aceitasse sua ambígua oferta da noite de sexta-feira, de desmonte dos regimentos de mísseis em troca da garantia americana de que não invadiria Cuba. Era, escreveu Schlesinger, "uma ideia de uma ingenuidade e simplicidade de tirar o fôlego".

O "ardil de Trollope" contém um núcleo de verdade. Com a ajuda de Sorensen, RFK reescreveu a resposta a Kruchev para concentrar-se mais nos trechos que soavam conciliatórios da primeira carta. Por outro lado, a resposta era obra de muitos autores. Longe de ignorar a segunda carta do líder soviético, JFK ordenou a Bobby que dissesse a Dobrinin que os Estados Unidos retirariam os mísseis da Turquia "dentro de quatro a cinco meses". Também começou a deitar os fundamentos de uma troca pública Turquia-Cuba se se tornasse necessária. Em geral, a versão "ardil de Trollope" atribui maiores coerência e lógica ao tenso debate do ExComm na tarde de sábado do que alguém sentiu na época. O encontro foi um caso clássico de exaustão de governo, no qual descoroçoados formuladores políticos, sobrecarregados de pesada responsabilidade, discutiram e seguiram aos tropeços rumo a um acordo aceitável.

Olhando a crise em retrospecto décadas depois, os participantes escolheriam dois momentos particulares em que o mundo pareceu oscilar à beira de um precipício nuclear. O primeiro ocorreu na manhã de 24 de outubro, quarta-feira, quando Kennedy e seus auxiliares se preparavam para um confronto com os navios soviéticos na linha de quarentena. Bartlett e Alsop descrevem isso como o momento do "olho no olho" na crise, o "ponto decisivo", quando Kennedy se manteve firme e Kruchev "piscou". O clima de ansiedade foi sentido meia dúzia de quadras abaixo, na embaixada soviética na rua Dezesseis. O embaixador Dobrinin depois lembraria "a enorme tensão que se apoderou de nós na embaixada quando todos víamos as sequências na televisão americana que mostrava um navio-tanque soviético aproximar-se cada vez mais da linha imaginária... Quatro, três, dois, por fim restava uma milha – iria o navio parar?".

O segundo momento de grande drama ocorreu no Sábado Negro com uma rápida sucessão de estranhos incidentes, qualquer um dos quais poderia ter levado à guerra nuclear. O verdadeiro perigo não mais vinha de um choque de vontades entre Kennedy e Kruchev, mas de saber se os dois em conjunto podiam adquirir o controle da máquina de guerra que eles próprios haviam desencadeado. Adaptando a observação de Ralph Waldo Emerson, os acontecimentos haviam montado na sela e cavalgavam a humanidade. A crise ganhara impulso próprio. Um U-2 americano fora derrubado sobre Cuba por uma unidade da defesa aérea soviética sem a autorização de Kruchev poucos minutos depois de outro entrar por engano na União Soviética, sem que Kennedy soubesse. Foi quando JFK deu vazão à sua frustração: "Tem sempre um filho da puta que não recebe o recado."

Os registros dos arquivos americanos e soviéticos demonstram que o momento de "olho no olho" jamais aconteceu de fato, pelo menos da forma imaginada por Kennedy e seus auxiliares e descrito em inúmeros livros e filmes. Kruchev já decidira, mais de 24 horas antes, não arriscar um confronto com a Marinha americana no alto-mar. Mas a imagística era facilmente compreensível para os jornalistas, historiadores e cientistas políticos, e emprestava-se de modo natural a uma recriação dramática. Tornou-se uma parte-padrão da compreensão popular da crise pelo público. Em contraste, o muito mais perigoso "momento do filho da puta" recebeu pouca atenção, em termos relativos, dos estudiosos. A maioria dos livros sobre a crise dos mísseis nem sequer cita o nome de Chuck Maultsby; outros resumem o sobrevoo da península de Chukot em um ou dois parágrafos.

Essa falta de atenção se deve em parte à escassez de dados históricos. Apesar de mais de dois anos de pedidos baseados na Lei de Liberdade de Informação, a Força Aérea americana ainda não liberou um único documento que lance alguma luz sobre um dos mais embaraçosos incidentes na história do Comando Aéreo Estratégico. A história oficial da unidade de Maultsby, a 4.080ª Ala Estratégica, no que se refere a outubro de 1962, tem um tom evasivo, quase cômico. Relaciona a incursão dele como uma das 42 missões "100% bem-sucedidas" de recolhimento de amostras em grande altitude feitas por U-2s naquele mês. Só um curador de registros do governo, valendo-se do manto de segredo, ousaria dizer tais bobagens burocráticas para descrever um erro de navegação de 900 milhas que causou alarme em Moscou e Washington e poderia ter provocado a Terceira Guerra Mundial.

O foco no teste de vontades entre Kennedy e Kruchev à custa dos caóticos caprichos da história foi infeliz. A crise dos mísseis veio a ser encarada como um caso exemplar de administração da crise internacional. Segundo Bartlett e Alsop, o resultado pacífico inspirou "um senso íntimo de confiança entre o punhado de homens com a antepenúltima responsabilidade". Os homens do presidente começaram a acreditar em sua versão da história. A confiança tornou-se arrogância. JFK ignorara o conselho de seus próprios *experts* militares, mas, apesar disso, conquistara uma grande vitória por enviar sinais cuidadosamente calibrados ao líder da superpotência rival. Não ocorreu a ninguém que muitas dessas mensagens foram mal interpretadas em Moscou, ou que Kruchev reagiu a sinais imaginários, como a crença errônea de que Kennedy iria em breve à televisão anunciar um ataque a Cuba. O sucesso da estratégia já era justificação suficiente.

A mais perniciosa consequência do novo estado de espírito na política externa – a ideia de que os Estados Unidos podiam obrigar o resto do mundo a cumprir suas ordens por meio de uma bem calibrada combinação de "dureza e contenção" – se mostrou no Vietnã. Os sabichões em torno de McNamara surgiram com uma política de "progressivo aperto e conversação" para fazer os comunistas norte-vietnamitas criarem juízo. O objetivo não era derrotar o Norte, mas usar o poder aéreo americano a fim de enviar sinais de intenção a Hanói, em grande parte como JFK usara a quarentena em Cuba para enviar um sinal de determinação a Kruchev. Os intelectuais da Defesa no Pentágono bolaram uma série de jogadas e contrajogadas que demonstraram a futilidade da continuação da resistência por Hanói ao poder muitíssimo superior dos Estados Unidos. Iniciou-se em março de 1965 uma campanha de bombardeios conhecida como Trovão que Rola. Mas os líderes norte-vietnamitas não conheciam a teoria do jogo ensinada em Harvard e promovida pela RAND Corporation. Não se comportaram de forma "lógica" e ignoraram os sinais de Washington. Em vez de recuarem, igualaram escalada por escalada americana.

Segundo Clark Clifford, sucessor de McNamara como secretário de Estado, os arquitetos da Guerra do Vietnã foram "profundamente influenciados pelas lições da crise cubana". Acharam que conceitos como "reação flexível" e "escalada controlada" haviam ajudado Kennedy a prevalecer sobre Kruchev – e funcionariam bem da mesma forma no Vietnã.

"O êxito deles ao cuidar de um acerto de contas nuclear com Moscou tinha criado uma sensação de que nenhum país pequeno e atrasado como o Vietnã podia enfrentar o poder dos Estados Unidos", explicou Clifford. "Tinham uma crença deslocada em que não se poderia desafiar com sucesso o poderio americano, quaisquer que fossem as circunstâncias, em parte alguma do mundo."

Um ex-embaixador americano em Saigon, Fritz Nolting, fez observações em termos semelhantes sobre a superconfiança de McNamara e seus colegas.

"Caras muito entusiasmados", lembrou numa entrevista para um livro de 1978. "Queriam consertar tudo às pressas, limpar a sujeira. Nós temos o poder, o *know-how*, e podemos fazer isso. Lembro que numa ocasião adverti a McNamara que era difícil, senão impossível, pôr um motor Ford num carro de boi vietnamita."

"Que foi que ele respondeu?", quis saber o entrevistador.

"Concordou, mas disse: 'Nós podemos.'"

Uma lição mais ou menos diferente – mas igualmente errônea – da crise dos mísseis cubanos foi extraída dos neoconservadores modernos. Ao planejarem a guerra no Iraque, partilharam o conceito de que a vontade política do presidente dos Estados Unidos supera toda outra consideração. Eram crentes ardorosos na versão "olho no olho" da história. Mas levaram o argumento um passo adiante. Num discurso em Cincinnati, em outubro de 2002, pouco depois da Guerra do Iraque, o presidente George W. Bush elogiou JFK por dispor-se a recorrer à força a fim de eliminar um novo tipo de perigo (a "nuvem-cogumelo") à pátria americana. Citou com aprovação a declaração feita por Kennedy em 22 de outubro de 1962, de que "não mais vivemos num mundo onde só o disparo de fato de armas nucleares representa um desafio suficiente para a segurança de um país constituir um perigo máximo". Na verdade, Bush creditava a JFK a autoridade de jogar no lixo a estratégia de "contenção" da Guerra Fria tão eficaz por mais de meio século. O que omitiu foi a obstinação do antecessor na rejeição aos apelos de alguns dos mais próximos conselheiros por uma solução militar. Os resultados da mudança na política externa americana, de detenção para prevenção, logo se tornou visível no Iraque.

A arrogância exibida por autoridades do governo Bush lembra os "melhores e mais brilhantes" após a crise dos mísseis. O secretário da Defesa Donald Rumsfeld acreditava que as tradicionais regras da guerra haviam sido superadas pelos avanços tecnológicos e o "choque e medo". Usou a condescendente observação "coisas acontecem" para descartar os primeiros sinais de anarquia nas ruas de Bagdá. Convencido da incontestável superioridade militar dos Estados Unidos, tinha pouca paciência com a ideia de que "algum filho da puta" podia estragar tudo. Como os antecessores na Guerra do Vietnã, era um "cara entusiasmado", com uma mentalidade de "eu posso".

Escrever sobre o passado, observou Arthur Schlesinger, é uma forma de escrever sobre o presente. Reinterpretamos a história pelo prisma e as polêmicas de hoje. Quando olhamos em retrospecto aqueles 13 tumultuados dias de outubro de 1962, nós os vemos com o conhecimento de tudo que aconteceu depois: o Vietnã, o fim da Guerra Fria, o falecimento da União Soviética, o 11 de setembro, as guerras no Afeganistão e Iraque. Os futuros historiadores examinarão a crise dos mísseis de alturas ainda mais diferentes.

Pensem na questão de vencedores e perdedores. Logo depois da crise, a maioria das pessoas, com certeza muitos americanos, na certa apontaria Kennedy como o grande vencedor. Conseguiu o objetivo básico – a retirada dos mísseis de Cuba – sem mergulhar o mundo numa guerra catastrófica. O grande perdedor, pelo menos para si mesmo, foi Fidel Castro. As opiniões dele pouco contaram. Ficou sabendo da decisão tomada por Kruchev de retirar os mísseis pelo rádio. Cuba não passava de um peão no confronto das superpotências. E no entanto, de uma forma perversa, a crise dos mísseis garantiu-lhe a manutenção do poder por mais de quatro décadas. Pouco mais de um ano após seu maior triunfo na política externa, Kennedy foi assassinado por um ativista do movimento Jogo Limpo com Cuba. Um ano depois, Kruchev também se foi, em parte por causa da aventura cubana. Castro foi o grande sobrevivente.

Com o passar dos anos, tornou-se claro que a vitória de Kennedy na crise dos mísseis produzira muitas consequências indesejadas. Uma foi a escalada na corrida armamentista à medida que os líderes soviéticos tentavam apagar a lembrança da humilhação cubana.

– Vocês se deram bem desta vez, porém nunca mais se darão – disse o vice-ministro das Relações Exteriores da URSS, Vasili Kuznetsov, pouco depois da retirada dos mísseis, a uma grande autoridade americana.

A União Soviética nunca se deixaria ficar em posição de inferioridade estratégica. A fim de alcançar paridade militar com os Estados Unidos, os sucessores de Kruchev embarcaram num vasto programa de mísseis balísticos intercontinentais.

Em mais uma volta da história, essa longa escalada militar foi um dos principais motivos da queda da União Soviética. Mesmo um país com uma riqueza fabulosa, imensos recursos naturais, não poderia manter o fardo de orçamentos militares sempre crescentes. O mundo livre liderado pelos Estados Unidos acabou por conquistar uma vitória sobre o mundo totalitário do comunismo soviético – mas de uma forma muito diferente do que muita gente esperava.

A crise dos mísseis assinalou um ponto decisivo no debate sobre se se podia ganhar uma guerra nuclear. Antes de outubro de 1962, um influente grupo de generais encabeçado por Curtis LeMay defendia o primeiro ataque à União Soviética. Depois, mesmo os generais tiveram de reconsiderar a ideia de vitória na Guerra Fria. Matar todos os comunistas era obviamente impossível sem matar milhões de americanos também. Os Estados Unidos e a União Soviética jamais voltaram a envolver-se num confronto militar direto com a escala e intensidade do conflito cubano. Haveria muitas guerras por procuração – no Vietnã, no Oriente Médio, na África e em outras partes –, mas nenhuma ou quase nenhuma que pusesse tropas americanas contra tropas soviéticas.

A impossibilidade de vitória militar teve o efeito salutar de mudar a competição das superpotências para outras áreas, na maioria das quais os americanos levaram relativa vantagem. Países que conseguiram resistir ao poderio militar dos Estados Unidos – o Vietnã é o exemplo mais óbvio – acabaram por adotar sistemas econômicos de livre mercado e abrir-se para o mundo externo. Cuba é a notável exceção a essa tendência. Em sua mente, Castro conquistou uma grande vitória sobre o inimigo *yanqui* apenas permanecendo no poder por tanto tempo. Na verdade, transformou a mais próspera ilha do Caribe num país derrotado e empobrecido, colhido numa distorção do tempo na década de 1950. Basta viajar a Havana para entender quem são os vitoriosos e os vencidos.

A lição mais duradoura da crise dos mísseis cubanos é que, num mundo com armas nucleares, a vitória militar clássica não passa de ilusão. O comunismo não foi derrotado no campo militar, e sim no econômico, cultural e ideológico. Os sucessores de Kruchev não puderam dar a seu próprio povo um nível básico de prosperidade material e realização espiritual. Perderam a guerra das ideias. No fim, como afirmei em *Down with Big Brother: The Fall of the Soviet Empire* [Abaixo o Grande Irmão: a Queda do Império Soviético], o comunismo derrotou a si mesmo.

Da perspectiva de hoje, o momento-chave da crise dos mísseis não é o confronto "olho no olho", em grande parte mítico, de 24 de outubro. Revela-se que os dois grandes adversários – Kennedy e Kruchev – procuravam ambos uma saída. Cada um tinha o poder de explodir o mundo, mas horrorizavam-se com a ideia de um Armagedom nuclear. Eram homens racionais, inteligentes e decentes, separados por um oceano de incompreensão, medo e desconfiança ideológica. Apesar de tudo que os dividia, sentiam uma furtiva simpatia um pelo outro, uma ideia expressa de forma mais pungente por Jackie Kennedy numa carta privada, manuscrita, que enviou a Kruchev após o assassinato do marido:

> Você e ele eram adversários, mas aliados na determinação de que o mundo não devia ser explodido. O perigo que perturbava meu marido era de que a guerra fosse iniciada tanto por grandes homens quanto pequenos. Embora os grandes saibam da necessidade de autocontrole e contenção, os pequenos às vezes são movidos pelo medo e o orgulho.

O verdadeiro perigo de guerra em outubro de 1962, vemos agora, não vinha dos "grandes homens", mas dos "pequenos". Ficou simbolizado no "momento do filho da puta" no Sábado Negro, quando os acontecimentos pareceram entrar numa espiral descontrolada. Para usar a expressão de Rumsfeld: aconteciam "coisas" em toda a parte. Ninguém podia prever onde ocorreria o próximo incidente, nem aonde levaria. A grande virtude de JFK, e a diferença essencial entre ele e George W. Bush, era que ele tinha uma apreciação instintiva das forças caóticas da história. A experiência como oficial subalterno na II Guerra Mundial ensinara-lhe a esperar estragos. Sabia que o comandante em chefe não podia controlar tudo no campo de batalha, por mais informação que fluísse para a Casa Branca.

O fato de dois lados opostos disporem de armas nucleares serviu como uma retenção a mais para Kennedy. O pesadelo que o perseguia era de que um pequeno incidente, como uma troca de tiros entre um navio de guerra americano e um submarino soviético, causasse a morte de dezenas de milhões de pessoas. Deixava-o sóbrio a ideia de uma única ogiva nuclear soviética que caísse numa cidade americana resultar em mais de meio milhão de baixas, o dobro de baixas da Guerra Civil.

Bismarck definiu a instituição política como a capacidade de ouvir, antes de qualquer outro, "o bater distante dos cascos da história". Kennedy com certeza aguçava o ouvido para as batidas de cascos, à medida que o debate rugia em volta na Sala do Gabinete no Sábado Negro, sobre o prejuízo que se podia causar à OTAN com a entrega dos mísseis Júpiter na Turquia. Os auxiliares pensavam em termos político-militares; ele, em termos históricos. Sabia que tinha de pagar para ver a mão de Kruchev, senão o equilíbrio entre Washington e Moscou se alteraria para sempre. Mas também compreendia, melhor que ninguém na sala, que as futuras gerações jamais lhe perdoariam se não fizesse todo o possível para impedir uma guerra nuclear.

A crise dos mísseis cubanos demonstra o papel às vezes central da personalidade na política. O caráter conta. Fosse outro o presidente em outubro de 1962, o resultado poderia ter sido muito diferente. Bobby Kennedy depois observaria que a dúzia de altos conselheiros participantes dos debates do ExComm eram todos "brilhantes e enérgicos... entre as pessoas mais capazes do país". Ainda assim, na opinião de JFK, "se qualquer um da meia dúzia deles fosse o presidente, é muito provável que o mundo se visse mergulhado numa guerra catastrófica". Baseava essa conclusão no conhecimento de que metade do ExComm defendera o bombardeio dos campos de mísseis em Cuba, um passo que provavelmente teria levado à invasão americana da ilha.

Mesmo com a vantagem de olhar em retrospecto, é impossível saber o que teria acontecido se JFK seguisse o conselho dos "falcões". Pode-se conceber que Kruchev haveria engolido a humilhação. É possível que retaliasse em Berlim ou em outra parte. Também é concebível que os comandantes soviéticos em Cuba usassem armas táticas para defender-se, quaisquer que fossem as instruções de Moscou. Um colapso nas comunicações militares haveria devolvido de fato o controle sobre tais armas aos capitães e majores que comandavam cada bateria. Vimos como seria preciso apenas alguns minutos para disparar um míssil de cruzeiro com ogiva na ponta na base naval de Guantánamo. Houvesse ocorrido um tal ataque, Kennedy ficaria sob enorme pressão para ordenar uma resposta nuclear. Teria sido difícil limitar uma guerra nuclear a Cuba.

Kennedy e seus auxiliares não sabiam de muita coisa sobre a capacidade militar soviética em Cuba. Exageraram algumas ameaças e subestimaram outras. Ocorreram muitas falhas de informação, junto com alguns sucessos dignos de nota. Após minimizar a ameaça, a CIA descobriu a construção dos campos de mísseis bem a tempo, e previu com bastante precisão quando cada local se tornaria operacional. Mas a presença de armas nucleares táticas na ilha ia permanecer como um segredo bem guardado do Kremlin durante mais de três décadas. A CIA acreditava que havia entre seis mil e oito mil "conselheiros" soviéticos em Cuba. Na verdade, chegavam a mais de 40 mil os soldados da União Soviética na ilha, incluindo pelo menos 10 mil altamente treinados.

Ao examinar esse registro, fica-se impressionado, acima de tudo, com os efeitos corrosivos da sabedoria convencional. O problema não era tanto com a coleta de informação quanto sua interpretação e análise. Testemunhas oculares dizem que os gigantescos tubos desembarcados dos navios soviéticos foram descartados porque não batiam com a estimativa oficial da CIA, de que a instalação dos mísseis em Cuba era "incompatível com a prática soviética até hoje". Um *post-mortem* depois atribuiu a culpa pela "quase total surpresa da informação" ao "mau funcionamento do processo analítico". Tratava-se de uma história semelhante à do principal centro de armazenamento de ogivas nucleares em Bejucal. Fizeram-se inúmeras fotos do *bunker*, junto com os furgões que as transportavam estacionados próximo. Os analistas descartaram os campos de séria consideração porque eram protegidos por uma única cerca de segurança, em contraste com as múltiplas cercas e postos de guarda em instalações semelhantes na União Soviética.

Sabendo o que sabemos agora, é difícil discutir com a decisão de JFK de ir adiante com o bloqueio a Cuba em vez de um ataque aéreo que levaria a uma possível invasão. Com certeza estaria justificado por não correr o risco de provocar os soviéticos a terem o que McNamara chamou de "espasmo de resposta". Só podemos nos sentir gratos por essa contenção. Apesar de todas as falhas pessoais e erros políticos, talvez fosse por causa deles que Jack Kennedy representasse uma figura muito humana. Numa época em que os políticos, como uma questão de rotina, demonizavam o outro lado, ele lembrou aos americanos o que tinham em comum com os russos:

– Todos habitamos este mesmo planeta. Todos respiramos o mesmo ar. Todos cuidamos com ternura do futuro de nossos filhos. E somos todos mortais.

O humanismo de Kennedy era sua – e nossa – graça redentora.

Claro, tinha seus críticos. Um dos mais eloquentes era o ex-secretário de Estado Dean Acheson, que participou de um dos primeiros debates do ExComm. Ele ficou horrorizado com a natureza desestruturada das sessões, pois lembravam mais um desembestado seminário acadêmico que um conselho de guerra presidencial. Defendia ataques aéreos aos campos de mísseis para eliminar a ameaça e descartava como "dialética emocional" os temores de que isso matasse milhares de técnicos soviéticos. Acheson atribuiu o resultado pacífico da crise à "pura sorte cega".

É injusto. A história da crise dos mísseis está repleta de erros de entendimento e de cálculo. Mas envolveu alguma coisa além de a "sorte cega" contornar um apocalipse nuclear. A verdadeira boa sorte é que homens sadios e equilibrados como John Fitzgerald Kennedy e Nikita Sergeievitch Kruchev ocupavam a Casa Branca e o Kremlin, respectivamente, em outubro de 1962.

Agradecimentos e uma nota sobre as fontes

Quando decidi escrever um livro sobre a crise dos mísseis cubanos, a pergunta que com mais frequência me fazia era: "Que há de novo a dizer sobre um assunto tão exaustivamente estudado?" A resposta, segundo se revelou, é um grande acordo. Dois anos de pesquisa em meia dúzia de países, incluindo os Estados Unidos, a Rússia e Cuba, trouxe à tona uma surpreendente quantidade de informações sobre os 13 dias de outubro de 1962 em que o mundo teve o raspão mais de perto com a destruição nuclear. Algumas das "velhas" informações – como a versão em geral aceita do confronto naval "olho no olho" em 24 de outubro – revelaram-se não autênticas. Vários episódios importantes neste livro, entre eles a descrição do plano soviético de atacar a base naval americana de Guantánamo e o sobrevoo na União Soviética do U-2, dependem de fontes não usadas e documentadas antes. Outras fontes ficaram à vista de todos durante anos, sem que alguém desse muita atenção. É seguro dizer que virão mais revelações no futuro.

Uma enorme quantidade de material sobre a crise dos mísseis cubanos tornou-se disponível para pesquisa nas últimas duas décadas, após o colapso da União Soviética em 1991. Apesar disso, fiquei surpreso ao descobrir que os muitos arquivos do governo americano sobre a crise – incluindo os registros do Comando Aéreo Estratégico, dos chefes do Estado-Maior Conjunto e da Agência de Inteligência da Defesa – continuam em grande parte interditados aos pesquisadores. Outros grupos de registros, tais como os guardados pela Agência de Pesquisa Histórica da Força Aérea na base Maxwell da Força Aérea no Alabama, sofrem severa restrição. A maior parte dos arquivos do governo soviético, em particular os do Ministério da Defesa, permanece fechada. O acesso aos arquivos cubanos na certa terão de esperar uma mudança de regime em Havana.

Consegui superar alguns desses obstáculos triangulando informação de fontes muito díspares, em inglês, russo e espanhol. Por exemplo, essa técnica foi fundamental para descobrir a instalação de mísseis soviéticos com ogivas nucleares a 24km da base naval de Guantánamo nas primeiras horas da manhã do Sábado Negro. Tive a curiosidade aguçada a princípio por uma lista de baixas soviéticas em Cuba, que mostrava dois soldados mortos perto de Guantánamo em 27 de outubro de 1962. Também me intrigou uma matéria de outubro de 1987 do repórter investigativo Seymour Hersh, que falava de uma "troca de tiros" no Leste da ilha, envolvendo tropas soviéticas e cubanas, cujas comunicações, ao que parece, foram interceptadas pela espionagem americana. O texto citava um comandante soviético chamado Maltsev, que mandara ambulâncias ao local. Outra peça do quebra-cabeça foi fornecida na referência de uma frase à movimentação de mísseis de cruzeiro FKR para uma "posição avançada" perto de Guantánamo numa memória em russo de veteranos da Operação Anadir.

A confusa história começou a fazer mais sentido quando minha pesquisadora russa, Svetlana Chervonnaia, localizou a família de um dos soldados soviéticos mortos, Viktor Mikheiev. Revelou-se que ele estava no comboio que transportava os mísseis de cruzeiro no meio da noite: o caminhão onde viajava caiu numa ravina. Encontramos outros soldados do comboio que lembravam o incidente e a instalação dos mísseis. Quando vasculhava os documentos do Centro Histórico Naval em Washington, capital, deparei-me com uma mensagem secretíssima do comandante do GITMO, informando a movimentação de cerca de "três mil soldados russo/sino/cubanos, aumentados por equipamento de artilharia não identificado" na noite de 26-27 de outubro. A mensagem dava coordenadas militares precisas para os pontos de início e fim da instalação, dentro de 200 metros, que só podiam vir de interceptações de rádio. Também pude reconstituir o movimento do comboio até 24km de Guantánamo, exatamente como descreveu o veterano soviético. As peças finais do quebra-cabeça se encaixaram quando fiquei sabendo que o comandante do regimento de mísseis de cruzeiro era o coronel Maltsev. Hersh tinha razão sobre a interceptação, e errara sobre a natureza da "troca de tiros", que interpretou como um choque entre soldados soviéticos e cubanos.

Encontrei depois um memorando na Biblioteca Kennedy, em Boston, de um homem de negócios americano, William Knox, que se encontrou com Kruchev em 24 de outubro. O documento incluía uma ameaça não revelada antes do líder soviético. Se Kennedy quisesse saber que tipo de armamentos tinham em Cuba, que invadissem a ilha: "A base naval de Guantánamo será destruída logo no primeiro dia." Uma visita à província de Oriente em março de 2006 me deixou com a vívida impressão do terreno acidentado em torno de Guantánamo.

Outro exemplo: a identificação dos locais de armazenamento das ogivas nucleares soviéticas. Era um dos grandes mistérios da crise dos mísseis, jamais resolvido de todo. A CIA supunha que devia haver ogivas em Cuba, porque os mísseis eram inúteis sem elas. Mas analistas da espionagem americana jamais conseguiram localizá-las e acabaram por desistir de tentar. Com a colagem de peças díspares de informação, creio ter solucionado o mistério. Os oficiais soviéticos responsáveis por cuidar das ogivas deram em memórias e entrevistas comigo descrições gerais da localização dos *bunkers*. Disseram-me que o *bunker* de armazenamento central ficava em algum ponto perto de Bejucal, cidade ao sul de Havana. Visitei-a em março de 2006, mas não pude identificar o local exato. Quando pesquisava registros da CIA nos Arquivos Nacionais de College Park, Maryland, porém, encontrei referências a um "*bunker* de armazenamento de munições" perto de Bejucal. Revelou-se que a CIA suspeitara a princípio que o *bunker* podia ser usado para armazenar ogivas nucleares, mas afastara a ideia devido à ausência de múltiplas cercas de segurança em torno da instalação.

Minha caçada às ogivas nucleares ganhou ímpeto no verão de 2007, quando descobri que o filme de informação bruta feito pela Marinha e pela Força Aérea dos Estados Unidos durante a Crise dos Mísseis fora transferido para os Arquivos Nacionais. Para ser mais exato, centenas de milhares de latas de filmes da DIA haviam sido guardadas numa instalação dos arquivos no Kansas. Só há um problema: a maior parte dos auxílios das descobertas continua "secreta". Detetei uma pequena rima ou razão na numeração dessas latas, o que torna o processo de pesquisa mais ou menos equivalente a encontrar agulhas num palheiro. Permitiram-me solicitar 20 latas de filme de cada vez, que eram então trazidas em voo de um dia para outro do Kansas para Washington. Após analisar mais de 100 dessas latas, e dezenas de milhares de imagens, senti-me com uma sorte enorme por haver encontrado algumas fotos não publicadas antes da instalação de Bejucal, feitas pelos aviões de reconhecimento americanos em outubro de 1962. Vários fotogramas incluíam fotos dos furgões especiais usados no transporte de ogivas militares por toda Cuba, prova de que eu descobrira o lugar certo. Pude combinar essas fotos com imagens contemporâneas do Google Earth e descobrir o local exato da base de armazenamento nuclear.

Um exemplo final: a descoberta dos detalhes do voo do U-2 sobre Chukotka, também no Sábado Negro. As versões acadêmicas padrão da crise dos mísseis em geral falam desse incidente apenas de passagem. A Força Aérea americana não liberou uma única informação sobre o voo do capitão Charles F. Maultsby, além de uma história da unidade com a estranha afirmação de que a missão foi "100% bem-sucedida". Em 2005 eu comecei a pressionar a Força Aérea para obter informação sobre o voo de Maultsby, mas não puderam (ou quiseram) sequer identificar a localização dos importantes registros do SAC. Para montar as peças desse incidente, tive de depender de outras fontes, entre elas uma detalhada memória escrita por Maultsby, antes de morrer de câncer na próstata em 1998, e que me foi fornecida pela viúva, Jeanne. Consegui suplementar isso com uma entrevista com o navegador dele, Fred Okimoto, e colegas pilotos de U-2. Encontrei o documento-chave, um mapa que mostra a rota exata do voo, junto com dados de rastreamento dos MiGs soviéticos enviados para abatê-lo, nos arquivos do Secretariado Executivo do Departamento de Estado, liberados pelos Arquivos Nacionais a meu pedido. Desconfio que o mapa pode ter sido liberado sem querer por liberadores do departamento que não sabiam de sua importância. Como pode ver o leitor pela ilustração na última página do terceiro encarte, o mapa não contém marca de classificação especial. É difícil entender por que o voo de Maultsby continua sujeito a tanto segredo oficial. A explicação mais plausível é que o governo americano não quer confirmar o fato amplamente conhecido de que interceptou em tempo real o rastreamento pela defesa aérea soviética, e usou esses relatórios para calcular o que acontecera ao piloto de U-2 desaparecido e orientá-lo a voltar em segurança.

Durante dois anos de pesquisa para este livro, entrevistei mais de 100 veteranos da crise dos mísseis cubanos nos Estados Unidos, Rússia, Ucrânia e Cuba. Como a maioria deles é citada pelo nome nas notas finais, não os repetirei todos aqui, mas gostaria de selecionar algumas pessoas para um agradecimento especial. Na Rússia, contei com a ajuda na pesquisa de Svetlana Chervonnaia, formidável detetive de arquivo responsável pela descoberta de vários fatos históricos. Graças a ela, encontrei-me várias vezes com Aleksander Feklisov, espião soviético que supervisionava Julius Rosenberg e dirigiu a operação da KGB em Washington durante a crise dos mísseis. Svetlana foi também minha via de acesso ao grupo de veteranos soviéticos liderados pelo general Anatoli Gribkov (representante do Estado-Maior soviético em Cuba nos dias da crise) e por Leonid Sannikov (jovem tenente que serviu num dos regimentos de mísseis perto de Sagua la Grande). Ele teve a generosidade de me deixar ler as cartas e memórias coligidas por sua organização, a Associação Inter-regional de Combatentes Internacionalistas (Mejregional'naia Associatsia Voinov-Internationalistov), de veteranos da crise na última década. Além de por-me em contato com muitos de seus membros, Sannikov também me apresentou ao tenente-coronel Sergei Karlov, historiador das Forças de Foguetes Estratégicos soviéticas, cujo enciclopédico conhecimento da Operação Anadir se baseia no estudo de documentos originais ainda vedados a pesquisadores ocidentais.

Entre os veteranos soviéticos em Cuba, eu gostaria de agradecer em particular ao coronel Viktor Iesin, ex-chefe de Estado-Maior das Forças Estratégicas de Foguetes e tenente de engenharia na ilha em outubro de 1962. Hoje professor do Instituto Canadá-Estados Unidos em Moscou, ele me explicou com toda paciência o funcionamento do míssil R-12 e os procedimentos de disparo. Pela compreensão de como se apontaram os mísseis para cidades americanas, sou devedor a um dos vice-diretores da Divisão de Balística no quartel-general soviético, major Nicolai Oblizin. Famoso matemático, ele fez muitos dos complicados cálculos balísticos envolvidos no preparo da mira sobre Washington, capital, e outras cidades dos Estados Unidos, na era pré-computador e pré-GPS. Em Kiev, o general Valentin Anastasiev contou-me histórias de cair o queixo do manejo das ogivas nucleares, incluindo o tipo de bomba atômica lançada em Hiroshima que era sua responsabilidade pessoal.

Nos Estados Unidos, tive a sorte de poder entrevistar vários veteranos políticos da crise, entre eles o ex-secretário de Defesa Robert McNamara e Theodore Sorensen, conselheiro especial e redator de discursos de JFK. Devo agradecimentos especiais a Dino Brugioni, alto assessor do diretor da NPIC, Arthur Lundahl, que passou muitas horas me explicando a arte de reconhecimento de foto e como a aplicaram a Cuba. Dino também me alertou para a transferência do filme bruto de espionagem para os Arquivos Nacionais, e enviou-me numa caçada detetivesca frustrante, mas no fim recompensadora. Entre os outros veteranos americanos da crise dos mísseis que se esforçaram para ajudar-me incluem-se Raymond Garthoff, que trabalhou no Departamento de Estado e leu o rascunho original do meu manuscrito, fazendo muitos comentários úteis; os pilotos de U-2 Richard Heyser e o general Gerald McIlmoyle, que voaram sobre Cuba durante a crise; Gregory J. Cizek, que se preparava para desembarcar na ilha com os fuzileiros; e os veteranos da espionagem Thomas Parrott, Thomas Hughes e Warren Frank. Sou grato a Robb Hoover, historiador não oficial da Ala 55 de Reconhecimento Estratégico, por me pôr em contato com veteranos de sua unidade, e a George Cassidy, por fazer o mesmo com veteranos do USS *Oxford*. Na Flórida, eu gostaria de agradecer em especial ao ex-repórter do *Miami Herald* Don Bohning, que me apresentou a veteranos da luta anti-Castro, entre eles Carlos Obregon e Carlos Pasqual, agente clandestino da CIA na província cubana de Oriente durante a crise. Meus agradecimentos também a Pedro Vera, que passou 17 anos em cárceres de Cuba após ser abandonado pela agência depois da fracassada tentativa de sabotar a mina de cobre de Matahambre. Ele hoje vive em Tampa.

Não tive ajuda das autoridades cubanas. Meu pedido de visto para pesquisar a crise dos mísseis aparentemente foi frustrado pela paralisia burocrática em Havana nos anos de decadência física de Castro e transferência de poder para Raúl; não se pode tomar nem simples decisões em Cuba sem o consentimento do homem no topo. No caso, não creio que a falta de cooperação tenha feito muita diferença para a pesquisa. A ajuda cubana a outros historiadores limitou-se em grande parte a longos monólogos de Fidel, que disse praticamente tudo que ia dizer sobre o assunto, e entrevistas com alguns veteranos escolhidos com muito cuidado. O ponto de vista oficial cubano foi muito bem documentado em conferências organizadas pelo Arquivo de Segurança Nacional, grupo sem fins lucrativos filiado à Universidade George Washington, na capital. Consegui fazer duas viagens particulares a Cuba em 2006 e 2007, e cruzei a ilha toda, visitando muitos dos locais ligados à crise dos mísseis, entre eles a gruta de Che Guevara na província de Pinar del Río, a mina de cobre em Matahambre, a planejada praia da invasão pelos fuzileiros em Tarará e o quartel-general soviético em El Chico. Conversei em caráter não oficial com dezenas de cubanos, incluindo vários com vívidas lembranças de outubro de 1962.

Embora as histórias dos veteranos da crise dos mísseis fossem muito importantes para a minha pesquisa, eu conferi todos esses depoimentos com o registro escrito. A memória às vezes trai mesmo as testemunhas oculares mais meticulosas quatro décadas após o fato, e é fácil cometer erros, fundir diferentes incidentes e confundir datas. Os registros de arquivos também muitas vezes são incompletos, e outras vezes imprecisos. Mesmo membros do ExComm de vez em quando recebiam informações incorretas que surgiram em várias versões da crise. Citarei apenas dois exemplos. Primeiro, a 24 de outubro, o diretor da CIA, John McCone, anotou em seu diário que um navio soviético a caminho de Cuba dera meia-volta após ser enfrentado por um contratorpedeiro americano. O incidente jamais aconteceu. Segundo, no Sábado Negro, McNamara informou ao presidente Kennedy que aviões de reconhecimento que sobrevoavam Cuba foram atingidos por fogo antiaéreo, o que depois se revelou incorreto. A mais sensata abordagem para o pesquisador é encontrar múltiplas fontes e usar provas documentais para corroborar a história oral, e vice-versa.

O ponto de partida de minha pesquisa em arquivos foi a extensa documentação sobre a crise dos mísseis cubanos reunida pelos Arquivos de Segurança Nacional, fonte de referência indispensável para os historiadores contemporâneos. O arquivo, sob a direção de Tom Blanton, tomou a frente no uso agressivo da Lei de Liberdade de Informação para abrir documentos da burocracia americana, muitas vezes recalcitrante. No caso da crise dos mísseis cubanos, travou uma histórica batalha no tribunal em 1988 para obter acesso a uma coleção compilada pelo historiador do Departamento de Estado. Em cooperação com pesquisadores acadêmicos, a NSA também ajudou a organizar uma série de importantes conferências sobre a crise dos mísseis, incluindo uma em Moscou em 1992 e outras em Havana em 1992 e 2002. Sou devedor a vários membros da equipe da NSA, incluindo Blanton, Svetlana Savranskaia, Peter Kornbluh, Malcolm Byrne e William Burr, por fornecerem documentos e me orientarem em geral na direção certa. Em reconhecimento a esse débito, estou disponibilizando meus próprios registros sobre a crise dos mísseis a outros pesquisadores por meio do arquivo.

Há transcrições das conferências sobre a crise na série de livros "À Beira", de James Blight, Bruce Allyn, David Welch e outros, aos quais me refiro nas notas sobre fontes individuais. Enquanto o governo cubano não abrir seus arquivos aos pesquisadores, esse material de conferência constituirá a melhor fonte existente para o ponto de vista daquele país. Para as transcrições das reuniões do ExComm, contei basicamente com o trabalho do Centro Miller da Universidade da Virgínia. As transcrições são um trabalho em andamento e têm sido atualizadas para levar em conta as objeções de outros estudiosos, em particular Sheldon Stern, ex-historiador da Biblioteca JFK, que apontou vários erros. Apesar disso, continuam sendo a fonte mais abrangente sobre o que ocorreu nas reuniões do ExComm, e estão à conveniente disposição online no site do Centro Miller na internet, junto com as gravações de áudio originais.

A documentação sobre a crise dos mísseis é mais acessível nos Estados Unidos que na Rússia. A melhor fonte de material sobre os mísseis é a coleção de Dimitri Volkogonov na Biblioteca do Congresso, em Washington. Muitos documentos colhidos por ele, historiador soviético, foram traduzidos pelo Projeto História Internacional da Guerra Fria e publicados nos boletins da entidade. Outros documentos soviéticos me foram fornecidos por Svetlana Savranskaia, do Arquivo Nacional, e Mark Kramer, diretor do projeto de estudos sobre a Guerra Fria na Universidade de Harvard. Ele fez uma extensa pesquisa em arquivos da União Soviética e Europa Oriental, e escreveu com autoridade sobre os militares da URRS. Svetlana é a principal *expert* nos Estados Unidos sobre o papel desempenhado pelos submarinos soviéticos na crise dos mísseis. Entrevistou pessoalmente muitos dos atores-chave soviéticos na crise, entre eles os quatro comandantes de submarinos. Apresentou-me a Vadim Orlov, membro da tripulação do *B-59*, e forneceu-me o absorvente diário de Anatoli Andreiev, tripulante do *B-36*. O centro de meios de comunicação da agência de espionagem estrangeira russa, SVR, deu-me cópias de relatórios da espionagem soviética sobre a crise dos mísseis.

Importantes coleções de arquivo sobre a crise dos mísseis cubanos incluem a Biblioteca JFK em Boston, os Arquivos Nacionais em College Park, Maryland, e o Centro de História Naval em Washington. Cada um tem seus pontos fortes e fracos. Os arquivos de segurança nacional na Biblioteca JFK são uma fonte abrangente e de fácil acesso de documentação sobre a crise, vista da Casa Branca. Por infelicidade, a família Kennedy ainda impõe restrições a partes da coleção. Os registros pessoais de Robert F. Kennedy, incluindo grande parte que trata da fracassada Operação Mangusto, estão vedados a pesquisadores independentes. A família também insiste que os pesquisadores que examinam os registros médicos do presidente sejam acompanhados de um *expert* médico "qualificado". Robert Horsburgh, professor de epidemiologia da Universidade de Boston, concordou generosamente em conceder-me uma tarde de seu valioso tempo e repassar esses registros comigo. Eu gostaria de agradecer à ex-diretora da Biblioteca JFK, Deborah Leff, pela ajuda e conselhos.

Os registros sobre a crise dos mísseis nos Arquivos Nacionais encontram-se espalhados entre muitas coleções diferentes, com variados graus de acesso público. O curioso é que uma das mais ricas e acessíveis coleções seja a da CIA, agência muitas vezes criticada pela falta de abertura. Grande número de registros da Agência sobre a crise dos mísseis, entre eles relatórios diários de interpretação de fotos e atualizações sobre o status dos sistemas de mísseis em Cuba, encontra-se disponível em forma digital nos arquivos por meio do sistema de computador CREST. Há documentação detalhada sobre a Operação Mangusto na Coleção de Registros sobre o Assassinato de JFK, com um buscador online no site dos Arquivos Nacionais na internet. Essa inestimável coleção inclui muitos documentos que só tangencialmente se relacionam com o assassinato, como o plano de invasão de Cuba pelos fuzileiros em outubro de 1962 e relatórios de agentes americanos dentro da ilha durante a crise dos mísseis.

Em contraste, os registros do Pentágono sobre a crise são muito esparsos. A meu pedido, os Arquivos Nacionais iniciaram o processo de desclassificação dos registros da crise do gabinete do secretário da Defesa, mas centenas de documentos importantes foram retidas para outra "peneirada". Como observei acima, o filme bruto de espionagem recolhido pela DIA foi em grande parte liberado, mas quase inexistem buscadores, o que torna inacessível a maior parte da coleção. Disponibilizou-se a maioria dos registros do Departamento de Estado sobre a crise. Pela ajuda na liberação e acesso aos registros nos Arquivos Nacionais, eu gostaria de agradecer às seguintes pessoas: Allen Weinstein, Michael Kurtz, Larry MacDonald, Tim Nenninger, David Mengel, Herbert Rawlings-Milton e James Mathis. Sou grato a Tim Brown, da Globalsecurity.com, por ajudar-me a entender as imagens da DIA.

Junto com os fuzileiros, a Marinha dos Estados Unidos fez o melhor serviço entre as quatro Forças Armadas, ao disponibilizar os registros da crise ao público, apesar de ter um orçamento para pesquisa histórica de apenas uma fração da existente para a Força Aérea. Passei duas semanas vasculhando os registros do Centro Histórico Naval, que incluem relatórios minuto a minuto da linha de quarentena em torno de Cuba, diários de escritório do comandante de operações navais e resumos diários da espionagem. Eu gostaria de agradecer a Tim Petit, do Centro Histórico, e a Curtis A. Utz, do Setor de História da Aviação Naval.

Em contraste com a Marinha, a Força Aérea fez um trabalho muito medíocre na documentação de seu papel na crise acessível a estudiosos de fora. A maior parte dos registros da Força Aérea até agora liberados se compõe de histórias de unidades, em vez dos materiais de fonte original em forma de ordens, telegramas e relatórios. O valor dessas histórias varia. Em muitos casos, destinam-se a fazer a Força Aérea parecer bem, e não proporcionam uma versão exata do que aconteceu durante a crise. O caso Maultsby constitui apenas um exemplo de incidente embaraçoso censurado do registro oficial da força, que respondeu a repetidos pedidos de registros da crise com a liberação de mais algumas histórias de unidades, mas muito pouca documentação por baixo. Sou grato a Linda Smith e Michael Binder por fazerem o que podiam para ajudar-me dentro das restrições impostas por sua agência. Toni Petito também foi útil durante a visita que fiz à Agência de Pesquisa Histórica da Força Aérea na base Maxwell. Louie Alley, do Centro de Segurança da Força Aérea na base de Kirtland, respondeu rapidamente ao meu pedido de informação sobre acidentes específicos.

A pesquisa e a composição de um livro às vezes são um trabalho solitário, o que me torna ainda mais agradecido às instituições e indivíduos que me ajudaram ao longo do caminho. Tenho uma dívida especial com o Instituto da Paz dos Estados Unidos (USIP), que me concedeu uma bolsa para o ano acadêmico de 2006-7. O apoio dessa entidade possibilitou-me fazer viagens extras a Rússia e Cuba, e dedicar mais tempo a escrever do que de outro modo conseguiria. Graças a ela, pude fazer deste um projeto de dois anos, e não um ano e quatro meses, e por isso saiu um livro melhor. Muita gente na USIP tornou isso possível, mas eu gostaria particularmente de agradecer a Richard Solomon, Virginia Bouvier e a meu pesquisador, Chris Holbrook.

Gostaria de agradecer ainda a Sergo Mikoian e Sergei Kruchev, pelas intuições em primeira mão sobre o sistema político soviético e por erguerem a cortina do estilo de vida de altos membros do Politburo. Sergo serviu de conselheiro informal sobre o pai, Anastas Mikoian, e acompanhou-o em várias viagens a Cuba. Sergei editou as memórias do seu e trabalhou no programa de foguetes soviético.

A pesquisa para um livro sobre um tema como a crise dos mísseis cubanos é uma maravilhosa oportunidade de estudar países e culturas estrangeiros. Graças a um posto em Moscou como repórter de *The Washington Post*, de 1988 a 1993, iniciei este projeto com um conhecimento muito bom da Rússia e dos russos, mas as outras visitas a Moscou foram em grande parte facilitadas por Svetlana Chervonnaia. Minha guia em Kiev foi Lena Bogdanova, talentosa estudante de doutorado em filosofia. Cuba e a América Latina constituíam em grande parte novidade para mim. Por ensinar-me espanhol e introduzir-me na cultura, literatura e história latino-americanas, um *gracias* muito especial a Myriam Arosemena. Graças a ela, pude chegar a Cuba sozinho, sem depender de tradutores e guias oficiais.

Agradecimentos e uma nota sobre as fontes 405

Como aconteceu com meu livro anterior, vali-me bastante dos conselhos de Ashbel Green, um dos mais distinguidos assistentes editoriais americanos, que se aposentou em fins de 2007, após 23 anos na Knopf. Seus autores incluíam Andrei Sakharov, Vaclav Havel e Milovan Djilas, portanto eu dificilmente poderia ter melhor companhia. Vou sentir muito a sua falta, mas ele me passou a Andrew Miller, que deu muitas sugestões valiosas sobre como melhorar este livro. Outros da Knopf a quem eu gostaria de agradecer incluem Sara Sherbill, que fez o trem correr no horário; Ann Adelman, copidesque; Robert Olsson, autor do projeto gráfico do livro; David Lindroth, que desenhou os mapas; Meghan Wilson, editora de produção; e Jason Booher, pela fabulosa capa. Um agradecimento especial, também, a meu agente, Rafe Sagalyn, pela amizade e apoio.

Além dos editores da Knopf, várias pessoas se deram o trabalho de ler o original e dar sugestões úteis, entre eles Tom Blanton, Svetlana Savranskaia, Raymond Garthoff, David Hoffman, Masha Lipman e sobretudo Martin Sherwin, que usou um judicioso bisturi. Minha mãe, Marie Dobbs, ela própria autora, criticou um rascunho inicial que passei os dois meses seguintes a revisar.

Minha maior dívida de gratidão, como sempre, é com minha esposa, Lisa, e nossos três filhos, Alex, Olivia e Jojo. Dedico este livro a ela, cujos talentos musicais e em idiomas, e a curiosidade sobre o mundo, floresceram durante os dois anos que passei mergulhado neste livro.

Notas

ABREVIAÇÕES DE FONTES

AFHRA	Air Force Historical Research Agency, Maxwell Air Force Base – Agência de Pesquisa Histórica da Força Aérea, Base Maxwell da Força Aérea
AFSC	Air Force Safety Center, Kirtland Air Force Base – Centro de Segurança da Força Aérea, Base Kirtland
CINCLANT	Commander in Chief Atlantic – Comandante em chefe do Atlântico
CNN CW	CNN *Cold War* TV series, 1998. Transcripts of interviews at King's College London – Série de TV da CNN *Cold War*, 1998. Transcrições de entrevistas no King's College, em Londres
CNO	Chief of Naval Operations – Comandante de Operações Navais
CNO, Cuba	CNO Cuba history files, Boxes 58-72, Operational Archives, USNHC – CNO Arquivos históricos de Cuba, Caixas 58-72, Arquivos Operacionais
CREST	CIA Records SearchTool, NARA – Ferramenta de Busca da CIA
CWIHP	*Cold War International History Project* bulletin – Projeto de História Internacional da Guerra Fria
DOE	Department of Energy OpenNet – Rede Aberta do Departamento de Energia
FBIS	Foreign Broadcast Information Service – Serviço de Radiodifusão de Informação Estrangeira
FOIA	Response to Freedom of Information Act Request – Resposta ao Pedido de Informação sobre a Lei de Liberdade de Informação
FRUS	*Foreign Relations of the United States Series, 1961-1963*, Vols. X, XI, XV, Washington, D.C.: U. S. Government Printing Office, 1997, 1996, 1994 – *Série Relações Estrangeiras dos Estados Unidos, 1961-1963*, Vols. X, XI, XV, Washington, D.C., Departamento de Imprensa do Governo dos Estados Unidos
Havana, 2002	Conferência de Havana sobre a crise de mísseis cubanos, outubro de 1962. Livros de resumo da conferência preparados pelo Arquivo de Segurança Nacional
JFKARC	John F. Kennedy Assassination Records Collection at NARA – Coleção de Registros do NARA sobre o Assassinato de John F. Kennedy
JFKL	John F. Kennedy Library, Boston – Biblioteca John F. Kennedy, Boston
JFK2, JFK3	Philip Zelikow and Ernest May, eds., *The Presidential Recordings: John F. Kennedy, The Great Crises*, Vols. 2-3, Miller Center for Public Affairs, University of Virginia – Philip Zelikow e Ernest May, eds. *Os Registros Presidenciais: John F. Kennedy. As Grandes Crises*, Vols. 2-3, Centro de Assuntos Públicos, Universidade da Virgínia
LAT	*Los Angeles Times*

LCV	Library of Congress Dmitrii Volkogonov Collection – Biblioteca do Congresso, Coleção Dimitri Volkogonov
MAVI	Archives of Mezhregional'naya Assotsiatsia Voinov-Internatsionalistov, Moscow – Arquivos da Mejregional'naya Assotsiatsia Voinov-Internatsionalistov, Moscou
NARA	National Archives and Records Administration, College Park, MD – Administração Nacional de Arquivos e Registros, College Park, Maryland
NDU	National Defense University, Washington, D.C. – Universidade de Defesa Nacional, Washington, D.C.
NIE	National Intelligence Estimate – Avaliação Nacional de Espionagem
NK1	Nikita Khrushchev, *Khrushchev Remembers*. Boston: Little, Brown, 1970 – Nikita Kruchev – *Memórias de Kruchev*. Boston: Little, Brown, 1970
NK2	Nikita Khrushchev, *Khrushchev Remembers: The Last Testament*. Boston: Little, Brown, 1974 – Nikita Kruchev, *Memórias de Kruchev*. Boston: Little, Brown, 1974
NPRC	National Personnel Records Center, St. Louis, MO – Centro Nacional de Registros do Pessoal. St. Louis, Missouri
NSA	National Security Agency – Agência de Segurança Nacional
NSAW	National Security Archive, Washington, D.C. – Arquivo de Segurança Nacional, Washington, D.C.
NSAW Cuba	National Security Archive, Cuba Collection – Arquivo de Segurança Nacional, Coleção Cuba
NYT	*New York Times*
OH	Oral History – História Oral
OSD	Office of Secretary of Defense, Cuba Files, NARA – Gabinete do Secretário da Defesa, Arquivos do NARA sobre Cuba
RFK	Robert F. Kennedy, *Thirteen Days*. New York: W. W. Norton, 1969 – Robert F. Kennedy, *Treze Dias*, Nova York: W. W. Norton, 1969
SCA	Records of State Department Coordinator for Cuban Affairs, NARA – Registros do Coordenador do Departamento de Estado sobre Assuntos Cubanos (NARA)
SDX	Records of State Department Executive Secretariat, NARA – Registros do Secretariado Executivo do Departamento de Estado (NARA)
SVR	Archives of Soviet Foreign Intelligence, Moscow – Arquivos Soviéticos de Espionagem Estrangeira, Moscou
USCONARC	U. S. Continental Army Command – Comando do Exército Continental
USIA	U. S. Intelligence Agency – Agência de Inteligência dos Estados Unidos
USNHC	U. S. Navy Historical Center, U. S. Continental Army Command, Washington, D.C. – Centro Histórico da Marinha dos Estados Unidos, Comando do Exército Continental dos Estados Unidos, Washington, D.C.
WP	*Washington Post*
Z	Zulu time or GMT, four hours ahead of Quebec time (Eastern Daylight Time), five hours ahead of Romeo time (Eastern Standard Time). Time group 241504Z is equivalent to October 24, 1504GMT, which is the same as 241104Q, or 1104EDT – Horário Zulu, quatro horas à frente do horário de Québec (horário de verão do Leste), cinco horas à frente da hora de Romeo (horário padrão do Leste). O grupo do horário 241504Z equivale a 24 de outubro, 1504GMT (horário do meridiano de Greenwich), o mesmo que 241104Q, ou 1104EDT

CAPÍTULO UM: AMERICANOS

17 "a clareira de um campo": Robert F. Kennedy, *Thirteen Days* (Nova York: W. W. Norton, 1969, daqui em diante RFK), 24. As fotografias de campos de mísseis encontram-se à disposição na Biblioteca John F. Kennedy, Arquivo de Segurança Nacional, Centro de Pesquisa Histórica Naval, e NARA.

17 "Papai, papai": entrevista da CNN com Sidney Graybeal, janeiro de 1998, CNN CW.

17 "Caroline, andou": Dino Brugioni, "A Crise de Mísseis Cubanos – Fase 1", CIA *Studies in Intelligence* (outono de 1972), 49-50, CREST; Richard Reeves, *President Kennedy: Profile of Power* (Nova York: Simon & Schuster, 1993), 371; entrevista do autor com Robert McNamara, outubro de 2005.

18 Uma vez armados e prontos para disparo: CIA, *Joint Evaluation of Soviet Missile Threat in Cuba*, 19 de outubro de 1962, CREST. A CIA estimou o alcance do míssil R-12 (SS-4) em 1.020 milhas náuticas; o alcance verdadeiro era de 2.080 quilômetros, ou 1.292 milhas. Por simplicidade, eu converti todas as medidas em milhas náuticas para as milhas-estatuto, mais comuns.

18 "O comprimento, senhor": Para os diálogos da reunião do ExComm, contei com as transcrições produzidas pelo Centro Miller de Assuntos Públicos, da Universidade da Virgínia, Philip Zelikow e Ernest May, eds., *The Presidential Recordings: John F. Kennedy, The Great Crises*, Vols. 2-3 (daqui em diante, JFK2 and JFK3). As transcrições encontram-se no site do Centro Miller na Web. Também consultei Sheldon M. Stern, *Averting "the Final Failure": John F. Kennedy and the Secret Cuban Missile Crisis Meetings* (Stanford, CA: Stanford University Press, 2003). Para saber do clima e verificar as discrepâncias, escutei as fitas originais, disponíveis no Centro Miller e na Biblioteca JFK.

20 "hostil e militante satélite": Michael Beschloss, *The Crisis Years* (Nova York: Harper-Collins, 1991), 101.

20 "lançar foguetes": press-release de Keating, 10 de outubro de 1962.

20 "É provável que Ken Keating": Kai Bird, *The Color of Truth* (Nova York: Simon & Schuster, 1998), 226-7. Kenneth P. O'Donnell e David F. Powers, *Johnny, We Hardly Knew Ye* (Boston: Little, Brown, 1970), 310.

21 "que comecem já": William Taubman, *Khrushchev: The Man and His Era* (Nova York: W. W. Norton, 2003), 499.

21 "Isso me lembrava": Beschloss, 224-7. Robert Dallek, *An Unfinished Life* (Boston: Little, Brown, 2003), 413-15. Reeves, 174.

21 "sou inexperiente": Reeves, 172-7

21 "tremendo mentiroso": Dallek, 429.

21 "um gângster imoral": Beschloss, 11.

22 a "insatisfação" do presidente: FRUS, 1961-1963, Vol. XI: *Cuban Missile Crisis and Aftermath*, Documento 19. Propostas de sabotagem e reunião inicial do Grupo Especial (Ampliado) disponível na Coleção dos Registros do Assassinato de JFK, NARA. Ver também Richard Helms, *A Look Over My Shoulder* (Nova York: Random House, 2003), 208-9.

22 "Demolição de uma ponte sobre a ferrovia": memorando da Operação Mangusto, 16 de outubro de 1962, JFKARC.

23 "o problema de Cuba tem": memorando da CIA, 19 de janeiro de 1962, JFKARC. Ver também Relatório do Comitê Church, *Alleged Assassination Plots Involving Foreign Leaders* (U. S. Departamento de Imprensa do Governo, 1975), 141.

23 "Todos na minha família perdoam": Richard D. Mahoney, *Sons and Brothers: The Days of Jack and Bobby Kennedy* (Nova York: Arcade, 1999), 87.

24 "Ai, merda, merda, merda": Dino Brugioni, *Eyeball to Eyeball: The Inside Story of the Cuban Missile Crisis* (Nova York: Random House, 1991), 223; RFK, 23.
24 "a sensação dominante era de": RFK, 27.
24 "Minha ideia é": Reeves, 264; Dallek, 439.
24 Também tinha seu próprio: entrevista de Samuel Halpern com a equipe de história da CIA, 15 de janeiro de 1988, JFKARC registro nº 104-10324-1003.
25 "a loucura mais conspícua de Robert Kennedy": Arthur M. Schlesinger, Jr., *Robert Kennedy and His Times* (Boston: Houghton Mifflin, 1978), 534.
25 "sentava-se lá, mascando chiclete": entrevista do autor com Thomas Parrott, outubro de 2005.
25 "expressavam as emoções dissimuladas": Richard Goodwin, *Remembering America* (Boston: Little, Brown, 1988), 187.
26 Um memorando secretíssimo de Lansdale: "The Cuba Project", 20 de fevereiro de 1962, JFKARC, registro nº 176-10011-10046.
26 "os projetos de Lansdale simplesmente davam": entrevista de McManus com o Comitê Church, JFKARC.
27 "Eliminação pela Iluminação": memorando de Lansdale, 15 de outubro de 1962, JFKARC; entrevista de Parrott com o Comitê Church. Numa carta de 1º de janeiro de 1976, ao Church Committee, Lansdale negou, indignado, ter feito a proposta de iluminação, mas o registro mostra que fez.
28 "atenderão às nossas necessidades": memorando de Robert A. Hurwitch, 16 de setembro de 1962, SCA, JFKARC, registro nº 179-10003-10046.
28 "Só há uma coisa": documentos presidenciais de Eisenhower citados em Reeves, 103.
29 *"Sei que Deus existe"*: Ibid., 174.
29 "são grandes as probabilidades": Joseph Alsop, "The Legacy of John F. Kennedy", *Saturday Evening Post*, 21 de novembro de 1964, 17. Sobre a citação "um em cinco", ver Reeves, 179.
29 *"Fileiras e fileiras"*: Max Frankel, *High Noon in the Cold War* (Nova York: Ballantine Books, 2004), 83.
32 a aprovação de "autoridade superior": memorando de Thomas Parrott, 17 de outubro de 1962, SCA, JFKARC, registro nº 179-10003-10081.
32 Quando os ventos: história do Departamento de Estado, "The Cuban Crisis 1962", 72, NSA, Cuba; CINCLANT, Versão Histórica da Crise Cubana, 141, NSA, Cuba.
32 "intervenção militar direta dos Estados Unidos": memorando de JCS, 10 de abril de 1962, JFKARC.
33 "Poderíamos explodir": memorando de L. L. Lemnitzer, 8 de agosto de 1962, JFKARC.
33 "Estou tão furioso": Edmund Morris, *Theodore Rex* (Nova York: Random House, 2001), 456.
34 "uma importância na soma": James G. Blight, Bruce J. Allyn, and David A. Welch, *Cuba on the Brink: Castro, the Missile Crisis, and the Soviet Collapse* (Nova York: Pantheon Books, 1993), 323-4.
34 Bobby Kennedy já estava: RFK, diário de mesa, JFKARC. Ver também a Cronologia da Operação de Sabotagem da Mina de Matahambre, William Harvey to D.C. I, 14 de novembro de 1962, JFKARC.
35 "Um surto inicial": Evan Thomas, *Robert Kennedy: His Life* (Nova York: Simon & Schuster, 2000), 214.

35 "Meu irmão não será": Elie Abel, *The Missile Crisis* (Filadélfia: J. B. Lippincott, 1966), 51.
35 Segundo o registro de Harvey: Cronologia da Operação de Sabotagem da Mina de Matahambre, 19 de outubro de 1962, JFKARC.
36 "Não quero mais ver esse homem": Reeves, 182.
37 Os Estados Unidos tinham o "urso russo": Brugioni, *Eyeball to Eyeball*, 469.
37 Poderiam morrer até 70 milhões: Reeves, 175.
38 "Esses militares": O'Donnell e Powers, 318.
38 "os militares sempre estragam": Stern, 38; Beschloss, 530.
40 Todos os aspectos da operação foram: entrevista do autor com Pedro Vera, janeiro de 2006; memorando de Harvey a Lansdale, 29 de agosto de 1962, JFKARC; Interrogatório de Vera e Pedro Ortiz pelo exército cubano, Documentos de los Archivos Cubanos, 8 de novembro de 1962, Havana, 2002.
40 "Fazenda": também conhecida pelo nome-código "ISOLAMENTO"; Cronologia da Operação de Sabotagem da Mina de Matahambre, Cronology of the Matahambre.
40 "Façam isso": Warren Hinckle e William Turner, *Deadly Secrets* (Nova York: Thunder's Mouth Press, 1992), 149.
41 "Se os americanos nos virem": memórias de Malakhov, Arquivos da Mejregion-al'naya Assotsiatsia Voinov-Internatsionalistov, Moscou (daqui em diante, MAVI).
41 do 79º regimento de mísseis: V 1. Yesin et al., *Strategicheskaya Operatsiya Anadyr': Kak Eto Bylo* (Moscou: MOOVVIK, 2004), 381. A não ser quando anotadas, todas as referências a este livro são da edição de 2004. Alguns dos nomes dos regimentos de mísseis foram mudados para Operação Anadir como parte da campanha de desinformação soviética. Também se referiam ao 79º como 514º em Cuba. A CIA informou incorretamente que um campo de mísseis perto de San Cristóbal foi o primeiro a alcançar status de pronto para o combate.
42 recebera uma "incumbência especial do governo": a versão dada por Sidorov está em A. I. Gribkov et al., *U Kraya Yadernoi Bezdni* (Moscou: Gregory-Page, 1998), 213-23.
42 Tudo isso fazia parte de uma armada muito maior: memorando do coronel-general Sergei Ivanov, 20 de junho de 1962, memorandos do ministro da Defesa soviético Rodion Malinovsky, 6 e 8 de setembro, 1962, transcr. em CWIHP, 11 (inverno de 1998), 257-60.
43 "A pátria não esquecerá": Malakhov, MAVI.
43 O primeiro navio a zarpar: para saber das tonelagens e descrições dos navios, recorri a Ambrose Greenway, *Soviet Merchant Ships* (Emsworth, UK: Kenneth Mason, 1985). Uso tonelagem bruta, a medida de volume, não peso.
43 Ao todo, 264 homens tinham de compartilhar: entrevista do autor com o tenente-coronel Sergei Karlov, historiador oficial, Academia de Forças de Foguetes Estratégicos Pedro, o Grande (RSVN), maio de 2006.
43 Os estatísticos militares mais tarde calcularam: Ibid.
44 "barris de gasóleo": comunicado da NSA sobre a crise dos mísseis cubanos, outubro de 1998.
44 McNamara calculou que havia: JFK2, 606. A CIA estimara três mil "técnicos" soviéticos em Cuba a 4 de setembro. A 19 de novembro, aumentou a estimativa para 12 mil-16 mil. Em janeiro de 1963, concluiu em retrospecto que havia 22 mil soldados soviéticos em Cuba no auge da crise. Ver Raymond L. Garthoff, *Reflections on the Cuban Missile Crisis*, 2ª ed. (Washington, D.C.: Brookings Institution, 1989), 35.

44 "Em nome da revolução": entrevista do autor com o capitão Oleg Dobrochinski, Moscou, julho de 2004.
45 com o pretexto de "acidente de trânsito": relatório final do major-general I. D. Statsenko sobre a Operação Anadir (daqui em diante, relatório de Statsenko); ver Yesin et al., *Strategicheskaya Operatsiya Anadyr'*, 345-53.
45 "podemos não ter confundido": Yesin, et al., *Strategicheskaya Operatsiya Anadyr'*, 219. Entrevistas do autor com Viktor Yesin, tenente de engenharia do regimento de Sidorov, julho de 2004 e maio de 2006.
46 "Havia mais quatro lança-mísseis estacionados": para evitar confusão, ative-me à designação dada pela CIA, Sagua la Grande, como local do regimento de Sidorov. Na verdade, o quartel-general do regimento ficava 25km a leste dali, mais perto da aldeia de Calabazar de Sagua, 22°39'N, 79°52'W. Um batalhão *(diviziya,* em russo) de quatro lançadores de mísseis foi estacionado perto de Calabazar de Sagua; o segundo entre Sitiecito e Viana, 10 quilômetros a sudeste de Sagua la Grande.
46 "Não esqueçam de uma coisa": Malakhov, MAVI.
46 "Assim que chegar": Pierre Salinger, *John F. Kennedy: Commander in Chief* (Nova York: Penguin Studio, 1997), 116.
46 Um ataque aéreo de surpresa: Minutas de 20 de outubro de 1962, reunião do ExComm, JFK2, 601-14.
47 "Senhores, hoje": Stern, 133. Ver também Brugioni, *Eyeball to Eyeball,* 314, e Reeves, 388.
47 "Caros compatriotas": Havana, 2002, vol. 2. Não se identificou o autor do discurso sobre o ataque aéreo, mas provas circunstanciais, incluindo a forma, sugerem que foi escrito por Bundy ou um de seus auxiliares.
48 "Estamos muito, muito próximo": Theodore C. Sorensen, *Kennedy* (Nova York: Harper & Row, 1965), 1-2; Theodore Sorensen, OH, 60-66, JFKL.

CAPÍTULO DOIS: RUSSOS

49 da "maior urgência nacional": Salinger, *John F. Kennedy,* 262.
49 "Provavelmente descobriram": Sergei Kruchev, *Nikita Khrushchev: Krizisy i Rakety* (Moscou: Novosti, 1994), 263, tradução do autor.
50 "É um truque pré-eleitoral": A. A. Fursenko, *Prezidium Ts. K. KPSS, 1954-1964* (Moscou: Rosspen, 2003), Vol. 1, Protocolo Nº 60, 617, tradução do autor. Traduções para o inglês dos protocolos do Presidium encontram-se no Projeto de Tomada de Decisão do Kremlim do Centro Miller de Assuntos Públicos da Universidade da Virgínia.
50 "Se tivessem de recorrer": Sergo Mikoyan, *Anatomiya Karibskogo Krizisa* (Moscou: Academia, 2006), 252. Aleksandr Fursenko e Timothy Naftali atribuíram essa citação a Mikoian, e não a Kruchev, em *Khrushchev's Cold War: The Inside Story of an American Adversary* (Nova York: W. W. Norton, 2006), 472. Depois disseram haver-se enganado. Sergo Mikoian é o filho de Anastas Mikoian. O livro inclui extensas citações de notas feitas pelo pai em janeiro de 1963, três meses depois da crise dos mísseis, e hoje em seu poder.
50 "Ou está lá no alto": Taubman, xx.
50 "emoção suficiente": James G. Blight e David A. Welch, *On the Brink: Americans and Soviets Reexamine the Cuban Missile Crisis* (Nova York: Farrar, Straus & Giroux, 1990), 329.

50 Era "simplesmente natural": Nikita Kruchev, *Khrushchev Remembers: The Last Testament* (Boston: Little, Brown, 1974; daqui em diante, NK2), 510.
51 "O trágico é que": protocolo do Presidium, Nº 60.
53 Kruchev orgulhava-se de suas origens humildes: Taubman, xvii.
53 "igual à velha piada": Andrei Sakharov, *Memoirs* (Nova York: Knopf, 1990), 217.
54 "Não é forte o bastante": Reeves, 166.
54 "suficientemente jovem para ser": ver, p. ex., a história contada por William Knox de sua visita a Kruchev, 24 de outubro de 1962, JFKL.
54 "um negócio impiedoso": NK2, 499.
54 "A América só reconhece": Gribkov et al., *U Kraya Yadernoi Bezdni*, 62.
54 "Como pode dizer isso": Blight et al., *Cuba on the Brink*, 130.
54 "A sua voz tem de impressionar": Fursenko e Naftali, *Khrushchev's Cold War*, 416.
54 "do próprio remédio": Aleksandr Alekseiev, "Karibskii Krizis," *Ekho Planety*, 33 (novembro de 1988).
55 "feitos da mesma merda": Fursenko e Naftali, *Khrushchev's Cold War*, 413.
55 "Vejo mísseis americanos": John Lewis Gaddis, *We Now Know: Rethinking Cold War History* (Nova York: Oxford University Press, 1997), 264.
55 "Agora podemos arrebentar": FRUS, 1961-1963, Vol. XV: *Berlin Crisis, 1962-1963*, 309-10.
55 o " segredo mais bem guardado": Sorensen OH, JFKL. Os 13 membros plenos do ExComm eram o presidente Kennedy, o vice-presidente Lyndon Johnson, o secretário de Estado Dean Rusk, o secretário do Tesouro Douglas Dillon, o secretário da Defesa Robert McNamara, o procurador geral Robert Kennedy, o assessor de segurança nacional McGeorge Bundy, o diretor da Agência Central de Inteligência John McCone, o presidente do conselho dos chefes do Estado-Maior Conjunto Maxwell Taylor, o subsecretário de Estado George Ball, o embaixador itinerante Llewellyn Thompson, o subsecretário da Defesa Roswell Gilpatric e o assessor especial Theodore Sorensen. Vários outros auxiliares eram convidados a participar das sessões do ExComm na base do improviso. (Memorando da Ação de Segurança Nacional, 196, 22 de outubro de 1962.)
55 "Quanto tempo vou ter": Walter Isaacson e Evan Thomas, *The Wise Men* (Nova York: Simon & Schuster, 1986), 631.
56 Na tarde da segunda-feira: Folha de Fatos sobre Cuba, 27 de outubro de 1962, NSAW.
56 "Ligue para a a telefonista 18": Reeves, 392.
57 "Um país grandioso": Dean Acheson, OH, JFKL.
57 "em ato de desatenção": *Air Defense Command in the Cuban Crisis*, ADC. Historical Study Nº 16, 116, FOIA. Ver também partes sobre a 25ª e a 30ª Divisões Aéreas.
57 "o sistema de armas mais burro": e-mail de junho de 2002 de Joseph A. Hart, ex-piloto de F-106, ao autor.
58 "roncavam pelas pistas": *ADC. Historical Study Nº 16*.
59 "Se querem o meu cargo": Beschloss, 481.
59 "claramente em estado nervoso": telegrama de Dobrinin, 22 de outubro de 1962, CWIHP, 5 (primavera de 1995), 69. Dean Rusk, *As I Saw It* (Nova York: W. W. Norton, 1990), 235.
59 "É uma crise?": WP, 23 de outubro de 1962, Al; Beschloss, 482.
60 "Não é guerra": Fursenko e Naftali, *Khrushchev's Cold War*, 474.
60 "Salvamos Cuba": Oleg Troianovski, *Cherez Gody y Rastoyaniya* (Moscou: Vagrius, 1997), 244-5.

60 O *Yuri Gagarin*, de 11 mil toneladas: eu reconstituí a posição dos navios soviéticos em 23 de outubro com base em memorandos da CIA de 24 e 25 de outubro, interceptações da NSA e pesquisa em Moscou feita por Karlov. Ver também o relatório de Statsenko.

60 Na área de carga havia: Yesin et al., *Strategicheskaya OperatsiyaAnadyr'*, 114.

60 Depois de uma viagem de 16 dias: sobre as posições do *Aleksandrovsk* e do *Almetievsk*, ver comunicado da NSA sobre os mísseis cubanos, vol. 2, outubro de 1998.

61 Além dos navios de superfície: Svetlana Savranskaia, "New Sources on the Role of Soviet Submarines in the Cuban Missile Crisis", *Journal of Strategic Studies* (abril de 2005).

61 Os navios mais próximos de Cuba: os navios que continuaram rumo à ilha eram o *Aleksandrovsk, Almetievsk, Divnogorsk, Dubno* e *Nikolaevsk,* segundo diários da CIA e a pesquisa de Karlov.

61 "Em relação ao": Havana, 2002, vol. 2, Documento 16, tradução do autor.

62 "Ordenar o retorno": Fursenko, *Prezidium Ts. K. KPSS*, 618-19.

62 "flagrado literalmente com as calças": Nikita Kruchev, *Khrushchev Remembers* (Boston: Little, Brown, 1970; daqui em diante, *NKI*), 497; Troianovski, 245.

63 "Ele é um genuíno revolucionário": Aleksandr Fursenko e Timothy Naftali, *One Hell of a Gamble: Khrushchev, Castro, Kennedy and the Cuban Missile Crisis, 1958-1964* (Nova York: W. W. Norton, 1997), 39.

63 "Ele provocou forte": *NK2*, 478.

63 "como um filho": Blight et al., *Cuba on the Brink*, 190.

63 codinome *AVANPOST*: Fursenko e Naftali, *One Hell of a Gamble*, 55.

64 "Ele tinha uma fraqueza": Blight et al., *Cuba on the Brink,* 203.

64 "Vocês são revolucionários ou não?": Fursenko e Naftali, *One Hell of a Gamble*, 29, citando entrevista com Alekseiev.

64 "entender que tudo tem limite": Felix Chuev, *Molotov Remembers* (Chicago: Ivan R. Dee, 1993), 8.

64 "seria tolice": *NKI,* 494.

64 Quando o genro de Kruchev: Fursenko e Naftali, *One Hell of a Gamble*, 153.

64 "Um só pensamento ficava": *NKI,* 495.

65 "e se enfiássemos": Dmitri Volkogonov, *Sem 'Vozdei* (Moscou: Novosti, 1998), 420; a versão em inglês do livro de Volkogonov, *Autopsy for an Empire* (Nova York: Free Press, 1998), 236, oferece uma tradução ligeiramente diferente.

65 de que "ia acontecer algo grande": entrevista do autor com os pilotos Dan Barry e Darrell Gydesen, novembro de 2005-fevereiro de 2006.

65 Os cinco primeiros aviões: USAF: relatório do incidente, 22 de outubro, 1962, AFSC.

66 Ao mobilizar os reservistas: mensagem de Alekseiev para Moscou, 23 de outubro de 1962, CWIHP, 8-9 (inverno de 1996-97), 283.

66 Antes mesmo que Castro emitisse: Tomás Diez Acosta, *outubro de 1962: The Missile Crisis as Seen from Cuba* (Tucson, AZ: Pathfinder, 2002), 156.

66 "Os americanos": Fernando Dávalos, *Testigo Nuclear* (Havana: Editora Politica, 2004), 22.

68 "A ideia mais idiota depois": Dallek, 335.

69 "Paciente cansado demais": arquivo médico JFK, JFKL.

69 "disposto a se demitir": Kraus files, JFKL.

69 "Desculpe, doutor": Reeves, 396.

70 Era um pulo, de 20 minutos: entrevista do autor com Ruger Winchester, ex-piloto de B-47, fevereiro de 2006.
71 O aeroporto Logan estava totalmente despreparado: História da 509ª Ala de Bombardeio, outubro de 1962, e Anexo Histórico Especial sobre a Crise Cubana, FOIA, Whiteman, AFB.
71 A 509ª teria dificuldade: entrevista do autor com Ross Schmoll, ex-navegador de B-47, dezembro de 2005.
72 "Não devemos nos preocupar": Carlos Franqui, *Family Portrait with Fidel* (Nova York: Random House, 1984), 192.
72 Os comandantes soviéticos passaram: Yesin et al., *Strategicheskaya Operatsiya Anadyr'*, 130.
73 Pliiev aceitara com relutância o posto em Cuba: M. A. Derkachev, *Osoboe Poruchenie* (Vladikavkaz: Ir, 1994), 24-28, 48-50; Yesin et al., *Stratciicliccka Operatsiya Anadyr'*, 79. Sobre a personalidade de Pliiev, ver também Dmitri Yazov, *Udary Sudby* (Moscou: Paleya-Mishin, 1999), 183-5.
73 O general explicou rapidamente a situação: Yesin et al., *Stratet icheskava Operatsiya Anadyr'*, 143; Gribkov et al., *U Kraia Yadernoi Bezdni*, 306.
73 "*Cuba sí, yanqui no*": Gribkov et al., *U Kraya Yadernoi Bezdni*, 234.
74 Já haviam dado ordens: entrevista de Karlov.
74 "Os submarinos ainda estavam: notas de Mikoian ditadas em janeiro de 1963; ver Mikoian, 252-4.
75 "no interesse da pátria": Vladimir Semichastni, *Bespoikonoe Serdtse* (Moscou: Vagrius, 2002), 236.

CAPÍTULO TRÊS: CUBANOS

76 Estavam fornecendo dispositivos detectores de radiação: mensagem da Marinha americana, 14 de novembro de 1962, do DNI ao CINCUSNAVEUR, CNO Cuba, USNHC.
76 Os intérpretes de fotos identificaram: 22 de outubro de 1962, transcrição, JFK 3, 64. Brugioni, *Eyeball to Eyeball*, 542.
76 Chegava uma remessa inicial de 90: o NSA incorretamente identificou o *Indigirka* em 25 de setembro como um "quebra-gelo", mas corretamente anotou que o navio deixara a área de Murmansk. Ver informe da NSA sobre o comunicado relativo aos mísseis cubanos, de outubro de 1998. Sobre o embarque do *Aleksandrovsk*, ver relatório feito por Malinovski de munição especial para a Operação Anadir, 5 de outubro de 1962, Havana, 2002, vol. 2. Os detalhes do embarque do *Indigirka* vieram das notas e entrevista com Karlov. O oficial soviético encarregado da instalação, coronel Nicolai Beloborodov, disse em 1994 que também se enviaram a Cuba seis ogivas nucleares, mas essa afirmação não foi confirmada por documentos – James G. Blight e David A. Welch, eds., *Intelligence and Cuban Missile Crisis* (Oxford: Routledge, 1998), 58.
77 apelidadas de "Tatianas": o nome formal da bomba era RDS-4. Entrevista do autor com Valentin Anastasiev, maio de 2006.
77 As Tatianas foram uma ideia tardia: CWIHP, 11 (inverno de 1998), 259. Ver também rascunho de diretiva ao comandante das forças soviéticas em Cuba, 8 de setembro de 1962, Havana, 2002, vol. 2.
78 a ausência de cercas de segurança: com base nos detalhes fornecidos por Anastasiev, o campo de armazenamento das bombas Tatiana parece ter ficado em 23°1'13"N, 82°49'56"W, na costa, cerca de oito quilômetros a oeste de Mariel.

78 Assim como o *Indigirka:* uma reconstituição pela CIA em janeiro de 1963 localizou o *Aleksandrovsk* na instalação do submarino Guba Okolnaya, perto de Severomorsk, em 5 de outubro. Ver "No encalço do *Aleksandrovsk*", liberado sob o programa histórico da CIA, 18 de setembro de 1995, CREST.

78 Foram instalados três canhões antiaéreos de 37mm: relatório de Malinovsky, 5 de outubro de 1962, Havana, 2002, vol. 2.

78 Os técnicos em demolição tinham posto: ver Gribkov et al., *U Kraya Yadernoi Bezdni*, 208, sobre a história da viagem do *Indigirka*. Os procedimentos do *Aleksandrovsk* foram semelhantes.

79 por "salvarem o navio": relatório do major-general Osipov, MAVI; entrevista de Karlov.

79 O *Aleksandrovsk* manteve o rádio em silêncio: sobre o navio de escolta, ver, p. ex., interceptações da NSA, 23 de outubro de 1962; comunicado sobre a crise dos mísseis cubanos, vol. 2, outubro de 1998.

79 navio de "carga seca": ver memorando da CIA sobre "Embarque do bloco soviético para Cuba", 23 de outubro de 1962, JFKARC. A 24 de outubro, depois que o *Aleksandrovsk* já aportara em La Isabela, a CIA deu uma posição incorreta dele e disse que só o esperavam em Havana a 25 de outubro – memorando da CIA, 24 de outubro de 1962, CREST. O *Aleksandrovsk* foi localizado com técnicas de descoberta de direção eletrônicas, e não visualmente.

80 "um ataque submarino demolidor": memorando da Mangusto, 16 de outubro de 1962, JFKARC.

80 Os participantes do ataque se gabavam: relatório da CIA sobre o Alpha 66, 9 de novembro de 1962, JFKARC; ver também relatório do FBI, FOIA R-759-1-41, posto na internet pelos Arquivos de Informação cubanos, www.cuban-exile.com. O ataque do Alpha 66 realizou-se em 8 de outubro.

80 O *Aleksandrovsk* e o *Almetyevsk*: diário do navio inspecionado por Karlov, chegada registrada como às 13:45, hora de Moscou. A NSA localizou o *Almetyevsk* a 25 milhas de La Isabela às 3:49 da manhã; comunicado da NSA sobre os mísseis cubanos, vol. 2, outubro de 1998.

80 "do navio *Aleksandrovsk*... ajustado": Fursenko e Naftali, *One Hell of a Gamble*, 254. Os autores incorretamente informam que o *Aleksandrovsk* chegou mais tarde nesse dia.

80 "Então você nos trouxe": entrevista do autor com o general Anatoli Gribkov, julho de 2004.

80 O porto logo se tornou: entrevista do autor com Rafael Zakirov, maio de 2006; artigo de Zakirov em *Nezavisimoe Voennoe Obozrenie*, 5 de outubro de 2007. Ver também relatório do ex-comandante das armas nucleares Beloborodov, em Gribkov et al., *U Kraya Yadernoi Bezdni*, 204-13. Escrevendo três décadas depois da crise, Beloborodov não é digno de confiança nas datas e alguns outros detalhes, mas seu relatório é o de mais autoridade existente sobre o manejo das armas nucleares soviéticas em Cuba.

81 Os seis jatos RF-8 Crusader: registros da Marinha dos Estados Unidos, NPIC Relatórios de Interpretação Fotográfica, CREST; filme bruto de espionagem das missões Blue Moon 5001, 5003 e 5005, NARA; entrevista do autor com o comandante William Ecker, tenente-comandante James Kauflin e tenente Gerald Coffee, em outubro de 2005. Ecker voou na missão 5003.

82 Mil pés era a altitude ideal: entrevista do autor com John I. Hudson, que pilotou Crusaders sobre Cuba, outubro de 2005. Outros pilotos lembram que fizeram fotos de altitudes mais baixas, mas Arthur Lundahl e Maxwell Taylor disseram a JFK em 24 de outubro

que as do dia anterior haviam sido tiradas de "cerca de 1 mil pés" – JFK3, 186-7. O filme bruto, hoje no NARA, tem inúmeras marcas que mostram ter sido feito a mil pés.
83 "Desenhe mais uma galinha": Brugioni, *Eyeball to Eyeball*, 374.
83 "Você é um piloto": entrevista de Ecker.
83 Fernando Dávalos: Dávalos, 15.
83 Valentin Polkovnikov: Yesin et al., *Strategicheskaya Operatsiya Anadyr'*, 189.
84 "Por que não podemos retaliar?": Anatoli I. Gribkov e William Y. Smith, *Operation ANADYR: U. S. and Soviet Generals Recount the Cuban Missile Crisis* (Chicago: Edition Q, 1993), 57.
84 "Só alguém sem": Ibid., 55.
84 Até 23 de outubro, tinham chegado 42.822 soldados soviéticos: Gribkov et al., *U Kraya Yadernoi Bezdni*, 100.
84 Da noite para o dia os silos de mísseis: Yesin et al., *Strategicheskaya Operatsiya Anadyr'*, 173; informação sobre explosão fornecida pelo general Viktor Yesin – entrevista, maio de 2006.
85 "São outras pessoas que vão decidir": Tomás Gutiérrez Alea e Edmundo Desnoes, *Memories of Underdevelopment* (Pittsburgh: Latin American Literary Review Press, 2004), 171.
85 "A cor única do cartaz": Adolfo Gilly, *Inside the Cuban Revolution* (Nova York: Monthly Review Press, 1964), 48.
86 "Parece que vai": recorri a Stern, *Averting "The Final Failure"*, 204, para a versão inexpurgada deste diálogo.
87 "Já combati em três": Abel, 116.
87 "Aqui jazem os diplomatas soviéticos": Reeves, 397.
87 "Por que será": David Halberstam, *The Best and the Brightest* (Nova York: Random House, 1972), 269.
88 "na Marinha o costume": entrevista do autor com o capitão William D. Hauser, ajudante naval de Gilpatric, maio de 2006.
89 "Compreender bem": perfil de Anderson na revista *Time*, 2 de novembro de 1962.
89 "Doravante": memorando de Anderson a McNamara, 23 de outubro de 1962, CNO, Cuba, USNHC.
89 "trancar a porta da estrebaria": transcrição de reuniões dos chefes de Estado-Maior Conjunto, Havana, 2002, vol. 2.
89 O almirante não gostava que McNamara: George Anderson, OH, USNHC.
89 "Vamos saudá-lo": Blight e Welch, *On the Brink*, 64.
90 "Está tudo aqui": Abel, 137; Joseph F. Bouchard, *Command in Crisis* (Nova York: Columbia University Press, 1991), 115. Abel e outros autores identificaram errado a publicação citada por Anderson como o *Manual of Naval Regulations*. Como observa Bouchard, esse manual não contém orientação sobre a condução de bloqueios. *Law of Naval Warfare* está disponível na USNHC, nº NWIP 10-2.
90 "Isso não é da sua conta": Roswell Gilpatric OH, JFKL. Anderson negou usar linguagem forte, mas admitiu ter feito "uma observação bem-humorada" sobre o fato de a Marinha saber como conduzir bloqueios.
90 "Já ouviu": entrevista de McNamara.
90 O choque entre: segundo Abel, 135-8, a maioria dos autores diz que esta cena ocorreu na noite da quarta-feira, 24 de outubro, apesar de McNamara lembrar que foi na noite de 23 de outubro, antes da imposição da quarentena. Os registros mostram que Anderson deixou o Pentágono às 20:35 de 24 de outubro; McNamara visitou o Flag Plot às 21:20,

e ali se encontrou com um de seus vices – CNO arquivos de Cuba, CNO diários do Departamento, USHNC; ver também McNamara, diários do departamento, OSD.

91 "Não sei como": as fontes para esta cena incluem Kennedy, *Thirteen Days*, 65-6; Anatoli Dobrinin, *In Confidence* (Nova York: Random House, 1995), 81-2; e os relatórios feitos pelos dois logo depois. A versão de RFK foi publicada em FRUS, Vol. XI, 175; uma tradução para o inglês do telegrama de Dobrinin a 24 de outubro de 1962 encontra-se em *CWIHP 5* (primavera de 1995), 71-3.

91 A comunicação de massa fora sempre: Tad Szulc, *Fidel: A Critical Portrait* (Nova York: William Morrow, 1986), 465. Recorri a Szulc para a maior parte dos detalhes iniciais da biografia de Castro.

92 "Cansado de falar": "O Fidel Castro que eu conheço", Gabriel García Márquez, *Cuba News*, 2 de agosto de 2006.

93 As ruas de Havana: *Prensa Latina* despachada por Sergio Pineda, 24 de outubro de 1962.

94 "Estavam equipados": Maurice Halperin, *Rise and Decline of Fidel Castro* (Berkeley: University of California Press, 1972), 191.

95 "Ganhamos a guerra": Szulc, 30.

96 "uma guerra muito maior": Ibid., 51. Castro depois disse ter escrito esta carta num momento de grande emoção e que ela não refletia seus verdadeiros sentimentos sobre os Estados Unidos. O argumento não convence e parece preparado para uma plateia internacional. Cópias da carta a Sanchez são exibidas com destaque nos museus cubanos, para o público.

96 "Estamos avançando": Hugh Thomas, *Cuba: The Pursuit of Freedom* (Nova York: Harper & Row, 1971), 445.

96 "Um milionário analfabeto e ignorante": Halperin, 81.

96 A colheita da cana-de-açúcar: Ibid., 124-5, 160.

105 "sectarismo": ver, p. ex., relatório do embaixador húngaro János Beck, 1º de dezembro de 1962, Havana, 2002, vol. 2.

105 Quando Kruchev apresentou: ver, p. ex., Alekseiev, citado em Fursenko e Naftali, *One Hell of a Gamble*, 179.

106 "muitas rampas móveis": Mary McAuliffe, *CIA Documents on the Cuban Missile Crisis* (Washington, D.C.: Central Intelligence Agency, 1992), 105. O nome do piloto era Claudio Morinas. O relatório foi disseminado dentro da CIA a 20 de setembro de 1962.

106 "no território cubano mísseis": Henry Brandon, *Special Relationships* (Nova York: Atheneum, 1988), 172.

106 "a passagem das Termópilas": Szulc, 445.

106/ Cavadas no calcário macio: visita do autor à Cueva de los Portales, março de 2006. As
107 grutas foram transformadas num museu e santuário de Che.

107 "um homem extraordinário": Jorge Castañeda, *Compañero: The Life and Death of Che Guevara* (Nova York: Knopf, 1997), 83.

107 "nosso velho, muito saudoso": Ibid., 62.

108 "liberdade demais": Ibid., 71.

108 Castro reservara metade: Blight e Welch, *On the Brink*, 398.

108 Timur Gaidar: Pai de Iegor Gaidar, primeiro primeiro-ministro da Rússia pós-comunista. Décadas depois, Ievtushenko contou, feliz da vida, a história de como, quando pequeno, morando com o pai em Havana, o pai do capitalismo russo "mijou em meu belo terno branco" – entrevista ao autor, junho de 2006. Ver também Ievtushenko, artigo em *Novaya Gazeta*, 11 de julho de 2005.

108 "Moscou ligou?": Timur Gaidar, *Grozi na Yuge* (Moscou: Voennoe Izdatelstvo, 1984), 159.

CAPÍTULO QUATRO: "OLHO NO OLHO"

110 Na noite anterior, ele e outros: *NYT*, 24 de outubro de 1962; telegrama de Foy Kohler ao Departamento de Estado 1.065, 24 de outubro de 1962, SDX.
110 "É Karl Marx, ora": notas de Knox sobre a reunião, JFKL.
111 "Se eu apontar um revólver": Beschloss, 496.
111 "desapareceria no primeiro dia": memorando de Roger Hilsman ao secretário de Estado, 26 de outubro de 1962, OSD.
111 "Hora da Prece": Reeves, 410.
112 "Ele abriu e fechou": RFK, 69-70.
113 "provavelmente o dia mais memorável": Dobrinin, 83.
113 "uma enorme incerteza": *NYT*, 28 de outubro de 1962.
114 "ficavam sentadas por aí imaginando": Clinton Heylin, *Bob Dylan: Behind the Shades Revisited* (Nova York: HarperCollins, 2001), 102-3; ver também entrevista de Dylan com Studs Turkel, 1º de maio de 1963.
114 "Estamos olho no olho": Rusk, 237.
114 "A reunião seguiu monótona": RFK, 72.
114 "SECRETO, DA MAIOR": mensagem 241523Z do CINCLANTFLT, CNO Cuba, USNHC. A ordem também foi passada num rádio de faixa única do planejador da Marinha – notas do vice-almirante Griffin, 24 de outubro de 1962, CNO Cuba, USNHC.
114 O *Kimovsk* achava-se a: A posição do *Kimovsk* às 9:30, 24 de outubro, era 27°18'N, 55°42'W, segundo mensagem 241950Z do CINCLANTFLT, CNO Cuba, USNHC. A do *Essex* às nove horas em 24 de outubro era 23°20'N, 67°20'W, segundo diários do navio hoje no NARA. Versões errôneas da posição do navio soviético são dadas em Graham Allison e Philip Zelikow, *Essence of Decision*, 2ª ed. (Nova York: Longman, 1999), 233, 348-9, e Fursenko e Naftali, *Khrushchev's Cold War*, 477, 615. A Marinha americana concluiu a 25 de outubro que os navios soviéticos tinham dado meia-volta às sete horas, horário Zulu, em 23 de outubro, três horas em Washington, 10 horas em Moscou – CNO, diários do departamento, 25 de outubro, USNHC. Segundo os registros soviéticos, a ordem de meia-volta começou a circular às seis horas de 23 de outubro – ver notas do capítulo 2.
114 "deu meia-volta quando se viu diante de": McAuliffe, 297. A informação de McCone era incorreta. JFK observou na reunião do ExComm que não se faria qualquer tentativa de interceptação entre 10:30 e 11h.
115 apenas "algumas milhas" de distância: RFK, 68-72; ver também Schlesinger, *Robert Kennedy and His Times*, 537, que usa a versão de RFK.
115 "seguiu para o mar Báltico": relatório da CIA, 25 de outubro de 1962, CREST.
115 O Estado-Maior naval desconfiou: Brugioni, *Eyeball to Eyeball*, 391. Algumas das posições comunicadas dos navios soviéticos, incluindo o *Aleksandrovsk* e o *Poltava*, eram claramente falsas. Sobre a exatidão das direções, ver JFK 3, 238.
116 Ele visitara Flag Plot: CNO, *Report on the Naval Quarantine of Cuba*, USNHC.
116 Os circuitos de comunicação estavam sobrecarregados: CNO, diários do departamento, 24 de outubro de 1962, CNO, Cuba, USNHC.

116 Nessa tarde, a NSA recebeu: mensagem do diretor, NSA, 24 de outubro de 1962, NSA, Museu de Criptologia, Fort Meade, MD.
118 "em posição de chegar": JFK 3, 41.
118 "ataques surpresa": mensagem 230003Z Anderson, CNO, Cuba, USNHC.
119 "Dou-lhe minha palavra": telegrama de Kohler ao Departamento de Estado, 979, 16 de outubro de 1962, SDX.
119 "ao aparecimento dos": CINCLANT, mensagem (de demissão) para JCS 312250Z, CNO, Cuba, USNHC.
119 "Classificação inicial provável de submarino": mensagens 241610Z e 250533Z da Marinha americana, CNO, Cuba, USNHC, também disponível em "The Submarines of October", Electronic Briefing Book 75, NSAW. O submarino foi localizado em 25°25'N, 63°40'W e apelidado "*C-18*" pela Marinha.
119 O que começara: ver Gary E. Weir e Walter J. Boyne, *Rising Tide: The Untold Story of the Russian Submarines That Fought the Cold War* (Nova York: Basic Books, 2003), 79-98, para uma história da viagem do *B-130*, baseada em entrevistas com o capitão Nicolai Shumkov.
120 "já se preparam acampamentos especiais": Savranskaia, "New Sources on the Role of Soviet Submarines in the Cuban Missile Crisis". *Journal of Strategic Studies* (abril de 2005).
120 Compreendia melhor que qualquer um na Marinha soviética o poder: Weir e Boyne, 79-80; Aleksandr Mozgovoi, *Kubinskaya Samba Kvarteta Fokstrotov* (Moscou: Voenni Parad, 2002), 69.
121 "Se lhe derem um tapa": Savranskaia, "New Sources." Ver este artigo também para constatar provas conflitantes sobre se os capitães de submarino soviéticos tinham autoridade para usar torpedos nucleares se atacados.
121 A informação nas telas acima: historiadores do SAC anotavam os totais diários e os registraram em *Strategic Air Command Operations in the Cuban Crisis of 1962*, SAC Historical Study Nº 90, Vol. 1, NSA. Fotos da sala de controle do SAC encontram-se no Vol. 2, FOIA.
122 Quando atingisse: *SAC Historical Study Nº 90*, Vol. 1, 58.
122 "alvos de alta prioridade da Força-Tarefa 1": memorando de William Kaufmann, *Cuba and the Strategic Threat*, 25 de outubro de 1962, OSD.
122 Às 11:10: registros da crise de Cuba, 389ª Ala de Mísseis Estratégicos, FOIA.
122 "Aqui fala o general Power": *SAC Historical Study Nº 90*, Vol. 1, vii.
122 recebida alto e claro: G. M. Kornienko, *Kholodnaya Voina* (Moscou: Mezhdunarodnie Otnesheniya, 1994). Não ficou claro se os soviéticos interceptaram a ordem do DEFCON-2, além da mensagem de Power. A ordem do DEFCON-2 foi classificada como de segredo máximo; o discurso dele, não. Ver Garthoff, *Reflections on the Cuban Missile Crisis*, 62.
123 julgado como "criminoso de guerra": citado em Richard Rhodes, *Dark Sun: The Making of the Hydrogen Bomb* (Nova York: Simon & Schuster, 1995), 21.
123 "as bases e os alvos do SAC": Brugioni, *Eyeball to Eyeball*, 262-5.
124 "São inteligentes": Fred Kaplan, *The Wizards of Armageddon* (Nova York: Simon & Schuster, 1983), 265.
124 "mau", "cruel": general Horace M. Wade OH, AFHRA.
124 "A ideia geral": Kaplan, 246.
125 Com mapas e esquemas: memorando de Kaufmann, *Cuba and the Strategic Threat*, OSD.
125 Apenas para movimentar a 1ª Divisão Blindada: *USCONARC Participation in the Cuban Crisis 1962*, NSAW, 79-88, 119-21. Instrução do USCONARC ao Comitê de Verbas da Câmara, 21 de janeiro de 1963.

126 "Logo puseram a polícia militar": Dino Brugioni, "The Invasion of Cuba", em Robert Cowley, ed., *The Cold War* (Nova York: Random House, 2006), 214-15.
126 O cônsul britânico em Miami: *British Archives on the Cuban Missile Crisis*, 1962 (Londres: Archival Publications, 2001), 278; "Reação da Força Aérea à Crise Cubana" 6-9, NSAW; *NYT*, *WP*, e relatórios da *LAT* de Key West, outubro de 1962.
127 Os embarques militares nem sempre: USCONARC, 117.
127 Fidel Castro passara a noite: entrevista do autor com Rafael Del Pino, ex-assessor da Força Aérea cubana de Castro, setembro de 2005. Manuscrito inédito de Del Pino.
128 "Nosso maior problema": Notas sobre a reunião de Castro com chefes militares cubanos, 24 de outubro de 1962, distribuídas pelo governo cubano, Documentos de los Archivos Cubanos, Havana, 2002.
128 O trecho litorâneo: Szulc, 474-6.
128 Uma viagem de jipe de meia hora: visita do autor à praia de Tarará e ao regimento de mísseis SAM, março de 2006. Os regimentos SAM antimísseis continuam visíveis no Google Earth em 23°09' 28.08"N, 82°13' 38.87"W.
130 Na volta a Havana: Acosta, 165. Sobre os pensamentos de Castro, ver Blight et al., *Cuba on the Brink*, 211. Fotos da visita de Fidel à unidade antiaérea encontram-se em websites cubanos na Web.
130 "Fidel extrai força": Franqui, 189.
130 Poucos meses antes: estimativa do ministro da Defesa soviético Malinovski; Blight e Welch, *On the Brink*, 327.
130 O regimento de fuzileiros escolhido: registros do Corpo de Fuzileiros, outubro de 1962, JFKARC.
131 "Aonde vamos?": entrevista do autor com o major Gregory J. Cizek, oficial de operações, 2º Regimento de Fuzileiros, abril de 2005.
132 que "gastava o tempo": entrevista do autor com Don Fulham, oficial assistente de operações, 2º Regimento de Fuzileiros, maio de 2005.
132 Acontecesse o que acontecesse, era provável que as baixas: mensagem do CINCLANT, 2 de novembro de 1962, CNO Cuba, USNHC.
132 "respostas diversionistas": CNO diários do departamento, 24 de outubro de 1962, CNO Cuba, USNHC.
133 "determinado e completamente calmo": Gribkov e Smith, *Operation ANADYR*, 69.
133 Apressou-se em concordar: relatório de Statsenko.
133 "A força que permanece": Szulc, 179.
133 "Não quer comemorar": Beschloss, 501.
134 "Você vai gostar": Ibid., 502.
134 Soubesse Kennedy: entrevistas de Yesin, julho de 2004 e maio de 2006. Ver também Yesin et al., *Strategicheskaya Operatsiya Anadyr'*, 154.
134 Os cartões de alvos: entrevista do autor com o major Nicolai Oblizin, subcomandante da divisão de balística, julho de 2004.
136 O lançamento bem-sucedido: pela descrição da sequência de disparo de um míssil R-12, sou devedor ao coronel-general Yesin, ex-chefe de Estado-Maior das Forças de Foguetes Estratégicos soviéticas, que serviu com o regimento de Sidorov como tenente de engenharia.
137 O regimento do coronel Nicolai Bandilovski: o local no Oeste de Cuba foi designado como San Cristóbal l, 2, 3 e 4 pela CIA, de oeste para leste. Os dois primeiros (Bandilovski) na verdade ficavam entre 28 e 21km a oeste de San Cristóbal. Os outros dois (Soloviev) cerca de 9 e 11 a nordeste.

137 Ele ordenou a Sidorov e Bandilovski: relatório de Statsenko.

CAPÍTULO CINCO: "ATÉ O INFERNO CONGELAR"

138 "Os americanos": protocolo do Presidium nº 61. Fursenko, *Prezidium Ts. K. KPSS*, 620-2.
138 Nikita "cagou na calça": Atribuído ao vice-ministro da Defesa Vitali Kuznetsov, em Kornienko, 96.
138 "É isso aí": Semichastni, 279.
139 "Você não tem o que temer": depoimento de Emilio Aragonés em Blight et al., *Cuba on the Brink*, 351.
141 Dois homens enviados pela CIA: entrevista de Vera.
141 A falta de energia também: relatório da CIA, 29 de agosto de 1962, memorando da Mangusto, JFKARC.
142 Um despacho do embaixador Dobrinin: *CWIHP*, 8-9 (inverno de 1996-97), 287.
142 fuso de proximidade: Alexander Feklisov, *The Man Behind the Rosenbergs* (Nova York: Enigma Books, 2001), 127.
143 "o que chamaríamos": *NK1*, 372.
144 "Claro que sim": entrevista de Warren Rogers em *Tulanian* (primavera de 1998).
144 "acabar com Castro": entrevista do autor com o conselheiro da embaixada Georgi Kornienko, julho de 2004; relatório da KGB a Moscou, SVR; Fursenko e Naftali, *One Hell of a Gamble*, 261.
144 Era a dica: telegrama de Dobrinin, 25 de outubro de 1962, LCV; Fursenko e Naftali, *One Hell of a Gamble*, 259-62.
144 "Parem o transportador": matéria in *Hoy Dominical* [Havana], 18 de novembro de 1962; relatório da CIA, 29 de agosto de 1962, memorando da Mangusto, JFKARC.
145 Coffee viu fileiras e fileiras: entrevista do autor com Gerald Coffee, dezembro de 2005; o número dele na missão era Blue Moon 5012.
145 "alerta numa situação de rápida": carta sem data do comodoro David Shoup, do Corpo de Fuzileiros, a Coffee.
146 O sobrevoo do Crusader: Gribkov et al., *U Kraya Yadernoi Bezdni*, 253-60.
147 Kovalenko controlava dois lançadores de Luna: memorando de Malinovski, 6 de setembro de 1962, LCV, trad. *CWIHP*, 11 (inverno de 1998), 259. Junto com os lançadores, cada regimento controlava quatro mísseis nucleares Luna e oito convencionais.
148 Sua última comunicação: entrevista do autor com Carlos Pasqual, janeiro de 2006. Memorando de Richard Helms sobre a Operação Mangusto da CIA, 7 de dezembro de 1962, JFKARC.
149 Ao fazerem uma análise: Richard Lehman, "CIA Handling of Soviet Build-up in Cuba", 14 de novembro de 1962, CREST.
149 "passaram a ver": Ibid.
149 "o estabelecimento no solo cubano": NIE 85-3-62, "The Military Buildup in Cuba", 19 de setembro de 1962, CREST.
149 "grandes foguetes intercontinentais": relatório do inspetor-geral da CIA sobre o manuseio da informação da espionagem em Cuba, 22 de novembro de 1962, 19, 31, disponível no CREST. O relatório foi disseminado pela CIA em 2 de outubro, com o comentário que o descartava do quartel-general. O *Poltava* atracou em Mariel em 16 de setembro com oito mísseis R-12 a bordo, segundo documentos do RSVN inspecionados por Karlov.

149 "mísseis gigantescos": despacho de Marchant, 10 de novembro de 1962, NSAW, Cuba; também publicado em *British Archives on the Cuban Missile Crisis*, 1962.
150 uma "estrada larga e não asfaltada": relatório de M. B. Collins, 3 de novembro de 1962, *British Archives on Cuba, Cuba Under Castro*, Vol. 5: 1962 (Londres: Archival Publications, 2003), 155.
151 As galerias eram quentes e úmidas: reminiscências de Rafael Zakirov, ex-oficial de controle nuclear dos FKR, V I. Yesin, ed., *Strategicheskaya Operatsiya Anadyr'*, 1ª ed. (1999), 179-85. Ver também Zakirov, artigo de outubro de 2007.
151 Os mísseis lançados de carretas soviéticas: memorando de Malinovski, 24 de maio de 1962, LCV, trad. CWIHP, 11 (inverno de 1998), 254.
151 "para desferir um ataque": ordem de Malinovski a Pliiev, 8 de setembro de 1962, LCV, in ibid., 260.
152 uma "zona libertada": visita do autor a Mayarí Arriba, março de 2006.
152 Raúl entendeu de imediato: Iazov, 157; ver também Gribkov et al., *U Kraya Yadernoi Bezdni*, 119.
152 O oficial soviético responsável: Gribkov et al., *U Kraya Yadernoi Bezdni*, 90, 302-3.
153 Logo após a chegada a Oriente: *Cuba under Castro*, Vol. 5, 152.
153 Tudo estava instalado: entrevista de Svetlana Chervonnaia com o sargento Vitali Roshva, maio de 2006; Gribkov et al., *U Kraya Yadernoi Bezdni*, 87-8.
153 Raúl recebia atualizações regulares: Blight e Welch, eds., *Intelligence and the Cuban Missile Crisis*, 102.
153 Tomaram elaboradas precauções: Zakirov, artigo de outubro de 2007.
154 Conhecida pelos fuzileiros: "Guantánamo Bay Compared to Attack-Ready Suburbia", *Washington Evening Star*, 14 de novembro de 1962.
154 Ao cair da noite, 2.810 dependentes: história do CINCLANT, cap. VII. Detalhes da Evacuação da Folha de Fatos sobre Cuba, 27 de outubro de 1962, NSAW.
155 Mas quase metade dos 2.400: relatório Nº 15 250100Z da situação do Gitmo, CNO Cuba, LISNHC.
155 uma série de sinais luminosos amarelos, verdes e vermelhos: informe da AP enviado de Guantánamo no *Chicago Tribune*, 13 de novembro de 1962.
155 A princípio, Adlai Stevenson: George Plimpton, OH, JFKL.
156 Stevenson foi humilhado: Porter McKeever, *Adlai Stevenson: His Life and Legacy* (Nova York: William Morrow, 1989), 488.
156 "Que ano é este?": Arkadi Shevchenko, *Breaking with Moscow* (Nova York: Knopf, 1985), 114.
157 "Míssil", escreveu: arquivo presidencial, JFKL.
158 "Impressionante": O'Donnell e Powers, 334.
158 O vigia noturno: Scott D. Sagan, *The Limits of Safety* (Princeton, NJ: Princeton University Press, 1995), 99; NORAD, diários do Centro de Operações de Combate, 26 de outubro de 1962, Coleção Sagan, NSA.
158 Ninguém sabia o que concluir: do e-mail de Jim Artman, ex-piloto de F-106, em Duluth, ao autor.
158 "discrição era": ADC. *Historical Study* Nº 16, 212-14.
159 Na base Williams da Força Aérea: Ibid., 121, 129.
159 A ordem de decolagem: resumo histórico da operação da 1ª Ala de Caças durante a Crise de Cuba, 13 de dezembro de 1962, AFHRA; correspondência por e-mail com Dan Barry, ex-piloto de caça F-106, Selfridge, AFB.
160 Acabaram concluindo: NORAD log, NSA.

CAPÍTULO SEIS: INTEL

161 "lavagem cerebral" na imprensa: nota escrita à mão do major-general Chester Clifton, 22 de outubro de 1962, JFKL.

161 seria "simpático": a sugestão foi feita pelo contra-almirante Wallace Beakley, subcomandante da frota do Atlântico – Diário do contra-almirante Alfred Ward, comandante da Força-Tarefa 136, USNHC. Ver também diários de convés do *Pierce* and *Kennedy*, NARA.

162 "gestos amistosos": mensagem 251800Z do COMSECONDFLT, CNO, Cuba, USNHC.

162 rotulado de "instrumentos científicos": notas pessoais do tenente-comodoro Reynolds, Museu Naval de Battleship Cove. O *Kennedy* é hoje uma mostra permanente em Fall River, MA.

162 As ruas ao redor: Brugioni, *Eyeball to Eyeball*, 190-2.

163 O pacote do serão da inteligência: relatório de interpretação de fotos, NPIC/R-1047/62, 25 de outubro de 1962, CREST.

164 eram "plenamente operacionais": *Supplement 6, Joint Evaluation of Soviet Missile Threat in Cuba*, 26 de outubro de 1962, CREST; Brugioni, *Eyeball to Eyeball*, 436-7. Sobre a informação fornecida por Penkovski, ver Jerrold L. Schecter e Peter S. Deriabin, *The Spy Who Saved the World* (Nova York: Charles Scribner's & Sons, 1992), 334-46. O material de Penkovski foi rotulado IRONBARK e CHICKADEE, e citado na *Avaliação Conjunta* de 19 de outubro de 1962, CREST.

164 "o medo de estouro de uma boiada": Brugioni, *Eyeball to Eyeball*, 437.

165 Gostava de gabar-se: Arthur Lundahl OH, 1º de julho de 1981, Departamento de História Oral da Universidade de Colúmbia.

165 Só em outubro de 1962: relatório de interpretação de fotos, outubro de 1962, CREST.

165 A "engradadologia" lavrou seu grande triunfo: Thaxter L. Goodall, "Cratology Pays Off," *Studies in Intelligence* (outono de 1964), CREST. O navio era o *Kasimov*, fotografado em 28 de setembro.

166 "O sol quente da manhã": Brugioni, *Eyeball to Eyeball*, 195-6.

167 O *B-36* foi avistado: cronologia de contatos de submarinos, C-20, CNO, Cuba, USNHC. Ver também Resumo de Atividade de Submarinos Soviéticos 272016Z, também em Electronic Briefing Book 75, NSAW.

167 Mais de 800 contatos: atividade de SOSUS no Atlântico, CTG 81.1, mensagem 261645Z, USNHC; Electronic Briefing Book 75, NSAW.

168 "um contato confiável": Resumo de Atividade de Submarinos Soviéticos, 272016Z.

168 O tenente Anatoli Andreiev: diário de Andreiev fornecido por Svetlana Savranskaia, NSAW. Partes do diário foram publicados em *Krasnaya Zvezda*, 11 de outubro de 2000.

170 O *B-36* aproximou-se do acesso: memória de Dubivko, "In the Depths of the Sargasso Sea", em Gribkov et al., *U Kraya Yadernoi Bezdni*, 314-30, trad. Svetlana Savranskaia, NSAW.

170 ele foi instruído: memórias do capitão Vitali Agafonov, comandante da flotilha de submarinos, em Iesin et al., *Strategicheskaya Operatsiya Anadyr'*, 123.

171 "aquele safado mentiroso": Brugioni, *Eyeball to Eyeball*, 287.

172 "Ora, é interessante": as referências aos lançadores FROG e armas nucleares táticas foram redigidas a partir das transcrições oficiais da reunião. Contudo, foram incluídas nas notas de liberação da Biblioteca JFK preparadas por Sheldon M. Stern.

172 fosse divulgada "agora mesmo": conversa de Bundy com George Ball, FRUS, Vol. XI, 219; reunião às 10h da manhã do ExComm, 26 de outubro de 1962.
173 uma "arma" a ser usada: U. S. *News & World Report*, 12 de novembro de 1962; *Newsweek*, 12 de novembro de 1962. Ver também Arthur Sylvester, OH, JFKL.
174 "Por favor, identifique-se": diário do navio comunicado por Ahlander, *Krig och fred i Atomåldern*, 24-5; entrevista do autor com Nils Carlson, setembro de 2005.
174 "temperamental e obstinado": telegrama da embaixada americana, Estocolmo, 27 de outubro, 1962, CNO, Cuba, USNHC.
174 "FIQUE COM O NAVIO SUECO": arquivo do *Coolangatta*, CNO, Cuba, USNHC.
175 Ele queria partilhar: telegrama de Alekseiev a Moscou 49201, 26 de outubro de 1962, NSAW.
176 "Você vai ouvir": artigo de Ievtushenko, *Novaya Gazeta*, 11 de julho de 2005.
176 a "coragem pessoal" de Castro: JFK1, 492.
176 Em abril de 1962, o *Pravda* começou: Halperin, 155.
176 "confiança ilimitada": Blight et al., *Cuba on the Brink*, 83, 254.
176 "Bem, parece guerra": Ibid., 213.
177 é "inevitável": relatórios das embaixadas do Brasil e da Iugoslávia, citados em James Hershberg, "Os Estados Unidos, o Brasil e a crise dos mísseis cubanos". *Journal of Cold War Studies* (verão de 2004).
178 "Então você é": David Martin, *Wilderness of Mirrors* (Nova York: Harper & Row, 1980), 127.
178 "aquele babaca": Martin, 136. Ver também David Corn, *Blond Ghost* (Nova York: Simon & Schuster, 1994), 82.
178 "Não nos importamos de ir": Martin, 144; ver também Thomas, *Robert Kennedy*, 234. O diário de RFK relaciona uma ligação telefônica de San Román em Miami, em 27 de outubro, e uma reunião programada para 26 de outubro, mas não fica claro se realmente ocorreu.
178 "usar tão valiosos recursos": memorando de McCone sobre reunião, 29 de outubro de 1962, JFKARC; ver também minutas de Parrott, FRUS, Vol. XI, 229-31.
179 "Afundem em portos cubanos": memorando de Lansdale, 26 de outubro de 1962, JFKARC. O plano de sabotagem do embarque foi aprovado em 27 de outubro, mas suspenso no dia 30, após Kruchev concordar com retirar os mísseis de Cuba – memorando de Lansdale, 30 de outubro de 1962, JFKARC.
179 "dados como desaparecidos": cronologia da Operação de Sabotagem em Matahambre, 21 de novembro de 1962, JFKARC.
179 "obviamente embriagado": entrevista com Parrott.
179 "Harvey destruiu": Martin, 144.
179 O FBI vinha procurando: relatório do SAC, Los Angeles, ao diretor do FBI, 26 de outubro de 1962, JFKARC.
180 "funcionavam em qualquer lugar": relatório do Comitê Church do Senado, *Alleged Assassination Plots*, 84.
180 "cada equipe": depoimento de Harvey ao Comitê Church, 11 de julho de 1975, JFKARC.
180 "reunindo informações secretas": depoimento de Roselli ao Comitê Church, 24 de junho de 1975, JFKARC.
181 Embora não haja prova incontestável: Thomas, 157-9; memorando de Lansdale a RFK, 4 de dezembro de 1961, JFKARC; memorando da CIA ao Comitê Church, 4 de setembro de 1975, JFKARC.

181 "livrar-se": entrevista de Samuel Halpern, 15 de janeiro de 1988, JFKARC.
181 "liquidação de líderes": Thomas, 159.
181 "um vale-tudo": entrevista de Halpern com a equipe de história da CIA; depoimento de Harvey ao Comitê Church.
181 "Se vocês não": Stockton, *Flawed Patriot,* 141.
182 "idiotice": depoimento de Harvey ao Comitê Church.
182 No decorrer de 1962: Branch e Crile III, "The Kennedy Vendetta"; comentários da equipe de revisão da CIA, 14 de agosto de 1975, JFKARC; Corn, *Blond Ghost,* 74-99.
183 "Não tenho tempo": entrevista do autor com Warren Frank, ex-oficial JM/WAVE, abril de 2006.
183 Um "manual contrarrevolucionário": arquivo confidencial de RFK, Caixa 10, JFKARC.
183 "O problema conosco, cubanos": *WP,* 28 de outubro de 1962, E5.
184 no "pique de motivação mais alto possível": memorando da CIA a Lansdale, "Operação Mangusto – Equipes de Infiltração", 29 de outubro de 1962.
184 Típico dos combatentes: memória inédita de 1996 de Carlos Obregon; entrevista do autor com ele em fevereiro de 2004.

CAPÍTULO SETE: BOMBAS NUCLEARES

186 "esquecia o papel de anfitrião": conversa de Mikoian com autoridades americanas, 30 de novembro de 1962, SDX.
186 "Cuba não aceita": Acosta, 170.
187 "capacidade de emergência operacional": memorando da CIA, 21 de outubro de 1962, CREST/JFKL.
187 "Unidade de mísseis pronta": Blight et al., *Cuba on the Brink,* 111; relatório de Statsenko.
187 "Liguem os radares": Blight et al., *Cuba on the Brink,* 113.
187 E queria que os 43 mil soldados: Gribkov e Smith, *Operation ANADYR,* 65.
187 "Cuba, que ama a liberdade": relatório da TASS, 27 de outubro de 1962; *Revolución,* 27 de outubro de 1962, 8; *NYT,* 27 de outubro de 1962, 6.
188 "Somos socialistas": *Cuba Under Castro, 1962,* 107.
188 "disciplina mais forte": telegrama de Alekseiev, Ministério das Relações Exteriores soviético, 23 de outubro de 1962, NSAW.
188 "primitivismo": entrevista de Desnoes, abril de 2006.
188 "Estavam fora de moda": Franqui, 187. Para obter um relatório contemporâneo sobre as opiniões de Franqui, ver telegrama da CIA, 5 de junho de 1963, JFKL.
189 "uma maravilhosa terra de loucos": *Cuba Under Castro, 1962,* 147.
189 "um grande número": Fursenko e Naftali, *One Hell of a Gamble,* 161-2.
190 "não importavam tanto assim": Halperin, 190.
190 "O sangue espanhol": *Cuba Under Castro, 1962,* 619-20.
191 "Isso é piada": mensagem da Força Aérea no sistema de autenticação JCS 57834, 25 de outubro de 1962, CNO, Cuba, USNHC.
191 O problema era ainda pior: entrevista com Kornienko.
192 "sob considerável tensão": Beschloss, 521; Abel, 162.
192 "um monte de besteira": Brugioni, *Eyeball to Eyeball,* 288.

193 Na versão de Scali: memorando de Scali a Hilsman, 26 de outubro de 1962, FRUS, Vol. XI, 227.
193 "Tenho motivo": Ibid., 241.
194 "Isso vem": Pierre Salinger, com Kennedy (Garden City, NY: Doubleday, 1966), 274-6.
194 não tinha "informação oficial": a espionagem estrangeira da KGB recusou-se a distribuir muitos dos relatórios de Feklisov, por terem informação secreta – SVR.
195 "um tipo exuberante": Feklisov, 371.
195 Após pensar no relatório do *residente*: Ibid., 382; Dobrinin, 95. Dobrinin refere-se a Feklisov como "Fomin", nome de código em Washington.
195 O máximo que Feklisov podia fazer: relatório de Feklisov a Andrei Sakharov, 27 de outubro de 1962, SVR. Aleksandr Fursenko e Timothy Naftali, "Using KGB Documents: The Scali-Feklisov Channel in the Cuban Missiles Crisis", *CWIHP*, 5 (primavera de 1995), 58. Ver também Semichastni, 282. O chefe da KGB descreveu as negociações de Feklisov com Scali como "não autorizadas".
196 "dentro de 48 horas": B. G. Putilin, *Na Krayu Propasti* (Moscou: Institut Voennoi Istorii, 1994), 104.
197 "suspenso nas": Hershberg, "The United States, Brazil, and the Cuban Missiles Crisis", 34; Putilin, 108.
197 "prontidão militar plena": Putilin, 106.
197 "Não entre em pânico": Derkachev, 45.
197 Nem mesmo ele: Iesin et al., *Strategicheskaya Operatsiya Anadyr'*, 113.
197 "Não temos para onde nos retirar": Gribkov et al., *U Kraya Yadernoi Bezdni*, 167, 226.
198 Rejeitou o plano: Iesin et al., *Strategicheskaya Operatsiya Anadyr'*, 51; Gribkov et al., *U Kraya Yadernoi Bezdni*, 115; Gribkov e Smith, *Operation ANADYR*, 64-5; Putilin, 105.
198 Houvera certa confusão inicial: ver Svetlana Savranskaia, "Tactical Nuclear Weapons in Cuba: New Evidence" *CWIHP*, 14-15 (inverno de 2003), 385-7; também Mark Kramer, "Tactical Nuclear Weapons, Soviet Command Authority, and the Cuban Missiles Crisis" *CWIHP* 3 (outono de 1993), 40.
198 "Ao Diretor": LCV.
199 O coronel Sergei Romanov: Romanov era comandante de uma unidade militar especial responsável pelo armazenamento e manutenção de armas nucleares conhecida como *Podvihjnaya Remontno-Technicheskaya Baza* (Base de Manutenção Técnica Móvel), ou PRTB. Uma PRTB era ligada a cada regimento, regimento FKR, regimento de fuzileiros motorizados ou esquadrão IL-28 que operava ogivas nucleares. Antes de chegar a Cuba, as ogivas ficavam sob o controle de um arsenal chefiado pelo coronel Nicolai Beloborodov, que respondia ao departamento de projeto nuclear original. Tão logo as ogivas chegavam em segurança e eram verificadas, Beloborodov transferia o controle formal aos PRTBs individuais, mas dividia a responsabilidade pela manutenção.
199 Escavara-se uma casamata de passagem: resumo de atividade em Cuba, 1963; CIA, *Joint Evaluation of Soviet Missile Threat in Cuba*, 19 de outubro de 1962, Biblioteca LBJ; memorando do NPIC, 4 de dezembro de 1961, "Suspect Missile Sites in Cuba", NPIC/B-49/ 61, CREST.
199 O quartel-general estabelecera: Malinovski, "Instruções aos Comandantes de Grupos de Reconhecimento", 4 de julho de 1962, LCV. Ver também memórias de Beloborodov em Gribkov et al., *U Kraya Yadernoi Bezdni*, 210.
199 A tensão para cuidar do atestado de óbito de Romanov, 30 de janeiro de 1963, inspecionado por Karlov.

199 O principal sub: Iesin et al., *Strategicheskaya Operatsiya Anadyr'*, 196; entrevista do autor com o tenente Valentin Polkovnikov, que serviu no mesmo regimento que Boltenko.
200 Muitos dos técnicos: entrevista do autor com Vadim Galev, maio de 2006; cartas do Dr. V. P. Nikolski e do engenheiro Kriukov, MAVI.
200 Na noite seguinte, banqueteavam-se: recordações de Dmitri Senko em Iesin et al., *Strategicheskaya Operatsiya Anadyr'*, 265.
200 Tomaram-se todas as precauções: Gribkov et al., *U Kraya Yadernoi Bezdni*, 234-5.
201 "uma instalação incomum": atualização de Marshall Carter, reunião da Casa Branca, 16 de outubro de 1962, JFK2, 430.
201 Uma análise mais detalhada: *Joint Evaluation of Soviet Missile Threat in Cuba*, 19 de outubro de 1962, Biblioteca LBJ.
201 Aviões de reconhecimento sobrevoaram: relatórios de Interpretação de Fotos, CREST.
201 Em retrospecto: Dwayne Anderson, "On the Trail of the Alexandrovsk," *Studies in Intelligence* (inverno de 1966), 39-43, disponível no CREST.
202 em que identificou: ver Brugioni, *Eyeball to Eyeball*, 546-8.
202 Autoridades soviéticas: ver, p. ex., Gribkov et al., *U Kraya Yadernoi Bezdni*, 209; Gribkov e Smith, *Operation ANADYR*, 46. Na última, Gribkov afirma incorretamente que as ogivas Luna foram armazenadas em Bejucal. Segundo Beloborodov, responsável direto por elas, as ogivas foram armazenadas em Manágua. As coordenadas do *bunker* de Bejucal são 22°56'18"N, 82°22'39"W. Ainda se veem os contornos do *bunker* e a estrada circular no Google Earth. A instalação do quartel-general ficava mais ou menos a um quilômetro do *bunker*, na periferia nordeste da cidade. As coordenadas do complexo de Manágua (três *bunkers*) são 22°58'00"N, 82°18'38"W.
202 "Os *experts* não paravam de falar": entrevista do autor com Dino Brugioni, maio de 2007.
203 "uma dupla cerca de segurança": *Joint Evaluation of Soviet Missile Threat in Cuba*, 19 de outubro de 1962, CREST; atualização de JFK por Lundahl, 22 de outubro de 1962.
203 A fábrica de melado: Brugioni, *Eyeball to Eyeball*, 542. A CIA depois concluiu corretamente que Mariel era um importante ponto de trânsito para ogivas nucleares que entravam e saíam de Cuba, mas deu pouca atenção além disso a Bejucal.
203 "ter dificuldades": história do USCONARC, 154, NSAW.
203 O plano de invasão tinha o nome de código: "Alternative Military Strikes", JFKL; "Air Force Response to the Cuban Crisis", 8, NSAW; Blight et al., *Cuba on the Brink*, 164. Quando informaram esses planos a Fidel Castro numa conferência em Havana, em 1992, ele entendeu errado o número de ataques aéreos como 119 mil. Pediu que o repetissem, dizendo que parecia "um pouco exagerado". Ao saber que na verdade eram apenas 1.190, observou secamente: "Me sinto mais à vontade agora."
205 Como era inevitável, com uma operação: história do USCONARC, 105, 130, 139, 143; conferência de comandantes, 4 de fevereiro de 1963, CNO Cuba, USNHC; entrevista com Don Fulham.
205 "técnicos militares do bloco soviético": estimativa da espionagem do Corpo de Fuzileiros Navais, novembro de 1962, JFKARC.
205 À medida que se espalhava dentro dos mais altos: Ver, por exemplo, CINCLANT, mensagem 311620Z, CNO, Cuba, USNHC.
206 A distância entre a posição de pré-lançamento: entrevista de Svetlana Chervonnaia com o sargento Vitali Roshva, graduado mecânico de aviação, unidade de FKR, maio de 2006. Segundo interceptações da espionagem americana, a posição de lançamento em Filipinas

Notas 429

era 20°0'46"N, 75°24'42"W. A posição de pré-lançamento em Vilorio, 20°5'16"N, 75°19'22"W.

206 Entre os soldados soviéticos: entrevista de Svetlana Chervonnaia com Gennadi Mikheiev, irmão de Viktor, mais fotos de família e correspondência, abril de 2006.

208 Maltsev pediu médicos: o diálogo foi interceptado pela espionagem americana, segundo informou Seymour M. Hersh: "Was Castro Out of Control in 1962?" *WP*, 11 de outubro de 1987, H1. A matéria contém várias imprecisões, incluindo a especulação de que tropas cubanas tentaram tomar de assalto um campo de SAM soviético. Esta versão baseia-se numa entrevista com Roshva e relatórios da espionagem do GITMO.

208 "vestir-se para jantar": informações de TV de Björn Ahlander, transcritas pelo seu filho, Dag Sebastian Ahlander.

209 "Enquanto estão armados": transcrição de transmissão radiofônica, 26 de outubro de 1962, Coleção Robert Williams, Universidade de Michigan.

210 "Em caso": Carlos Alzugaray, "La crisis de octubre desde una perspectiva cubana", Conferência na Cidade do México, novembro de 2002; Blight et al., *Cuba on the Brink*, 248.

210 Ninguém "parecia notar": Halperin, 190.

210 "de longe o pior dia": Sorensen, OH, JFKL.

CAPÍTULO OITO: ATAQUE PRIMEIRO

212 Tomara-se a decisão por motivos de segurança. Ver, por exemplo, o debate no ExComm de 26 de outubro, JFK3, 290.

213 A Marinha cubana fazia um contínuo jogo: entrevista do autor com Aubrey Brown, Setor R, USS *Oxford*, novembro de 2005.

213 "caçadores de fraldas": entrevista do autor com Keith Taylor, comandante do Setor R, novembro de 2005.

214 Em 20 de outubro, o pessoal do Setor T: diários do navio, *Oxford*, NARA; entrevista do autor com Dale Thrasher, comandante do Setor T, novembro de 2005; *President's Intelligence Check List*, 22 de outubro de 1962, citado em documento da CIA sobre Relacionamento da Espionagem com a Casa Branca de JFK, 18, registro nº 104-10302-100009, JFKARC. Informação sobre o *Oxford* também fornecida por George Cassidy, ex-membro do Setor T.

214 Os sistemas em todos os três campos: Museu de Criptologia da NSA. O registro não fala do *Oxford*. Entrevista com membros da tripulação e os diários de bordo deixam claro, porém, que o navio foi a fonte do relatório.

215 A sonda de Marte estava fora: Boris Chertok, *Rakety i Lyudi: Goryachie Dni Kholodnoi Voini* (Moscou: Mashinostroenie, 1999), capítulo sobre Karibskii Raketnii Krizis. Ver também Ivan Evtreiev, *Esche Podnimalos' Plamya* (Moscou: Intervesy, 1997), 79-80, sobre reminiscências de um oficial de mísseis soviético em Baikonur. Os R-7s ali foram postos em Condição de Prontidão 2, como os mísseis em Cuba.

216 Pelos cálculos do Pentágono: memorando de Kaufmann, *Cuba and the Strategic Threat*, OSD. A cifra americana inclui 144 ICBMs e 96 mísseis baseados em submarinos Polaris. A soviética vem de Karlov, historiador das Forças de Foguetes Estratégicos, com base em dados oficiais soviéticos. Inclui 36 R-16s e quatro R-7s, baseados em Plesetsk, além de dois R-7s de reserva em Baikonur, não em serviço permanente. A disparidade em bombardeiros de longo alcance era ainda mais acentuada, cerca de 1-5 pela maioria das

estimativas. A CIA e o Departamento de Estado acreditavam que a União Soviética tinha 75 lançadores de ICBM operacionais, pouco menos que a estimativa do Pentágono, porém ainda mais alta que a cifra soviética citada por Karlov-Garthoff, 208.

217 Em Havana, era ainda: entrevista de Oblizin; notas do coronel Vladimir Rakhnianski, comandante da Divisão de Balística, MAVI.

217 "custara aos soviéticos milhões": Blight et al., *Cuba on the Brink*, 109-11.

217 para "uma reunião importante": mensagem de Alekseiev a Moscou, 2 de novembro de 1962, NSAW, Cuba. Transcrição da conferência sobre a Crise de Mísseis em Moscou, janeiro de 1989. Bruce J. Allyn, James G. Blight e David A. Welch, eds., *Back to the Brink: Proceedings of the Moscow Conference on the Cuban Missiles Crisis*, 27-28 de janeiro de 1989 (Lanham, MD: University Press of America, 1992), 159. Ver também Blight et al., *Cuba on the Brink*, 117-22.

218 Tinha muitas queixas: Putilin, 108.

218 "tomei como certo": Blight et al., *Cuba on the Brink*, 252.

218 "*con suprema dignidad*": carta de Castro a Kruchev, 28 de outubro de 1962, documento cubano apresentado à Conferência de Havana em 2002.

219 "fortalecer o campo socialista": Blight et al., *Cuba on the Brink*, 345; Fursenko e Naftali, *One Hell of a Gamble*, 187.

219 "personalidade complexa e demasiado sensível": 2 de novembro de 1962, despacho, NSAW.

220 ditou um telegrama de contenção: NSAW, Cuba.

221 "a luz mais forte": Richard Rhodes, *The Making of the Atomic Bomb* (Nova York, Simon & Schuster, 1986), 672.

221 "Eu seria uma água-viva": Sakharov, 217.

221 "Fodeu de novo": Dallek, 429.

222 O clima ali: G. G. Kudriavtsev, *Vospominaniya o Novoi Zemlye*, disponível online em www.iss.nillt.ru; V. 1. Ogorodnikov, *Yadernyi Arkhipelag* (Moscou: Izdat, 1995), 166; entrevista do autor com o veterano atômico Vitali Lisenko, Kiev, maio de 2006.

222 Para confundir a espionagem americana: matéria de Kudriavtsev.

222 "*Gruz poshiel*": Ogorodnikov, 155-8; Pavel Podwig, ed., *Russian Strategic Nuclear Forces* (Cambridge, MA: MIT Press, 2001), 503.

223 "Eu não puxaria": memória inédita de Maultsby, disponibilizado ao autor por Jeanne Maultsby. História da 4.080ª Ala Estratégica (SAC), outubro de 1962, FOIA.

225 "Tinham decidido acertar": Fursenko, *Prezidium Ts. K. KPSS*, 623, Protocolo Nº 62.

225 A pasta da espionagem na manhã de sexta-feira: Fursenko e Naftali, *One Hell of a Gamble*, 261-2.

226 "Robert Kennedy e seu círculo": Ibid., 249.

226 Kruchev entendeu a coluna de Lippmann: o enviado soviético Anastas Mikoian depois disse aos cubanos que essa coluna levou Kruchev a propor a troca Cuba-Turquia. Ver o memorando da conversa com líderes cubanos, 5 de novembro de 1962, NSAW, Cuba. Ver também Fursenko e Naftali, *One Hell of a Gamble*, 275. A coluna de Lippmann foi publicada em WP e em outros jornais em 25 de outubro.

226 "Você se preocupa com Cuba": *Problems of Communism*, primavera de 1992, tradução do autor, do russo.

227 "Está categoricamente": mensagem de Malinovski a Pliiev, 27 de outubro de 1962, 1630, horário de Moscou, NSAW.

227 Os americanos "sabem muito bem": mensagem de Gromiko a Alekseiev, 27 de outubro de 1962, NSAW. Um ex-auxiliar de Kruchev, Oleg Troianovski, afirmou que o Presidium

Notas 431

"não tinha ideia" de que a publicação da oferta Turquia-Cuba ia criar problemas para Kennedy – ver Troianovski, 249. Contudo, as instruções a Alekseiev deixaram claro que a luta pela opinião pública era parte importante da estratégia de Kruchev.

227 "Quem dá a vocês o direito": Theodore Shabad, "Por que um Bloqueio, Perguntam os Moscovitas", NYT, 28 de outubro de 1962. Ver também "A Face de Moscou na Crise dos Mísseis", *Studies in Intelligence*, primavera de 1966, 29-36, CREST.

228 uma "base de treinamento sobre a qual": Petr Vail' e Aleksandr Genis, *Shesdesyatiye – Mir Sovetskovo Cheloveka* (Moscou: Novoe Literaturnoe Obozrenie, 2001), 52-60.

229 "divertidos, perturbados": relatório de Eugene Staples, embaixada americana em Moscou, 30 de outubro de 1962, arquivos de Cuba no Departamento de Estado, NARA.

229 "interesses de Estado" da URSS: mensagem de Malinovski a Kruchev, 27 de outubro de 1962, MAVI.

230 "*Cuba, devolva-nos*": Vail' e Genis, 59.

230 "frases bastante complexas": Alekseiev, 2 de novembro de 1962, despacho NSAW.

230 "Prezado Camarada Kruchev": carta de Castro a Kruchev, 26-27 de outubro de 1962, NSAW, Cuba, traduzida pelo autor.

240 "*Razvernut'sia!*": entrevista de Roshva. Para detalhes da instalação, ver Gribkov et al., *U Kraya Yadernoi Bezdni*, 89-90, 115-19; entrevista com Vadut Khakimov, ex-oficial do PRTB, em *Vremya i Denghi*, 17 de março de 2005.

240 Dentro da base naval: relatórios da espionagem do GITMO.

241 "As autoridades americanas em Guantánamo": 6 de dezembro de 1962, relatório de M. B. Collins em *Cuba Under Castro*, Vol. 5, 565. A CIA depois identificou errado os mísseis de cruzeiro FKR em Mayarí Arriba como mísseis de cruzeiro costeiros conhecidos por *Sopkas*. Os dois eram semelhantes em aparência, mas o *Sopka* não transportava ogiva nuclear e destinava-se a uso contra navios – ver a discussão em CWIHP, 12-13 (outono-inverno de 2001), 360-1.

CAPÍTULO NOVE: CAÇADA AO *GROZNY*

242 encontravam-se em estado "plenamente operacional": memorando da CIA, *The Crisis: USSR/Cuba*, 27 de outubro de 1962, CREST.

242 Radioamadores ao longo: Reeves, 92.

242 "sala de guerra para a Guerra Fria": Michael K. Bohn, *Nerve Center: Inside the White House Situation Room* (Washington, D.C.: Brassey's, 2003), 30.

242 Ouvia-se o contínuo martelar: Salinger, *With Kennedy*, 253.

243 "um chiqueiro": Bohn, 32.

243 Interceptações de comunicações começaram: NSA e a crise de mísseis cubanos, outubro de 1998, monografia publicada pela NSA.

243 Ao contrário do que diz o mito posterior: Bouchard, 115. Ver também Graham Allison, *Essence of Decision* (Boston: Little, Brown, 1971), 128.

243 Uma força tática de ataque: JCS, mensagem 270922Z de Scabbards, JFKARC; Folha de Fatos de Cuba, 27 de outubro de 1962, NSAW.

244 mobilizava forças "em ritmo rápido": memorando da CIA, *The Crisis: USSR/Cuba*, 27 de outubro de 1962, CREST; JCS, relatório de Scabbards, 28 de outubro de 1962, Arquivos da Segurança Nacional de Cuba, JFKL.

244 Acreditava-se que todos os 24 regimentos de mísseis SAM: JCS, mensagem 270922Z de Scabbards, JFKARC.

244 Na verdade, o consenso na CIA: ver, p. ex., memorando da CIA, *The Crisis: USSR/Cuba*, 27 de outubro de 1962, CREST; "Propostas de Sabotagem da Operação Mangusto", 16 de outubro de 1962, JFKARC.
244 "há muito poucos trens": debate do ExComm, 25 de outubro de 1962, JFK3, 254.
245 Outros três aviões de reconhecimento: história do 55ª Ala de Reconhecimento Estratégico, outubro de 1962, AFHRA.
245 Uma investigação posterior: relatório de acidente da USAF, 27 de outubro de 1962, AFSC; entrevista do autor com John E. Johnson, navegador do RB-47 que abortou a missão, e Gene Murphy, oficial de guerra eletrônica no avião de apoio, dezembro de 2005.
246 Localizou a embarcação soviética: história da 55ª Ala de Reconhecimento Estratégico; Sanders A. Laubenthal, "The Missiles in Cuba, 1962: The Role of SAC Intelligence," FOIA; mensagem 271336Z de McDonough, arquivo do *Grozny*, CNO, Cuba, USNHC.
246 "fraco e desencorajado": Andrew St. George, "Hit and Run to Cuba with Alpha 66", revista *Life*, 16 de novembro de 1962. Ver também CIA, memorandos sobre o Alpha 66, 30 de outubro de 1962 e 30 de novembro de 1962, JFKARC.
247 "Um artigo bom pra caramba": carta de William R. Hearst Jr. a Clare Boothe Luce, papéis de Clare Boothe Luce, Biblioteca do Congresso.
247 Em suas próprias palavras: conversa telefônica entre William Colby e Clare Boothe Luce, 25 de outubro de 1975, arquivos da CIA, CREST. A good account of Luce's dealings with Keating appears in Max Holland, "A Luce Connection: Senator Keating, William Pawley, and the Cuban Missiles Crisis", *Journal of Cold War Studies* (outono de 1999).
247 A CIA desconfiava de que ele: memorando da CIA, 25 de julho de 1975, CREST.
247 "membro honorário": memorando da CIA sobre o Alpha 66, 30 de novembro de 1962, JFKARC.
248 Os dois exilados cubanos: entrevista de Vera, janeiro de 2006.
249 "Tirem as mãos de Cuba": *NYT*, 28 de outubro de 1962.
249 Para enfrentar esse ceticismo: JFK também ficou "perturbado" com a liberação das fotos e exigiu uma explicação. Bruce disse à Casa Branca que a CIA aprovara a liberação – mensagem de Bruce a Michael Forrestal, 24 de outubro de 1962, Arquivos de Segurança Nacional, JFKL. Um representante da CIA em Londres, Chester Cooper, disse que ligou para Washington, mas "não conseguiu falar com ninguém" e mandou um telegrama "apenas dizendo que ia fazê-lo, a não ser que Washington vetasse". – Chester Cooper, OH, JFKL.
249 "uma ligeira oscilação": mensagem Nº 1705 de Bruce ao secretário de Estado, 28 de outubro de 1962, JFKL e SDX.
250 era "chegar perto de Jack": Reeves, 291.
250 Enquanto isso, Macmillan discretamente: registro da conversa entre os chefes de serviço britânicos, 27 de outubro de 1962, DEFE 32/7, Public Records Office. Sobre a discussão dos motivos das medidas militares britânicas durante a crise, ver Stephen Twigge e Len Scott, "The Thor IRBMs and the Cuban Missiles Crisis", *Electronic Journal of World History*, setembro de 2005, disponível online.
251 "o lugar mais perigoso": Beschloss, 217; Reeves, 68.
251 "soldados e armas": Reeves, 250.
251 A resposta foi 35 horas: JCS, memorando, 6 de outubro de 1962, NARA.
251 A CIA informou em 23 de outubro: memorando do Departamento Nacional de Estimativas da CIA, 23 de outubro de 1962, JFKL.

Notas 433

252 Os alemães orientais ainda fugiam: relatório de Berlim, UPI e NYT, 27 de outubro de 1962.
252 À tarde: memorando da CIA, *The Crisis: USSR/Cuba*, 28 de outubro de 1962, CREST.
252 "Nós daremos": ver Taubman, 538-40; Fursenko e Naftali, *Khrushchev's Cold War*, 457-60.
252 "Nós mal começamos": Troianovski, 247.
253 "que aceitava todas as missões": entrevista do autor com o ex-piloto de U-2 Robert Powell, junho de 2003.
253 Anderson empenhava-se: história da 4.080ª Ala Estratégica, apêndice sobre operações especiais, outubro de 1962, FOIA.
253 No começo, o nome de Anderson: SAC, mensagem do CNO 262215Z a CONAD, 26 de outubro de 1962, CNO, Cuba, USNHC.
253 Ávido por pegar mais: entrevistas com Heyser e McIlmoyle.
253 Um dos pilotos, Charles Kern: memória inédita de Kern; *Supplement 8, Joint Evaluation of Soviet Missile Threat in Cuba*, 28 de outubro de 1962, CREST.
254 O plano de voo: O SAC comunicou vários horários incorretos da partida de Anderson. Eu usei o da ordem original de execução esboçado na mensagem 262215Z do SAC, copiado nas defesas aéreas americanas, arquivado no USNHC. Esse plano de voo coincide exatamente com a hora em que Anderson entrou no espaço aéreo cubano, registrada pelos soviéticos. Um mapa da rota de voo foi publicado no *Supplement 8, Joint Evaluation of Soviet Missile Threat in Cuba*, 28 de outubro de 1962, CREST.
254 Era um aparelho da CIA: o aparelho de Anderson foi o terceiro U-2 a deixar a linha de montagem da fábrica Skunk da Lockheed em Burbank, Califórnia, em 1955. Era um U-2A atualizado para U-2F. Heyser, o piloto que fotografou pela primeira vez os campos de mísseis soviéticos em 14 de outubro, voava num modelo nº 56-6675, o segundo U-2 a ser produzido. O pilotado por Maultsby durante a inadvertida invasão da União Soviética era o 56-6715. Todos os três aviões acabaram destruídos em quedas, destino partilhado pela maioria dos primeiros U-2 – história da 4.080ª Ala Estratégica, outubro de 1962, FOIA.
254 "buscando defeito": entrevista com McIlmoyle.
254 Levava fotos: telegrama 1.633 do Departamento de Estado, em Nova York, para o secretário de Estado, 5 de novembro de 1962, SDX.
254 Ainda sentia: entrevista do autor com a filha de Anderson, Robyn Lorys, setembro de 2003; boletim médico de Anderson, 11 de outubro de 1962.
254 "Meu serviço não está": entrevista com o coronel John Des Portes, OH, NSAW Cuba.
255 "Tudo bem, Rudy": entrevista com Herman; ver também matéria em *WP Magazine*, 26 de outubro de 2003.
256 "Causa Perdida": Bruce Bailey, *We See All: A History of the 55th SRW* (edição particular), 111. Sou grato a Rob Hoover, historiador não oficial do 55º SRW, por me pôr em contato com seus colegas pilotos e "corvos".
256 "som do silêncio": entrevista do autor com o piloto do RB-47 Don Griffin, dezembro de 2005. Griffin voou para Cuba em 27 de outubro.
256 "atirar e destruir": *SAC Historical Study No. 90*, Vol. 1, 3, NSAW.
256 Curvados sobre os monitores: ver comentários de McNamara e Taylor ao ExComm, JFK3, 446, 451. Taylor refere-se por engano ao radar Conjunto de Frutas, em vez do radar "bolo de frutas". Segundo McNamara, os sinais do Conjunto de Frutas foram captados pelo avião da espionagem "ao mesmo tempo" que o U-2 passava acima.

256 O corvo mais graduado: história do 55º SRW, outubro de 1962, FOIA. Willson detetou três radares "Charutão" a 27 de outubro. Comunicou um total de 14 "interceptações de mísseis" variadas", i.e., radares ligados a diferentes sistemas de mísseis soviéticos.
257 "vencer qualquer um": Martin Caidin, *Thunderbirds* (Nova York: Dell, 1961), 109.
257 resultara em "um erro terrível": memórias de Maultsby. Todos os trechos que descrevem os pensamentos e ações pessoais dele foram extraídos dessa memória inédita e conferidos com outras fontes, entre elas mapas astronômicos contemporâneos e um mapa da rota de voo do Departamento de Estado.
258 pareciam "muitíssimo suspeitas": Ibid.
259 "sobretudo importante": carta a Adm. George Burkley, 24 de outubro de 1962, Arquivos Kraus, JFKL.
260 "bens pessoais": memorando de Burkley, 25 de outubro de 1962, JFK, arquivo médico, JFKL.
260 "viver cada dia": Dallek, 154.
260 "viciado em excitação": Reeves, 19.
260 "capacidade de pôr-se": Dallek, 72.
260 "A guerra aqui": citado em Stern, 39-40.
261 "todo oficial no exército": Reeves, 306.
261 "Como foi que tudo isso": Sorensen, *Kennedy*, 513.
262 "O livro diz": Reeves, 306.
262 "o botão vermelho": JCS, Arquivo sobre Ações de Emergência, registros de Scott Sagan, NSAW.
262 Não eram perguntas lá muito abstratas: ver, p. ex., Fred Kaplan, "Plano de atacar primeiro de JFK", *Atlantic Monthly* (outubro de 2001).
263 "orgiástico, wagneriano": Reeves, 229-30, 696; dados de alvo de Kaplan, "Plano de atacar primeiro de JFK". Quando Power informou a McNamara sobre o SIOP-62, disse com um risonho: "Bem, Sr. Secretário, espero que não tenha muitos amigos e parentes na Albânia, porque vamos ter de varrê-la."
263 "um substancial dissuasor para mim": transcrição da Casa Branca, 5 de dezembro de 1962, citado por David Coleman em *Bulletin of Atomic Scientists* (maio-junho de 2006). Ver Reeves, 175, para comparação com a Guerra Civil.
263 "insanidade dois homens": Goodwin, 218.

CAPÍTULO DEZ: TIROTEIO

264 Quando entrou no espaço aéreo cubano: Gribkov et al., *U Kraya Yadernoi Bezdni*, 124.
266 O andar térreo do posto de comando: Iesin et al., *Strategicheskaya Operatsiya Anadyr'*, 273; memórias do ex-oficial PVO, coronel Pavel Korolev em Gribkov et al., *U Kraya Yadernoi Bezdni*, 246-53; entrevista do autor com o oficial político PVO, coronel Grigori Danilevich, julho de 2004.
267 "Alvo Número 33": Gribkov et al., *U Kraya Yadernoi Bezdni*, 124.
267 "um monte de lixo": Philip Nash, *The Other Missiles of October: Eisenhower, Kennedy, and the Jupiters* (Chapel Hill: University of North Carolina Press, 1997), 1-3.
268 Kennedy preocupava-se tanto com: memorando de 22 de outubro de 1962, papéis de McNamara, OSD.
271 "Nosso convidado já está lá em cima": Gribkov et al., *U Kraya Yadernoi Bezdni*, 199-200. O ministro da Defesa soviético depois informou que o U-2 foi "abatido com o

objetivo de não permitir que as fotos caíssem em mãos americanas" – memorando de Malinovski, 28 de outubro de 1962, CWIHP, 11 (inverno de 1998), 262. Segundo Derkachev, 56, Pliiev ficou furioso ao saber da derrubada. "Vocês não deviam ter feito isso", informou-se que disse aos subordinados. "Podemos complicar seriamente as negociações [diplomáticas]."

272 "estabelecer um padrão de operação": JFK3, 240; rotas de voo de 27 de outubro comunicadas no Relatório sobre Interpretações de Fotos em Missões 5017-5030, CREST.
273 "Em primeiro lugar": notas de Malakhov, MAVI.
273 "As pessoas em geral": *British Archives on the Cuban Missiles*, 242.
273 "uma cidade de meninos": Saverio Tutino, *L'Occhio del Barracuda* (Milão: Feltrinelli, 1995), 134.
273 "Claro que ficamos assustados": entrevista com Desnoes.
273 "Esperamos": Adolfo Gilly, "A la luz del relámpago: Cuba en octubre", *Perfil de la Jornada*, 29 de novembro de 2002.
274 "Mantenham dois ou três baldes": trad. FBIS da Rádio Rebelde, 28 de outubro de 1962.
274 "*Ama teu irmão*": 27 de outubro, informe da UPI de Havana; ver NYT, 28 de outubro de 1962.
274 Numa colina acima: entrevista do autor com Alfredo Duran, ex-interno, dezembro de 2005.
275 "Destruam o Alvo Número 33": Gribkov et al., *U Kraya Yadernoi Bezdni*, 124, Putilin, 111-12. Há ligeiras variações sobre a hora da derrubada. Eu me baseei na fornecida pelo coronel Korolev, que estava de serviço no posto de comando de Camagüey (ver Gribkov et al., 250). Sobre a localização dos destroços, ver 28 de outubro de 1962, relatório de Unidad Militar 1.065, NSAW, Cuba.
276 "*Que vivan los sovieticos!*": Gribkov et al., *U Kraya Yadernoi Bezdni*, 235.
276 como "local de armazenamento de munição": ver relatórios do NPIC, 26 e 27 de outubro de 1962, CREST.
278 O comandante das tropas de mísseis: Iesin et al., *Strategicheskaya Operatsiya Anadyr'*, 67.
278 Por outro lado: relatório de Statsenko; entrevista de Iesin.
278 "Vocês estão irritando": ordem de Malinovski (Trostnik) a Pliiev, 27 de outubro de 1962, NSAW, Cuba, tradução do autor. Trad. diferente de Vera em CWIHP, 14-15 (inverno de 2003), 388.
279 "homem enérgico e barbudo": Gribkov e Smith, *Operation ANADYR*, 69.
279 "A vitória definitiva": *Verde Olivo*, 10 de outubro de 1968, citada em Carla Anne Robbins, *The Cuban Threat* (Nova York: McGraw-Hill, 1983), 47.
279 "estabelecera um posto de comando": memorando da CIA, *The Crisis: USSR/Cuba*, 26 de outubro de 1962, CREST; visita do autor à Cueva de los Portales; missões Blue Moon 5019-5020, 27 de outubro de 1962, relatório do NPIC, CREST.
279 em "estágio final": Missões Blue Moon 5023-5024, relatório do NPIC, CREST.
280 Chegaram a lançar um: ver, p. ex., David Holloway, *Stalin and the Bomb* (New Haven, CT: Yale University Press, 1994), 326-8.
280 Os IL-28s com capacidade nuclear: memorando da CIA, *The Crisis: USSR/Cuba*, 6 de novembro de 1962, CREST. A CIA informou que os IL-28s da Força Aérea "quase com certeza" chegaram no *Leninsky Komsomol*, que ancorou perto de Holguín em 20 de outubro. Segundo Brugioni, *Eyeball to Eyeball*, 173, o NPIC já estava de olho em Holguín,

devido a uma atividade de construção semelhante vista na União Soviética antes da instalação dos IL-28s. Ao contrário dos de San Julian, os aviões de Holguín jamais foram retirados das caixas, e acabaram removidos a 26 de novembro – Brugioni, 536.

281 "essas coisas de que ninguém": entrevista de Anastasiev.
281 Segundo o plano original do Ministério da Defesa: memorandos de Malinovski, 6 e 8 de setembro de 1962, trad. em *CWIHP*, 11 (inverno de 1998), 258-60. Ver também Raymond Garthoff, "New Evidence on the Cuban Missiles Crisis", ibid., 251-4.
282 "No caso": CINCONAD, mensagem 262345Z, CNO, Cuba, USNHC; para a resposta dos JCS, ver Cronologia das Decisões dos JCS sobre a Crise Cubana, 27 de outubro de 1962, NSAW, Cuba, e o resumo de 24 fatos do OPNAV, 270000 a 280000, CNO, Cuba, USNHC.
282 "a capacidade de lançar": Cronologia das Decisões dos JCS, 28 de outubro de 1962, NSAW, Cuba.
282 "qualquer movimento de mísseis FROG": história do CINCLANT, 95.
282 Após descartar a princípio: Blight et al., *Cuba on the Brink*, 255, 261; emenda à história do CINCLANT, pedido dos JCS das estimativas de baixas, 1º de novembro de 1962, CNO, Cuba, USNHC.
283 Os núcleos atômicos das bombas: Polmar e Gresham, 230; USCONARC, mensagem ao CINCLANT 291227Z, CNO, Cuba, USNHC.
283 num "primeiro ataque surpresa": memorandos de Taylor a McNamara e ao presidente, 25 de maio de 1962, registros dos JCS, NARA.
283 "Eu conheço muito bem a União Soviética": Sorensen, OH, JFKL.
284 Ao mesmo tempo que se inquietavam: memorando dos JCS a McNamara, 23 de outubro de 1962; memorandos de Gilpatric ao presidente e a Bundy, 24 de outubro de 1962; Coleção Sagan, NSAW; Sagan, 106-11. A 22 de outubro, Gilpatric disse a auxiliares que não via motivo para mudar as regras sobre as armas de dois estágios – diário de escrivaninha de Gilpatric, OSD.
285 "tão fraca que perturba": tenente-coronel Robert Melgard, citado em Sagan, 110.
286 Quando o B-52 começou a dar voltas: entrevista do autor com o primeiro-tenente George R. McCrillis, piloto, em CALAMITY, fevereiro de 2006.
286 "Três minutos... JÁ": procedimentos descritos no Plano de Operações Dominic, setembro de 1962, História da Participação da Força Aérea na Operação Dominic, Vol. 111, DOE.

CAPÍTULO ONZE: "UM BOM FILHO DA PUTA"

288 Sozinho na vasta escuridão: memórias de Maultsby.
289 O confuso piloto: os dados sobre o acompanhamento do U-2 de Maultsby e os interceptadores soviéticos foram extraídos de mapas oficiais do governo americano. Encontrei mais detalhes nos arquivos do Secretariado Executivo do Departamento de Estado, SDX, Caixa 7. Um segundo mapa sobre os interceptadores que parece haver sido tirado de uma base aérea em Pevek encontra-se nos Arquivos de Segurança Nacional de Cuba, Caixa 54, Pasta de mapas, cartas e fotos, JFKL.
289 "extraordinariamente sóbrio e acossado": Brugioni, *Eyeball to Eyeball*, 456.
290 A simples menção de "defesa civil": transcrição oficial, coletiva de imprensa de McNamara, 22 de outubro de 1962, OSD.
290 Se os soviéticos atacassem: comunicado à Conferência Nacional de Governadores feito pelo secretário assistente de Defesa Steuart L. Pittman, 27 de outubro de 1962, JFKL.

290 No início da semana: Steuart L. Pittman, OH, JFKL.
291 Na ausência de ação do governo: Alice L. George, *Awaiting Armageddon: How Americans Faced the Cuban Missiles Crisis* (Chapel Hill: University of North Carolina Press, 2003), 78-80.
291/ "Invada Cuba, Ataque os Comunas": informes da AP e UPI, 27 de outubro de 1962; WP,
292 28 de outubro de 1962.
292 O general Power estava: entrevista do autor com o major Orville Clancy, ex-oficial POV do quartel-general do SAC, junho de 2003.
292 "A Paz é nossa Profissão": Reminiscências do coronel Maynard White, *America's Shield, The Story of the Strategic Air Command and Its People* (Paducah, KY: Turner, 1997), 98.
292 "Que diabo vocês estão fazendo": Des Portes, OH, NSAW.
292 A capacidade de "ler a correspondência": entrevistas com Clancy, Gerald E. McIlmoyle e com o ex-oficial da espionagem do SAC, James Enney, outubro de 2005.
293 "Temos um problema": entrevista do autor com Fred Okimoto, agosto de 2005.
294 "quando realizava uma secretíssima missão": Taubman, 455.
294 Voltou o pensamento: Maultsby foi abatido sobre a Coreia do Norte em 5 de janeiro de 1952 e foi solto em 31 de agosto de 1953 – arquivo pessoal de Maultsby, NPRC. Uma cópia do registro do interrogatório pelos norte-coreanos foi fornecida à Rússia e liberada por meio da Comissão Conjunta EUA-Rússia para Prisioneiros de Guerra e Desaparecidos em Ação.
294 "os focinhos de": Martin Caidin, *The Silken Angels: A History of Parachuting* (Filadélfia: J. B. Lippincott, 1964), 230-6.
296 "desaparecido em ação": arquivo pessoal de Maultsby.
296/ Ao saber dessa ordem: correspondência e entrevista com o assessor de McNamara, coro-
297 nel Francis J. Roberts, maio de 2006.
297 "Diga ao almirante": diários do Departamento CNO, 27 de outubro de 1962, CNO, Cuba, USNHC. O ajudante naval era o capitão Isaac C. Kidd Jr.
297 "os mísseis cruzassem": Council for Correspondence, Newsletter No. 22, arquivos de Herman Kahn, NDU; entrevista do autor com Irvin Doress, fevereiro de 2006.
298 Quando a estação de radar militar: cartas do voo de Maultsby.
298 No início da semana: entrevistas do autor com os ex-pilotos de F-102 Leon Schmutz e Joseph W. Rogers, junho de 2003. Ver também Sagan, 136-7; diário do Posto de Comando Aéreo do Alasca, 22 de outubro de 1962.
300 "Kruchev, como todo doutrinário": mensagem do major-general V. H. Krulak ao Estado-Maior Conjunto, 26 de outubro de 1962, JCS, registros de Maxwell Taylor, NARA.
300 "chantagem diplomática": memorando dos JCS ao presidente, JCSM-844-62, OSD.
300 "Atacar domingo ou segunda-feira": notas de Poole, JCS.
301 "piorar muito caso Kruchev": Kaplan, 256.
301 "Você deve ter perdido": David Burchinal, OH, NSAW Cuba.
301 "o mais hábil oficial de combate": entrevista de McNamara; ver também entrevista de McNamara a *The Fog of War*, documentário dirigido por Errol Morris (Sony Pictures Classics, 2003).
301 Ele dormia num catre: *LAT*, 28 de outubro de 1962; diários de escrivaninha de McNamara, OSD.
302 "Perdemos um U-2": JCS, notas de Poole. Em sua história oral de 1975, Burchinal disse que McNamara berrou histericamente: "Isso quer dizer guerra com a União Soviética.

O presidente deve pegar a linha direta com Moscou!" McNamara nega ter dito isso. A linha direta Moscou-Washington foi inaugurada após a Crise dos Mísseis.

302 "saiu do curso": memorando secreto do U-2, Arquivos de Segurança Nacional, Caixa 179, JFKL.

303 Ao voltar do exercício: eu reconstituí os fatos a partir dos diários telefônicos do presidente em 27 de outubro de 1962, dos registros do portão da Casa Branca, JFKL, e O'Donnell e Powers, *Johnny, We Hardly Knew Ye*, 338-9. A última versão confunde a hora em que JFK soube dos dois incidentes com os U-2.

303 "Tem sempre um filho da puta": Roger Hilsman, *To Move a Nation* (Garden City, NY: Doubleday, 1967), 221; carta de JFK a Jacqueline Kennedy, 6 de março de 1964, JFKL; entrevista de Roger Hilsman, CNN, CW.

304 "a última vez que pedi": segundo O'Donnell e Powers, 337, JFK "ordenara a retirada dos mísseis Júpiter em agosto." Bundy depois contestou essa afirmação, dizendo que "uma opinião presidencial não é uma ordem presidencial" – ver Stern, 86. Um memorando do presidente (NSAM 181) datado de 23 de agosto de 1962 encarregou o Pentágono de examinar "que ação se pode tomar para tirar os mísseis Júpiter da Turquia" – ver Nash, 110.

304 "As pessoas que decidem": paralelo traçado por Stern, 39, 296.

305 "A possibilidade de destruição": RFK, 127, 106.

306 "É melhor você voltar": entrevista de Herman; História da 4.080ª Ala Estratégica, outubro de 1962, FOIA.

306 Precisava telefonar ele mesmo: entrevista do autor com o ajudante militar de McNamara Sidney B. Berry, maio de 2006.

307 "operando com base": Gilpatric, OH, NSAW.

307 Ordenou o imediato retorno: história da 4.080ª Ala Estratégica, outubro de 1962, FOIA; memorando de McNamara ao secretário da Força Aérea, 28 de outubro de 1962, OSD.

307 "Um U-2 que sobrevoava Cuba": notas de Poole, JCS. A notícia foi trazida pelo coronel Ralph D. Steakley, do Grupo de Reconhecimento Conjunto.

307 "Pule!": memórias de Maultsby. Ele não diz o nome do piloto que insistiu que saltasse. Schmutz afirma que não foi ele, logo deve ter sido Rands, que já morreu.

307 O U-2 "parecia não querer": Maultsby calculou o tempo de voo de um U-2 em 10 horas, 25 minutos e um segundo. Uma nota da Casa Branca registra que ele tocou o solo às 14:14, horário de Washington, após um voo de 10 horas e 14 minutos – Arquivos de Segurança Nacional, Caixa 179, JFKL. Devia voltar às 11:50 da manhã, após um voo de 7 horas e 50 minutos. Usei a hora fornecida pelo próprio Maultsby, também citada na História da 4.080ª Ala Estratégica, outubro de 1962.

CAPÍTULO DOZE: "CORRA COMO O DIABO"

309 O SAC já tinha mais aviões: Folha de Fatos de Cuba, 27 de outubro de 1962, NSAW.

310 a "última coisa" que Andrus queria: Reminiscências do coronel Burton C. Andrus Jr., História da 341ª Ala Espacial, FOIA.

310 "Detesto esses chucrutes": Joseph E. Persico, *Nuremberg: Infamy on Trial* (Nova York: Penguin, 1995), 50.

310 "Kruchev sabe que estamos atrás": Entrevista com Joe Andrew, Divisão de Manutenção de Mísseis, 341ª Ala de Mísseis Estratégicos, setembro de 2005, na revista *Time*, 14 de dezembro de 1962.

Notas 439

311 "A gente não pode dirigir": tenente-coronel George V. Leffler, citado no *Saturday Evening Post*, 9 de fevereiro de 1963.
311 "Se eu não avistar uma luz": reminiscências de Andrus.
312 "tiveram as ogivas instaladas": carta de Eugene Zuckert a JFK, 26 de outubro de 1962, registros de Curtis LeMay, Divisão de Manuscritos, Biblioteca do Congresso. O Alpha 6 foi posto em alerta estratégico às 1816Z (2:16 da tarde, hora de Washington) em 26 de outubro de 1962 (História de Novembro, 341ª Ala de Mísseis Estratégicos, Coleção Sagan, NSAW).
312 "exigia muitos macetes": História de Outubro, 341ª Ala de Mísseis Estratégicos, Coleção Sagan, NSAW; Sagan, 82-90.
312 Após encorajar Andrus: *SAC Historical Study No. 90*, Vol. 1, 72-3, 121; SAC, mensagem 1827Z, 27 de outubro de 1962.
312 e "correr pra burro": entrevista de Andrew na revista *Time*.
312 Duas Stratofortresses: *SAC Historical Study No. 90*, Vol. 1, 43. Durante a crise dos mísseis, os B-52s em geral transportavam ou quatro Mark-28s ou dois Mark-15s.
313 "prontos para entrar na guerra": "A Resposta Retaliatória Completa", *Air and Space* (novembro de 2005); entrevista dos autores com os ex-pilotos do SAC Ron Wink e Don Aldridge, setembro de 2005.
313 dar a "resposta retaliatória completa": Sagan, 66.
313 "Estação Oceânica Bravo": *SAC Historical Study No. 90*, Vol. 1, 90. Sobre interferência no rádio, ver mensagens da Força Aérea AF IN 1500 e 1838, 27 e 28 de outubro, CNO, Cuba, USNHC.
314 seis "complexos de alvo": Kaplan, 268.
315 de "interruptor do morto": Sagan, 186-8.
315 As principais instalações de armazenamento: CIA, *Supplement 8, Joint Evaluation of Soviet Missile Threat*, 28 de outubro de 1962, Biblioteca LBJ; entrevista de Iesin.
316 Os mísseis soviéticos não podiam atingir: minha fonte sobre Nova York como alvo de Calabazar foi o coronel-general Viktor Iesin, que serviu sob Sidorov, tenente de engenharia, e como chefe de Estado-Maior das Forças de Foguetes Estratégicos soviéticos teve oportunidade de examinar documentos de arquivo vedados a outros pesquisadores.
317 "Não temam": notas de Malakhov, MAVI; entrevista de Iesin.
317 O regimento entrou em estado formal: entrevista de Iesin.
317 As ligações de comunicação com o quartel-general da divisão: CIA, *Supplement 8, Joint Evaluation of Soviet Missile Threat*, Biblioteca LBJ.
317 "Você tem de entender": entrevista de Iesin.
317 A CIA havia muito suspeitava: telegrama da CIA sobre planos comunistas para a América Central no caso de uma invasão a Cuba, 10 de outubro de 1962, Arquivos de Segurança Nacional, JFKL; memorando da CIA sobre subversão cubana, 18 de fevereiro de 1963, JFKARC.
318 Na tarde de sábado: memorando da CIA sem data obtido por meio do CREST, RDP80B01676R001800010029-3; memorandos da CIA, *The Crisis: USSR/Cuba*, 29 de outubro e 1º de novembro de 1962; 27 de outubro de 1962, interceptação, JFKARC.
318 "É dever de todo revolucionário": Blight et al., *Cuba on the Brink*, 18.
318 Um plano secreto conhecido como Operação Bumerangue: Blight e Welch, eds., *Intelligence and the Cuban Missile Crisis*, 99.
318 "Os Estados Unidos não conseguirão": Fursenko e Naftali, *One Hell of a Gamble*, 141.

319 Na reunião da Mangusto na sexta-feira: memorando da CIA, "Operação Mangusto, Pontos Principais a Considerar", 26 de outubro de 1962, e memorando de McCone sobre a reunião, 26 de outubro de 1962, JFKARC.
319 Os simpatizantes: *NYT*, 29 de outubro de 1962.
319 um "círculo de sabotagem comunista": *NYT*, 30 de outubro de 1962.
319 A Operação Toque de Clarim: memorandos sobre o programa de panfletos psicológicos do CINCLANT, OSD. Após apoiar no início a operação, os chefes conjuntos descreveram-na como "militarmente inválida" num memorando de 27 de outubro (OSD). Temiam que o avião de lançamento fosse abatido, dando aos cubanos uma vitória propagandística.
320 Os seis Crusaders da Marinha: resumo de 24 horas do OPNAV, 270000 e 280000, CNO, Cuba, USNHC; folha de registro de voo fornecida ao autor pelo tenente-comodoro James A. Kauflin.
320 "Afaste-se!": entrevista do autor com o capitão Edgar Love, outubro de 2005; rota de voo em relatório do NPIC sobre a Missão Blue Moon, 27 de outubro de 1962, CREST; filme bruto da espionagem, NARA.
322 O presidente voltou a atenção: o esboço do Departamento de Estado foi preparado por George Ball e seu vice, Alexis Johnson; Johnson, OH, JFKL. Uma cópia do esboço preliminar encontra-se nos papéis de Maxwell Taylor, NDU.
322 McNamara comunicou erroneamente: segundo o interrogatório do piloto, nenhum avião foi atingido. Não ficou claro quantos aviões participaram da missão da tarde. O general Taylor disse ao ExComm que dois voltaram com problemas de motor, e outros seis sobrevoaram Cuba. Segundo outras informações, apenas seis voos estavam programados para a tarde de 27 de outubro – ver, p. ex., diário da sala de guerra do Pentágono no dia 27 de outubro, NSAW.
323 "Trata-se de uma fedorenta traição": os memorandos de Scali a Rusk foram publicados em Salinger, *Com Kennedy*, 274-80. Ver também programa sobre John Scali da ABC News, 13 de agosto de 1964, transcrição disponível na NSAW.
323 O subchefe do serviço de informações: entrevista do autor com Thomas Hughes, março de 2006. Scali e Hughes entraram juntos na Casa Branca às 5:40 da tarde – registros do portão WH, JFKL.
324 "12 páginas de ninharias": JFK3, 462.
325 Propunha uma linguagem nova e mais conciliatória: Rusk leu o texto de Stevenson para o ExComm. Encontrei o rascunho original do Departamento de Estado entre os papéis de Maxwell Taylor na NDU. Ver também Alexis Johnson, OH, JFKL.
325 Sugeriu que o irmão dissesse a Kruchev: este último tornou-se conhecido como "o ardil de Trollope", discutido no Posfácio (pp. 386-7). Inúmeros escritores, como, p. ex., Graham Allison, em *Essence of Decision*, dizem que, de acordo com o alerta de Bobby, JFK decidiu responder à primeira carta de Kruchev e ignorar a segunda. Isto é uma simplificação grosseira do que aconteceu. JFK não ignorou a segunda carta. O próximo capítulo fornece detalhes de como ele encaminhou a questão Turquia-Cuba.
326 "o nó se apertava", RFK, 97.
328 e foram procurar Marlene Powell: entrevista do autor com Marlene Powell. Ver *MP Magazine*, 26 de outubro de 2003. Segundo a História da 4.080º Ala Estratégica, Jane Anderson foi avisada do desaparecimento do marido às 5:50 da tarde de 27 de outubro.
328 Por volta de uma hora da manhã, recebeu: Troianovski, 250; Serge Kruchev, 363.

328 um "sinal de alarme extremo": carta de Kruchev a Castro, 30 de outubro de 1962, NSAW, Cuba.
329 "um jovem cavalo que não": Shevchenko, 106.
329 "Não lutamos": carta de Kruchev a Castro, 30 de outubro de 1962, NSAW, Cuba; Sergei Kruchev, 364.
330 "engolir a humilhação": *NKI*, 499.

CAPÍTULO TREZE: GATO E RATO

331 Na tarde: a Marinha americana rotulou os submarinos em ordem cronológica, com base na hora em que foram avistados. O primeiro positivamente identificado foi o *C-18* (designação soviética, *B-130*, comandado por Nicolai Shumkov) em 241504Z. Vieram a seguir o *C-19* (*B-59*, Valentin Savitski) em 252211Z; *C-20*, mais tarde identificado como *C-26* (*B-36*, Valentin Dubivko) em 261219Z; e *C-23* (*B-4*, Riurik Ketow) em 271910Z.
333 "Submarino a estibordo": 16ª Divisão de Porta-aviões, documentação da crise dos mísseis cubanos, NSAW.
333 "Lançamos cinco granadas de mão": diários de bordo do *Beale* e *Cony*, NARA, também disponíveis na NSAW.
333 "Os submarinos submersos": mensagem do secretário da Defesa ao secretário de Estado, 240054Z, NSAW, Cuba.
334 "O presidente foi tomado": JCS, notas de Poole.
334 "ele iria querer saber": perfil na revista *Time*, 28 de julho de 1961.
334 perigo de se "atolarem": JCS, mensagem 051956Z, CNO, Cuba, USNHC.
335 A escuta eletrônica a bordo: mensagem interceptada comunicada na reunião do ExComm, entrevista com Keith Taylor, USS *Oxford*, novembro de 2005; interceptação de localização descrita em Harold L. Parish, OH, 12 de outubro de 1982, NSA.
335 FIRE HOSE: CINCAFLANT, mensagens 27022Z E 280808Z, CNO, Cuba, USNHC. Alguns autores afirmaram que a Casa Branca teve de convencer LeMay a não ordenar a destruição imediata de um regimento de mísseis SAM – ver Brugioni, *Eyeball to Eyeball*, 463-4. Anotações feitas pelo historiador Walter Poole, dos JCS, sugerem que não foi assim. Os JCS favoreciam a continuação dos voos de reconhecimento até ocorrer outra perda e então atacar todos os regimentos de mísseis SAM, "como um mínimo" – ver Cronologia das Decisões dos JCS, 23 de outubro de 1962, NSAW. Sobre a oposição dos JCS e pequenas medidas, ver memorando de 27 de outubro sobre "Ações Militares Propostas na Operação Capa de Chuva", OSD.
336 Os homens caíam como "peças de dominó": Mozgovoi, 92, Havana, 2002, Vol. 2.
336 Segundo os regulamentos: Iesin et al., *Strategicheskaya Operatsiya Anadyr'*, 84; Mozgovoi, 71. O comandante da flotilha era o capitão de 1ª classe Vitali Agafonov, que viajava no submarino *B-4*.
336 Ele e Savitski tinham a mesma patente: Os dois eram capitães de 2ª classe, equivalente soviético a comandante. O oficial encarregado dos torpedos, capitão de 3ª classe, equivalia a um tenente-comandante na Marinha americana.
337 "Os americanos nos atingiram": Mozgovoi, 93; entrevista de Orlov com o autor, julho de 2004. Outros comandantes de submarino questionaram a versão dos fatos dada por Orlov. Arkhipov e Savitski já morreram. Embora seja impossível saber as palavras exatas usadas por Savitski, a versão de Orlov condiz com outras descrições das condições a bordo dos Foxtrots soviéticos e os movimentos conhecidos do *B-59*.

338 "Havia fortes discordâncias": RFK, 102.
339 a "terrível energia executiva" dele: Schlesinger, *Robert Kennedy and His Times*, 625.
339 "quase telepática": Schlesinger, "Sobre JFK: entrevista com Isaiah Berlin", *New York Review of Books*, 22 de outubro de 1998.
340 A versão final trazia as marcas: ver rascunhos do Departamento de Estado e de Stevenson, e discussão no ExComm.
341 O núcleo do ExComm concordou que: diferem as versões sobre quem assistiu a essa reunião. Segundo Rusk, compareceram JFK, RFK, McNamara, Bundy e "talvez um outro", além dele próprio – carta a James Blight, 25 de fevereiro de 1987, NSAW. Segundo Bundy, assistiram também à reunião Ball, Gilpatric, Thompson e Sorensen – ver McGeorge Bundy, *Danger and Survival* (Nova York: Random House, 1988), 432-3.
341 Com base num telegrama: a fórmula proposta por Rusk foi sugerida primeiro pelo embaixador americano na Turquia, Raymond Hare, no telegrama 587 de Ancara, que chegou ao Departamento de Estado na manhã de sábado – NSAW.
341 "Ninguém na sala": Bundy, 433. Para obter outra versão, ver Rusk, 240-1.
341 uma "pessoa complexa e difícil": Dobrinin, 61. Num memorando de 30 de outubro de 1962 a Rusk, RFK disse ter pedido um encontro com o embaixador soviético no Departamento de Justiça às 19:45 (FRUS, Vol. XI, 270). Mas ele próprio já se atrasava. A sessão do ExComm só terminou por volta de 19:35. Bobby depois assistiu à reunião no Salão Oval, que durou cerca de 20 minutos. É provável que tenha se encontrado com Dobrinin por volta das 20:05, ao mesmo tempo que o Departamento de Estado transmitia a mensagem do presidente a Moscou – ibid., 268.
342 "grampear conversas telefônicas": perfil de RFK feito pela KGB, fevereiro de 1962, SVR.
342 como "muito perturbado": telegrama de Dobrinin ao Ministério das Relações Exteriores soviético, 27 de outubro de 1962. Reconstituí essa versão com base no telegrama de Dobrinin, no memorando de RFK a Rusk, e em *Thirteen Days*, 107-8, do próprio RFK. As versões de RFK e Dobrinin ficam muito próximas, embora a do russo seja mais explícita, sobretudo em relação à retirada dos Jupíteres. Quanto à discussão sobre o Júpiter, o telegrama contemporâneo de Dobrinin parece mais digno de crédito que as várias versões de RFK. A história oficial dos Estados Unidos sobre os Jupíteres mudou com os anos. Ex-assessores de Kennedy, como Ted Sorensen, já reconheceram que minimizaram ou mesmo omitiram detalhes potencialmente embaraçosos. Ver artigos e documentos publicados por Jim Hershberg, *CWIHP*, 5 (primavera de 1995), 75-80 e 8-9 (inverno de 1996-97), 274, 344-7, inclusive traduções para o inglês dos telegramas de Dobrinin.
343 "as crianças em toda parte do mundo": O'Donnell e Powers, 325; WH, registros telefônicos e do portão do presidente, 27 de outubro de 1962.
343 "mais uma coxa de galinha": O'Donnell e Powers, 340-1.
344 As instruções sobre evacuação faziam parte: Ted Gup, "As plantas do Juízo Final", *Time*, 10 de agosto de 1992; George, 46-53.
344 "Que acontece com nossas esposas": O'Donnell e Powers, 324.
345 "sucumbiu ao clima geral de apocalipse": Brugioni, *Eyeball to Eyeball*, 482; "Uma Entrevista com Richard Lehman", *Studies in Intelligence* (verão de 2000).
345 "não vivesse para ver outra": Blight et al., *Cuba on the Brink*, 378. McNamara diz que ia "deixar o gabinete do presidente ao anoitecer" e voltar ao Pentágono, mas Sheldon Stern observa que já era noite quando o ExComm encerrou a sessão: o pôr do sol ocorreu às 6:15 da tarde em 27 de outubro.

346 Com a concordância de Kennedy, Rusk telefonou: FRUS, Vol. XI, 275; Rusk, 240-1. Alguns estudiosos têm questionado até onde se pode confiar na versão dada por Rusk em 1987 da abordagem a Cordier, mas ela parece plenamente consistente com o ímpeto do debate anterior do ExComm e as opiniões de JFK sobre os Jupíteres.
347 "Junta para uma Cuba independente": memorando do coordenador do Departamento de Estado para Assuntos Cubanos, 27 de outubro de 1962, JFKARC.
347 "Eu não posso dirigir meu escritório": perfil de Miró, *Time*, 28 de abril de 1961.
348 "Eu sei mais ou menos": Reeves, 97.
348 em "prontidão máxima": Nestor T. Carbonell, *And the Russians Stayed: The Sovietization of Cuba* (Nova York: William Morrow, 1989), 222-3.
349 "volátil, emocional": memorando da CIA para Lansdale sobre as Equipes de Infiltração da Operação Mangusto, 29 de outubro de 1962, JFKARC; ver também memorando de Lansdale sobre operações clandestinas, 31 de outubro de 1962, JFKARC.
350 "Os amigos simplesmente não agem": Allyn et al., *Back to the Brink*, 149.
350 "Ele começou a avaliar a situação": telegrama de Alekseiev a Moscou, 27 de outubro de 1962, trad. em *CWIHP*, 8-9 (inverno de 1996-97), 291.
351 O informe posterior que enviou a Moscou: Blight et al., *Cuba on the Brink*, 117. Alekseiev disse só haver descoberto a verdade sobre quem derrubou o avião em 1978.
351 "quase caiu na água": entrevista de Orlov.
352 "Este barco pertence": Ibid.
352 Vigias observaram que os americanos: Mozgovoi, 93; 16ª Divisão de Porta-aviões, documentação sobre a crise dos mísseis cubanos, NSAW.
352 "despistar os perseguidores": entrevista com Orlov.
352 Kennedy dispensara a maioria: Salinger, *John F. Kennedy*, 125.
352 um "belo rabo": Seymour Hersh, *The Dark Side of Camelot* (Boston: Little, Brown, 1997), 389. A necessidade de sexo era um tema recorrente para JFK. Ele disse a Clare Boothe Luce que não podia "dormir sem dar uma trepada".
353 Mary telefonou para Jack: registros telefônicos da Casa Branca, 27 de outubro de 1962; WH, aquivos sociais, 24 de outubro de 1962, JFKL. As muitas visitas dela à Casa Branca em geral eram notadas pelo Serviço Secreto. Não há prova de que haja encontrado JFK em 27 de outubro. Não ficou claro se ele retornou o telefonema, pois podia fazer ligações locais sem passar pela central telefônica da Casa Branca. Para uma discussão do relacionamento dos dois, ver Nina Burleigh, *A Very Private Woman* (Nova York: Bantam Books, 1998), 181-227.
353 "Vamos estar": O'Donnell e Powers, 341.
353 George Anderson recolheu-se à cama: diário do departamento do CNO, 27 de outubro de 1962; resumo dos fatos da OPNAV, CNO, Cuba, USNHC.
353 consideraria "hostil": notas manuscritas da reunião das 21 horas do ExComm, 27 de outubro de 1962, OSD.
354 "Agora tudo pode acontecer": 28 de outubro, matéria da *Prensa Latina*, FBIS, 30 de outubro de 1962.

CAPÍTULO CATORZE: "ENCAIXOTE E DEVOLVA"

356 "Você nos arrastou a esta bagunça": Troianovski, 250. Sobre a hora da reunião, ver Sergei Kruchev, *Nikita Khrushchev*, 351.

356 "o perigo de guerra e catástrofe nuclear": entrevista de setembro de 1993 com o secretário do Comitê Central Boris Ponomariev, citada em Fursenko e Naftali, *One Hell of a Gamble*, 284; ver Fursenko, *Prezidium Ts. K. KPSS*, 624, para as notas de Malin sobre a reunião do Presidium, em 28 de outubro de 1962.

357 A possibilidade de que os comandantes soviéticos em Cuba: Sergei Kruchev, 335. Sergei informa que seu pai perguntou furioso a Malinovski se os generais soviéticos em Cuba serviam ao exército soviético ou ao cubano. "Se servem ao exército soviético, por que se põem sob um comandante estrangeiro?" Como Sergei não se achava presente nesta conversa, não usei as aspas. Contudo, o sentimento parece ter sido um reflexo exato das opiniões do pai na época.

357 a "hora da decisão": Troianovski, 251; Dobrinin, 88. Vários autores afirmaram que o relatório de Dobrinin sobre sua reunião com RFK chegou tarde demais para influenciar a resposta de Kruchev a JFK. Ver, p. ex., Fursenko e Naftali, *Khrushchev's Cold War*, 490, segundo os quais Kruchev "ditou o seu discurso de concessão... antes de saber da concessão de Kennedy". Isso é uma má interpretação do registro da reunião de 28 de outubro do Presidium. As minutas sugerem que um grupo menor de membros do Presidium se reuniu depois no mesmo dia para debater o comunicado de Dobrinin e responder. Contudo, relacionam o comunicado como o de número 3 numa agenda de pelo menos nove pontos nesse dia, à frente de uma carta a Fidel Castro e um telegrama a Pliiev (número 5 na agenda), que faziam parte da discussão original. Outros registros do Presidium mostram que se discutiram vários pontos da agenda "fora da ordem".

Parece provável, pois, que a mensagem de Dobrinin tenha chegado durante a primeira parte da reunião, *antes* de Kruchev ditar as cartas a JFK e a Castro, mas tornaram-se objeto de detalhada discussão na segunda sessão. Isso bate com as memórias do próprio Kruchev e as de Oleg Troianovski, que esteve presente na primeira sessão. Junto com o fragmentário registro do Presidium, a versão de Troianovski é a versão mais autorizada do que ocorreu, e eu a segui de perto.

358 se o levasse a uma "guerra de aniquilação": carta de Kruchev a Castro, 30 de outubro de 1962, NSAW.

358 "Que nenhum de vocês": Gribkov et al., *U Kraya Yadernoi Bezdni*, 167.

359 passara a sentir um "profundo respeito": *NKI*, 500.

359 O povo soviético "só queria a paz": FRUS, Vol. XI, 279.

360 Aconselhava-o a "mostrar paciência": carta de Kruchev a Castro, 28 de outubro de 1962, NSAW, trad. pelo autor.

360 "Consideramos que você agiu": telegrama de Malinovski a Pliiev (pseudônimo Pavlov) de 28 de outubro de 1962, às 4h da tarde, horário de Moscou. NSAW, Cuba, trad. pelo autor. Malinovski enviou outra mensagem às 18:30, horário de Moscou, ordenando a Pliiev não usar mísseis SAM S-75 e manter os caças no chão "para evitar choques com aviões de reconhecimento americanos". A tradução dos documentos encontra-se em *CWIHP*, 14-15 (inverno de 2003), 389.

361 "um longo fio" ou corda: mensagem 272318Z do CINCLANFLT, CNO, Cuba, USNHC.

361 *"Korabl X"*: diários de bordo do USS *Beale*, *Cony* e *Murray*. Ver cronologia do submarino preparada pela NSAW.

361 "Atenção, atenção, por favor": 16ª Divisão de Porta-aviões, documentação da crise dos mísseis cubanos, NSAW.

362 "comportarem-se com dignidade": Mozgovoi, 94; entrevista de Orlov.

Notas 445

362 "A única coisa que ele compreendeu": memórias de Dubivko, "Nas Profundezas do Mar dos Sargaços", trad. para o inglês por Svetlana Savranskaia.
362 "É uma vergonha": Mozgovoi, 109-10.
362/ "gostava de ridicularizar e gozar as pessoas": general Horace M. Wade, OH, \FHRA.
363
363 "Merda, oh, meu Deus!": memórias inéditas de Maultsby.
364 "demonstrou a seriedade": Sagan, 76.
364 "Você é um demônio de sorte": exatamente como Maultsby veio a sobrevoar a União Soviética e a rota exata que ele tomou na ida e na volta do polo Norte permanecerão um mistério por muitas décadas. Embora o governo americano admitisse um "sério erro de navegação" do piloto, que o levou ao território soviético, fez o melhor possível par abafar o embaraçoso incidente. McNamara exigiu "um completo e detalhado relatório" do que deu errado, mas os resultados da investigação da Força Aérea não foram liberados. (Memorando de McNamara ao secretário da Força Aérea, arquivo da crise dos mísseis cubanos, Caixa 1, OSD.) Entre os poucos documentos oficiais que este autor pôde encontrar sobre o incidente, havia dois mapas mostrando a rota de Maultsby na União Soviética. Os mapas apareceram inesperadamente nos registros do Departamento de Estado e na Biblioteca JFK, sugerindo que devem ter sido liberados sem querer.
Interpretados em conjunto com cartas astronáuticas, os mapas confirmam a recordação pessoal de Maultsby e do navegador que o ajudou a voltar ao Alasca. Mas também solapam a suposição oficial amplamente aceita de que ele foi parar na União Soviética porque fez uma curva errada no polo Norte. Na verdade, sugerem que Maultsby jamais haveria alcançado o polo e, em vez disso, terminaria em algum ponto nas vizinhanças da Groenlândia ou nas ilhas Rainha Elizabeth, no Norte do Canadá.
O principal problema da versão oficial é uma hora e quinze inexplicada de tempo de voo extra. A 75 mil pés, o U-2 era obrigado a voar à velocidade constante de cerca de 400 nós. Se Maultsby mantivesse essa velocidade e fizesse uma curva errada no polo Norte, teria atravessado o território soviético por volta das 10:45, horário de Washington, e não às 11:59. O tempo de voo a mais equivale a uma volta de cerca de 600 milhas.
A explicação mais provável para essa aberração é que a bússola interferiu com a computação da navegação. Nas proximidades do polo Norte, a bússola é inútil. Os pilotos têm de confiar nas estrelas, num giroscópio para mantê-los numa direção fixa, ter cálculos de tempo precisos e distância percorrida. Segundo outro piloto de U-2, Roger Herman, Maultsby disse aos amigos que esqueceu de soltar o giroscópio da bússola, um erro que teria tido o efeito de puxá-lo na direção do polo Norte magnético, então localizado no Norte do Canadá.
De acordo com o mapa do Departamento de Estado, Maultsby entrou em território soviético não pelo Norte, mas pelo Nordeste. Isso bate com sua lembrança de que viu o Cinturão de Órion à *esquerda* do bico do avião. Se estivesse voando do polo Norte para o sul, teria visto a constelação à *direita*.
365 Aos poucos, compreenderam a verdade: entrevista de Vera.
365 A CIA disse depois: memorando de Richard Helms, 13 de novembro de 1962, JFKARC.
365 "inexequível em termos militares": cronologia da operação de sabotagem da mina de Matahambre, 14 de novembro de 1962, JFKARC. Ver também memorando de Harvey ao diretor da Inteligência Central, 21 de novembro de 1962, JFKARC. Em seus memorandos, Harvey disse que o avião pediu "apenas dois pontos de encontro imediatos, a 22 e 23 de outubro", i.e., quatro ou cinco dias depois que os sabotadores foram lançados.

Preparara-se uma "operação final de recolhimento", caso perdessem esses pontos de encontro, para 19 de novembro. Tal cronologia faz pouco sentido. Todos compreendiam que ni certa levaria mais de quatro dias a execução da operação de sabotagem. Na tentativa anterior e malsucedida de saltar nas minas de cobre, em princípios de outubro, a equipe liderada por Orozco fora resgatada cinco dias depois em Cuba. O recolhimento de 22-23 de outubro pode ter sido destinado a uma operação separada para esconder armas, e como recurso caso Orozco e Vera não chegassem até Matahambre. Não há motivo para duvidar da insistência de Vera em que a principal data de encontro era entre 28 e 30 de outubro, com a data de recurso final de 19 de novembro.

366 Na manhã de terça-feira: relatório do interrogatório cubano, 8 de novembro de 1962, Havana, 2002, Documentos de los Archivos Cubanos, entrevista de Vera.
366 Era claro pelas fotos: missão Blue Moon 5035, 2 de novembro de 1962, NARA.
366 "dentro de uma hora e meia a duas horas": telegrama de Moscou 1.115 ao secretário de Estado, 28 de outubro de 1962, SDX.
366 Com o tempo esgotando-se: Troianovski, 252; Taubman, 575-6.
367 pareceu-lhe uma "vergonhosa retirada": Sergei Kruchev, 367.
367 "Se possível": Troianovski, 253.
368 "Já me sinto um novo homem": O'Donnell e Powers, 341; Beschloss, 541.
368 "Eu mal acreditei": Alsop e Bartlett, "In Time of Crisis", *Saturday Evening Post*, 8 de dezembro de 1962.
368 "teve vontade de rir": Wilson, OH, JFKL.
368 "uma rosa brotando": Abel, 180.
368 entre "uma em três": Sorensen, *Kennedy*, 705.
377 "um enigma": JCS, notas de Poole.
377 "uma proposta insincera": NSAW, Cuba.
377 "É a maior derrota": Beschloss, 544.
377 "Filho da puta!": Franqui, 194; Thomas, 524. Sobre a versão de Castro, ver Blight et al., *Cuba on the Brink*, 214.
377 Alekseiev ficara acordado até tarde: entrevista com Alekseiev, CNN, CW.
378 A informação que chegou ao Comando de Defesa Aérea Norte-americana: para ter uma versão completa desse incidente, ver Sagan, 127-33. Ele e outros escritores deram uma hora aparentemente errada: os registros do NORAD dão 1608Z, ou 11:08, horário de Washington – Coleção Sagan, NSAW.
378 "Todos sabem quem eram": resumo do registro da reunião do ExComm, FRUS, Vol. XI, 283.
379 "Não creio que nenhum deles": entrevista de Sorensen, CNN, CW.
379 "uma vitória para nós": Reeves, 424.
379 "Finalmente, vou": Instruções a Dobrinin, 28 de outubro de 1962, NSAW; Dobrinin, 89-90.
380 "Todos eles?": Gribkov e Smith, *Operation ANADYR*, 72.
380 "*Nikita, Nikita*": reportagem de Mario Vargas Llosa, *Le Monde*, 23 de novembro de 1962.
381 "relógios, botas": memorando da CIA, *The Crisis: USSR/Cuba*, 10 de novembro de 1962, CREST.
381 "Alguns *experts* e técnicos": telegrama do embaixador da Checoslováquia, 31 de outubro de 1962, Havana, 2002, vol. 2.
381 "Primeiro você me incitou": Iesin et al., *Strategicheskaya Operatsiya Anadyr*, 57.

381 "apertar os cintos": K. S. Karol, *Guerrillas in Power* (Nova York: Hill & Wang, 1970), 274.
382 "Esta é a noite": RFK, 110.

POSFÁCIO

385 "deslumbrado o mundo": Arthur M. Schlesinger Jr., *A Thousand Days* (Boston: Houghton Mifflin, 1965), 851.
385 "Adlai queria um Munique": Alsop e Bartlett, "Em Tempo de Crise", *Saturday Evening Post*, 8 de dezembro de 1962.
385 "Desde o início": Schlesinger, *Robert Kennedy and His Times*, 529.
386 "uma ideia de uma ingenuidade e simplicidade de tirar o fôlego": Schlesinger, *A Thousand Days*, 828.
387 "a enorme tensão que se apoderou de nós": Dobrinin, 83.
388 A maioria dos livros sobre a crise dos mísseis: uma exceção é *The Limits of Safety* (1993), de Scott Sagan, um estudo sobre acidentes envolvendo armas nucleares.
388 "100% bem-sucedidas": história da 4.080ª Ala Estratégica, outubro de 1962, FOIA.
388 "um senso íntimo de confiança": Alsop e Bartlett, "Em Tempo de Crise".
388 uma política de "progressivo aperto e conversação": Kaplan, 334.
389 "profundamente influenciados": Clark M. Clifford, *Counsel to the President* (Nova York: Random House, 1991), 411.
389 "Caras muito entusiasmados": Michael Charlton e Anthony Moncrieff, *Many Reasons Why: The American Involvement in Vietnam* (Nova York: Hill & Wang, 1978), 82, citados em Eliot A. Cohen, "Why We Should Stop Studying the Cuban Missile Crisis". *The National Interest* (inverno de 1985-86).
391 "Vocês se deram bem": Reeves, 424.
393 "brilhantes e enérgicos": Schlesinger, *Robert Kennedy and His Times*, 548.
394 "incompatível com a prática soviética": NIE, 85-3-62, 19 de setembro de 1962; sobre o *post-mortem*, ver memorando de 4 de fevereiro de 1963, Conselho de Inteligência Estrangeira do presidente, em McAuliffe, 362-71.
394 "Todos habitamos": JFK, discurso de posse na Universidade Americana, 10 de junho de 1963.
395 "pura sorte cega": Reeves, 425; ver também "Acheson Diz que a Sorte Salvou JFK em Cuba", WP, 19 de janeiro de 1969.

Impressão e Acabamento:
GRÁFICA STAMPPA LTDA.
Rua João Santana, 44 - Ramos - RJ